ჰენრი დეივიდ თოროუ
HENRY DAVID THOREAU

თხზულებები
E S S A Y S

თარგმნა და განმარტა
ზვიად კლიმენტის ძე ლაზარაშვილმა
TRANSLATED AND ANNOTATED BY
ZVIAD KLIMENT LAZARASHVILI

სარჩევი
TABLE OF CONTENTS

გაღლობის გვერდი
ACKNOWLEDGEMENTS

სარეჟაქციო კომიტეტი:
  მთავარი რეჟაქტორი:
  ციტირებების და განმარტებების
  რეჟაქტორი და საავტორო
  უფლებებზე პასუხისმგებელი პირი:
  ყდის მხატვარი:
  მხატვრული რეჟაქტორი:

                                          სთივენ ქ. სთიილ, მცირე

                                          სთივენ ქ. სთიილ, მცირე
                                          ზვიაჟ კ. ლაზარაშვილი
                                          ჟემეტრე ჟეკანოსიჟე

სამაღლობელი სია:
  სპონსორები:

                                          "სტასენ ქეფითალ მენეჯმენთ"
                                          "ვენჩა ქეფითელისთ ნეთვერქ"
                                          "სფრეჟშით123", შპს:
                                          www.spreadsheet123.com

მაღლობა ღახმარებისთვის:

                                          ჟოქტორი ვინფორჟ ჯონსონი
                                          ჟოქტორი ჯენეტ მეთიუსონი
                                          ჟოქტორი გურამ თავართქილაჟე
                                          პროფესორი ჯორჯ სტასენი
                                          პროფესორი რაბერტ გუჟელი
                                          ჟოქტორი ჯორჯ ფრუნზი
                                          ჯეიმზ მუნისი, ესკვაიერი
                                          ჟოქტორი შოთა აგლაჟე
                                          ჟოქტორი იზზელღიინ ბაკიტი
                                          პროფესორი სინთია ორთი
                                          პროფესორი ჟენიელ თერფასა

EDITORIAL COMMITTEE:
  General Editor:
  Editor of citations and annotations
  and the responsible party on copyright
  issues for the citations and
  paraphrases used in the annotations:
  Cover Designer:
  Graphic Designer-illustrator:

                                          Steven K. Steel, Jr.

                                          Steven K. Steel, Jr.
                                          Zviad Kliment Lazarashvili
                                          Demetre Dekanosidze

APPRECIATION LIST:
  Sponsors:

                                          Stasen Capital Management
                                          Venture Capitalist Network
                                          Spreadsheet123, LLC:
                                          www.spreadsheet123.com

  Thank you:

                                          Dr. Winford B. Johnson
                                          Dr. Janet Mathewson
                                          Dr. Guram Tavartkiladze
                                          Professor George P. Stasen
                                          Professor Robert Goodell
                                        Dr. George L. Frunzi
                                        James J. Munnis, Esquire
                                        Dr. Shota Agladze
                                        Dr. Izzeldin Bakhit
                                        Professor Cynthia Orth
                                        Professor Daniel Terfassa

წინასიტყვაობა

ქრისტეანული ეროვნული მსოფლმხედველობა

განინტერესებთ ვინ იყო თოროუ, ჰენრი დეივიდ თოროუ? ის იყო ურჯულო და ბოროტი ქვეყნიერების ერთ მეტად ურჯულო და ბოროტ კუთხეში დაბადებული ერთი მეტად მერჯულე და კეთილი კაცი. ეს წიგნი აკადემიური შრომა არაა. ან რა საჭიროა, სადი აზრი მაინცდამაინც ან აკაედმიური იყოს ანდა აკადემიისა? არც სოკრატეს, არც პლატონს, არც ნეტარ ავგუსტინეს, არც ორიგენეს, და არც ჩვენს რუსთველს, გურამიშვილს, ვაჟას და სულმნათ ილიას აკადემია არ გაუსრულებიათ, მაგრამ... მოკლედ, აკადემიკოსებმა აკადემიური შრომები იკითხონ და ამ ტიტანი კაცის ტიტანური შრომის კითხვით თავს ნუ შეიწუხებენ. ჭეშმარიტ გმირებს, ნიჭიერებს, წესიერებს, ვაჟკაცებს, წმიდანებს და მხსნელებს სულ სხვა აკადემია აქვთ გავლილი და მძიმე გრაგნილებად სისხლის მელნით გამოწერილი მათი ღრმა ფიქრების მკითხველიც სულ სხვა ხალხია, – უბრალო ხალხი, ხალხი, რომელიც, მიუხედავად ადამიანური მანკისა და სისუსტისა, მაინც იმ უხილავი სრულყოფისკენ მიისწრაფის, რომელსაც ღმერთი ჰქვია. ერთი რამ იცოდეთ, – ჩვენი ქრისტე ღმერთი, – დიახ! ღმერთი-მეთქი, – არ შემშლია, – ბაგაში დაბადებული, სიღატაკეში გაზრდილი, უბრალო კვართით შემოსილი ერთი უბრალო და თავმდაბალი დურგალი იყო და არა აკადემიკოსი. მოკლედ, ჩემო მკითხველო, ამ ყველაფრით იმის თქმა მსურს, რომ ჭეშმარიტი ღმერთი თუ გწამთ, თქვენი ერი და, ზოგადად, მოყვასი თუ გიყვართ, ილიასი, გურამიშვილისა და რუსთველისა თუ გჯერათ და თან იმის ძალა და უნარიც შეგწევთ, რომ დედამიწაზე გამეფებული თვალთმაქცობა და ამ თვალთმაქცობის ბოროტ-მსახურები ამოიცნოთ, ამხილოთ და ბინდგადაკრულ მსოფლიოში საჯაროდ გამოააშკარავოთ, – დიახ, – სიკეთის, განათლების, მჭევრმეტყველების, ერის მამობის და ეკლესიის მანტიით შენიღბული ბილწი და ბოროტი ფარისევლებიც ავლინოთ, ებრძოლოთ და, საჭიროების შემთხვევაში, მოკლათ კიდეც... მაშინ ეს წიგნი, მისი ჭეშმარიტი და ცხადი გმირები, მისი სულმნათი ავტორი და მისი ერთი სულმოკლე და უგუნური მთარგმნელი სათქვენო ყოფილა, თუ არა და... მაშინ მთელი წიგნი სიგიჟედ მოგეჩვენებათ, მისი გმირები – სიშმაგის განსახიერებად, მისი ავტორი – გიჟად, მთარგმნელი კი ერთ მეტად გაგიჟებულ და ცნობადაკარგულ ცრუ-კაცად და უცნაურ ქართველად.

თერთმეტი წელია რაც საქართველოს ვარ მოწყვეტილი, მაგრამ ჩემს დედა-საქართველოს ნაზარეთში ებრაელად შობილ ქრისტეში ვხედავ. და განა სამოთხეში ეროვნების მიხედვით შევლენ ადამიანები? აღთქმული იერუსალემი რომ არც ერთი ქვეყნის საზღვრებში არ შედის, რად უნდა ამას ლარი და ხაზი? მაშ რაა მამულიშვილობა, თუ არა მოყვასის სიყვარული? არა მხოლოდ ქართველი კაცის მიერ ქართველის სიყვარული, ებრაელის მიერ – ებრაელისა ან იანკის[1] მიერ – იანკისა, არამედ კაცის

---

[1] იანკი – ნიუ ინგლენდის მოქალაქეს იანკი ეწოდება. განვრცობილად დასაშვებია, თუმცა მაინც მცდარია, იანკი უწოდო შუამდებარე შტატების მოსახლეობასაც, მაგალითად ფენსილვეინიის, დელავეას, ნიუ ჯერზის და ნიუ იორკის მოქალაქეს. მსოფლიოში, მათ შორის, საქართველოშიც, გავრცელებულია მცდარი აზრი, რომ იანკი, ზოგადად, ამერიკელს ეწოდება. ეს დიდი შეცდომაა.

მიერ კაცისა და, თუნდაც გზასაცდენილი და წამხდარი ადამიანის, და თავად არაკაცის სიყვარულიც კი. ასეთ სიყვარულს ქადაგებდა იესუ. ასეთ სიყვარულს ელტვოდა თოროუ. ასეთ სიყვარულს გაიზიარებთ თქვენც, თუ ამ წიგნს ბოლომდე წაიკითხავთ და, უფრო მეტიც, – კიდევ ერთხელ გულდასმით გადაიკითხავთ, მასში ასახული სიბრძნის ყოველ ნაკვთს მიბაძავთ, გულში ჩაიბეჭდავთ და საკუთარ ცხოვრებაში დანერგავთ.

ნიუ ინგლენდი

ჰენრი დეივიდ თოროუ დაიბადა 1817 წლის 12 ივლისს მასაჩუსეცის შტატის სოფელ ქანქარდში. "ზეწვზე მოვუსწარი ნიუ ინგლენდის აყვავებასო" – ერთხელ თავად აღნიშნა თოროუმ და მართალიც იყო, – ნიუ ინგლენდის სულიერი აყვავების იშვიათ ხანას გულისხმობდა ეს დიდი ქრისტეანი მოღვაწე და არა გაზაფხულის ჟამს ნიუ ინგლენდის ულამაზესი ტყეების და მდელოების ყოველწლიურ აყვავებას, – ბუნებასთან ერთად ადამიანური ბუნებაც ჰყვაოდა მაშინ ნიუ ინგლენდში, – ლონგფელოუ,[2] ემერსონი,[3] ჰოუთორნი[4] და მელვილი...[5] ხარობდნენ მაშინ ნიუ ინგლენდის სოფლებში, ჰენრი დეივიდ თოროუ კი, წუთისოფლის მტვრისგან შეულახავი, სადი და ჭეშმარიტად ბუნებრივი, როგრც ამ ქვეყნის ჭეშმარიტი ბერ-მუხა, თავად ნიუ ინგლენდის ტყეში ხარობდა. მოკლედ, სანამ ამ საოცარი კაცის ამბავს გიამბობდეთ, საჭიროა, ჯერ იმ საოცარ ქვეყანაზე მოგიყვეთ, რომელიც ამ ქვეყნად ერთ საოცარ ჟამს არსებობდა და ახლა მისი ნასახი და ნაშთი ძნელად თუ მოიძებნება. თუმცა, ისიც უნდა ითქვას, რომ დღესაც ჭეშმარიტად გამრჯე ქრისტეანი, რომელსაც სწავლა და შრომა არ ეზარება, და სული ზეციური აზრებისკენ მიულტვის, თუ მოინდომებს, ამ საოცარ ქვეყანასაც მიაგნებს, და მისი საოცარი მამულიშვილების აზრებსაც. ეშმაკისგან შეპყრობილი ადამიანების ხელით ეშმაკისთვისვე მიძღვნილი პირამიდები არ აღგვილან პირისაგან მიწისა. ის წყეული პირამიდები ჟამთა სიავემ უბრალოდ დაფლა. მერე საფლავის მძარცველების და ცრუ-მეცნიერების ხელით კვლავაც ამოითხარა. მაშ, ჩვენ რაღას ჩამოგვიყრია ყურები?! პირამიდა ეშმაკისაა და ეშმაკისგან შთაგონებულმა ადამიანმა ამოჩიჩქნა და აღადგინა იგი აწმყოში. თოროუ და ნიუ ინგლენდი ღმრთისაა – ღმრთის ხელით შექმნილი, ღმრთის ძალით სულშთაბერილი, ღმრთის მადლით გაბრწყინებული და ღმრთის აზრით გასხივოსნებული. მაშ, მოდი ყველამ ერთად დავიკაპიწოთ ხელები და აწმყოში აღვადგინოთ ისინი.

იანკია მხოლოდ ნიუ ინგლენდელი. არ შეიძლება დასავლელს, სამხრელს და შუა-დასავლელს იანკი უწოდო. ამის დამამტკიცებელია ისიც, რომ დღესაც კი სამხრელი ამრეზით და ზიზღით ჩრდილოელს იანკის ეძახის.

[2] ჰენრი ვოდზვორფ ლონგფელოუ (1807-1882) – დიდი ნიუ ინგლენდელი განმანათლებელი და პოეტი. დაბადებული მეინში – ნიუ ინგლენდის უკიდურესი ჩრდილოეთი შტატი, შემდგომ ნიუ ინგლენდი, მასაჩუსეცის შტატი, სოფელი ქეიმბრიჯი.

[3] რალფ ვოლდოუ ემერსონი (1803-1882) – დიდი ნიუ ინგლენდელი მწერალი, ფილოსოფოსი და პოეტი, თოროუს ახლო მეგობარი. ნიუ ინგლენდი, მასაჩუსეცის შტატი, სოფელი ქანქარდი.

[4] ნათანიელ ჰოუთორნი (1804-1864) – დიდი ნიუ ინგლენდელი მწერალი, თოროუს მეგობარი. ნიუ ინგლენდი, მასაჩუსეცის შტატი, სოფელი სეილემი.

[5] ჰერმან მელვილი (1819-1891) – დიდი ნიუ ინგლენდელი მწერალი და პოეტი, საქვეყნოდ ცნობილი ნოველის, "მობი-დიკის" ავტორი. ნიუ ინგლენდი, მასაჩუსეცის შტატი, ქალაქი ბოსტონი.

ამერიკის გაერთიანებული შტატების ისტორია

ამერიკის შეერთებული შტატები დღეს ერთ ქვეყნად კი იწოდება, მაგრამ სინამდვილეში მასში რამდენიმე ქვეყანაა გაერთიანებული, – არ გაგიკვირდეთ, ეს მართლაც ასეა. ამერიკას ორი ახალშენით მიეცა დასაბამი. ერთი გახლდათ ჩრდილო-აღმოსავლეთში, რომელსაც ნიუ ინგლენდი ჰქვია და რომელიც დღევანდელ ექვს შტატს მოიცავს – მასაჩუსეცი, კონექტიკუტი, როდ აილენდი, ვერმონტი, ნიუ ჰემფშია და მეინი. მეორე გახლდათ ვირჯინიის კოლონია, სამხრეთში, და ის დღევანდელ სამხრეთ-აღმოსავლეთ შტატებს მოიცავს. ეს ორი ახალშენი ერთმანეთისგან უკიდურესად განსხვავდებოდა და დღესაც კი, ჟამთასვლის, მიგრაციის, იმიგრაციის და ანთროპოლოგიური აღრევის მიუხედავად, ეს განსხვავება მაინც თვალშისაცემია. ნიუ ინგლენდი თეთრკანიანი ხალხით პირველად 1620 წელს დასახლდა. ისინი გემი "მეიფლაუა"-თი ჩამოვიდნენ ინგლისიდან. მათ დააარსეს პლიმუთის კოლონია, – დღევანდელი მასაჩუსეცის შტატის ქალაქი პლიმუთი. შემდგომ 1629 წელს განმეორდა მოგზაურობა, რომელმაც კიდევ 35 კაცი ჩამოიყვანა. ნიუ ინგლენდის ახალმოსახლეები პილგრიმები იყვნენ, რომლებიც ინგლისის ეკლესიისგან საშინელ დევნას განიცდიდნენ და მათი ნაწილი, სანამ ამერიკაში წამოვიდოდა, ჰოლანდიის ქალაქ ლიდენში იყო გახიზნული. ეს გახლდათ მშრომელი და მორწმუნე ხალხი. სარწმუნოებას მოჰყვა განათლება. ნიუ ინგლენდში დაარსდა მთელ მსოფლიოში უდიდესი ორი უნივერსიტეტი, – იეილი და ჰარვარდი. ნიუ ინგლენდში თანასწორუფლებიანობა სუფევდა და ნიუ ინგლენდელი ხალხი მორწმუნე და საკმაოდ განათლებული იყო. სამხრეთს 1584 წელს ვირჯინიის კოლონიის დაარსებით ჩაეყარა საფუძველი. მხოლოდ ერთი გახლდათ მისი შექმნის მიზეზი – დიდი ბრიტანეთის იმპერიის ეკონომიკური წინსვლა. საუკუნეების მანძილზე ექსპლოატაციის შედეგად, ბრიტანეთის ბუნებრივი რესურსები ამოწურული გახლდათ. საჭირო იყო ახალი წყაროების ძებნა. ასეთი ახალი წყარო იყო ვირჯინიის კოლონია. სამხრეთის კოლონიების გული და სული ფულის კეთება გახლდათ. ფული იყო მათი ღმერთი და მათი უფალი. ამის გამო სამხრეთის შტატებში უწიგნურობა და მონობა იყო გამეფებული, – და განა უწიგნურობა თავისთავად მონობა არ გახლავთ?! ამ ორ კოლონიას შორის განსხვავება ჩანასახშივე ჩაიდო, – ჩრდილოეთს იმთავითვე ყველაზე მეტად რწმენის თავისუფლება ეწადა, სამხრეთს კი – მიწათმოქმედება, წიაღისეულის მოპოვება და ინდიელებთან ქორვაჭრობა და ამით სიმდიდრის მოხვეჭა. მაშ, რა საერთო ჰქონდა ჩრდილოელ ქრისტეანს სამხრელ მონათმფლობელთან? რა და, ნიუ ინგლენდი და სამხრეთი, დიდი ბრიტანეთის იმპერიის კანონის თანახმად, ორივე ინგლისის კოლონიები იყო და ორივე, ასე თუ ისე, ამ იმპერიას უხდიდა ხარკს, – ესაა და ეს. მათი შემდგომი დაახლოება კი ბედის უკუღმართობამ მოიტანა.

1760-1770 წლებში ნიუ ინგლენდელ მოსახლეობას ყელში ამოუვიდა ინგლისის მეფე ჯორჯ III-ისა და ინგლისელი იმპერიალისტების დესპოტობა. ხალხში მღელვარება დაიწყო, მღელვარებას ბრძოლა მოჰყვა, ბრძოლას – ომი, ომს კი – გამარჯვება. ამერიკის გლეხებმა ინგლისის იმპერიის უძლეველ ჯარს კუდით ქვა ასროლინეს. აღსანიშნავია, რომ დამოუკიდებლობისთვის ბრძოლა ნიუ ინგლენდმა დაიწყო და სწორად ნიუ ინგლენდელ მამულიშვილებს უნდა უმადლოდეს მთელი ამერიკა (მათ შორის, სამხრეთიც) საკუთარ თავისუფლებას. ლექსინგთონის და

ქანქარდის ბრძოლებში ხომ სწორად გმირი ნიუ ინგლენდელი ანუ იანკი ვაჟკაცების სისხლი დაიღვარა?! ნიუ ინგლენდელებს სასტიკი ინგლისელების წინააღმდეგ ომში შემდგომ შუამდებარე შტატებიც შეუერთდნენ – ფენსილვეინია, ნიუ ჯერზი, დელავეა და ნიუ იორკი, მერე კი სამხრეთის შტატებიც – ვირჯინია, ქენტაკი, დასავლეთ ვირჯინია (ადრე ამ სამ შტატს ერთად “ვირჯინიის სამფლობელო” ეწოდებოდა), ჩრდილო ქერალაინა, თენესიი, სამხრეთ ქერალაინა და ჯორჯია. ნიუ ინგლენდი და შუამდებარე შტატები, რომლებიც კულტურული და აზრობრივი თვალსაზრისით ერთმანეთთან ისედაც ახლოს იყვნენ, თავისუფლებისთვის ომმა კიდევ უფრო დააკავშირა. ჩრდილოეთი, ასე თუ ისე, ერთ ქვეყნად შედუღაბდა. სამხრეთის შტატებთან კავშირი კი შედარებით სუსტი იყო, მაგრამ თავდაპირველი ცამეტი კოლონია მაინც ერთ ქვეყნად გაერთიანდა. ხაზგასასმელია, რომ ჩრდილოეთის და სამხრეთის ამ კავშირის სისუსტე თავად ამერიკის სახელშიც ნათლად აისახება. ქართულ ენაში, სამწუხაროდ, მცდარი თარგმანია დამკვიდრებული, – “ამერიკის შეერთებული შტატები” არაა სწორი გამოთქმა და ამიტომაც ის არასწორად ასახავს ამ ქვეყნის რაობას. მართებული იქნებოდა მისი ასეთი თარგმანი – “ამერიკის გაერთიანებული შტატები” ან “ამერიკის ქვეყნების კავშირი”. ამერიკის პირველი სახელწოდებაც “იუნიონი” ანუ “კავშირი” გახლდათ და ეს კავშირი, როგორც უკვე აღვნიშნე, იყო არამყარი, რადგან აზრობრივად სავსებით განსხვავებული ქვეყნების ანუ შტატების კავშირი გახლდათ. შეუძლებელია, ქვეყნის ერთი ნაწილი სარწმუნოებითა და მოყვასის სიყვარულით იყოს გამსჭვალული, მეორე კი ანგარების სენით იყოს შეპყრობილი და განათლებას გმობდეს. შეუძლებელია, აქეთ უბრალო და თვინიერი იანკი კირით თეთრად შეფეთქილ ასეთივე უბრალო ეკლესიაში მშვიდად ლოცულობდეს, იქით კი ნაბახუსევი სამხრელი კვირის წირვას “ჰალილუიას” ყვირილში, როკვაში, ღრიანცელსა და, ზოგადად, უსაქმურობაში ატარებდეს უქმეს.[6] ყველაზე მეტად კი ისაა შეუძლებელი, რომ კაცთმოყვარემ და კაცთმოძულემ ერთ ჭერქვეშ იცხოვროს და ერთად გატეხოს პური – შეუძლებელია, მოყვასის და თავისუფლების მოყვარულმა იანკიმ და სამხრელმა მონათმფლობელმა სულიერი და გონებრივი საერთო გამონახონ. ამდენად, ნათელია, რომ კავშირი მხოლოდ მიწიერი ანუ პოლიტიკური გახლდათ.

როგორც უკვე აღვნიშნე, თავდაპირველად ამერიკის ისტორიას ორმა კოლონიამ ჩაუყარა საფუძველი – ჩრდილოეთის შტატებმა, რომელშიც ნიუ ინგლენდი და მიმდებარე ეგრეთწოდებული შუამდებარე შტატები შედიოდნენ (ფენსილვეინია, ნიუ ჯერზი, დელავეა და ნიუ იორკი) და სამხრეთის შტატებმა. შემდგომ ჩრდილო-ამერიკაში და, ზოგადად, მსოფლიოში განვითარებულმა პოლიტიკურმა მოვლენებმა მოიტანა ის, რომ 1803 წელს ამერიკამ, კერძოდ, პრეზიდენტ თომას ჯეფერსონმა, საფრანგეთისგან, კერძოდ, იმპერატორ ნაპოლეონ ბონაპარტესგან, ლუიზიანის ანუ ფრანგული მიწა იყიდა. ლუიზიანის მიწაში შედიოდა დღევანდელი არკანზასის, მიზურის, აიოვას, ოკლაჰომის, კანზასის და ნებრასკის შტატები, და ნაწილობრივ მინისოტა, თითქმის მთლიანი ჩრდილოეთ დაქოუდა და სამხრეთ დაქოუდა, ნიუ მექსიკოს[7] ჩრდილო-

---

6 სამხრეთის ეკლესიებში დღესაც წირვა-ლოცვის მაგივრად ტაშ-ფანდური და ღრიანცელი იმართება ხოლმე.

7 ტოპონიმი “ნიუ მექსიკო” ნიშნავს “ახალ მექსიკას”.

აღმოსავლეთი, ნაწილობრივ მონტანა, ვაიომინგი და კოლორადო და თავად ლუიზიანა, მათ შორის, ამ ტერიტორიის მთავარი ქალაქი, ნიუ ორლინი, ანუ ახალი ორლეანი. ამერიკის მთავრობამ ნაპოლეონ ბონაპარტეს სამოცი მილიონი ფრანკი გადაუხადა (დღევანდელი კურსით $11,250,000), თვრამეტი მილიონი ფრანკის ოდენობის დავალიანება კი გაუბათილა (დღევანდელი კურსით $3,750,000), ანუ, საბოლოოდ, ეს შესყიდვა დღევანდელი თანხით თხუთმეტი მილიონი დოლარი დაჯდა. შეძენილი მიწა ამჟამინდელი ამერიკის საერთო ფართობის 23%-ს შეადგენს. ხელში ახლადჩაგდებული ეს თვალუწვდენელი სივრცე სამხრელმა მონათმფლობელებმა მაშინვე თავიანთი ბოროტების – მონობის გასავრცელებელ ასპარეზად გამოიყენეს. ახალი შტატების გაერთიანებულ შტატებში გაწევრიანება გარკვეული კანონმდებლობის საფუძველზე უნდა მომხდარიყო. გადასაწყვეტი რჩებოდა ერთი საკითხი, – შტატის უზენაესი საკანონმდებლო ხელსაწყო – კონსტიტუცია – მონათმფლობელობას კანონიერად მიიჩნევდა თუ უკანონოდ. სამხრელმა ყაჩაღებმა და ყალთაბანდებმა ყველა ხერხს მიმართეს, ახალ ტერიტორიებზე დასახლებული მოქალაქეები დაეშინებინათ, რომ დაშინებული ხალხი იძულებული გამხდარიყო, მონობისთვის დაეჭირა მხარი. ამასთანავე, სამხრელმა პოლიტიკოსებმა ხან მოქრთამვით და ხან ძალმომრეობით იმდენი ქნეს, რომ ჩრდილოელ შტატებს სამხრელი მონათმფლობელისთვის ხელსაყრელი კანონები მიაღებინეს. მაგალითად, მიუხედავად იმისა, რომ ნიუ ინგლენდის ყველა შტატი თავისუფალი იყო და მონობას არ სცნობდა, მასაჩუსეცის შტატის "1850 წლის ლტოლვილი მონის კანონის" თანახმად, ყველა მასაჩუსეცელი სამართალდამცველი ვალდებული იყო, სამხრეთიდან ჩრდილოეთში გამოქცეული ლტოლვილი მონა დაეპატიმრებინა და სამხრეთში თავის მესაკუთრესთან გაემწესებინა. იმავე კანონის საფუძველზე ყველა მასაჩუსეცელი მოქალაქე ვალდებული იყო, გამოქცეული მონის საძებნად მასაჩუსეცში ამოსულ შეიარაღებულ სამხრელ მონათმფლობელს ან მონის მაძიებელ შეიარაღებულ რაზმს დახმარებოდა არამარტო იარაღით, არამედ ფიზიკურადაც – ნებისმიერ ჟამს შეეძლო სამხრელ მონათმფლობელს მასაჩუსეცელი თავისუფალი მოქალაქისთვის თავის სამძებრო რაზმში გაწევრიანება მოეთხოვა.

სამხრელმა პოლიტიკოსებმა ბოლოს ისიც კი შეძლეს, რომ მონების მიერ ნათოხნ-ნაბარი პლანტაციებიდან აღებული მილიონებით მთელი ამერიკის ფედერალური მთავრობა მოისყიდეს და, უხეშად, მაგრამ ზუსტად რომ ვთქვათ, მთელი მთავრობა ჯიბეში ჩაისვეს – სამხრელი ბობოლების ზეწოლით 1840-იანი წლების დასაწყისში ამერიკამ თავის სამხრელ მეზობელს, სრულიად თავისუფალ ქვეყანას, მექსიკას [8] ულტიმატუმი წაუყენა და მოსთხოვა, რომ ან ზოგი თავისი კუთხე დაეთმო, რის სანაცვლოდაც ამერიკა მას ფულს გადაუხდიდა, ან არადა ამერიკა ძალადობით მიიერთებდა მისთვის სასურველ მიწებს. მექსიკის მთავრობამ საკუთარი სამშობლოს გაყიდვაზე მკაცრი უარი განაცხადა. ამის შედეგად ამერიკამ მას ჯერ თექსასის[9] შტატში მოუწყო შიდა არეულობა და 1846 წელს, ვითომცდა თექსასელი ხალხის თხოვნით, იქ ჯარით შევიდა და ეს მექსიკური კუთხე გაერთიანებულ შტატებში შეიყვანა. მექსიკა იძულებული იყო მომხდურისგან თავი დაეცვა. ომმა ორ წელს გასტანა და 1848 წელს

---

[8] ტოპონიმი "მექსიკა" ესპანურად, რომელიც მექსიკელების მშობლიური ენაა, გამოითქმის, როგორც "მეხიკო".
[9] მექსიკელები გამოთქვამენ "ტეხაას".

მექსიკის სრული მარცხით დამთავრდა. აღსანიშნავია, რომ თავდაპირველად სამხრელ მონათმფლობელებს განსაკუთრებით აინტერესებდათ თექსასის და კალიფორნიის მიწები, მაგრამ ბოლოს მადააღძრული და გამხეცებული მჩაგვრელი ამას აღარ დასჯერდა, – მექსიკა სასტიკად დამარცხდა, ამ მარცხის შედეგად მის სახელმწიფოებრიობას სრული გაბათილების აშკარა საფრთხე ემუქრებოდა, რის გამოც მექსიკა დათანხმდა გვადალუპე ჰიდალგოს ხელშეკრულებისთვის მოეწერა ხელი, – ტრაქტატი, რომელიც ამერიკელებმა თავის ნებაზე ისე შეადგინეს, რომ დამარცხებულმა მექსიკამ ხმის ამოღებაც კი ვერ გაბედა და ყურმოჭრილი მონასავით მოაწერა მასზე ხელი. ამის შედეგად ამერიკამ მექსიკას სრულად წაართვა დღევანდელი თექსასის, კალიფორნიის, ნევადის და იუთას შტატები, კოლორადოს, არიზონის, ნიუ მექსიქოუს და ვაიომონგის შტატები კი ან ნაწილობრივ წაართვა ან ფული გადაუხადა და ისე. საერთო ჯამში, ამერიკამ მექსიკას გადაუხადა $18,250,000 (დღევანდელი ფულით დაახლოებით $450 მილიონი), $3.25 მილიონი ძველი ვალი კი გაუბათილა (დღევანდელი ფულით დაახლოებით $80 მილიონს). თექსასის შტატი რომ არ ჩავთვალოთ, მექსიკამ შედეგად დაკარგა 1.3 მილიონი კვადრატული კილომეტრი – მთლიანი მექსიკის 55%, თექსასის შტატის ჩათვლით კი მთელი თავისი ტერიტორიის 75%. სამწუხაროა, მაგრამ აღსანიშნავი, რომ ამ უსამართლო ომში სამხრელი მონათმფლობელების გარდა ჩრდილოელები, კერძოდ, ნიუ ინგლენდელებიც იბრძოდნენ. სამხრეთსა და ჩრდილოეთს შორის შემდგომ განვითარებული სამოქალაქო ომის გამოჩენილმა ბელადებმა, სამხრელებმა, ისევე როგორც ჩრდილოელებმა, სწორად მექსიკის ჩაგვრის ამ საზარელ ომში გაიარეს წვრთნა, – შემდგომში ჩრდილოელების გენერალი, იულისიის ეს. გრენთი და შემდგომში სამხრელების გენერალი, რაბერთ ი. ლიი გახლდნენ მათ შორის ყველაზე ცნობილი სამხედრო მოღვაწეები, მაგრამ ამათ გარდა კიდევ ჯორჯ ბი. მაქლელანი, ამბროუს ბერნსაიდი, სთოუნვოლ ჯექსონი, ჯეიმზ ლონგსთრითი, ჯორჯ მიიდი და სხვები. თოროუ და, ზოგადად, აბოლიშენისტები,[10] ანუ მონობის მოწინააღმდეგეები, და ყველა ჭეშმარიტი ამერიკელი მამულიშვილი ამ ომს, როგორც უსამართლო ომს, სასტიკად ეწინააღმდეგებოდა. მეტიც, ისინი ამტკიცებდნენ, რომ ამ ომით სამხრელ მონათმფლობელს არამარტო მისი მეზობლის დაჩაგვრა, არამედ მთელ ამერიკაში და ამერიკის საზღვრებს გარეთ მონობის გავრცელება და პოპულარიზაცია ეწადა.

"ხარი ხართან დააბიო", – ხომ გაგიგონიათ? მეცხრამეტე საუკუნის მეორე ნახევარში ბევრ ნიუ ინგლენდელს სამხრელისთვის მეტად დამახასიათებელი მომხვეჭელობის მეტად მავნე სენი გადასდებოდა და ის გარემოება, რომ თავად ნიუ ინგლენდელი მონებს არ ფლობდა, ნიუ ინგლენდის მთავრობას და ნიუ ინგლენდის გაქსუებულ მეწარმეებს სრულებითაც არ უშლიდა ხელს სამხრელ მონათმფლობელთან საქმის დაჭერაში, – ამოჭქონდა სამხრელ მონათმფლობელს მონის ოფლით და სისხლით მოყვანილი ბამბა ჩრდილოეთში, იქ კი მასაჩუსეცელი თუ კონექტიკუტელი მეწარმე აგრძელებდა მის დართვა-დამუშავებას, ქსოვას, კერვას და მსოფლიო ბაზარზე გაყიდვას. როგორც თოროუ ამბობს, იანკი ისე იყო გახარბებულ-გახელებული, მას აღარ აწუხებდა რომ იმის პურზე

[10] აბოლიშენიზმი – XIX საუკუნეში მონობის გაუქმების მომხრე ამერიკელი ხალხის, უმეტესწილად ნიუ ინგლენდელების მოძრაობა.

წასმულ კარაქს სამხრეთში თავისუფლებადაკარგული და ღირსებაშელახული, მონადქცეული კაცის ოფლისა და სისხლის სუნი სდიოდა. მაგრამ ყველა ასეთი თავდახრილი და მტვერწაყრილი როდი იყო ნიუ ინგლენდში?! ჭეშმარიტი იანკის ფიქრში გარდასული გმირი წინაპრის სისხლი ყიოდა და უსამართლობის წინააღმდეგ ახელებდა. ნამდვილ ნიუ ინგლენდელებს ყელში ჰქონდათ ამოსული თავიანთი მთავრობის უნიათობა და გახრწნილობა. რომ არა ნიუ ინგლენდელი მოღალატეები, – გაქსუებული მთავრობა თუ გაუმაძღარი მეწარმეები, მათ მიერ მოსყიდული და თვალებახვეული უნივერსიტეტების ეგრეთწოდებული ინტელიგენცია და პროტესტანტული და კათოლიკური ერეტიკული ეკლესიების ეგრეთწოდებული მღვდლები – ნიუ ინგლენდის არც ერთი შტატის არც ერთი მოქალაქე ბოროტ სამხრელს, სიყვარულის მოძულე და მონობის მოყვარულ, გაუნათლებელ და უწიგნურ არც ერთ სამხრელს გამარჯობასაც არ ეტყოდა და სამხრეთის არც ერთ შტატში ფეხს არ დაადგამდა. მაგრამ ვაი, რომ სამხრელ მონათმფლობელებს “ჯიბეში ეჯდათ” ნიუ ინგლენდის საშტატო მთავრობაცა და ამ შტატების ფედერალურ მთავრობაში გაგზავნილი წარმომადგენლებიც – კონგრესმენები და სენატორები. ნიუ ინგლენდის მთავრობა ნიუ ინგლენდელი ხალხის ნების გამომხატველი აღარ იყო. ნიუ ინგლენდის ეკლესიასაც პირში წყალი ჩაეგუბებინა და სიმართლის თქმას ვერ ბედავდა, რადგან სწორად სამხრელების მიერ მოქრთამული ამ მტვერწაყრილი მთავრობისგან მიცემული ფულით საზრდოობდა. ნიუ ინგლენდის გაზეთებიც დუმდნენ. ბოლოს ხალხიც დადუმდა, და აი, როცა ხალხი დადუმდა, მაშინ აგუგუნდა ჰენრი დეივიდ თოროუ და ქვეყანას ისეთ ძლიერ მახვილის ნიშნად მოევლინა, ისე მკაცრად გაუყარა თვალი თვალში გადაგვარებულ სამშობლოს და ისეთი მძაფრი სიმართლე უთხრა მშობლიურ ერს, რომ დღესაც კი მისი სიმართლე სრულიად შეგნებულად მიუჩქმალავთ ამ ქვეყანაში, – თოროუ შეგნებულად არ ისწავლება სკოლებსა და უმაღლეს სასწავლებლებში... მაგრამ ამაზე უფრო ვრცლად ქვემოთ მოგახსენებთ.

აი, ასეთ ვითარებაში მოუხდა ჰენრი დეივიდ თოროუს მოღვაწეობა. XIX საუკუნის შუა წლებში ნიუ ინგლენდელ ხალხს, მართალია, მონობა არ სურდა, მაგრამ, უწყინარ მონურ “სიმშვიდეს” შეჩვეულს, ვაჟკაცობა დაეკარგა, და არც ის სურდა, რომ თავისუფლებისთვის ებრძოლა – საკუთარი სულის თავისუფლებისთვის, სამხრეთის პლანტაციებში ჩახარშული ზანგი თანამემამულის თავისუფლებისთვის, სიმართლის თავისუფლებისთვის, სიყვარულის თავისუფლებისთვის. თოროუ კი გამოვიდა და, თავისი ერის უღირსობით შეძრწუნებულმა ქრისტეანმა მამულიშვილმა, იანკებს სწორად ისევე მიმართა, როგორც დიდმა ილიამ მიმართა ქართველ ერს მაშინ, “ოხ, ღმერთო ჩემო! სულ ძილი, ძილი, როსღა გვეღირსოს ჩვენ გაღვიძება?!”[11] დიახ, თოროუ და ილია თითქმის თანატოლები იყვნენ, თანამოაზრეები და თანამზრახველები. განა გიგანტური მუხა და გიგანტური ჭადარი ნიუ ინგლენდში ისევე არ ამოდის, როგორც ცივ-გომბორის კალთებზე? მაშინ მერწმუნეთ, რომ ტიტანი კაციც სწორად ასე მოევლინა საწუთროს, – ერთი საქართველოში, მეორე კი – ნიუ ინგლენდში. ისინი საქართველოს და ამერიკის მოქალაქეები არ ყოფილან მხოლოდ. ისინი კაცობრიობის მოქალაქეები იყვნენ და ყველა მოქალაქეობაზე წინ სწორად კაცობას აყენებდნენ და, როგორც ეს

[11] ნაწყვეტი ილია ჭავჭავაძის ლექსიდან “ელეგია”, 1859 წელი.

თოროუმ ხაზგასმით თქვა, “მე ერთხელ და სამუდამოდ მსურს ჩემს თანამემამულეებს შევახსენო, რომ პირველ ყოვლისა კაცობა და კაცთმოყვარეობაა მათი ვალი და მხოლოდ ამის შემდეგ, ისიც თუ ჟამი დარჩათ და საშუალება მიეცათ, დიახ, მხოლოდ ამის შემდეგ, – ამერიკელობა.”

გაოგნდებოდით ნიუ ინგლენდი რომ განახათ. ტყეები, მთები, ტბები და მდინარეები, და ისევ ტყეები, მთები, ტბები და მდინარეები... და თანაც რა ტყეები, რა მთები, რა ტბები და რა მდინარეები! არ ვიცი, შემოდგომის ჟამს გომბორის გზით თუ გადასულხართ თბილისიდან თელავში... და ოქროსფრად, ყვითლად და მუქ შინდისფრად აალებული ტყე თუ გინახავთ. ნიუ ინგლენდიც ასეთია და იქნებ კიდევ უფრო ლამაზიც: მერწმუნეთ, იქ უფრო მეტი მთის მორაკრაკე მდინარეა, ვიდრე კახეთში. ყოველ ფეხის ნაბიჯზე ტბაა, – ტყის შუა გულში ჩამჯდარი წყლის მარგალიტი... როგორც წესი, ტბა ისეთი ლიცლიცაა, კამკამა, წმინდა და ანკარა, რომ ადამიანი სამოთხესა და უკვდავებაზე იწყებ ფიქრს. მაგრამ აქა-იქ ისეთი უცნაური სახის მოღუშული და მოქუფრული, მკვდარი მუხისა და ნეკერჩხლის ხეებით სავსე ტბა გადაგეშლება თვალწინ ხოლმე, რომ არ შეიძლება ტანში ჟრუანტელმა არ დაგიაროს და კაცს საკუთარი მოკვდავობა არ შეგახსენოს. არ გეგონოთ, უაზროდ და უმიზეზოდ ვწერდე ნიუ ინგლენდის ბუნების შესახებ, – თოროუ ამ მიწიდან აღმოცენდა და ამ მიწაში დაიმარხა, და რაც უმთავრესია, ამ მიწაზე ცხოვრობდა და ამ მიწაზე დააბიჯებდა კაცურად. მისი ფიქრები ზოგადსაკაცობრიო კი იყო, მაგრამ, ილიას ყვარლის მთებისა არ იყოს, სწორად ამ ქვეყნის მთა-ბარმა აგრძნობინა მთელი ქვეყნიერების სიყვარული მას, ამის დავიწყება კი არ შეიძლება.

ვეცადე ზოგადი სურათი დამეხატა იმ ვითარებისა, რომელშიც თოროუ ცხოვრობდა, გრძნობდა, განიცდიდა და ფიქრობდა. ვეცადე ის ავ-კარგი აღმეწერა, რომლის ერთმანეთთან შეჯახების შედეგად წარმოიშვა ძლიერი მუხტი, რომლითაც თოროუს გული მამულიშვილური გრძნობით ძალუმად აძგერდა და აგუგუნდა.

ჰენრი დეივიდ თოროუს ბიოგრაფია

ჰენრი დეივიდ თოროუ დაიბადა 1817 წლის 12 ივლისს მასაჩუსეცის შტატის სოფელ ქანქარდში, ჯონ თოროუს და სინთია დანბარის ოჯახში. თოროუს მამა მეფანქრე გახლდათ. ოჯახის ეკონომიური მდგომარეობა კარგი ნიადაგი იყო ღმრთისმოშიში და განათლებული შვილის გასაზრდელად, – “ნატიფი სიღარიბე”, როგორც ამას ერთი ისტორიკოსი უწოდებს. მამის მხრიდან პაპა წარმოშობით ფრანგი გახლდათ, მაგრამ დიდი ბრიტანეთის კუნძულ ჯერზიდან იყო, – ჯერზი საფრანგეთის, კერძოდ, ნორმანდიის ნაპირთან ახლოს მდებარე კუნძულია, რომელიც ინგლისის მფარველობის ქვეშ გახლავთ. მამის მხრიდან თოროუს პაპა 1766 წელს ჰარვარდის უნივერსიტეტში მომხდარი სტუდენტების “კარაქის აჯანყების” მეთაური გახლდათ. ეს იყო ამერიკის ისტორიაში პირველი სტუდენტური გაფიცვა. ჰენრი დეივიდ თოროუს თავდაპირველი, ნათლობის სახელი გახლდათ დეივიდ ჰენრი თოროუ. მას პირველსახელი დეივიდი, გარდაცვლილი ბიძის, დეივიდ თოროუს

სამახსოვროდ დაარქვეს. თოროუს ჰყავდა ორი უფროსი დედმამიშვილი: და – ჰელენი და ძმა – ჯონ მცირე, ერთიც უმცროსი და – სოფია.

1833-1837 წლებში ჰენრი დეივიდ თოროუ სწავლობდა ჰარვარდის უნივერსიტეტში. ის ჰალის ჰოლში ცხოვრობდა, – ჰარვარდში და იეილში გარკვეული ჰოლი ანუ საცხოვრებელი გარკვეული ფაკულტეტის სტუდენტებს ეთმობა. თოროუ სწავლობდა მჭევრმეტყველებას, კლასიკურ სიტყვაკაზმულ მწერლობას, ფილოსოფიას, მათემატიკას და საბუნებისმეტყველო საგნებს (ფიზიკა, ქიმია, ა.შ.). გადმოცემით ცნობილია, რომ თოროუმ, სწავლის დამთავრების შემდეგ, ჰარვარდის მაგისტრის დიპლომის ასაღებად ხუთი დოლარის გადახდაზე მკაცრი უარი განაცხადა და ეს დიპლომი მერე აღარც აუღია. მას თურმე უთქვამს: "დაე, ყველა ცხვარმა საკუთარი ტყავი თავისთვის დაიტოვოს"-ო, – ის, ერთის მხრივ, გულისხმობდა ჰარვარდის წეს-ჩვეულებას, რომლის თანახმადაც უნივერსიტეტის დიპლომი ცხვრის ტყავზე იწერებოდა, მეორეს მხრივ კი იმას, რომ ჰარვარდის აკადემიკოსები ცხვრებს ჰგავდნენ თავიანთი უკიდურესი ქედდადრეკილობით და სიბეცით. 1835 წელს ყმაწვილმა ჰარვარდიდან აკადემიური შვებულება აიღო და მასაჩუსეცის შტატის სოფელ ქენთენში მასწავლებლად იმუშავა. 1837 წელს, ჰარვარდის დამთავრების შემდეგ, თოროუმ სახელი დეივიდ ჰენრი შეიცვალა და ჰენრი დეივიდ დაირქვა, თუმცა, ეს ფორმალურად, სასამართლო პროცესით არ გაუკეთებია.

1837 წელს ჰენრი დეივიდ თოროუ ქანქარდის აკადემიის ფაკულტეტის წევრად მიიღეს. თოროუ ქრისტეანი, კეთილი, წესიერი მასწავლებელი იყო და კაცის, მითუფრო ბავშვის, ფიზიკურ შეურაცხყოფას არ დაუშვებდა. მან უარი განაცხადა ბავშვების ცემასა ან გაროზგვაზე, რაც იმ ხანებში ევროპისა და ამერიკის სკოლებში გავრცელებული იყო, ამიტომ ის აკადემიიდან უმალ განათავისუფლეს. ჰენრიმ და მისმა ძმამ, ჯონმა, ქანქარდში კერძო სკოლა გახსნეს. ამ სკოლაში ნორჩი მოსწავლეებისთვის ერთობ სასარგებლო წესები შემოიღეს, რაც სხვა სკოლებში არ იყო, მაგალითად, ბუნებაში სეირნობა, ადგილობრივ მაღაზიებსა და საწარმოებში სტუმრად წასვლა და ა.შ. მაგრამ, სამწუხაროდ, ეს წამოწყება ხანმოკლე გამოდგა, – ჯონმა წვერის პარსვისას სახე გაიჭრა, ინფექცია შეეჭრა და ტეტანუსით დაავადებული ჰენრის ხელში დალია სული.

ჰენრი დეივიდ თოროუ ქანქარდში დაბრუნდა, სადაც გაიცნო დიდი ამერიკელი მწერალი, რალფ ვოლდოუ ემერსონი. ემერსონი ასაკით უფროსი იყო, ნიჭიერ ახალგაზრდას მამობრივი სიყვარულით მიუდგა, მალე მისი მენტორიც[12] გახდა. ემერსონმა თოროუს გააცნო თანამედროვე ნიუ ინგლენდელი დიდი მწერლები და მოაზროვნეები, რომლებიც დღეს ამერიკის მწერლობის თვალსაჩინო წარმომადგენლებად არიან ცნობილნი, – პოეტი ელერი ჩენინგი, კრიტიკოსი და საზოგადო მოღვაწე მარგარეტ ფულარი, მასწავლებელი, მწერალი და ფილოსოფოსი ბრანსონ ელკოტი, უდიდესი ამერიკელი მწერალი ნათანიელ ჰოუთორნი და მისი შვილი,

---

12 მენტორი – იხილეთ ჰომეროსის "ოდისეა". ტროას ომში გალაშქრების წინ ოდისევსმა მხცოვანი მეგობარი, სახელად მენტორი, დატოვა თავისი სახლის და შვილის საპატრონოდ. თანამედროვე ენებში სიტყვა მენტორი გაიგივებულია უფროს მეგობართან, მამობილთან, მასწავლებელთან, ოსტატთან, აღმზრდელთან. მაგალითად: არისტოტელე იყო ალექსანდრე მაკედონელის მენტორი, სოკრატე – პლატონისა.

შემდგომში ცნობილი ჟურნალისტი და მწერალი ჯულიან ჰოუთორნი და სხვები. ემერსონი ტრანსენდენტალისტი ფილოსოფოსი გახლდათ. ეს იყო ფილოსოფიური მიმდინარეობა, რომლის დედააზრია იმის მტკიცება, რომ ადამიანის სული ხორცზე უპირატესია და, აქედან გამომდინარე, უფრო მეტად მნიშვნელოვანიც, და რომ კაცის ცხოვრება საგნობრივობით არ შემოიფარგლება და რომ სულიერება უნდა იყოს ნამდვილი ადამიანის ცხოვრება და არა ხორციელი ყოფა. თოროუმ ტრანსენდენტალიზმის გარკვეული დებულებები გაიზიარა, მაგრამ ის ტრანსენდენტალისტი არ გახლდათ და ვერც ვერასოდეს გახდებოდა, რადგან ის ტრანსენდენტალიზმზე წინ ქრისტეანობას იცნობდა, ის ტრანსენდენტალიზმზე წინ ქრისტეანობას აყენებდა და ერთი კაცის აზრთა ჭიდილსა და თვითნასწავლ სულიერებას იესუ ქრისტეს მიერ ნაქადაგები სულიერება ერჩია. მოკლედ, თოროუ ფილოსოფოსი კი იყო, მაგრამ, უწინარეს ყოვლისა, თოროუ ჯერ ქრისტეანი გახლდათ; და ყველაზე ჭკვიანი ადამიანის გონებაში მოკალმული ყველაზე რთული და მშვენიერი ფილოსოფიაც კი, თუ ის ქრისტეს სიტყვას ეწინააღმდეგებოდა, თოროუს, ისევე როგორც ყველა ჭეშმარიტი ქრისტეანის თვალში მხოლოდ სიცრუე და სისულელე იყო. ამის გამო, გთხოვთ, ყურად იღოთ ჩემი გაფრთხილება, – აზრი არა აქვს რას რატრატებენ ენციკლოპედიები, კრიტიკოსები და ისტორიკოსები, და თუნდაც მთელი დედამიწა არატრატდეს და შეეცადოს დამტკიცებას, რომ თოროუ ტრანსენდენტალისტი ან, საერთოდ, რაღაც-ისტი იყოო… – ეს ყოველივე სიცრუეა: ამ ცრუ აზრის მქადაგებლები კი – ცრუპენტელები! თოროუ იყო ქრისტეანი! თოროუს უყვარდა სამშობლო! თოროუს უყვარდა თავისი თანამემამულეები! სამშობლო და მშობლიური ერი მეტად უყვარდა, როგორც იანკის, მაგრამ, როგორც კაცს, ღმერთი და კაცობრიობა ანუ ქრისტე და მოყვასი მას ამ სამშობლოზე და მშობლიურ ერზე ბევრად უფრო ძლიერად უყვარდა. მისი აზრის ანი და ჰოე იყო ქრისტე ღმერთი – ამიტომაც ვერ შეეგუა ვერც ტრანსენდენტალისტებს და ვერც ქრისტეს გზას აცდენილ ვერც ერთ პროტესტანტულ თუ კათოლიკურ ეკლესიას ეს ჭეშმარიტად ქრისტეანი კაცი.

1841 წლის 18 აპრილს თოროუ ქანქარდში ემერსონის სახლში გადაცხოვრდა. 1841-1844 წლებში ის ბავშვების კერძო მასწავლებელი გახლდათ და ემერსონის თანაშემწე იყო სარედაქციო საქმიანობაში ჯერ სოფელ ქანქარდში და მერე, 1843 წლიდან, სტეიტენ აილენდზე, სადაც ემერსონს მეორე სახლი ჰქონდა. ემერსონის დიდი თხოვნით და დაჟინებით თოროუ ჟურნალ “დაიალ”-ში აქვეყნებდა თხზულებებს და კრიტიკულ შრომებს.

1844 წელს ჰენრი დეივიდ თოროუ მშობლიურ ქანქარდში დაბრუნდა და ოჯახურ საქმეს, ფანქრის წარმოებას და გაყიდვას მიჰყო ხელი. მან აღმოაჩინა იაფი და ხარისხიანი ფინქრის წარმოების სრულიად ახალი ხერხი, – უხარისხო გრაფიტს, რომელიც ადრე გამოუსადეგარ ნედლეულად იყო მიჩნეული, თოროუ თიხას ურევდა, თიხა გრაფიტს სიმყარეს მატებდა და საუკეთესო ფანქრის გულად აქცევდა.

1845 წლის 4 ივლისს თოროუმ გადაწყვიტა წუთისოფელს კიდევ უფრო მეტად განშორებოდა და უფალთან სიახლოვე ბუნების წიაღში ეძია. სოფელ ქანქარდის ახლოს უამრავი ტბა იყო და დღესაც არის, მათ შორის, ერთი მეტად ლამაზი და კამკამა ტბა, სახელად ვოლდენი,

რომელიც ულამაზესი ნიუ ინგლენდური ტყის შუა გულში გახლავთ ჩამჯდარი. ემერსონი ტბის პირას მიწის ნაკვეთის მფლობელი იყო, რომელიც მეგობარს საცხოვრებლად სიამოვნებით დაუთმო. თოროუმ აქ, ერთ პატარა ხის ქოხში, ზუსტად ორი წელი, ორი თვე და ორი დღე იცხოვრა. ის ამ ცხოვრებას "უბრალოდ ცხოვრებას" ეძახდა. თოროუ ცოტას თოხნიდა, ცოტას კითხულობდა, ცოტას წერდა, ცოტას ფიქრობდა, აი, კაცური ქცევით და კაცური ცხოვრებით კი ბევრს ცხოვრობდა. ხანდახან ქანქარდშიც მიდიოდა ხოლმე საქმეზე. მისი სტუმრები ძირითადად მეტყევეები იყვნენ. იმდენად შეუყვარდა თოროუს ეს უბრალოდ ცხოვრება, რომ პურის გამოსაცხობად ცომსაც აღარ აფუებდა, – ზედმეტ ფუფუნებად მიაჩნდა საფუარი და იმიტომ. ბუნების წიაღში ცხოვრებით ამ გონიერმა კაცმა ცხადად დაინახა, რა ცოტა რამაა საჭირო ადამიანის ხორცისათვის, რომ აუცილებელი არაა კაცმა მთელი მისი დღედამოსწრება უაზრო შრომაში – ხელობაში და საქმოსნობაში გაატაროს, უაზრო შრომაში, რომლის მიზეზი და მიზანი მხოლოდ ერთია, – ხორცის გაზრქობისთვის გაჩაღებული მომხვეჭელობა. ხორცის გაზრქობა ხომ ყოველთვის სულის დამჭლევების პირდაპირპროპორციული პროცესია და ხორცის აფუებას სულის დაკნინება მუდამ თან სდევს. დიახ, არ შეიძლება კაცი ორ უფალს მსახურებდეს! მან ან სულზე უნდა იზრუნოს ან ხორცზე, – ესაა და ეს: "არავის მონასა ხელ-ეწიფების ორთა უფალთა მონებად: ანუ ერთი იგი მოიძულოს და ერთი შეიყუაროს, და ანუ ერთისაი თავს-იდვას და ერთი შეურაცხ-ყოს. ვერ ხელ-ეწიფების ღმრთისა მონებად და მამონაისა." (სახარებაი ლუკაისი, 16:13). სწორად ამიტომ შესძულდა თოროუს გლეხი. ვიცი, ეს აზრი უჩვეულოდ მოგეჩვენებათ, მაგრამ უჩვეულო სწორად იმიტომაა, რომ ბოროტი ჩვეულებაა ჩვენში დღეს გამჯდარი და დამკვიდრებული, და ბევრი კარგი და კეთილი, ბოროტების შავ ფონზე, სწორადაც რომ უჩვეულოდ გამოისახება. თოროუს აზრით, გლეხი, მთელ თავის ყოფას მომხვეჭელობაში ფლანგავს, რაც დედამიწის ზურგზე ყველაზე დიდი მფლანგველობაა, რადგან ადამიანს ძალიან ცოტა ესაჭიროება საარსებოდ. დიახ, გლეხია შეპყრობილი გაუმაძღარი, რომელიც ხვავში და ბარაქაში საკუთარი სიცოცხლის ფლანგვის სახით დღემარად საკუთარ სულს ყიდის. მოკვდება ასეთი გლეხი და თავის კვალად დიდგორსა და ბასიანს კი არ დაუტოვებს შთამომავლობას, არამედ ბეღელსა და მარანს.[13] ჰოდა, გაძღება ეს შენი შთამომავლობაც ამ დანატოვარი სანოვაგით და ღვინით, შეეჩვევა ზედმეტის სმას და ზედმეტის ჭამას, და ისიც ამ ზედმეტი სმა-ჭამის ქონისთვის საჭირო ხვავის შოვნას, – უგზო-უკვლო ხვნა-თესვას, – მოანდომებს მთელ თავის სიცოცხლეს. მერე მისი სენი კიდევ ახალ თაობას გადაედება და მიდიან და მოდიან თაობები ასე ბრმა შრომაში და მათ კვალად მხოლოდ მათი მარანი და ბეღელი რჩება და კიდევ, თუ არ მიწყენთ სიმართლის თქმას, მათი მოსაქმებული ფეკალური მასა.[14] არ გჯერათ? მაგალითისთვის კახელ გლეხს შეხედეთ, რომლის ცხოვრების ანი და ჰოე ვენახი და ბაღჩა-ბოსტანია. ესაა მისი ღმერთი! ესაა მისი უფალი! აი, ჭეშმარიტი ღმერთი და უფალი კი აღარ ახსოვს მას. არც ის

---

[13] იხილეთ მართლმადიდებლური და იუდაიზმური ეგზეგეტიკა, რომელიც "ძველ აღთქუმაიში" აღწერილ კაენის და აბელის ამბავს ალეგორიულად განმარტავს. კაენი გლეხია მხოლოდ – მესაკუთრე, მიწათმოქმედებას არარაული მიზნით, ხორციელი სიამოვნებისთვის რომ ეწევა. აი, აბელი კი მეურნეა (ანუ ფერმერი) და არა უბრალო გლეხი. აბელი შორსმჭვრეტელი მწყემსია. მისი ფერმერობის უპირველესი მიზანი ღმერთის სიყვარული ანუ სულის დაპურებაა და არა – სახეულის.

[14] ფეკალური მასა – მძღნერი, ფუნა, ნეხვი, სკინტლი, ანუ ნებისმიერი სახის განავალი.

ახსოვს რომ კაცი მხოლოდ ხორცის მასაზრდოებელი მოსავლისთვის არ გაუჩენია ღმერთს. კაცის უმთავრესი მოსავალი, რომლის აღებაც ყველა ჩვენთაგანს უნდა ეჩქარებოდეს, სწორად სულიერი მოსავალია. თოროუ გარკვევით იმეორებს იესუ ქრისტეს სიტყვებს, "მიეცით კეისრისაი კეისარსა და ღმრთისაი ღმერთსა." (სახარებაი მათესი, 22:21). თოროუ შეგვახსენებს, რომ ხორციელი მოსავლით ვერ შევა კაცი სასუფეველში, რადგან სამოთხეში შესასვლელად მხოლოდ სულიერი მოსავლის შეწირვაა საჭირო... მაშ რა ეშველება იმ გლეხს, რომელიც მთელ თავის სიცოცხლეს ხორციელი მოსავლის აღებაში ფლანგავს, აზრი არა აქვს კახელი იქნება ეს გლეხი, მესხი, აფხაზი ან იქნებ თქვენთვის სულაც უცხოელი ქანქარდელი მიწათმოქმედი?

თოროუ ხაზგასმით აღნიშნავს, რომ ის ადამიანებს არ გაურბოდა და კაცობრიობისგან განდგომა არ ყოფილა მისი ტბის პირას ტყეში ცხოვრების მიზეზი. არა! მას მოყვასი ძლიერ უყვარდა! ამ კაცს მხოლოდ საზოგადოების სიმყრალე აწუხებდა და აღარ უნდოდა თავისი ფილტვები ამ სიმყრალით აევსო, – ეს იყო და ეს. თოროუმ ვოლდენის ტბაზე გაჩვლილი ეს ორი წელი მოგვიანებით მოთხრობის სახით გადმოსცა, სახელწოდებით "ვოლდენი". სამწუხაროდ, ამ გამოცემაში "ვოლდენი" შეტანილი არაა, რადგან მისი თარგმანი ჟამის უკმარისობის გამო ჯერ-ჯერობით ვერ მოესწრო. "ვოლდენი" დიდი ზომის ნაწარმოებია, რომელშიც ავტორი ბუნებას გვასწავლის და დედაბუნების გაფრთხილების და სიყვარულის ვალს შეგვახსენებს. მას ნაკლები ეროვნული დატვირთვა აქვს და ამის გამო ამერიკის გაერთიანებულ შტატებში ის, თოროუს სხვა ნაწერებისგან განსხვავებით, მიჩქმალული არ არის და ასე თუ ისე ცნობილია ხალხისთვის. სავალალო კი ის გახლავთ, რომ სწორად ამ ნაწარმოების ირიბი გამოყენებით მოუწყეს ამერიკის ბობოლებმა თოროუს ეროვნულ ნაწერებს შეთქმულება, – "ვოლდენის" გავრცელებით დღესაც და გუშინაც და ალბათ ხვალაც... ამერიკელი ხალხის შეგნებაში თოროუ ბუნებისმეტყველ ბერიკაცადაა დახატული. ვაი, სიმრუდევ და ნახევარ-ცოდნავ! ბუნების მოყვარულ კაცს, რომ ადამიანური ბუნება და მოყვასი ყველა ხეზე და ტბაზე მეტად უყვარს, რად უნდა ამას დიდი ფიქრი და ტვინის ჭყლეტა? ან იმას მაინც როგორ ვერ ხვდება ამერიკელი მოქალაქე, რომ როცა კაცს ბუნების ავ-კარგი აწუხებს, მას კაცობრიობის ავ-კარგი უფრო მეტად ტანჯავს?! მოკლედ, კარგია, რომ ხალხის გარკვეული ნაწილი "ვოლდენს" იცნობს, სამწუხარო კი მხოლოდ ისაა, ეს ხალხი თოროუს *მხოლოდდამხოლოდ* "ვოლდენით" იცნობს!

1846 წლის 25 ივლისს თოროუ საქმეზე ვოლდენის ტბიდან ქანქარდში მიდიოდა, როცა გზად სახელმწიფო გადასახადების ამკრეფი, სემ სთეიფლი შემოეყარა და თოროუს წლების მანძილზე გადაუხდელი სულადი[15] გადასახადი მოსთხოვა, რაზეც ჭეშმარიტმა მამულიშვილმა და ქრისტეანმა მკაცრი უარი განაცხადა. თოროუს უარს ორი საფუძველი

[15] სულადი გადასახადი – მყარი გადასახადი, რომელიც ერთ სულ მოსახლეს ეკისრებოდა არა პროცენტულად, არამედ საჯაროდ დაწესებული მყარი თანხის ოდენობით. ანუ ყველა მოქალაქეს, განურჩევლად შემოსავლისა და ეკონომიური მდგომარეობისა, ერთი და იგივე მყარი, უნივერსალური გადასახადი ჰქონდა გადასახდელი. სულადი გადასახადი გავრცელებული იყო XIX საუკუნის ევროპასა და ამერიკაში, და საქართველოშიც. ის შემდგომში საშემოსავლო გადასახადმა შეცვალა. განსხვავება ისაა, რომ სულადი გადასახადი ერთი მყარი თანხაა, საშემოსავლო გადასახადი კი მოქალაქის შემოსავლიდან პროცენტულად გამოითვლება და, აქედან გამომდინარე, მისი ოდენობა შემოსავლის ზომაზეა დამოკიდებული.

ჰქონდა: ერთი – საშინაო და მეორე – საგარეო. პირველ მიზეზს რაც შეეხება, – ამერიკის ფედერალური და მასაჩუსეცის საშტატო მთავრობა მონათმფლობელების მხარეზე იდგა. ასეთი ბოროტი და კაცთმოძულე მთავრობის ხაზინაში ფულის შეტანა ამ მთავრობის მხარდაჭერა და დაჩაგრული და დამონებული მოყვასის ფეხებზე დაკიდება გამოდიოდა. ამ უსინდისობის ჩადენა კი თოროუს, როგორც ქრისტეანს და როგორც ამერიკელ მამულიშვილს, არ შეეძლო. მეორე მიზეზი კი ის გახლდათ, რომ მთელი ამერიკა, ანუ ამერიკელი მონათმფლობელი, ამ მონათმფლობელის მიერ მოსყიდული ფედერალური და საშტატო მთავრობა, ამ მთავრობისგან დაშინებული მხდალი ხალხი... დიახ, სრულიად ამერიკა მხოლოდ თავისი თანამოქალაქის, ზანგი მონის ჩაგვრით აღარ კმაყოფილდებოდა და ახლა მეზობელი მექსიკის ჩაგვრაზე გადასულიყო. თოროუსთვის და ყველა ჭეშმარიტი იანკი მამულიშვილისთვის სამხრეთის მონათმფლობელობა ამერიკის საშინაო ბოროტება და კაცთმოძულეობა, ხოლო 1846-1848 წლების მექსიკა-ამერიკის ომი ბოროტების და კაცთმოძულეობის საერთაშორისო გამოვლინება გახლდათ. თოროუს სწამდა, რომ უსამართლობის წინააღმდეგ ბრძოლაში ერთ-ერთი ყველაზე მაღალშედეგიანი იარაღი ეკონომიკური მოკვეთა იყო, ანუ უსამართლობისთვის ფულის წყაროს ამოშრობა. როგორც ეს თავად დიდმა მამულიშვილმა თქვა, გადასახადის გადაუხდელობით მოქალაქეს ყოველთვის შეუძლია უსამართლო მთავრობისთვის სასიცოცხლო წყაროს გადაკეტვა. მსგავსი ბერკეტების გამოყენებას უქადაგებდა თოროუ თავის თანასოფლელებს უსამართლო გაზეთების წინააღმდეგ ბრძოლაშიც, – ყველაზე გონივრული ხერხი უსამართლო გაზეთის მოსასპობად ამ გაზეთის არშეძენაა, რადგან გარდაუვალია, რომ ამას ფინანსური მარცხი, მარცხს კი ამ გაზეთის სრული მოსპობა მოჰყვება.

თოროუ ერთი ღამით ქანქარდის საოლქო ციხეში ჩასვეს, – სოფელი ქანქარდი საოლქო დაბა ანუ რაიონული ცენტრი იყო მაშინ. როგორც თვით დიდმა მამულიშვილმა თქვა, “როდესაც მთავრობა სამართლიან კაცს უსამართლოდ აგდებს ციხეში, ერთად-ერთი სამყოფელი ჭეშმარიტად მართალი კაცისა მხოლოდ ციხეა.” ისტორიული თვალთახედვით თუ შევხედავთ ამ საკითხს, საოცარი ისაა, რომ ციხეში ან გმირები ხვდებიან მუდამ, ანდა ნაძირალა მკვლელები, ქურდები და ყაჩაღები. რად გიკვირთ? ჩვენი მაცხოვარიც ხომ ციხეში იჯდა? და, რომის იმპერიის კანონის თანახმად, ბარაბასთანა ნაძირალასთან იყო გაიგივებული? ციხეში არ იჯდა სოკრატე? ციხეში არ იჯდნენ ქრისტეანობის პირველმოწამენი? ციხეში არ იჯდა ჩვენი ზვიად გამსახურდიაც? რა ვუწოდოთ იმ კანონს, რომლის საფუძველზეც ასეთი ზნემაღალი მამულიშვილები და თავად ღმერთიც კი ციხეში ვარდებიან? იმ ქვეყანას რაღა ვუწოდოთ, სადაც ასეთი კანონები კანონობენ? და ბოლოს, იმ ქვეყნიერებას რაღა ვუწოდოთ, სადაც ასეთი ბოროტი ქვეყნები არსებობენ, საკუთარ ხალხზე ძალადობენ და სხვა ერებზეც ცდილობენ გაბატონებას? დაფიქრდით და ყოველივე ამის პასუხს თქვენ თვითონ მიხვდებით, და თუ ვერ მიხვდით, ღმერთის შეწევნით თოროუ მიგახვედრებთ.

თოროუ ციხიდან მეორე დღეს გამოვიდა. ტიტანის სულმა ამ ქვეყნის და, ზოგადად, ქვეყნიერების უსამართლობის მათრახის ტყლაშუნი საკუთარი სულის ზურგზე ერთხელ და სამუდამოდ იგემა. ამ ბოროტებამ მისი გულისგული შეძრა. თოროუმ ერთხელ და სამუდამოდ გამოუცხადა

დაუმორჩილებლობა ამ ქვეყანას და მთელ ქვეყნიერებას, და ერთხელ და სამუდამოდ განაცხადა უარი ამერიკის მთავრობის ქვეშევრდომობაზე, "ერთად-ერთი მთავრობა, რომელსაც მე ვცნობ და აღვიარებ – და მნიშვნელობა არა აქვს თუ რამდენი კაცია მის სათავეში ანდა რაოდენ მცირერიცხოვანია მისი ჯარი – არის ძალა, რომელიც ქვეყნად ყოველთვის სამართალს აწესებს, და არასოდეს არაა ის, რომელიც მუდამ უსამართლობას აწესებს. რა უნდა ვიფიქროთ იმ მთავრობაზე, რომელსაც ამქვეყნად ყველა ჭეშმარიტად მამაცი და სამართლიანი კაცი მტრად მიაჩნია, რადგან ასეთი გმირი ამ მთავრობასა და მის მიერ დაჩაგრულ ხალხს შორის დაბრკოლებად აღმართულა. ეს ის მთავრობაა, რომელიც დღეს თავს ქრისტეანად გვაჩვენებს, და ამასობაში ის მილიონ ქრისტეს ჯვარს აცვამს ყოველდღე."

ციხეში განცდილი უსამართლობის შედეგად, ჰენრი დეივიდ თოროუმ ქანქარდის ლიცეუმში 1848 წლის იანვარ-თებერვალში წაიკითხა საჯარო ლექცია "ბრძოლა სამოქალაქო მთავრობის წინააღმდეგ". ეს ლექცია, შესწორებების შეტანის შემდეგ, თხზულებად გამოსცა, სახელად "სამოქალაქო დაუმორჩილებლობა". ეს მისი ყველაზე ცნობილი თხზულებაა. ვიცი, განგაცვიფრებთ ის გარემოება, რომ ამერიკელი ხალხი ამ შრომას, როგორც წესი, არ იცნობს ან, თუ იცნობს, შეშლილი კაცის ულტრა-ლიბერალური, რადიკალისტური და ფანატიკური ნაბოდვარი ჰგონია მხოლოდ. მაშინ, როცა ამ თხზულებას უდიდესი მნშივნელობა ჰქონდა დიდი საზოგადო მოღვაწეებისთვის, როგორებიც იყვნენ, მაგალითად, ზვიად გამსახურდია, მოჰანდას (მაჰატმა) განდი, ვილიამ ბათლა იეითსი, ნელსონ მანდელა, მარტინ ლუთა ქინგ მცირე და ა.შ.

მომდევნო წლებში ნიუ ინგლენდელი ხალხის უკმაყოფილებამ ზენიტს მიაღწია. ნიუ ინგლენდში დაიწყო მონობის წინააღმდეგ მოძრაობა, რომელსაც აბოლიშენიზმი ერქვა, ამ მოძრაობის წევრებს კი აბოლიშენისტები, ანუ (მონობის) გამაუქმებლებლები ეწოდებოდათ. ჰენრი დეივიდ თოროუც მათ რიგებში იყო და, ლიტერატურული და საგანმანათლებლო მოღვაწეობის გარდა, ის სამხრეთიდან გამოქცეულ ზანგ მონებს ფიზიკურ დახმარებასაც უწევდა. თოროუმ გაიცნო აბოლიშენისტების გმირი ბელადი, ჭეშმარიტი ქრისტეანი და უდიდესი კაცთმოყვარე მებრძოლი, გმირთა-გმირი ამერიკელი თანამემამულე, კაპიტანი ჯონ ბრაუნი. 1837 წელს ცნობილი პრესბიტერიანელი მღვდელი, ელაიჯა ფერიშ ლავჯოი მონობის წინააღმდეგ თავისი აზრის გამოთქმისთვის და თავისუფლების და თანასწორუფლებიანობის სიყვარულისთვის, ილინოის შტატის ქალაქ ალთონში ხალხის ბრბომ მოკლა. რის გამოც ჯონ ბრაუნმა ფიცი დადო: "აქ, ღმერთის წინაშე, ამ მოწმეების თანდასწრებით, ამ დღიდან მოყოლებული ვაცხადებ, რომ მე მთელ სიცოცხლეს მონობის განადგურების საქმეს ვუძღვნი!" მართლაც, ამ დღიდან მოყოლებული, სიცოცხლის უკანასკნელ წუთამდე ჯონ ბრაუნი მხოლოდ თავისუფლების სიყვარულისა და მონობის მოსასპობად იღვწოდა. 1855 წელს თავისი ვაჟიშვილებისგან შეიტყო, რომ კანზასის ტერიტორიაზე ახალდასახლებული ჩრდილოეთის თავისუფალი შტატებიდან ჩასული მოსახლეობა სრულიად დაუცველი იყო – მას კბილებამდე შეიარაღებული მონათმფლობელები უტევდნენ. ჯონ ბრაუნმა ყველაფერი მიატოვა და კანზასში გადავიდა, რომ კანზასში და ნებრასკაში (ეს შტატები ლუიზიანის შესყიდვით მიიღო ამერიკამ ნაპოლეონ ბონაპარტესგან) კაცთმოძულე მონათმფლობელების წინააღმდეგ

ბრძოლაში შვილებს და სხვა აბოლიშენისტებს გვერდით დასდგომოდა. ჯონ ბრაუნი, დიდი გონიერებისა და ვაჟკაცობის გამო, მათი ბელადი გახდა. სამხრელი მონათმფლობელები, ძირითადად მიზურის შტატიდან, ცდილობდნენ, რომ კანზასი მონათმფლობელურ შტატად ექციათ და ასე შეეყვანათ გაერთიანებულ შტატებში, ჯონ ბრაუნი და აბოლიშენისტები კი ცდილობდნენ, რომ კანზასში თავისუფლება და თანასწორუფლებიანობა დაემყარებინათ და ახალდასახლებული კანზასი თავისუფალ შტატად შეეყვანათ შტატების კავშირში. ამ სამხრელ ნაძირლებს "ბორდა რაფიან"-ები ანუ "მოსაზღვრე უტიფრები" ერქვათ, რადგანაც ისინი მოსაზღვრე მონათმფლობელური მიზურის შტატიდან იყვნენ. ჯონ ბრაუნი მხოლოდ მეომარი არ გახლდათ. ის იყო დიდად გონიერი საქმოსანიც. მასაჩუსეცის მთავრობის ზოგიერთ ღირსეულ წევრებთან მეგობრობის საშუალებით ის მუდამ წინ და უკან დადიოდა კანზასსა და ნიუ ინგლენდს შორის და ნიუ ინგლენდის შტატების მონობის მოწინააღმდეგე მდიდარი ხალხისგან შეწირულობებს კრეფდა, რომ კანზასში თავისუფლებისთვის ბრძოლა დაეფინანსებინა. ისე მოხდა, რომ მასაჩუსეცის შტატის აბოლიშენისტების კანზასის კომიტეტის მდივანმა, ფრენქლინ სანბორნმა, ჯონ ბრაუნს ბოსტონში პირადად გააცნო ჰენრი დეივიდ თოროუ და რალფ ვოლდოუ ემერსონი, როგორც თანამოზიარე აბოლიშენისტები. კაპიტანმა ბრაუნმა 1848 წელს ინგლისელი საბრძოლო ტაქტიკოსი, ჰიუ ფორბზი გაიცნო და საკუთარი რაზმის მწვრთნელადაც დაიქირავა. აღსანიშნავია, რომ ფორბზი ჯუზეპე გარიბალდის[16] თანამებრძოლი იყო იტალიაში. 1859 წლის 16 ოქტომბერს ჯონ ბრაუნი თავის 21 თანარაზმელს წინ გაუძღვა ჰარფერზ ფერიზე იერიშის მისატანად. ჰარფერზ ფერი გახლდათ ამერიკის გაერთიანებული შტატების რიგით მეორე ფედერალური სამხედრო არსენალის საწარმო (თოფების ქარხანა) და საწყობი, დასავლეთ ვირჯინიის შტატის სოფელ ჰარფერზ ფერიში. იქ 100,000 მუშკეტი და შაშხანა ინახებოდა. ჯონ ბრაუნის მიზანი იყო ამ არსენალის ხელში ჩაგდება, ვირჯინიის ყველა მონის შეიარაღება და მასიური აჯანყების დაწყება, რასაც მონობის სრული მოსპობა მოჰყვებოდა, უსათუოდ – აი, რატომ აცახცახდა შიშით მთელი ამერიკის ფედერალური მთავრობა. იერიში თავიდან წარმატებული იყო, მაგრამ მტრის სიმრავლემ ბოლოს მაინც თავისი ქნა. ბრაუნმა და მისმა რაზმმა მძევლები აიყვანეს, მათ შორის, პოლკოვნიკი ლუის ვოშინგთონი, – ამერიკის პირველი პრეზიდენტის, ჯორჯ ვოშინგთონის დის შვილიშვილის შვილი. 18 ოქტომბერს აჯანყებულებს თავად რაბერთ ი. ლიიმ შემოარტყა ალყა თავისი საგანგებო დანიშნულების რაზმით, – ეს ის გენერალი გახლდათ, ეიბრეჰემ ლინქოლნს მთელი ჩრდილოეთის ჯარის მთავარსარდლად რომ უნდოდა, მაგრამ ლიიმ უარი განაცხადა, რადგან ის სამხრელი იყო, ვირჯინიის შტატიდან. შემდეგ ლიი სამხრელების მთავარსარდალი გახდა, და სამოქალაქო ომში ჩრდილოელების წინააღმდეგ იბრძოდა. ლეიტენანტი სტუარტი, მეთაურის დავალებით, აჯანყებულებს თეთრი დროშით მიუახლოვდა და უთხრა, რომ დანებების შემთხვევაში მათ სიცოცხლეს შეუნარჩუნებდნენ, რაზეც კაპიტანმა ბრაუნმა უპასუხა, "არა, მე აქ სიკვდილი მირჩევნია." ლეიტენანტის ნიშანზე საზღვაოსნო ჯარების

[16] ჯუზეპე გარიბალდი (1807-1882) – იტალიელი სამხედრო და საზოგადო მოღვაწე, დიდი მამულიშვილი, რომელმაც იტალიის რევოლუციაში მიიღო მონაწილეობა, შემდგომ კი ურუგვაის რევოლუციაში ჩაება და იქ იტალიელების ლეგიონის მეთაური იყო. ბოლოს გარიბალდი სამშობლოში დაბრუნდა და "რესირგიმენტო"-ს ანუ იტალიის გაერთიანების მოძრაობას ხელმძღვანელობდა. გარიბალდის "ორი მსოფლიოს გმირს" უწოდებდნენ, – ძველი მსოფლიოსი, ანუ ევროპის და ახალი მსოფლიოსი, ანუ სამხრეთ ამერიკის.

საგანგებო დანიშნულების რაზმმა იერიში მიიტანა, ჯონ ბრაუნი ლეიტენანტ იზრაელ გრიინმა დაჭრა თავის არეში. ამ ბრძოლაში ბრაუნმა თავისი ორი გმირი შვილი და რვა გმირი თანამებრძოლი დაკარგა. თავად ცნობილი ფრანგი მწერალი, ვიქტორ ჰიუგო შეეცადა ჯონ ბრაუნისა და მისი რაზმელების გადარჩენას. მან ღია წერილი გაგზავნა გაზეთებში დასაბეჭდად, რომელიც ევროპაშიც და ამერიკაშიც თითქმის ყველგან გამოქვეყნდა, მაგრამ, სამწუხაროდ, შედეგი არ მოუტანია. წერილი ასე სრულდება: “დაე, იცოდეს ამერიკამ, და დაფიქრდეს რომ, კაენის მიერ აბელის მკვლელობაზე დიდი საშინელება, ვოშინგთონის მიერ სპარტაკის[17] მკვლელობაა” – რა თქმა უნდა, ლეგენდარულ სპარტაკში ჰიუგო კაცობრიობის და ამერიკის გმირს, ჯონ ბრაუნს გულისხმობდა, ვოშინგთონში კი – ამერიკის მთელ მთავრობას. 2 დეკემბერს დილით ჯონ ბრაუნმა საკუთარი ბიბლია კიდევ ერთხელ წაიკითხა, მერე ცოლს წერილი მისწერა და 11 საათისთვის ჩამოსახრჩობად გამოვიდა. კაპიტანი ბრაუნი დილის 11:15-ზე ჩამოახრჩეს. თოროუს მიაჩნდა, რომ ასეთი გმირი ამერიკას არ ღირსებია და რომ თავად ამერიკის დამოუკიდებლობის ომის გმირები ამ კაცთან შედარებით მხოლოდ ჩიაკაცები იყვნენ. როდესაც მთელი ამერიკის პრესა ჯონ ბრაუნს გიჟად აცხადებდა, მის გმირობას კი – ნამდვილ სიგიჟედ, და ამ წმიდა კაცს და მის წმიდა სახელს მთავრობა, ჯარი, ჟურნალისტები და ბრბო ერთნაირად გლეჯდა, აგინებდა და დასცინოდა, თოროუ იყო ერთად-ერთი მამულიშვილი, რომელმაც ხმა აიმაღლა და ჯონ ბრაუნი და მისი სახელ-ღირსება და სიწმინდე საჯაროდ დაიცვა, თანაც ისე ხმამაღლა, რომ მისი სიტყვები მთელ ამერიკას მოედო და მთელ ამერიკელ ერს სინდისის ქენჯნა აგრძნობინა. კაპიტანმა ბრაუნმა თუ თავზარი დასცა ამ გათახსირებულ ქვეყანას, თოროუმ მეხი დასცა ამ ქვეყნის მიძინებულ სინდისს და დაბნელებულ გონებას, და კაპიტანი ბრაუნის სიმართლე ყველას, დიდსა თუ პატარას, კაცსა თუ ქალს, ერსა თუ ბერს... ცხვირ-პირში სთხლიშა. თოროუ იყო ციცერონის ხორცშესხმა XIX საუკუნეში – მჭევრმეტყველი, რომელიც, სხვა მჭევრებისგან განსხვავებით, არამარტო რომის სასამართლოში, არამედ ყველგან და ყოველთვის იცავდა ერის მოყვრებს ერის მტრებისგან. ვგონებ, სწორად თოროუზე თქვა ციცერონმა ეს სიტყვები: “მაგრამ დიდების და სახელის მოხვეჭას ყველაზე მეტად უდანაშაულო ადამიანების დაცვით უნდა ცდილობდეს საერო მოღვაწე”.[18]

თოროუ იყო მწერლობის ის ალამდარი, რომელმაც ერის მედროშის, ჯონ ბრაუნის სახელს უსამართლოდ მოდებული ჩირქი მოსწმინდა. მაშინ, როცა ამერიკის ფედერალური და საშტატო მთავრობები, ჟურნალები და გაზეთები ჯონ ბრაუნს შეშლილად, კაცის მკვლელად და სამშობლოს მოღალატედ აცხადებდნენ, თოროუ დაუღალავად იღვწოდა იმისთვის, რომ ნიუ ინგლენდელ ხალხს ჯონ ბრაუნი ჭეშმარიტ ეროვნულ გმირად შეეცნო. თოროუ რომ არა, ალბათ, ისტორიკოსებს დღემდე არ ეცოდინებოდათ რა დიდი რაინდი ჰყავდა ამერიკას ჯონ ბრაუნის სახით... და, სამწუხაროდ, დღემდეც იმდენი მცდარი ინფორმაციაა გავრცელებული კაპიტან ბრაუნის შესახებ, რომ არათუ ხალხმა, არამედ ბევრმა

---

17 სპარტაკოსი ანუ სპარტაკი (109-71 ჩ.წ-მდე) – რომის რესპუბლიკის წინააღმდეგ გამართული მონების მესამე ომის ანუ გლადიატორების ომის (73-71 ჩ.წ-მდე) ბელადი. სპარტაკის აჯანყება ცნობილი ისტორიული მოვლენაა, რომელიც წარმოშობით დიდმა ბერძენმა ისტორიკოსმა, შემდგომ კი რომის იმპერიის მოქალაქემ, პლუტარქემ გადმოსცა.

18 ციტირებაა დიდი რომაელი საერო მოღვაწის და ფილოსოფოსის, მარკუს ტულიუს კიკეროს ანუ ციცერონის (106-43 ჩ.წ-მდე) წიგნიდან “დე ოფიციის”, ქვეწიგნი II.

ისტორიკოსმაც კი არ იცის სიმართლე ჯონ ბრაუნის შესახებ და ამ ამერიკის პრომეთეს, როგორც ყაჩაღსა და შეშლილ ნაძირალას, ისე იცნობს. თოროუს თხზულება "არზა კაპიტან ჯონ ბრაუნის გასამართლებლად", არის დიდი გონების ლიტერატურული შედევრი. გამართული ენა, მართლწერა და მჭევრმეტყველება ამ ნაწარმოებს ხელოვნების ნიმუშად წარმოადგენს, მასში ჩაქსოვილი ღმრთისა და მოყვასის სიყვარული კი მსოფლმხედველობის გვირგვინად აქცევს მას. ინგლისურ ენაზე ალბათ არ მოიძებნება ისეთი გამართული და უშეცდომო ენით ნაწერი ძეგლი სიტყვაკაზმული მწერლობისა, როგორიც თოროუს ეროვნული თხზულებებია, მათ შორის, "არზა კაპიტან ჯონ ბრაუნის გასამართლებლად". აზრობრივად კი... მეტი რა გითხრათ? მსგავსი სიმართლე, გადაჭრით შემიძლია ვთქვა, არამარტო ამერიკელ, არამედ არც ერთ ანგლო-საქსონური ჯიშის ერს არასოდეს ღირსებია. გგონიათ ვაზვიადებ? "ბიბლია" რომ "ბიბლიაა" ისიც კი ამათ ენებზე დამახინჯებულად და მცდარადაა ნათარგმნი. თოროუს თხზულებები "ბიბლია" არაა და ვერც იქნება, მაგრამ, ჭეშმარიტად გეუბნებით, ამ ერებს ნამდვილი "ბიბლია" არ გააჩნიათ![19] ამერიკელ ერს, თოროუს სიმართლით რომ ევლო, ჭეშმარიტ "ბიბლიამდეც" მივიდოდა ერთ დღეს, რადგან თოროუს სიმართლე კაცის სიმართლე არ გახლავთ მხოლოდ, ისევე, როგორც სოკრატეს სიმართლე არ იყო მხოლოდ სოკრატეს ნიჭის ნაყოფი. ნებისმიერ ჟამს დიდი სიმართლე უფლის წყალობის, დიახ, ღმრთის მადლისა და ადამიანის სპეტაკი აზროვნების შედეგია. მარტო ადამიანს როდი ძალუძს სიმართლის მიგნება? სიმართლე ძიება, კვლევა და დაკვირვებაა, მოგზაურობის ხანგრძლივი პროცესია და ამ მოგზაურობის ლამპარი, რომელიც კაცს სწორ გზაზე დააყენებს, თავად უფალია. ნება ღმრთისა და ნებისყოფა კაცისა, – აი, როგორ ხდება სიმართლის აღმოჩენა! დიახ, აღმოჩენა და არა გამოგონება!

არ შეიძლება არ აღინიშნოს თოროუს ისევე, როგორც ჯონ ბრაუნის დამოკიდებულება კანონის მიმართ. ორივეს ღრმად სწამდა, რომ ნებისმიერი უსამართლობა, მათ შორის, მონობაც, აზრი არ ჰქონდა დაკანონებული იყო ის თუ არა, მაინც უკანონობა იყო. კანონი ხომ თავად ღმრთის მიერ დაწესებული ბუნებრივი სიმართლეა, რომელიც გაჩენის დღიდან სულიერი არსების ბუნებაში ისევეა ჩაკირული, როგორც უსულო არსების ბუნებაში. ადამიანის გონება და სინდისი არის ის კანონი, რომელიც მას მუდამ სამართლიანი ცხოვრებისკენ მოუწოდებს, და,

19 საუბარია "ბიბლიის" თარგმანზე – ანგლო-საქსონურ ერებს არ გააჩნიათ უტყუარად, ზუსტად და გამართულად ნათარგმნი ბიბლია. ადრე ისინი ლათინურ ბიბლიას იყენებდნენ, მაგრამ ანგლიკანური და პროტესტანტული ეკლესიების დაარსებამ კათოლიკური, ანუ ლათინური "ბიბლიის" ხმარებიდან ამოღება და სანაცვლოდ ისეთი არასწორი, ერეტიკული ტექსტების გავრცელება გამოიწვია, როგორიცაა, მაგალითად, ერეტიკოსი და ავხორცი ინგლისის მეფის, ჰენრი VIII-ის "დიდი ბიბლია", XVI საუკუნის "ჟენევის ბიბლია", 1568 წლის "ბიშოპის (ანუ ეპისკოპოსის) ბიბლია", ინგლისის მეფე ჯეიმზ I-ის "მეფე ჯეიმზის ბიბლია" (1611 წელი) და ა.შ. აგრეთვე აღსანიშნავია ის გარემოება, რომ ინგლისელი ავტორების მიერ შექმნილი უამრავი ინგლისურენოვანი სიტყვაკაზმული მწერლობის ძეგლი გრამატიკული შეცდომების ბუდეა. ამის ყველაზე კარგი მაგალითია თავად ვილიამ შეიქსფიას დადგმები და სონეტები, რომლებიც, მიუხედავად იმისა რომ ღრმა შინაარსისაა, მართლწერის დარღვევით და გრამატიკული შეცდომებითაა სავსე. აი, თოროუს და, ზოგადად, ნიუ ინგლენდელი მწერლების თხზულებები კი, ინგლისელი ავტორების ნაწარმოებებისგან განსხვავებით, ინგლისური ენის საოცარი სინატიფით, დახვეწილობით და თითქმის სრულყოფილი გრამატიკული სიზუსტით გამოირჩევიან. ამასვე მოწმობს ნეტარი ავგუსტინე თავის წიგნში "დე დოქტრინა ქრისტიანა" ანუ "ქრისტეანობის სწავლება", ქვეწიგნი II, სადაც ის უფრო სიღრმისეული სწავლებისთვის "იტალას" (ლათინური ბიბლიის) მკითხველ რომაელებს მოუწოდებს ბერძნული ძველი აღთქმის ანუ "სეპტუაგინტის" და ბერძნული ახალი აღთქმის კითხვას.

როგორც უკვე აღვნიშნე, ჭეშმარიტი კანონი უფლის მიერ შექმნილი თავად ბუნების "პირმშოა" და არა ადამიანის ანდა ადამიანთა ერთობის ანუ ერის. ყოველი კაცის ყოველი უჯრედის ყოველი ატომის ბუნებაშია ის ჩანერგილ-ჩაფესვილი. ბუნება და მისი კანონები ადამიანის სულ-ხორცის განუყოფელი ნაწილია ისევე, როგორც თავად ადამიანის სულ-ხორცია ამ ბუნების განუყოფელი ნაწილი. მაშ, რა გამოვიდა ის ეროვნული კანონი, რომელიც ბუნების კანონს ეწინააღმდეგება, თუ არა უკანონობა? მაშ, რა უნდა უწოდო ასეთი უკანონო ეროვნული კანონის დამწესებელ და აღმასრულებელ ერს, თუ არა დამნაშავეთა ბრბო? ასეთ მარტივ სიმართლეს დიდი მტკიცება და ქადაგება არ უნდა სჭირდებოდეს, მაგრამ კაენიდან[20] მოყოლებული ადამიანთა მოდგმა მეთავისეობის სენს შეუპყრია. სწორად ამ მეთავისეობას მოჰყვება ხოლმე ის დიდი ბოროტება, რომელსაც უსამართლობა ჰქვია. უსამართლო კანონების დაწესება და აღსრულება კი სწორად ამ უსამართლო ადამიანების შეთქმულების შედეგად ხდება. საერო კანონი, რომელიც ბუნების კანონს არ ემთხვევა, უკანონობაა, და უფრო მეტიც, – ის თავად დაკანონებული ბოროტებაა! ასეთ კანონს და ასეთი კანონის დამწესებელს ბოლო უნდა მოეღოს, და თანაც, რაც შეიძლება სწრაფად. ყოველივე ეს, კიდევ ერთხელ ვიმეორებ, მარტივი ჭეშმარიტებაა, რომელიც გამოდის, რომ თითქმის ყველას და თითქმის ყველგან დაჰვიწყებია. დაკანონებულ უკანონობასთან განუწყვეტელი გმირული ბრძოლით ეს მარტივი სიმართლე ამერიკელებს თოროუმ და ჯონ ბრაუნმა შეახსენა, ქართველებს – ილიამ, რომაელებს – ციცერონმა, ბერძნებს – სოკრატემ და პლატონმა... მსოფლიოს კი – თავად ქრისტე ღმერთმა. და ვატყობ, რომ ამ სიმართლის შეხსენება ყველა ჩვენგანს ყოველთვის თუ არა, ძალიან ხშირად ისევ სჭირდება.[21]

ორმოცდაათიან წლებში თოროუმ ბევრი იმოგზაურა. მას ბუნება ხიბლავდა და იზიდავდა. იგი ბუნებას აკვირდებოდა არამარტო როგორც მოყვარული, არამედ მეცნიერული კუთხითაც სწავლობდა მას. თოროუმ მოიარა ფილადელფია, ნიუ იორკი, ნიაგარას ჩანჩქერები,[22] დეტროიტი, შიკაგო, მილვაკი, სეინთ ფოლი და ბევრი სხვა ქალაქი, დაათვალიერა დიდი ტბების მხარე (ტბები ონტარიო, ირი, ჰურონი, მიშიგანი და სუფერია).

1859 წელს ერთ დღეს თოროუს, რომელიც გადაჭრილ ხის ტაკვებზე გამოსახულ წლიურ რგოლებს სწავლობდა, ტყეში შემოაღამდა

---

20 კაენი ებრაულად ნიშნავს "მესაკუთრეს", ალეგორიულად – "საკუთარ თავზე შეყვარებულს".

21 იხილეთ დიდი რომაელი საერო მოღვაწის და ფილოსოფოსის, მარკუს ტულიუს კიკეროს ანუ ციცერონის (106-43 ჩ.წ-მდე) წიგნი "კანონები", ქვეწიგნი II: "საზიანო და მავნე დადგენილებებზე რაღას იტყვით, რომლებსაც ხალხს უწესებენ და უკანონებენ, რომლებსაც ჭეშმარიტ კანონთან და კანონიერებასთან ისევე არ გააჩნია საერთო, როგორც დამნაშავეთა რაზმის მიერ შემოღებულ წესებს? წარმოიდგინეთ ავადმყოფი, რომელსაც სამკურნალოდ უგუნური ხალხი უვიცობის გამო საწამლავს გამოუწერს. განა შეიძლება ასეთ საწამლავს წამალი ეწოდოს? ასევე არ შეიძლება საზოგადოებაში ნებისმიერი უვიცის მიერ დაწესებულ კანონს კანონი ეწოდოს, თუნდაც თავად ხალხმა განაცხადოს თანხმობა მის აღსრულებაზე. მაშასადამე, ჭეშმარიტი კანონი სამართლიანობასა და უსამართლობას შორის სწორი ლარის გავლებაა და არა უგუნური კაცის ხუშტურის შედეგად დაწესებული მრუდე წესი. ჭეშმარიტი კანონი კაცის ხუშტურს კი არ ეყრდნობა, არამედ ყველაზე უძველეს და ყველაზე უმთავრეს ჭეშმარიტებას – ბუნებას; სწორად ბუნება უჩვენებს ადამიანებს და მათ ეროვნულ კანონებს სიმართლის გზას – ბოროტის დასჯის და კეთილის დაცვის გზას.

22 ნიაგარას ჩანჩქერები – მრავლობითში იხმარება, რადგან იქ ორი ჩანჩქერია, ერთი – კანადის და ერთიც – ამერიკის ტერიტორიაზე. კანადის ჩანჩქერი ბევრად უფრო დიდი და თვალწარმტაცია.

და წვიმაში მოჰყვა, გაცივდა და დაავადდა. ბუნებისა და კაცის ქომაგს ფილტვების ანთება დაემართა, ამას ისიც დაემატა, რომ თოროუს ადრე ჭლექი ჰქონდა გადატანილი და ბოლომდე მისგან განკურნებული არ იყო. სამი წელი გაატარა სნეულებაში, თუმცა, არ გაჩერებულა. ის დიდ დროს უთმობდა თავისი ნაწერების შესწორებას და ბევრ ჟურნალში გამოაქვეყნა თავისი სტატიები.

თოროუ გარდაიცვალა 44 წლის ასაკში 1862 წლის 6 მაისს. ბრანსონ ალქოთმა უზრუნველყო გასვენების ორგანიზაცია და თოროუს შემოქმედებიდან ნაწყვეტებიც პირადად წაიკითხა. პოეტმა და ფილოსოფოსმა, ელერი ჩენინგმა წაიკითხა თოროუსადმი მიძღვნილი ჰიმნი. ემერსონმა დაკრძალვის დღეს წაიკითხა ევლოგია. თოროუ თავიდან დანზარების (დედის) საგვარეულო საფლავში დაკრძალეს, შემდგომ კი თოროუ და მისი ოჯახის სხვა წევრების ნაშთები სოფელ ქანქარდის სლიფი ჰალოუს სასაფლაოზე გადაასვენეს. აღსანიშნავია, რომ ემერსონი, ელერი ჩენინგი, ნათანიელ ჰოუთორნი და კიდევ ბევრი სხვა ნიუ ინგლენდელი მამულიშვილი და საზოგადო მოღვაწე სწორად ამ სასაფლაოზეა დაკრძალული. სლიფი ჰალოუს სასაფლაო უბრალოების და სისადავის განსახიერებაა. არ შეიძლება კაცმა იმ სადა, უბრალო და ღარიბულ საფლავებს შეხედო და არ მიხვდე, რომ იქ წუთისოფლური სიმდიდრის უარმყოფელი ხალხი ასვენია.

ᲨᲔᲫᲐᲮᲘᲚᲘ ᲓᲐ ᲛᲝᲬᲝᲓᲔᲑᲐ ᲥᲐᲠᲗᲕᲔᲚᲗᲐᲗᲕᲘᲡ

თუ თოროუს წაკითხვა გადაგიწყვეტიათ, ჩემი საუბარი ამ ტიტანზე ზედმეტი ტიტინი გამოვა და მეტი არაფერი, მაგრამ, ვიცი, ქართველებში მრავლად არიან ისეთები, ვისაც ჯერ არც ილია წაუკითხავთ, არც გურამიშვილი, არც შოთა და არც ვაჟა, და ისიც კარგად ვიცი, ასეთები არც თოროუს წაკითხვას ჩქარობენ ახლა. წერას მხოლოდ მათთვის ვაგრძელებ, რომ იქნებდა დამეყოლიებინა და თოროუს თხზულებების კითხვის აუცილებლობაში დამერწმუნებინა ისინი. ჩემი მიზანია, ჩემს თანამემამულეს სიმართლე და საქართველო შევაყვარო, და სიმართლეზე და საქართველოზე მეტად კი ქრისტე ღმერთი და კაცობრიობა შევაყვარო მას, რადგან სიმართლე ღმერთის "პირმშოა", საქართველო კი – მთელი კაცობრიობის. დიახ! ღმერთი გახლავთ ყოველი სიმართლის წმიდათა-წმიდა აბსოლუტური სათავე. საქართველოს პოლიტიკური სათავე კი კაცობრიობაა. ჰოდა, დამიჯერეთ, თოროუს წაკითხვით ღმერთის და მოყვასის სიყვარულს ისწავლით და თუ უკვე ნასწავლი გაქვთ, მაშინ გაიღრმავებთ. და როცა ღმერთისა და მოყვასის სიყვარულში დახელოვნდებით, ჩვენი დაობლებული და დაჩაგრული საქართველოს სიყვარულიც აღარ გაგიჭირდებათ მაშინ.

შეხედეთ რას დამსგავსებიხართ? სადაა თქვენში ქართველი? სადაა თქვენში ილია და ვაჟა?! უფლის ხატება სადაა თქვენში?! და თქვენ კიდევ რა გიჭირთ, აბა დანარჩენ მსოფლიოს შეხედეთ... – ჭორებით სავსე გაზეთები, მუდმივი აღებ-მიცემობა, თვალთმაქცი, ყალბი, ერეტიკული ეკლესიები და მათგან გზასაცდენილი მრევლები, რომლებსაც იესუ ფარისევლებს ეძახდა, პასკალი – იეზუიტებს, თოროუ კი – კათოლიკებსა და პროტესტანტებს, უმაღლესი სასწავლებლები, რომლებიც თავიანთი

ვითომცდა აკადემიურობით ჯიბრის, ფულის მოხვეჭისთვის საჭირო ხელობის და მეთავისეობის მეტს არაფერს უნერგავენ ნორჩ მოწაფეებს, გათახსირება და ხორციელი გახრწნილება, უნიათო ან, უფრო უარესიც, ქრთამში ჩაფლული და ზოგჯერ პირდაპირ ბრმა ბოროტებით გამსჭვალული მთავრობები, ილიას მკვლელები, იმპერიები, იმპერიები, იმპერიები!!! მეთავისე, ხორციელი, ბოროტი იმპერიები! იმპერიები შინ და გარეთ! იმპერიები ერთ ადამიანში და ერთად აღებულ მთელ ქვეყნიერებაში! ეშმაკის მიერ ნაშენები იმპერიები და იმპერიებად ქცეული კაცობადაკარგული ადამიანები...

თოროუ უეკლესიო ქვეყანაში დაიბადა. სოკრატესი არ იყოს, ისიც მალე მიხვდა თავისი ერის ცრუეკლესიების სიყალბესა და თვალთმაქცობას. რა უნდა ექნა? მოიჩიჩქნა სულისგული და სინდისი ჰპოვა. სინდისი, რომელიც ყველა ეროვნულ კანონზე მართალი და მყარი გამოდგა, სინდისი, რომელიც კაცს აწითლებს, სინდისი, რომლითაც კაცი, თუნდაც ყველაზე ურჯულო ქვეყანაში დაბადებული კაცი, ღმერთს მიაგნებს და ქრისტემდე მივა. როგორც ეს სორენ კიირკეგაარდმა[23] თქვა ერთხელ, "ერთ ადგილზე თუ იყურებ, მაშინ უფალს აღმოაჩენ. ჰოდა, უფალს რომ აღმოაჩენ, ერთ ადგილზე უნდა იყურო მაშინ." ჰოდა, იყურა ტყეში, იმ ტყის ჯურღმულეთში და წყვდიადში ნახა თოროუმ ხელუხლებელი ბუნება, კაცის ბუნებაც უკეთ შეიცნო და კაცის ბუნების შეცნობით შეიცნო ღმერთი... ან იქნებ პირიქით... იქნებ მუდამ იდო მასში ნათელი და ღმრთული ნაპერწკალი, რომლითაც წესიერი ადამიანები უფალთან მუდმივ კავშირში არიან... და ჩვენც რომ ამ წესიერების მარცვალი გვეგდოს გულში და არა ბოროტების ეკალი, ჩვენც მარადიულ კავშირში ვიქნებოდით ჩვენს შემოქმედთან, – დაგვავიწყდებოდა იმპერიად ქცეული ერის საერო კანონები და ქრისტეანული კანონების დაცვაზე ვიზრუნებდით; დაგვავიწყდებოდა ყველა უსამართლო მეფე, ყველა მთავრობა და ყველა ამქვეყნიური არაქრისტეანი უფალი და იმაზე დავიწყებდით ფიქრს, ჭეშმარიტი უფალი რითი გვესიამოვნებინა; დაგვავიწყდებოდა აკადემიები, უხეში ხელობის შემსწავლელი ფაკულტეტები და შევწირავდით ჟამსა და თავს სინატიფეს, სიფაქიზეს და სულიერ განათლებას; დაგვავიწყდებოდა ხვნა-თესვა და ბეღელ-მარანი და სულ სხვა მოსავლის აღებაზე ვიზრუნებდით; და ბოლოს: დაგვავიწყდებოდა გაზეთი, ტელევიზორი და ინტერნეტი და უფლის უკვდავ სიტყვას მოვისმენდით მაშინ, მაგრამ!!! გაგვჭედია ყურები მასმედიის ჭორებით! ვხნავთ და ვთესავთ ხორციელ პურს და რასაც ვთესავთ იმასვე ვიმკით ბეღელ-მარნისთვის! ვსწავლობთ ხელობას და უსწავლელობას! უფლად გვიღიარებია ყველა მეფე და ყველა მთავრობა! დავმონებივართ უკანონო საერო კანონებს და მათი სიშავით გვინდა ჩვენი სულის განწმედა და ჩვენი სინდისის გათეთრება! – არ გამოვა ასე ცხოვრება, გეუბნებით მე! ვერ ვცხონდებით, მენდეთ!

ადამიანი ბუნებით ბოროტი არსება როდია? ანდა ერი როდია ბუნებით ბოროტი? ბოროტება მეთავისეობით იწყება მხოლოდ. და განა მეთავისეობა არ იყო ადამის და ევის ურჩობა, ღმერთის მიერ დაწესებული კანონის დარღვევა და აკრძალული ხილის ჭამა? ამ ცოდვით კაცმა

---

[23] სორენ კიირკეგაარდი (1813-1855) – უდიდესი დანიელი ფილოსოფოსი და თეოლოგოსი, რომელმაც "დანიის ეროვნული ეკლესიის" ერეტიკოსობა საჯაროდ გამოააშკარავა და ხალხს ჭეშმარიტი ქრისტეანობისკენ მოუწოდა.

ღმერთის სიყვარული დაივიწყა. მერედა, რა უბედურია კაცი, რომელსაც ღმერთი აღარ უყვარს! ღმერთი რომ არ უყვარდა, სწორად იმიტომ მოკლა კაენმა აბელი. ასე და ამგვარად, მივიღეთ ორი ცოდვა კაცისა და კაცობრიობისა, – უსიყვარულობა ღმრთისა და სიძულვილი მოყვასისა. იმპერიად ქცეული ერი სწორად ასეთი ცოდვილი და გადაგვარებული ადამიანების ნაკრებია და, აქედან გამომდინარე, იმპერია სწორად ცოდვილი და გადაგვარებული კაცის მაკროკოსმოსია. ერი, ისევე როგორც უბრალო ადამიანი, უბრალო და კარგია, მაგრამ იმპერიად ქცეული ერი ბოროტებით შეპყრობილი ადამიანების ერთობაა და, აქედან გამომდინარე, მხოლოდ ბოროტებაა ის. ნიუ ინგლენდი, როგორც ერი, და ნიუ ინგლენდელი, როგორც მამულიშვილი, კარგი იყო და სიკეთეს ემსახურებოდა. რატომ? იმიტომ, რომ მის მოქალაქეს საერო კანონზე მეტად ღმერთი და მოყვასი უყვარდა.

ამერიკა იმპერიად ქცეული ერ-ყოფილია, მაგრამ უფალს მაინც უდიდესი მადლი მიუნიჭებია მისთვის, – ამ ქვეყნის შვილები იყვნენ თოროუ და ჯონ ბრაუნი, ემერსონი და მეთიუსონი...[24] აი, ვისზე უნდა ფიქრობდეს ქართველი, როცა ის ამერიკაზე ფიქრობს. აი, ვისზე უნდა ფიქრობდეს თავად ამერიკელიც! ამერიკა ულამაზესი ქვეყანაა, რომელმაც, თავისი ცოდვების მიუხედავად, სულით მშვენიერი ადამიანები გამოზარდა. და თუ თქვენ ამ ქვეყნის მიერ საკუთარი შვილების არ-დაფასება და მკვლელობა გიკვირთ, მაშინ ამ კითხვაზე გამეცით პასუხი, – ოდესმე კი არსებობდა ისეთი ერი, რომელიც თავის გმირებს აფასებდა? ქართველებმა ილიას შუბლში ტყვია ვახალეთ! ზვიადი გავაძევეთ და სასიკვდილოდ გავწირეთ! რუსთველს, ვაჟას, გურამიშვილს, გალაკტიონს რა ბედი ეწიათ? განა სოკრატე საკუთარმა ბერძენმა თანამემამულეებმა არ მოკლეს? იესუს რა უყვეს ებრაელებმა, – გიფიქრიათ ამაზე? ერი რომ ერისა და არამარტო ერის, არამედ კაცობრიობის გმირს კლავს, გასაკვირი ნამდვილად არაა. საკვირველი მხოლოდ ისაა, ასეთი სულმდაბალი ერი ასეთ სულგრძელ გმირს რომ გამოზრდის ხოლმე. თუმცა, გმირი კაცის მშობლიური ერი, ასეა თუ ისე, მაინც გმირი ერია, რადგან სწორად ეს გმირკაცია მისი სახე და მისი იერი.[25] დედამიწის ზურგი სავსეა ისეთი ქვეყნებით, გმირი რომ არ უშვიათ ამქვეყნად. მოკლედ, არავის ეგონოს, ამერიკა მთლად წყალწაღებული ქვეყანა იყოს, – პირიქით! ეს ის ქვეყანაა, რომელმაც თოროუ გამოზარდა. საქმე ისაა, თოროუს ამერიკისთვის კარგი სურდა და უკეთესი ამერიკის დანახვა ეწადა! დღეს რომ ამერიკაში მონობა აღარ არსებობს სწორად თოროუს და კაპიტან ჯონ ბრაუნის დამსახურებაა! დღეს რომ ამერიკაში ადამიანის სიცოცხლე და პიროვნული თავისუფლება

---

[24] ჯენეტ მეთიუსონ ჯონსონი (1914-2002) – XX საუკუნის ნიუ ინგლენდელი ნოველისტი და პოეტი, "მაიქლ თორის" და "სიამაყის ამბის" ავტორი. ჯენეტ მეთიუსონი გახლდათ ამერიკის პირველი მეტალურგის, იეილის უნივერსიტეტის აკადემიკოსის და ამერიკაში პირველი მეტალურგიული ლაბორატორიისა და კათედრის დამაარსებლის, იეილის უნივერსიტეტის მეტალურგიული კათედრის გამგის, ლითონების დარგში მეორე მსოფლიო ომის ჟამს ამერიკის პრეზიდენტის და თავდაცვის განყოფილების მრჩევლის, აკადემიკოს ჩემპიონ ჰერბერთ მეთიუსონის ქალიშვილი და იეილის უნივერსიტეტის დოქტორის, ქიმიური გიგანტის, დიუფონ კორპორაციის ასაფეთქებელი განყოფილების გამგის, ვინფორდ ბლეა ჯონსონის მეუღლე. მეთიუსონის ნაწერები ნიუ ინგლენდური შეუპოვრობით და ინგლისური ენის დიდი სინატიფით გამოირჩევა.

[25] იგივეს ბრძანებს დიდი ელენისტი ებრაელი ფილოსოფოსი, ფილო ებრაელი ანუ ფილონ ალექსანდრიელი (20 ჩ.წ.-მდე–50 ჩ.წ.-ით): "...ბედნიერია ის ოჯახი და ის ქალაქი, რომელშიც კარგი კაცი ცხოვრობს... ამგვარ ოჯახს და ქალაქს ბედნიერება ელირსება, რადგან ღმერთი, კარგი კაცის გამო, მისი ოჯახის და ქალაქის ულირს წევრებსაც კი მიანიჭებს თავის წყალობას, რომელიც უსაზღვროა." იხილეთ ფილო ებრეალი, წიგნი "აბელის და კაენის მსხვერპლშეწირვა".

გარკვეულწილად ფასობს, ესეც ამათი დამსახურებაა. დღეს თუ ამერიკა შაჰ აბასის[26] და ჯალალ ედდინის[27] კაცთმოძულე და ბოროტმოქმედი იმპერიებისგან უკიდურესად განსხვავდება, და შედარებით კეთილი და კაცთმოყვარე იმპერიაა, რომელშიც თანასწორუფლებიანობა და სიტყვის თავისუფლება სუფევს, თოროუს და თოროუსთანა მამულიშვილების გულმოდგინე მეცადინეობის შედეგია სწორად. მოიკლა ჯონ ბრაუნი, გარდაიცვალა თოროუ და ამერიკელი ხალხი გონს მოეგო და მონობის წინააღმდეგ ერთხმად გაილაშქრა. 1861-1865 წლებში ამერიკაში სამოქალაქო ომი გაჩაღდა, რომელშიც ჩრდილოეთი მთელი თავისი ნიუ ინგლენდითა და შუამდებარე შტატებით სამხრელი მონათმფლობელის წინააღმდეგ იბრძოდა. ომი თავისუფალი ჩრდილოეთის გამარჯვებით დამთავრდა და მონობა ამერიკაში ერთხელ და სამუდამოდ გადავარდა. – ვინ თქვა ერთი მერცხლის ჭიკჭიკი გაზაფხულს ვერ მოიყვანსო?! თოროუს შეძახილმა გამოაფხიზლა ამერიკა და ამერიკელი ერი უკეთეს ერად აქცია ისევე, როგორც ილიას შეძახილმა გამოაფხიზლა საქართველო!

ჩემო ქართველებო, დადგა ჟამი, რომ ჩვენ ყველა ერთად და ყოველმიზეზგარეშე ერთხელ და სამუდამოდ გამოვფხიზლდეთ – შევიყვაროთ უფალი და მოყვასი, და ამ სიყვარულით ჩვენი ქვეყნის და მთელი ქვეყნიერების სამსახურში ჩავდგეთ!

---

[26] შაჰ აბას I, დიდი (1571-1629) – სპარსელების საფავიდების სამეფო გვარის უდიდესი მეფე, გონიერი პოლიტიკოსი, იმპერიალისტი, რომელმაც მის მეზობელ ქვეყნებს, მათ შორის, საქართველოსაც, შავი დღე დააყარა.

[27] ჯალალ ედ-დინ მინგბურნუ ანუ მანგუბერდი – 1220 წლიდან ხვარაზმის მეფე, რომელიც მონღოლებთან ბრძოლაში დამარცხდა და მეფობა დაკარგა. შემდგომ ის სპარსეთის მეფე გახდა, მაგრამ ეს მეფობაც მონღოლებთან ალბორზის მთებში გამართული ბრძოლისას განცდილი მარცხის შედეგად დაკარგა. შემდგომ ის 1225 წელს აზერბაიჯანში გამეფდა და სწორად მაშინ იყო, რომ საქართველოს დაესხა თავს და ამ ყაჩაღმა თბილისი გააპარტახა – ყველა ეკლესია გაძარცვა და უამრავი ხალხი გაწყვიტა. ბოლოს ჯალალ ედ-დინი ან დაქირავებულმა სელჯუკმა მკვლელებმა მოკლეს ან უბრალოდ, ძარცვის მიზნით მოკლეს სელჯუკმა ყაჩაღებმა.

მთარგმნელის შესახებ

ზვიად კლიმენტის ძე ლაზარაშვილი
სთრეიერ უნივერსიტეტი, ბიზნესის მაგისტრი
რვალის საერო უნივერსიტეტი, იურისტი
თბილისის ეკონომიკურ ურთიერთობათა და სამართლის
სახელმწიფო უნივერსიტეტი, ეკონომიკის ბაკალავრი

ზვიად კლიმენტის ძე ლაზარაშვილი გახლავთ მრავალი წიგნის ავტორი სიტყვაკაზმულ მწერლობაში, ფილოსოფიაში, ეკონომიკასა და პოლიტოლოგიაში. მას დამთავრებული აქვს თბილისის ეკონომიკურ ურთიერთობათა და სამართლის სახელმწიფო უნივერსიტეტი ბაკალავრის ხარისხით, რუსთავის რვალის უნივერსიტეტი იურისტის ხარისხით და ამერიკის გაერთიანებულ შტატებში ფენსილვეინიის შტატის სთრეიერ უნივერსიტეტი მაგისტრის ხარისხით. ლაზარაშვილმა ერთ ხანს ვოლ სტრიტზე, მსოფლიო საფინანსო ცენტრში საინვესტიციო ფირმა "მერილ-ლინჩ"-ში იმუშავა ანალიტიკოსად. იგი წლების მანძილზე გახლდათ ფენსილვეინიის შტატის ლინქოლნ უნივერსიტეტის საპატიო ლექტორი პოლიტოლოგიის, ეკონომიკის და ფინანსების დარგში. საქართველოში ხანმოკლე ყოფნისას, რექტორის, გურამ თავართქილაძის მიწვევით, ის თბილისის ეკონომიკურ ურთიერთობათა და სამართლის სახელმწიფო უნივერსიტეტში კითხულობდა ლექციებს. ზვიად კლიმენტის ძე ლაზარაშვილის სამეცნიერო შრომები და მისი, როგორც ფინანსების და ინვესტიციების დარგში მოწინავე ექსპერტის ანალიზი გამოქვეყნებულია ფრიდრიხ ებერტის ფონდის "მცირე ბიზნესის ჟურნალში" (1998 წელი), ჟურნალ "სქალარ"-ში (ქართულად "მეცნიერი"), ვოშინგთონის ოლქი (2008 წელი) და გაზეთ "ლინქოლნიანში", ფენსილვეინიის შტატი (2009 წელი). ზვიად ლაზარაშვილის სალიტერატურო წიგნებიდან ცნობილია "კაცთანუგეში" (2004 წელი) და "ინვიქტუს პათოსი" (2003 წელი). ზვიად ლაზარაშვილმა 2000-იანი წლების დასაწყისში რამდენიმე აკადემიური და ისტორიული ნარკვევი გამოსცა ცნობილ ნიუ ინგლენდელ მწერალთან, იეილის უნივერსიტეტის პროფესორ ჯენეტ მეთიუსონთან ერთად. მისი მეცნიერული შრომები საზოგადოებრივ, პოლიტიკურ და ფილოსოფიურ საკითხებს შეეხება: "XIX საუკუნის ნიუ ინგლენდის პოლიტიკური ეკონომიკა" (2000 წელი), "ტრაქტატი ქრისტეანობის და კაპიტალიზმის შესახებ" (2001 წელი), "ამერიკული კონსერვატიზმი" (2001 წელი).

2009 წელს ზვიად ლაზარაშვილმა თემფლ უნივერსიტეტის დოქტორ ჩიეკე ი. იჰეჯირიკასთან ერთად გამოსცა სამეცნიერო წიგნი "პოლიტიკური ფილოსოფია მსოფლიო თვალთახედვით". 2009 წლის სასწავლო წლიდან ლინქოლნ უნივერსიტეტის ისტორიის და პოლიტოლოგიის კათედრები ამ წიგნს საბაკალავრო სტუდენტებისთვის სავალდებულო სახელმძღვანელოდ იყენებენ, – ლინქოლნი ამერიკის გაერთიანებულ შტატებში ზანგების უძველესი უმაღლესი სასწავლებელია. ამ წიგნში ავტორს ასახული აქვს მრავალი ცნობილი პოლიტიკური ფილოსოფოსის მსოფლმხედველობა. იგი ამასთან ერთად, ამ თეორეტიკოსი მეცნიერების პარქტიკული, საერო მოღვაწეობის დეტალურ ანალიზს გვთავაზობს. აღსანიშნავია, რომ წიგნის ერთი თავი ჰუმანისტებს ეძღვნება; ამ თავის პირველი ქვეთავი ჰენრი დეივიდ თოროუს ეთმობა, მომდევნო ქვეთავი კი – ილია ჭავჭავაძეს. ყველა ფილოსოფოსი

განხილულია, მართლაცდა, მსოფლიო თვალთახედვით. ისტორიულ ანალიზში ხაზგასმითაა აღნიშნული თოროუსა და ილიას მსოფლმხედველობებს შორის არსებული უტყუარი მსგავსება. ლაზარაშვილი ნამდვილი პოლიმეთია, რომელიც პოლიტიკურ პრობლემებს ეკონომიკურ საკითხებს უკავშირებს და სოკრატესა და პლატონის ფილოსოფიურ სწავლებებს – ქრისტეანულ კანონებს. ამის გამო ლაზარაშვილის ანალიზი მრავალწახნაგოვანია. მისი წვდომა მხოლოდ ერთი მეცნიერებით არ შემოიფარგლება და მრავალ აკადემიურ საგანს მოიცავს, ეს მრავალწახნაგოვნება კი ადამიანის არასრულყოფილი არსებობის უფრო სრულ სურათს წარმოაჩენს.

ზვიად ლაზარაშვილის სიტყვაკაზმული შრომები ფილოსოფიურია, მაგრამ ამ ფილოსოფიას ხშირად ნოველების, ალეგორიული თხზულებების, ანალექტების და ლექსების იერი დაჰკრავს. ყოველდღიური ცხოვრების გმირების ყოფაში მწერალი ზოგადსაკაცობრიო საზოგადოებრივ, ეკონომიკურ და პოლიტიკურ საკითხებს აღწერს. ნაწარმოებებში ასახულია თანამედროვე საზოგადოებისთვის დამახასიათებელი საჭირბოროტო თემები, – სარწმუნოება და ცრურწმენა, სიკეთე და ბოროტება, სამართლიანობა და უსამართლობა, უბრალო სიღარიბე და უსინდისობის გზით მოხვეჭილი სიმდიდრე... მისი აზროვნება ტრანსენდენტულია, ანუ ის ხორციელ სინამდვილეს და წუთისოფლის წამიერებას სცილდება. მისი მჭევრმეტყველება პირდაპირია და მოურიდებელი. მისი სიმართლე იმდენად ბასრია, რომ არ შეიძლება, მკითხველს გულის სიღრმეში სიბრძნის ისარივით არ გაეყაროს. მისი ნოველები მუდამ მშობლიური ქვეყნის და მთელი ქვეყნიერების სიყვარულითაა გამსჭვალული. მისი ნაწარმოებების გმირებს კუთხური ჭირ-ვარამი როდი ადარდებთ. პატარა სოფლების პატარა გმირები მუდამ დიდი და ზოგადსაკაცობრიო საკითხებით არიან დატვირთული. მეთავისეობის და გაჯიჯგვებული პირადულობის ანუ მესაკუთრეობის ადგილი მათ ხასიათში არ მოიძებნება, რადგან მათი გული უკვე სიყვარულითაა პირამდე სავსე – ღმერთის და ღმერთთან ერთად მოყვასის, ერის და კაცობრიობის სიყვარულით.

ზვიად კლიმენტის ძე ლაზარაშვილის ენა ბუნებრივად ახლოს დგას თოროუს ენასთან. მისი თხრობა მხნეობით და უშუალობითაა სავსე. მის თარგმანებში თოროუს ხასიათის, აზრის და სიტყვის შემართება მთელი და განუმეორებელი სისრულითაა არეკლილი. ხაზგასმით უნდა აღინიშნოს, რომ ზვიად ლაზარაშვილი ილია ჭავჭავაძის კითხვით გაზარდა მამამ, ამერიკაში გადაცხოვრების შემდეგ კი ახალგაზრდა მწერალი თოროუს, ალბათ, ერთ-ერთმა უკანასკნელმა თანამემამულემ, იეილის უნივერსიტეტის დოქტორმა, მწერალმა და ფილოსოფოსმა, ჯენეტ მეთიუსონმა აღზარდა. ზვიადმა წლები დაჰყო თავის მენტორთან და მისგან ნიუ ინგლენდური ბასრი და მკაფიო ენა ისევე ზედმიწევნით აითვისა, როგორც სიმართლით გამოჭედილი ნიუ ინგლენდური ბასრი და მკაფიო ხასიათი, – ნათელია, რომ ნიუ ინგლენდის სიტყვაკაზმულ მწერლობასთან ერთად მან ნიუ ინგლენდელის აზრი და ფილოსოფია იცის. ამიტომაცაა, რომ ის გულის სიღრმემდე გრძნობს ნიუ ინგლენდელი მამულიშვილის, ჰენრი დეივიდ თოროუს გულისნადებს, აზრს, წუხილს და ამ აზრისა და წუხილის წარმომშობ ნიუ ინგლენდურ სიმართლესა და სიყვარულს. ერთი მხრივ ილია ჭავჭავაძის მახვილი ქართულის, მეორე მხრივ კი ბასრი ნიუ ინგლენდური ინგლისურის ცოდნა გახლავთ ის ორი

უდიდესი მიზეზი, რის გამოც ლაზარაშვილის თარგმანები, მართლაცდა, საუცხოო და განუმეორებელია.

როდესაც ზვიად ლაზარაშვილს ჰკითხეს, რამ გადააწყვეტინა თოროუს თარგმნა, მან უპასუხა, "მამაჩემისგან, სრულიად საქართველოს მართლმადიდებლური ეკლესიისგან, ილია ჭავჭავაძისგან, ჯენეტ მეთიუსონისგან და ჰენრი დეივიდ თოროუსგან ერთი რამ ვისწავლე, – რომ განდეგილობის და პირში წყლის ჩაგუბების უფლება, როგორც ქართველს და, ზოგადად, როგორც კაცს, არ მაქვს. ამას განსაკუთრებით მაშინ მივხვდი, როცა არჩევნებში ხმის მიცემის შესახებ თოროუს აზრები წავიკითხე და ხმის მიცემის არაფრისმაქნისობა ცხადად დავინახე. საჭიროა, სადი აზრი გამოითქვას, კაცმა კაცს ფიქრი გაუზიაროს და სიმართლე ომახიანად და მჭექარედ მთელი ქვეყნის გასაგონად კიდევ ერთხელ დაიჭექოს, – თოროუს სიმართლე საქართველოში ჯერ არ აქვს ხალხს გაგონილი. წმიდა გიორგიც ხომ მებრძოლი წმიდანი იყო, ჯაჭვის პერანგითა და მუზარადით აღჭურვილი, და ის შუბით ხელში იმ გველეშაპს ებრძოდა, რომელიც სიცრუის და ბოროტების სიმბოლოა, დიახ, ბოროტებისა, რომელიც კაცობრიობის მთელ მოდგმას სულ-ხორცში ღრმად გასჯდომია... და ყველაზე მეტად კი იესუსგან ვისწავლე ბრძოლა. ბრძოლა იყო, როცა იესუმ დაუნგრია დახლები სოლომონის ტაძარში გაბატონებულ უსინდისო ვაჭრებს, როცა ხალხს მოძღვრავდა, როცა შრომობდა და მაშინაც, როცა ჯვარს ეცვა. საქართველო იმსახურებს თოროუს გაცნობას, ამერიკა კი იმას იმსახურებს, რომ თოროუთი იცნობდნენ მას და არა გენერალ ვოშინგთონით, და არა პრეზიდენტ ლინქოლნით, და არა თუნდაც ბენჯამინ ფრენქლინით, და არა რომელიმე საიდუმლო საძმოს წინსაფარგადაცმული ტაკიმასხარით, რომელიც ელგარის დაკრულ 'ზეიმი და გარემოება'-ზე მაიმუნივით იწყებს ხტუნვასა და თამაშს, და მსოფლიო მაყურებლისთვის ყალბსა და უაზრო ტაშ-ფანდურს მართავს 'სუროს ლიგის' სკოლაში,[28] – ამით კი არ უნდა იცნობდეს მსოფლიო ამერიკას, არამედ წელში გამართული და სულსწორი კაცით – თოროუ გახლავთ ასეთი კაცი."

ზვიად ლაზარაშვილი თოროუს ეროვნული თხზულებების პირველი მთარგმნელია ქართულ ენაზე. მისი მოწინავე თარგმანები, ისტორიული ანალიზი და კომენტარები პირველად 2008 წელს გამოიცა აკადემიურ ტრაქტატად "ჰენრი დეივიდ თოროუ – ამერიკელი ერის გმირი". ეს გახლავთ მეორე გამოცემა, რომელშიც უფრო დაწვრილებით განმარტებებს და შენიშვნებს შეხვდებით. წიგნი შეიცავს მთარგმნელისავე წინასიტყვაობას, რომელშიაც მოცემულია თოროუს ბიოგრაფია და XIX საუკუნის ნიუ ინგლენდის და, ზოგადად, ამერიკის საკმაოდ განვრცობილი ისტორიული მიმოხილვა. წიგნი მდიდარია ნიუ ინგლენდის სურათებით და იმჟამინდელი ისტორიული მნიშვნელობის საბუთების ასლებით. თავად მთარგმნელის, ზვიად კლიმენტის ძე ლაზარაშვილის ბიოგრაფია

[28] იეილის უნივერსიტეტში, რომელიც "სუროს ლიგის" – ამერიკის ყველაზე პრესტიჟული სასწავლებლების ლიგის – წევრია, არსებობდა ასეთი ჩვეულება: მოსწავლეებისთვის დიპლომების გადაცემის ჟამს უკრავდნენ ინგლისელი კომპოზიტორის, სერ ედვარდ ვილიემ ელგარის (1857-1934) ცნობილ მარშს, "ზეიმი და გარემოება", რომელიც ბოლოს ორი გამორჩეული, პაუზიანი ნოტით მთავრდება, რომლის ხმოვანება ჟღერს როგორც "პამ პამ!!!" რაც ემთხვევა ინგლისურ ბრძანებას, "სით დაუნ" ანუ "დაჯექით". იეილის პროფესორები, საპატიო სტუმრები და მოსწავლეები მუსიკის დაკვრის ჟამს ერთმანეთში საუბრობდნენ, აქეთ-იქით დადიოდნენ, კამათობდნენ, მაგრამ ბოლო ორი ნოტის, "პამ პამის" მოახლოვებისას, განკუთვნილი საჯდომების ძებნას იწყებდნენ და ამ "პამ პამის" გაგონებაზე სკამზე ჯდებოდნენ.

დაწერილია ამერიკის ერთ-ერთი მოწინავე ფინანსისტის და ეკონომისტის, პროფესორ ჯორჯ ფი. სტასენის მიერ.

ჰენრი დეივიდ თოროუ. სურათი გადაღებულია 1861 წლის აგვისტოში.
HENRY DAVID THOREAU: PICTURE TAKEN IN AUGUST, 1861.

ᲛᲝᲜᲝᲑᲐ ᲛᲐᲡᲐᲩᲣᲡᲔᲪᲨᲘ

ᲐᲛᲐᲡ ᲬᲘᲜᲐᲗ ᲡᲝᲤᲔᲚ ᲥᲐᲜᲥᲐᲠᲓᲘᲡ ᲛᲝᲥᲐᲚᲐᲥᲔᲔᲑᲘᲡ ᲙᲠᲔᲑᲐᲡ ᲓᲐᲕᲔᲡᲬᲐᲠᲘ,[29] სადაც, სხვებისა არ იყოს, ველოდი, რომ საუბარი გვექნებოდა მასაჩუსეცის შტატში არსებულ მონობაზე, მაგრამ სახტად დავრჩი, როცა აღმოვაჩინე, რომ ჩემი თანამოქალაქეები შორეული ნებრასკის[30] ბედზე ზრუნვას შეეკრიბა და არა მშობლიური მასაჩუსეცისა, და უმალ მივხვდი, მონობაზე საუბარი, რომელიც მე ასე ძლიერ მეწადა, სრულიად უადგილო იქნებოდა აქ. ჩემი აზრით, ნებრასკის მინდვრები კი არა, ჩვენი მშობლიური კერა მოეცვა ხანძარს. მიუხედავად იმისა, რომ მასაჩუსეცის შტატის ბრჭყალებიდან მონების განთავისუფლების მცდელობისთვის მასაჩუსეცის მრავალი მოქალაქე ზის დღეს ციხეში[31], ამ შეკრებაზე არც ერთ მომხსენებელს სიტყვა არც დასცდენია, და არც სინანული გამოუთქვამს ამ სავალალო ფაქტის შესახებ. როგორც შევატყე, მათ მხოლოდ ათასობით მილის მიღმა არსებული მამულების და ველური საძოვრების განლაგების და განაწილების ბედი აწუხებდათ. დღევანდელი ქანქარდის მოსახლეები არ არიან მზად თავიანთი მშობლიური მიწის ერთი ნაგლეჯის, ერთი მშობლიური გოჯის, ერთი მშობლიური ხიდის დასაცავადაც კი.[32] სამაგიეროდ ისინი მთელ თავიანთ ჟამს იელოსთოუნის

---

29 მასაჩუსეცის შტატის სოფელ ქანქარდის მოქალაქეების კრება ცნობილმა მწერალმა, თოროუს მეგობარმა, რალფ ვოლდოუ ემერსონმა და სამუელ ჰორმა მოიწვიეს 1854 წლის 22 ივნისს, რათა "1854 წლის კანზას-ნებრასკის აქტი" დაეგმოთ და მთავრობა "1850 წლის ლტოლვილი მონის კანონის" გაუქმებაში დაერწმუნებინათ. ამ მიზნის მისაღწევად მათ მონობის საწიმააღმდეგო ახალი პოლიტიკური პარტიის შექმნა ჰქონდათ გამიზნული. მოგვიანებით, 1854 წელს, ჩამოყალიბდა "რესპუბლიკური პარტია", რომელიც პირველი რესპუბლიკელი პრეზიდენტის, ეიბრეჰემ ლინქოლნის არჩევით, 1860 წელს მოვიდა ხელისუფლებაში. ის "დემოკრატიული პარტიის" მოწინააღმდეგე იყო და მონობის გაუქმებისთვის იბრძოდა, რაც სამოქალაქო ომის შედეგად მოხერხდა კიდეც.

30 1854 წლის 24 მაისს, სწორად იმ დღეს, როდესაც ლტოლვილი მონა, ანთონი ბერნზი დააპატიმრეს, ამერიკის კონგრესმა "კანზას-ნებრასკის აქტი" დაამტკიცა, შედეგად წინა კანონპროექტი, "მიზურის კომპრომისი" გაუქმდა, და კანზასის და ნებრასკის შტატებს უფლება მიეცათ თავად გადაეწყვიტათ მონათმფლობელობის დაკანონება სურდათ თუ თავისუფალი შტატობა. მანამდე მონათმფლობელობის საკითხის მოგვარება "მიზურის კომრპომისის" კანონით ხდებოდა, რომლის საფუძველზე "ლუიზიანის ტერიტორიის შესყიდვით" შექმნილ ამ რეგიონის ჩრდილოეთი შტატები, მათ შორის, კანზასი და ნებრასკა, თავისუფალი შტატები იქნებოდნენ, ამ რეგიონის სამხრეთი შტატები კი – მონათმფლობელური. "კანზას-ნებრასკის აქტის" საფუძველზე, ამ ახალ მიწაზე სამხრეთული მონათმფლობელობის გავრცელების აშკარა საშიშროება შეიქმნა. მონობის მომხრე სამხრელები აქტიურად ცდილობდნენ მონობის გავრცელებას ამ ორ შტატში. მათ ეწინააღმდეგებოდნენ ჩრდილო-აღმოსავლელი, კერძოდ, ნიუ-ინგლენდელი მამულიშვილები, რომლებსაც მიაჩნდათ, რომ თავისუფლება და თანასწორუფლებიანობა უნდა ყოფილიყო ამერიკის გაერთიანებულ შტატებში ეროვნულობის საფუძველი და არა – მოყვასის ჩაგვრა-დამონება. მონობის მოწინააღმდეგე ნიუ ინგლენდელების ჯგუფს "აბოლიშენისტ"-ები ანუ "(მონობის) გამაუქმებლები" ერქვა. სამხრელი, უმეტესად მიზურელი მონათმფლობელების ჯგუფს, რომელიც მოსაზღვრე კანზასის და ნებრასკის შტატებში მონობის გავრცელებისთვის იბრძოდა, ერქვა "ბორდა რაფიანები" ანუ "მოსაზღვრე უტიფრები".

31 1854 წლის 26 მაისს მონობის მოწინააღმდეგე ნიუ ინგლენდელი "აბოლიშენისტები" მასაჩუსეცის შტატის დედაქალაქ ბოსტონის სასამართლო შენობაში შეიჭრნენ და სამხრეთიდან ჩრდილოეთში გამოქცეული ლტოლვილი მონის, ანთონი ბერნზის განთავისუფლება სცადეს, რომელიც სამხრელი მონათმფლობელების ზეწოლის გამო მასაჩუსეცის შტატის ძალოვანი სტრუქტურების მოხელეებს დაეკავებინათ, მიუხედავად იმისა, რომ ჩრდილოეთ შტატებში მონათმფლობელობა კანონით იკრძალებოდა. თორმეტი თავისუფლების მომხრე მამულიშვილი მეამბოხე დაპატიმრებული იქნა და ერთი მთავრობის ერთგული მარშალი (სასამართლოს პოლიციელი), ჯეიმზ ბეჩელდერი, მოკლულ იქნა ამ იერიშისას. დაპატიმრებულებს შორის იყო თოროუს მეგობარიც, ვენთვორთ ჰიგინსონი.

32 მშობლიური ხიდის დაცვაში თოროუ გულისხმობს 1775 წლის ქანქარდის ბრძოლის ყველაზე მნიშვნელოვან ტაქტიკურ გარემოებას, როცა იანკებმა "ჩრდილოეთის ხიდი" იერიშზე

მდინარის[33] მიღმა პოზიციების გამაგრებასა და ახალი მიწების ხელში ჩაგდებაზე საუბარს უთმობენ. ჩვენი ბათრიქები და დეივისები და ჰოუზმერები [34] უკან იხევენ და იქით, იმ უცხო მიწებში ეძებენ თავშესაფარს და, ვშიშობ, რომ ამ უკან დახევისას იმას იზამენ, რომ არც კაცური ბრძოლის მაგალითს და არც ლექსინგთონის ველს [35] არ დაუტოვებენ შთამომავლობას სამახსოვროდ და სამაგალითოდ. იმ უცხო და უჯიშო ნებრასკაში ერთი მონაც კი არ არსებობს, მაშინ როცა აქ, ჩვენს მშობლიურ მასაჩუსეცში, ლამის მილიონი გონებრივად მონადქცეული კაცყოფილია.[36]

პოლიტიკურ სკოლებში ნასწავლ-ნაკითხი მოღვაწეები ვერც ახლა უსწორებენ თვალს სინამდვილეს და ვერც ვერასოდეს დაუნახავთ სიმართლე. მათ მიერ მიღებული ყველა გადაწყვეტილება ნახევრადსასარგებლო და დროებითი საშუალებაა და საქმეს არ შველის. ისინი საკითხის მოგვარებას უსასრულოდ გადადებენ ხოლმე, ამასობაში კი ჩვენი ეროვნული ზარალი იზრდება. თუმცა "ლტოლვილი მონის კანონი"[37] ამ შეკრების განხილვის საგანს არ წარმოადგენდა, როგორც მე ეს შემდგომ გავიგე, მოგვიანებით სხდომაზე ჩემს თანამოქალაქეებს თურმე ეს საკითხი რის ვაი-ვაგლახით, როგორც იქნა, მოეგვარებინათ. 1820 წლის კომპრომისი კანონი[38] ერთ-ერთი პარტიის მიერ დაიგმო, და გადაწყდა, რომ "ამის გამო, ... 1850 წლის 'ლტოლვილი მონის კანონიც' უნდა გაუქმდეს". მაგრამ განა რომელიმე პარტიის მიერ რომელიმე დებულების დაგმობის გამო უნდა გაუქმდეს უსამართლო კანონი?! პოლიტიკოსებს თავიანთი ქურდობა კი არ ადარდებთ, არამედ საკუთარი იმედგაცრუება: თურმე ქურდობისა და პარვის ბიზნესში იმაზე ნაკლები ღირსება ყოფილა, ვიდრე მათ ეს აქამდე ეგონათ.

გადმოსული ბრიტანეთის იმპერიის ჯარებისგან დაიცვეს და ერთი გოჯი მიწა არ დაუთმეს დესპოტებს.

[33] მდინარე იელოსთოუნი მდინარე მიზურის შენაკადი გახლავთ – ლუისის და ქლარქის ცნობილმა კვლევითმა ექსპედიციამ იელოსთოუნის ყელს 1805 წლის აპრილს მიაღწია. ამ მდინარის მიღმა მდებარეობდა ახალი მიწები, რომლის მიტაცებას და ათვისებას ამერიკელები დიდად ცდილობდნენ.

[34] მაიორი ჯონ ბათრიქი გახლდათ ამერიკის თავისუფლების ომში (რევოლუციური ომი ინგლისის იმპერიის წინააღმდეგ) ქანქარდის ბრძოლის ერთ-ერთი სახელოვანი მეთაური. კაპიტან აიზაკ დეივისი და ებნა ჰოუზმერი ამ ბრძოლაში დაღუპული ამერიკელი გმირები არიან.

[35] ლექსინგთონის ველი – ადგილი სადაც 1775 წლის 19 აპრილის გამთენიისას იანკებმა, კერძოდ, მასაჩუსეცის მილიციამ (მოქალაქეთა რაზმმა), დიდი ბრიტანეთის იმპერიის ჯარების წინააღმდეგ პირველი ტყვია გაისროლეს და ამერიკის რევოლუციური ანუ თავისუფლების ომი დაიწყო. პირველი შებრძოლება და სისხლისღვრა სწორად ლექსინგთონის ველზე მოხდა, იმავე დღეს მოგვიანებით დაიწყო ქანქარდის ბრძოლა.

[36] 1850 წლის ხალხთაღრიცხვით (სტატისტიკით) მასაჩუსეცის მოსახლეობა 995,515 სულს შეადგენდა, რაც გათვლილი იყო, რომ 1854 წლისთვის "ალბათ, მილიონ სულს" მიაღწევდა.

[37] "1850 წლის ლტოლვილი მონის აქტი" გახლდათ საშინელი ეგრეთწოდებული დათმობა, რომელზეც ამერიკის კონგრესი წავიდა – მონობის მომხრე სამხრელი კონგრესელები მონობის გავრცელებისთვის იბრძოდნენ, ჩრდილოელები კი – თავისუფლებისთვის და თანასწორუფლებიანობისთვის. ბოლოს ორივე მხარემ დათმო და საბოლოო შეთანხმება მიიღო, რის საფუძველზეც მექსიკა-ამერიკის ომის შედეგად ამერიკის მიერ ახლად დაპყრობილი შტატებიდან გაერთიანებულ შტატებში კალიფორნია თავისუფალ შტატად შევიდოდა, თექსასი კი – მონათმფლობელურ შტატად. თავისუფალი შტატების ძალოვანი სტრუქტურების მოხელეები აგრეთვე ვალდებულები იყვნენ, სამხრეთიდან ჩრდილოეთში გაქცეული ლტოლვილი მონა დაეპატიმრებინათ, და ვინც ამას არ იზამდა, $1,000-ით დაჯარიმდებოდა. ამ საშინელი კანონმდებლობის შედეგად კიდევ უფრო გააქტიურდა "მიწისქვეშა რკინიგზა" – ხალხის ჯგუფი, რომელიც გამოქცეულ სამხრელ მონებს ჩრდილოეთში გადაპარვაში, თავისუფალ შტატებში თავშესაფრის შოვნაში, დასახლებაში და ახალი ცხოვრების დაწყებაში ეხმარებოდა.

[38] კვლავ მიზურის კომპრომისს გულისხმობს.

საგანგებო დანიშნულების ჯარებით საიმედოდ დაცული ბოსტონის სასამართლო ანთონი ბერნზის პატიმრობისას.
BOSTON COURHOUSE UNDER HEAVY GUARD WHILE ANTHONY BURNS WAS HELD INSIDE.

რადგანაც ჩემი აზრის გამოხატვის საშუალება სამოქალაქო ყრილობაზე არ მომეცა, აქ მაინც მიბოძეთ სიტყვის თავისუფლება.

ქალაქ ბოსტონის სასამართლო კვლავაც სავსეა შეიარაღებული კაცებით, რომლებსაც მის დარბაზში პატიმარი მოუყვანიათ და განხილვის და გამოძიების საგანი ამ კაცის თავისუფლება გახლავთ.[39] სხედან და კითხულობენ, – ეს კაცი მართლა კაცია თუ მონა? და ნუთუ ვინმეს მართლა ჰგონია, რომ ან სამართალი ან თავად ღმერთი ბატონი მოსამართლე ლორინგის [40] გადაწყვეტილებას ელოდება ამ საკითხის გადასაწყვეტად? თავად ის გარემოება, რომ ეს ჩვენი მოსამართლე მეტად მნიშვნელოვანი კაცივით წამომჯდარა, ტვინს იჭყლეტს და იმ მარტივ საკითხზე გადაწყვეტილების მიღებას ცდილობს, რომელიც უკუნითი უკუნისამდე უფალს უკვე გადაუწყვეტია, და ეს გადაწყვეტილება თავად ამ უწიგნურ მონას და მის გარშემო შეკრებილ ბრბოსაც ცხოვრების წესად და კანონად მიუღია, ამ ჩვენს მოსამართლეს სასაცილოს ხდის. ალბათ, ყველა ჩვენთაგანს კითხვა გვაწვალებს, თუ ვისგან მიიღო კაცის თავისუფლების ბედის გადაწყვეტის უფლება ბატონმა მოსამართლემ ანდა თავად რა კაცია ბატონი მოსამართლე ასეთი დიდი საქმე რომ აუღია თავის თავზე? ნეტა რომელი ახალი, გამოუკვლეველი და სათუო კანონებითა და წესებით ხელმძღვანელობს ის და რომელი პრეცედენტების საფუძველზე იღებს გადაწყვეტილებებს? ყველაზე დიდი კადნიერება, ჭეშმარიტებასთან შეუსაბამობა და სამართლის დარღვევა თავად ამ ჩინოსნის არსებობაა. ბატონ მოსამართლეს ჩვენი სამხილის და ჩვენებების შეკვრას კი არა, თავისი გუდა-ნაბადის შეკვრას ვთხოვთ.

ხშირად ვინაბები ხოლმე და ყურს ვუგდებ, რომ გუბერნატორის[41], მასაჩუსეცის მთავარსარდლის ხმა გავიგო, მაგრამ ჭრიჭინების ჭრიჭინისა

---

[39] ბოსტონის სასამართლო სავსე იყო ფედერალური და მასაჩუსეცის შტატის საგანგებო დანიშნულების ჯარებით, რომ, საჭიროების შემთხვევაში, ანთონი ბერნზის განთავისუფლებისთვის შეკრებილი მამულიშვილი და კაცთმოყვარე ხალხის აჯანყება უმალ ჩაეხშოთ.

[40] ედვარდ ჯი. ლორინგი (1802-1890) – მასაჩუსეცის სასამართლოს კომისარი და მოსამართლე, რომელმაც, "1850 წლის ლტოლვილი მონის კანონის" თანახმად, ბრძანება გასცა, რომ მასაჩუსეცში გამოქცეული მონა, ანთონი ბერნზი სამხრეთში თავის "მესაკუთრეს" დაბრუნებოდა. ლორინგი აგრეთვე აქტიურად წერდა და აქვეყნებდა "ლტოლვილი მონის კანონის" მხარდამჭერ თავის აზრმოკლებულ აზრებს.

[41] გუბერნატორი – თოროუ შეიძლება გულისხმობდეს მასაჩუსეცის შტატის ორ სხვადასხვა გუბერნატორს, რიგით XXII გუბერნატორს, იმორი ვოშბერნს ან რიგით XX გუბერნატორს, ჯორჯ ეს ბაუთველს, რომელთა გუბერნატორობაც ხანმოკლე იყო. ვოშბერნი გუბერნატორი გახლდათ 1854-1855 წლებში, ბაუთველი კი – 1851-1853 წლებში. მაშინ გუბერნატორს მასაჩუსეცელები ერთწლიანი ვადით ირჩევდნენ. შეიძლება, თოროუ სულაც ზოგადად ხმარობს სიტყვა "გუბერნატორს" – ეს ვარაუდი ყველაზე უფრო სწორია, ჩემი აზრით. ზოგი მკვლევარი არასწორად ასახელებს ჰენრი ჯოუზეფ გარდნას (1819-1892) – მასაჩუსეცის შტატის გუბერნატორი 1855-1858 წლებში, – თოროუმ ამ თხზულების ნაწილი ლექციად მასაჩუსეცის სოფელ ფრამინგჰემში 1854 წლის 4 ივლისს წაიკითხა, სრული სახით კი ის 1854 წლის 21 ივლისს გამოქვეყნდა ვილიამ ლოიდ გერისონის აბოლიშენისტურ გაზეთში, "ლიბერატორი". ჰენრი ჯოუზეფ გარდნას ამ თხზულებაში ნახსენებ გუბერნატორად დასახელება ანაქრონიზმია და, აქედან გამომდინარე, მცდარია. თუმცა აღსანიშნავია საინტერესო ფაქტი ამ კაცის შესახებ. იგი "ნოუ ნათინგ"-ების, ანუ "არაფრის მცოდნე"-თა მოძრაობის წევრი იყო. ეს გახლდათ XIX საუკუნეში ჩრდილოეთის შტატებში პოპულარული პოლიტიკური მოძრაობა მიმართული ირლანდიელი იმიგრანტების წინააღმდეგ. თუმცა ჩრდილოეთის შტატები მონობას ეწინააღმდეგებოდნენ და თავისუფალი შტატები იყვნენ, მათ ირლანდიელი იმიგრანტები სძულდათ. ახალმოსული გაუნათლებელი ირლანდიელი იმიგრანტები განსაკუთრებით ნიუ ინგლენდის ქალაქებს მოედვნენ. ისინი კათოლიკები იყვნენ და პროტესტანტ და საკმაოდ განათლებულ ნიუ ინგლენდელებს ეშინოდათ, რომ კათოლიკე ირლანდიელები, როგორც დესპოტი რომის პაპის მოციქულები, ამერიკულ ცხოვრებას ვერ მოერგებოდნენ და თავიანთი

და ბუზების ბზუილის მეტი არაფერი მესმის შუა ზაფხულში. როგორც ჩანს, დღეს-დღეობით ჩვენი გუბერნატორის ერთადერთი საგმირო საქმე სამხედრო აღრიცხვის დღეებში შეიარაღებული ჯარების დათვალიერებაა. ხშირად მინახავს ცხენზე ამხედრებული ჩვენი გუბერნატორი. მოუხდია ქუდი და უსმენს პროტესტანტი მღვდლის წირვა-ლოცვას. ისე გამოდის, რომ რამდენჯერაც ვნახე, მხოლოდ ამგვარი "საგმირო" საქმეებით იყო დაკავებული ჩვენი მამა-მარჩენალი. და თუ ესაა მთელი მისი გუბერნატორობა, მაშინ, მგონი, გუბერნატორის არსებობის გარეშეც შევძლებდი ცხოვრებას. თუ მას ჩემი დატყვევების და მოტაცების აღკვეთა არ შეუძლია თავის ქვეყანაში, მაშინ რაში მჭირდება ამ ქვეყნად ასეთი გუბერნატორი? როდესაც ამ ქვეყნის მოქალაქის თავისუფლებას საფრთხე ემუქრება, სწორად მაშინ იკარგება ეს კაცი ამ ქვეყნიდან. ერთხელ ერთმა გამოჩენილმა სასულიერო მოღვაწემ მითხრა, პროტესტანტი მღვდლის ხელობა იმისთვის ავირჩიე, რომ წერა-კითხვა მიყვარს და მინდოდა, ნაკლები საქმე და მეტი თავისუფალი დრო მქონოდაო. ამ მღვდელს ვურჩევდი, გუბერნატორი გამხდარიყო.

სამი წლის უკან, როდესაც "სიმზ"-ის უბედური შემთხვევა [42] მოხდა, ჩემს თავს ვუთხარი, – არის ამ ქვეყნად ერთი, კაცი თუ არა, ყოველშემთხვევაში, ერთი ასეთი ოფიცერი, მასაჩუსეცის შტატის გუბერნატორი, – ჰოდა, საკითხავია რით იყო დაკავებული ის ამ უკანასკნელი ორი კვირის განმავლობაში? ის მაინც თუ მოახერხა, რომ პირში წყალი ჩაეგუბებინა, ეჭოჭმანა და არავის მიმხრობოდა ერის ამ დიდი ზნეობრივი მიწისძვრის ჟამს? ჩემი აზრით, დატყვევებული და მონობაში ხელახლა გაყიდული თომას სიმზის მეტი გამასხარავება და შეურაცხყოფა, რაც გუბერნატორმა ამ კაცს და კაცობრიობას თავისი უმოქმედობით მიაყენა, სხვას არავის შეეძლო, – ამ ზნეობრივ გაჭირვებასა და მორალურ კრიზისს მისი მხრიდან არავითარი გამოკვლევა და საქმის გარკვევა არ მოჰყოლია. ყველაზე მეტი და ყველაზე უარესი რაც ვიცი ჩვენი გუბერნატორის შესახებ არის ის, რომ მან ეს შესაძლებლობა არ გამოიყენა და თავის ხალხს თავი ღირსეულ კაცად კი არა, ლიტონ კაცადაც კი არ გააცნო. მას ხომ თავისუფლად შეეძლო თანამდებობიდან გადამდგარიყო და ამით მაინც მოეხვეჭა სახელი და ღირსება. როგორც ჩანს, დავიწყებას მისცემია ის გარემოება, რომ მხოლოდ ღირსეული კაცისთვის არსებობს ასეთი ღირსეული თანამდებობა. არადა, ეჭვგარეშეა ისიც, რომ ჩვენი შტატის მმართველი ღირსებით თუ არა, თავისი გვამით მაინც მთელი ძალით ცდილობდა გუბერნატორის სკამის შევსებას. გუბერნატორი ჩემი განმგებელი არასოდეს ყოფილა! რადგან მე მისი არა გამიგია რა!

მაგრამ ამ ბოლო ხანებში ჩვენი შტატის განმგებლის ხმა ხალხმა, როგორც იქნა, გაიგო: მას შემდეგ, რაც მან და ამერიკის გაერთიანებული შტატების ფედერალურმა მთავრობამ სრულ წარმატებას მიაღწიეს და საწყალი ზანგი კაცი, თომას სიმზი, თავისუფლებისგან და, რამდენადაც

უგუნურებითა და კათოლიკური ფანატიზმით ქვეყანას სიმშვიდეს დაურღვევდნენ და საფრთხეს შეუქმნიდნენ.

[42] თომას სიმზი გახლდათ ყოფილი მონა, რომელმაც ჯორჯიის შტატში ყმაწვილობისას მონობას თავი დააღწია და ნიუ ინგლენდში გაიქცა. "1850 წლის ლტოლვილი მონის კანონის" საფუძველზე ის ბოსტონში იმავე წელს დააკავეს, გაასამართლეს და მის "მფლობელს", სამხრელ მონათმფლობელს დაუბრუნეს ჯორჯიის შტატის ქალაქ სავანაში, სადაც სიმზი საჯაროდ ისე ულმობლად და სასტიკად გაროზგეს, რომ სიკვდილს ძლივს გადაურჩა.

ეს მათ ხელეწიფებოდათ, უფალთან მისი ხატებისგან[43] სამუდამოდ გაძარცვეს, ჩვენი პატივცემული გუბერნატორი თავისი ბოროტი თანამზრახველების წინაშე გამობრძანდა და მისალოც ბანკეტზე სიტყვით გამოვიდა![44]

მე წაკითხული მაქვს ამ შტატის უახლესი კანონი,[45] რომლის საფუძველზეც, ერთის მხრივ, სისხლის სამართლის დანაშაულად ითვლება "მასაჩუსეცის თანამეგობრობის" ოფიცრის მიერ "დაკავება ან დახმარების გაწევა... დაკავებაში", ნებისმიერ ადგილას შტატის საზღვრებში, "ნებისმიერი ადამიანის, იმ სარჩელის საფუძველზე, რომ ეს ადამიანი შეიძლება იყოს ლტოლვილი მონა." მეორე მხრივ, კი აღსანიშვანია ის საჯაროდ ცნობილი სამარცხვინო ფაქტიც, რომ შტატის ოფიცერს არ შეუძლია თავისი მშობლიური მასაჩუსეცის შტატის ტერიტორიაზე ქონების ჩამორთმევის რეპლევინის, ანუ უწყების[46] გამოყენება ამერიკის გაერთიანებული შტატების მარშალთან, მისთვის შეპყრობილი ლტოლვილი მონის ჩამორთმევის და განთავისუფლების მიზნით.

მე მეგონა, რომ გუბერნატორი გახლდათ, გარკვეული გაგებით, შტატის აღმასრულებელი ოფიცერი; და რომ მისი საქმე იყო შტატის კანონების სისრულეში მოყვანა; და იმავდროულად, გუბერნატორის, როგორც კაცის, ვალდებულება გახლდათ ისიც, რომ მას, როგორც, პირველ ყოვლისა, კაცს და არა როგორც შტატის მოქალაქეს, შტატის კანონების აღსრულებისას ჯერ კაცობრიობის კანონები უნდა დაეცვა და დაუწერელი ადამიანური კანონები არ დაერღვია. მაგრამ, როცა გუბერნატორი ქვეყანას განსაკუთრებით სჭირდება, მაშინ ის განსაკუთრებით უსარგებლოა ხოლმე ქვეყნისთვის, ან უარესიც, ხდება ისეც, რომ ის ნებას აძლევს, შტატის კანონები არ აღსრულდეს და მასაჩუსეცის სამართალს ამერიკის გაერთიანებული შტატების მარშალებმა გვერდი აუარონ. იქნებ მე არც კი ვიცი რა შედის გუბერნატორის მოვალეობაში? ოღონდაც, თუ გუბერნატორობა ასეთ სამარცხვინო ქცევას მოითხოვს, თუ ეს მაღალი თანამდებობა სულის დამდაბლების და კაცობის დაცემის ხარჯზე მოიპოვება, მაშინ მე მთელი

---

43 უფალთან კაცის ხატებაში თავისუფლებაა ნაგულისხმევი.

44 ხუთი დღის შემდეგ, რაც ანთონი ბერნზი ვირჯინიაში დააბრუნეს, გუბერნატორი ვოშბერნი სიტყვით გამოვიდა საპატიო ბანკეტზე, იმ ერთ-ერთი საგანგებო დანიშნულების ჯარის საპატივსაცემოდ რომ მოეწყო, რომელმაც ბერნზის სასამართლო პროცესისას ბოსტონის სასამართლო უსამართლობის გამო აღელვებული პატრიოტი ხალხისგან დაიცვა.

45 1843 წლის მასაჩუსეცის შტატის "ლედიმერის კანონი", რომლის საფუძველზე მასაჩუსეცის შტატს არ შეეძლო ლტოლვილი მონის დაჭერაში ფედერალური მთავრობის ან სამხრელების დახმარება. ამ საშტატო კანონით ასე თუ ისე გონსმოგებული მასაჩუსეცის მთავრობა შეეცადა, საკუთარ ტერიტორიაზე 1793 წლის "ლტოლვილი მონის (ფედერალური) კანონის" აღსრულებისთვის შეეშალა ხელი. კანონის სახელი ჯორჯ ლედიმერისგან მომდინარეობს, რომელიც ლტოლვილი მონა იყო.

46 რეპლევინი ანუ უწყება – იურიდიული იარაღი, რომელიც დღესაც გამოიყენება ამერიკაში, და რომლითაც შეიძლება ადამიანისთვის მოპარული ან არაკანონიერი გზით შეძენილი კერძო საკუთრების ჩამორთმევა და მისი სასამართლო მოხელის მიერ შენახვა, სანამ სასამართლო არ გაიმართება და ამ ქონების კანონიერების საკითხს არ დაადგენს. როგორც წესი, რეპლევინი ანუ უწყება გამოიყენება ადამიანისთვის უკანონო ქონების ჩამოსართმევად და მისი კანონიერი მფლობელისთვის დასაბრუნებლად. რეპლევინი, ისევე როგორც ჰაბეას კორპუსის წერილი, სასამართლო პროცესისას შეიძლება გამოყენებულ იქნას იმისთვის, რომ ადვოკატმა აიძულოს მოსამართლე, სასწრაფოდ დანიშნოს სასამართლო სხდომა იმის გადასაწყვეტად, კანონიერადაა დაკავებული პატიმარი თუ უკანონოდ, ანუ არსებობს თუ არა საკმარისი საფუძველი დასაპატიმრებლად. ფედერალურ სასამართლოში რეპლევინს იურიდიული ძალა არ გააჩნია და ბერნზის შემთხვევაში ორ ადვოკატს ჰქონდა დაწერილი რეპლევინი, რომელთაგან ერთს უარი უთხრეს და მეორე განხილვის ღირსადაც არ ჩათვალეს.

ჩემი არსებით უნდა ვეცადო, არასოდეს გავხდე მასაჩუსეცის გუბერნატორი. სიღრმისეულად არ წამიკითხავს ჩვენი შტატის კანონთა კრებული, – არა მგონია სასარგებლო საკითხავი იყოს ეს წიგნი კაცისთვის, რადგან კანონი სიმართლეს არ ამბობს, და თუ ამბობს, ყოველთვის იმას არ გულისხმობს, რასაც ამბობს. მე მხოლოდ ის მადარდებს, რომ ამ კაცის, ჩვენი განმგებლის გავლენა და ძალაუფლება მონათმფლობელის მხარეზე იყო და არა მონის – დამნაშავის მხარეზე და არა უდანაშაულოსი – უსამართლობის მხარეზე და არა სამართლის. ცხოვრებაში თვალით არ მინახავს ის ადამიანი, მასაჩუსეცის გუბერნატორი, რომელზეც ასე უარყოფითად ვსაუბრობ ახლა. ის კი არადა, სანამ ეს მოვლენა არ მოხდებოდა, არც კი ვიცოდი, რომ ის ჩვენი შტატის განმგებელი იყო. გუბერნატორის და ლტოლვილი მონის, ანთონი ბერნზის სახელი ერთდროულად გავიგე პირველად, და ეჭვგარეშეა ისიც, რომ ამ ქვეყნის უმრავლესობაც პირველად ასევე ერთდროულად გაიგებს მათ სახელებს. ყოველივე კი სრულებით ცხადჰყოფს თუ რამდენად მოშორებული ვარ ჩვენი განმგებლის განმგებლობას. იმის თქმა კი არ მსურს, მისი ბრალია, რომ მე მასზე არაფერი მსმენოდა, – არა, – უბრალოდ მოვისმინე ის, რაც მომესმა, – ეს არის და ეს. განა რა შემიძლია მის შესახებ ყველაზე უარესი ვთქვა? მხოლოდ ის, რომ, რა ალხანაც ამომრჩეველთა დიდი უმრავლესობაა, ის ჩალხანაა თავად გუბერნატორიც.[47] ჩემი აზრით, მან ჩვენი ერის ეს მეტად სულისშემძვრელი შემთხვევა სწორად არ გამოიყენა.

ჩვენი შტატის მთელი სამხედრო ძალა[48] ვინმე ბატონ სათლს[49] ემსახურება, იმ კაცის დაჭერაში რომ დაეხმაროს, რომელსაც ეს ვირჯინიელი მონათმფლობელი კაცს კი არა, თავის საკუთრებას უწოდებს. არადა, ერთი ჯარისკაციც კი არაა მთელ ჩვენს შტატში, რომ მასაჩუსეცის მოქალაქე მოტაცებისგან იხსნას და ტყვეობას გადაარჩინოს! ნუთუ ამისთვის არის სამხედროების მთელი ეს ჯარი?! ნუთუ ამისთვის იწვრთნებოდნენ ჩვენი ჯარისკაცები უკანასკნელი სამოცდაცხრამეტი

---

47 თოროუს აზრი სრულიად ემთხვევა სოკრატესას. სოკრატემ კარგად იცოდა, რომ ბოროტი მთავრობა თუნდაც ფიზიკურად ვერაფერს დააკლებდა მას, და რომ მხოლოდ ბოროტი მთავრობის ქვეშევრდომ ბოროტ ხალხს, ანუ ბრბოს შეეძლო მისი ფიზიკური განადგურება. აი, რას ამბობს სოკრატე პლატონის ცნობილ დიალოგში, "აპოლოგია" ანუ "არზა": "მეტად მტრული განწყობა მხვდა წილად ხალხისგან, და, თუკი ასეთი ძალა ხალხში საერთოდ არსებობს, მაშინ სწორად ხალხის ამ მტრულ განწყობას შეუძლია ჩემი ხორციელი განადგურება – არც მელეტუსს არც ანიტუსს [სოკრატეს პოლიტიკურ მტრებს], არამედ ხალხის დიდ ნაწილში ჩაბუდებულ ცილისწამებას და შუღლს. ბრბოს ბოროტებას ბევრი სხვა უდანაშაულო კაცი შეუწირავს აქამდე, და კვლავაც შეიწირავს მომავალში; არა მგონია ჩემი სიკვდილით გაძღეს ადამიანთა ბრბო და უდანაშაულო ხალხის ჭამას შეეშვას ოდესმე." იხილეთ პლატონის დიალოგი, სახელად "აპოლოგია" ანუ "არზა".

48 ჩვენი შტატის მთელი სამხედრო ძალა – აბოლიშენისტი მამულიშვილების მიერ სასამართლო შენობაზე მიტანილი იერიშის შემდეგ ბოსტონის მერმა მასაჩუსეცის მილიციის ორი კომპანია (დივიზია, ბატალიონი) გამოიძახა სასამართლო შენობის დასაცავად. ორი დღის შემდეგ კი მერმა მთელ ქალაქში საგანგებო საომარი მდგომარეობა გამოაცხადა. პირადად პრეზიდენტ ფრენქლინ ფიარსის მკაცრი ბრძანებით ფედერალური ჯარებიც იღებდნენ ამ მამულიშვილური მოძრაობის ჩახშობაში მონაწილეობას – ეს ფაქტი მიჩქმალული იყო მაშინ, მიჩქმალულია დღესაც. ხაზგასმით უნდა აღინიშნოს, რომ მასაჩუსეცის შტატის კანონმდებლობით, კერძოდ, "ლედიმერის კანონით", საშტატო და ფედერალური მთავრობის მთელის ეს მოქმედება უკანონო გახლდათ და იკრძალებოდა, ანუ დიდი ფიქრი არ სჭირდება დავასკვნათ, რომ თუნდაც კანონით, ზნეობაზე რომ არაფერი ვთქვათ, თავად საშტატო და ფედერალური მთავრობა იყო სისხლის სამართლის დამნაშავე და ჭეშმარიტი ბოროტმოქმედი.

49 ჩარლზ ეფ. სათლი – ამერიკელი, კერძოდ, ვირჯინიის შტატის ქალაქ ალეგზანდრიის მონათმფლობელი, რომელმაც 1854 წელს "1850 წლის ლტოლვილი მონის კანონის" საფუძველზე ჩრდილოეთში, კერძოდ, მასაჩუსეცის შტატის ქალაქ ბოსტონში გამოქცეული თავისი ყოფილი მონის, ანთონი ბერნზის დატყვევება და უკან დაბრუნება მოახერხა.

წლის განმავლობაში?! [50] განა ჩვენ მექსიკის გასაძარცვად [51] და ლტოლვილი მონების დასაჭერად, დასატუსაღებლად და თავიანთ ბატონებთან მისაგვრელად მოვამზადეთ ჩვენი სამხედროები?!

სწორად ეს რამდენიმე ღამეა, რაც ქუჩებიდან მომავალი დოლის ხმა სწვდებოდა ჩემს ყურთასმენას. კაცები გვიანობამდე წვრთნას გადიოდნენ. კი მაგრამ, რისთვის? სოფელ ქანქარდის მამლაყინწებს გვიან ყივილს ალბათ როგორმე ვაპატიებდი, რადგან, იქნებდა, საკმარისად არ დაღლილან იმ დილას მამლები, მაგრამ სამხედრო "მწვრთნელების" ამ უაზრო დიმპიტაურის პატიება არ ძალმიძს. საჯაროდ, დოლის დაკვრით და ხალხის დასანახ-გასაგონად დატყვევებული ლტოლვილი მონა მიჰყავდათ შუა ქუჩაში სწორად ასე ვაი-კაცებს, ანუ ჯარისკაცებს. და განა რა არის ეს შენი ჯარისკაცი, თუ არა, სულელი, ისიც საუკეთესო შემთხვევაში, რომელსაც საზოგადოებაში სათვალიო ადგილი მხოლოდ მისი ჯუბაჩის კანტების გამო უჭირავს და არა კაცობის გამო.

სამი წლის უკან, [52] სწორად ერთი კვირის შემდეგ, რაც ქალაქ ბოსტონის ხელისუფლები სრულიად უდანაშაულო კაცის სამხრეთის მონათმფლობელურ შტატებში უკან გასამწესებლად შეიკრიბნენ, სოფელ ქანქარდის მოსახლეობა ზარების რეკვას და ზარბაზნების სროლას მოჰყვა, რომ თავისუფლების დღე აღენიშნა, და კიდევ თავიანთი წინაპრის მამაცობა და თავისუფლების სიყვარული, იმ წინაპრისა, რომელმაც ხიდთან [53] საკუთარი სიცოცხლე არ დაზოგა და თავისუფლებისთვის ბრძოლა გააჩაღა. ვითომცდა იმ სამმა მილიონმა მხოლოდ საკუთარი თავისუფლების დასაცავად იბრძოლა და დანარჩენი სამი მილიონი თანამოქალაქის დამონებისთვის?! დღეს-დღეობით ადამიანებს მასხარის ჩაჩი ახურავთ და თავისუფლების ქუდი [54] კი ჰგონიათ. პირადად მე არ მესმის, მაგრამ არიან ისეთებიც, ვინც სირცხვილის სამათრახო ბოძზე რომ იყვნენ მიბმულები და ბორკილიდან ერთი ხელის განთავისუფლება შეეძლოთ, ამ ხელს ზარის დასარეკად და ზარბაზნების სასროლად გამოიყენებდნენ, რომ ცალი ხელით კვლავაც მიბმულებს და დამონებულებს თავიანთი ცრუ და ცალხელა თავისუფლება ეზეიმათ. ჰოდა, სწორად იმათ მსგავსად, ზოგიერთმა ჩემმა თანამოქალაქემ თავს ნება მისცა და ზეიმის ნიშნად ზარების რეკვასა და ზარბაზნების სროლას მიჰყო ხელი. მათი გონების სწორად ასეთი სიმცრე გახლდათ მათი თავისუფლების ზომა და სიდიდე, ანუ მათი თავისუფლება, მათი ჭკუისა არ იყოს, მოკლე აღმოჩნდა და მეტად მცირე; და როდესაც ზარების ხმა მიწყდა, მათი თავისუფლებაც შეწყდა მათთან ერთად; როდესაც დენთს ცეცხლი წაეკიდა და აალდა, მათი თავისუფლებაც ამ დენთის ალს მიჰყვა და ისიც კვამლივით წამში გაუჩინარდა.

---

[50] თოროუს სიტყვით დამოუკიდებლობის (რევოლუციური) ომის ლექსინგთონის და ქანქარდის ბრძოლებიდან 79 წლის შემდეგ გამოვიდა.

[51] მექსიკის ძარცვაში ნაგულისხმევია 1846-1848 წლების მექსიკა-ამერიკის ომი.

[52] თოროუ სიტყვით თომას სიმზის მონობაში დაბრუნებიდან სამი წლის შემდეგ გამოვიდა.

[53] 1775 წლის რევოლუციური ომის ქანქარდის ბრძოლა მდინარე ქანქარდზე გადებული ნორთ ბრიჯის, ანუ ჩრდილოეთის ხიდის ხელში ჩასაგდებად ინგლისელ სამხედროებსა და ამერიკელ მამულიშვილებს შორის შეხლა-შემოხლით დაიწყო.

[54] ამერიკის რევოლუციური ომისას ბევრ ამერიკელ ჯარისკაცს, რომელიც სამშობლოს განთავისუფლებისთვის იბრძოდა, ნაქსოვი, წითელი ფერის თავისუფლების ქუდი ეხურა. თავისუფლების ამ წითელ ქუდებზე ხშირად ჰქონდათ ჩაქსოვილი შეძახილები, "თავისუფლება" ან "ან თავისუფლება ან სიკვდილი".

მერწმუნეთ, პატიმრებს რომ იგივე დენთი ჰქონოდათ და ზარბაზნების გასროლისთვის და ზარების რეკვისთვის ციხის ზედამხედველები დაექირავებინათ და საკუთარი თავისუფლების აღლუმი ცხაურებს უკან ასეთი ზარით და ზეიმით აღენიშნათ, მერწმუნეთ, თავად ასეთი სულელი პატიმრებიც კი არ იქნებოდნენ საკუთარი ცრუ-თავისუფლებისთვის მოწყობილი აღლუმის გამო ისე დასაცინნი, როგორც ჩემი თანამოქალაქეები.

აი, რას ვფიქრობდი ჩემი მეზობლების შესახებ.

სოფელ ქანქარდის ყველა ჰუმანური და გონიერი მოსახლე, ქალი იყო თუ კაცი, როდესაც მის ყურთასმენას ზარების და ზარბაზნების ხმაური მისწვდა, ამაყად ფიქრობდა არა 1775 წლის 19 აპრილის[55] მოვლენებზე, არამედ სირცხვილით იხსენებდა 1851 წლის 12 აპრილის[56] ამბებს. ოღონდაც რომ ახლა ის ძველი სირცხვილი ახალი სამარცხვინო საქციელით ჩვენ უკვე ნახევრად დაგვიფლავს და დაგვიმარხავს – იმდენად დიდია ჩვენი ამჟამინდელი სირცხვილი და იმდენად გადაფარა მან ჩვენი წარსული ცოდვები, რომ ძველი სალაპარაკოდაც აღარ ღირს.

იჯდა მთელი მასაჩუსეცი და ბატონი მოსამართლე ლორინგის განაჩენს ელოდებოდა, ვითომ რაიმე გავლენას იქონიებდა იგი თავად შტატის დამნაშავეობაზე. მასაჩუსეცის დანაშაული, მისი ყველაზე აშკარა და საბედისწერო დანაშაული გახლდათ ის, რომ მან ბატონ ლორინგს ასეთ შემთხვევაში მოსამართლეობის და მსაჯულობის უფლება მიანიჭა. სინამდვილეში ეს სასამართლო მთელი მასაჩუსეცის გასამართლება გახლდათ და არა რომელიმე ლტოლვილი მონის საქმის განხილვა. ყოველი წამი, რომელსაც მასაჩუსეცი მერყეობაში ატარებდა და ამ კაცს თავისუფლებაზე უარს ეუბნებოდა, ყოველი წამის განმავლობაში, რომლის ჟამს მასაჩუსეცი ახლა მერყეობს თავისი ცოდვების მონანიებაზე და დანაშაულის გამოსყიდვაზე, დიახ, ყოველი ასეთი წამის განმავლობაში თავად მასაჩუსეცს დამნაშავის მსჯავრი ედება. მისი დადანაშაულების შემთხვევაში კანონის დამცავი კომისარი თავად ღმერთია; არა ვინმე დიდგვაროვანი ედვარდ ჯი. ღმერთი,[57] არამედ მხოლოდ ღმერთი.

ნეტა ჩემი თანამემამულეები მხედველობაში მიიღებდნენ იმ გარემოებას, რომ, მიუხედავად იმისა, თუ რას ბრძანებს საერო კანონი, ვერც ერთი პიროვნება და ვერც ერთი ერი ვერ შეძლებს თუნდაც

---

[55] ლექსინგთონის და ქანქარდის ბრძოლების თარიღი.

[56] 1851 წლის 12 აპრილს მასაჩუსეცის შტატის დედაქალაქ ბოსტონში სამასკაციანმა სამთავრობო დაცვამ ლტოლვილი მონა, თომას სიმზი გამოიყვანა, ნავში ჩასვა და ჯორჯიის შტატის ქალაქ სავანაში გაამწესა, სადაც ის თავის ძველ პატრონს და მონობას უნდა დაბრუნებოდა.

[57] თოროუ მიუთითებს ედვარდ ჯი. ლორინგზე – მასაჩუსეცელი მოსამართლე, რომელმაც 1851 წელს, როგორც მასაჩუსეცის შტატის საფოქის ოლქის სასამართლოს კომისარმა, ბრძანება გასცა, დაჭერილი ლტოლვილი მონა, თომას სიმზი "1850 წლის ლტოლვილი მონის კანონის" საფუძველზე მონობაში დაბრუნებულიყო. ანუ თოროუ გულისხმობს, რომ სანამ კაცის თავისუფლების საკითხს ვინმე ედვარდ ჯი. თუ, ქართულად რომ ვთქვათ, ვინმე პეტრე თუ პავლე ამილახვარი გადაწყვეტდა, მანამდე ეს საკითხი თავად უფალს ჰქონდა დასაბამიდან უკვე იმთავითვე გადაწყვეტილი – ყველა ადამიანს მიანიჭა უფალმა თავისუფლება და ამქვეყნიური მოსამართლის თუ სასამართლოს კომისრის მიერ ამქვეყნიური კანონის საფუძველზე კაცისთვის თავისუფლების წართმევა ღმერთის მიერ გამოტანილი განაჩენის წინააღმდგომი განაჩენია და ასეთი მიწიერი, ანუ ეროვნული კანონი ღმრთის კანონის საწინააღმდეგო კანონი ანუ სრული უკანონობაა. განა რა არის არჩევანის უფლება, რომლითაც კაცს ან ცოდვის ან მადლის ჩადენა ძალუძს თუ არა ღმრთივნაბოძები თავისუფლება?

ყველაზე პატარა ადამიანის მიმართ თუნდაც ყველაზე პატარა დანაშაულის ისე ჩადენას, რომ ამისთვის ადრე თუ გვიან არ დაისაჯოს. მთავრობა, რომელიც განზრახ აწესებს უსამართლობას, და უწესობა დაუყინებია, როცა იქნება მთელი მსოფლიოს დასაცინი გახდება.[58]

ბევრი თქმულა ამერიკაში არსებულ მონობაზე, მაგრამ, ვგონებ, ჩვენ ჯერ სრულად არც კი გაგვიაზრებია თუ რა არის თავად მონობა. მე რომ კონგრესს მთელი სერიოზულობით წამოვუყენო წინადადება, რომ მთელი ადამიანთა მოდგმა კუპატებად ვაქციოთ, ეჭვიც არ მეპარება, კონგრესმენების უმრავლესობას გაეცინება ჩემს მიერ შეთავაზებულ წინადადებაზე, და თუ მოხდა, და მისმა ზოგიერთმა წევრმა ჩემი ხუმრობა სერიოზულად მიიღო და ჩემი აზრი დაიჯერა, ხომ იფიქრებდნენ, რომ მე ისეთი ბოროტი რამ განმიზრახავს, რომლის მსგავსი და ტოლი ბოროტება კონგრესს არასოდეს არ მოსვლია თავში აზრად. მაგრამ თუ რომელიმე მათგანი მეტყვის რომ კაცის კუპატად ქცევა ბევრად უფრო უარესი, – არა, თუნდაც შედარებით უარესი – იქნება, ვიდრე კაცის მონად ქცევაა – ვიდრე "ლტოლვილი მონის კანონის" დაწესებაა – ასეთ შემთხვევაში მე მას სულელობაში, გონებრივ უუნარობასა და უსაფუძვლოდ გარჩევაში დავდებ ბრალს. ჩემი წინადადება იმდენად ჭკვიანურია, რამდენადაც მათი. ანუ კაცის კუპატად ქცევა კაცის მონად ქცევაზე უარესი როდია?!

ხშირად გამიგონია, რომ ეს კანონი ფეხქვეშ ითელება. კი, მაგრამ რად გიკვირთ? ამ კანონს ხომ ადამიანის თავისა და გონების დონეზე ასვლა არ ძალუძს და, მაშასადამე, მისი ადგილიც ბუნებრივად სწორად ლაფსა და მიწაშია, რომ ჭეშმარიტმა კაცმა მართლაცდა ფეხქვეშ თელოს ის. "ლტოლვილი მონის კანონი" სულიერ ტალახში დაიბადა და სულიერ ჭუჭყში გამრავლდა, აქედან გამომდინარე, ბუნებაში მისი საარსებო ადგილიც სწორად იქაა, სადაც ადამიანის ფეხის ჭუჭყი, ლაფი და ტალახია. და ის, ვინც ჭეშმარიტად კაცია და კაცური გული თავისუფლებით უძგერს, და ბრმა ჰინდუებისგან [59] განსხვავებით ცრუ-მოწყალების არ სწამს და ამ ცხოვრების შხამიანი ქვეწარმავლების ფეხით ჭყლეტა არ ეთაკილება, ასეთი კაცი ამ კანონსაც უსათუოდ ფეხით გადაუვლის და საკუთარი ფეხით გასრესს მას და მის შემქმნელ-შემთითხნელ ვებსთერსაც [60] , – ვებსთერს, – როგორც ფუნის ხოჭოს, კანონს, – როგორც ამ ხოჭოს ნახელავ ფუნის გუნდას.[61]

---

[58] დიდი ბრიტანეთის, ამ საშინელი იმპერიის პარლამენტმაც კი 1833 წელს მთელ ბრიტანეთის იმპერიაში მონობა გააუქმა. სამარცხვინო გახლდათ ის გარემოება, რომ მსოფლიოში არსებულმა ერთ-ერთმა ყველაზე სისხლიანმა და კაცთმოძულე იმპერიამაც კი მონათმფლობელობა გააუქმა მაშინ, როცა ამერიკა, ეს ვითომცდა დემოკრატიის შუქურა და თანასწორუფლებიანობის აკვანი, ისევ მონობის პროპაგანდას ეწეოდა არა მხოლოდ მთელ თავის გაერთიანებულ შტატებში, არამედ მისი სახელმწიფოს საზღვრების მიღმაც.

[59] ჰინდუიზმი – ინდოეთის ქვეკონტინენტის უმთავრესი სარწმუნოებაა, რომელსაც ხშირად "სანატანა დჰარმა"-ს უწოდებენ, – ეს გამოთქმა სანკრიტულად "საუკუნო კანონს" ნიშნავს. ჰინდუები კერპთაყვანისმცემელი ხალხია, რომლებიც ცხოველებს იმდენად აკერპებენ, რომ მათზე ფეხის დადგმაც კი ცოდვა ჰგონიათ. თოროუს, როგორც ჭეშმარიტ ქრისტეანს, სწორად მიაჩნია, რომ ჰინდუების მიერ ცხოველების გაკერპება და გულჩვილობა დიდი სისულელეა და ღმერთის და ადამიანის გმობაა, რადგან ცხოველი ადამიანის სასარგებლოდაა ამ ქვეყნად მოვლენილი და არა – პირიქით.

[60] დენიელ ვებსთერი (1782-1852) – 1850 წლის კომპრომისის მხარდამჭერი, რომელიც წინააღმდეგი კი იყო მონობის სამხრეთის შტატების გარეთ გავრცელებისა, მაგრამ მას, იმავდროულად, ამერიკის სახელმწიფოს დაშლის საფრთხე უფრო ადარდებდა და ამის გამო სამხრეთის შტატებში გავრცელებულ მონობაზე თვალს ხუჭავდა – ეშინოდა, რომ მონათმფლობელები აჯანყდებოდნენ და ამერიკა დაიშლებოდა. 1850 წლის ივლისს ვებსთერი პრეზიდენტ ფილმორმა სახელმწიფო დეპარტამენტის მდივნად (საგარეო საქმეთა მინისტრად)

ახლახან განვითარებული მოვლენები მართლმსაჯულების მრუდედ აღსრულების გამოაშკარავებაში დაგვეხმარება, უფრო სწორად, კარგად დაგვანახებს თუ რაა ჭეშმარიტი სამართლის ჭეშმარიტი წყარო ჩვენს ხალხში. დღეს-დღეობით საქმე იქამდე მივიდა, რომ თავისუფლების მეგობრების, ანუ დატყვევებული მონის მეგობრების სულებს თავზარი დაეცათ და მათი სინდისი ძრწოლამ აიტანა. ეს კი მაშინ მოხდა, როცა თავისუფლების მოყვარულმა ხალხმა საბოლოოდ გაიგო, რომ თავიანთ სამშობლოში კაცის თავისუფლების ბედი ქვეყნის სასამართლო ტრიბუნალებში წყდებოდა. ჭეშმარიტად თავისუფალ კაცებს არ სწამთ, რომ ასეთ შემთხვევაში სამართალი პურს ჭამს. მოსამართლე შეიძლება ან აქეთ გადაიხაროს ან იქით, ან თავისუფლება მისცეს კაცს, ან მონობის ბორკილი; ყოველივე ეს, ყველაზე საუკეთესო შემთხვევაშიც კი, მხოლოდ შემთხვევითობით ხდება ჩვენს სასამართლოებში. ცხადია, რომ მოსამართლე კომპეტენტური პირი არაა, როცა საქმე ასეთი მნიშვნელოვანი საკითხის გადაწყეტას შეეხება – კაცის თავისუფლებას. ჰოდა, მაშინ ჟამის უქმად დაკარგვის უფლება არ გვაქვს ჩვენ, ერთხელ და სამუდამოდ უნდა განვათავისუფლოთ მონა და ამიერიდან ადამიანის თავისუფლების ბედის გადაწყვეტა მოსამართლის იურიდიული პრეცედენტების საფუძველზე კი აღარ უნდა მოხდეს, არამედ ხალხის, ჩვენი თანამემამულეების მიერ შექმნილი ახალი პრეცედენტის საფუძველზე. მოსამართლის აზრზე მეტად ხალხის გრძნობას ვენდობი მე! მათ ხმაში, სხვა თუ არაფერი, რაიმე სასარგებლოს მაინც მოისმენ კაცი; აი, მოსამართლის ხმის შემთხვევაში კი მხოლოდ ერთი ადამიანის მიერ წარმოთქმული შემბორკავი და მარწუხებიანი განაჩენი გვესმის, რომელსაც, მნიშვნელობაც აღარ აქვს თავისუფლებისკენ იხრება ის თუ მონობისკენ, – პირადად ჩემთვის და ჩემი ერისთვის არავითარი აზრი არა აქვს მას.

გარკვეულწილად მომაკვდინებელი უნდა იყოს სასამართლოსთვის, როცა ხალხი იძულებულია მას გვერდი აუაროს და თავისით ეძიოს სამართალი. არ მჯერა, რომ ჩვენი სასამართლოები მხოლოდ უღრუბლო დღისთვის და ძალიან ზრდილობიანი და დელიკატური საქმეების განსახილველად დაუარსებია ჩვენს წინაპარს. წარმოგიდგენიათ რა მოხდებოდა, ჩვენს ერს ჩვენს ქვეყანაში ნებისმიერი სასამართლოსთვის რომ მიენდო სამი მილიონი კაცის თავისუფლების მინიჭების თუ მონობის მინიჭებით თავისუფლების წართმევის საქმე?! იმ სამი მილიონისა, რომელიც ამ შემთხვევაში მთელი ერის მეექვსედს შეადგენს! სამწუხაროც ისაა სწორად, რომ სასამართლოსთვის, ეგრეთწოდებული სასამართლოსთვის, მიგვინდია ეს საქმე – ჩვენი მიწა-წყლის უზენაესი სასამართლოსთვის – და, როგორც უკვე ყველას კარგად მოგეხსენებათ, ამ უზენაესმა სასამართლომ, რომელიც უზენაეს უფლად მხოლოდ კონსტიტუციას ცნობს, გადაწყვიტა, რომ სამი მილიონი ადამიანი არის და უნდა დარჩეს მონად.[62] ვინ არიან ასეთი მოსამართლეები თუ არა სახლის

დანიშნა. მას ევალებოდა "ლტოლვილი მონის კანონის" მთელ სახელმწიფოში პრაქტიკაში გატარების უზრუნველყოფა.

[61] ფუნის ხოჭო ანუ ფუნაგორია – ნაგულისხმევია მწერების კლასის სკარაბეოიდეას ოჯახის ხოჭო, რომელიც საქართველოშიცაა და ამერიკაშიც ფართოდ გავრცელებული. ამერიკულ ჯიშს, ალბათ რომელზეც თოროუ მიუთითებს, ჰქვია ფანეუს ვინდექსი. ის ფუნისგან ბურთულას აკეთებს ხოლმე, რომ საკუთარ კვერცხთან ერთად დაფლას მიწაში.

[62] ნაგულისხმევია "დრედ სქათის საქმე", რომელშიც ამერიკის უზენაესმა სასამართლომ დაასკვნა, რომ ყველა ზანგი არ იყო ამერიკის მოქალაქე და რომ მომავალშიც ყველა ზანგს არ

ქურდის და კაცის მკვლელის იარაღების ინსპექტორები, რომლებიც მათ დანაშაულის ჩადენისთვის საჭირო ხელსაწყოებს უმოწმებენ და დამნაშავეებს ამცნობენ, ვარგისია თუ არა ბოროტების ესა თუ ის იარაღი ამა თუ იმ დანაშაულის ჩასადენად. ასე რთავენ ნებას ჩვენი ერის ბრმა მოსამართლეები ჩვენი ერის ყველაზე ბოროტ დამნაშავეებს დანაშაულის ჩასადენად და ჰგონიათ, რომ მათი პასუხისმგებლობა და ბრალი ამით თავდება. სასამართლოს საქმეთა სიაში ერთი სხვა, წინამავალი საქმეც იყო, რომელიც მათ, ღმერთის მიერ ხელდასხმულ მოსამართლეებს, უფლება არ ჰქონდათ გამოეტოვებინათ და არ განეხილათ; მათ ჯერ ეს საქმე რომ სწორად განეხილათ, საკუთარ თავებს საუკუნო სირცხვილისგან იხსნიდნენ. ეს გახლდათ თავად იმ მკვლელის, დიახ, იმ კაცის მკვლელი მონათმფლობელის სისხლის სამართლის საქმე, რომელიც დღეს სამი მილიონი კაცის დამონებაზე და დასაკუთრებაზე ჩივის სასამართლოში.

საერო კანონი კაცს თავისუფლებას ვერ მიანიჭებს; თავად კაცმა უნდა მიანიჭოს საერო კანონს თავისუფლება. კანონისა და წესრიგის ჭეშმარიტად მოყვარული სწორად ის კაცია, რომელიც კანონს მაშინაც კი იცავს, როცა თავად ეროვნული მთავრობა არღვევს ეროვნულ კანონს.

ადამიანებს შორის, მოსამართლე, რომლის სიტყვა კაცის ბედს სამუდამოდ გადაწყვეტს, ის კი არაა, ვინც უბრალოდ განაჩენს გამოთქვამს, არამედ ის, ვინც, სიმართლის სიყვარულით, ნებისმიერი ადამიანური წესის, ჩვეულების, ცრურწმენის და ბრძანების გარეშე, მართალ აზრს თუ *განაჩენს* გამოთქვამს ამ კაცის შესახებ. ასეთ ადამიანს გამოაქვს ჭეშმარიტი *განაჩენი*. კაცს, რომელსაც ჭეშმარიტების ჭვრეტა შეუძლია მოსამართლის უფლება-მოსილება ბევრად უფრო მაღალი, თვით უზენაესი არსებისგან აქვს მიღებული. ამ კაცს სიმართლის ჭვრეტა ძალუძს, უზენაეს მოსამართლეს კი, რომელიც მხოლოდ კანონს ჭვრეტს, სიმართლის განჭვრეტა არ ხელეწიფება. ჭეშმარიტი მოსამართლე მთელი სამყაროს მოსამართლის მიერაა ხელდასხმული. უცნაურია, რომ საჭირო ხდება ასეთი მარტივი ჭეშმარიტებების თქმა და ლაპარაკი![63]

უფრო და უფრო ვრწმუნდები იმაში, რომ ნებისმიერი საჯარო საკითხის განხილვისას, ქალაქის შეხედულების გაგებაზე მეტად, მნიშვნელოვანია იმის გაგება თუ რას ფიქრობს სოფელი. ქალაქი ფიქრით ბევრს არაფერს ფიქრობს. ნებისმიერ ზნეობრივ საკითხზე მირჩევნია, სოფელ ბაქსბოროს[64] მოსახლეობის აზრი გავიგო, ვიდრე ბოსტონისა და ნიუ იორკის ერთობლივი რატრატი მოვისმინო. როდესაც სოფელი საუბრობს, ვგრძნობ რომ ადამიანი საუბრობს, ვგრძნობ რომ ადამიანთა მოდგმა ჯერ კიდევ ცოცხალია, და გონიერმა არსებამ თავისი არსებობის უფლება დაადასტურა – ვგრძნობ, რომ, თითქოსდა, სოფლის მთებიდან რამდენიმე მართლმორწმუნე კაცმა ამა თუ იმ საკითხს გარკვეული ყურადღება მიაპყრო და სულ რაღაც ორიოდე გონივრული სიტყვის გამოთქმით მთელი კაცობრიობის შელახული სახელი საბოლოო

შეეძლო ამერიკის სრულუფლებიანი მოქალაქე გამხდარიყო, აქედან გამომდინარე, ზანგი, მათი აზრით, მთლად ადამიანიც არ იყო.

63 ძნელი მისახვედრი არაა, რომ თოროუ მამა ღმერთზე და იესუ ქრისტეზე საუბრობს ამ აბზაცში.

64 ბაქსბორო – მასაჩუსეცის შტატში სოფელ ქანქარდის მეზობელი სოფელია, სადაც თოროუ ქანქარდიდან ფეხით ჩადიოდა ხოლმე.

დაკნინებისგან იხსნა. მე ვფიქრობ რომ ჭეშმარიტი და ამერიკის გაერთიანებული შტატების ყველაზე ღირსეული კონგრესის სხდომა ისაა, როდესაც რომელიღაცა შორეულ სოფელში გლეხები სოფლის ყრილობაზე იკრიბებიან, რომ რომელიმე საჭირბოროტო საკითხზე საკუთარი აზრი გამოთქვან.

აშკარაა, რომ, სხვაგან თუ არა, ჩვენი მშობლიური მასაჩუსეცის თანამეგობრობაში[65] მაინც ორი ერთმანეთისგან უფრო და უფრო მეტად განსხვავებული გუნდი შეიქმნა – ქალაქის გუნდი და სოფლის გუნდი. კარგად მომეხსენება, რომ სოფელიც საკმარისად ხინჯიანია, მაგრამ მიხარია და მჯერა, რომ ის ქალაქისგან ოდნავ მაინც განსხვავდება და ოდნავ მაინც ჯობს ქალაქს. თუმც ჯერ-ჯერობით სოფელს მეტყველების ასო და ორგანო აკლია, რომ საკუთარი აზრი სიტყვად აქციოს და ხმამაღლა გამოთქვას. სარედაქციო წერილები, რომელსაც ის მთელი გულმოდგინებით კითხულობს, ზღვისპირეთიდან მოდის და არა ერის გულიდან. მოდით, ჩემო თანასოფლელებო, და ცოტა საკუთარი თავის დაფასება ვისწავლოთ. აღარ გავაგზავნოთ ქალაქში ჩვენი შალი და ჩვენი სურსათი ქალაქურ აზრებში გადასაცვლელად, და თუ მაინც გვსურს ქალაქის აზრების გაზეთებიდან ამოკითხვა, მაშინ ისე მაინც მოვიქცეთ, რომ თან ჩვენი საკუთარი აზრიც გამოვიმუშავოთ.

ყველა სხვა ზომასთან ერთად, მოგიწოდებდით, რომ პრესაზე ისეთივე სერიოზული და მხნე იერიში მიგვეტანა, როგორც ეს ერთხელ, და თანაც ძალიან ეფექტურად, პროტესტანტულ ეკლესიაზე იქნა მიტანილი. ამის შედეგად სულ რაღაც რამდენიმე წელიწადში პროტესტანტული ეკლესია საკმაოდ გამოსწორდა; აი, მთელი პრესა კი, თითქმის გამონაკლისის გარეშე, დღეს-დღეობით ისევ გახრწნილი და მოქრთამული გახლავთ. მე ღრმად მწამს, რომ ამ ქვეყანაში პრესას ბევრად მეტი და მავნებელი გავლენა აქვს, ვიდრე პროტესტანტულ ეკლესიას ჰქონდა თუნდაც ყველაზე საშინელ ხანაში. რას დავმსგავსებულვართ?! – ჩვენი ერი აღარ შედგება ჭეშმარიტი მორწმუნეებისგან, სამაგიეროდ, პოლიტიკოსებისგან შედგება ის დღეს. ჩვენ ფეხებზე გვკიდია ბიბლიის კითხვა, სამაგიეროდ დიდი ინტერესით ვკითხულობთ გაზეთებს. წარმოიდგინეთ, პოლიტიკოსების ნებისმიერ ყრილობაზე – დიახ, სწორად ისეთ ყრილობაზე, ქანქარდში რომ შედგა იმ საღამოს, მაგალითად – რა დიდი კადნიერება და შეუსაბამობა იქნებოდა "ბიბლიიდან" ციტატის მოყვანა! რა დიდი შესაბამისობა იქნებოდა გაზეთიდან ან კონსტიტუციიდან რაიმე უაზრობის ციტირება! ვაი, რომ დღეს-დღეობით გაზეთი გამხდარა ჩვენი "ბიბლია," რომელსაც ჩვენ, ვდგავართ თუ ვსხედვართ, ეტლით მივდივართ თუ ფეხით, ყოველ დილას და ყოველ საღამოს ვკითხულობთ. ვაი, რომ გაზეთი ის "ბიბლიაა," რომელსაც დღეს ყველა კაცი მოკეცავს და ჯიბით ატარებს. ის "ბიბლიაა," რომელიც ყველა მაგიდაზე და ყველა დახლზე დევს, და

---

[65] თანამეგობრობა – მასაჩუსეცის ოფიციალური სახელია "მასაჩუსეცის თანამეგობრობა". ამერიკის გაერთიანებულ შტატებს შორის ოთხი შტატი, ქენთაქი, მასაჩუსეცი, ფენსილვეინია და ვირჯინია ოფიციალურად თანამეგობრობის სტატუსს ატარებენ. სიტყვა თანამეგობრობას არანაირი კონსტიტუციური ძალა არა აქვს, ის ისტორიულ კონტექსტში სიმბოლურად აღნიშნავს იმ გარემოებას, რომ ამ შტატების მთავრობა ხალხის, საკუთარი მოქალაქეების, ანუ თანამეგობრულად მაცხოვრებლების მხარდაჭერითაა არჩეული და არა დიდი ბრიტანეთის იმპერიის მონარქის ხელდასმით, როგორც ეს უწინ იყო, როცა ამერიკის შტატები ბრიტანეთის კოლონიას წარმოადგენდა და საკუთარი ხალხის ნების გამოხატვით მთავრობის არჩევის უფლება არ ჰქონდა.

რომელსაც ფოსტა, და ათასობით მისიონერი ამქვეყნად ხელიდან-ხელში გამუდმებით ავრცელებს. მოკლედ, ეს ის წიგნია, რომელიც ამერიკას დაუბეჭდავს და მთელი ამერიკა კითხულობს. ასეთი დიდია გაზეთის გავლენის სფერო. მისი რედაქტორი გახლავთ მქადაგებელი, რომელსაც შენ შენი შესაწირისით ინახავ. შენი გადასახადი, საშუალოდ, ერთი ცენტია,[66] ამ მქადაგებლის ლექციაზე დასასწრებად მერხის ქირაობა საჭირო არაა – წადი და იკითხე მისი სიტყვები სადაც გინდა და როცა გაგიხარდება. მაგრამ განა რამდენია მათ შორის, ვინც სიმართლეს ქადაგებს? კიდევ ერთხელ ვიმეორებ ბევრი გონიერი უცხოელის მტკიცებას, აგრეთვე ჩემს პირად მრწამსსაც, როდესაც ვამბობ, რომ დედამიწის ზურგზე, ალბათ, არასოდეს არ არსებობდა სიმართლის წინააღმდეგ დაგეშილი ბოროტი დესპოტებით ასე აღვსილი ქვეყანა, როგორიც ამერიკის გაერთიანებული შტატებია დღეს. თუ თითზე ჩამოსათვლელ გამონაკლისს არ ვიგულისხმებთ, ის სავსეა პერიოდული პრესის ბოროტი რედაქტორებით, რომლებიც სიმართლეს გმობენ და ერს ტყუილით ატერორებენ. და ვინაიდან ისინი ცხოვრობენ და ქვეყანას მხოლოდ პირფერობით და სიყალბით მართავენ, თანაც თავს ადამიანური ბუნების ყველაზე ცუდ ნაწილს აწონებენ და არა ყველაზე კარგს, ვღებულობთ იმას, რომ ადამიანები, რომლებიც მათ მიერ დაწერილ გულისამრევ სტატიებს კითხულობენ, იმ წუნკალი ძაღლის პირობებში ვარდებიან, რომელსაც მუდამ არწყევს,[67] მაგრამ საჭმელად და შიმშილის გრძნობის დასაკმაყოფილებლად ისევ მუდამ საკუთარ ნანთხევს უბრუნდება.[68]

რამდენადაც ვიცი, "ლიბერატორი" და "ქომონველფი"[69] გალხდათ მთელ ბოსტონში ორად-ორი გაზეთი, რომელმაც 1851 წელს მთავრობის მიერ გამომჟღავნებული სიმხდალე და სულმდაბლობა დაგმო და ყოველივე ეს ხალხს გააგებინა. დანარჩენმა ჟურნალებმა, თითქმის გამონაკლისის გარეშე, "ლტოლვილი მონის კანონის" თავიანთებური განხილვით და სიმზის დაპატიმრებისა და სამხრეთში მისი ისევ მონობაში

---

[66] ნაგულისხმევია "ფენი ფრეს" გაზეთის საფასური, რომელიც XIX საუკუნის შუა წლებში ერთი ცენტი იყო. "ფენი ფრესი" სიტყვა-სიტყვით "კაპიკიან ნაბეჭდს" ნიშნავს. თოროუს ხანაში ფენი ფრესები იყო მცირე ფორმატის გაზეთები, რომლებიც ყველაზე მდაბიური, წვრილმანი და ფუჭი ახალი ამბებით იყვნენ აღვსილნი. მათში იბეჭდებოდა ჭორი, დანაშაულებები, უბედური შემთხვევები, მოგზაურობები და ყოველი ასეთი უაზრო წვრილმანი. ფენი ფრესები დიდ გაზეთებს უწევდნენ კონკურენციას, რომლებშიც მხოლოდ მშრალი პოლიტიკური სიახლეები იბეჭდებოდა. თოროუს აზრით დიდი გაზეთები ფენი ფრესებისგან დიდად არ განსხვავდებოდნენ – ერთშიც და მეორეშიც უაზრო ჭორი და დანაშაულებები იყო დაბეჭდილი, აზრიანი და კაცის სულისთვის ან ერისთვის სასარგებლო კი – არაფერი. დღევანდელი ფენი ფრესის მემკვიდრეებია ამერიკული ეგრეთწოდებული თებლოიდები. გადახედეთ ქართულ გაზეთებსაც და იგივეს დაინახავთ ზუსტად – ტყუილით და ჭორით სავსე დიდი და მცირე პრესა – ერთი პოლიტიკურ სიმრუდეს და ბოროტებას ბეჭდავს, მეორე კი – ყოფითს.

[68] დღევანდელ მასმედიას ვერ ხედავთ ამაში? – პრესაცა და ტელევიზიაც, და ამ ბოლო ხანებში ინტერნეტიც, სწორად ასეთი გულისამრევი ტყუილითა და ჭორითაა სავსე. თოროუს ჟამს თუ გაზეთის ბოროტი რედაქტორები თარეშობდნენ ერის გონებაზე, დღეს ასეთივე ბოროტი ჟურნალისტები თარეშობენ მთელ ქვეყანაზე. მათ ადამიანების ყოფაში ტყუილი და ამაზრზენი ჭორი შეაქვთ, რადგან ადამიანების, მთელი ერის, მთელი კაცობრიობის ჭკუის გამოლაყება და სულის გამოშიგვნა სწადიათ. ადრე ერის მაცნენი და ქვეყნის მოამბე წმიდა ილია მართალი და ზვიად გამსახურდია იყვნენ, დღეს კი – უცოდინარი, გარყვნილი და უზრდელი ჟურნალისტები.

[69] "ლიბერატორი" ანუ "განმანთავისუფლებელი" და "ქომონველფი" ანუ "თანამეგობრობა" გახლდათ აბოლიშენისტების ანუ მონობის მოწინააღმდეგეების ორი პოპულარული გაზეთი. "ლიბერატორს" გამოსცემდა ვილიამ ლოიდ გერისონი, "ქომონველფს" გამოსცემდა ჯულია ვორდ ჰაუ და სამუელ გრიდლი ჰაუ. "ქომონველფის" გამომცემლების მიზანი იყო ამერიკის ახლადშეძენილ დასავლეთის ტერიტორიებზე მონობის გავრცელებისთვის ხელის შეშლა.

დაბრუნების ამბის მრუდე თხრობით, სხვა თუ არაფერი, მთელი ერის გონებასა და საღ აზრს შეურაცხყოფა მიაყენეს. და პრესამ ეს უმთავრესად იმისთვის ჩაიდინა, რომ თავიანთი მფარველების კეთილგანწყობა დაემსახურებინა და არა ხალხისა. ამ გაზეთების რედაქტორები ვერც კი ხვდებოდნენ, რომ მასაჩუსეცის თანამეგობრობის მოქალაქეების გონებაში საღი აზრი მაინც ჭარბობდა და სიმართლე ბატონობდა. თუმცა გავიგე, რომ ამ ბოლო ხანებში ზოგიერთი გაზეთი გამოსწორების გზას დასდგომია, მაგრამ, მე თუ მკითხავთ, ისინი მაინც ჟამის, მოდისა და მედროვეობის ყურმოჭრილი მონები არიან და არა სიმართლისა. ყოველშემთხვევაში, ასეთია მათი სახელი და რეპუტაცია დღეს-დღეობით.

თუმც კი, ბედის წყალობით, ეროვნული მოღვაწის იარაღით სიყალბის ეს ლაჩარი მქადაგებელი ბევრად უფრო ადვილი მოსახელთებელია, ვიდრე პროტესტანტული ეკლესიის მხდალი მღვდელი. საკმარისია ნიუ ინგლენდის თავისუფლების მოყვარულმა კაცებმა გაზეთის ყიდვისგან და კითხვისგან თავი შაიკავონ, და თავიანთი კაპიკების ასეთ სულელურ ხარჯვაზე თქვან უარი, რომ მყისვე მოუღებდნენ ბოლოს უამრავ ასეთ რედაქტორს. ერთმა კაცმა, რომელსაც დიდ პატივს ვცემ, მიამბო რომ ურიკა-ჯიხურიდან მიჩელის "სითიზენი"[70] უყიდია, და მერე, როგორც ნაგავი, ფანჯრიდან მოუსვრია. განა უფრო გონივრულად არ შეეძლო ჩემს მეგობარს ამ გაზეთისადმი საკუთარი სიძულვილის გამომჟღავნება თუ ის ამ გაზეთს საერთოდაც არ იყიდდა?

ნუთუ ისინი ამერიკელები არიან? ნუთუ მათ ნიუ ინგლენდელი შეიძლება ეწოდოთ? ნუთუ ისინი ლექსინგთონის და ქანქარდის და ფრემინგჰემის ბინადრები არიან, რომლებიც ბოსტონის "ფოუსთს", "მეილს", "ჯორნალს", "ედვერთაიზარს", "ქურიარს" და "თაიმზს"[71] კითხულობენ და მხარს უჭერენ? როგორ შეიძლება სიმართლის მოღალატე ამ გაზეთებს ჩვენი ერის სიტყვის "ალამდარი" უწოდო? მე გაზეთის მკითხველი არ გახლავართ და ამიტომაც ამათზე უარეს გაზეთებს არ ვიცნობ და მათ ჩამოთვლას არ მოვყვები.

განა მონობას იმაზე მეტი დამცირების მოტანა შეეძლო, რაც ამ გაზეთებს მოაქვთ ჩვენი ქვეყნისთვის? დედამიწის ზედაპირზე თუა ისეთი მტვერი რომელთან პირმოთნეობას, რომლის ალოკვასაც ეს გაზეთები არ ცდილობენ? ასეთი ლოკვით უერთდება მტვერს რედაქტორების ლორწო და მიწის ყველაზე ჭუჭყიანი მტვერი კიდევ უფრო ჭუჭყიან ტალახად იქცევა ხოლმე. არ ვიცი "ბოსტონ ჰერალდი"[72] თუ გამოდის ისევ, მაგრამ ის კი კარგად ვიცი და მახსოვს, ქუჩებში როგორ ვრცელდებოდა ის სიმზის დატყვევებისა და სამხრეთში მონად დაბრუნების მოვლენების

---

70 "სითიზენი" გახლდათ ირლანდიური ნაციონალისტური გაზეთი, რომელიც მონათმფლობელობას უჭერდა მხარს. ამ გაზეთს ჯონ მიჩელი (1815-1875) გამოსცემდა ქალაქ ნიუ იორკში. აღსანიშნავია, რომ ამ თხზულებაში თოროუმ გვარი "მიჩელი" ორი "ლ"-თი დაწერა, როგორც ამას ნებისმიერი გონიერი მართლმწერი იზამდა, მაგრამ გაუნათლებელი ტეტია ირლანდიელები ერთი "ლ"-თი წერდნენ ამ გვარს, როგორც ამას თავად ჯონ მიჩელი იქმოდა.

71 "ფოუსთ", "მეილ", "ჯორნალ", "ედვერთაიზარ", "ქურიარ" და "თაიმზ" – იმდროინდელი გაზეთებია, უმეტესწილად, ბოსტონური.

72 "ბოსტონ ჰერალდი" ანუ "ბოსტონის მაცნე" მასაჩუსეცის შტატის ქალაქ ბოსტონის გაზეთია, რომელიც პირველად 1846 წელს გამოიცა, მხოლოდ ერთ ფურცელს შეადგენდა და ერთი ცენტი ღირდა. მოგვიანებით ის სხვა გაზეთებს შეერწყა და დღეს-დღეობით ბოსტონში დარჩენილი ორი ყოველდღიური გაზეთიდან, ერთ-ერთი სწორად "ბოსტონ ჰერალდია".

განვითარების ჟამს. განა თავისი როლი კარგად არ შეასრულა?! განა თავის სასტიკ პატრონს, მთავრობას, ერთგულად არ ემსახურა მაშინ?! შეეძლო კი მუცელზე უფრო მეტი სიმდაბლით და პირმოთნეობით ხოხვა?! განა შეიძლება სულმდაბალი ადამიანების კიდევ უფრო დამდაბლება?! ლაქუცის მიზნით როგორ შეუძლია კაცს საკუთარი თავის საკუთარ ქვედა კიდურებზე დაბლა დახრა?! და თუ შეუძლია, მაშინ აქციეთ მისი თავი ქვედა კიდურად, მისი ქვედა კიდურები კი ამ უთაო კაცის თავად! როდესაც მკლავებდაკაპიწებულმა ხელში ეს გაზეთი ავიღე, მისი ყოველი სვეტიდან კანალიზაციის ბუყ-ბუყის ხმა მომესმა. მთელი ჩემი არსებით შევიგრძენი, რომ ხელში მეჭირა საჯარო განავლიდან ამოღებული გაზეთი, კაზინოს ეშმაკისეული სახარებიდან ამოგლეჯილი ფურცელი, ვაჭრის ბირჟის ცრუ ახალ აღთქმასთან შეხმატკბილებული სულიერი დუქანი და საროსკიპო.

ჩრდილოეთში თუ სამხრეთში, აღმოსავლეთში თუ დასავლეთში ადამიანთა უმრავლესობას სულის სიმტკიცე არ გააჩნია. როდესაც ასეთი მოქალაქეები არჩევნებში ხმას აძლევენ, მათი მიზანი თავიანთი კაცის კონგრესში საკაცობრიო საქმეზე გაგზავნა კი არაა, არამედ მაშინ, როდესაც მათ ძმებს და დებს ამათრახებენ და თავისუფლების სიყვარულისთვის სახრჩობელებზე ჰკიდებენ, მაშინ – თავს უფლებას მივცემ და ბარემ მონობის მთელ ამ საშინელ საქმეს ფარდას ავხდი – მაშინ ასეთი მოქალაქეები ხე-ტყის და რკინის და ქვის და ოქროს საბადოების მართვა-განმგებლობის ბედით არიან დაინტერესებულნი და არა ადამიანების. "ო, მთავრობავ! რაც გინდა ის დამართე ჩემს ცოლ-შვილს და დედ-მამას, ჩემს და-ძმებს და ნათესავ-მეგობრებს,[73] მე შენს ბრძანებებს მაინც ბრმად და მაინც ბოლომდე დავემორჩილები.[74] ჰო, ძალიან მეწყინება თუ ჩემს ახლობლებს რაიმეს დაუშავებ, თუ მათ თავს შენს უფროსობას მიჰგვრი, რომ შენი მოხელეები მათ, როგორც ნადირებს, მწევარი ძაღლებით დაედევნონ, დაიჭირონ და გაამათრახონ; მე მაინც მშვიდობიანად დავხრი თავს, გავაკეთებ ჩემს საქმეს და სხვის საქმეში არ ჩავერევი; და იქნებ ოდესმე მოხდეს ისე, რომ, როცა ამ ნატანჯ ხალხს ბოლო მოეღება, და მათთან ერთად ჩემს გლოვა-გოდებასაც, იქნებ მაშინ მაინც შევძლო შენი დარწმუნება, რომ ამ საქმეს შეეშვა და გული

---

[73] ო, მთავრობავ! რაც გინდა ის დაჰმართე ჩემს ცოლ-შვილს და დედ-მამას, ჩემს და-ძმებს და ნათესავ-მეგობრებს – თოროუ ირონიულად მიუთითებს უნიტარიანელი მინისტრის (ანუ მღვდლის), ორვილ დიუის (1794-1882) ცნობილ სიტყვაზე, რომელშიც ამ ვითომ-პატრიოტმა ბრიყვმა ამაყად განაცხადა, რომ, შტატების კავშირის რღვევის დანახვას, ერჩია საკუთარი ძმა, ვაჟი, თუნდაც საკუთარი თავიც მონობაში ეხილა. მას მცდარად მიაჩნდა, რომ ქვეყნის ერთიანობის საქმე სჯობდა ადამიანის საკუთარ ადამიანობასა და კაცობასთან ერთობის საქმეს. მისთვის მთავარი ამერიკის ჩრდილოეთის და სამხრეთის ერთობა იყო, ის კი ფეხებზე ეკიდა, ამ ერთობით ადამიანს, ამერიკის მილიონობით მოქალაქეს მონობაში რომ ხდებოდა სული. რა გასაკვირია?! – უნიტარიანიზმი ხომ ერეტიკული სექტაა, რომელიც ტრინიტარობას ანუ ღმერთის სამსახოვნობას ეწინააღმდეგება, ჰგმობს წმიდა სამებას და ქრისტეანობის ღმერთად წმიდა სამება კი არა, ერთბუნებოვანი ღმერთი მიაჩნია. უნიტარიანელები ერეტიკოსი მონოთეისტები არიან ანუ ქრისტე ღმერთი კაცი-მოციქული ჰგონიათ და არა ღმერთი – ისინი იესუს ღმერთად არ ცნობენ.

[74] რაოდენ დიდი მსგავსებაა თოროუს მსოფლმხედველობასა და ციცერონის აზრებს შორის. აი, რას ამბობს ციცერონი თავის ბრწყინვალე შრომაში "დე ოფიციის": "ზოგიერთი საქმე იმდენად დამამცირებელია ადამიანის სულისთვის ან იმდენად არაკანონიერია, რომ ჭეშმარიტად ბრძენი კაცი მის შესრულებაზე თანხმობას არასოდეს განაცხადებს, თუნდაც მისი შესრულებით თავად სამშობლოს ხსნა იყოს შესაძლებელი... ასე რომ ჭეშმარიტად ბრძენი კაცი სამშობლოს სახელით არასაკადრის საქმეს არასოდეს ითავებს, ჭეშმარიტი სამშობლო კი, თავის მხრივ, კაცს სულისთვის არასაკადრის საქმეს არასოდეს მოსთხოვს." იხილეთ ციცერონის წიგნი "დე ოფიციის", ქვეწიგნი I.

მოგილბეს." – ასეთია თქვენი დამოკიდებულება, ვაი, რომ ასეთია ფუჭი სიტყვები ჩემი მშობლიური მასაჩუსეცის.

განა საჭიროა დიდი სიზუსტით დაგისახელოთ თუ ასანთის რომელ კოლოფს დავავლებდი ხელს, რომელი სამთავრობო სისტემის გადაბუგვა-აფეთქებას შევეცდებოდი? მაგრამ, რადგანაც კაცი ვარ და სიცოცხლე მიყვარს, და ეს სიცოცხლე სინათლეა და არა სიბნელე, თქვენს მომხრობას მირჩევნია, ისევ ცეცხლის სინათლეს მივენდო და მთელი ეს დაბნელებული დედამიწაც ცეცხლს მივცე, ჩემს საკუთარ დედას და ძმას კი ზუსტად იგივე ქმედებისკენ მოვუწოდო.

მე ერთხელ და სამუდამოდ მსურს ჩემს თანამემამულეებს შევახსენო, რომ, პირველ ყოვლისა, კაცობა და კაცთმოყვარებაა მათი ვალი და მხოლოდ ამის შემდეგ, ისიც თუ ჟამი დარჩათ და საშუალება მიეცათ, დიახ, მხოლოდ ამის შემდეგ, – ამერიკელობა. რა აზრი აქვს კანონის სიძლიერეს თუ ის მხოლოდ შენი და შენი საკუთრების ერთობას იცავს, გინდაც რომ თავად შენი სულ-ხორცის ერთობას იცავდეს, თუ კანონი ჯერ ადამიანის და ადამიანობის ერთობას არ იცავს?!

დიდი ბოდიში, მაგრამ ეჭვი მეპარება, მთელ ჩვენს მასაჩუსეცში ერთი მოსამართლე მაინც მოიძებნებოდეს, რომელსაც თანამდებობიდან გადადგომა და, მართლაცდა, პატიოსანი შრომით ლუკმა პურის შოვნის დაწყება შეეძლოს მაშინ, როცა წუთისოფლის სიმუხთლე მისგან ისეთი უსამართლო განაჩენის გამოტანას მოითხოვს, რომელიც კანონს კი ემორჩილება, მაგრამ ღმერთის კანონის საწინააღმდეგოა. ვხედავ, რომ ეს ვაი-მოსამართლეები თავს იმ საზღვაო ფლოტის სამხედროებს უტოლებენ, ანდა, უფრო სწორად, თავიანთი ხასიათით და ქცევით მართლაცდა იმ უგუნური სამხედროებისებრნი გახლავან, მზად რომ არიან მათი დამბაჩა ბრმად და უაზროდ ნებისმიერი მიმართულებით გაისროლონ, როცა ამას თავიანთი მეთაური უბრძანებს. მათზე ნაკლები იარაღი და ჩიაკაცი როდია ასეთი მოსამართლე?! რასაკვირველია, ასეთ ბრმა მოსამართლეებს ასეთივე ბრმა სამხედროებზე მეტი პატივი არ უნდა მივაგოთ მხოლოდ იმის გამო, რომ ამ შემთხვევაში მათ უფროსს მათი გონება და შეგნება დაუმონებია, სამხედროების შემთხვევაში კი – მხოლოდ გვამი და სხეული.

მოსამართლეები და ადვოკატები – და ყველა მათნაირს ვგულისხმობ მე – და ყველა პრაქტიკული ადამიანიც, მონობის საქმეს ძალიან დაბალი და უვიცი კაცის საზომით საზღვრავენ და უდგებიან. მათ ის კი არ აინტერესებთ "ლტოლვილი მონის კანონი" სწორია თუ არასწორი, არამედ – კონსტიტუციურია ის თუ არაკონსტიტუციური. მაშინ ისიც გამაგებინეთ, რომელია კონსტიტუციური, სათნოება თუ ცოდვა? სამართლიანობა თუ უსამართლობა? – უადგილოა, არა?! როცა საქმე ასეთ საჭირბოროტო ზნეობრივ და სასიცოცხლო მნიშვნელობის საკითხებთან გვაქვს, ისეთივე უადგილოა კანონზე ვიკითხოთ: კონსტიტუციურია ის თუ არა, როგორც, მაგალითად, მომგებიანია ეს კანონი თუ არა? სასამართლოს მოხელეები შეუპოვრად ცდილობენ, რომ ყველაზე ნაძირალა ადამიანების მსახურები იყვნენ და არა ადამიანთა მოდგმისა. საკითხავი ის კი არაა, შენ ან შენმა პაპამ სამოცდაათი წლის უკან რა ხელშეკრულება დადეთ ეშმაკთან, ანდა ამ ხელშეკრულების საფუძველზე კიდევ რა სამსახურის გაწევა გევალება სატანისთვის – ჯანდაბას წაუღია შორეულ წარსულში შენი ანდა შენი წინაპრის ღალატი

და ლაჩრობა! დღეს საკითხავი მხოლოდ ისაა, დღეს თუ მოიქცევი სწორად და ღმერთის სამსახურში თუ ჩადგები ზეციური და მარადიული კანონისა და არა კონსტიტუციის დამორჩილებით; დიახ, ზეციური კანონისა, რომელიც თავად უფალს ჩაუნერგავს შენს არსებაში და არა ვიღაც ჯეფერსონს და ვიღაც ადამზს.[75]

მთელი ამ ჭოჭმანის სავალალო შედეგი კი ის გახლავთ, რომ თუ უმრავლესობა სატანას მისცემს ხმას, რათა ეს ეშმაკი ღმერთის თანამდებობაზე დანიშნოს, უმცირესობა თავს ჩახრის და უსიტყვო მორჩილებაში გააგრძელებს თავჩახრილ ცხოვრებას – და წარმატებულ კანდიდატს დაემორჩილება, იმ იმედით, რომ ოდესმე, იქნებ კონგრესის რომელიმე სპიკერის ხმის მიცემით, ვინძლო ისევ აღადგინონ ღმერთი უფლის თანამდებობაზე. რაც არ უნდა ვეცადო ამაზე უკეთეს გასამართლებელ საბუთს ვერც მოვძებნი და ვერც გამოვიგონებ ჩემი მეზობლების გასამართლებლად. ამ ხალხს ისე ჩაუგუბებია პირში წყალი და ისე იქცევა, კაცს გეგონება, მართლა სჯერა იმისა, რომ თავისი მორჩილებით ცხოვრების სასრიალოზე პატარა ხანს და პატარა მანძილზე, ან იქნებ სულაც დიდ მანძილზეც კი, ისე არ ჩასრიალდება, რომ ბოლოს ცხოვრებაში რაიმე თავისით არ შეიცვალოს და ისევ ზემოთ და ზემოთ არ იწყოს ამოსვლა და ამოსრიალება. სწორად ეს არის ამ ხალხის პრაქტიკულობა,[76] რომელიც თანახმაა პატარა დაბრკოლებაზე თვალი დახუჭოს, არადა ავიწყდებათ, რომ ეს დაბრკოლება ადამიანის ქვემოთ დაქანება და ადამიანობის დაცემაა. ოღონდაც შეუძლებელია სამართლიანი საერო ცვლილების მოხდენა ამ "პრაქტიკულობით". სწორად რომ შეუძლებელია ქვემოთ სრიალით ზეაღსვლა. აღმა სრიალი შეუძლებელია და ზნეობის საკითხებშიც ერთად-ერთი სრიალი ქვედა მიმართულებით ხდება, მისი შედეგი კი კაცის სულიერი დაცემაა.

ასე და ამგვარად, მტკიცედ და საიმედოდ ვაღმერთებთ მამონას,[77] – სკოლაშიც, ერშიც, ეკლესიაშიც... მეშვიდე დღეს კი გაერთიანებულ შტატების ერთი კუთხიდან მეორემდე თავად ღმერთს ვწყევლით.[78]

ნუთუ კაცობრიობა ვერასოდეს შეიგნებს, რომ პოლიტიკური კურსი და ზნეობა ორი სრულიად განსხვავებული რამაა – და რომ პოლიტიკურ კურსს ზნეობრივი სისწორის დაცვა არ ძალუძს, რადგან ის მხოლოდ პრაქტიკულობითაა დაინტერესებული და არა სისწორით? – ის

---

[75] ჯეფერსონი და ადამსი ამერიკის დამაარსებელი მამები და პრეზიდენტები არიან.

[76] თოროუ მიუთითებს ვილიამ ფეილის შრომაზე, "ზნეობრივი და პოლიტიკური ფილოსოფიის საფუძვლები", რომელიც უმაღლეს სასწავლებლებში სტანდარტული სახელმძღვანელო იყო თოროუს სტუდენტობის ჟამს და მას ეს სულელური ფილოსოფია წაკითხული ჰქონდა ჰარვარდის უნივერსიტეტში. ამ წიგნში და მის მრუდე დედააზრში სიტყვა "პრაქტიკულობა"-ს ცენტრალური ადგილი უჭირავს და ხშირად იხმარება. ვილიამ ფეილი (1743-1805) – ინგლისელი თეოლოგოსი და ფილოსოფოსი.

[77] "მამონა" არამეული სიტყვაა და "მიწიერ სიმდიდრეს" ნიშნავს, გვხვდება ლუკას სახარებაში (16:13): "არავის მონასა ხელ-ეწიფების ორთა უფალთა მონებად: ანუ ერთი იგი მოიძულოს და ერთი შეიყუაროს, და ანუ ერთისაი თავს-იდვას და ერთი შეურაცხ-ყოს. ვერ ხელ-ეწიფების ღმრთისა მონებად და მამონაისა."

[78] საუბარია ამერიკაში, განსაკუთრებით კი, ფენსილვეინიაში გავრცელებულ ერეტიკულ ქრისტეანულ სექტაზე, ქვეიქერებზე, ზოგადად კი ამერიკის პროტესტანტული და კათოლიკური ეკლესიების მრევლზე, რომელთა წევრები კვირის განმავლობაში ფულს ანუ მამონას აღმერთებენ და ამის გამო საშინელ ბოროტებებს და უსამართლობებს ჩადიან, კვირა დღეს კი ეკლესიაში, ვითომცდა ღმრთისადმი დიდი ერთგულებით, წირვა-ლოცვას ან ქადაგებას ესწრებიან – ფარისევლობენ. ის გარემოება, რომ თოროუ სიტყვა "კვირა დღის" მაგივრად "მეშვიდე დღეს"

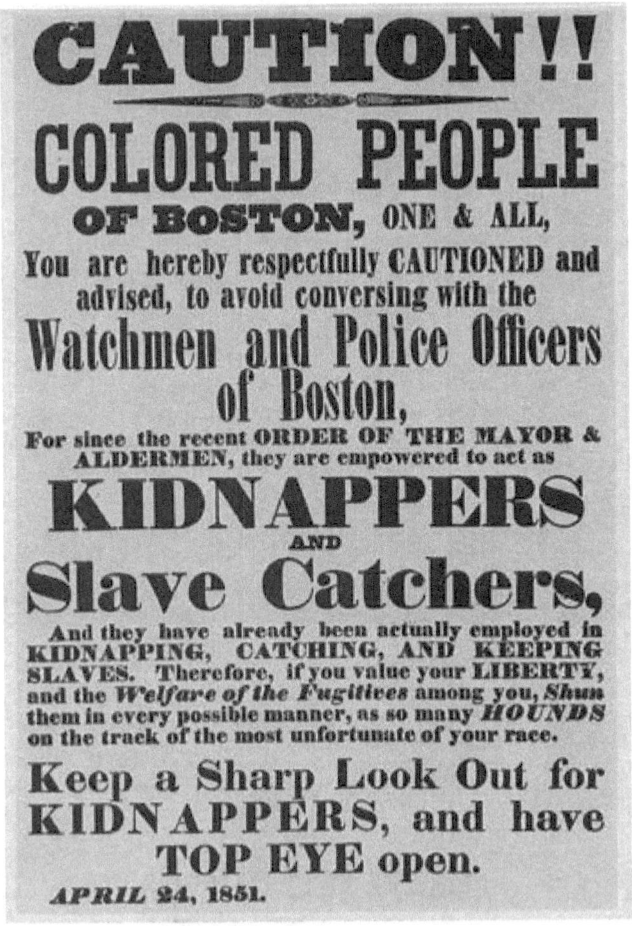

1851 წლის 24 აპრილის აფიშა ბოსტონელ ზანგებს აუწყებს, რომ იფრთხილონ, რადგან ქალაქის პოლიციელებმა მონების დაჭერა დაიწყეს.

AN APRIL 24, 1851 POSTER: WARNING COLORED PEOPLE IN BOSTON ABOUT POLICEMEN ACTING AS SLAVE CATCHERS.

მუდამ ერთ კანდიდატს ირჩევს – სატანას. – ამის შემდეგ მის ამომრჩევლებს რატომღა უკვირთ, როცა მათ მიერ ამორჩეული ეშმაკი ნათლის ჭეშმარიტი ანგელოზივით აღარ იქცევა? ჩვენს ერს პოლიტიკური კურსის კაცები კი არა, კაცური კაცები სჭირდება დღეს – კაცები, რომლებიც კონსტიტუციაზე ანდა უმრავლესობის მრუდე ნებაზე და თვითნებურ არჩევანზე ბევრად უფრო მაღალ კანონს აღიარებენ და მორჩილებენ. ჩვენი სამშობლოს ბედი იმაზე კი არაა დამოკიდებული, თუ ვის და როგორ აძლევ ხმას საამომრჩევლო უბანში, – ამ პოლიტიკურ თამაშში ხომ ყველაზე უვარგის კაცის ხმას სწორად ისეთივე ძალა აქვს, როგორიც ყველაზე კაცური კაცისას; ჩვენი სამშობლოს ბედი იმაზე კი არაა დამოკიდებული, თუ როგორ ქაღალდს ჩაუშვებ კენჭის ყრის ყუთში ყოველწლიურად, არამედ იმაზე, თუ ყოველ დილას შენი სახლიდან როგორ კაცს ჩაუშვებ ქუჩაში.

მასაჩუსეცს "ნებრასკის" ან თუნდაც "ლტოლვილი მონის" კანონპროექტი კი არ უნდა ადარდებდეს, არამედ საკუთარი მონათმფლობელობა და მონური ქედდადრეკილობა. დაე, სამშობლომ მყისვე გააუქმოს თავისი კავშირი მონათმფლობელთან![79] დაე, გაეყაროს მას ერთხელ და სამუდამოდ! დიახ! შეიძლება, თავის დაძრომის მიზნით დაიკლაკნოს და იჭოჭმანოს, და კონსტიტუციის კიდევ ერთხელ გადაკითხვა-გადამოწმებისთვის ცოტა ხანი მაცადეთო, მოითხოვოს; მერწმუნეთ, ჩვენმა ქვეყანამ რაც არ უნდა ეცადოს და იკითხოს, ვერ მოძებნის ისეთ დამაჯერებელ და საპატიო კანონს თუ პრეცედენტს, რომელიც მას ამ ამაზრზენი კავშირის თუნდაც წამიერ გაგრძელებას მოუწონებს.

ხმარობს, გახლავთ დასტური იმისა, რომ კონკრეტულად ქვეიქერებზეა საუბარი – ქვეიქერები ხომ "კვირას" "მეშვიდე დღეს" ეძახიან. თუმცა ყველა ერეტიკული პროტესტანტული და კათოლიკური სექტები სწორად ასე იქცევიან, რის გამოც თოროუ, სხვა ჭეშმარიტად ქრისტეანი ამერიკელი მამულიშვილების მსგავსად, მხურვალედ ლოცულობდა წმიდა სამების მიმართ, მაგრამ არც ერთი ამ ერეტიკული სექტის მრევლს არ ეკუთვნოდა (იხილეთ ერთ-ერთ მომდევნო თხზულებაში განმარტება კაპიტან ბრაუნსა და მის რაზმზე, მათ ლოცვასა და ქრისტეანობაზე). თოროუს განსაკუთრებით მათი ეს ფარისევლობა აკვირვებს და აღაშფოთებს, ის ამ ურცხვ საქციელს მწვალებელთა მიერ ღმერთის დიდ შეურაცხყოფად მიიჩნევს. ზემოთ მოყვანილი "წირვა-ლოცვა" და "ქადაგება" დამატებით განმარტებას საჭიროებს, – ბევრი პროტესტანტული ეკლესია წირვა-ლოცვას აღარც აღავლენს და მხოლოდ ქადაგებით შემოიფარგლება მათი კვირა დღე, რადგან ისინი სულზე წინ გონებას აყენებენ, წირვა-ლოცვით უფლის იდუმალი ძალით მინიჭებულ საიდუმლო სიბრძნეზე წინ კი – ქადაგებით გადმოცემულ ადამიანურ, ლოგიკურ სიბრძნეს. ამის მაგალითს დღეს საქართველოში მეტად მომრავლებულ სექტანტებშიც შეხვდებით, – ისინი სწორად იმ პროტესტანტების და კათოლიკების ბარტყები არიან, რომლებსაც თოროუ სამართლიანად ჰგმობდა – სექტანტებს არ აქვთ წირვა და ლოცვა, და, აქედან გამომდინარე, ამ წირვა-ლოცვიდან ჭეშმარიტ სიბრძნედ გამონაჟური საიდუმლო ანუ მისტიური განათლება, და მხოლოდ თავიანთი ცერცვისოდენა გონებიდან გამოჩიტული ადამიანური, ლოგიკური "სიბრძნით" იმოძღვრავენ და ინათლებენ უთავო თავებს. დიდმა ელენისტმა ებრაელმა ფილოსოფოსმა, ფილო ალექსანდრიელმა (20 ჩ.წ.-მდე–50 ჩ.წ.-ით) სწორად მათზე თქვა I საუკუნეში: "ერთად-ერთი სიბრძნე, რაც სოფისტებს გააჩნიათ, არის სიბრძნე სიამაყისა". აღსანიშნავია, რომ თავად შტატი ფენსილვეინიაც (რომელშიც შედის ამერიკის ძველი დედაქალაქი, ფილადელფია) ვილიამ ფენმა სწორად ქვეიქერების თავშესაფრად დააარსა.

[79] "არანაირი კავშირი მონათმფლობელთან" იქცა აბოლიშენისტების ანუ მონობის მოწინააღმდეგეების მიზნად. მათ მიაჩნდათ, რომ ჩრდილოელ მამულიშვილებს სამხრელებთან სამოქალაქო ომი კი არ უნდა დაეწყოთ, როგორც ეს შემდგომ მოხდა პრეზიდენტ ლინქოლნის ბრძანებით, არამედ თავისუფლების მოყვარული ჩრდილოეთი მონობის მოყვარულ სამხრეთს უნდა გაყროდა, განდგომოდა და ცალკე, დამოუკიდებელ ამერიკულ სახელმწიფოდ ეარსება. ამ ჩრდილოელ ჭეშმარიტ მამულიშვილებს ამერიკის მომავალი კაცთმოძულე სამხრელებთან ერთად წარმოუდგენლად მიაჩნდათ.

დაე, ჩვენი ქვეყნის თითოეულმა ბინადარმა საკუთარი კავშირი გააბათილოს საკუთარ სამშობლოსთან, თუ ეს სამშობლო საკუთარი მოვალეობის შესრულებაზე ამბობს უარს.

წინა თვეში განვითარებულმა მოვლენებმა თუ რაიმე მასწავლეს, არის ის, რომ ამქვეყნიურ დიდებას არ ვენდო. ვატყობ, ეს დიდება გმირის არჩევისას ბევრს ფიქრობს და ჭოჭმანობს, ოღონდ არჩეულ გმირებზე კი დაუფიქრებლად გაჰკივის ვაშას. ის ვერ ხედავს კაცის ქმედებაში ნამდვილი გმირობის უბრალოებას და მხოლოდ ამ ქმედების შედეგებითაა დაინტერესებული. მას ქებით ცამდე აჰყავს ბოსტონის ჩაის სმის[80] მარტივი გმირობა, აი, ბოსტონის სასამართლო შენობაზე ახლახან მიტანილი ბევრად უფრო საგმირო და ვაჟკაცური შეტევის შესახებ კი დუმს, მხოლოდ იმიტომ, რომ ეს შეტევა წარუმატებლად დამთავრდა![81]

უსინდისობის საფარველში გახვეული მასაჩუსეცის შტატი სასამართლო შენობაში გულგრილად წამომჯდარა და ახლა იმ კაცების გასამართლება სურს, რომელთაც მისთვის თავიანთი სიცოცხლე და თავისუფლება არ დაუშურებიათ. ესაა *სამართალი?*! ის ადამიანები, რომლებმაც მთელ ქვეყანას დაანახეს, უკიდურესი გაჭირვების ჟამსაც რომ კაცურად მოქცევა შეუძლიათ, დღეს შეიძლება ბორკილების ქვეშ აღმოჩნდნენ თავიანთი *კაცური საქციელისთვის.* ეს ვაჟკაცები, რომელთაგან დღეს სიმართლე მოითხოვს რომ თავიანთი ჩადენილი მამულიშვილური საქმე ეგრეთწოდებულ დანაშაულად აღიარონ, მთელი ამ შტატის მოსახლეობის ყველაზე უცოდველი ადამიანები არიან. და მაშინ, როცა გუბერნატორი, და ბოსტონის მერი, და მასაჩუსეცის თანამეგობრობის სხვა ურიცხვი მოხელეები თავისუფლები დადიან ამქვეყნად, ჩვენი ქვეყნის თავისუფლების ნამდვილი ფალავნები ციხეში სხედან.

უდანაშაულო მხოლოდ ისაა, ვინც ამ ვაი-სასამართლოს მიერ დაცულ კანონებს დაარღვევს. აუცილებელია, რომ ყოველმა ჭეშმარიტმა

81 თოროუს მიაჩნდა, რომ ბოსტონის სასამართლოს შენობაში ნიუ ინგლენდელი ხალხის აჯანყება და დაპატიმრებული ლტოლვილი მონის განსათავისუფლებლად აგორებული პროტესტი იყო ამერიკელი ხალხის უდიდესი საგმირო და მამულიშვილური საქმე და მასთან თვით "ბოსტონის ჩაის სმა" მოსატანიც არაა.

კაცმა კიდევ ერთხელ გადაამოწმოს თავისი კაცობა და ჭეშმარიტი სამართლის მხარეზე დადგეს, სასამართლოებს კი, რაც უნდა ის უქნიათ. ამ შემთხვევაში მთელი სულით და გულით ვუჭერ მხარს ბრალდებულებს, ბრალმდებლებსა და მოსამართლეებს კი მთელი სულით და გულით ვეწინააღმდეგები. სამართალი სასიამოვნოა და წყაროს რაკრაკივით ჰარმონიული; უსამართლობა კი უხეშია და ჰარმონიას მოკლებული. ზის ეს ჩვენი მოსამართლე და უკრავს თავის არღანს, თუმცაღა მისი დაკრული მუსიკას არ ჰქმნის, და მხოლოდ არღანის ჟანგიანი სახელურის გულისგამაწვრილებელი ხმაური სწვდება კაცის სმენას. მოსამართლეს ჰგონია, რომ მთელი ჰანგები ამ სახელურშია და აზრგამოშიგნული ხალხის ბრბოც ამ უაზრო მუსიკისთვის სპილენძის ხურდას დღესაც ისევე უყრის ამ ადამიანს, როგორც უწინ.

ნუთუ გგონიათ, რომ მასაჩუსეცი, რომელიც დღეს ასეთ საქმეებს ჩადის – რომელიც ჭოჭმანობს გმირებისთვის გვირგვინის დადგმას, იმ გმირებისთვის, რომელთა ადვოკატები და თავად მოსამართლეებიც კი იძულებულები არიან თავის გასამართლებად სიტყვების თამაშს, იურიდიულ ზმებს და კალამბურებს, და თავის დაძვრენის სხვა ამგვარ ხერხებს მიმართონ, რომ საკუთარი სინდისი და სამართლიანობის გრძნობა რაღაცით მაინც დაიპურონ, დაიმშვიდონ და გულის სიღრმეში არ აიჯანყონ – ნუთუ გგონიათ, რომ ეს მასაჩუსეცი სულმდაბალი და ქედდადრეკილი არაა? ნუთუ გგონიათ, რომ ასეთი ქვეყანა თავისუფლების ალამდარია?

მაჩვენეთ თავისუფალი ქვეყანა და ჭეშმარიტი სამართლის დამცველი სასამართლო და, თუ საჭირო გახდა, მისთვის ვიბრძოლებ და სიცოცხლესაც არ დავიშურებ; მაჩვენეთ მასაჩუსეცი და ხმამაღლა გეტყვით, რომ მე უარს ვამბობ მის მოკავშირეობაზე და მისი სასამართლოების მიმართ ზიზღის გარდა სხვა გრძნობა არა დამრჩენია რა.

კარგი მთავრობის არსი იმაში მდგომარეობს, რომ სიცოცხლე უფრო მეტად დააფასოს ქვეყანაში – ცუდის კი იმაში, რომ კაცის სიცოცხლე უფრორე გააუფასუროს. ჩვენს ცხოვრებას ბევრი არა დააკლდება რა, რკინიგზამ და ერის უბრალოდ ნივთიერმა განძმა ჟამის განმავლობაში ღირებულება რომ დაკარგოს და რამდენადმე გაუფასურდეს; სწორად ამის გამო კიდევ უფრო ნაკლებად უნდა ადარდებდეს კაცს ნივთები და კიდევ უფრო მეტად კაცურად უნდა ცხოვრობდეს ის; მაგრამ წარმოიდგინეთ რა მოხდება, თავად სიცოცხლე რომ გაუფასურდეს! როგორ შევამციროთ კაცებზე და ადამიანურ ბუნებაზე დედამიწის მოთხოვნა? როგორ მოვიხმაროთ მეტი ეკონომიურობით სათნოება და ის ყველა კეთილშობილური ადამიანური თვისება, რომელიც კაცის სიცოცხლისთვისაა აუცილებელი? ამ ბოლო ერთი თვის განმავლობაში ერთი განცდა მახრჩობდა – და მგონი, მასაჩუსეცში მცხოვრებმა ყველა კაცმაც, რომელსაც მამულიშვილობის განცდა შეუძლია იგივე განიცადა – გრძნობა იმისა, რომ რაღაც უსაზღვრო და უსასრულო დავკარგე. თავიდან არ მესმოდა რა მაწუხებდა. ბოლოს მივხვდი, თავად სამშობლო დამიკარგავს თურმე. არასოდეს არ ვცემდი პატივს მთავრობას, რომლის გვერდით, ისე მოხდა, რომ ცხოვრება მომიხდა, მაგრამ მე, სულელს, მეგონა, ჩემი საქმის წყნარად წარმოებით და თავჩახრილი მუშაობით, სხვა თუ არაფერი, სიცოცხლეს მაინც მოვახერხებდი აქ როგორმე. პირადად მე

რაც შემეხება, ამ ქვეყანაში ჩემმა ყველაზე დიდი ხნის წამოწყებულმა და ღირსეულმა საქმეებმაც კი, ენით ვერც აღგიწერთ, რარიგად დიდად დაკარგეს ხიბლი. და გრძნობა მეუფლება, რომ ამ შტატში ჩადებული ჩემი სიცოცხლის ინვესტიცია გაუფასურდა და, რაც მასაჩუსეცმა უდანაშაულო კაცი, ანთონი ბერნზი, განზრახ დაატყვევა და სამხრეთში მონობისთვის უკან გადაასახლა, ჩირადაც აღარ მიღირს დღეს. შეიძლება ილუზიის ბრალია, მაგრამ ადრე ვფიქრობდი ხოლმე, რომ ჩემი სიცოცხლე სადღაც სამოთხესა და ჯოჯოხეთს *შუა* იყო გაჩხერილი, ახლა კი ეჭვი აღარ მეპარება, რომ *შიგ ჯოჯოხეთში* ვცხოვრობ. მთელი ის პოლიტიკური ორგანიზაცია, რომელსაც მასაჩუსეცი ეწოდება, ჩემთვის სწორად ისეთივე მყრალი სანახაობაა, და ზნეობრივად ისეთივე ვულკანური სკორეთი და წიდითაა დაფარული, რომელსაც მილტონი[82] აღწერს ქვესკნელის შესახებ. არა მგონია სადმე ისეთი უსინდისო ხალხით სავსე ჯოჯოხეთი არსებობდეს, როგორიც ჩვენი მბრძანებელი მთავრობა და ჩვენი მორჩილი ხალხია, და თუ არსებობს, ინტერესის გულისთვის, ერთი მაინც ჩამახედეთ შიგ. იქ, სადაც სიცოცხლე არ ფასობს, იქ, ამ მატერიულ საგნებსაც, რომელთაც მხოლოდ ის დანიშნულება აქვთ რომ ადამიანის სიცოცხლეს მოხმარდნენ, ფასი ეკარგებათ. წარმოიდგინე, გაქვს პატარა ბიბლიოთეკა, კედელზე სამშვენისად დაკიდებული მშვენიერი ნახატებით – გარშემო ლამაზი ბაღი – ზიხარ და ჭვრეტ მეცნიერულ და სიტყვაკაზმულ საქმეებს და ერთ მშვენიერ დღეს უეცრად და ანაზდეულად აღმოაჩინე, რომ თურმე ეს შენი ლამაზი სოფლის სახლი, მთელი თავისი შიგთავსით ჯოჯოხეთის შუაგულში დგას, და რომ შენს საყვარელ სოფლის მოსამართლეს ჩლიქიანი ტერფი და ჩანგლიანი კუდი ჰქონია თურმე – განა მაშინვე არ დაეკარგება აზრიცა და ფასიც მთელ შენს ქონებას შენს თვალში?

ვგრძნობ, რომ გარკვეულწილად სახელმწიფო უკანონოდ ჩაერია ჩემს კანონიერ საქმეში, და ეს ჩარევა მომაკვდინებელი აღმოჩნდა ჩემთვის. მან ხელი არამარტო სასამართლოს ქუჩაზე[83] სიარულისას შემიშალა, როცა საქმეზე მივემართებოდი, არამედ მეც და ყველა სხვა მოქალაქესაც შეუშალა ხელი, რომელსაც თავისუფლად აღმა-დაღმა სიარული ეწადა და სასამართლო ქუჩა მხოლოდ გზად უნდა გაევლო და ეს გავლა, სახელმწიფოს წყალობით, გადაულახავ დაბრკოლებად და დაუძლეველ გაუვალობად ექცა. რა უფლება ჰქონდა სახელმწიფოს, ჩვენთვის სასამართლო ქუჩის არსებობა შეეხსენებინა, თავისუფლება დაეკოდა და ჩვენი ლაღი სვლისთვის ხელი შეეშალა? ვაი, რომ ეს სახელმწიფო ის ფუტურო აღმოჩნდა, რომლის სიცარიელე კარგად ვიცოდი, მაგრამ თავს ვიტყუებდი და რატომღაც იმედი მქონდა, რომ მასში რაიმე სიმყარეს ვიპოვიდი.

მაკვირვებს, როცა ჩემს გარშემო ადამიანებს ვუყურებ და ვხედავ, რომ ისინი ჩვეულებისამებრ ისევე ისე აგრძელებენ ცხოვრებას, ვითომ არც არაფერი მომხდარა მათ გარშემო. ჩემს თავს ვეუბნები ხოლმე, "უბედურები! ახალი ამბავი ჯერ არ სმენიათ!" ჩემში გაკვირვებას იწვევს ის გარემოება, რომ ცხენზე ამხედრებული კაცი, რომელსაც სულ ახლახან შევხვდი, მთელი სერიოზულობით ცდილობს გაქცეული საქონლის ნახირში მოგროვებას, რომელიც სულ ესესაა უყიდია ბაზრად – ნუთუ ვერ

---

[82] ჯონ მილტონი (1608-1674) – დიდი ინგლისელი პოეტი. მისი ნაწარმოებებიდან ყველაზე ცნობილია ეპიკური პოემა "დაკარგული სამოთხე". თოროუც სწორად ამ პოემაზე მიუთითებს.

[83] სასამართლოს ქუჩა – მასაჩუსეცის შტატის სასამართლოს მიმდებარე ქუჩა, სადაც ანთონი ბერნზი დაატუსაღეს.

ნიმფეა ოდორატა, ანუ სურნელოვანი შროშანა,
ანუ თეთრი დუმფარა, ანუ წყლის შროშანა.
NYMPHAEA ODORATA ALSO KNOWN AS FRAGRANT WATER LILY.

ხვდება, რომ ამ ქვეყნად ყველა სახის კერძო საკუთრება არასაიმედოა, და თუ მისი საქონელი დღეს არ გაიქცევა, ხვალ მაინც ძალით წაართმევენ ტანჯვით მოგროვილ პირუტყვს. სულელი! ნუთუ არ იცის, რომ მისი სათესლე სიმინდი წელს ნაკლები ღირს, ვიდრე უწინ – რომ ყველა მადლიანი მოსავალის ფასი კაპიკია, როცა კაცი ჯოჯოხეთის იმპერიის კარიბჭეს უახლოვდება? არც ერთი გონიერი კაცი არ ააშენებს სახლს მიწიერი ცხოვრების ცვალებად საძირკველზე, არც გრძელვადიან საქმეს არ წამოიწყებს ამ წამიერ წუთისოფელში. ხელოვნება ჟამში გაწელილი საქმეა, აი, ცხოვრება კი უამრავი ხელის შეშლის გამო ბევრად უფრო სწრაფად წარმავალი, მისი ყოველი მონაკვეთი ადამიანისთვის ძნელი მისაწვდომია და კარგი საქმით დაკავებული კაცი მუდამ ჟამის ნაკლებობას განიცდის. ძილის ჟამი აღარაა. კაცობრიობას უკვე რა ხანია გაუხარჯავს მემკვიდრეობით მიღებული თავისუფლება. და თუ ჩვენ ჩვენი სიცოცხლის შენარჩუნება გვსურს, ბრძოლაც უნდა გვსურდეს ამ სიცოცხლისთვის.

მივსეირნობ ერთ-ერთი ჩვენი მშობლიური ტბორისკენ;[84] გარნა ერთი კითხვა არ მაძლევს მოსვენებას – ნუთუ ბუნება მაინც ლამაზია, როცა მასში ადამიანები არიან სულით მახინჯები? მივსეირნობთ ხოლმე ტბებისკენ, რომ მათში არეკლილი ჩვენი საკუთარი სახეების უშფოთველობა დავინახოთ; როცა უშფოთველობა არ გვაქვს, ტბაზეც აღარ მივდივართ მაშინ. ჰოდა, მაშინ ისიც მითხარით, განა შესაძლებელია კაცი მშვიდად არსებობდეს ისეთ ქვეყანაში, სადაც მმართველებიც და მართულებიც, ბატონებიც და ყმებიც უსინდისოები არიან და სულის სიმტკიცე არ გააჩნიათ? სამშობლოს გახსენება სიარულის ჟამს ხასიათს წამიხდენს ხოლმე. ჩემს გონებაში წარმოშობილი ფიქრები ამ უსამართლო სახელმწიფოს მოკვლას ლამობენ და ჩემს თავში უნებლიე შეთქმულებას აწყობენ ხოლმე მის წინააღმდეგ.

ისე მოხდა, იმ დღეს წყლის შროშანას ვუსუნე, და მივხვდი, გაზაფხული, რომელსაც მთელი გულით ველოდი, უკვე დამდგარა. ეს ყვავილი სიწმიდის სიმბოლოა. იმდენად უბიწო და ლამაზია თვალისთვის, იმდენად ტკბილია ყნოსვისთვის, გეგონება, ჩვენთვის იმის ჩვენება სურს, თუ რაში უნდა ვპოვებდეთ ამქვეყნიურ უბიწობას და სიტკბოებას, და რომ ეს წმიდა სილამაზე დედამიწის ტალახიდან და ჭუჭყიდან მოდის. მგონი, ჩემს მიერ მოწყვეტილი შროშანის გარდა მთელი ერთი მილის მანძილზე სხვა შროშანა ჯერ არც იყო გაფურჩქნული. ჩვენი იმედების რაოდენ დიდი დასტურია ამ ყვავილის სურნელში! მისი ხათრით ამ წუთისოფლის განახლების იმედი მიცოცხლდება, მიუხედავად ჩრდილოელ კაცში არსებული მონობისა, სიმხდალისა და სულიერი სიმტკიცის და ზნეობის ნაკლებობისა. ეს ყვავილი გვანახებს, რომელი კანონი ყოფილა და არის ყველაზე ბევრგან და ყველაზე მრავალჟამიერ ძლევამოსილი თუნდაც ამ ქვეყნად, და რომ დადგება დღე, როცა კაციც საქმიანობის მაგივრად საგმირო საქმეს მიჰყოფს ხელს და მის საქციელსაც შროშანისთანა ტკბილი სურნელი აუვა. ასეთია სურნელება, რომელსაც ეს მცენარე სცემს. და თუ ბუნება იმდენს იზამს და ამ სურნელს ყოველწლიურად კვლავ შეკაზმავს, მაშინ ვირწმუნებ, რომ ის კვლავ ახალგაზრდაა და მხნეობით

[84] თოროუ სიტყვა "ტბორ"-ს კი ხმარობს, მაგრამ სინამდვილეში "ტბა"-ს გულისხმობს. ნიუ ინგლენდელები ტბას უმეტესად ტბორს ეძახიან, მაგალითად "ვოლდენის ტბორი"-ო იტყვიან, და არა "ვოლდენის ტბა".

სავსე, რომ მისი პატიოსნება და ნიჭიერება უვნებელია, და რომ თავად კაცშიც კი სათნოება დევს, რადგან კაცს ამ სურნელის შეგრძნება და სიყვარული შეუძლია.[85] ეს ყვავილი შემახსენებს, რომ ბუნებას "მიზურის კომპრომისში" ხელი არ ურევია. მე ვერ ვგრძნობ ვერავითარ კომპრომისს წყლის შროშანის სურნელებაში. მას არ ჰქვია *ნიმფეა დაგლასიი.*[86] მასში სიტკბოება და უბიწობა და უმანკოება სრულად განიყოფიან ამქვეყნიური უხამსობისა და სიავისგან. მის სურნელში ვერ ვგრძნობ ვერც მასაჩუსეცის გუბერნატორის და ვერც ბოსტონის მერის ქვეშქვეშურ ყოყმანს.[87] ისე მოიქეცი, ადამიანო, რომ შენი ქმედების სუნმა ატმოსფეროს სურნელება კიდევ უფრო მეტად დაატკბოს, და ყვავილის სურნელის შეყნოსვისას არ გაგვახსენდეს თუ რამდენად შეუფერებელია შენი საქციელის სიმყრალე ბუნების სიტკბოებასთან; და განა რაა, ზოგადად, სურნელება, თუ არა ზნეობრივი თანასწორობის ერთ-ერთი საჯარო განცხადება, და ამ ყვავილის შემთხვევაშიც ცხადი ხდება ის ჭეშმარიტება, რომ მის კარგ სურნელს ჯერ რომელიღაცა კარგი ქცევა უძღვოდა წინ და ამ კარგი ქცევის გარეშე შროშანასაც არ ექნებოდა კარგი სუნი. მყრალი ტალახი კაცის მცონარობისა და ცოდვის სიმბოლოა, და კაცობრიობის ლპობის ნიშანი; სურნელოვანი ყვავილი კი, რომელიც ამ ტალახიდან აღმოცენდება, – უბიწობისა და გულადობის, რომელიც უკვდავია და მრავალჟამიერი.

კაცის გრძნობების მოსახიბლად მონობას და ქედდადრეკილობას როდი შეუქმნია ტკბილ-სურნელოვანი ყვავილი ყოველწლიურად? მონობასა და ქედდადრეკილობაში ხომ ჭეშმარიტი სიცოცხლე და სიცოცხლის მიმნიჭებელი ძალა არ დევს:[88] მონობა და ქედდადრეკილობა ყველა ჯანმრთელი ნესტოსთვის ხრწნადობა და სიკვდილია მხოლოდ. ჩვენ მათი არსებობა არ გვშურს და მათი სიცოცხლის გამო არ ვჩივით, ჩვენი

[85] რაოდენ დიდია მსგავსება თოროუს მსჯელობასა და დიდი მართლმადიდებელი წმიდა მამის, ფსევდო-დიონისე არეოპაგელის ღმრთისმეტყველებაში. იხილეთ წიგნი "კორპუს არეოპაგიტიკუმ", ქვეწიგნი "საღმრთო სახელები", თავი IV, No 20. ამ და მომდევნო წინადადებაშიც თოროუ ფსევდო-დიონისეს თეოლოგიას ამტკიცებს, რომლის თანახმადაც უფალს ბოროტება არ შეუქმნია, ადამიანიც თავისთავად კეთილი, კარგი და უბოროტო არსებაა, იგი გაუკუღმართდა მხოლოდ მაშინ, როცა მას ეშმაკი შეუძვრა სულში. სწორად ამიტომ, თუნდაც ბოროტი ადამიანი, თუ ის ცოცხლობს და არსებობს, მასში სიკეთის არსებობით არსებობს და არა ბოროტების. ბოროტება ხომ არარსებობაა, რადგან ბოროტება უფალს არ შეუქმნია და რაც არ შეუქმნია, ის ვერ იარსებებს. თავად ეშმაკიც მხოლოდ იმიტომ არსებობს, რომ მასში ღმრთის მიერ ჩადებული რაღაც ნიჭი და სიკეთეა, თორემ ეს ნიჭი და სიკეთე რომ აღარ იყოს, თავად ეშმაკიც აღარ იარსებებდა მაშინ.

[86] ნიმფაეა დაგლასიი – მიუთითებს ილინოის შტატის სენატორ სთივენ ეი. დაგლასზე, რომელიც "1850 წლის კომპრომისის" მთავარი ავტორი იყო. ეს კომპრომისი შეიცავდა "ლტოლვილი მონის კანონსაც". სენატორი დაგლასი შემდგომ საპრეზიდენტო კანდიდატიც გახლდათ, რომელიც ეიბრეჰემ ლინქოლნმა დაამარცხა 1860 წლის არჩევნებში. წყლის შროშანის ბოტანიკური სახელია "ნიმფეა ოდორატა" ანუ "სურნელოვანი შროშანა". აღსანიშნავია ერთი მეტად უცნაური გარემოება – ამ თხზულების პირველი და მეორე დაბეჭვდვების ჟამს რედაქტორებმა "ნიმფაეა დაგლასიი" ორი "ს"-თი დაწერეს, როგორც "ნიმფაეა დაგლასსიი", რამაც გამოიწვია გაურკვევლობა – ზოგს მიაჩნდა, რომ თოროუ ამ ფრაზით სენატორ სთივენ ეი. დაგლასზე კი არ მიუთითებდა, არამედ ფრედერიკ დაგლასზე, რომლის გვარი ორი "ს"-თი იწერება. ფრედერიკ დაგლასი ზანგი გახლდათ, თავად ყოფილი მონა, რომელიც შემდგომ საზოგადო მოღვაწე გახდა. ის ბევრს იბრძოდა მონათმფლობელობის წინააღმდეგ, მაგრამ ზოგიერთ აბოლიშენისტს მიაჩნდა, რომ ფრედერიკ დაგლასი მთავრობასთან გარკვეულ დათმობებზე წავიდა და ამის გამო ის მთლად მართალი და კარგი კაცი არ იყო. აშკარაა, მიუხედავად იმისა, რომ თოროუ ფრედერიკ დაგლასს დიდ გმირად არ მიიჩნევდა, ის მას მასხარად მაინც არ აიგდებდა და სატირული გამოთქმით, "ნიმფაეა დაგლასიი", ილინოის შტატის სენატორ სთივენ ეი. დაგლასს გულისხმობს.

[87] ჯეროუმ ვი. სი. სმითი (1800-1879) – ქალაქ ბოსტონის მერი 1854-1855 წლებში.

[88] კიდევ ერთი მსგავსება თოროუს მსჯელობაში და დიდი მართლმადიდებელი წმიდა მამის, ფსევდო-დიონისე არეოპაგელის ღმრთისმეტყველებაში. იხილეთ წიგნი "კორპუს არეოპაგიტიკუმ", ქვეწიგნი "საღმრთო სახელები", თავი IV, No 19.

საჩივარი მხოლოდ ისაა, ეს ცოდვები დავიწყებას არ მიეცეს და ჩუმ-ჩუმად არ დაიმარხოს. დაე, ცოცხლად დარჩენილებმა შეგნებულად დამარხონ ისინი: სხვა თუ არაფერი, გახრწნილი ცოდვები ნაკელისთვის მაინც გამოდგება.

სამოქალაქო დაუმორჩილებლობა

მთელი გულით მხარს ვუჭერ იმ აზრს, რომ "მმართველობის ის ფორმა და ის მთავრობაა ყველაზე კარგი, რომელიც ყველაზე ნაკლებად მართავს ხალხს";[89] და კარგი იქნებოდა, ეს შეძახილი ცხოვრებაში უფრო სწრაფად და უფრო ხშირად განგვეხორციელებინა, რაც საბოლოო ჯამში იმ აზრამდე მიგვიყვანდა, რომელსაც მე, აგრეთვე, მთელი გულით ვუჭერ მხარს – "მმართველობის ის ფორმა და ის მთავრობაა ყველაზე კარგი, რომელიც საერთოდ არ მართავს ხალხს"; და სწორად ასეთი, თავისუფლების შეულახველი, მთავრობა ეყოლება ერს, როდესაც მისი მოქალაქეების შეგნება იქნება მზად ამგვარი თავისუფალი მმართველობისთვის. საუკეთესო შემთხვევაშიც კი მთავრობა პრაქტიკულობაა მხოლოდ; მაგრამ, მთავრობების უმრავლესობა მუდამ, და დედამიწის ზურგზე ყველა მთავრობა ხანდახან მაინც, სწორადაც რომ არაპრაქტიკულია. პროტესტი, რომელსაც ხალხი არაფრისმაქნისი, ქუჩაში უაზროდ მდგარი მოქმედი ჯარის [90] წინააღმდეგ გამოთქვამს, არაფრისმაქნისი მთავრობის წინააღმდეგაც უნდა გამოითქვას. არაფრისმაქნისი ჯარი ხომ თავად ამ არაფრისმაქნისი მთავრობის მარჯვენა ხელია. მთავრობა, რომელიც სხვა არაფერია, თუ არა მოქალაქეების მიერ საკუთარი თავისუფალი ნების აღსასრულებლად არჩეული იარაღი და ხერხი, თავისი არაფრისმაქნისობისთვის ისევე იმსახურებს ლანძღვას, როგორც არაფრისმაქნისი ჯარი. შეხედეთ ერთი ჩვენ მიერ მექსიკის წინააღმდეგ გაჩაღებულ დღევანდელ ომს.[91] იგი ხომ

---

[89] მსგავს ეპიგრაფს პირველი გვერდის სათაურად იყენებდა "გაერთიანებული შტატების ჟურნალი, და დამოკრატიული მიმოხილვა" 1837-1859 წლებში, – "ყველაზე კარგი ის მთავრობაა, რომელიც ყველაზე ნაკლებ მართავს ერს". ეს ციტატა წარმოსდგება ჟურნალის რედაქტორის, ჯონ ლუის ოსალივანის თხზულებიდან, რომელიც ამ ჟურნალის პირველ ნომერში გამოქვეყნდა. აღსანიშნავია, რომ იგივე თხზულებების ციკლში, ჟურნალის მესამე ნომერში 1843 წელს თოროუმ გამოაქვეყნა თავისი თხზულება "დაკარგული სამოთხე (რომელიც უნდა) დავიბრუნოთ". თოროუს მეგობარ, რალფ ვოლდოუ ემერსონსაც მსგავსი ლოზუნგი აქვს ნახმარი თავის 1844 წლის თხზულებაში "პოლიტიკა": "რაც უფრო ნაკლები მთავრობა გვყავს, მით უკეთესი." ზოგჯერ ხალხი ამ ლოზუნგს მცდარად ამერიკის რიგით მესამე პრეზიდენტს, თომას ჯეფერსონს მიაწერს ხოლმე.

[90] მოქმედი ჯარი – გამოთქმა მიუთითებს სამხედრო მზადყოფნაში მდგარ, ქუჩაში გამოფენილ მოქმედ ჯარზე, რომელიც ამერიკელებს კოლონიური დროიდან სძულდათ, რადგან ეს მოქმედი ჯარი ბრიტანეთის იმპერიის ჯარი იყო, რომელსაც ხალხის კი არა, იმპერიის ინტერესების დაცვა ევალებოდა. ამერიკელ კოლონისტებს ორი მიზეზის გამო სძულდათ ქუჩებში მდგარი მოქმედი ჯარი: 1) თავად დიდი ბრიტანეთის კონსტიტუცია ბრძანებდა, რომ მშვიდობიანობის ჟამს ჯარი მოქმედი მხოლოდ მაშინ უნდა იყოს თუ ამას ხალხი და საზოგადოება ითხოვს – ამერიკელები ამას არ ითხოვდნენ; 2)სამოქალაქო უფლებებს და ხალხის თავისუფლებას ემუქრებოდა საფრთხე – რა გარანტია აქვს მოქალაქეს, რომ სამხედრო მზადყოფნაში ქუჩაში გამოფენილი მოქმედი ჯარი, დესპოტი პოლიტიკოსის თუ სამხედრო თანამდებობის პირის მანიპულირების შედეგად, არ მობრუნდება და თავისი თანამოქალაქეების დაშინებას, ჩაგვრასა და აწიოკებას არ დაიწყებს? რევოლუციური ომის მოგებისთანავე კონგრესმა მსწრაფლ შეამცირა ამერიკის მოქმედი ჯარი და მისი რიცხვი სულ რაღაც ასიოდე კაცამდე დაიყვანა, რადგან მრავალრიცხოვანი მოქმედი ჯარი "საშიშია თავისუფალი ხალხის თავისუფლებისთვის".

[91] საუბარია 1846-1848 წლის ამერიკა-მექსიკის ომზე. ეს ომი ამერიკის მთავრობამ დამოუკიდებელი მექსიკის წინააღმდეგ წამოიწყო მას შემდეგ, რაც მექსიკამ უარი თქვა თავისი ტერიტორიების ამერიკისთვის მიყიდვაზე. ამერიკელებს განსაკუთრებით აინტერესებდათ თექსასის და კალიფორნიის მიწები. მექსიკა სასტიკად დამარცხდა, მის სახელმწიფოებრიობას სრული გაბათილების აშკარა საფრთხე ემუქრებოდა, რის გამოც მექსიკა დათანხმდა გვადალუპე ჰიდალგოს ხელშეკრულებისთვის მოეწერა ხელი – ხელშეკრულება, რომელიც ამერიკელებმა თავის ნებაზე ისე შეადგინეს, რომ დამარცხებულმა მექსიკამ ერთი ხმის ამოღებაც კი ვერ გაბედა და ყურმოჭრილი მონასავით მოაწერა მასზე ხელი. ამის შედეგად ამერიკამ მექსიკას სრულად წაართვა დღევანდელი თექსასის, კალიფორნიის, ნევადის და იუთას

სულ თითზე ჩამოსათვლელ პირთა მიერ ამ არაფრისმაქნისი მთავრობის, როგორც ბრმა იარაღის, მანიპულირების და მისი საკუთარი ვიწრო მიზნებისთვის გამოყენების გამო გაჩაღდა სწორად. არადა, თავად ხალხი ხომ ამ უსაფუძვლო ომის დაწყებას არასოდეს დათანხმდებოდა.

აი, ეს ჩვენი ამერიკის მთავრობაც – რაა, თუ არა წეს-ჩვეულება, და ისიც ახლად გამობარტყული, რომელიც ცდილობს, თაობიდან თაობას შეულახავად გადასცეს საკუთარი თავი, მაგრამ თითოეული ამ თაობიდან-თაობაზე ნელნელა მემკვიდრეობითი გადაცემის ჟამს მისი პატიოსნებაც ნელნელა ილახება. მას ერთი ცოცხალი კაცის ძალ-ღონეც კი არ გააჩნია, რამეთუ ცოცხალი კაცი საკუთარ ძალ-ღონეს საკუთარი ნებით მუდამ იმორჩილებს, ეს მთავრობა კი – ვერა. ჩვენი მთავრობა ხის თოფს წააგავს. მაგრამ ეს იმას როდი ნიშნავს, რომ ბრბოს იგი არ სჭირდება; ბრმა ხალხისთვის ხომ მუდამ აუცილებელია რაიმე ბრმა იარაღის ქონა და მისი გამუდმებული ჩხარა-ჩხურის მოსმენა, რომ მის არსებობას გასამართლებელი საბუთი მოეძებნოს. ასე და ამგვარად, ამქვეყნიური მთავრობები ცხადჰყოფენ თუ როგორ ადვილად შეუძლიათ კაცისთვის ძალის დატანება ან კიდევ საკუთარ თავზე ძალდატანებით რომელიმე არაკაცის თავს მოხვევა და მთავრობაში გაწევრიანება. ჩინებული საქმეა, ერთხმად უნდა აღვიაროთ, ვგონებ. მაგრამ სიმართლეს როგორ გავექცეთ და იმ სინამდვილეს თვალებში როგორ არ ჩავხედოთ, – ამ მთავრობას ამ ქვეყანაში ერთი კარგი საქმეც კი არ გაუკეთებია გარდა იმ შემთხვევისა, როდესაც მთავრობა, რომელიც ერს წინ მუდამ დაბრკოლებად ეღობება, რამდენჯერმე გზიდან დროულად ჩამოეცალა და თავისუფალი ქმედების შესაძლებლობა მისცა ხალხს. *ის* არ იცავს ერის თავისუფლებას! *ის* არ წყვეტს დასავლეთის საკითხს![92] *ის* არ ზრუნავს ხალხის განათლებაზე! არა! ამერიკელი ხალხის გულში მუდამ არსებულმა მტკიცე ხასიათმა ჰქნა ყოველივე ეს; და ამაზე მეტს იზამდა, ხანდახან მთავრობა რომ არ გადაღობოდა წინ. მთავრობა ხომ მითუფრო პრაქტიკულია, რამდენადაც ის

შტატები, კოლორადოს, არიზონას, ნიუ მექსიქოუს და ვაიომონგის შტატები კი ან ნაწილობრივ წაართვა ან ფული გადაუხადა და ისე. საერთო ჯამში, ამერიკამ მექსიკას გადაუხადა $18,250,000 (დღევანდელი ფულით დაახლოებით $450 მილიონი) და აგრეთვე გაუბათილა ამერიკის ვალი, რაც $3.25 მილიონს შეადგენდა (დღევანდელი ფულით დაახლოებით $80 მილიონს). თექსასის შტატი რომ არ ჩავთვალოთ, მექსიკამ შედეგად დაკარგა 1.3 მილიონი კვადრატული კილომეტრი – მთლიანი მექსიკის 55%, თექსასის შტატის ჩათვლით კი მთელი თავისი ტერიტორიის 75%. აღსანიშნავია, რომ ამ ომში სამხრელი მონათმფლობელი და კაცთმოძულე ამერიკელების გარდა ჩრდილოელები, კერძოდ, ნიუ ინგლენდელებიც იბრძოდნენ, სამწუხაროდ. სამხრეთსა და ჩრდილოეთს შორის შემდგომ განვითარებული სამოქალაქო ომის გამოჩენილმა ბელადებმა, სამხრელებმა, ისევე როგორც ჩრდილოელებმა, სწორად მექსიკის ჩაგვრის ომში გაიარეს წვრთნა – შემდგომში ჩრდილოელების გენერალი, იულისიის ეს. გრენთი და შემდგომში სამხრელების გენერალი, რაბერთ ი. ლიი – ამათში ყველაზე ცნობილები, მაგრამ ამათ გარდა კიდევ ჯორჯ ბი. მაქლელანი, ამბროუს ბერნსაიდი, სთოუნვოლ ჯექსონი, ჯეიმზ ლონგსთრითი, ჯორჯ მიიდი და სხვები. თოროუ და, ზოგადად, აბოლიშენისტები, ანუ მონობის მოწინააღმდეგეები, და ყველა ჭეშმარიტი ამერიკელი მამულიშვილი ამ ომს, როგორც უსამართლო ომს, სასტიკად ეწინააღმდეგებოდა. მეტიც – ისინი ამტკიცებდნენ, რომ ამ ომით ამერიკას არამარტო მისი მეზობლის დაჩაგვრა, არამედ მონობის მის საზღვრებს გარეთ გავრცელება და პოპულარიზაცია ეწადა.

[92] დასავლეთის საკითხი – თოროუ გულისხმობს ეგრეთწოდებულ "ამერიკის დასავლეთს", ანუ "დასავლეთ ამერიკას". ამერიკის გაერთიანებული შტატები XIX საუკუნიდან მოყოლებული დასავლეთის მიწებს იერთებდა და შედეგად დასავლეთისკენ გაფართოვდა. ამ ახალშეერთებულ მიწებს ეწოდებათ "დასავლეთი ამერიკა". XXI საუკუნეში დასავლეთ ამერიკად მიიჩნევა ყველა ის შტატი, რომელიც მოიცავს როქის მთებს და ჰაის (ანუ ქართულად "მაღალ") დაბლობებს. დასავლეთ ამერიკაა, მაგალითად, კალიფორნია და ნევადა. აღსანიშნავია, რომ ამ თხზულებაში თოროუ ამ ომს "დღევანდელ ომს" უწოდებს, თუმცა ამ თხზულების პირველი გამოქვეყნებისას, 1949 წელს ომი უკვე დამთავრებული იყო – ამ თხზულებას ჯერ ლექციის სახით კითხულობდა თოროუ, მაშინ ეს ომი მიმდინარე ომი იყო, ამიტომაც უწოდებს ის მას "დღევანდელ ომს".

ადამიანების საქმეებში არ ერევა და მოქალაქეებს იმის საშუალებას აძლევს, რომ ყველამ თავის საქმეს მიხედოს, რომ ერთმანეთის საქმეებში არც მოქალაქეები ჩაერიონ დაუკითხავად; და, როგორც უკვე ითქვა, როდესაც მთავრობა მართლაცდა პრაქტიკულია, მაშინ ის თავის ხალხს თავისუფლებას არ უკრძალავს და თავს ანებებს. ვაჭრობა და საქონლის გაცვლა-გამოცვლა ინდური რეზინისგან [93] რომ არ შედგებოდნენ და ერთგვარი ხტომა რომ არ შეეძლოთ, ვერაფრით შეძლებდნენ კანონმდებლების მიერ დღენიადაგ აღმართულ დაბრკოლებებზე გადახტომას; და ამ კანონმდებელი კაცების კარგი ზრახვების უგულებელყოფა და მათთვის განაჩენის გამოტანა მხოლოდ მათი ცუდი ქმედებების სავალალო შედეგების საფუძველზე რომ შეგვეძლოს, გამოვიდოდა, რომ ისინი სწორად ისეთივე მავნებლები არიან და სწორად ისეთსავე სასჯელს იმსახურებენ, რასაც ყაჩაღები, მატარებლის გასაჩერებლად რკინიგზის რელსებზე რომ მოაწყობენ ხოლმე ამა თუ იმ დაბრკოლებას.

მაგრამ, როგორც მართალი და პრაქტიკოსი კაცი და კიდევ როგორც მოქალაქე, იმ ხალხისგან განსხვავებით რომლებიც საერთოდ უმთავრობობას მოითხოვენ, [94] მე მთავრობის გაუქმებას კი არ ვითხოვ, არამედ უკეთეს მთავრობას, თანაც *დაუყოვნებლად*. დაე, ყველა მოქალაქემ ხმამაღლა თქვას, როგორი მთავრობა დაიმსახურებდა მის პატივისცემას, და ამ მართალი და ხმამაღალი თქმით ერთი ნაბიჯით მაინც წინ წავიწიოთ კარგი მთავრობის მოსაპოვებლად.[95]

---

93 ინდოეთში ნაგულისხმევია არა ქვეყანა ინდოეთი, არამედ დასავლეთ ინდოეთი, როგორც ადრე კარიბის ზღვის კუნძულოვან ქვეყნებს უწოდებდნენ, სადაც ტროპიკული მცენარეებიდან საექსპორტო კაუჩუკს ამზადებდნენ, ამ კაუჩუკისგან კი – საშლელებს, რომელთა დასამზადებლად ჯერ კაუჩუკის რეზინად ქცევა იყო საჭირო. რეზინი დრეკადი მასალაა, რომელსაც "ხტუნვა" შეუძლია – თოროუსაც ამიტომ აქვს შედარებული ვაჭრობა რეზინთან, რადგან ის კანონებს ახტება.

94 თოროუ აშკარად და პირდაპირ განასხვავებს თავის თავს "ნანრეზისტერებისგან" ანუ "არმოწინააღმდეგეებისგან", რომლებიც წარმოშობით უმთავრესად სწორად თოროუს მშობლიური მასაჩუსეციდან იყვნენ და უმთავრობობას მოითხოვდნენ. მხოლოდ ეს ერთი წინადადებაც კი საკმარისია იმის დასამტკიცებლად, რომ თოროუ ანარქისტი არ ყოფილა და სიმშვიდისმოძულე ხალხთან საერთო არაფერი ჰქონდა. თოროუ ქრისტეანი იყო, რომელიც, მართალია, პილატეს მთავრობას ჰგმობდა, მაგრამ მას კონსტანტინე დიდის მეფობა და მთავრობა ეწადა, ანუ ის არ იყო ექსტრემისტი ერეტიკოსი და, ევსებიუსის მსგავსად, ქრისტეანი და კაცთმოყვარე მთავრობა სურდა. აი, "ნანრეზისტერები" კი ამტკიცებდნენ, რომ ყველა მიწიერი მთავრობა ხინჯიანია და ამის გამო გონიერი ადამიანი არც ერთ უფალს არ უნდა მორჩილებდეს, თუნდაც ქრისტეან მეფესა და უფალს, ზეციური უფლის გარდა. მათი აზრთასვლა მცდარია. კაცი სიხარულით უნდა მორჩილებდეს კონსტანტინე დიდსა და დავით აღმაშენებელს, მეფე დავითსა და მეფე სოლომონს. ღმერთსა და კაცს შორის ხომ უამრავი სხვა არსებაა, – ანგელოზები, მარტვილები, წმიდანები, ქრისტეანი მეფეები... ნუთუ ამათ არ უნდა მორჩილებდეს ქრისტეანი კაცი? საოცარია რამდენად დიდი მართლმადიდებლური წინდახედულებით და რამდენად ღრმა მართლმადიდებლური თავშეკავებულობით გამოირჩევა თოროუ და ის წარსულის თუ თავისი ხანის ექსტრემისტებს არ ჰგავს. ამ ექსტრემიზს ანუ უკიდურესობას ხომ უკიდურეს ერეტიკოსობამდე მიჰყავს ადამიანი. რაოდენ დიდია მსგავსება თოროუს მსჯელობაში და დიდი ქრისტეანი მამის, ფსევდო-დიონისე არეოპაგელის თეოლოგიაში. იხილეთ წიგნი "კორპუს არეოპაგიტიკუმ", ქვეწიგნი "ზეციური იერარქია" და ქვეწიგნი "საეკლესიო იერარქია". რაოდენ დიდია მსგავსება თოროუსი და დავით გურამიშვილის, რომელიც კაცს ქრისტეანი ბატონის მორჩილებისკენ მოუწოდებს და მართებულად ამტკიცებს, რომ ბატონის დაუმორჩილებლობას და წყენას უფლის წყენაც მოჰყვება. იხილეთ წიგნი "დავითიანი":

"ბატონს აწყინე, გაგიწყრა, აბრალე შენსა წყენასა,
აწ ღმერთიც გიწყენს, იცოდე, არა იქ თუ მოთმენასა,
დამორჩილება უფალთა უთქვამს დავითის ენასა,
შენ თუ შენს უფალს არ უსმენ, ნურც შენს მონას ეჭვ სმენასა."

95 რაოდენ დიდია მსგავსება თოროუს აზრებსა და მართლმადიდებლურ მოძღვრებას შორის. ნეტარი ავგუსტინეც თავის წიგნში, "სწავლება ქრისტეანობის" ანუ "დე დოქტრინა ქრისტიანა"

როდესაც ძალაუფლება ხალხის ხელშია, პრაქტიკული მიზეზი იმისა, თუ რატომ შეუძლია უმრავლესობას, და ისიც დიდიხნით, ქვეყნის მართვა-განმგებლობა, ის კი არ გახლავთ, რომ, თითქოსდა, უმრავლესობა, როგორც წესი, სამართლიანია, არამედ მხოლოდ ის სამწუხარო გარემოება, რომ უმრავლესობა ფიზიკურად ყველაზე ძლიერია და ყველას ერევა. მთავრობა, რომელშიც უმრავლესობა მბრძანებლობს, თუნდაც მიწიერი გაგებით, ყოველთვის სამართალზე როდია დაფუძნებული?! ნუთუ არ შეიძლება არსებობდეს ისეთი მთავრობა, რომელშიც უმრავლესობა კი არ წყვეტს, რაა სწორი და რაა არასწორი, არამედ სინდისი? – და რომელშიც უმრავლესობას მხოლოდ პრაქტიკული საკითხების გადაწყვეტა დაევალება და არა ზნეობრივი? განა მოქალაქემ საკუთარი სინდისი იმ იმედით უნდა გაუშვას შვებულებაში, რომ ავ-კარგსა და ცოდვა-მადლს მისთვის რომელიმე კანონმდებელი გაარჩევს? მაშ, დაბადებიდან რატომ აქვს ეს ღმრთივნაბოძები სინდისი ყველას? – მიპასუხეთ.[96] ჩემი აზრით, ჩვენ ჯერ კაცები უნდა ვიყოთ და მხოლოდ ამის მერე – რომელიმე მთავრობის ქვეშევრდომები. იმდენად სასურველი არაა, კაცი კანონებს სცემდეს პატივს, რამდენადაც კაცის მიერ სიმართლის პატივისცემაა სასურველი. ჩემი ერთად-ერთი ვალდებულება არის ის, რომ ყოველთვის ვაკეთო ის, რაც სწორია. უკვე საკმარისი ითქვა იმაზე, რომ კორპორაციას სინდისი არ გააჩნია; მაგრამ კეთილსინდისიერი კაცებისგან შემდგარი კორპორაცია სწორადაც რომ სინდისიანი კორპორაციაა. კანონს კაცი სამართლიანად არასოდეს უქცევია; და, ზუსტად კანონის დაცვის გამოა, რომ კარგი და კეთილმოსურნე ადამიანებიც კი დღითიდღე უსამართლობის მოხელეები ხდებიან. ადამიანების მიერ კანონის უადგილო რწმენის და გადამეტებული პატივისცემის ხშირი და ბუნებრივი ნაყოფი გახლავთ ის, რომ გაიხედავ და ჯარისკაცების წყებას დაინახავ, პოლკოვნიკს, კაპიტანს, კაპრალს, რიგითს, ტყვია-წამლის მაიმუნს[97] და ყველა სხვა მისთანას, თავისი ნების წინააღმდეგ, არა, მარტო ნების წინააღმდეგ კი არა, თავად სინდისის და შეგნების წინააღმდეგ, შესაშური წესრიგით სამხედრო სვლაში ცხრა მთასა და ცხრა ზღვას იქით უაზრო ომში უაზროდ მიმავალს, რაც, მერწმუნეთ, მეტის-მეტად ციცაბო სიარული და დაუჯერებელი სანახაობაა, და მისი ხილვით გულს ბაგა-ბუგი გაუდის. ამ მეომრებს ეჭვი არ ეპარებათ, რომ უსამართლო და დაწყევლილ საქმეს ჩადიან, მაგრამ მაინც მშვიდად აგრძელებენ სვლას. რას ჰგვანან ეს უბედურები? განა შეიძლება ამათ კაცი უწოდო? განა მოძრავ ციხე-სიმაგრეებს და არტილერიის

ხომ სწორად ამას ქადაგებს: "ადამიანები შეთანხმებულან და გარკვეული ფასეულობა მიუნიჭებიათ გარკვეული საგნებისთვის, და სწორად ერთ-ერთი ასეთი საგანია ეროვნული დაწესებულებაც; ზოგიერთი დაწესებულება უსარგებლო ახირებულობა და უაზრო ფუფუნებაა მხოლოდ, ზოგიერთი ეროვნული დაწესებულება კი მართლაცდა პრაქტიკული, სასარგებლო და აუცილებელი რამაა საერო ცხოვრების კარგად მართვისთვის." იხილეთ ნეტარი ავგუსტინე ჰიპოელის წიგნი "დე დოქტრინა ქრისტიანა", ქვეწიგნი II.

96 სწორად იგივეს ბრძანებს დიდი ელენისტი ებრაელი ფილოსოფოსი, ფილო ებრაელი ანუ ფილონ ალექსანდრიელი (20 ჩ.წ.-მდე–50 ჩ.წ.-ით): "სინდისს, ადამიანის სულში მსაჯულად რომ ზის, არ ეშინია, საყვედური უთხრას კაცს, ზოგჯერ მუქარით, ზოგჯერ შედარებით მსუბუქი გაფრთხილებით. მუქარას იმ შემთხვევაში იყენებს, როცა ადამიანები ურჩობენ, გაფრთხილებას კი – როცა მათ წინდახედულება აკლიათ და უნებლიედ ჩადიან ცოდვას. ამას სინდისი იმიტომ იქმს, რომ მომავალში მსგავსი ცოდვების ჩადენისგან დაგვიფაროს. ...სინდისი, რომელიც ყველაზე მოუსყიდავი და მართლმოუბარი მოწმეა ამქვეყნად." იხილეთ ფილო ებრაელის წიგნები: "სამყაროს შექმნა" და "კაენის შთამომავლები და მისი გაძევება".

97 "ტყვია-წამლის მაიმუნი" – კნინობითი სახელი იყო იმ ბიჭებისა, რომლებიც ჯარისკაცებს დენთით ამარაგებდნენ. ამ საქმისთვის სისწრაფის გამო ახალგაზრდა ბიჭებს ქირაობდნენ და არა ზრდასრულ კაცებს. "ტყვია-წამლის მაიმუნებს" იყენებდნენ გემებზეც, ზარბაზნების დენთით მოსამარაგებლად.

საწყობებს უფრო არ გვანან ისინი, იმ ციხე-სიმაგრეებს და არტილერიის საწყობებს, რომელსაც ვიღაც ბობოლა საკუთარი მიზნების ასრულების მიზნით ბრმა იარაღად იყენებს? ეწვიეთ საზღვაო სამხედრო ფლოტს[98] და იხილეთ მისი მეზღვაური, – უცნაური კაცი, რომლის შექმნაც მხოლოდ ამერიკის მთავრობას ძალუძს თავისი შავი მაგიით – კაცის აჩრდილი და კაცობის ნაგლეჯი, კაცი, რომელიც ფეხზე დგას, მაგრამ, როგორც ამას ჩვენში იტყვიან ხოლმე, უკვე მკვდარია და სათანადო პანაშვიდ-ქელეხით, მთელი თავისი საომარი საჭურველით უკვე დიდი ხნის დამარხული, თუმცა შეიძლება ისეც მოხდა, რომ

“არც დოლების ხმა და არც ცრემლები
ამ კაცის გულ-მკერდს არ დაფრქვევია,
და ჩვენი გმირის მარტოსულ საფლავს
გმირის პატივი არ მოსწევია.”[99]

უამრავი ადამიანი სულით კი არა, მხოლოდ თავისი სხეულით ემსახურება სახელმწიფოს ასე უაზროდ, – არა კაცად, არამედ უაზრო მანქანად და ბრმა იარაღად. მათი სახელები გაინტერესებთ? მათ ჰქვიათ ჯარები, მილიციელები, ციხის ზედამხედველები, პოლიციელები, *პოსე კომიტატუს*,[100] და ა.შ. უმრავლეს შემთხვევაში ისინი საღ აზრს და ზნეობრიობას არცერთხელ გამოიყენებენ; სამაგიეროდ, საკუთარ თავებს ხეს, მიწას, ქვას და ყოველივე უსულოს და, აქედან გამომდინარე, უაზროს უტოლებენ; და იქნებ ისეც მოხდეს, რომ ასეთი უაზრო დავალებების შესასრულებლად, ქარხნებში ხვალ და ზეგ ასეთი ხის და უაზრო კაცების წარმოება შესაძლებელიც კი გახდეს. ასეთი ადამიანები ჩალისა და ტალახის კაცუნებზე მეტ პატივისცემას როდი იმსახურებენ? მათი ღირებულება იგივეა, რაც ცხენებისა და ძაღლების. არადა, ჩვენში, როგორც წესი, სწორად ისინი ითვლებიან კარგ მოქალაქეებად. აი, ასეთია ჩვენი ქვეყნის მოქალაქეების ერთი ნაწილი, მეორე ნაწილი კი – კანონმდებლები, პოლიტიკოსები, ადვოკატები, მინისტრები და ჩინოსნები – სახელმწიფოს საკუთარი თავით და გონებით ემსახურებიან; და რადგანაც გადაწყვეტილების მიღებისას ისინი იშვიათად არიან ამ გადაწყვეტილების ზნეობრიობით დაინტერესებულნი, და ცოდვას მადლისგან იშვიათად განარჩევენ, ასეთები სწორად იმდენად მოსალოდნელია რომ *უნებლიედ* ეშმაკის სამსახურში იდგნენ, რამდენადაც ღმერთის. ჩვენი ერის ძალიან მცირერიცხოვანი ნაწილი – გმირები, მამულიშვილები, მარტვილები, ფართო გაგებით გარდამქმნელები, და *კაცები* – სახელმწიფოს მარტო სხეულით და გონებით კი არა, საკუთარი სინდისითაც ემსახურებიან, და სწორად ამიტომაცაა რომ ისინი სწორად ამ სახელმწიფოს ეწინააღმდეგებიან კიდეც; და, როგორც წესი, მათ, როგორც მტრებს, ისე ეპყრობა ეს ქვეყანა. ამ ქვეყანას ბრძენკაცი მხოლოდ კაცად გამოადგება და არა “თიხად” და “კედლის საცობად”,[101] და ყველა ასეთი ბრძენი კაცი

---

98 თოროუ ბოსტონში არსებულ საზღვაო ფლოტს გულისხმობს.
99 ჩარლზ ვულფი (1791-1823) – ირლანდიელი პოეტი, მისი ლექსი “სერ ჯონ მურის დასაფლავება კორანაში”.
100 პოსე კომიტატუს – შერიფის მიერ ძალაუფლებით აღჭურვილი მოქალაქეთა ჯგუფი, რომელსაც ოლქში, უბანში ან ქალაქში კანონის დაცვა და ძალოვანი სამსახური ევალებოდა. დღესაც შეუძლია შერიფს, სულ მცირე, თვრამეტი წლის ასაკის ფიზიკურად ჯანმრთელი კაცის დასაქმება და მისთვის დროებითი ძალოვანი უფლებების მინიჭება, როგორც წესი, კრიმინალის დაკავებაში დახმარების ან უბნის ან სოფლის დაცვის მიზნით.
101 ვილიამ შეიქსფია (1564-1616) – ინგლისელი დრამატურგი და პოეტი. ნაწყვეტი მისი ტრაგედიიდან “ჰამლეტი”.

კაცისთვის შეუფერებელ თანამდებობას მსწრაფლ დატოვებს და ფეხის მტვრად აქცევს:

> "ჩემი წარმომავლობის კაცს ნივთად ქცევა არ შეჰფერის,
> არც მეორე კაცობა შემფერის ხალხის,
> არც ის მეკადრება, რომ მიწის ზურგზე რომელიმე მბრძანებლის
> მოხელე გავხდე ანდა იარაღი."[102]

კაცი, რომელიც საკუთარ თავს სრულად შეწირავს სამშობლოს, ვაი, რომ სრულიად უსარგებლო და მეთავისე ჰგონია ერს; აი, ის კი, ვინც მხოლოდ ნაწილობრივ ირჯება ერისთვის, კეთილისმყოფელად და კაცთმოყვარედაა გამოცხადებული.

როგორ უნდა მოიქცეს ჭეშმარიტი კაცი ამერიკის ამ მთავრობასთან დღეს? ჩემი პასუხი ესაა: სირცხვილის გრძნობა უნდა სწვავდეს თითოეულ ამერიკელს რომ, სამწუხაროდ, ამ ქვეყანასთან საერთო გააჩნია. ერთი წამითაც არ შემიძლია იმ პოლიტიკური ორგანიზაციის *ჩემ* მთავრობად აღიარება, რომელიც, იმავდროულად, *მონობის* მაღიარებელი მთავრობაა.

ყველა კაცს აქვს, და ესმის რომ არსებობს, აჯანყების უფლება, ანუ იმის უფლება, რომ მოქალაქემ თავის ქვეყანასთან კავშირზე განაცხადოს უარი, და მთავრობას წინ აღუდგეს, როცა ეს მთავრობა დესპოტობაა ან როცა მისი დიდი უუნარობა უსასრულოა და აუტანელი. მაგრამ დღეს თითქმის ყველა იმ აზრისაა, რომ ახლა უკეთესობისკენ შეიცვალა საქმე. და რომ ასეთი დესპოტობა და უუნარობა ვითომცდა მხოლოდ 1775 წლის რევოლუციისას[103] ხდებოდა. ვინმემ რომ მითხრას, ეს ცუდი მთავრობაა იმის გამო, რომ პორტში შემოტანილ იმპორტულ საქონელს ბაჟი დაადოო, ალბათ ვაი-ვიშვიშს არ ავტეხდი და ხმას არ ამოვიღებდი, რადგანაც უცხოური საქონლის გარეშეც შემიძლია თავის გატანა. და თანაც არც ის უნდა დავივიწყოთ, რომ ყველა მანქანას, მათ შორის, პოლიტიკურსაც, პატარა ნაკლი ყოველთვის ექნება; და იქნებ ეს სამთავრობო მანქანაც იმდენ სიკეთეს ჩადის, რომ ასეთ პატარა ბოროტებას თავისი სიკეთით აბათილებს. მოკლედ, ჩემი აზრით, დიდი ბოროტება იქნებოდა ასეთ წვრილმანებზე ალიაქოთი. მაგრამ როცა ეს მანქანა უბრალოდ ნაკლიანი მანქანა კი არაა, არამედ თავად ნაკლოვანების მწარმოებელი მანქანა-დანადგარია, და თავად ჩაგვრა და ყაჩაღობაა, მაშინ, მე ვიტყოდი, რომ საჭიროა ასეთი მანქანის ერთხელ და სამუდამოდ თავიდან მოშორება. ანუ, როდესაც ერის მეექვსედი ნაწილი, რომელიც ამ ერში იმიტომ გაწევრიანდა, რომ თავისუფლებაში ეძია ბედნიერება, როდესაც ამ ერის ეს მეექვსედი ნაწილი მონაა და არა თავისუფალი კაცი, და მთელი ქვეყანა უცხო ჯარის მიერაა უსამართლოდ გაქელილი და დაპყრობილი, და სამხედრო კანონით დატუსაღებული, მაშინ ჟამია, პატიოსანმა კაცებმა მამულიშვილური ვალის პირნათლად მოხდაზე იფიქრონ, და აჯანყდნენ და გადატრიალებისთვის მზადებას შეუდგნენ. და ამ ვალის მოხდას ის გარემოება ხდის კიდევ უფრო

---

[102] ნაწყვეტი ვილიამ შეიქსფიას ტრაგედიიდან "მეფე ჯონი".

[103] ამერიკის რევოლუცია ანუ ინგლისის წინააღმდეგ ეროვნული თავისუფლებისთვის ბრძოლა მასაჩუსეცის სოფელ ქანქარდში (ქანქარდ – ასე გამოითქმის, წერით კი იწერება, როგორც "კონკორდ"-ი) და ლექსინგთონში 1775 წელს დაიწყო. პირველი ორი ბრძოლა სწორად ლექსინგთონში და ქანქარდში მოხდა, ორივე ერთ დღეს – 19 აპრილს.

სასწრაფოს და გადაუდებელს, რომ გაქელილი და დაპყრობილი ქვეყანა ჩვენი სამშობლო კი არაა, ჩვენი თავად ის დამპყრობელი ჯარია.[104]

ფეილი, რომელიც სხვა ფილოსოფიურ საკითხებთან ერთად მრავალი ზნეობრივი საკითხის გავლენიანი მკვლევარიცაა, თავის წიგნში "სამოქალაქო მთავრობისადმი მოქალაქის დამორჩილების ვალი", ყველა სამოქალაქო ვალდებულებას მხოლოდ პრაქტიკულობის თვალით უყურებს; და თავის შრომაში ხაზგასმით ბრძანებს, რომ "მანამ, სანამ ამას მთელი საზოგადოების კეთილდღეობა მოითხოვს, ანდა მანამ, სანამ არსებული მთავრობის შეწინააღმდეგებამ ან შეცვლის მცდელობამ საჯარო უხერხულობა და უმნიშვნელო თავის ტკივილი შეიძლება გამოიწვიოს, თავად ღმერთის ნებაა... რომ მანამდე მაინც ხალხი არსებულ მთავრობას, რაც არ უნდა ცუდი იყოს ის, მაინც დაემორჩილოს. და თუ ჩვენ ამ პრინციპს დავეყრდნობით, გამოდის რომ მთავრობის მიმართ მოქალაქეების მიერ გაწეული ყველა ცალკეული წინააღმდეგობის შემთხვევის შეფასება, ერთის მხრივ ამ წინააღმდეგობით გამოწვეული აჯანყებით მიღებული შესაძლო საფრთხის და საშიშროების გამოთვლაზე უნდა დავაფუძნოთ, მეორე მხრივ კი ამ აჯანყების გამართლების ალბათობის და აჯანყებისთვის საჭირო თანხების გამოთვლაზე."[105] და ეს, ამბობს ფეილი, ყველა კაცმა თავისით უნდა გადაწყვიტოს, უღირს თუ არა ყოველივე ამად. მაგრამ აშკარაა, რომ ფეილის ისეთ შემთხვევებზე არ უფიქრია, სადაც ეს მისი პრაქტიკულობის კანონი შეუსაბამოა, უადგილო და, აქედან გამომდინარე, მცდარი და გამოუსადეგარი, სადაც ხალხი, ისევე როგორც ცალკეული ადამიანი, რადაც არ უნდა დაჯდეს, ვალდებულია სამართალი აღასრულოს. თუ მე კაცს, რომელიც წყალში იხრჩობოდა, უსამართლოდ წავართვი მოტივტივე მორი,[106] მაშინ ვალდებული ვარ, რომ ეს მორი მე

---

104 ნაგულისხმევია ამერიკის შტატების კავშირის მიერ ჩადენილი ორი უდიდესი უსამართლობა, რომელიც ჭეშმარიტ ამერიკელებს, როგორიც, ჰენრი დეივიდ თოროუა, გულს წყვეტდა და რომელსაც ჭეშმარიტი ამერიკელი მამულიშვილები მთელი გულით და მთელი ძალით ეწინააღმდეგებოდნენ: საშინაო ბოროტება – ამერიკაში მონობის არსებობა, საგარეო უსამართლობა – მექსიკა-ამერიკის ომი და ამის შედეგად მეზობელი მექსიკის ჩაგვრა, წეწვა და ძარცვა.

105 ვილიამ ფეილი (1743-1805) – ინგლისელი თეოლოგოსი და ფილოსოფოსი, ანგლიკანური ეკლესიის მღვდელი და თეოლოგიური უტილიტარიანიზმის ანუ ეგრეთწოდებული თეოლოგიური პრაქტიკულობის ერეტიკული მოძრაობის მხარდამჭერი. ნაწყვეტი მისი შრომიდან "ზნეობრივი და პოლიტიკური ფილოსოფიის საფუძვლები". ამ წიგნის 1785 წლის გამოცემას ასწავლიდნენ ჰარვარდის სტუდენტებს, მათ შორის, თოროუსაც – რა თქმა უნდა, თოროუმ ეს ბოროტებით აღვსილი სისულელე მაშინვე დაგმო. ფეილის მიაჩნდა, რომ მაღალზნეობრივმა მამულიშვილმა ერის ერთიანობაზე უნდა იფიქროს უწინარეს ყოვლისა, გინდაც რომ ეს ბოროტებასთან ერთობას ნიშნავდეს, თოროუს კი, როგორც ჭეშმარიტ ქრისტეანს და მამულიშვილს მიაჩნდა, რომ კაცისთვის უმთავრესია სიმართლესთან ანუ ღმერთთან ერთობა. ფეილის, რომ შეძლებოდა აბელსა და სეითს კაენთან თანაცხოვრებას და კაენის მიბაძვას უბრძანებდა, ორფეხა კაცს კი – ცალფეხა კაცის ხათრით ერთი ფეხის მოკვეთას. ეს სიბეცეა! აბელის და სეითის ადგილი უფალთანაა, კაენისა კი, – თუ ის სინანულში არ ჩავარდება, – ეშმაკთან. ორფეხა კაცმა კი ცრუ-თანაგრძნობის გამო ფეხი კი არ უნდა მოიკვეთოს, არამედ პირიქით – ორივე ფეხი გაიმაგროს, რომ ცალფეხა კაცს მხარში ამოუდგეს და სიარულში შეეშველოს. მოკლედ და უხეშად რომ გამოვხატო, ასეთია ფეილის მსჯელობის სიმრუდე, რომელსაც ამერიკის მაშინდელი აკადემია იზიარებდა და, სამწუხაროდ, დღესაც იზიარებს, განსაკუთრებით ეგრეთწოდებული ლიბერალი, დემოკრატიული პარტიის ხალხი.

106 მოტივტივე მორი – თოროუ ადასტურებს ციცერონის (მარკუს ტულიუს კიკერო ანუ ციცერო, ჩ.წ-მდე 106-43) ცნობილ პასუხს ჩ.წ-მდე II-I საუკუნის სტოიკი ფილოსოფოსის, ჰეკატოს მიერ დასმულ ცნობილ მორალურ კითხვაზე: "თუ მოხდა ისე და გემის ჩაძირვისას სულელმა შემთხვევით ხელთიგდო გემის ფიცარი და ჩაძირვას გადარჩა, განა უფლება აქვს ბრძენ კაცს, რომელიც სწორად სულელივით წყალში აღმოჩნდა და იძირება, ამ სულელს ეს ფიცარი წაართვას, მხოლოდ იმის გამო, რომ ის სულელია, თვითონ კი ჭკვიანი?" იხილეთ ციცერონის წიგნი "დე ოფიციის" ანუ "მოვალეობების შესახებ". ციცერონი ჰეკატოს ამ და სხვა ჰიპოთეზურ შეკითხვებს განიხილავს თავისი წიგნის, "დე ოფიციის" უკანასკნელ, III ქვეწიგნში.

მას დავუბრუნო, თუნდაც ამას თავად ჩემი დახრჩობა მოჰყვეს. რაც, ფეილის თანახმად, არაპრაქტიკული იქნებოდა. მაგრამ ისეთ არაკაცს, რომელიც ასეთ შემთხვევაში საკუთარ სიცოცხლეზე ზრუნავს, სიცოცხლე უნდა წაეგლიჯოს,[107] გეუბნებით მე. სწორად ასევე, ამ ხალხმა უნდა შეწყვიტოს მონების ყოლა და მექსიკასთან გაჩაღებული უსამართლო ომი, თუნდაც ეს მთელი ერის ეროვნულობის სიცოცხლედ დაჯდეს.

პრაქტიკაში მსოფლიოს ერები ფეილის ეთანხმებიან; მაგრამ ნუთუ ვინმეს მართლა სჯერა, რომ დღევანდელ კრიზისში ჩვენი მშობლიური მასაჩუსეცი სწორად იქცევა?

> "უფერული ქვეყანა, ლაფდასხმული გომბიო,
> გვამით – დიდი მუხის ხე, სულით – ციცქნა ლობიო."[108]

პრაქტუკულად რომ ვიმსჯელოთ, მასაჩუსეცში გარდაქმნის მოწინააღმდეგე რამდენიმე ასეული ვინმე სამხრელი პოლიტიკოსი კი არაა, არამედ ასიათასობით თავად მასაჩუსეცელი ვაჭარი[109] და გლეხი, რომლებიც ვაჭრობით და სოფლის მეურნეობით უფრო არიან დაინტერესებულნი, ვიდრე კაცობრიობით, და მზად არ არიან იმისთვის, რომ დაჩაგრულ მონასა და დაჩაგრულ მექსიკას სამართლიანად მოექცნენ, *რადაც არ უნდა დაჯდეს სამართლის აღდგენა*. მე შორეულ მტერთან კი არ ვჩხუბობ, არამედ ისევ ადგილობრივთან და შინაურთან, რომელიც მშობლიურ მასაჩუსეცს ღალატობს, შორეულ მტერთან, – სამხრელ მონათმფლობელთან, თანამშრომლობს და მის ბინძურ საქმეს და მონების ყიდვა-გაყიდვას მისი სახელით ჩემი ყურის ძირშივე ჩადის, და რომლის დახმარების გარეშეც ეს ზემოხსენებული გარეული მტერი ჩვენი ერისათვის ზიანის მიყენებაში ვერაფერს გახდებოდა. მივეჩვიეთ თქმას, რომ ადამიანების ბირთვი გარდაქმნისთვის ჯერ კიდევ მოუმზადებელია; სინამდვილეში კი გაუმჯობესება ნელა იმიტომ მიმდინარეობს, რომ უმცირესობა არსებითად უფრო გონიერი და უკეთესი სულაც არაა, ვიდრე უმრავლესობა. მაინცდამაინც მნიშვნელოვანი როდია, რომ ბევრნი იყვნენ შენებრ კარგები, მნიშვნელოვანი ისაა, თავად სიკეთე არსებობდეს სადმე ამქვეყნად; აფუვდებოდა ეს ერთი ციდა სიკეთე და გამოასწორებდა ბოროტებაში დანთქმულ ქვეყანას.[110] ათასობით ადამიანია, რომელიც მონობას და მექსიკასთან ომს *აზრობრივად* კი ეწინააღმდეგება, მაგრამ

აღსანიშნავია, რომ ჰეკატოს წიგნი, რომლიდანაც ციცერონი ახდენს ციტირებას, სწორად იგივე სახელწოდებისაა, "დე ოფიციის".

[107] ნაგულისხმევია ლუკას სახარება (9:24) და მათეს სახარება (10:39): "რომელმან მოიპოვოს სული თვისი, წარიწყმიდოს იგი..."

[108] სირიილ თერნა (1575?-1626) – "შურისმაძიებლების ტრაგედია".

[109] მართალია, მონების ოფლით ბამბა სამხრეთში მოჰყავდათ, მაგრამ ის ნიუ ინგლენდის ფაბრიკებში ირთვებოდა და, აქედან გამომდინარე, მონობა ნიუ ინგლენდელი ვაჭრისთვის ისეთივე სარფიანი იყო, თუ მეტად არა, როგორც სამხრელი მიწათმოქმედი მონათმფლობელისთვის. სწორად ამიტომ ნიუ ინგლენდელი ვაჭრები, რომლებიც უმეტესად ვიგის პოლიტიკური პარტიის წევრები იყვნენ, პირში წყალს იგუბებდნენ და სამხრეთში ადამიანთა უფლებების დაცვაზე სიტყვას არ ძრავდნენ. ვიგის პატრია 1833-1856 წლებში არსებობდა. მისი საბოლოო მარცხი და მოსპობა სწორად ამ პირში წყლის ჩაგუბებამ მოიტანა – იანკი ამომრჩეველი, თოროუს, კაპიტან ჯონ ბრაუნის, ემერსონის და სხვა მოწინავე მამულიშვილების შეძახილით, როგორც იქნა, გონს მოეგო და ვიგის პარტიისთვის ხმის მიცემას თავი დაანება და ახლადშექმნილ რესპუბლიკურ პარტიას მისცა ხმა, შედეგად სულ მალე თავად ეიბრეჰემ ლინქოლნი გახდა ამერიკის პირველი რესპუბლიკელი პრეზიდენტი და მონობასაც ბოლო მოეღო.

[110] I კორინთელთა მიმართ (5:6) – "არა კეთილ არს სიქადული ეგე თქუენი; არა უწყითა, რამეთუ მცირემან ცომმან ყოველივე შესუარული აღაფუვნის?"

სინამდვილეში თითს არ ანძრევს იმისთვის, რომ ამ ორ უსამართლობას ბოლო მოეღოს; მათ თავი ვოშინგთონის[111] და ფრენქლინის[112] ნაშიერები ჰგონიათ, სხედან ჯიბეში ხელებჩაწყობილები, და ამბობენ, რომ არ იციან რა ჰქნან და ქვეყანას რით უშველონ, და აკი არც არაფერს აკეთებენ ქვეყნისთვის; ესენი თავად თავისუფლების საკითხს გადადებენ ხოლმე უკანა მხარეს იმისთვის, რომ ჯერ თავისუფალი ვაჭრობის საკითხი განიხილონ, და სადილის ჟამს მშვიდად კითხულობენ ფასების-სიას[113] და მექსიკის რჩევა-დარიგებებს, და შეიძლება ისეც მოხდეს, რომ ამ უაზრობათა კითხვაში ჩასთვლიმონ კიდეც. მაშინ, ერთი ისიც მითხარით, პატიოსანი კაცისა და მამულიშვილის ფასი რაღაა დღეს? ჭოჭმანობენ, დარდობენ, ზოგჯერ წერილობით სათხოვარსაც კი გააშანშალებენ ხოლმე, საქმით სასარგებლოს კი არაფერს აკეთებენ ერისა და მამულის ხსნისთვის. მშვიდად დგანან და სხვას შესჩერებიან, რომ იმ სხვამ მათ ნაცვლად იმათ ეროვნულ ხინჯს უწამლოს და ერში ბოროტება მოსპოს. ყველაზე საუკეთესო შემთხვევაშიც კი, როცა ეს ვაი-კაცები ცხოვრებაში მართალ კაცს გადაეყრებიან, დიდი-დიდი არჩევნებში იაფფასიანი ხმა, უნიათო მზერა და კეთილი სურვილები მისცენ სიმართლეს. ყოველ ერთ სათნო ადამიანზე ცხრაას-ოთხმოცდა-ცხრამეტი სათნოების ქომაგი მოდის ამ ქვეყნად. ვაგლახ, რომ უამრავი სიმართლის ქომაგის ყოლას ერთი მართალი კაცის ყოლა ურჩევნია ქვეყანას.

კენჭის ყრისა და ხმის მიცემის მთელი ეს საქმე, ზნეობრივობის საკითხით მკრთალად შეფერადებული ერთგვარი ჭადრაკისა თუ ნარდის თამაშობაა და მეტი არაფერი, სისწორესა და სიმრუდეზე, ზნეობაზე და უზნეობაზე აზარტული თამაშია, რომელსაც, ბუნებრივია, აზარტულობა და ფსონების დადება მოჰყვება ხოლმე თან. სათამაშოდ ყველა ზნეობრივ საკითხს რისკავენ ამომრჩევლები, თავიანთი სახელისა და რეპუტაციის გარდა. და აი, რას ვღებულობთ ამ გულგრილობის შედეგად – მივეცი ჩემი ხმა, იქნებ, ჩემი აზრით, სწორადაც კი; თუმცა, ჩემთვის არსებითი მნიშვნელობა როდი აქვს, ამ არჩევნებში სიმართლე საბოლოო გამარჯვებას მოიპოვებს თუ არა. თანახმა ვარ, ამ მეტად მნიშვნელოვანი საკითხის საბოლოო გადაჭრის საქმე უმრავლესობის ხელში დავტოვო. კენჭის ყრის მიზანი პრაქტიკულობაა და არა სიმართლისთვის ჭეშმარიტი ბრძოლა. და განა რაა *სიმართლისთვის თავად ხმის მიცემაც კი*, თუ არა სიმართლისთვის არაფრის კეთება? ჩვენი აზრის და წადილის სუსტად გამოხატვაა მხოლოდ. გონიერი კაცი სიმართლის ბედს შემთხვევითობას არ მიანდობს, არც იმას ისურვებს, სიმართლემ უმრავლესობის იმედით გაიტანოს ლელო. ბრბოს ქმედებაში სათნოება არ დევს, ადამიანო. მოხდება ისეც, რომ ბოლოსდაბოლოს ხალხის უმრავლესობა მონობის გაუქმებას მისცემს ხმას, ოღონდაც, ამას ისინი იმიტომ კი არ იზამენ, რომ

[111] ჯორჯ ვოშინგთონი (1732-1799) – ამერიკის გაერთიანებული შტატების პირველი პრეზიდენტი და დიდი ბრიტანეთის წინააღმდეგ ამერიკის დამოუკიდებლობის ომში კონტინენტური ჯარების მთავარსარდალი.

[112] ბენჯამინ ფრენქლინი (1706-1790) – ამერიკის დამაარსებელი მამა, დიდი პოლიმეთი, ფილოსოფოსი, მახვილგონიერი პოლიტიკოსი, ფიზიკოსი, საქმოსანი, ფინანსისტი და ეკონომისტი, უდიდესი განათლების კაცი და საზოგადო მოღვაწე, რომელიც ამერიკას ოდესმე ჰყოლია, თუმცა, სამწუხაროდ, ზნეობრივად გარყვნილი ადამიანი, მასონი, 1731 წლიდან ფილადელფიის მასონური ლოჟის წევრი და 1734 წლიდან მისი დიდი მთავარ-მასონი (მასთა მეისონი, ანუ მასტერ-მასონი). ამერიკის მთავრობას ასეთი გავლენიანი და პოლიტიკურ საქმეებში ასე მრავალმხრივ განათლებული კაცი არ ჰყოლია, ამიტომაცაა მისი სახე გამოსახული ასდოლარიანზე – ამერიკის ყველაზე დიდ ფულად ერთეულზე. თუმცა ამ კაცს სულის სიღრმეში მაინც გახრწნილობა და მამონას მონობა ედო.

[113] ფასების სია, ანუ ფრაისის-ქურენთი, ანუ ფრაის-ქურენთი

მონობა სძულთ, არამედ იმიტომ, რომ მონობის საკითხი მათ უკვე აღარ აწუხებთ, ან იმიტომ, რომ მონობა უკვე ფეხებზე ჰკიდიათ, ან იმიტომ, რომ მონობა თავისით გადავარდნილა და მათი ხმით მოსასპობი და გასაუქმებელი მონობა უკვე აღარც კი დარჩენილა ამ ქვეყანაზე. მაშინ *თავად ისინი* იქნებიან წუთისოფლის ერთადერთი მონები. მაშასადამე, მხოლოდ *იმ კაცის* ხმა შეძლებს მონობის გაუქმებას, რომელსაც საკუთარი ხმის დაცვა და ამ ხმისთვის ბრძოლა შეუძლია.

გავიგებ ხოლმე, რომ ბოლთიმორში,[114] თუ სადღაც სხვაგან, საპრეზიდენტო კანდიდატის შესარჩევად ყრილობა იმართება, რომელსაც უმთავრესად მხოლოდ გაზეთის რედაქტორები და პროფესიით პოლიტიკოსები ესწრებიან; ოღონდაც, მე თუ მკითხავთ, რად უნდა აინტერესებდეს ამათ მიერ გადაწყვეტილი საქმე და არჩეული კანდიდატი ნებისმიერ დამოუკიდებელ, გონიერ და წესიერ კაცს? ნუთუ ჩვენ ამ კაცის სიბრძნე და პატიოსნება არ უნდა გვეღირსოს? ნუთუ თავისუფალი აზრისა და დამოუკიდებელი ხმის მოსმენის იმედი სულმთლად გადაიწურა? ნუთუ აღარ არიან ამ ქვეყნად ისეთი გონიერი ადამიანები, რომლებიც ყრილობებს არ ესწრებიან, მაგრამ, მიუხედავად ამისა, ერის საჭირბოროტო საკითხებში მაინც კარგად ერკვევიან? მაგრამ არა. – მე როგორც ვატყობ, ამ ეგრეთწოდებულ პატიოსან კაცს აზრი შეუცვლია, უკან დაუხევია და საკუთარი სამშობლოს იმედი დაუკარგავს, არადა, მე თუ მკითხავ, სამშობლოს უფრო უნდა დაჰკარგვოდა ამ კაცის იმედი, ვიდრე ამ კაცს – სამშობლოსი. და ამ დღიდან მოყოლებული ეს კაცი გონებას იხშობს, დამოუკიდებელ აზროვნებას იკოდავს, ფიქრს იკრძალავს და, გეგონება, ქვეყნად სხვა არავინ იყოს პრეზიდენტობის ღირსი, მზად არის, მხოლოდ ზემოხსენებული ყრილობის მიერ შეთავაზებულ პოლიტიკურ კანდიდატს დაუჭიროს მხარი, რაც იმას ნიშნავს, რომ იგი იმისთვისაც მზად არის, ამ დემაგოგი[115] პოლიტიკოსის სამსახურში ჩადგეს და ნებისმიერ საქმეში ბრმა იარაღად გამოადგეს მას. გამოდის, რომ ჩვენი ქვეყნისთვის მის ხმას ისეთივე კიტრის ფასი აქვს, როგორიც იმ უზნეო უცხოელისას ან ფულზე დახარბებული ჩვენებურისას, რომლის მოსყიდვაც მეტის-მეტად ადვილი საქმეა. ნეტავი იმ კაცს, რომელიც მართლა *კაცია*, და, როგორც ამას ჩვენში იტყვიან ხოლმე, ისეთი სწორი ხერხემლის პატრონია, რომლის ხელყოფა და გამრუდება არავის და არაფერს ძალუძს! მცდარია ჩვენი სტატისტიკა: მოსახლეობა გაზვიადებულად აღგვირიცხავს. რამდენი *კაცი* მოდის ჩვენი ქვეყნის ყოველ ათას კვადრატულ მილზე? – ერთიც კი არა. ნუთუ ამერიკა ისეთს ვერაფერს სთავაზობს, რომ მის მიწაზე ადამიანები კი არა, კაცები დასახლდნენ? ამერიკელი "უცნაური კაცის[116]" დონეზე დავიდა და დაკნინდა – და იმ ჩიაკაცად იქცა, რომელსაც მთელი ქვეყანა ნახირად

---

[114] ბოლთიმორის ყრილობა – ბოლთიმორი მერილენდის შტატის უდიდესი ქალაქია, სადაც პარტიული ყრილობისას 1848 წელს დემოკრატიულმა პარტიამ ლუის ქეისი დაასახელა პრეზიდენტობის კანდიდატად, რომელიც მოგვიანებით ვიგის პარტიის კანდიდატმა, ზექარი თეილორმა დაამარცხა.

[115] დემაგოგია – პოლიტიკური ძალა-უფლების მოპოვების მზაკვრული ხერხი, რომელსაც უძველესი ხანიდან მიმართავდნენ, დემაგოგი კი დემაგოგიის გამომყენებელი ვაი-კაცია. ქართულად დემაგოგია მლიქვნელობას ნიშნავს. როგორც წესი, მლიქვნელები ანუ დემაგოგები რიტორიკით ანუ ფუჭი მჭევრმეტყველებით და პროპაგანდით ანუ ყალბმეტყველებით აღწევდნენ საწადელს.

[116] "უცნაური კაცების დამოუკიდებელი ორგანიზაცია" – გახლავთ საიდუმლო საძმო ორგანიზაცია ამერიკაში, რომელიც წარმოიშვა "ინგლისის უცნაური კაცების" ორგანიზაციიდან. პირველი ამერიკული ფილიალი 1819 წელს დაარსდა.

ცხოვრების გამო იცნობს, ინტელექტის აშკარა ნაკლებობისა და უგუნურობის გამო იცნობს, მხოლოდ თავისი თავის ზედმეტი იმედის ქონის გამო იცნობს; რომელსაც ლაჩრობის კაბა ჯერ არ გაუხდია და ვაჟკაცობის ჯაჭვის პერანგი[117] ჯერ არ ჩაუცვამს, აი, თვალთმაქცობის ნიღაბი კი ოსტატურად აუფარებია და უპირველეს და უმთავრეს სადარდებელად, გაჩენის პირველი დღიდან, ვითომცდა ღარიბთა თავშესაფრების შეკეთება და ქვრივ-ობლების დასახმარებლად შესაწირავების აკრეფა გაუხდია; რომელსაც, მოკლედ რომ ვთქვათ, საკუთარი კაცობა და პატიოსნება არ გააჩნია და მხოლოდ იმ იმედით ცხოვრობს, რომ სადაზღვევო კომპანია დაეხმარება და სიკვდილის შემთხვევაში კაცურად დამარხავს და გააპატიოსნებს.

რაც არ უნდა დიდი ბოროტება არსებობდეს ადამიანის გარშემო, მისი ვალი ბოროტების აღმოფხვრა და ამ საქმისთვის მთელი სიცოცხლის დათმობა როდია მაინცდამაინც? კაცს უფლება აქვს ამის მაგივრად უამრავი სხვა საქმე აკეთოს ცხოვრებაში; მაგრამ ბოროტმოქმედებისგან ხელები რომ დაიბანოს, თვითონ რომ არ ჩაიდინოს ბოროტება, ეს კი ნამდვილად უნდა იყოს კაცის ვალი, და თუ ბოროტების აღკვეთით არ არის მისი ფიქრი დატვირთული, ბოროტების ჩადენაზე ფიქრს მაინც დაანებოს თავი.[118] და თუ ბოროტების აღმოფხვრა ჩემი საქმე არაა და ცხოვრებაში სხვა რამიე საქმიანობას მივყავი ხელი, იმაში მაინც ხომ უნდა ვიყო წინასწარ დარწმუნებული, რომ ამ საქმიანობას სხვა კაცის მხრებზე ჯდომით და მოყვასის დაჩაგვრით არ ვაკეთებ მე. სანამ ჩემი საქმის კეთებას დავიწყებდე, ჯერ ამ კაცს უნდა ჩამოვეხსნა მხრებიდან, რომ ამ კაცმაც, თავის მხრივ, თავისი საქმე აკეთოს თავისუფლად. აბა, შეხედეთ რაოდენ დიდ ორპირობას იტანს ჩვენი ერი: ხშირად გამიგია ჩემი თანასოფლელებისგან, "ნეტა არ იქნება, მთავრობამ დამავალოს სამხრეთში მონების აჯანყების ჩახშობაში დახმარების გაწევა, ან მექსიკის ომში სალაშქრო სიარული, – ნახავდა როგორ ცივად ვეტყოდი უარს"; ასე ყბედობენ, არადა, ცხადია, მთავრობისთვის ამ კაცებს საკუთარი სხეული არ გაუღიათ ზემოხსენებული უსამართლობების ჩასადენად, მაგრამ ისიც ხომ ცხადია, რომ სწორად ამ კაცებმა თავისი ერთგულებით, პირდაპირ, თუ ირიბად, საშემოსავლო და საადგილმამულო გადასახადებში გადახდილი თავიანთი ფულით ამ ქვეყანას ბოროტებების ჩადენაში დაეხმარნენ? ჯარისკაცს, რომელიც უარს ამბობს უსამართლო ომში მონაწილეობის მიღებაზე, ის ხალხი უკრავს ტაშს, რომელიც თავად

---

117 ჯაჭვის პერანგი – თოროუს ნახმარი აქვს ფრაზა "ვაჟკაცის სამოსი" და გულისხმობს რომაულ წეს-ჩვეულებას, როცა რომაელ ბიჭს, შეუსრულდებოდა თუ არა 14 წელი, ნება ეძლეოდა "ტოგა ვირილის" ანუ "კაცის სამოსი" ჩაეცვა და სრულწლოვან მამაკაცად ეცხოვრა.

118 რაოდენ დიდია მსგავსება თოროუს მსჯელობასა და დიდი ქრისტეანი მამის, ფსევდო-დიონისე არეოპაგელის თეოლოგიაში. იხილეთ წიგნი "კორპუს არეოპაგიტიკუმ", ქვეწიგნი "ზეციური იერარქია" და ქვეწიგნი "საეკლესიო იერარქია". თოროუმ, ფსევდო-დიონისეს მსგავსად, კარგად უწყის ადამიანის უძლურება და სისუსტე, და ისიც კარგად იცის, რომ ყველა კაცი მაინცდამაინც სიმართლის ალამდარი ვერ იქნება. თუმც სიმართლის დაცვა და ალამდარობა თუ არ ძალუძს ყველას, სიმართლით ცხოვრება და უსამართლობის არ ქმნა ხომ ყველას შეუძლია? მართლმადიდებლურ ეკლესიაშიც ყველას თავისი კუთვნილი ადგილი აქვს – ყველას არ შეუძლია, მაგალითად, მღვდლობა, სულიერი წინამძღოლობა, მაგრამ პატიოსნად ცხოვრება, ცოდვის ჩადენაზე უარის თქმა და რიგითი ქრისტეანობა ხომ ყველას შეუძლია?

ვოლდენის ტბაზე თოროუს ქოხის ადგილი.
SITE OF THOREAU'S CABIN AT WALDEN POND.

არ ამბობს უარს ამ უსამართლო ომის წამომწყები უსამართლო მთავრობის დაფინანსებაზე; ის ხალხი უკრავს ტაშს, რომლის არასწორი საქციელი და ხელში ჩაგდებული გავლენა ამ სამართლიან ჯარისკაცს სძულს; ეს ყველაფერი იმას ჰგავს, რომ გეგონება, სახელმწიფომ საკუთარი თავის გაკიცხვისთვის ერთი წესიერი ჯარისკაცი დაიქირავა ქვეყნის სამსახურში, უსმენს ხოლმე შიგადაშიგ მას, მაგრამ ამის გამო ცოდვის ჩადენას როდი ეშვება? და აი, ასე და ამგვარად, კანონისა და სამოქალაქო მთავრობის სახელით, ჩვენ ყველა იძულებულები ვხდებით, რომ ჩვენს საკუთარ ეროვნულ სულმდაბლობას პატივი ვცეთ და მხარი დავუჭიროთ. პირველ ცოდვას პირველი სირცხვილის გრძნობა მოჰყვება, სირცხვილის პირველ გრძნობას კი უკვე გულგრილობა; და უზნეობა უუზნეობად იქცევა, და ჩვენ მიერ ჩასვრილი ცხოვრების აუცილებელი და შემადგენელი ნაწილი გახდება ხოლმე.

ყველაზე დიდი და ყველაზე დიდად გავრცელებული შეცდომის არსებობისთვის სწორად ყველაზე გულგრილი სათნოების არსებობაა საჭირო. მსუბუქი საყვედური, რომელიც, როგორც წესი, მამულიშვილობას მოსდევს ხოლმე შედეგად, როგორც წესი, კეთილშობილი ადამიანების ხვედრია. ისინი კი, რომლებიც მთავრობას და მის ქმედებებს სიტყვით ეწინააღმდეგებიან, მაგრამ საქმით მთავრობისთვის თავიანთ ერთგულებას და მხარდაჭერას არ იშურებენ, ეჭვგარეშეა, რომ მისი ყველაზე ერთგული მხარდამჭერები არიან, და აქედან გამომდინარე, ყველაზე ძნელი სწორად ხალხის ამ ნიწილის გარდაქმნაა. ზოგიერთები სათხოვარს სათხოვარზე წერენ და მთავრობას შტატების კავშირის და სახელმწიფოს დაშლას და პრეზიდენტის მოთხოვნების უგულვებელყოფას სთხოვენ.[119] თავად რატომ არ ადგებიან და არ გააუქმებენ სახელმწიფოს – თავიანთ თავსა და სახელმწიფოს შორის კავშირს – და რატომ არ იტყვიან უარს ხაზინაში შესატან გადასახადებზე? მათ ხომ ისევე აქვთ მთავრობის დაშლის და გაუქმების უფლება, როგორც მთავრობას აქვს შტატებს შორის კავშირის დაშლის და სახელმწიფოს გაუქმების უფლება? და ნუთუ ვერ ხედავთ, რომ ხალხს, ზუსტად იგივე მიზეზების გამო შეშინებია მთავრობის, რის გამოც მთავრობას შეშინებია სახელმწიფოსი?

ვერ გამიგია, როგორ შეიძლება კაცს საკუთარი ფიქრის ხორცშესხმა არ ეწადოს და მარტო ფიქრით დაკმაყოფილდეს? როგორ შეიძლება კაცს ამ ცარიელმა ფიქრმა *სიამოვნება მოჰგვაროს*? როგორ შეიძლება იქ სიამოვნება არსებობდეს, სადაც კაცის ფიქრი სიცხადეში არ ხორციელდება და კაცის გული გულდაწყვეტას მოუცავს? მეზობელმა ერთ საცოდავ დოლარიანში რომ მოგატყუოს, მხოლოდ იმის ცნობა და იმაზე ფიქრი, რომ მოგატყუეს, სიმშვიდეს ხომ არ მოგგვრიდა? იმის თქმითაც ხომ ვერ დაიმშვიდებდი გულს, რომ საკუთარი თავისთვის ხმამაღლა გეთქვა, მომატყუესო? ან თუნდაც იმით, რომ პირადად მისთვის მიგემართა და გეთქვა, წართმეული დოლარიანი უკან დამიბრუნეო? ასე კი არ იზამდი, არამედ პირიქით, ყველა ხერხს იღონებდი იმისთვის, რომ შედეგიანად გემოქმედა და მთელი თანხა უკან დაგებრუნებინა, და ყველა ზომა გეხმარა იმისთვის, რომ შემდგომში ასე აღარავის და აღარასოდეს მოეტყუებინე. ხასიათის სიმტკიციდან და სინდისიდან აღმოცენებული ვაჟკაცური ქმედება, რომელიც სხვა არაფერია თუ არა სამართლიანობის შეგნება და სამართლიანობის აღსრულება, ყველას და ყველაფერს ცვლის

[119] "არანაირი კავშირი მონათმფლობელებთან!" გახდა აბოლიშენისტების ლოზუნგი.

ამ ქვეყნად; ის თავისთავად მეამბოხეა და წარსულს როდი მისტირის! ის იმდენად მახვილი ძალაა, რომ ეკლესიასა და სახელმწიფოს ერთმანეთისგან მიჯნავს, ის ოჯახებს მიჯნავს ერთმანეთისგან; ჰეი! ის კი არა და, ის თავად ადამიანს მიჯნავს ხოლმე საკუთარი ბოროტებისგან და მასში ზეციურს ეშმაკეულისაგან გამოყოფს და გამოაცალკევებს.

უსამართლო კანონები მართლა არსებობენ: როგორ უნდა მოვიქცეთ? – უნდა შევეგუოთ და დავემორჩილოთ მათ? თუ მათ შეცვლას უნდა ვეცადოთ, მაგრამ იქნებ ამასობაში მათი მორჩილება მაინც გვმართებს? თუ მყისვე უნდა დავიწყოთ ამ უსამართლო კანონების დარღვევა? როგორც წესი, ამ მთავრობის ხელში ჩავარდნილ ხალხს მიაჩნია, რომ კანონი, რაც არ უნდა უსამართლო იყოს, მაინც უნდა დაიცვან, სანამ თავად უმრავლესობა არ დარწმუნდება მის უსამართლობასა და შეცვლის აუცილებლობაში. მათ ჰგონიათ, რომ ბოროტებით აღვსილი ამ კანონების წინააღმდეგ აჯანყება, როგორც მწარე წამალი, ბევრად უფრო მეტ ბოროტებას მოიტანს, ვიდრე თავად ამ კანონებით მიღებული სიმწარე. მაგრამ სწორად ამ მთავრობის ბრალია, რომ წამალი ბოროტებაზე მწარე *გამოდის* ხოლმე. *მთავრობა* აუარესებს მდგომარეობას. რატომ არაა თავად მთავრობა უფრო მოწადინებული საკანონმდებლო გარდაქმნის გატარებისთვის? რატომ არ აფასებს ის ერის ბრძენ უმცირესობას? რატომ ტირის და ჭირვეულობს მთავრობა, მას ხომ წამლად სიბრძნის ნემსის წვერი ჯერაც არ შეხებია? რატომ არ აქეზებს თავის მოქალაქეებს რომ ფხიზლად იყვნენ და მთავრობაში არსებული ნაკლოვანებები გამოააშკარაონ და ამ გულწრფელი მითითებით ისინი მთავრობას უფრო გულწრფელად მოექცნენ, ვიდრე მთავრობა ექცევა მათ? რატომაა, რომ ის მუდამ ჯვარს აცვამს იესუს, და მოკვეთს კოპერნიკუსს[120] და ლუთერს,[121] და ვოშინგთონს და ფრენქლინს მეამბოხედ აცხადებს მუდამ?

კაცი იფიქრებდა, რომ მთავრობის ძალა-უფლების გამიზნული და პრაქტიკული დაგმობა და უარყოფა გახლავთ ერთად-ერთი კანონდარღვევა, რომელიც ამ მთავრობას არც კი მოსვლია თავში აზრად. მაშ, როგორ მოხდა, რომ მას ერთი გარკვეული, ყველასთვის საერთო და ყველასთვის ზოგადი სასჯელი არ დაუწესებია ჯერ? თუ კაცი, რომელსაც არანაირი კერძო საკუთრება არ გააჩნია, ერთხელ მაინც იტყვის უარს სახელმწიფოს გადასახადებში ცხრა შილინგის [122] გადახდაზე, სასწრაფოდ ციხეში

---

[120] ნიკოლაუს კოპერნიკუსი ანუ ნოკოლას კოპერნიკი (1473-1543) – პოლონელი მეცნიერი და თანამედროვე ასტრონომიის ფუძემდებელი. კათოლიკური ეკლესია დაუნდობლად სდევნიდა მეცნიერებს, რადგან ხალხში განათლების გავრცელება არ სურდა. კოპერნიკმა თავისი შრომა "გარდაქმნების შესახებ" რომის პაპ პავლე III-ს მიუძღვნა და ამის გამო ის კათოლიკური ეკლესიიდან განკვეთას გადაურჩა.

[121] მარტინ ლუთერი (1483-1546) – გერმანელი ბერი, რომელმაც კათოლიკური ეკლესიის სიბრმავე, მექრთამეობა და გარყვნილობა ველარ აიტანა, მას განუდგა, პროტესტანტული რეფორმაციის (გარდაქმნის) ალამდარობა იდო თავს და დღესაც პროტესტანტული ეკლესიის ფუძემდებლად მიიჩნევა. ლუთერი მართალი იყო კათოლიკებს სიბრმავეში და გახრწნილობაში რომ ადანაშაულებდა, თუმცა ისიც აღსანიშნავია, რომ ის თავადაც არ გახლდათ დიდად ნიჭიერი და ზნემაღალი კაცი. ლუთერი კათოლიკური ეკლესიიდან 1521 წელს პაპმა ლეო X-მ განკვეთა.

[122] ცხრა შილინგი – შედარებით რთულია იმის გაგება თუ რატომ ხმარობს თოროუ ცხრა შილინგს აქ. თავად თოროუს გადასახადი $1.50 გახლდათ, რაც 6 შილინგს შეადგენს: შილინგი ბრიტანული ფულის ერთეულია და 23 ცენტს უდრიდა თოროუს ხანაში, აქედან გამომდინარე, 23 x 6 = 138 = $1.38 ანუ დაახლოებით $1.50, 9 შილინგი კი $2.07 გამოდის. მაგრამ გასათვალისწინებელია ერთი მნიშვნელოვანი გარემოება – როდესაც ნიუ ინგლენდმა პირველად შემოიღო ფულის ერთეულის ათწილადი სისტემა, მაშინ ერთი ბრიტანული შილინგი შეადგენდა

უკრავენ თავს და ისიც უსაზღვრო ვადით, და ისიც არა კანონის, არამედ იმ ადამიანების განწყობის საფუძველზე, რომლებმაც ეს საწყალი და უბედური ციხეში ჩააყუდეს; მაგრამ იმავე კაცმა, რომ ქვეყანას ცხრაასჯერ ცხრა შილინგი მოპაროს, ქრთამის აღებით და მაიმუნობით, უმალ თავისუფლებას მიანიჭებდა ჩვენი მთავრობა.

და თუ უსამართლობა, უმნიშვნელო ხახუნისა არ იყოს, აუცილებელია იმ მექანიკური მანქანის სამუშაოდ, რომელსაც მთავრობა ჰქვია, შეეშვი მაშინ, შეეშვი მის გამოსწორებას: იქნებ ეს უსამართლობის ხახუნი ხმარებისას გამოსწორდეს ან თავად გაცვდეს. და თუკი სახელმწიფო მანქანაში ჩაბუდებულ ამ უსამართლობას, შესაძლებელია, რომელიმე ზამბარის, ან ბორბლის, ან თოკის, ან ბერკეტის მოქაჩვით უშველო, მაშ, კიდევ შეიძლება დაფიქრდეს კაცი და აწონ-დაწონოს, ღირს თუ არა შეკეთება და ამ შეკეთებისთვის საჭირო რისკისა და შრომის გაწევა; მაგრამ თუ ეს უსამართლობის ის ხახუნია, რომელიც თავის არასწორ მოქმედებაში შენს ჩაბმას და მონაწილეობის მიღებას მოითხოვს, იმას მოითხოვს, რომ შენც უსამართლობის აგენტი იყო და მოყვასს უსამართლოდ მოექცე, მაშინ, გეუბნები, დაარღვიე კანონი და მასთან ერთად დაანგრიე მისი პოლიტიკური მანქანაც. დაე, შენი ცხოვრება უსამართლობის ამ ხახუნის საწინააღმდეგო ძალად იქცეს, რომ პოლიტიკური მანქანა ერთხელ და სამუდამოდ გააჩეროს. სხვა თუ არაფერი, ისე მაინც უნდა მოვიქცე, რომ ბრმა იარაღად არ მივეცე იმ ბოროტებას, რომელსაც მე ვგმობ.

რაც შეეხება ხერხებს, რომლებსაც ბოროტებისა და უსამართლობის აღსაკვეთად და მოსაგვარებლად თავად მთავრობა გვთავაზობს, ჩემი აზრით, ასეთი ხერხები არ არსებობს. მთავრობის მიერ შემოთავაზებული ხერხი ჟამში უაზროდ გაწელილია, და სანამ მისით უსამართლობას აღკვეთ და შედეგს მიიღებ, მანამ კაცსაც ამოხდება სული უსამართლობით. მე სულ სხვა საქმე მაქვს ცხოვრებაში. მე ამ ქვეყნად იმიტომ კი არ მოვედი, რომ ის ფუფუნების საცხოვრებელ ადგილად ვაქციო, არამედ იმიტომ, რომ უბრალოდ ვიცხოვრო, გინდ ადვილი იყოს ეს მიწიერი ცხოვრება და გინდ ძნელი. კაცის ვალი ყველა საქმის პოტინი კი არა, საქმის კეთებაა; და იმის გამო, რომ მას ყველაფრის კეთების ძალა არ შესწევს, იმას როდი ნიშნავს, რომ მას *რაიმე* ცუდის კეთების უფლება აქვს ამ ქვეყნად. ისევე არაა ჩემი საქმე გუბერნატორისთვის და კანონმდებლისთვის თხოვნებისა და პეტიციების წერა, როგორც მათი საქმე არაა მე მწერონ თხოვნები და პეტიციები; და თუ მათ ჩემი სიტყვიერი თხოვნა ვერ მოისმინეს, რა უნდა ვქნა მაშინ? და აი, სწორად ასეთი შემთხვევის შესაძლებლობა არ გაუთვალისწინებია სახელმწიფოს და ამის გამო ჭეშმარიტად გეუბნებით: თავად მისი კონსტიტუციაა ბოროტება. შეიძლება ეს უხეშობად, ჯიუტობად და შეურიგებლობად ჩამომართვათ; მაგრამ ეს სიტყვები სიმართლისა და სამართლიანობის პატივისცემაა, იმ მამულიშვილური სულისკვეთების პატივისცემაა, რომელიც ამ სიტყვებს დააფასებს და იმსახურებს კიდეც. ასეა, სამყაროში ყოველი ცვლილება მაინც უკეთესობას მოგვასწავებს და, საბოლოო ჯამში, ადამიანის სასარგებლოდაა გამიზნული, როგორც, მაგალითად,

---

1/6 დოლარს ანუ 0.166 დოლარს ანუ 16 ცენტს, თოროუს ჟამსაც ხშირად ნიუ ინგლენდელი ხალხი ახალ თანაფარდობას კი არ იყენებდა – 23 ცენტი = 1 შილინგი, არამედ ისევ ძველს და პირველადს – 16 ცენტი = 1 შეილინგი. ჰოდა, გამოდის, რომ 0.166 x 9 = $1.50.

ვთქვათ, თუნდაც სიკვდილი და სიცოცხლე, როდესაც ორივე შემთხვევაში ადამიანის სხეული ერთგვარ კრუნჩხვასაც კი განიცდის, მაგრამ ეს კრუნჩხვა ისევ მისთვისაა სასარგებლო.

ოდნავადაც არ მიჭირს იმის თქმა, რომ იმ ხალხმა, რომელიც თავიანთ თავს აბოლიშენისტს უწოდებს, საჭიროა, დაუყოვნებლივ შეწყვიტოს მასაჩუსეცის მთავრობის დახმარება, როგორც მთავრობაში მსახურების, ასევე სამთავრობო გადასახადების გადახდის შეწყვეტით. საჭიროა, რომ მამულიშვილები შეეშვნენ ლოდინს იმ ერთი მშვენიერი დღის დადგომისას, როცა ისინი უმრავლესობას მიაღწევენ და ამგვარად ქვეყანაში გარდაქმნის ჩატარების შესაძლებლობა მიეცემათ. ჩემი აზრით, მთავარია, მათ მხარს ღმერთი უჭერდეს და არა ვიღაც უმრავლესობა.[123] გარდა ამისა, კაცი, რომელიც თავის მეზობლებზე მართალი და სამართლიანია, თავისი კაცობით ადამიანზე მეტია და ის კაცების უმრავლესობას შეადგენს თავისთავად.

შევხვდები ხოლმე ამ ამერიკის მთავრობას, თუ მის წარმომადგენელს, ჩვენში შტატის მთავრობა რომ ჰქვია, პირის-პირ, მხოლოდ წელიწადში ერთხელ – მეტჯერ არა – გადასახადების ამკრეფის სახით;[124] ეს არის ჩემს მდგომარეობაში მყოფი კაცისთვის მთავრობასთან ერთადერთი შეხების წერტილი. და მერე ეს მთავრობა გარკვევით გეუბნება, – მაღიარე მე; და გრჩება ყველაზე მარტივი, შედეგიანი და, საქმის ვითარებას თუ გავითვალისწინებთ, ერთადერთი გზა და ხერხი მისდამი შენი უკმაყოფილებისა და სიძულვილის გამოხატვისა – მთავრობის უარყოფა. იძულებული ვარ, გადასახადების ამკრეფთან დავიჭირო საქმე, ვინც ვაი, რომ ჩემი მეზობელია და შინაური – ბოლოსდაბოლოს კაცთან მაქვს სადავო, საბუთის ფურცელთან ხომ არა – და ვინც საკუთარი ნებით მთავრობის სამსახურში ჩამდგარა და მისი ლაქიობა აურჩევია თავის ხელობად. ეს კაცი მანამდე ვერ მიხვდება თუ რაა მისი მეობა და, როგორც სახელმწიფო მოხელე, ან როგორც კაცი, რა საქმით შოულობს პურის ფულს, სანამ მას ჩემთან მოსვლა არ მოუწევს სამსახურებრივი მოვალეობის შესასრულებლად, რის შედეგადაც საგონებელში ჩავარდება და დიდი ფიქრი დასჭირდება იმის გადასაწყვეტად თუ როგორ უნდა მომექცეს, როგორც მოყვასს, რომელსაც ის, როგორც მეზობელს და წესიერ კაცს ისე მაფასებს, თუ როგორც მანიაკს და წესრიგის და მშვიდობიანობის დამრღვევს, და როგორ უნდა ეცადოს ყოველივე ისე გააკეთოს, რომ მის უხეშ ქმედებას კიდევ უფრო უხეში და გაცხარებული სიტყვიერი შეპასუხებაც არ მოჰყვეს შემდგომ. ზედმიწევნით ვიცი, რომ თუ ათასი კაცი, ან ასი კაცი, ან თუნდაც ათი

[123] შეცდომით ბევრი ამ იდეოლოგიის დაფუძნებას შოტლანდიური პრესბიტერიანიზმის (პროტესტანტული სექტაა) დამაარსებელს, ჯონ ნოქსს (1513-1572) მიაწერს. ჯონ ნოქსამდე ბევრად ადრე იყო, რომ მართლმადიდებელი ქრისტეანი მოწამეები ალექსანდრიის, რომის თუ სპარსეთის წარმართ უმრავლესობას არაფრად თვლიდნენ და ერთმანეთს გამაგრებისკენ და მარტვილობისკენ მოუწოდებდნენ. იხილეთ ნეტარი ავგუსტინეს წიგნი "აღსარება", აგრეთვე იხილეთ ორიგენე, ევსებიუსი, ირენეუსი და გაიხსენეთ წმიდა დედოფალი ქეთევან წამებული და წმიდა ილია მართალი – ისინი უმრავლესობის გამოღვიძებას ელოდნენ თუ თავად წარმოადგენდნენ განათლებულთა უმრავლესობას, და გაუნათლებელი ბრბოს, რომელიც, სამწუხაროდ, ერის სრული უმრავლესობა იყო მაშინ და არის დღესაც, განათლებას ცდილობდნენ თავიანთი სიტყვით და ქმედებით?

[124] საუბარია სემ სთეიფლზე, რომელიც ადგილობრივი კონსტაბელი და გადასახადების ამკრეფი იყო მასაჩუსეცის სოფელ ქანქარდში. 1846 წლის ივლისში სემ სთეიფლზმა ჰენრი დეივიდ თოროუ წლიური სულადი გადასახადის გადახდაზე მკაცრი უარის თქმის გამო დააპატიმრებინა.

კაცი, რომელსაც მე დავასახელებ – თუ ათი *მართალი* კაცი მაინც – დიახ, თუ მხოლოდ *ერთი* მართალი კაცი მაინც, მასაჩუსეცის შტატში, *შეწყვეტს მონების ყოლას*, ამ შტატთან თანამეწილეობიდან გამოვა, და ამისთვის სოფლის ციხეში ჩაჯდება, თუ ყოველივე ამის გაკეთებას ყველა თანამემამულისთვის ერთი მასაჩუსეცელი მაინც შეძლებს, ჩათვალეთ რომ მონობაც მოისპობა ამერიკაში.[125] პირველი ნაბიჯის სიგრძე-სიდიდე კი არაა მთავარი, არამედ ამ ნაბიჯის გადადგმით წამოწყებული დიდი საქმე და საბოლოო დიადი შედეგი: ერთი წინ გადადგმული ნაბიჯი, სამუდამოდ წინ გადადგმული ნაბიჯია. მაგრამ ჩვენ საქმეს საუბარი გვირჩევნია: ამაყად ვლაპარაკობთ ჩვენს მისიაზე. უამრავი გაზეთია ჩაბმული გარდაქმნის სამსახურში, კაცი კი ერთიც არა. თუ ჩემი დიდად პატივცემული მეზობელი, შტატის ელჩი,[126] რომელიც საბჭოს პალატაში ადამიანის უფლებათა დაცვის საკითხს დღეს-დღეზე უთმობს, ქერალაინას ციხეებიდან წამოსულ საშიშროებაზე ზრუნვის მაგივრად, მასაჩუსეცის ციხის ერთ პატიმარს დაისვამდა ცხვირწინ სალაპარაკოდ, მასაჩუსეცის, რომელიც ცდილობს თავის სამხრელ დობილ შტატს მონობის საკითხის მოგვარების ეჟვანი შეაბას – თუმცა ამჟამად მსუბუქი კამათის გარდა არაფერს ედავება მას – დიახ, ამ მასაჩუსეცის ციხის ერთი პატიმარი მაინც რომ დაისვას სალაპარაკოდ, კანონმდებლებს ისეთი თავში სატეხი გაუჩნდებოდათ, თვეებს მოანდომებდნენ ამ საკითხის განხილვას.

როდესაც მთავრობა სამართლიან კაცს უსამართლოდ აგდებს ციხეში, ერთად-ერთი სამყოფელი ჭეშმარიტად მართალი კაცისა მხოლოდ ციხეა. სათანადო ადგილი, ერთად-ერთი ადგილი, რომელიც მასაჩუსეცს თავისი მეტად თავისუფალი და ნაკლებად გულგატეხილი შვილებისთვის მიუჩენია, სწორად ციხეშია. სახელმწიფოს მიზანი ამ გმირი კაცების გაძევება და გარიყვაა, რომელთაც თავიანთი ზნეობის გამო თავი რახანია თვითონვე გაურიყავთ უზნეო სახელმწიფოსგან. სწორად ციხეში შეძლებს ასეთი კაცური კაცების ნახვას ლტოლვილი მონა, თავდებით გამოსული მექსიკელი ტუსაღი და ინდიელი,[127] თავისი მოდგმის უბედურებაზე რომ შესჩივლოს მასაჩუსეცის გმირს. ციხეა ის თავისუფალი და საპატიო მიწა, რომელზეც ის ადამიანები არიან გამწესებულნი, რომლებიც ბოროტი საქმეების კეთებაში სახელმწიფოს *გვერდით* კი არ დგანან, არამედ მის წინააღმდეგ, – მონობის ქვეყანაში სწორად ციხეა ის ერთად-ერთი სახლი,

---

[125] ეს ყოველივე წინასწარმეტყველებაა – თავად თოროუ იყო ის კაცი, ერთად-ერთი თუ არა ერთ-ერთი იმათთაგანი, რომელიც თავისი ერისთვის ციხეში ჩაჯდა, შედეგად სულ მალე, 1861 წელს ამერიკის სამოქალაქო ომიც დაიწყო, 1865 წელს ის სამხრელებზე იანკების გამარჯვებით დაგვირგვინდა და მონობა მთელ ამერიკაში კანონით აიკრძალა და ბოლოს მოისპო კიდეც.

[126] სამუელ ჰორი (1778-1856) – სოფელ ქანქარდის მოქალაქე, რომელიც მასაჩუსეცის შტატის კონგრესმა სამხრეთ ქერალაინაში მისიაზე გაგზავნა. სამხრეთ ქერალაინა მონათმფლობელური სამხრეთის შტატი გახლდათ, რომლის ძალოვანმა სტრუქტურებმა იქ საქმეზე ჩასული თავისუფალი ჩრდილოელი ზანგი მეზღვაურები ყოვლად უკანონოდ დააკავეს. სამუელ ჰორი ჩასვლით კი ჩავიდა სამხრეთში, მაგრამ სამხრელებმა დაკავებული მეზღვაურების საკითხის მოგვარებაზე მკაცრი უარი უთხრეს და დაშინებით და ძალადობით აიძულეს სამხრეთ ქერალაინის ქალაქ ჩარლსთონნს სასწრაფოდ გასცლოდა და უკან დაბრუნებულიყო. აღსანიშნავია, რომ მისი ქალიშვილი თოროუს ბავშობის მეგობარი იყო, ისევე როგორც რალფ ვოლდოუ ემერსონის ახლო მეგობარი.

[127] ინდიელი – აი, თოროუსა და მაშინდელი ყველა ჭეშმარიტი მამულიშვილის მესამე სატკივარი – მონობის და მექსიკასთან უსამართლო ომის გარდა, თოროუს ამერიკაში ამერიკელი ინდიელების ბედი ადარდებდა. ინდიელთა ერები და ტომები ამოწყვიტეს ინგლისელებმა, ესპანელებმა და, ბოლოს, თავად ამერიკელებმაც. ისე, რომ თოროუს დროს და მითუფრო ახლა, ინდიელების ნატამალიც არ დარჩა ამერიკას, ტოპონიმებს თუ არ ჩავთვლით – ჩრდილო-აღმოსავლეთით, ნიუ ინგლენდში, ფენსილვეინიაში და ნიუ იორკში კვლავაც უამრავ ადგილს ჰქვია მათ მიერ შერქმეული ძირძველი სახელი, თავად ინდიელები კი აქ აღარ არიან.

რომელშიც თავისუფალ კაცს ღირსეულად ცხოვრება ძალუძს. და თუ ვინმეს ჰგონია, რომ ციხეში სიმართლის ხმა იკარგება და მისი გავლენა ციხის კედლებით იზღუდება, რომ იქ თავისუფალი კაცის სიტყვა წყდება და სახელმწიფოს ყურამდე ვეღარ აღწევს, და არ სჯერა, რომ გმირები, როგორც ციხის შუაგულში შეღწეული რაზმი, ამ ციხის შიგნიდან დანგრევას შეძლებენ, მაშინ მათ არ იციან, თუ რამდენად ძლიერია სიმართლე სიმცდარეზე, არც ის იციან თუ რამდენად უფრო მეტი მჭევრმეტყველებით და უფრო შედეგიანად შეუძლია უსამართლობასთან ბრძოლა იმ კაცს, რომელსაც ცოტაოდენი უსამართლობა საკუთარ მხრებზეც აქვს გამოცდილი. მიეცი შენი ხმა, საამომრჩევლო ბარათის უბრალოდ შემოხაზვით კი არა, არამედ მთელი შენი ძალ-ღონით და სწორი ქმედებით. უძლურია უმცირესობა მანამ, სანამ ის უმრავლესობას მორჩილებს; მაშინ ის უმცირესობაც აღარაა; არადა უძლეველობაც ხელეწიფება უმცირესობას, როცა ის ერთ მუშტად შეიკრება და მთელი თავისი ერთობლივი ძალით აწვება სიმართლეს. თუ ქვეყანას ორი არჩევანი აქვს, ერთი – სამართლიანი კაცი ციხეში ამყოფოს, და მეორე – მონობასა და მექსიკასთან ომს თავი დაანებოს, სახელმწიფო წამითაც არ დაყოვნდება და მუდამ პირველს აირჩევს. ძალადობა და სისხლისღვრა არ მოჰყვება წელს თუნდაც ათასმა კაცმა რომ თქვას უარი სამთავრობო გადასახადების გადახდაზე, აი, ამ გადასახადების გადახდას კი ნამდვილად მოჰყვება ძალადობაცა და სისხლისღვრაც, რადგანაც ამ ფულით სახელმწიფოს საშუალება ეძლევა ძალადობა ჩაიდინოს და უცოდველი ხალხის სისხლი დაღვაროს. თუ კი მშვიდობიანი აჯანყება საერთოდ შესაძლებელია, მაშინ აი, ეს უნდა იყოს მისი განსაზღვრება: თუ გადასახადების ამკრეფი, ან რომელიმე საჯარო მსახური, მკითხავს, როგორც ეს ერთხელ უკვე მოხდა კიდეც, "კი, მაგრამ რა ვქნა მე?" ჩემი პასუხი მარტივია, "თუ მართლა რამის ქმნა გსურს, დატოვე შენი თანამდებობა." როდესაც სახელმწიფო მოხელე ბოროტი სახელმწიფოს სამსახურში ჩადგომაზე იტყვის უარს, სწორად მაშინ აღსრულდება ეს მშვიდობიანი რევოლუციაც. და დიდი რამე, თუ ასეთ კაცურ საქმეს სისხლისღვრაც მოჰყვა. ნუთუ ერთგვარი სისხლი არ იღვრება ადამიანი საკუთარი ხელით თავის სინდისს ჭრილობას რომ მიაყენებს ხოლმე? ამ ჭრილობიდან ადამიანის კაცობა და უკვდავება იცლება და ამ დაცლას ხორციელ გარდაცვალებამდე კი არა, სამუდამო სიკვდილამდე მიჰყავს ადამიანი! ყოველდღე ვხედავ თუ როგორ იღვრება ეს სულიერი სისხლი დღეს.

ხანდახან ვფიქრობ ხოლმე, უსამართლო მთავრობას ჭკუა რომ ჰქონდეს, თავად კანონის "დამრღვევი" გმირი უნდა დააკავოს და არა გადასახადების საშუალებით ამ გმირის კანონიერად ნაშოვი ქონება და საქონელი – თუმცა ორივე საქციელი ერთი და იგივე ბოროტებას ემსახურება – რადგანაც სამართლიანობის ყველაზე წმიდა გრძნობით გაჯერებულ გმირებს, რომლებიც გახრწნილი სახელმწიფოსთვის ყველაზე დიდ საშიშროებას წარმოადგენენ, როგორც წესი, დიდი ხანი არ დაუხარჯავთ ქონების მოხვეჭასა და დაგროვებაზე. და, აქედან გამომდინარე, ასეთ კაცებს სახელმწიფო განსაკუთრებულად უსამართლოდ ექცევა, როცა მათ გადასახადების გადახდას სთხოვს, რადგან ღარიბ გმირზე დაწესებული თუნდაც მცირედი გადასახადი ზომაზე მეტი გადასახადია, მეტადრე კი მაშინ, როცა ის განსაკუთრებულად რთული ხელობით შოულობს ლუკმა პურს. კაცი რომ საერთოდ ფულის გარეშე ახერხებდეს ცხოვრებას, სახელმწიფოც ვეღარ

გაუბედავდა იმის თქმას, გადასახადებისთვის ფული მომეციო. აი, მდიდარი კაცი, ყოველთვის მზადაა, გადასახადები იხადოს და ის პოლიტიკური დაწესებულება მოისყიდოს, რომლის მეშვეობითაც დიდძალ ფულს შოულობს. უდავო და საყოველთაო ჭეშმარიტებაა, რომ მეტი ფული, მუდამ ნაკლები სათნოებაა; რადგან ფული კაცსა და მის ქვეშევრდომებს შორის ჩაგვრის აგენტად იჩხირება და ამ კაცს ამ ქვეშევრდომების ლაქიებად დაქირავებაში უწყობს ხელს; და ესენიც, თავის მხრივ, უფრო მეტი ფულის კეთებაში ეხმარებიან ამ კაცს; და კაცმა რომ თქვას, რა დიდი სათნოება სჭირდება ფულის მოხვეჭის ამ მარტივ საქმეს? ტვინის საჭყლეტ უამრავ სირთულეს გადაუჭრის ფული კაცს; და ერთად-ერთი სირთულე, რომელიც გამდიდრებულ კაცს ტვინის საჭყლეტად რჩება არის ის, თუ როგორ და რაში დახარჯოს ამდენი ფული. ასე და ამგვარად, მდიდარ კაცს ფეხქვეშ ზნეობის მიწა ეცლება. თავად მისი სიცოცხლე მცირდება მაშინ, როცა მისი ქისა განიცდის ზრდას. მდიდარს საკუთარი ზნეობისთვის ერთი კარგი საქმის კეთება შეუძლია – ამ ფულით იმ კაცური საქმეების გაკეთებას შეეცადოს, რომლების გაკეთებასაც ის სიღარიბისას ფიქრობდა. ქრისტემ ჰეროდელებს[128] საკადრისად მიუგო. “მაჩვენეთ შესაწირისი ფული”[129] უთხრა მან; – და ერთ-ერთმა მათგანმა ერთი თეთრი ამოიღო ჯიბიდან; – და თუ შენც იმ ფულით სარგებლობ, რომელზეც კეისრის სახეა გამოსახული, რომლისთვისაც კეისარს მიუნიჭებია დასაბამი და ღირებულება, *ანუ თუ შენც ამ ქვეყნის კაცი ხარ*, და დიდი სიხარულით ღებულობ კეისრის მთავრობიდან პირად სარგებელს, მაშინ ნაწილობრივ მაინც დაუბრუნე მას ის ფული, რომელიც მას შეუქმნია, მისია და მას ეკუთვნის. “მიეცით კეისრისაი კეისარსა და ღმრთისაი – ღმერთსა.”[130] – ასე დამოძღვრა იესუმ ჰეროდელები, მაგრამ მათ ამით ჭკუა როდი მომატებიათ, ვერც მიხვდნენ ვისთვის რა უნდა მიეცათ, ვისთან რა ვალი ჰქონდათ გადასახდელი; არ იცოდნენ, რადგან არ უნდოდათ რომ სცოდნოდათ.

როდესაც ჩემს ყველაზე თავისუფალ და ყველაზე თავისუფლების მოყვარულ მეზობელს ვესაუბრები, ერთ რამეს ვხვდები, რომ, რაც არ უნდა ძირეულად ესმოდეს მას არსებული უსამართლობის საკითხი და ამით გამოწვეული ბოროტების სერიოზულობა, რაც არ უნდა დიდად ეწადოს საზოგადოებრივი სიმშვიდე და ბედნიერება, ბევრი რომ აღარ ვილაპარაკო, არსებული მთავრობის თავიდან მოცილება მაინც ვერ გადაუწყვეტია, რადგან ეს საშიში და მეტად საფრთხიანი მთავრობა მისი ქონებისა და მისი ოჯახის უსაფრთხოებას იცავს, ამ ლაჩრებს კი მთავრობის დაუმორჩილებლობის გამო ამ ორი რამის დაკარგვა ესიკვდილებათ. ჩემი მხირვ, არ მსურს, რომ სახელმწიფოზე იყოს ჩემი უსაფრთხოება დამოკიდებული. მაგრამ თუ მე იმ საგადასახადო ქვითარზე

---

128 ჰეროდელები – ებრაელების პირველი არაებრაელი მეფის, ჰეროდე I დიდის მიმდევრები. სახარებებში ფარისევლები და ჰეროდელები აღწერილები არიან, როგორც ნაკითხი სოფისტები – ბრმა განათლებულები – ბრიყვი ჭკვიანები – ბოროტი განსწავლულები, რომლებსაც იესუს გამოჭერა სურთ და ჩასაჭრელად მას სათუო შეკითხვებს აძლევენ, განსაკუთრებით, გადასახადების გადახდის შესახებ. მათი ბელადი ჰეროდეც, ერთი შეხედვით, მათსავით კარგი მოქალაქეა, განათლებული და ერზე მეტად მზრუნავი – აღმშენებელი იერუსალემისა, მაგრამ სულიერადაა მავნე – ის ზეციური იერუსალემის მტერია. ჰეროდემ ხელმეორედ ააშენა იერუსალემის დიდი ტაძარი, სამაგიეროდ, საკუთარი ოჯახი ამოწყვიტა და, იმის შიშით რომ იესუ, მესია, მხსნელი, იერუსალემის მეფე მოევლინა ქვეყანასო, 14,000 ყრმა გაჟუჟა იერუსალემში.

129 მათეს სახარება 22:19

130 მათეს სახარება 22:21

ვიტყვი უარს, რომელსაც, ვიცი, მთავრობის მოხელე ზედ სახლის კარებთან მომიტანს, მაშინ ეს მთავრობა კიდევ უფრო მეტად გაბოროტდება და რაც კი მაბადია, ყველაფერს გამინადგურებს, მე და ჩემს ოჯახს კი უსასრულოდ აგვაწიოკებს. ძალიან რთულია. ამ სახელმწიფოს უსამართლობა შეუძლებელს ხდის, რომ კაცმა პატიოსნად და, იმავდროულად, შეძლებულად იცხოვროს ამ სახელწმიფოში. ჰოდა, არ უნდა ღირდეს ასეთ ქვეყანაში ქონების მოხვეჭა; წესიერი შრომით ნაშოვნს, უწესოდ წაგართმევენ მაინც. სჯობს, სადღაც შეეხიზნო ცოტა ხნით, თავმდაბლად და უჩინრად იცხოვრო, ცოტაოდენი მოსავალი მოიყვანო და აღებისთანავე მოიხმარო, ყოველგვარი დაგროვებისა და დახვავების გარეშე.[131] მხოლოდ შენს არსებაში უნდა ეძიო სიცოცხლე და არა სახელმწიფოში, მხოლოდ შენს თავს უნდა ენდობოდე და ყოველთვის მზად უნდა იყო კაცი, გუდა-ნაბადი აიკრა, ქუდი დაიხურო, დაჰკრა ფეხი და გაიქცე, და მთელი ქონება და ქვეყანა ნებისმიერ ჟამს მიატოვო; მაშასადამე, ურიგო არ იქნება ამ წუთისოფელში ბევრ საქმეს თუ არ წაეპოტინება კაცი. დამპალი თურქეთი რომ თურქეთია, ადამიანს იქაც შეუძლია სიმდიდრის მოხვეჭა, თუ ის თურქეთის დამპალი მთავრობის სამსახურში ჩადგება.[132] კონფუცის უთქვამს: "თუ ქვეყანა გონივრულად იმართება, ასეთ ქვეყანაში სიღარიბე და სიღატაკე სამარცხვინოდ უნდა მივიჩნიოთ; მაგრამ თუ ქვეყანა უგუნურად იმართება, მაშინ თავად სიმდიდრე და დიდება უნდა მივიჩნიოთ სამარცხვინო საგნად."[133] არა, ვიდრე მე სადღაც შორეულ სამხრეთ მიწაზე, სადაც თავისუფლება საფრთხეშია, მასაჩუსეცისგან ჩემი თავის დახმარებაში დაცვა ჯერ არ მომითხოვია, ან ვიდრე ჩემს მშობლიურ მამულში სახლი ჯერ არ ამიშენებია, ჯერ კიდევ შემიძლია მასაჩუსეცს უარი ვუთხრა ძმობასა და პარტნიორობაზე; სანამ მე მისგან რაიმე დახმარება მითხოვია და მიმიღია, მანამდე არც მას აქვს არც ჩემს ქონებაზე და არც ჩემს სიცოცხლეზე რაიმე უფლება. და, ესეც არ იყოს, ყველა გაგებით, სახელმწიფოს დაუმორჩილებლობის გამო მიღებული ფიზიკური დანაკარგი ბევრად უფრო იაფი დამიჯდება, ვიდრე სახელმწიფოს დამორჩილებით მიღებული ჩემი ზნეობრივი ზარალი. მე რომ ამ უსამართლო ქვეყანას დავემორჩილო, დიდი დანაკლისი შემხვდება და თავს გაუფასურებულად ვიგრძნობ.

რამდენიმე წლის წინ ეს ჩვენი სახელმწიფო ჩემთან იმ პროტესტანტული ეკლესიის სახელით მოვიდა, რომელშიც ჩემს წინაპარს კი უვლია, მაგრამ მე – არა, კარებზე მომიკაკუნა, და გარკვეული თანხა მომთხოვა იმ მიზეზით, რომ თურმე საჭირო იყო პასტორისთვის[134]

---

[131] თოროუს მსოფლმხედველობა ორიგენეს თეოლოგიას ჰგავს ზუსტად, იხილეთ "მოწოდება მარტვილობისკენ, ლოცვა და რჩეული შრომები" და უპირველესი ქირსტეანი ისტორიკოსის, ევსებიუსის მსჯელობას ემთხვევა, იხილეთ "საეკლესიო ისტორია". ორიგენე მიწიერი სიმდიდრის სრული უგულებელყოფისკენ და სულიერი წინსვლისკენ მოგვიწოდებს. ევსებიუსი კი, დაწყებული იესუს ცხოვრების თხრობიდან, იოანე ნათლისმცემლიდან და მოციქულებიდან, დამთავრებული I-IV საუკუნეების მოწამეების და მეფე კონსტანტინე დიდის ცხოვრების აღწერით, სწორად იგივე აზრს ადასტურებს – ადამიანისთვის სასარგებლოა ნივთიერი ქონების უგულებელყოფა და სულიერი განძის მოპოვებისთვის სიცოცხლის მიძღვნა, როგორც ამას მაშინდელი ქრისტეანები იქმოდნენ – მრევლის წევრები მთელ თავიანთ ქონებას ყიდნენ და აღებულ თანხას, საეკლესიო საქმის საწარმოებლად და ღარიბი და გაჭირვებული ხალხის დასახმარებლად, ეკლესიას სწირავდნენ.

[132] თურქეთი, ანუ ოტომანთა იმპერია იმ დროს ერთ-ერთი ყველაზე საშინელი და სასტიკი იმპერია იყო ამქვეყნად.

[133] იხილეთ კონფუძის ანუ კონფუცის ანუ კონფუციუსის "ანალექტები" (8:13). აღსანიშნავია ის გარემოება, რომ, როგორც წესი, კონფუციუსიდან თოროუს მიერ მოხმობილი ციტირებები მისივე თარგმანია 1841 წელს პარიზში ფრანგულ ენაზე დაბეჭდილი ანალექტების მიხედვით.

[134] პასტორი – პროტესტანტული ეკლესიის მღვდელი.

ხელფასის გადახდა. "გადაიხადე", მითხრა მან, "თუ არა და, ციხეში გიკრავთ თავს." მე უარი ვთქვი ფულის მიცემაზე. მაგრამ, სამწუხაროდ, სხვებმა ვერ თქვეს უარი.[135] არ მესმის, რატომაა ვალდებული, მაგალითად, სკოლის დირექტორი, რომ პასტორს უხდიდეს ხელფასს და არა პირიქით, – პასტორი უხდიდეს ხელფასს სკოლის დირექტორს? ამ შტატის სკოლის დირექტორი არასოდეს ვყოფილვარ, მაგრამ ჩემი ნებით მაინც ვწირავდი ხოლმე სკოლას ორიოდ კაპიკს. არ მესმის, მაშინ ლიცეუმს[136] რატომ აღარა აქვს იმის უფლება, რომ საგადასახადო ქვითარი გამოუწეროს ხალხს და შტატისგან ისეთივე მხარდაჭერა მოითხოვოს, როგორც ამას პროტესტანტული ეკლესია ჩადის? ბევრი ვიფიქრე და რჩეული მეგობრების რჩევით ამ მჭექარე განცხადების დაწერა გადავწყვიტე: – "დაე, საჯაროდ იყოს ცნობილი, რომ მე, ჰენრი თოროუს, არ მსურს მთავრობის მიერ ჩემი თავის არც ერთი იმ საზოგადოებრივი გაერთიანების წევრად ცნობა, რომელშიაც მე არ ვარ გაწევრიანებული." ავიღე ეს განცხადება და ჩვენი ქალაქის მუნიციპალიტეტის მოხელეს გადავეცი; და ახლა ის მის კაბინეტშია შენახული. ასე და ამგვარად, სახელმწიფომ გაიგო რა, რომ არ მსურს მე იმ პროტესტანტული ეკლესიის წევრობა, ჩემი შეწუხება და ჩემთვის მსგავსი მოთხოვნის წაყენება აღარასოდეს გაუბედავს; თუმცა ისიც დასძინა, რომ ვალდებული იყო, თავისი ვარაუდების ერთგულად დარჩენილიყო და ხალხისგან ამა თუ იმ დაწესებულებებში წევრობისთვის გადასახადი აეკრიფა. ვინ იცის, კიდევ რას ვარაუდობს ეს სახელმწიფო და კიდევ რომელი დაწესებულების წევრი ვგონივარ, და მომავალში კიდევ რომელი საწევროს აკრეფას მოითხოვს ჩემგან? – ვიფიქრე მე. ვაპირებდი, ახალი განცხადება დამეწერა და მასაჩუსეცში არსებული ყველა ის ორგანიზაცია ჩამომეთვალა, რომლის წევრი მე არასოდეს ვყოფილვარ და არც არასოდეს ვიქნებოდი, და, აქედან გამომდინარე, რომლის საწევროც მე არ მეხებოდა. ბევრი ვიფიქრე, მაგრამ ვერ მოვნახე ის სია, რომელშიც ჩვენი შტატის ყველა დაწესებულება იქნებოდა ჩამოთვლილი და ამ საქმეს შევეშვი.

ექვსი წელია სულადი გადასახადი არ გადამიხდია. ერთხელ ერთი ღამით ციხეშიც კი ჩამსვეს ამის გამო; ვიდექი და შევცქეროდი ჩემი საკნის ორი-სამი ფუტის სისქის ქვის კედლებს, ერთი ფუტის სისქის რკინით მოჭედილ ხის კარებს, და რკინის ცხაურებს,[137] რომლებიც გარედან შემომავალ სინათლეს ახრჩობდნენ და იმ დაწესებულების სიშტერეზე სიცილის შეკავება ვერაფრით ვერ შევძელი, რომელსაც, ჰგონია, რომ მე, სულიერი არსება, მხოლოდ ხორცის, სისხლისა და ძვლისგან შევდგები და ფიქრობს რომ ჩემი ფიზიკური დატყვევებით მართლა დამატყვევა. ერთი წამით ისიც კი გავიფიქრე, იქნებ სახელმწიფომ გადაწყვიტა, რომ მე ყველაზე უფრო დატუსაღებული გამოვადგებოდი და უკეთესი საქმისთვის ჩემი გამოყენება ვერც მოიფიქრა-მეთქი. შევცქეროდი ციხის მაღალ კედელს, რომელიც ჩემს თავსა და

---

135 სავარაუდოა, რომ თოროუს მაგივრად სამუელ ჰორმა გადაიხადა, რადგან ბრონსონ ალკოტის და ჩარლზ ლეინის (1800-1870) მაგივრადაც სწორად ჰორმა გადაიხადა სულადი გადასახადი, როდესაც 1843 წელს ეს ორი საზოგადო მოღვაწე მთავრობამ დააპატიმრა. ჩარლზ ლეინი ინგლისელ-ამერიკელი მოაზროვნე გახლდათ და ბრონსონ ალკოტის მოწაფე და მიმდევარი.

136 ლიცეუმი – ნიუ ინგლენდში ერთგვარი კოოპერატიული დარბაზი, სადაც საჯარო ლექციები იკითხება და კამათები იმართება.

137 ციხე, რომელშიც თოროუ ჩასვეს სოფლის პატარა საპატიმრო არ გეგონოთ. ეს იყო მასაჩუსეცის შტატის მიდლსექსის ოლქის გრანიტის ბლოკებისგან აშენებული სამსართულიანი დიდი საოლქო ციხე.

გარეთ მყოფ თანამოქალაქეებს შორის აღმართულიყო და ცხადად დავინახე, რომ ამ ხალხს კიდევ უფრო დიდი კედელი მიჯნავდა თავისუფლებისგან, ვიდრე მე – ხალხისგან, და რომ ამ ხალხის სულიერად განთავისუფლებისთვის უფრო დიდი კედლის დანგრევა იყო საჭირო, ვიდრე ამ ციხიდან ჩემი ფიზიკური განთავისუფლებისთვის. ერთი წამითაც ვერ ვიგრძენი თავი ტუსაღად, და მივხვდი, რომ ქვისა და კირის ყოვლად უაზრო ფლანგვა იყო ამ ციხის აშენება, რომლის კედლებიც ტყუილ-უბრალო და არაფრისქმაქნის მოვალეობას ასრულებდნენ მხოლოდ. ვიგრძენი, რომ მთელი ჩემი თანასოფლელებიდან მხოლოდ მე გადავიხადე ამ ქვეყანაში ცხოვრების ჭეშმარიტი გადასახადი. აშკარაა, მთავრობის მოხელეებმა არ იცოდნენ, როგორ უნდა მომპყრობოდნენ და მდაბიურად მოიქცნენ. მათ ყველა მუქარასა და ქათინაურში უხეში შეცდომა გამოსჭვიოდა: მათ მცდარად ეგონათ, რომ ჩემი მთავარი საზრუნავი ციხის კედლის გარეთა მხარეს დგომა იყო. ღიმილი ვერ შევიკავე, როცა დავინახე თუ როგორი გულმოდგინებით ცდილობდნენ საკნის კარების დახშობით ჩემი, სულიერი და თავისუფალი არსების, აზრების დახშობას, არადა ჩემი ფიქრები ისევე ადვილად მიდიოდ-მოდიოდნენ საკნის მიღმა, როგორც თავად მთავრობის ეს ჭკუამოკლე მოხელეები, და რომ ამ ციხეში პატიმრები კი არა, თავად *ისინი* იყვნენ ყველაზე საშიში ადამიანები. მათ ვერ შეძლეს ჩემი ფიქრების დასჯა და ამიტომ ჩემი სხეულის დასჯა გადაწყვიტეს. ვერც ჩემს სულთან შეძლეს გამკლავება, და ისე დაესივნენ საწვალებლად ჩემს ხორცს, როგორც პატარა ბიჭები დაესევიან ხოლმე საწვალებლად იმ ბიჭის ძაღლს, რომლის მორევაც არ შეუძლიათ და რომელთანაც ჩხუბს გაურბიან. აშკარად დავინახე, რომ ჩვენი სახელმწიფო ჭკუასუსტი გახლდათ, და ფუფუნებაში გატუტუცებული მარტოხელა ქალივით მშიშარა და მტერ-მოყვრის ვერ გამრჩევი. დავინახე ყოველივე ეს და მისდამი პატივისცემის ნატამალიც კი გამიქრა. მეცოდება ეს საცოდავი და მეტი არაფერი.

ასეა, ხალხო! სახელმწიფო ვერ ბედავს, კაცის გონებრივ თუ ზნეობრივ გრძნობას დაუპირისპირდეს, და სამაგიეროდ მხოლოდ ხორცისთვის ტკივილის გრძნობის მიყენებით ცდილობს მის დასჯას. ქვეყანას კაცურ კაცზე მეტი ჭკუა და პატიოსნება კი არა, არამედ მეტი ძალა გააჩნია. მე ამ ქვეყნის მონობისთვის როდი მომავლინა ღმერთმა ამქვეყნად? ისე ვისუნთქებ, როგორც თავად მსურს. და ვნახოთ ერთი, ვინ უფრო ძლიერია. მხოლოდ მათ შეუძლიათ ჩემი იძულება და ძალდატანება, რომლებიც იმაზე ამაღლებულ, ზეციურ კანონებს ემორჩილებიან, ვიდრე მე. ისინი ხომ მე მხოლოდ იმას მთხოვენ, რომ სულიერად გავუმჯობესდე და უკეთესი ქცევით მათ დავემსგავსო. მე არ გამიგია ბრბოს *ჭეშმარიტი კაცებისთვის* უკეთესი ცხოვრებისკენ მოეწოდებინოს. რა იქნებოდა ასეთი სიცოცხლე? როცა ცხოვრების ამ მოკლე შარაგზაზე მთავრობას გადავეყრები ხოლმე, რომელიც მეუბნება, "ან ფული, ან სიცოცხლე!" რატომ უნდა ავჩქარდე და რატომ უნდა მივცე ჩემი ფული ლაჩარივით? შეიძლება უჭირს კიდეც ამ ბოროტების სახელმწიფოს, ფული სასწრაფოდ სჭირდება და აღარ იცის რა ქნას და სხვაგვარად როგორ მოიქცეს, მაგრამ ეგ რა ჩემი ბრალია ან რა ჩემი საზრუნავი? მე მისი დახმარება არ შემიძლია; ის თავად უნდა დაეხმაროს თავის თავს; მე მომბაძე და, სხვისი გავლენის და მიბაძვის გარეშე, შენი ცხოვრება შენ თვითონ წარმართე. არ ღირს ამაზე წუწუნი. მე ისევე არ ვარ პასუხისმგებელი ამ საზოგადოების მრუდე ქცევისთვის, როგორც ის არ არის პასუხისმგებელი ჩემი სიმართლისთვის. მე არ ვარ ინჟინრის შვილი, რომელმაც ეს

გამრუდებული ქვეყანა მრუდედ დააპროექტა და ალმაცერად ააშენა. მე იმის მჯერა, რომ თუ მოხდა ისე, და რკო და წაბლი გვერდი-გვერდ ერთდროულად დაეცა მიწაზე, ერთი მეორის გამო თავს სულელურად არ იკლავს, გზიდან რომ ჩამოეცალოს და გზა დაუთმოს, – ორივე თავის გზას ადგას და, რამდენადაც ძალუძს, საკუთარი ბუნების კანონს ემორჩილება, და ამოიწვერება, იზრდება და ყვავის ხოლმე, ალბათ მანამ, სანამ ერთი მეორეს არ დაჩრდილავს და არ გაანადგურებს. ასეთია ბუნება და მისი სილამაზე. უეჭველად განადგურდება ყველა ის მცენარე, რომელიც საკუთარი ბუნების კანონით არ ცხოვრობს, ისევე როგორც ყველა ის კაცი, რომელიც კაცობის ბუნების კანონით ცხოვრებაზე ამბობს უარს.

ციხეში გატარებული ღამე განუმეორებელი იყო და საკმაოდ საინტერესო. ჩემი შესვლისას პერანგებში გამოწყობილი პატიმრები საუბრით ერთობოდნენ და შესასვლელში მონაბერი საღამოს სიოთი ტკბებოდნენ. მაგრამ ციხის ზედამხედველმა დაიძახა, "წამოდით, ბიჭებო, კამერაში შესვლის დროა"; ესენიც დაიშალნენ და შორიდან მომესმა მათი ნაბიჯების ხმა, როცა თავიანთ ცარიელ ოთახებს უბრუნდებოდნენ. ზედამხედველმა ჩემი საკნის მეგობარი "კაცურ კაცად და ჭკვიან ადამიანად" გამაცნო. ზედამხედველის გასვლის და კარების გადაკეტვის შემდეგ ამ კაცმა მიჩვენა თუ სად შემეძლო ჩემი ქუდის ჩამოკიდება, და ზოგადად ამიხსნა თუ სად რა და როგორ იყო ამ საკანში. ოთახებს თვეში ერთხელ ათეთრებდნენ ციხეში; და, სხვა ოთახებისა არ ვიცი, მაგრამ ყოველშემთხვევაში ეს ოთახი ყველაზე თეთრი, ყველაზე უბრალოდ მოწყობილი და ალბათ ყველაზე მოხდენილი ოთახი იყო მთელ ჩვენს სოფელში. ბუნებრივია ამ კაცს აინტერესებდა, საიდან მოვედი და რამ მომიყვანა აქ; და როცა ჩემი ამბის მოყოლას მოვრჩი, რა თქმა უნდა იმ იმედით, რომ მართალი კაცი იყო და სიმართლეს მეტყოდა, მერე მეც ვკითხე, თვითონ როგორ მოხვდა ციხეში; და რამდენადაც ეს ადამიანს ძალუძს, იყო კიდეც ის საკმარისად მართალი კაცი, ჩემი აზრით. "რა ვქნა", მითხრა ჩემმა ახლადშეძენილმა ნაცნობმა, "თავლის დაწვაში მადანაშაულებენ; მაგრამ არ ჩამიდენია მე ეს საქმე." მისი მონაყოლიდან გამომდინარე, ჩემი აზრით, ალბათ თავლაში დასაწოლად შევიდა, მთვრალი იყო, ჩიბუხი გააბოლა; ჰოდა, თავლაც დაიწვა. გონიერი კაცის სახელი ჰქონდა ამ კაცს ციხეში, სადაც უკვე სამი თვე გახლდათ რაც თავისი სასამართლოს დაწყებას ელოდებოდა და, ალბათ, ერთი ამდენის ლოდინი მოუწევდა კიდევ; ოღონდ ამის გამო არ წუწუნებდა, პირიქით, მოშინაურებული იყო და საკმაოდ კმაყოფილი, რადგანაც თავზე ჭერი ჰქონდა და უფასოდ ცხოვრობდა, და მიაჩნდა, რომ საკმაოდ კარგად ეპყრობოდნენ ციხეში.

ეს კაცი საკნის ერთ სარკმელს იკავებდა, მე კი – მეორეს; და მივხვდი, რომ თუ ამ საკანში დიდი ხანი მოუწევდა ადამიანს ჯდომა, მისი მთავარი საქმე და გასართობი სწორად ამ სარკმელიდან მზერა იქნებოდა მხოლოდ. მალე იქ დატოვებული ყველა პამფლეტი გადავიკითხე, და ის ადგილებიც გამოვიძიე, საიდანაც ამ საკანში ყოფილ პატიმრებს გაპარვა მოეხერხებინათ, ვნახე ის ადგილი, სადაც ცხაურები გაეხერხათ, და ამ საკნის უამრავი ყოფილი ბინადრის შესახებ უამრავი ისტორია მოვისმინე; და აღმოვაჩინე, რომ აქაც კი არსებობდა ისტორია და ჭორი, მაგრამ ისინი ამ ციხის კედლებს არ ტოვებდნენ. ალბათ, მთელ სოფელში ეს ერთად-ერთი სახლია, სადაც ლექსები იწერება, მაგრამ არასოდეს ქვეყნდება.

პატიმრებმა ლექსების საკმაოდ დიდი კრებული მანახეს. ეს ლექსები ვიღაც ახალგაზრდებს დაეწერათ, რომელებიც გაქცევის მომზადებაში იყვნენ ეჭვმიტანილნი, და რომლებიც მთავრობის მოხელეებზე შურს ამ ლექსების ხმამაღალი სიმღერით იძიებდნენ ხოლმე.

ჩემი ახლადშეძენილი ნაცნობი ლაპარაკით და ძველი ამბების მოყოლით გავწურე, იმის შიშით, რომ მეტჯერ აღარ მექნებოდა ამ კაცის ნახვის შესაძლებლობა; ბოლოს მან მშვიდად მიჩვენა ჩემი საწოლი და ლამპის ჩაქრობა მთხოვა.

ამ ციხეში ერთი ღამის გატარება იმ შორეულ ქვეყანაში მოგზაურობას ჰგავდა, რომელსაც ოდესმე თუ ვნახავდი არ მეგონა. ისე ცხადად წვდებოდა ყველაფერი ჩემს სმენას, რომ ვითომცდა აქამდე არასოდეს გამეგო არც ქალაქის საათის ზარის გუგუნი და არც ჩემი სოფლის ხმა, რადგან გაღებული ცხაურებიანი ფანჯრების ქვეშ გვეძინა. ჩემს მშობლიურ სოფელს შუა საუკუნეების შუქით ვხედავდი, და გეგონებოდა, ჩემს აღქმაში ჩვენი ქანქარდი მდინარე რაინად გადაიქცა და ჩემს თვალწინ თითქოს რაინდები გაცოცხლდნენ და ციხე-სიმაგრეები გადაიშალაო.[138] თითქოს ქუჩებიდან მომავალი ჩემი თანასოფლელების ხმა კი არა, არამედ ძველი ბურგერების[139] ხმა სწვდებოდა ჩემს ყურთასმენას. ისე კარგად მესმოდა გარეთ რაც ხდებოდა, რომ უნებლიედ ჩვენი სოფლის დუქნის მაყურებლად და მსმენელად ვიქეცი, რაც ერთობ უცხო და ახალი რამ იყო ჩემთვის. ეს ციხის საკანი ჩემს სოფელს კიდევ უფრო ახლოდან მანახებდა. ამ სოფლის შუაგულში მომაქცია ამ საკანმა მე. მანამდე ჩვენი სოფლის არც ერთი დაწესებულება არც კი მენახა წესიერად. ეს ციხეც ხომ ამ სოფლის ერთ-ერთი დაწესებულებაა? და აქ იმიტომაა დაარსებული, რომ სოფელი ქანქარდი ოლქის მთავარი სოფელია.[140] საკანში ყოფნით ნელ-ნელა მივხვდი, თუ რა ზრახვებით და რა ფიქრებით იყო აღვსილი ამ სოფლის მოქალაქეების გული.

დილით საუზმე კარებში არსებული პატარა სარკმელიდან თუნუქის მომცრო თასებით შემოგვაწოდეს. თასები იმ ზომისა გაეკეთებინათ, რომ სარკმელში ადვილად გატეულიყვნენ და მათში ერთი პინტა[141] შოკოლადი, შავი პური და რკინის კოვზი იდო. როცა ჭურჭლის ასაკრეფად ჩამოიარეს, მე დარჩენელი პურიანად უკან გულუბრყვილოდ ვაწოდებდი ჩემს თასს; მაგრამ ჩემი მეგობარი ეცა და პური უკანვე აიღო, და მითხრა, რომ გონივრული იქნებოდა თუ მას სადილისთვის ან ვახშმისთვის გადავინახავდი. მალე იგი სამუშაოდ ახლომდებარე მინდორში სათიბად გაუშვეს, სადაც თურმე ყოველდღე მიდიოდა და შუადღემდე უკან აღარ დაბრუნდებოდა; ჰოდა, გამომემშვიდობა, და მითხრა, არ ეგონა უკან დაბრუნებულს საკანში თუ დავხვდებოდი ისევ და ოდესმე კიდევ თუ შეძლებდა ჩემს ნახვას.

---

[138] ნაგულისხმევია გერმანიის მდინარე რაინი, რომლის ნაპირები სავსეა შუა საუკუნეების ციხე-სიმაგრეებითა და სასახლეებით, ის მართლაცდა ზღაპრული სანახაობაა.

[139] ბურგერი ანუ ბიურგერი – შუა საუკუნეებში ქალაქის ტიპიური გერმანელი საშუალო კლასის მოქალაქე.

[140] ამერიკის თითოეული შტატი ოლქებად ანუ საგრაფოებად იყოფა. იმ დროს მასაჩუსეცის შტატის მიდლსექსის ოლქს ორი დედაქალაქი ჰქონდა, სოფელი ქანქარდი და სოფელი ქეიმბრიჯი.

[141] პინტა – ტევადობის საწყაო ინგლისური ერთეული, უტოლდება 0.57 ლიტრს.

როდესაც ციხიდან გამოვედი – იმის გამო რომ ვიღაც ჩაერია და ჩემი სახელით სულადი გადასახადი გადაიხადა [142] – იმ კაცისგან განსხვავებით, რომელიც საპატიმროში ახალგაზრდობისას მოხვდა და მხოლოდ სიბერისას გამოვიდა ციხიდან და გარე სამყაროში ყველაფერი შეცვლილი დახვდა, მე მომეჩვენა, რომ, ზოგადად, დიდად შეცვლილი არ იყო ეს ქვეყანა; შეცვლილი იყო თავად ჩემი თვალთახედვა – სოფელს, შტატს და ქვეყანას ამ ახალი თვალთახედვით ისეთი დიდი ცვლილება განეცადა, როგორც არასოდეს. ასეთი დიდი ცვლილების მოტანა მხოლოდ ადამიანის შეგნებას შეეძლო და არა ჟამს. კიდევ უფრო გარკვევით დავინახე ის ქვეყანა, რომელშიც ვცხოვრობდი. დავინახე, თუ რამდენად შეიძლებოდა იმ ხალხის, როგორც პატიოსანი მეზობლის, ნდობა, რომელთა რიგებშიც მე ვსულდგმულობდი; დავინახე, რომ მათი მეგობრობა მხოლოდ ზაფხულის ამინდისთვის იყო და არა ზამთრის, მხოლოდ ლხინისთვის და არა ჭირისთვის; დავინახე, რომ სიკეთისა და სიმართლის ქმნა მათ დიდად არ აინტერესებდათ; და რომ, თავიანთი სიბეცისა და ცრურწმენის გამო, ისინი ჩემგან საკმაოდ განსხვავებული და უცხო ჯიშის ხალხი იყვნენ, როგორც, მაგალითად, ჩინელები და მალაიზიელები; და რომ მათ კაციობრიობისთვის კარგი საქმის გასაკეთებლად გარისკვაც კი არ შეეძლოთ, თუნდაც თავიანთი ქონების გარისკვა; და რომ, ბოლოსდაბოლოს, ისინი არც თუ ისე კეთილშობილები ყოფილან და ქურდს ისეთივე სულმდაბლობით ეპყრობიან, როგორი სულმდაბლობითაც თავად ეს ქურდი ქურდავდა მათ – მოჩვენებითი ლოცვით და ყალბი წესიერებით გაჯერებული ქცევით ეს ქურდიც ისევე ზრუნავს ხოლმე გაქურდული ხალხის სულების გადასარჩენად, როგორც ეს ხალხი ზრუნავს ამ ქურდის სულის გადარჩენაზე. შეიძლება რამდენადმე გადამეტებული სიმკაცრითაც ვლანძღავ ჩემს მეზობლებს; თუმცა ღრმად მწამს, ბევრმა მათგანმა არც კი იცის, ისეთი დამპალი დაწესებულება რომ აქვთ საკუთარ სოფელში, რომელსაც სოფლის ციხე ჰქვია.

უწინ ჩვენი სოფლის წესი ყოფილა, ციხიდან ახლად გამოსული კაცის დასანახად თითების გადაჯვარედინება და ამგვარად მისთვის გამარჯობის თქმა, "გაუმარჯოს", რადგან გადაჯვარედინებული თითები ცხაურებს გამოხატავდნენ და ციხიდან ახლად გამოსული პატიმრის დაცინვის იოლი ხერხი იყო ეს. ჩემი მეზობლები ასე არ მომსალმებიან, სამაგიეროდ ჯერ მე შემომხედეს, მერე გაოგნებული სახეებით – ერთმანეთს, და ისეთი გაკვირვება აღებეჭდათ, გეგონებოდათ, შორეული ქვეყნიდან დაბრუნებულ მოგზაურს უყურებდნენო. მეწაღესთან მივდიოდი ჩემი დაკემსილი ფეხსაცმელების წამოსაღებად, ციხეში რომ დამიჭირეს. მეორე დღეს გამომიშვეს ციხიდან და მაშინვე დაწყებული საქმე გავაგრძელე, მეწაღისგან შეკეთებული ფეხსაცმელები წამოვიღე, ამოვიცვი და მოცვის საკრეფად გავწიე; და ნახევარ საათში სოფლიდან ორი მილის დაშორებით, ჩვენი სოფლის ერთ-ერთი ყველაზე მაღალი ბორცვის თავზე გადაშლილი წითელი მოცვის მდელოში ამოვყავი თავი და აქედან უკვე სახელმწიფო ისევე მოწყდა ჩემს თვალთახედვას, როგორც ჩემს გულს.

---

[142] პიროვნება, რომელმაც სულადი გადასახადი გადაიხადა, რის შედეგად თოროუ ციხიდან გამოუშვეს, ალბათ, ჰენრი დეივიდ თოროუს მამიდა, მარია თოროუ გახლდათ.

აი, მთელი ისტორია "ჩემი ციხისა".[143]

ცხოვრებაში არ მითქვამს უარი გზის გადასახადების გადახდაზე, რადგან მე იმდენად მსურს კარგი მეზობლობა, რამდენადაც არ მსურს მთავრობის მონობა; სკოლის გადასახადს რაც შეეხება, არამარტო ფულს, არამედ საკუთარ თავს არ ვიშურებ მისთვის და დღენიადაგ ჩემი თანამემამულეების განათლებაზე ვზრუნავ. სულადი გადასახადის გადახდაზე იმიტომ კი არ ვამბობ უარს, რომ გადახდილი ფულის ნაწილის ამა თუ იმ ისეთ საქმეში დახარჯვა მადარდებს, რომელსაც, ვთქვათ, მე მაინცდამაინც ვეწინააღმდეგები. არა. მე უბრალოდ სახელმწიფოსთან მოკავშირეობაზე უარის თქმა, მისგან გაყრა და განშორება მსურს მხოლოდ. მე გადასახადის სახით ჩემს მიერ სახელმწიფო ხაზინაში შეტანილი ქეციანი დოლარის ხარჯვაზე თვალყურის დევნება არ მსურს, თუნდაც ფული მთავრობამ დამბაჩის შეძენაში გამოიყენოს – გაქუცული დოლარის რა ბრალია ის ბოროტება, რომელსაც თავად ადამიანი ჩადის? დოლარი კი არა, დამნაშავე კაცია თავად. მე მხოლოდ ის მაღელვებს, რომ ხაზინაში შეტანილი ჩემი ფულით შეძენილ ამ დამბაჩას ეს ბოროტი სახელმწიფო კაცის კვლისთვის ხმარობს. ეგ კი არა და, მშვიდად ვუცხადებ ომს ჩემს სახელმწიფოს, თუმცა მე, ჩემებურად, მაინც გავაგრძელებ მისთვის კეთილ საქმეებში დახმარებას, ჭეშმარიტ მამულიშვილს რომ შეჰფერის, ისე.

და როცა ჩემი თანამოქალაქეები ვითომცდა სამშობლოს სიყვარულის გამო, ჩემს მაგივრად იმ სულად გადასახადს იხდიან, რომელსაც სახელმწიფო ურცხვად და დაჟინებით მოითხოვს ჩემგან, ისინი იმავე სისულელეს ჩადიან, თავიანთი სულადი გადასახადის გადახდის ჟამს რომ ჩაიდინეს უკვე. უფრო მეტიც, – სახელმწიფო უსამართლობას იმაზე მეტად უწყობენ ხელს, ვიდრე ეს თავად სახელმწიფოს მოუთხოვია მათთვის. და თუ ისინი ჩემი გულისთვის იხდიან ჩემს სულად გადასახადს, ჩემთვის ქონებისა და თავისუფლების შენარჩუნების მიზნით, ეს იმიტომ ხდება, რომ მათი კერძო და წრიპა გრძნობები საზოგადოებრივ საქმეში დიდად ყოფენ ცხვირს და ვერ ხვდებიან, რომ ერთი კერძო ადამიანის ვითომცდა გადასარჩენად ჩადენილი ამ ქმედებით, რამდენად დიდი ზიანი მოაქვთ, ზოგადად, მთელი საზოგადოებისთვის.

აი, ასეთია ამჟამად ჩემი დამოკიდებულება. რთულია ჩემი მდგომარეობა, მაგრამ ასეთ შემთხვევებში ბრბოს უდრეკელობა და შეხედულება დიდად არ უნდა ადარდებდეს კაცს და საკუთარი მამულიშვილური საქმიანობა მშვიდად უნდა განაგრძოს. დაე, მხოლოდ ის აკეთოს ჭეშმარიტმა კაცმა, რაც მის კაცობას და მის სიცოცხლეს შეჰფერის.

ხანდახან გავიფიქრებ ხოლმე, "რატომ, კაცო, ამ ხალხს კარგი უნდა, და, უბრალოდ, უცოდინრობით მოსდით ცუდი; უკეთ მოიქცეოდნენ, მეტი რომ ესმოდეთ: შენი უჩვეულო საქციელით რატომ აიძულებ შენს მეზობელს, ცუდად მოგექცეს, როცა მას ეს სინამდვილეში არ სურს?" მაგრამ დავფიქრდები ხოლმე და ვხვდები, რომ "მე ცოდვაში გათხვრის,

---

143 თოროუ მიუთითებს დიდი იტალიელი მწერლის, პოეტის, დრამატურგისა და მამულიშვილის, სილვიო პელიკოს (1789-1854) 1832 წელს დაწერილ ნაწარმოებზე "ლე მიე პრიგიონი" ანუ "ჩემი ციხე". თოროუს 1836 წელს დაბეჭდილი ინგლისურად ნათარგმნი გამოცემა ჰქონდა წაკითხული.

მონობისა და გამოშტერების უფლება არ მაქვს, და არც იმის უფლება მაქვს, რომ სახელმწიფოს მიერ ჭეშმარიტი კაცების უსამართლოდ მოპყრობაზე დავხუჭო თვალები, მხოლოდ იმის გამო, რომ ამ ცოდვითსავსეებს მე ცოდვაში ფეხის ჩადგმის საბაბი არ მივცე." და კიდევ იმასაც გავიფიქრებ ხოლმე, რომ "როცა მილიონობით ადამიანი ბრაზის, ცუდი განზრახვის, ყველანაირი პირადი სიძულვილის გარეშე, მოდის და შენგან სულ რაღაც ორ კაპიკს ითხოვს, დიახ, სულ რაღაც ორიოდ კაპიკს, მაგრამ ცუდი ისაა, რომ ამავდროულად ამ მოთხოვნის დათმობის ან შეცვლის შანსი არაა, და არც იმის შანსია, რომ ამათ გარდა სხვა მილიონობით ხალხს შესჩივლო ეს უსამართლობა, მაშ რატომ იგდებ თავს საფრთხეში, რატომ ებრძვი, რატომ უმტკიცებ, რატომ ასწავლი და რატომ არ შეეშვები და რატომ არ მიაქვავებ ამ მხეცურ ბრბოს ამ ორ კაპიკს? სიცივეს და შიმშილს, ქარს და ტალღებს არ ებრძვი ხოლმე ასე გახელებით, და მაშინ მათთან ბრძოლას რაღა აზრი აქვს? გამძვინვარებულ ხანძარში, ცეცხლში, რომელიც გიტევს და გებრძვის, თავით გადახტომა და ომი გაგონილა?" ვითვალისწინებ ხოლმე ამ გარემოებებს, მაგრამ იმასაც ვითვალისწინებ, რომ ხალხისგან შემდგარი ეს გამხეცებული ბრბო მთლად მხეცი კი არაა, არამედ ნაწილობრივ ადამიანიცაა ის; და იმასაც, რომ მე მათთან, როგორც მოყვასთან, ისევე მაკავშირებს ნათესაური კავშირი, როგორც მილიონობით სხვა ადამიანთან; და კიდევ იმასაც, რომ მათთან, როგორც სულიერ და ნაწილობრივ გონიერ არსებებთან, ნამდვილი მხეცებისგან განსხვავებით, ჯერ უფლის მცნების სახელით და მერე კაცობრიობის სახელითაც, საუბარი, მსჯელობა და შეგონება შეიძლება. ჩემს წინააღმდეგ მებრძოლი ხანძრის ალში თავით რომ გადავხტე, ამით ვერც ცეცხლთან გავაწყობ რასმე, არც უფალს ვეთნევი, ანუ ჩემი დაწვა და დაღუპვა სწორად რომ ჩემი უთაობის ბრალი იქნება. შემეძლოს თავი რომ დავარწმუნო, ბოროტ ადამიანებს არ უნდა უჩიჩინო, ხმაც არ უნდა გასცე, შესაბამისად, ბრმად უნდა გიყვარდნენ ისინი, და რომ მათი გამოსწორების შენი წადილი მხოლოდ ახირების, კაპრიზების და ჭირვეულობის ნაყოფია-მეთქი, და რომ მათ ბრმა ბოროტებაში არაფერია ცუდი და არაბუნებრივი, მაშინ მეც, კარგი მუსლიმანივით ან ბედისწერის მონა ფატალისტივით, ხელი უნდა ჩავიქნიო უსამართლობაზე, შევეგუო არსებულ ბოროტებას და არსებულ მდგომარეობას და ბრმად აღვიარო, რომ ყოველივე ეს ვითომცდა ღმრთის ნებაა.[144] და კიდევ ერთი განსხვავებაა ბრბოსთან სულიერი ადამიანების ბრძოლასა და უბრალოდ უსულო საგნების ხროვასთან ბრძოლას შორის

144 თოროუს შეხედულება წინაგანწყობაზე რადიკალურად განსხვავდება კათოლიკებისგან (იენსენისტების გამოკლებით) და პროტესტანტებისგან (კალვინისტების გამოკლებით) და, რაოდენ წარმოუდგენელ საოცრებადაც არ უნდა მოგეჩვენოთ, ის სრულიად მართლმადიდებლურია. თოროუს აზრით, ადამიანის სიცოცხლეს განაგებს ორი ნება – ნება ღმრთისა და ნება კაცისა, რაც დიდი მართლმადიდებელი მამის, "ფილოკალიის" რუსულად მთარგმნელის, წმიდა თეოფანე დაყუდებულის განსაზღვრებას სრულიად ემთხვევა. ღირსი მამა თეოფანე ასაბუთებს, რომ თავად ის გარემოება, რომ სამოთხეში შესვლისთვის ადამიანის გარჯაა საჭირო და რომ სამოთხე უფლის ნებით ადამიანს უშრომელად არ მიენიჭება, ადასტურებს იმას, რომ ადამიანის ცხოვრება წარიმართება კაცის ნებით და უფლის განგებულებით, რამეთუ სამოთხეში შესასვლად მხოლოდ კაცის ნება, თუ მას თან დიდი და მოწყალე უფლის ნებაც არ ახლავს, საკმარისი არაა. არათუ სამოთხის მოსაპოვებლად, არამედ არაფერი სასიკეთოსთვის არაა საკმარისი უფლის ნებისგან ცალკე გამდგარი კაცის ნება. კათოლიკები (იენსენისტების გამოკლებით) ცდებიან ნეტარი ავგუსტინეს განმარტებაში, შემდეგ თომა აკვინელს ეყრდნობიან და ამტკიცებენ, რომ ადამიანის ცხოვრებას მხოლოდ უფალი განაგებს. პროტესტანტები კი საპირისპიროს ამტკიცებენ, – რომ თავად ადამიანი განაგებს თავის ეგრეთწოდებულ ბედს. ასეთ მრუდედ-მოაზროვნე ქვეყანაში გაიზარდა თოროუ და ნუთუ ის გარემოება, რომ ამ კაცის მსოფლმხედველობა მართლმადიდებლურ მსოფლმხედველობას, ანუ ერთადერთ ჭეშმარიტებას ასე ემთხვევა, მართლაცდა, სასწაულთა სასწაული არაა?!

– მე შემიძლია სულიერ არსებებს შევებრძოლო, გარდავქმნა და აზრი შევაცვლევინო, აი, ორფეუსივით[145] კლდეების, ხეებისა და მხეცების გარდაქმნა და მათი აზრის შეცვლა კი ნამდვილად არ ძალმიძს.

მე არ მსურს, რომელიმე კაცს, მითუფრო, რომელიმე ერს ვეკამათო. არ მინდა წვრილმანებზე კინკლაობა, უმნიშვნელო აზრთასხვაობებზე დავა, ანდა ვითომცდა სიმართლით და სამართლიანობით ჩემი თავის ჩემი მეზობლისგან გამორჩევა და თავის გამოჩენა. ეს კი არადა, შეიძლება ისიც ითქვას, რომ ჩხუბის ნაცვლად, ყველანაირ საბაბს ვეძებ იმისთვის, რომ ამ ქვეყანას და მის კანონებს შევურიგდე და მათ ჩემი მორჩილება გამოვუცხადო. უფრო მეტიც, ყველანაირად მზად ვარ მე მათი მორჩილებისთვის, – კარგად ვუწყი, რომ ჩემს სამშობლოს მინდა დავემორჩილო და რამეში გამოვადგე. ამიტომაცაა, ყოველ წელს, როცა გადასახადების ამკრეფი ჩამოივლის ხოლმე, ჩემს თავს ამ მორჩილებისკენ მიდრეკილებას ვატყობ – გულისყურით განვიხილავ ხოლმე ფედერალური და საშტატო მთავრობის ქმედებას და პოზიციას, და, ზოგადად, ხალხის დამოკიდებულებას და სულისკვეთებას ამა თუ იმ საკითხთან დაკავშირებით, და, ასე და ამგვარად, უფრო მეტ საბაბს აღმოვაჩენ ხოლმე სახელმწიფოსთან ჩემი მორჩილებისთვის.

> "ჩვენს ქვეყანაზე ისევე უნდა მოვახდინოთ გავლენა, როგორც ჩვენს მშობლებზე,
> და თუ მოხდა ისე და ოდესმე ჩვენი სიყვარული და ჩვენი შრომა
> ჩვენს ქვეყანას მოსწყდა, გაეყარა და განზე განუდგა,
> ჩვენი ვალია, მიღებულ შედეგს თვალი არ ავარიდოთ
> და ჩვენს სულს სინდისისა და სარწმუნოების სიყვარული ვასწავლოთ
> და არა ძალაუფლებისა და სარგებლის მოყვარეობა."[146]

ღრმად მწამს, რომ თავისი ძალადობით და ჩაგვრით სახელმწიფო მალე თავისას მიაღწევს და ჩემი მამულიშვილური შრომის ყველა ნაყოფს ხელიდან წამგლეჯს, და ასე განადგურებული, ჩემს ბრიყვ თანამემამულეზე უკეთესი ერისშვილი როდი ვიქნები მაშინ? დაბალი ადგილიდან თუ აიხედები, ჩვენი კონსტიტუცია, მთელი თავისი ნაკლოვანებებით, კარგად გამოიყურება; კანონი და სასამართლოები, თითქოსდა, საკმაოდ წესიერია; თუნდაც ეს შტატი და ეს ჩვენი ამერიკის მთავრობა, მრავალმხრივ, საკმაოდ მომხიბვლელი და იშვიათი რამ გეგონება; აი, ოდნავ უფრო მაღალი გადმოსახედიდან კი, ეს ყველაფერი სწორად ის ხერძალია, უკვე რომ მითქვამს, და მეტი არაფერი; და თუ კიდევ უფრო მაღალი გადმოსახედიდან გადმოვიხედებით, და მთლად უმაღლესიდან, ვინ იტყვის, კიდევ რა ნაგავია მთელი ეს ჩვენი სახელმწიფო და სახელმწიფოებრიობა, ან სულაც ისეთი საზიზღრობაცაა, რომლის დანახვა და რომელზე ფიქრიც კი არ ღირს საერთოდ.

საქმე იმაშია, რომ მთავრობა მე დიდად არ მაინტერესებს, და რაც შეიძლება ნაკლებად მსურს მისთვის ფიქრის დათმობა. ხშირად არ მიწევს მთავრობასთან ერთად თანაცხოვრება, თუნდაც მიწიერი ცხოვრების ჟამს. თუ კაცი უდარდელია, უკაპრიზოა და უფანტაზიო, ანუ წუთისოფლის

[145] ბერძნულ მითოლოგიაში ორფეუსი გახლავთ მუსიკოსი, რომელსაც სიმღერით თვით კლდეებისა და ხეების მოჯადოებაც ხელეწიფება.

[146] ჯორჯ ფიილ (1558-1598) – ინგლისელი დრამატურგი, ნაწყვეტი მისი ნაწარმოებიდან "ალქაზარის ბრძოლა". აღსანიშნავია, რომ ამ ნაწყვეტს მხოლოდ მოგვიანებითი გამოცემები შეიცავენ.

წამიერი საგნების გარეშეა, სულელი მმართველები და რეფორმისტები მას ვერაფერს დააკლებენ.

კარგად ვიცი ისიც, რომ ადამიანების უმრავლესობა ჩემგან განსხვავებულად ფიქრობს; არადა, ის ხალხი, რომელიც მთელ სიცოცხლეს პოლიტიკის და სამართლის შესწავლას უთმობს, ჩემი აზრით, ისეთივე ბეცია, როგორც ხალხის გაუნათლებელი ნაწილი. პოლიტიკოსი და კანონმდებელი სახელმწიფოს შუაგულში დგას და მოღვაწეობს, მაგრამ მას ეს სახელმწიფო ცხადად გაშიშვლებული, მკაფიოდ ჯერაც არ დაუნახავს. ისინი საზოგადოების ახალ მიწებზე გადაადგილებაზე საუბრობენ,[147] მაგრამ ამ საზოგადოების გარეშე ცხოვრება არ ძალუძთ. შეიძლება ისენი გარკვეული გამოცდილების და გარკვეულად გამჭრიახი გონების პატრონებიც კი არიან, და, ეჭვიც არ მეპარება, ალბათ, ბევრი ჭკვიანური და თუნდაც სასარგებლო პოლიტიკური სისტემებიც აქვთ მათ გამოგონილი, რისთვისაც ჩვენ წრფელად ვმადლობთ; მაგრამ მთელი ამათი დიდი ჭკუა და დიდი სარგებლიანობა გარკვეულ პატარა ჩარჩოებშია მოქცეული. მათ მუდამ ავიწყდებათ, რომ მსოფლიო პოლიტიკური კურსით და პრაქტიკულობით არ იმართება. ბატონი ვებსთერი[148] მთავრობის გარეთ არ იხედება და ხალხში არ დადის, და აქედან გამომდინარე, მას ამ საკითხის ბევრი არც არა გაეგება რა. არადა, მისი სიტყვები ბრძნულია იმ კანონმდებლებისთვის, რომლებიც მთავრობის გარდაქმნასა და გაუმჯობესებაზე ყურსაც არ იბერტყავენ; აი, ჭეშმარიტად მოაზროვნეებისთვის და მათთვის, ვინც საყოველთაო სამართალზე ზრუნავს, ბატონი ვებსთერის შეხედულება ბრმაა და, აქედან გამომდინარე, მათთვის მისი სიტყვები ჩალის ფასადაც არ ღირს. მე ვიცნობ ხალხს, რომელთა მშვიდი და ბრძნული წინასწარმეტყველებები მალე ახდება და ამ კაცის გონების და ამ კაცის სიბრძნის სტუმართმოყვარეობის საზღვარსა და სიმცრეს დაგვანახებენ. თუმცა, ყველაფრის მიუხედავად, თუ ბატონ ვებსთერს ყველა სხვა იაფფასიან რეფორმისტებს შევადარებთ, ან უფრო მეტიც – პოლიტიკოსების ამაზე კიდევ უფრო იაფფასიან სიბრძნეს და მჭევრმეტყველებას, მისი სიტყვები ერთადერთ ჭკვიანურ და ღირებულ სიტყვებად მოგვეჩვენება, და ჩვენ ამ კაცის მოვლინებისთვის უფალს მადლობას შევწირავთ. სხვებთან შედარებით, ეს კაცი ყოველთვის ყველაზე ძლიერი, ორიგინალური და, რაც ყველაზე მთავარია, ყველაზე პრაქტიკულია. მაგრამ ხაზგასასმელია, რომ ყოველივე ამის მიუხედავად, მისი ნიჭი სიბრძნე კი არა, არამედ მარტივი წინდახედულება და ანგარიშიანობაა. ადვოკატის ჭეშმარიტება ჭეშმარიტება როდია?! ადვოკატის ჭეშმარიტება ერთი ვიწრო სიმართლის მეორე ვიწრო სიმართლესთან შეთანხმება და შესატყვისებაა. აი, ჭეშმარიტება კი მუდამ თავის თავთანაა კეთილხმოვნებაში და მისი მიზანი სასამართლო სამართლის გამომჟღავნება როდია, სასამართლო სამართლისა, რომელიც შეიძლება თავად უამრავ უსამართლობას შეიცავდეს? ბატონი ვებსთერი

---

[147] თოროუ ისტორიულ კონტექსტში მიუთითებს არქიმედეს პრეცედენტზე. ლეგენდადაა ცნობილი არქიმედეს სიტყვები, "მომეცით საყრდენი და მთელ დედამიწას გადავატრიალებო". ეს გამოთქმა ინგლისურ ენაში შედარებით დამახინჯებული ფორმითაა დამკვიდრებული: "მომეცით ფეხის მოსაკიდებელი ადგილი და მთელ დედამიწას გადავაადგილებო" – არქიმედე გულისხმობდა, რომ საკმარისად დიდი ბერკეტის დასადგმელი ადგილი რომ მოიძებნებოდეს, ფიზიკის კანონების თანახმად, თავად დედამიწის გადაადგილება იქნებოდა შესაძლებელი.

[148] დენიელ ვებსთერი (1782-1852) – ნაწყვეტი ამერიკის სენატში წარმოთქმული მისი სიტყვიდან. ვებსთერი გახლდათ მასაჩუსეცის სენატორი და საქვეყნოდ ცნობილი მჭევრმეტყველი. მან სამხრელებთან კომპრომისს ანუ დათმობას დაუჭირა მხარი, რის გამოც ბევრი ნიუ ინგლენდელი მამულიშვილი მას, სრულიად სამართლიანად, გამყიდველად მიიჩნევდა.

იმსახურებს, რომ მას კონსტიტუციის დამცველი ვუწოდოთ, რაც მას უკვე უწოდეს კიდეც. ის ხომ უსამართლობას ვერ დაესხმის თავს და მხოლოდ თავდაცვის მიზნით იქნევს მუშტებს. ის წინამძღოლი კი არაა, არამედ ერთი უბრალო მიმდევარი. მისი წინამძღოლები კონსტიტუციის ავტორები, 1787[149] წლის წინამძღოლები არიან. "მე არასოდეს მიცდია," ამბობს ის, "და არც არასოდეს მირჩევია თქვენთვის მცდელობა; მე მცდელობა არასოდეს წამიხალისებია, და არც არასოდეს ვაპირებ იმ მცდელობისთვის ვინმეს წახალისებას, რომლითაც ამ ქვეყნის მოწყობის თავდაპირველ გეგმას საფრთხე შეიძლება დაემუქოროს, იმ გეგმას, რომლის საფუძველზეც სხვადასხვა შტატები კავშირში გაერთიანდნენ." და მიუხედავად იმისა, რომ კონსტიტუცია ამ ქვეყანას მონობის არსებობის ნებას რთავს, ის მაინც ამტკიცებს, რომ, "მონობა დღესაც უნდა გაგრძელდეს, რადგანაც ის ამ ქვეყნის შექმნის ჟამს დაწერილ თავდაპირველ შეთანხმებაში შედიოდა." მიუხედავად იმისა, რომ არც გონიერება აკლია ამ კაცს და არც მოხერხება, მას არ შეუძლია საკითხის განყენებულად ჭვრეტა და პოლიტიკური კონტექსტისგან განცალკევებით შეფასება – მაგალითად, როგორ უნდა მიუდგეს დღეს კაცი მონობის საკითხს დღევანდელ ამერიკაში? ის იძულებულია უხერხულად აიჩეჩოს მხრები და პოლიტიკურად სწორი, მაგრამ აზრობრივად ისეთი მრუდე აზრი გამოთქვას, როგორიც ქვემოთაა მოყვანილი, და საიდანაც ახალი და მეტად უცნაური საზოგადოებრივი ვალდებულებები გამოსჭვივის. ის ამბობს, რომ "შტატების მთავრობები, რომლებშიც მონათმფლობელობა ისევ არსებობს, ისე უნდა მიუდგნენ მონობის საკითხს, როგორც ეს თავად მათ შეჰფერით, როგორც საკუთრების ზოგად კანონებს შეჰფერის, როგორც კაცობრიობას, სამართალსა და ღმერთს შეჰფერის. და თუ სხვა შტატებში ან თუნდაც სხვა ერებში, სიბრალულის გრძნობისა და ადამიანურობის გამო მონობა არ არსებობს, ანდა ნებისმიერ სხვა ჰუმანურ მიზეზს, მონათმფლობელური შტატის სამართალში და კანონმდებლობაში იურიდიული ძალა არ გააჩნია. ასეთი ჰუმანურობისთვის მე მხარი არასოდეს დამიჭერია და არც ახლა დავუჭერ, რადგანაც, კარგი ზრახვებისა და ჰუმანურობის მიუხედავად, ასეთი ქმედება მონათმფლობელური შტატის საშინაო საქმეში ცხვირის ჩაყოფაა და მეტი არაფერი."

ის ხალხი, რომელმაც სიმართლის უფრო წმიდა სათავე არ იცის, რომელიც სიმართლის წყაროს უფრო ზემოთ, სათავისკენ არ აჰყოლია, დგას, და თანაც ბრძნულად დგას, ბიბლიასთან და კონსტიტუციასთან, და მოწიწებით და თავმდაბლობით ეწაფება დაბალ სიმართლეს; აი, ისინი კი, ვინც ჭვრეტენ, თუ საიდან იღებს სათავეს ამა თუ იმ ტბაში თუ ტბორში ჩამავალი სიმართლე, კიდევ ერთხელ ირტყამენ ხელს წელზე,[150] კიდევ ერთხელ იკრებენ ძალ-ღონეს, და, კვლავაც წელმტკიცენი და გამართულნი, უკვდავების წყაროს სათავისკენ – ზეციური იერუსალემისკენ აგრძელებენ თავიანთ სულიერ მოგზაურობას კვლავაც.[151]

---

149 ამერიიკის კონსტიტუცია 1787 წელს იქნა მიღებული ფენსილვეინიის შტატის ქალაქ ფილადელფიაში და მისი ავტორებია ნაგულისხმევი.

150 სახარება ლუკაისი 12:35: "იყვნედ წელნი თქუენნი მორტყმულ და სანთელნი თქუენნი აღნთებულ."

151 კვლავაც გასაოცარი მსგავსებაა არეოპაგელთან. იხილეთ წიგნი "კორპუს არეოპაგიტიკუმ", ქვეწიგნი "ზეციური იერარქია" და ქვეწიგნი "საეკლესიო იერარქია": ყველა არსება თავისი შესაძლებლობისდაგვარად, ბუნებრივად ილტვის უფლისკენ, ყველა მეტ-ნაკლებად, რადგან ყველა არსებას განსხვავებული ბუნება და განსხვავებული ნება გააჩნია. მაგალითად, მარტვილი ბევრად უფრო ძლიერად მიილტვის უფლისკენ ვიდრე რიგითი მრევლი, ანგელოზი უფრო

ჯერ არც ერთი ნიჭიერი კანონმდებელი არ გამოჩენილა ამერიკაში. თვით მსოფლიო ისტორიაშიც კი იშვიათია ასეთი ხალხი. ჰო, არიან ათასობით ბასილიკონები, პოლიტიკოსები, და ენაწყლიანი ადამიანები; მაგრამ ერთ კაცსაც არ ამოუღია ხმა და ერთ კაცსაც არ დაუძრავს სიტყვა ჩვენი ჟამის ამ მეტად საჯავრებელი საკითხის მოსაგვარებლად. ვაი, რომ ჩვენ მჭევრმეტყველება მჭევრმეტყველების გამო გვიყვარს და არა სიმართლის გამო, რომლის თქმა და განსიტყვება მას შეუძლია, ან იმ გმირობის გამო, რომლითაც მას ხალხის შთაგონება ძალუძს. ჩვენმა კანონმდებლებმა ჯერ ვერ ისწავლეს, რა არის შედარებითი ღირებულება თავისუფალ ვაჭრობასა და თავისუფლებას შორის, შტატების კავშირსა და ამ შტატების მოქალაქეების ზნეობას შორის. მათ იმის ნიჭი და უნარიც კი არ გააჩნიათ, რომ დაბეგვრისა და ფინანსების, ვაჭრობისა და წარმოების და სოფლის მეურნეობის საკითხებში გაერკვნენ სათანადოდ. ჩვენი კონგრესის ენაწყლიანი კანონმდებლების სიბრძნის ამარა რომ დარჩეს ეს ქვეყანა და დროულმა მწარე გამოცდილებამ და ხალხის ჩივილმა გარკვეული სისწორე არ შეიტანოს მისი გამრუდებული ცხოვრების მრუდე გეზში, ამერიკა მალე დაჰკარგავდა მსოფლიოს მოწინავე ქვეყნების სიაში თავის ადგილს. ეგებ ამის თქმის უფლება არც კი მაქვს, მაგრამ უკვე ათასრვაასი წელია, რაც ახალი აღთქმა იწერება, და მიუხედავად ამისა, არ სჩანს ის კანონმდებელი, რომელსაც საკმარისი სიბრძნე და პრაქტიკული ნიჭი აღმოაჩნდება იმისთვის, რომ თავი ამ წიგნის კითხვას დაუთმოს და ის ნათელი, რომლითაც ეს წიგნი საკანონმდებლო მეცნიერებას აშუქებს, სათავისოდ და საქვეყნოდ გამოიყენოს.

ნებისმიერი ხელისუფლების ძალაუფლება, თუნდაც იმ ხელისუფლებისა, რომლის დამორჩილებაზეც თანხმობას ვაცხადებ – რამეთუ დიდი ხალისით დავემორჩილები მათ, ვინც ჩემზე მეტი იცის და ჩემზე უკეთ შეუძლია მოიქცეს, და ბევრ საკითხებში იმათაც კი დავემორჩილები, ვინც ჩემოდენაც კი არ იცის და ქცევითაც ჩემზე უარესად იქცევა – დიახ, ნებისმიერი ხელისუფლების ძალაუფლება მაინც უწმიდური ძალაუფლებაა:[152] იმისთვის, რომ სამართლიანად ჩაითვალოს ხელისუფლება, იგი ხალხს უნდა მოსწონდეს და ხალხთან უნდა იყოს შეთანხმებული. მას წმიდა და უცოდველი უფლება მხოლოდ ჩემი პიროვნების და ქონების იმ ნაწილზე ექნება, რომელიც მე დავუთმე, და თუ ის დანარჩენსაც ეპატრონება, მაშინ ამ დანარჩენზეც გადაზრდილი

ძლიერად მიილტვის უფლისკენ ვიდრე მარტვილი, მთავარანგელოზი უფრო ძლიერად მიილტვის უფლისკენ ვიდრე ანგელოზი და ა.შ. აღსანიშნავია, რომ ამ ლტოლვას, თოროუსი არ იყოს, არეოპაგელიც, სიმბოლურად გეოგრაფიის მეშვეობით გამოსახავს – ანუ რაც უფრო დიდია ლტოლვა უფლისკენ, მითუფრო ახლოა უფალთან ამა თუ იმ არსების განლაგება და პირიქით – რაც უფრო ახლოა არსება უფალთან, მითუფრო მეტად ილტვის ის უფლისკენ, ანუ წინაგანწყობა განსაზღვრავს არსების უფალთან სიახლოვეს ანუ ნიჭს და ბუნებას. რა თქმა უნდა, არეოპაგელის ეს აღწერა ისეთივე სიმბოლურია და პირდაპირი გაგებით არ უნდა მივიღოთ, როგორც თოროუს აღწერაა სიმბოლური.

[152] რაოდენ დიდია მსგავსება თოროუსა და დავით აღმაშენებელს შორის, იხილეთ "გალობანი სინანულისანი" (გამომცემლობა "თბილისი", 1989 წელი) – თოროუმ, მსგავსად აღმაშენებლისა, კარგად იცის, რომ სრულყოფილი მეფე არ არსებობს და არც სრულყოფილი სახელმწიფო, რადგან ადამიანი, კერძოდ, ერისუფალი, რაც არ უნდა ბაძავდეს ჩვენს ჭეშმარიტ უფალს, ანდა მიწიერი სამეფო რამდენადაც არ უნდა წააგავდეს ქალაქს უფლისაისას (რაც ეს ნეტარმა ავგუსტინემაც აღნიშნა აღმაშენებელზე და თოროუზე ბევრად წინ), ის მაინც ადამიანურია და მიწიერი და, აქედან გამომდინარე, ხინჯიანი. სწორად ამიტომ გამოხატა სინანული დიდმა მეფე დავითმა.

მისი უფლება მხოლოდ უწმიდურია და ცოდვიანი. სრული მონარქიიდან შეზღუდული მონაქრქიისკენ წინსვლა, შეზღუდული მონარქიიდან დემოკრატიამდე წინსვლა, პიროვნების დაფასებისკენ და პატივისცემისკენ წინსვლაა მართლაც. ჩინელ ფილოსოფოსსაც[153] კი ეყო იმის ჭკუა, რომ პიროვნება ეღიარებინა მთელი იმპერიის საწყისად და საფუძვლად. ნუთუ ის დემოკრატია, რომელსაც ჩვენ დღეს ვიცნობთ, მთავრობის საბოლოო გაუმჯობესებაა და ნუთუ მასზე უკეთესი მთავრობის შექმნა არაა შესაძლებელი? ნუთუ არ შეიძლება, ერთი ნაბიჯით კიდევ წინ წავიწიოთ ადამიანის უფლებების აღიარებისა და მოგვარების საქმეში? მერწმუნეთ, მანამდე მართლა ვერ გვექნება თავისუფალი და გაბრწყინებული ქვეყანა, სანამ სახელმწიფო პიროვნებას, იმ უმაღლეს და დამოუკიდებელ ძალად არ აღიარებს, რომლიდანაც მთელი მისი ძალა და ძალაუფლება წარმოსდგება, და სანამ პიროვნებას, ყოველივე ამის გათვალისწინებით, საკადრისად არ მოეპყრობა. სიამოვნებას განვიცდი ხოლმე, როცა, ბოლოსდაბოლოს, ოცნებაში მაინც დავინახავ ხოლმე ისეთ სახელმწიფოს, რომელსაც შეუძლია თავს ნება მისცეს და ყველა კაცთან სამართლიანი იყოს, და ყველა პიროვნებას, როგორც საკუთარ მეზობელს, პატივისცემით მოეპყრას; რომელიც თუნდაც იმაზე არ განაწყენდებოდა და არ გაჯავრდებოდა, თუ თითო-ოროლა ადამიანი, რომელსაც მეზობლისა და კაცობრიობის წინაშე ყველა ვალი პირნათლად მოუხდია, თავისი ბუნების თანახმად ქვეყნისგან განდგომილ ცხოვრებას გადაწყვეტდა და არც ქვეყნის საქმეში ჩაერეოდა და არც ამ ქვეყნის გამოწვდილ ხელს არ ჩამოართმევდა საკუთარ მარჯვენას.[154] სახელმწიფომ, რომელმაც ასეთი ხილი მოისხა, და მომწიფდა თუ არა, ეს მომწიფებული ხილი ყოველგვარი ზედმეტი სინანულის გარეშე მოგლიჯა და ძირს ჩამოაგდო, კიდევ უფრო უკეთესი სახელმწიფოს გზისთვის კვალავს გზას, იმ სახელმწიფოსთვის, რომელიც მე მხოლოდდამხოლოდ წარმომიდგენია, ნახვით კი ჯერ არსად მინახავს.[155]

---

153 თოროუ აქ, ალბათ, კონფუციუსს გულისხმობს.

154 თოროუს აზრები კიდევ ერთხელ სრულიად ემთხვევა ციცერონისას. თავის ბრწყინვალე შრომაში "დე ოფიციის", ციცერონი ამბობს, რომ დასაშვებია, ქვეყანაში იყვნენ ისეთი ზნემაღალი და სულმნათი მოქალაქეები, რომელთაც, თავიანთი მაღალი ზნეობის გამო, "ამქვეყნიური უზნეობების მონელება არ ძალუძთ", რის გამოც სრულიად დასაშვებია ამ ხალხის ქალაქის გუგუნის მოშორებით, სოფლად განმარტოვება. ციცერონი აგრძელებს: "მაშასადამე, დასაშვებია საჯარო საქმისგან ისეთი პიროვნებების განდგომა, რომლებიც განსაკუთრებული ნიჭით გამოირჩევიან, და რომლებიც განსაკუთრებული მონდომებით ეწაფებიან ცოდნის წყაროს..." ამერიკაში სწორად ერთი ასეთი განსაკუთრებული, ღმრთული ნიჭით – უმწიკლო ზნეობით, და ცოდნისა და უბრალოების მოყვარეობით დაჯილდოებული კაცი გახლდათ ჰენრი დეივიდ თოროუ. ამ ჭეშმარიტ კაცს განდეგილობაც კი არ აცადა. იხილეთ კიკეროს შრომა "დე ოფიციის", ქვეწიგნი I.

155 რაოდენ ჰგავს თოროუ პლატონს, წიგნი "რესპუბლიკა", ქვეწიგნი IX, და აგრეთვე ნეტარ ავგუსტინეს, წიგნი "უფლის ქალაქი". პლატონ-სოკრატე ხაზგასმით აღნიშნავს IX ქვეწიგნის ბოლო აბზაცის ბოლო წინადადებაში, რომ ის წესიერი და სრულყოფილი ქვეყანა, რომელზეც თვითონ ოცნებობს და წარმოდგენილიც აქვს, მხოლოდ თეორიულად არსებობს და იმ გარემოებას არსებითი მნიშვნელობა არ გააჩნია, რომ ასეთი ქვეყანა დღეს-დღეობით არ არის, რადგან, ასეთი ქვეყნის თარგი და ნიმუში თავად ზეცაშია, თავად უფლის ქალაქში. ნეტარი ავგუსტინეს "უფლის ქალაქიც" სწორად ამას ეძღვნება – სრულყოფილი ქალაქი, მაღალზნეობრივი მოქალაქეების ქვეყანა სწორად ზეცაშია. ზეცაშია სწორად ერთად-ერთი სრულყოფილი და ყოვლად ჭეშმარიტი უფალი – წმიდა სამება.

არზა კაპიტან ჯონ ბრაუნის გასამართლებლად

მწამს, რომ აქ ყოფნას მომიტევებთ. თქვენთვის ჩემი აზრების დაძალება არ მსურს, მაგრამ თავად ვგრძნობ თავს ამ აზრებისგან დაძალებულად. რაც კი ვიცი და მსმენია კაპიტანი ბრაუნის[156] შესახებ,

---

[156] ჯონ ბრაუნი (1800-1859) – ნიუ ინგლენდელი, კერძოდ, კონექტიკუტელი მამულიშვილი. მოგვიანებით მისი ოჯახი ცოტა ხნით ოჰაიოს შტატში გადაცხოვრდა. 16 წლის ახალგაზრდამ დამოუკიდებელი ცხოვრება დაიწყო, როცა ის კონექტიკუტში მორის აკადემიაში ჩაირიცხა, რადგან სურდა, მღვდელი გამოსულიყო, მაგრამ ფული გაუთავდა, ავად გახდა და იძულებული იქნა სწავლისთვის თავი დაენებებინა. 20 წლისამ ცოლად შეირთო დიანთე ლასქი და ფენსილვეინიაში დასახლდა, სადაც 81 ჰექტარი მიწა იყიდა და სოფლის მეურნეობას და ვაჭრობას შეუდგა. პირველი მეუღლე მალე გარდაეცვალა და მერი ენ დეი შეირთო მეორე ცოლად. 1837 წელს ცნობილი პრესბიტერიანელი მღვდელი, ელაიჯა ფერიშ ლავჯოი მონობის წინააღმდეგ თავისი აზრის გამოთქმისთვის და თავისუფლების და თანასწორუფლებიანობის სიყვარულისთვის, ილინოის შტატის ქალაქ ალთონში ხალხის ბრბომ მოკლა. ჯონ ბრაუნმა ამის გამო აღთქმა დადო: "აქ, ღმერთის წინაშე, ამ მოწმეების თანდასწრებით, ამ დღიდან მოყოლებული ვაცხადებ, რომ მე მთელ სიცოცხლეს მონობის განადგურების საქმეს ვუძღვნი!" ამ დღიდან მოყოლებული სიცოცხლის უკანასკნელ წუთამდე ჯონ ბრაუნი, მართლაც, მხოლოდ თავისუფლების სიყვარულისთვის და მონობის მოსასპობად იღვწოდა. 1855 წელს თავისი ვაჟიშვილებისგან შეიტყო, რომ ახალდასახლებული კანზასის ტერიტორიაზე ჩრდილოეთის თავისუფალი შტატებიდან ჩასული მოსახლეობა სრულიად დაუცველი იყო და მას კბილებამდე შეიარაღებული მონათმფლობელები უტევდნენ. ჯონ ბრაუნმა ყველაფერი მიატოვა და თვითონაც კანზასში გადავიდა, რომ კანზასში და ნებრასკაში კაცთმოძულე მონათმფლობელების წინააღმდეგ ბრძოლაში შვილებს და სხვა აბოლიშენისტებს მხარში ამოდგომოდა. ჯონ ბრაუნი თავისი გონიერებისა და ვაჟკაცობის გამო მათი ბელადი გახდა. სამხრელი მონათმფლობელები, ძირითადად მიზურის შტატიდან, ცდილობდნენ, რომ კანზასი მონათმფლობელურ შტატად ექციათ და მხოლოდ ასე გაეწევრიანებინათ შტატების კავშირში, ჯონ ბრაუნი და აბოლიშენისტები კი ცდილობდნენ, კანზასში თავისუფლება და თანასწორუფლებიანობა დაემყარებინათ და ახალდასახლებული კანზასი მხოლოდ თავისუფალ შტატად შეეყვანათ კავშირში. ამ სამხრელ ნაძირალებს "ბორდა რაფიან"-ები ანუ "მოსაზღვრე უტიფრები" ერქვათ, რადგან ისინი მოსაზღვრე მონათმფლობელური მიზურის შტატიდან იყვნენ. ჯონ ბრაუნი მხოლოდ მეომარი არ გახლდათ. ის იყო დიდად გონიერი საქმოსანი კაცი. მასაჩუსეცის მთავრობის ზოგიერთ წევრებთან მეგობრობის საშუალებით ის წინ და უკან დადიოდა კანზასსა და ნიუ ინგლენდს შორის და ნიუ ინგლენდის შტატების მონობის მოწინააღმდეგე მდიდარი მოსახლეობიდან შეწირულობებს კრეფდა, რომ კანზასში ბრძოლა დაეფინანსებინა. მოხდა ისე, რომ მასაჩუსეცის შტატის კანზასის აბოლიშენისტების კომიტეტის მდივანმა, ფრენქლინ სანბრორნმა ჯონ ბრაუნს ბოსტონში პირადად გააცნო ჰენრი დეივიდ თოროუ და რალფ ვოლდოუ ემერსონი, როგორც თანამოაზრე აბოლიშენისტები. კაპიტანმა ბრაუნმა 1848 წელს ინგლისელი საბრძოლო ტაქტიკოსი, ჰიუ ფორბზი გაიცნო და საკუთარი რაზმის მწვრთნელადაც დაიქირავა. აღსანიშნავია, რომ ფორბზი ჯუზეპე გარიბალდის თანამებრძოლი იყო იტალიაში. 1859 წლის 16 ოქტომბერს ჯონ ბრაუნი თავის ოცდაერთ თანარაზმელს წინ გაუძღვა ჰარფერზ ფერიზე იერიშის მისატანად. ჰარფერზ ფერი გახლდათ ამერიკის გაერთიანებული შტატების ფედერალური რიგით მეორე თოფების ქარხანა და სამხედრო არსენალის საწყობი, სოფელ ჰარფერზ ფერიში, დასავლეთ ვირჯინიის შტატი. იქ 100,000 მუშკეტი და შაშხანა ინახებოდა. ჯონ ბრაუნის მიზანი იყო ამ არსენალის ხელში ჩაგდება, ვირჯინიის ყველა მონის შეიარაღება და მასიური აჯანყების დაწყება, რასაც მონობის სრული მოსპობა მოჰყვებოდა, უსათუოდ – აი, რატომ აცახცახდა შიშით მთელი ამერიკის ფედერალური მთავრობა. იერიში თავიდან წარმატებული იყო, მაგრამ მტრის სიმრავლემ ბოლოს მაინც თავისი ქნა. ბრაუნმა და მისმა რაზმმა მძევლები აიყვანეს, მათ შორის, პოლკოვნიკი ლუის ვოშინგთონი, – ამერიკის პირველი პრეზიდენტის, ჯორჯ ვოშინგთონის დის შვილიშვილის შვილი. 18 ოქტომბერს აჯანყებულებს თავად რაბერთ ი. ლიიმ შემოარტყა ალყა თავისი საგანგებო დანიშნულების რაზმით, – ეს გახლდათ ის გენერალი, რომელიც ეიბრეჰემ ლინქოლნს მთელი ჩრდილოეთის ჯარის მთავარსარდლად უნდოდა, მაგრამ ლიიმ უარი განაცხადა – ის სამხრელი იყო, ვირჯინიის შტატიდან, შემდეგ სამხრელების მთავარსარდალი გახდა, და სამოქალაქო ომში ჩრდილოელების წინააღმდეგ იბრძოდა. ლეიტენანტი სტუარტი, თავისი მეთაურის დავალებით, აჯანყებულებს თეთრი დროშით მიუახლოვდა და უთხრა, რომ დანებების შემთხვევაში მათ სიცოცხლეს შეუნარჩუნებდნენ, რაზეც კაპიტანმა ბრაუნმა უპასუხა, "არა, მე აქ სიკვდილი მირჩევნია." ლეიტენანტის ნიშანზე საზღვაოსნო ჯარების საგანგებო დანიშნულების რაზმმა იერიში მიიტანა, ჯონ ბრაუნი ლეიტენანტ იზრაელ გრიინმა დაჭრა თავის არეში. ამ ბრძოლაში ბრაუნმა თავისი გმირები, ორი შვილი და რვა თანამებრძოლი დაკარგა. ცნობილი ფრანგი

მთელი გულით მზად ვარ, ამით ის უზუსტობანი შევასწორო საგაზეთო სტატიები თუ განცხადებები რომ იტევენ, და, ამგვარად, მისი პიროვნების შესახებ სწორი წარმოდგენა შევუქმნა ჩემს თანამემამულეთ. სამართლიანი ქცევა ფულს არ მოითხოვს. სხვა თუ არაფერი, ის მაინც ხომ შეგვიძლია, რომ ამ კაცისა და მისი თანამებრძოლების მიმართ ჩვენი თანაგრძნობა და აღტაცება გამოვამჟღავნოთ. სწორად ამას გთავაზობთ ახლა.

პირველ რიგში, მის ისტორიას რაც შეეხება, შევეცდები, ყოველივე ის გამოვტოვო, რაც თქვენ უკვე სხვაგან წაგიკითხავთ. საჭირო არაა მისი პიროვნება აღგიწეროთ, რადგან თქვენს უმრავლესობას, ალბათ, იგი პირადად უკვე უნახავს და მის დავიწყებას კარგა ხანს ვერ შეძლებს. გამიგონია, მისი პაპა, ჯონ ბრაუნი,[157] ამერიკის რევოლუციის ოფიცერი იყო; და რომ თავად კაპიტანი ბრაუნი დაახლოებით ჩვენი საუკუნის დასაწყისში კონექტიკუტში დაიბადა, მაგრამ ბავშობაშივე მამასთან ერთად ოჰაიოში გადაცხოვრდა. მისგან გამიგია, რომ იქ მამამისს ჯართან ჰქონდა საქმიანი ხელშეკრულება დადებული და 1812 წლის ომში სამხედროებს ჭარხლით ამარაგებდა; და რომ ჯონი მამას ჭარხლის მისატანად სამხედრო ბანაკებში თან დაჰყვებოდა, და ეხმარებოდა კიდეც, შედეგად სამხედრო ცხოვრება კარგად გაიცნო – ჯარისკაცი რომ გამხდარიყო, ალბათ, მაშინაც კი ვერ შეისწავლიდა ისე სამხედრო ცხოვრებას, რამდენიც ჭარხლის მიზიდვისას ისწავლა: ხშირად ისე ხდებოდა, რომ ახალგაზრდა ყმაწვილი შემთხვევით ოფიცერთა საბჭოებს ესწრებოდა ხოლმე. თავისი გამოცდილებით განსაკუთრებით კარგად ისწავლა როგორ მარაგდებიან ჯარები ველად და როგორ ხდება მათი შენახვა – ჯარების მომარაგების საქმეს, რომელიც მან ასე შეისწავლა, სულ მცირე იმდენივე გამოცდილება და ოსტატობა სჭირდება, რამდენიც თავად ჯარების ბრძოლაში გაძღოლას. კაპიტანმა ბრაუნმა ერთხელ თქვა, რომ ჯარისკაცების უმრავლესობა აზრზეც არ იყო ომისას თითო ტყვიის გასროლა რა უჯდებოდა ქვეყანას, ადამიანის სიცოცხლის ფასს, ხარჯს და დაკარგვას თავი გავანებოთ, ფულადი ხარჯის აზრზეც არ იყვნენ ესენი. მოკლედ, საჯარისო ნაწილთან მისვლა-მოსვლით იმდენი ბოროტება და სიბეცე იხილა, რომ ახალგაზრდა ყმაწვილს გული აურია სამხედრო ცხოვრებამ; უფრო მეტიც, მისდამი იმდენად დიდი სიძულვილის გრძნობა

მწერალი, ვიქტორ ჰიუგოც შეეცადა ჯონ ბრაუნისა და მისი რაზმელების გადარჩენას. მან ღია წერილი გაგზავნა გაზეთებში დასაბეჭდად, რომელიც ევროპაშიც და ამერიკაშიც თითქმის ყველგან გამოქვეყნდა, მაგრამ, სამწუხაროდ, უშედეგოდ. წერილი ასე მთავრდება: "დაე, იცოდეს ამერიკამ, და დაფიქრდეს რომ, კაენის მიერ აბელის მკვლელობაზე დიდი საშინელება, ვოშინგთონის მიერ სპარტაკის მკვლელობაა" – რა თქმა უნდა, ლეგენდარულ სპარტაკში ჰიუგო კაცობრიობის და ამერიკის გმირს, ჯონ ბრაუნს გულისხმობდა, ვოშინგთონში კი – ამერიკის მთელ მთავრობას. 2 დეკემბერს დილით ჯონ ბრაუნმა თავისი "ბიბლია" კიდევ ერთხელ წაიკითხა, მერე ცოლს წერილი მისწერა და 11 საათისთვის ჩამოსახრჩობად გამოვიდა. კაპიტანი ბრაუნი დილის 11:15-ზე ჩამოახრჩეს. თოროუს მიაჩნდა, რომ ასეთი გმირი ამერიკას არ ღირსებია და რომ თავად ამერიკის დამოუკიდებლობის ომის გმირები მასთან შედარებით მხოლოდ კაცუნები იყვნენ. აღსანიშნავია, რომ ბრაუნმა ჩამოხრჩობისას უარი განაცხადა პროტესტანტ მღვდელთან აღსარებაზე, რადგან ეს ცრუ-მღვდლები და ფარისევლები ადამიანის მონობას უჭერდნენ მხარს – მათ ღმერთი და ადამიანი სძულდათ. როდესაც მთელი ამერიკის პრესა ჯონ ბრაუნს გიჟად აცხადებდა, მის გმირობას კი – ნამდვილ სიგიჟედ, და ამ კაცს და მის სახელს მთავრობა, ჯარი, ჟურნალისტები და ბრმა ხალხი ერთნაირად გლეჯდა, აგინებდა და დასცინოდა, თოროუ იყო ერთად-ერთი მამულიშვილი, რომელმაც ხმა აიმაღლა და ჯონ ბრაუნი და მისი სახელის ღირსება და სიწმინდე საჯაროდ დაიცვა, თანაც ისე ხმამაღლა, რომ მისი სიტყვები მთელ ამერიკას მოედო და მთელ ამერიკელ ერს სინდისის ქენჯნა აგრძნობინა.

[157] მისი პაპა, ჯონ ბრაუნი – კაპიტან ბრაუნის მამის მამა, რომელიც ამერიკის კოლონიურ არმიაში ჩაირიცხა, მაგრამ რამდენიმე კვირის შემდეგ ჯარში მოდებული დიზენტერია შეეყარა და გარდაიცვალა.

კაპიტანი ჯონ ბრაუნი.
CAPTAIN JOHN BROWN.

გაუჩინა, რომ, მიუხედავად იმისა, რომ ჯარში რაღაც წვრილმანი სამსახური შესთავაზეს, თვრამეტი წლის ასაკში მან არამარტო უარყო ეს სამსახური, არამედ მაშინ, როცა სამხედორები მის დაშინებას შეეცადნენ და გააფრთხილეს, უარის თქმის შემთხვევაში ჯარიმას გამოგიწერთო, მკაცრი უარი განაცხადა არა თუ სამსახურზე, არამედ თავად წვრთნაზეც კი. იმ დღიდან მოყოლებული ჯონ ბრაუნმა ერთხელ და სამუდამოდ გადაწყვიტა, რომ არც ერთ ომში არ მიეღო მონაწილეობა, თავისუფლებისთვის ომის გარდა.

როდესაც კანზასის შტატში მონობის საკითხი წამოიჭრა და მღელვარება დაიწყო,[158] ჯონ ბრაუნმა სასწრაფოდ მოაქუჩა თუ კი რაიმე იარაღზე ხელი მიუწვდებოდა, საკუთარი ვაჟიშვილები, რამდენადაც ეს მას შეეძლო, ამ იარაღით აღჭურვა და დაუყოვნებლივ გაგზავნა იმ კანზასელთა საშველად, რომელიც კაცთა თავისუფლებას მოითხოვდა და მონობის წინააღმდეგ იბრძოდა; თან უთხრა, რომ თუ მონათმფლობელების ძალადობა არ ჩაცხრებოდა, თვითონაც მალე მიჰყვებოდა თავის შვილებს და უსამართლობასთან ბრძოლაში საკუთარი მარჯვენითა და გონებით შეეშველებოდა. დანაპირები, როგორც ყველა თქვენთაგანს უკვე კარგად მოგეხსენებათ, მან მალე შეასრულა კიდეც; და სწორად მისი, და არა რომელიმე სხვისი, წყალობით მოხდა, რომ კანზასმა მონობის ბორკილი აიყარა და დღეს თავისუფალი შტატია.

ცხოვრების ერთი ნაწილი მიწისმზომელად იმუშავა, ერთი ნაწილი კი მატყლის წარმოებაში გაატარა, და სწორად მატყლის საქმის გამო იყო, რომ ბრაუნი ერთხელ ევროპაში წავიდა. ევროპაშიც, ისევე როგორც ყველგან, ამ კაცს თავისი გონება და თავისი თვალები თან ახლდნენ, ჰოდა, იქაც ბევრი რამ შეამჩნია და ბევრი თავისებური დაკვირვება მოახდინა. მაგალითად, მან თქვა, რომ საკუთარი თვალით ნახა ევროპის მიწები და რომ ინგლისში მიწის ნიადაგი ძალიან მდიდარია, აი, გერმანიაში კი (ჰო, მგონი, ეს ქვეყანა იყო, მან რომ დაასახელა)[159] ძალიან მწირი, და აპირებდა კიდეც ამის შესახებ ევროპის მეფეებისთვის ორიოდ სიტყვის მიწერას. მისი აზრით, მიწების ხარისხში ასეთი დიდი სხვაობა გამოწვეული იყო იმ გარემოებით, რომ ინგლისში გლეხი თავად იმ მიწაზე ცხოვრობს, რომელსაც დღიურად ხნავს და თოხნის, გერმანიაში კი ხალხს მამულები მოშორებით აქვთ, თვითონ კი სოფლებში მოუყრიათ თავი საცხოვრებლად. საწყენია, რომ წიგნად არ გამოსცა ეს აზრები.

კონსტიტუციის პატივისცემას და შტატების კავშირის ურღვეველობას რაც შეეხება, კაპიტანი ბრაუნი ძველებური ნირის კაცი იყო და ერთიც და მეორეც ღრმად სწამდა. ხოლო მონობას რაც შეეხება, ფიქრობდა, რომ მონათმფლობელობა კონსტიტუციასაც და ამერიკის შტატების კავშირსაც სავსებით ეწინააღმდეგებოდა, და იგი ორივეს დაუძინებელი მტერი გახლდათ.

---

[158] 1854 წლის "კანზას-ნებრასკის აქტი" შეიცავდა დებულებას, რომლის თანახმადაც ამ ორი ახალდასახლებული შტატის მოსახლეობას კენჭის ყრით შეეძლო გადაეწყვიტა მონათმფლობელობა სურდა თუ თავისუფლება. ამას დიდი შეხლა-შემოხლა და ძალადობა მოჰყვა, რაც "ბლიდინგ ქენზეს"-ად ანუ "სისხლიან კანზასად" არის ცნობილი. სწორად ამ "სისხლიან კანზასში" იბრძოდა ჯონ ბრაუნი, მისი შვილები და მისი რაზმი, და თანაც წარმატებით, – მათი წყალობით ორივე შტატი თავისუფალ შტატად შევიდა გაერთიანებული შტატების შემადგენლობაში.

[159] 1849 წელს ჯონ ბრაუნი ევროპაში საქმისთვის ჩავიდა. მას ინგლისში მატყლის გაყიდვა სურდა. ამ საქმიანი მოგზაურობისას ის გერმანიის ქალაქ ჰამბურგსაც ეწვია.

წარმოშობით და ბუნებით ბრაუნი ჭეშმარიტი ნიუ ინგლენდელი გლეხი იყო, გონიერი, წინდახედული და პრაქტიკული გონების კაცი, რაც განსაკუთრებით ამ კუთხის ხალხს ახასიათებთ (და კიდევ მათზე ასჯერ უფრო მეტი). ის იმ გმირთა-გმირებს ჰგავდა, ერთ ჟამს ქანქარდის ხიდის თავში, ლექსინგთონის ბრძოლის ველზე და ბანქას გორაზე[160] რომ იდგნენ ერისა და მამულის დასაცავად, ოღონდაც იგი უფრო მტკიცე ხასიათისა და მაღალი ზნეობისა გახლდათ, ვიდრე ის გმირები, რომელთა შესახებ წამიკითხავს თუ მსმენია. ეს გმირი კაცი აბოლიშენიზმის რომელიმე მქადაგებელმა როდი განაწყო მონობის წინააღმდეგ, მას ბუნებით ჰქონდა თავისუფლების სიყვარული და მონობის სიძულვილი სულში ჩანერგილი. ჩვენი ისტორიული გმირები, ითან ალენი[161] და სთარკი,[162] მასთან შედარებით უფრო დაბალ და ნაკლებად მნიშვნელოვან ველებზე გამართული ბრძოლების რაინდები იყვნენ. მათ შეეძლოთ თავიანთი სამშობლოს მტრებს მედგრად დახვედროდნენ, ამ კაცს კი ისეთი სიმტკიცე ჰქონდა გულში, რომ, როცა საჭიროებამ მოითხოვა და მისი სამშობლო ცდებოდა, ის თავად საკუთარ სამშობლოს აუმხედრდა. კაპიტან ბრაუნმა ბრძოლისა და გმირობის ჟამს ათასგვარ ხიფათს დააღწია თავი, რაზეც ერთი დასავლეთ-ამერიკელი მწერალი ამბობს, რომ იგი "გლეხურმა შეხედულებამ"[163] გადაარჩინაო, – ვითომცდა ტყე-ღრეში გმირი მხოლოდ შარვალ-კოსტუმში უნდა იყოს გამოწყობილი.

მას არ უვლია ჰარვარდის უნივერსიტეტში, თუმცა, ალბათ, ერთობ კარგი მშობლიური სასწავლებელი უნდა იყოს ის ზოგიერთისთვის.[164] ის არავის გამოუკვებია უაზრობის ფაფით, რომელსაც ასეთი უმაღლესები დიდი გულმოდგინებით აჭმევენ ხოლმე თავიანთ მოსწავლეებს. როგორც ეს თვითონ ბრძანა ერთხელ: "მე გლეხის თავლაში მყოფ ხბოზე მეტი

---

160 საუბარია ბრიტანეთის იმპერიის წინააღმდეგ ამერიკის რევოლუციურ (დამოუკიდებლობის) ომის ბოსტონის, ლექსინგთონის და ქანქარდის ბრძოლებზე, რომლებსაც თოროუ და მისი მსმენელები არც თუ ისე შორეული წარსულიდან კარგად იცნობდნენ. ესეც არ იყოს, ნიუ ინგლენდელები განათლებული ხალხია და მიდრეკილება აქვთ სწავლისკენ, განსაკუთრებით ჰუმანიტარული საგნები, – ისტორია, ლიტერატურა, ფილოსოფია და თეოლოგია აინტერესებთ.

161 ითან ალენი (1738-1789) – ნიუ ინგლენდელი, კერძოდ, კონექტიკუტელი გმირი და მამულიშვილი, რევოლუციური ომის ერთ-ერთი ალამდარი, გლეხი, საქმოსანი, მიწის სპეკულატორი, ფილოსოფოსი და მწერალი. ითან ალენმა რევოლუციური ომისას, დღევანდელი ვერმონტის შტატის ტერიტორიაზე, მოხალისეთა რაზმი შექმნა, სახელად "გრინ მაუნთინ ბოიზ" ანუ "მწვანე მთის ბიჭები". ამ რაზმით მან 1775 წელს ბრიტანეთის იმპერიის ჯარები დაამარცხა და ციხე-სიმაგრე "ტიკონდეროგა" აიღო. მაგრამ, მიუხედავად ყოველივე ამისა, თოროუს ითან ალენი კაპიტან ჯონ ბრაუნთან შედარებით ბევრად ნაკლებ გმირად მიაჩნდა. რატომ? იმიტომ, რომ ითან ალენი სამშობლოს ბოროტ მტრებს აღუდგა წინ, კაპიტანი ბრაუნი კი – თავად გაბოროტებულ და კაცობრიობის მტრადქცეულ საკუთარ სამშობლოს. აღსანიშნავია, რომ სიტყვა "ტიკონდეროგა" ინდიელთა ტომის, იროქვოიების ანუ იროკეზების ენიდან მოდის. "ტეკონტაროოკენ" მათ ენაზე "ორი მდინარის შესაყარს" ნიშნავს.

162 ჯონ სთარკი (1728-1822) – გენერალი, რომელიც რევოლუციურ ომში ამერიკის კონტინენტურ ჯარს ხელმძღვანელობდა. მას ბენინგთონის ბრძოლაში გამოჩენილი თავდადებისთვის "ბენინგთონის გმირს" ეძახდნენ, – თოროუს ისიც კი კაპიტან ჯონ ბრაუნთან შედარებით ბევრად ნაკლებ გმირად მიაჩნდა. რატომ? იმიტომ, რომ ჯონ სთარკი მხოლოდ სამშობლოს ბოროტ მტრებს აღუდგა წინ, კაპიტანი ბრაუნი კი – თავად გაბოროტებულ და კაცობრიობის მტრადქცეულ საკუთარ სამშობლოს.

163 "გლეხურმა შეხედულებამ" – თოროუ ციტირებას ახდენს გაზეთებიდან: "შიქაგოუ ფრესს ენდ თრიბიუნ", შემდგომ იგივე დაბეჭდა გაზეთმა "ნიუ-იორქ დეილი თრიბიუნ"-მა 1859 წლის 24 ოქტომბერს.

164 თოროუს ჰარვარდის უნივერსიტეტი ჰქონდა დამთავრებული, თუმცა დიდ პატივს არ სცემდა ის ბიუროკრატი, სისულელეებით ნასაზრდოები ზესთამჩენი ხალხის ამ აკადემიას. თოროუმ ჰარვარდი კი დაამთავრა, მაგრამ მაგისტრის დიპლომის აღებაზე თქვა მკაცრი უარი და დიპლომის აღებისთვის დაწესებული საფასური, ხუთი დოლარი, არ გადაიხადა.

გრამატიკა არ ვიცი.“ იგი უშუალოდ დასავლეთ ამერიკის დიდ უნივერსიტეტში დადიოდა,[165] სადაც დიდი სიბეჯითით სწავლობდა თავისუფლებას, რის გამოც მან ადრეულ ასაკშივე უღალატა გართობას და დროის ფლანგვას, და უამრავი ცხოვრებისეული დიპლომის აღების შემდეგ, მან ბოლოს კანზასში ჰუმანურობის ბიზნესი დააარსა და ადამიანობის საქმიანობა წამოიწყო, როგორც კარგად მოგეხსენებათ. მისთვის მთავარი რომელიღაც ძვირადღირებულ უნივერსიტეტში წიგნებიდან ნასწავლი *ჰუმანიტარული* საგნები და გრამატიკული მართლწერა კი არ იყო, არამედ თავად ცხოვრებაში გადანერგილი *ჰუმანურობა* და სიმართლე. ეს ის კაცი იყო, ნებისმიერ წამს ძველბერძნული ენის შესწავლისას ენის ბორძიკს ფეხებზე რომ დაიკიდებდა და იმ გაჭირვებულ კაცს ამოუდგებოდა მხარში, გაჭირვების გამო რომ ფორხილობდა.

ის იმ კლასის წარმომადგენელი იყო, რომლის შესახებაც ბევრი გვსმენია, მაგრამ თვალით ერთხელაც არ გვიხილავს – პურიტანი.[166] უშედეგო იქნება ამ კაცის თუნდაც მოკვლა. ეს ის კაცია, რომელიც ქრომველის [167] ჟამს გმირულად მოკვდა, და დღეს ისტორიის ფურცლებიდან მკვდრეთით აღმდგარი გმირად მოევლინა ჩვენს ქვეყანას. სრულიად შესაძლებელია, კაპიტანი ბრაუნი პურიტანი იყოს, რატომაც არა? მსმენია, პურიტანების ერთი ნაწილი ევროპიდან წამოსულა თურმე და აქ, ნიუ ინგლენდში დასახლებულა. ეს ის ხალხი იყო, რომელმაც თავიანთი წინაპრების მოგონების დღის აღნიშვნასა და წარსულის გასახსენებლად მოხალული სიმინდის თქვლეფას კი არ შეალია ჟამი და ძალ-ღონე,[168]

---

[165] თოროუ გულისხმობს ეგრეთწოდებულ “ამერიკის დასავლეთს” ანუ “დასავლეთ ამერიკას”. ამერიკის გაერთიანებული შტატები XIX საუკუნიდან მოყოლებული დასავლეთის მიწებს იერთებდა და შედეგად დასავლეთისკენ გაიჭრა. ამ ახალშეერთებულ მიწებს ეწოდებათ “დასავლეთ ამერიკა”. XXI საუკუნეში დასავლეთ ამერიკად მიიჩნევა ყველა ის შტატი, რომელიც მოიცავს როქის მთებს და ჰაის (ანუ ქართულად “მაღალ”) დაბლობებს. დასავლეთ ამერიკაა, მაგალითად, კანზასი და ნებრასკა, სადაც კაპიტანი ბრაუნი შრომობდა და მოღვაწეობდა, და იბრძოდა კიდეც, და იქ მიღებულ ცოდნას თოროუ ამერიკის უდიდესი უნივერსიტეტის ღრმა ცოდნას უწოდებდა და მიაჩნდა, რომ ცხოვრებიდან მიღებული ეს ცოდნა ჰარვარდიდან მიღებულ ცოდნაზე დიდია და უპირატესი.

[166] პურიტანები ნიუ ინგლენდის პირველი მოსახლეები იყვნენ, რომლებიც ევროპაში მწვალებლებს გამოექცნენ და ამერიკის კონტინენტზე, ნიუ ინგლენდში, კერძოდ, მასაჩუსეცის შტატში იმ მიზნით დასახლდნენ, რომ რწმენის თავისუფლება ჰქონოდათ. პურიტანები თავიდან ინგლისის პროტესტანტული ეკლესიის წევრები იყვნენ, რომელთაც ყელში ამოუვიდათ პროტესტანტული ეკლესიის მიერ კანონების დარღვევა და ამ კანონების უფრო “წმიდად” დაცვისკენ მოუწოდებდნენ ერსაც და ბერსაც – სიტყვა “პურიტანის” ფუძე “პურ” “წმიდას” ნიშნავს. თუმც თვით თოროუ პურიტანი არასოდეს გამხდარა, რადგან თუნდაც ამ შედარებით უკეთეს სექტაშიც კი უამრავი ხინჯი და სულიერი სიმრუდე შეამჩნია მან. არც კაპიტანი ბრაუნი არ იყო პურიტანი – იგივე მიზეზის გამო.

[167] ოლივერ ქრომველი (1599-1658) – უდიდესი ინგლისელი სამხედრო ბელადი და მოწინავე პოლიტიკოსი, ინგლისის, შოტლანდიის და ირლანდიის ლორდ პროტექტორი (ანუ უფალი მფარველი). მთელი ინგლისის ისტორიაში სულ ორმა არადიდგვაროვანმა კაცმა შეძლო სახელმწიფოს მეთაური გამხდარიყო, მათ შორის ერთი ქრომველი გახლდათ.

[168] მოხალული სიმინდი – ხალხის გადმოცემითა ცნობილია, რომ 1623 წლის ზაფხულს პილგრიმებს (ნიუ ინგლენდის პირველ თეთრკანიან მაცხოვრებლებს) ისე უჭირდათ, რომ ულუფის გაცემისას თითო კაცს მხოლოდ მოხალული სიმინდის ხუთი მარცვალი ერგებოდა და შემდგომი მოსავალის აღებამდე მათ ასე გაიტანეს თავი. თოროუს ჟამს ჩვეულებად იყო ქცეული “წინაპრების დღის” აღნიშვნა ყოველი წლის 21 დეკემბერს. ამ დღეს ყველა, სადღესასწაულო საჭმლის გარდა, თეფშზე მოხალული სიმინდის ხუთ მარცვალს დებდა სიმბოლურ საჭმლად, რომ წინაპრებისთვის პატივი მიეგო და მათ მიერ შეუპოვრად გადატანილი სიღარიბე არ მისცემოდა დავიწყებას. თოროუს სამართლიანად მიაჩნდა, რომ ასეთი საქციელი თვალთმაქცობა, ცრურწმენა და უაზრობა იყო და ჭეშმარიტი მამულიშვილობა ფარისევლებივით წეს-ჩვეულებების დაცვა კი არა, არამედ სულიერად დაცემული სამშობლოს გამოსწორებისთვის ბრძოლა, შინაურ მტერთან ბრძოლა, საკუთარი ერის უზნეობასთან ბრძოლა

არამედ სულ სხვა და ბევრად უკეთეს საქმეს. ისინი არც დემოკრატები იყვნენ და არც რესპუბლიკელები, არამედ უბრალო ცხოვრების მოყვარულები, პირდაპირები, მლოცველები; ისინი ამაქვეყნის არც იმ განმგებელთ უწევდნენ ანგარიშს, უფლის შიში რომ დაჰკარგვიათ; ისინი არც თმობდნენ, არც კომპრომისს და რომელიმე ქედდადრეკილურ გამოსავალს ეძებდნენ და არც რომელიმე პოლიტიკურ კანდიდატს.

"თავის საბრძოლო ბანაკში",[169] როგორც ეს ახლახან დაწერეს მასზე, და თავად მეც მაქვს საკუთარი ყურით მისგან გაგონილი, "ის არანაირ უზრდელობას და ავყიობას არ უშვებდა; ვერც ერთი გარყვნილი ზნეობის კაცი ვერ შეადგამდა მის ბანაკში ფეხს, გარდა, რა თქმა უნდა, იმ გამონაკლისისა, თუ ეს უზნეო ბრძოლისას დატყვევებული იყო. 'უზნეო კაცის ყოლას', ამბობდა კაპიტანი ბრაუნი, 'მირჩევნია ყვავილი, ყვითელი ციებ-ცხელება, და ქოლერა, ყოველივე ეს ერთად აღებული და ყველა ერთდროულად მყავდეს ჩემს კარავში... ჩვენი ხალხი ცდება, როცა ფიქრობს, რომ ჩხუბისთავები არიან საუკეთესო მებრძოლები, ანდა ყველაზე უკეთ ისინი შეძლებენ სამხრელი მონათმფლობელების წინააღმდეგ ომს. მიბოძე კარგი ზნეობის კაცი – ღმრთის-მოშიში კაცი – კაცი, რომელიც თავისი ქცევით საკუთარ თავს პატივს სცემს, და სულ რაღაც ათიოდე ასეთი კაცით თუნდაც ბიუფორდის ას ყალთაბანდს[170] აღვუდგები წინ.'" ჯონ ბრაუნმა თქვა, რომ ყველაზე მეტად სწორად იმ მოხალისის იმედი არ ჰქონდა, რომელიც ახალმოსული კადნიერად განაცხადებდა თუ რას იზამდა პირველი შებრძოლებისას და როგორ ამბავს დაატრიალებდა მტრისთვის ერთი თვალი რომ მოეკრა.

ახალწვეულებს შორის ოციოდე კაცზე მეტი ვერ აარჩია და ამათ შორისაც სულ რაღაც თორმეტიოდე კაცზე მეტს ვერ ენდობოდა ბოლომდე, ამ თორმეტიდანაც ბევრი მისი საკუთარი ღვიძლი შვილი იყო. წლების უკან, როცა აქ, მასაჩუსეცში მოვიდა, ჯონ ბრაუნმა რამდენიმე კაცს თავისი ხელნაწერი წიგნი აჩვენა, – "წეს-რიგის წიგნს" ეძახდა, როგორც მახსოვს. ეს წიგნი შეიცავდა კანზასში მისი რაზმის სახელს და წესებს. რაზმის წევრები ვალდებულები იყვნენ პირნათლად დაეცვათ ისინი. ბრაუნმა განაცხადა რომ რაზმის ზოგიერთმა წევრმა ამ ხელშეკრულებას უკვე საკუთარი დაღვრილი სისხლით მოაწერა ხელი.

გახლდათ, რასაც კაპიტანი ბრაუნი და მისი რაზმი პირნათლად ასრულებდა. დაფიქრდით და მიხვდებით, თუ რაოდენ დიდი მსგავსებაა მაშინდელ ნიუ ინგლენდსა და დღევანდელ საქართველოს შორის – ჭიქის ჭახუნი, ათასგვარი ცრურწმენა, სატანისტური, წარმართული ზეიმების დღესასწაულებად აღნიშვნა.... ყოველივე ეს ჩვენს სამშობლოს ჭირს ახლა, რომელიც ეკლესიაში დადის, საიდუმლო სიბრძნით აღვსილ წირვას ესწრება, ჯვარცმული მაცხოვრის ხატის წინ ლოცულობს კიდეც, მაგრამ ახალ წელს ერთგულებას თოვლის პაპასა და სანტა კლაუსს უცხადებს, ნაძვის ხეს კი სათაყვანებელ კერპად იდგამს სახლში. განა შეიძლება აღდგომასაც დღესასწაული უწოდო და ახალ წელსაც? სადაა ჩვენი ქრისტეანობა, ჩვენი მართლმადიდებლობა სადაა მაშინ? კაცმა ან სანტა მარია (წმიდა მარიამი, ანუ ღმრთისმშობელი) უნდა აირჩიოს ან ეგრეთწოდებული სანტა კლაუსი.

[169] თოროუს ციტირების წყარო ჯეიმზ რედფეთი გახლავთ. პირველად რედფეთი კაპიტან ბრაუნს 1856 წელს შეხვდა. მაშინ რედფეთი ჟურნალისტი იყო და მისი ბრაუნთან გასაუბრების ჩანაწერები ბოსტონის ერთ-ერთ გაზეთში გამოქვეყნდა. ის საზოგადო მოღვაწე იყო და მონობის მოწინააღმდეგე. შემდგომში რედფეთი აგიოგრაფი გახდა. 1860 წელს გამოვიდა მისი წიგნი "კაპიტან ჯონ ბრაუნის საზოგადო მოღვაწეობა".

[170] ნაგულისხმევია ჯეფერსონ ბიუფორდი (1807-1861), რომელმაც 1856 წელს სამხრელები შეკრიბა კანზასის კოლონიზაციის მიზნით, რათა კანზასი მონათმფლობელურ შტატად შესულიყო გაერთიანებულ შტატებში. ამ ოთხასკაციან ბოროტმოქმედთა ბანდას "ბიუფორდელ ყალთაბანდებს" ეძახდნენ. მათ დროშაზე ასეთი წარწერა ჰქონდათ გაკეთებული: "თეთრკანიანთა რასის უზენაესობა".

როცა ვიღაცამ შენიშნა, რომ რაზმს ქრომველის[171] ლაშქრად ქცევამდე კაპელანიღა[172] აკლდა, კაპიტანმა ჯონ ბრაუნმა აღნიშნა, რომ დიდი სიხარულით დაამატებდა კაპელანსაც, ამ რაზმელების შესაფერისი და საკმარისად ღირსეული კაპელანი რომ მოიძებნებოდეს ამქვეყნად. აი, ამერიკის გაერთიანებული შტატების ნაძირალა ჯარისთვის კი მათი შესაფერისი კაპელანის მოძებნა ადვილი უნდა იყოს. როგორც ვიცი, კაპელანის არყოლის მიუხედავად, კაპიტანი ბრაუნი მთელი თავისი რაზმით ყოველ დილა-საღამოს ლოცულობდა.

ის სპარტული[173] ჩვევების კაცი გახლდათ, და სამოცი წლის ასაკში მეტად პუნქტუალური იყო კვების საკითხში, და ზედმეტ ჭამარზე უარს რომ ამბობდა, თან მოსაბოდიშებლად დასძენდა ხოლმე, რომ მისი ვალი ნაკლები ჭამა და მეტი საქმე გახლდათ, როგორც ეს ჯარისკაცს შეჰფერის, ან იმ კაცს, რომელიც მეტად რთული წამოწყებისთვის ემზადება — ცხოვრებასთან მოურიდებელი და დაუფარავი ჭიდილისთვის.

ის იყო იშვიათი გამჭრიახი გონების კაცი, რომელსაც სრულიად უშუალო საუბარი და პირდაპირი ქმედება შეეძლო; ყველაზე მეტად კი ის ტრანსენდენტალისტი[174] გახლდათ, იდეების და პრინციპების კაცი, — აი, რა განასხვავებდა კაპიტან ბრაუნს სხვებისაგან. არც უგუნური ჟინიანობა და არც წამიერ იმპულსთა მონობა, არამედ ცხოვრებაში ჭკვიანური აზრების განხორციელება — აი, რა გახლდათ მისი მიზანი. შევამჩნიე, რომ გაზვიადებით ის არაფერს გააზვიადებდა, და ყოველთვის ზომიერების ფარგლებში უყვარდა საუბარი. კარგად მახსოვს, განსაკუთრებით მაშინ, როცა აქ ჩვენთან სიტყვით გამოვიდა და ზედმეტი აღელვების გარეშე როგორ მშვიდად აღწერა, თუ რა დიდი უსამართლობა და ბოროტება გადაიტანა მისმა ოჯახმა კანზასში. ამ კაცში გრძნობის ალები ისევე მძვინვარებდნენ, როგორც ვულკანში, მაგრამ მისი ეს აალებული გრძნობები ველური სიცოფით კი არ იფრქვეოდა, არამედ წყნარად და მშვიდად ამოდიოდა, როგორც ალი საცეცხლის[175] საკვამურიდან. ან თუნდაც მაშინ, როცა ის "ბორდა რაფიანებზე" ანუ "მოსაზღვრე უტიფრებზე"[176] გვესაუბრებოდა, რა გამოცდილი ჯარისკაცივით მოთოკა თავი და ზედმეტი ხაზისა და ლარის გარეშე რა მშვიდად თქვა, "მათ

---

171 ოლივერ ქრომველი (1599-1658) — უდიდესი ინგლისელი სამხედრო მეთაური და მოწინავე პოლიტიკოსი, ინგლისის, შოტლანდიის და ირლანდიის ლორდ პროტექტორი (ანუ უფალი მფარველი). მთელი ინგლისის ისტორიაში სულ ორმა არადიდგვაროვანმა კაცმა შეძლო სახელმწიფოს მეთაური გამხდარიყო, მათ შორის ერთი ქრომველი გახლდათ.

172 კაპელანი — ჯარის მღვდელი.

173 ნაგულისხმევია ძველი ბერძნული სახელმწიფო, სპარტა. სპარტა ძველბერძნებში ერთადერთი ტომი იყო, რომელიც თავიდან ბოლომდე საბრძოლო სულისკვეთებით იყო გამსჭვალული. სპარტელები ბავშობიდან სწავლობდნენ საბრძოლო ხელოვნებას და წესრიგიანობას, და მთელი ერი, კაციცა და ქალიც, დიდიც და პატარაც, სამხედრო წესით ცხოვრობდა. აღსანიშნავია, რომ პლატონი სოკრატეს პირით გვამცნობს, რომ იბერიელები (ქართველები), სკვითები, კელტები, კართაგენელები და სპარსელები მეომარი ხალხია და სამხედრო მზადყოფნაში არიან მუდამ, და რომ ერთადერთი ბერძნული ტომი, რომელიც მათ ნაირად საკმარისად გასამხედროებულია, გახლავთ სპარტელები.

174 აქ თოროუ სიტყვა "ტრანსენდენტალისტს" პატარა, ჩვეულებრივი ასოთი წერს და არა მთავრულით, რაც იმას ნიშნავს, რომ ბრაუნი ტრანსენდენტალიზმის მიმდევარი კი არ იყო, არამედ შორსმჭვრეტელი კაცი, რომლის აზრებიც და ქმედებებიც მართლაცდა ტრანსენდენტულია, ანუ შორსმჭვრეტელური, ჩვეულებრივ აზროვნებას და შეხედულებას აღმატებული.

175 საცეცხლე — ქართული სიტყვაა და თურქულად ბუხარს ნიშნავს.

176 "მოსაზღვრე უტიფრები" — ერქვათ იმ მოსახლეებს, რომლებიც კანზასის შტატში მოსაზღვრე მონათმფლობელური მიზურის შტატიდან გადმოსახლდნენ.

თავიანთი ქცევით დაიმსახურეს ჩამოხრჩობა." ის სრულებითაც არ იყო მჭევრი, ბანქუმისთვის[177] ან ბანქუმელი ხალხისთვის მოჩვენებით პოლიტიკურ გამოსვლას არ ჰგავდა მისი ეს გამოსვლა, არ სჭირდებოდა არაფრის გამოგონება და უბრალოდ ამბობდა უბრალო სიმართლეს, და თავის გადაწყვეტილებებს წრფელად ამცნობდა ხალხს; სწორად ამიტომ იყო, რომ განსაკუთრებულლად ლამაზად გვეჩვენებოდა მისი სიტყვა და, ამ კაცის უბრალო საუბართან შედარებით, მთელი ჩვენი კონგრესის მჭევრმეტყველებასაც ფასი ეკარგებოდა. მისი გამოსვლა ქრომველის გამოსვლას ჰგავდა და ისევე აღემატებოდა მისი სიტყვების ძლიერება კონგრესისას, როგორც ქრომველისა – მეფეებისას.

რაც შეეხება მის სიმარჯვესა და წინდახედულებას, მხოლოდ ერთს ვიტყვი: მაშინ, როცა თავისუფალი შტატებიდან მომავალ კაცს იშვიათად თუ შეეძლო კანზასამდე დაუყაჩაღებლად და იარაღაუყრელად ჩაღწევა, კაპიტანმა ბრაუნმა კბილებამდე იარაღასხმულმა და, რა ჟანგიანი იარაღის შეგროვებაც მოახერხა, იმით აღჭურვილმა, ღიად და დაუფარავად ხარებშებმულ ურემზე ამხედრებულმა მძიმე-მძიმედ გადაჰკვეთა მიზური, როგორც ეს შემდგომ გაირკვა, მიწისმზომელის როლში, თავისი მიწის საზომი კომპასის გამიზნულად გამოფენა-გამომზეურებით, ასე მშვიდად გაიარა გზის ეს მეტად საშიში მონაკვეთი, ისე რომ ეჭვი არავის აუღია და გზა და გზა ხალხში გარევით საკუთარი თუ სამშობლოს მტრების განზრახვისა და გეგმების კარგად გაგებაც მოახერხა. როცა კანზასამდე ჩააღწია, გარკვეული ხნის მანძილზე ისევ მიწისმზომელობის საქმიანობა განაგრძო. როდესაც მინდორში მოთათბირე მონობის მომხრე ყალთაბანდების ჯგუფს შეამჩნევდა, აიღებდა ხოლმე თავის კომპასს, თან ალბათ თავის ერთ-ერთ ვაჟიშვილსაც გაიყოლებდა და, ვითომცდა, როგორც მიწისმზომელი, ამ ნაძირლების კომპანიის შუაგულში გაავლებდა ხოლმე საზომ ხაზს,[178] რომ მათთან მიახლოვების საბაბი მისცემოდა და მათი ბჭობისთვის და ბოროტი გეგმებისთვის კარგად დაეგდო ყური. გამოესაუბრებოდა და მათ ყველა განზრახვას სრულად შეიტყობდა ხოლმე; მოამთავრებდა რა ამ ნამდვილ დაზვერვას, მერე ისევე მიწის მზომელობას განაგრძობდა ხოლმე.[179]

როდესაც კითხვა დამებადა, თუ როგორ შეეძლო მას კანზასში სიცოცხლე, სადაც მის მოსაკვლელად დიდი ჯილდო იყო დაწესებული,[180] და ადამიანთა უმრავლესობა, მათ შორის, მთავრობაც, მის წინააღმდეგ იყო ამხედრებული და ბრაზით უმხერდა, ჩემს დასამშვიდებლად მან ასეთი ახსნა-განმარტება შემომთავაზა, "დღესავით ნათელია, რომ მე

---

177 1820 წელს კონგრესმენი ფელიქს ვოქა, ჩრდილო ქერალაინის შტატის ბანქამის ოლქიდან, სიტყვით გამოვიდა მიზურის საკითხზე და, როცა მისმა კოლეგებმა სიტყვა შეაწყვეტინეს, მან ტრიბუნა არ დატოვა და განაცხადა, რომ მისი სიტყვა ბანქამელი ხალხისთვის იყო და არა ამერიკის კონგრესისთვის. თოროუს ხანაში გამოთქმა "ბანქამ" ნიშნავდა თავის გამოსაჩენად, ხალხისთვის თვალში ნაცრის შესაყრელად, ტაშის დასაკვრელად, თავის მოჩვენების მიზნით არარაულ ორატორობას.

178 გადმოცემით ცნობილია, რომ ეს 1856 წლის გაზაფხულში მოხდა, როცა კაპიტანმა ბრაუნმა და მისმა ვაჟიშვილმა, სალმონმა, თავი სახელმწიფო მიწისმზომელებად გაასაღეს და კანზასის შტატის სოფელ პოტავატომისთან ახლოს მდგარ რაზმს ზვერავდნენ, რომელიც ჯორჯიის შტატიდან იყო მოსული, და მათ ზრახვები და სამხედრო საიდუმლოებები ამგვარად დატყუეს.

179 ამას თოროუსთვის განსაკუთრებული მნიშვნელობა ექნებოდა, რადგან თავად თოროუც, ისევე როგორც კაპიტანი ჯონ ბრაუნი, ხელობით მიწისმზომელი იყო.

180 1858 წლის დეკემბერს ბრაუნი და მისი რაზმი მიზურის დაესხა თავს. ამის შემდეგ ამერიკის პრეზიდენტმა, ჯეიმზ ბიუქენენმა $250 ჯილდო დააწესა კაპიტან ჯონ ბრაუნის დაჭერისთვის, მიზურის შტატმა კი – $3,000.

ცოცხალს ხელში ვერავინ ჩამიგდებს." წლების განმავლობაში ის იძულებული იყო დროის დიდი ნაწილი ჭაობებში გაეტარებინა დასამალად. ახლა სიღარიბისგან და კიდევ იმ ფიზიკური დაავადებისგან იტანჯებოდა, ჭაობთან ახლოს ცხოვრების გამო უმეტესად ინდიელები რომ იტანჯებოდნენ, თეთრკანიანები კი – ძალიან იშვიათად. მიუხედავად იმისა რომ ხშირად ცნობილი იყო, ჯონ ბრაუნი რომელ ჭაობში იმალებოდა, მის მტრებს, როგორც წესი, არ სურდათ ხოლმე კვალში ჩადგომა. კაპიტან ბრაუნს ხშირად სოფლის ცენტრშიც კი შეეძლო გამოსვლა და მტრებისგან შეუწუხებლად საქმის კეთება, სოფლის ცენტრში, სადაც "მოსაზღვრე უტიფრები" ანუ "ბორდა რაფიანები" უფრო ჭარბობდნენ, ვიდრე თავისუფალი შტატის მომხრე კაცები. მან ეს ასე ახსნა, "პატარა ჯგუფები ვერ ბედავდნენ მის წინააღმდეგ ბრძოლას, ნაძირლების დიდი ჯგუფის დროულად შეკვრა კი ხშირად ვერ ხერხდებოდა."

რაც შეეხება მის ამჟამინდელ მარცხს, ამ საქმის შესახებ ყველა ფაქტი ჯერ არ ვიცით.[181] როგორც გავიგე, სიგიჟე და თავგანწირული ამბავი არ უნდა იყოს მთელი ეს ამბავი. თავად კაპიტან ბრაუნის მტერი, ბატონი ვალენდიგემიც[182] კი ამბობს, რომ "ის ერთ-ერთი ყველაზე კარგად დაგეგმილი და აღსრულებული შეთქმულება გახლდათ, რომელმაც მიუხედავად ამ ყველაფრისა, მაინც მარცხი განიცადა."

მის ყველა სხვა წამრატებების ჩამოთვლას რომ თავი გავანებოთ, მარცხი იყო თუ დიდი გონივრულობა და დიდი წარმატება, როცა კაპიტანმა ბრაუნმა თორმეტი მონა განათავისუფლა,[183] და დღისით-მზისით კვირები, თუ თვეები, მათთან ერთად მშვიდად, აუჩქარებლად და უვნებლად შტატი შტატზე გადაკვეთა და მთელი ჩვენი ქვეყნის ჩრდილოეთის ნახევარი გამოიარა, ღიად და დაუფარავად, მაშინ, როცა მასზე უკვე ჯილდო იყო დაწესებული, და გზად სასამართლოშიც კი შეიარა და მოსამართლეებს და მსაჯულებს უამბო მისი საქმე და ამბავი, და ასე დაარწმუნა მიზურის კანონმდებლები და თავად მიზურიც იმაში, რომ ამერიკელი ხალხი თავისუფლებისთვის ბრძოლას არ შეწყვეტდა და აქედან გამომდინარე მონების ყოლა სარისკო და არასახეირო საქმე იქნებოდა თავად მიზურისთვის. – და ყოველივე ამის მიღწევა განა იმიტომ შეძლო, რომ მთავრობის ლაქიებმა ასე ერთბაშად სამართლიანობა

---

[181] ყველა წვრილმანი ჯონ ბრაუნის ჰარფერზ ფერიზე თავდასხმის შესახებ ჯერ არ მისწვდომოდა სოფელ ქანქარდს მასაჩუსეცის შტატში.

[182] ქლემენთ ელ. ვალენდიგემი (1820-1871) – კონგრესმენი, რომელიც კაპიტან ბრაუნის დატყვევების მეორე დღესვე ჩამოვიდა ჰარფერზ ფერიში ოჰაიოდან და მის დაკითხვაში მიიღო მონაწილეობა. ვალენდიგემი იყო კონფედერაციის მომხრე ოჰაიოელი დემოკრატი, დემოკრატიული პარტიის "ქაფარ ჰედის" ფაქციის წევრი, იმ ფაქციისა, რომელიც, მართალია, ეწინააღმდეგებოდა ჩრდილოეთში მონათმფლობელობას, მაგრამ თან მხარს უჭერდა სამხრეთში მონობის არსებობას და შემდგომში სამოქალაქო ომის წინააღმდეგი იყო. მათ სურდათ, სამხრეთი მონათმფლობელურ სამხრეთად დარჩენილიყო, ჩრდილოეთი კი – თავისუფალ ჩრდილოეთად და მიაჩნდათ, რომ ჩრდილოელები სამხრელების საქმეებში არ უნდა ჩარეულიყვნენ. ის შემდგომ თავად პრეზიდენტ ლინქოლნს შეეწინააღმდეგა და 1863 წლის გამოსვლაში მას "მეფე ლინქოლნი" ანუ დიქტატორი უწოდა. სამოქალაქო ომისას ის ხმამაღლა უჭერდა მხარს სამხრელ მონამფლობელებს. ვალენდიგემი ცოტა ხნით დაპატიმრებულიც კი იქნა, როგორც მტრის მიმართ სიმპათიებით განწყობილი პირი, რაც ჩრდილოეთში ომის ჟამს იკრძალებოდა. ის ორმოცდაათი წლის ასაკში მოკვდა ოჰაიოს შტატის ქალაქ ლებანონში, როცა მას საკუთარი პისტოლეტი გაუვარდა და შემთხვევით მოიკლა თავი.

[183] 1858 წელს კაპიტანი ბრაუნი და მისი რაზმი სამხრეთ-აღმოსავლეთ კანზასიდან მიზურიში გადავიდნენ, ორი მონათმფლობელის სახლებს დაეცნენ და 11 მონა განათავისუფლეს. მათ ისინი მიშიგანის შტატში გადაიყვანეს, საიდანაც ეს ახლადგანთავისუფლებული ყოფილი მონები კანადაში გადავიდნენ, სადაც მონობა კანონით იკრძალებოდა.

შეიყვარეს და შემწყნარებლურად უყურებდნენ ჯონ ბრაუნს, არამედ იმიტომ, რომ ამ ლაჩრებს მისი ეშინოდათ.

მიუხედავად ყველაფრისა, ჯონ ბრაუნმა თავისი წარმატება, უგუნურივით, ბედის ვარკვლავსა თუ ჯადოქრობას როდი მიაწერა. კაპიტანმა ბრაუნმა ერთხელ თქვა, რომ ჭეშმარიტი მიზეზი იმისა, თუ რატომ იყო რომ რიცხობრივად ასეთი აღმატებული მტერი მის დანახვაზე შიშისაგან ცახცახებდა, ერთ-ერთი ტყვედ ჩაგდებული მთავრობის ლაქიის განცხადებისა არ იყოს, გახლდათ ის, რომ მათ ბრძოლის *მიზეზი აკლდათ* – ის სულიერი ჯავშანი, რომლის ნაკლებობაც ჯონ ბრაუნს და მის რაზმს არასოდეს განუცდია. საქმე საქმეზე რომ მიდგა, აღმოჩნდა, რომ მხოლოდ თითო-ოროლა ნაძირალას თუ შეეძლო თავისი სიცოცხლის უმიზეზოდ გარისკვა, რადგან ყველა ნაძირალამ კარგად იცოდა, რომ მათი ბრძოლის საგანი ბოროტება იყო; მართალია, ბევრი ყალთაბანდი სიცოცხლეს ბოროტებაში ატარებს, მაგრამ ძნელად მოიძებნება ისეთი ადამიანი, რომელიც თანახმაა სიცოცხლის უკანასკნელი წუთებიც ბოროტების დაცვაში გაფლანგოს. მათ არ უნდოდათ, რომ ბოროტების დაცვა ყოფილიყო მათი უკანასკნელი საქმე ამქვეყნად.

მაგრამ, მოდით, *თავად* ჯონ ბრაუნის უკანასკნელ საქმეზე და მის შედეგებზე გადავიდეთ.

ჩანს, რომ გაზეთები გამიზნულად არიდებენ თვალს ან მართლაც არ იციან ის ფაქტი, რომ ჩრდილოეთის ყოველ სოფელში, სულ მცირე, ორი-სამი კაცი მაინც მოიძებნება, რომლისთვისაც კაპიტანი ჯონ ბრაუნი და მის მიერ ჩადენილი საგმირო საქმეები ისეთივე ძვირფასია, როგორც თავად ამ თხზულების ავტორისთვის. ერთი წამითაც არ მეპარება ეჭვი და ვიტყვი, რომ მათი რიგები დღითი-დღე მატულობს.[184] ჩვენ ვისწრაფით, რომ უტვინო და გაუბედავ ბრბოზე მეტი გვესმოდეს, არადა, ჩვენს ისტორიასა და ჩვენს "ბიბლიას" მოჩვენებითად ვკითხულობთ თურმე, სამყაროს კი ჩვენი მრუდე ქცევით ვბილწავთ, ჩვენს საცხოვრებელ სახლებს კი – თავად ჩვენი ბილწი გულებიდან ამოსუნთქული ჰაერით. იქნებ შეშფოთებულმა პოლიტიკოსებმა ისიც კი დაამტკიცონ, რომ თითქოს მხოლოდ ჩვიდმეტ თეთრკანიანსა და ხუთ ზანგს შეეხებოდა მთელი ეს აყალ-მაყალი; მაგრამ თავად მათი შეშფოთება მიუთითებს იმაზე, რომ საქმე გაცილებით უფრო სერიოზულია და ყველაფერი ჯერ არ არის ბოლომდე ნათქვამი. რატომაა, რომ კვლავაც არიდებენ თავს სიმართლეს? ისინი შეშფოთებულები არიან მიმქრალი ცნობიერების გამო, რომელიც მათ ჯერ კიდევ კარგად და მკაფიოდ არ გაუთვითცნობიერებიათ, რომ ამერიკის გაერთიანებული შტატების, სულ მცირე, ერთ მილიონ თავისუფალ მოსახლეს გაუხარდებოდა ჯონ ბრაუნის უკანასკნელი საქმეც წარმატებით რომ დაგვირგვინებულიყო. ისინი ხომ, დიდი-დიდი, კაპიტან ბრაუნის ბრძოლის ხერხებს აკრიტიკებდნენ, ბრძოლის მიზეზსა და მიზანს კი – არა. თუმცა ჩვენ ძაძები არ გვაცვია, კაპიტან ბრაუნის რთული ბედი და მისი სიცოცხლის უკანასკნელი წუთები ბევრი ჩრდილოელის გონებას გლოვაში ითრევს და ხალხს სხვა რამეზე ფიქრი არც ძალუძს. და თუ ჩვენში მართლა არიან ისეთებიც, ვისაც კაპიტანი ბრაუნი თვალით უნახავს, და ახლა, ამ მძიმე წუთებში გლოვის გარდა სხვა რამეზე ფიქრი

[184] ნაგულისხმევია აბოლიშენისტები – თოროუმ ეს თხზულება 1854 წელს წაიკითხა საჯაროდ, როცა აბოლიშენისტების რიგები მართლაცდა საგრძნობლად გაიზარდა.

შეუძლია, არ ვიცი, მაშინ რისგან არიან ასეთი ადამიანები გაკეთებული და რისი გული უდევთ მათ მკერდში. ადამიანი თუ ხარ, მხრებზე თავი გადგას და ორი ხელი და ორი ფეხი გასხია, ბარემ კაცობაც ისწავლე, და ჯიბისა და ხორცის გადიდებაზე ზრუნვას, გირჩევ, საკუთარი სულის სიდიადეზე იზრუნო. ბალიშის ქვეშ ფურცელი და ფანქარი ამოვიდე, და როცა კაპიტან ბრაუნზე ფიქრი არ მასვენებდა და არ მეძინებოდა, მაშინ ვწერდი სიბნელეში მის შესახებ.

რა თქმა უნდა, იმ გამონაკლისებს თუ არ ჩავთვლით, როცა ერთი გმირი კაცი თავისი კაცობით მილიონ ადამიანს უდრის, საერთო ჯამში, ჩემი აზრი ხალხის შესახებ უკეთესობისკენ არ შეცვლილა ამ ბოლო ხანებში. ვამჩნევ, გაზეთები და, ზოგადად, ადამიანები როგორი გულგრილობით საუბრობენ კაპიტან ბრაუნისა და მისი რაზმის განადგურების შესახებ, გეგონება ერთი ჩვეულებრივი, თუმცა "გულადი" – როგორც ეს ვირჯინიის გუბერნატორმა [185] თქვა – ბოროტგანმზრახი მოიცილეს თავიდანო, და გუბერნატორის სიტყვებითვე რომ მოგახსენოთ, "ყველაზე ძნელად მოსანადირებელ-მოსაკვლელი კაცი, რაც კი სიცოცხლეში უნახავს" – შეიპყრეს, და ჩამოსახრჩობად მზად იყო. გუბერნატორმა აღნიშნა, რომ იგი კვლავ შეუპოვრად და ვაჟკაცურად გამოიყურებოდა, და იმასაც კი ვერ მიხვდნენ, რომ კაპიტანი ბრაუნი მტრების ჯიბრით კი არ იდგა მედგრად, არამედ თავისუფლების სიყვარულის გამო. გულის სიღრმეში არსებული სიტკბოც კი ნაღვლად მექცევა ხოლმე, როცა ამ საკითხზე ზოგიერთი ჩემი მეზობლის უაზრო აზრი სწვდება ჩემს სმენას. როდესაც პირველად მისი სიკვდილის შესახებ შევიტყვეთ, ერთ-ერთმა ჩემმა თანასოფლელმა აღნიშნა, რომ "ის ისე მოკვდა, როგორც სულელი კვდება ხოლმე სისულელისთვის"; რაც, მომიტევეთ გამოთქმა, მაგრამ იმაზე მიუთითებდა, რომ ვითომცდა ჯონ ბრაუნი იმისთვის მოკვდა, რისთვისაც ჩემი მეზობელი მთელი თავისი სიცოცხლე ცოცხლობდა – სისულელისთვის. სხვებმა, გულმხდალობითა და სასოწარკვეთით, თქვეს, რომ "კარგი კაცი საკუთარ სიცოცხლეს არ გაუფრთხილდა, მოისროლა და თავი დაიღუპა", მხოლოდ იმისთვის რომ მთავრობას აღდგომოდა წინ. მაშ, ისიც მითხარით, თავად ასეთებს საითკენ მოუსვრიათ *თავიანთი* სიცოცხლე? ასე შეჰფერის გულად კაცს, საჭიროების შემთხვევაში, მან თუნდაც ეულად დარჩენილმა, მაინც უნდა შეძლოს ჩვეულებრივი ქურდებისა და მკვლელების მთელ ბანდაზე იერიშის მიტანა. კიდევ სხვისგან, როგორც ეს დღევანდელ იანკის შეჰფერის, ასეთი შეკითხვაც მომისმენია, "რა მოიგო ამით ჯონ ბრაუნმა?" ვითომცდა, ჯონ ბრაუნმა მოგებისთვის და ჯიბის გასქელებისთვის წამოიწყო მთელი ეს საქმე. ასეთი შეკითხვის დამსმელს ამქვეყნიური მოგების გარდა, სხვა არა გაეგება რა. [186] [187] მისი აზრით, თუ საქმეს

[185] ჰენრი ალეგზანდა ვაიზი (1806-1876) – ვირჯინიის შტატის გუბერნატორი. კაპიტანი ბრაუნის შესახებ წარმოთქმული მისი სიტყვები გაზეთ "ნიუ-იორკ თრიბიუნში" დაიბეჭდა 1859 წლის 22 ოქტომბერს.

[186] თოროუს მსოფლმხედველობა ძლიერ ჰგავს არისტოტელესას (384-322 ჩ.წ-მდე). არისტოტელე ამბობს: "...ადამიანთა უმრავლესობას მოგება უფრო აინტერესებს, ვიდრე ღირსება." იხილეთ არისტოტელეს შრომა "პოლიტიკა", ქვეწიგნი VI.

[187] იგივეს ბრძანებს დიდი ჩინელი ფილოსოფოსი კონფუციუსი (551-479 ჩ.წ-მდე): "დიდსულოვან კაცებს სამართლის საკითხები გაეგებათ, სულმოკლე ადამიანებს კი – მხოლოდ მოგების." იხილეთ კონფუცის "ანალექტები".

"უეცარი" ლხინი [188] არ მოჰყვება, ან ახალი წაღები, ან არჩევნებში მადლიერი ხალხის ხმა, მაშინ საქმე მარცხიანია და წარუმატებელი. "კი, მაგრამ თავად კაპიტანი ბრაუნი ვერაფერს მოიგებს ამით" – იტყვიან ხოლმე. ჰო, ჩამოხრჩობაში დღეში ოთხნახევარ შილინგს [189] არ უხდიან ჩამოხრჩობილს, თუნდაც მთელი წელი ეკიდოს სახრჩობელაზე, მაგრამ ისიც ხომაა, რომ ამით ამ კაცს თავისი გმირობის და ხალხისთვის საკუთარი სხეულის არ დაშურების გამო საკუთარი სულის დიდი ნაწილის გადარჩენის შანსი მიეცა? – და თანაც რა ოქროს სულის! – აი, *შენ* კი – არა. ეჭვიც არ მეპარება იმაში, რომ შენს ბაზარში კვარტა [190] რძეში მეტს მოგიწონიან, ვიდრე კვარტა სისხლში, თუმცა გმირებს თავიანთი სისხლი შენს მიწიერ ბაზარში და მიწიერ სასწორზე ასაწონად კი არ მიაქვთ, არამედ – ზეციურში.

ასეთ ხალხს ის არ ესმის, რომ თესლი იგივე ნაყოფია და, როცა ზნეობრივ სამყაროში სიკეთე ითესება, ჩვენი მორწყვისა და თოხნის გარეშეც კი, კეთილი ნაყოფი თავისთავად მოჰყვება მას; და როცა გმირს ტრიალ მინდორზე ასე დარგავ, დათესავ თუ დამარხავ, ეჭვიც არ შეგეპაროს, რომ ახალი გმირების მოსავალი მოუვა ერს. ეს ისეთი ძლიერი და ისეთი სიცოცხლისუნარიანი თესლია, რომელსაც აღმოცენებისთვის თავად ღმრთისგან მიუღია ძალა და ნებართვა, და ჩვენს ძალისხმევასა და ნებართვას სრულებითაც არ საჭიროებს.

შეტევა ბალაკლავაზე, [191] რომლის ბრძანებაც უხეში შეცდომის საფუძველზე გაიცა, მთელი ჯარის მორჩილება და ბრმად იერიშზე გადასვლა, კიდევ ერთხელ ადასტურებს იმას, რომ ჯარისკაცი კარგი მონა და უაზრო ხელსაწყოა და მეტი არაფერი. ამ თავგანწირულ შეტევას, როგორც ასეთ ბრძოლას შეჰფერის ხოლმე, მათმა რომელიღაცა პოეტმა ლაურეატმა დიდისამბით უგალობა; აი, წლების მანძილზე კაპიტან ბრაუნისა და მისი მომხრეების მტკიცე და გონივერულად გათვლილი, და უმეტესწილად წარმატებული შეტევა მონობის ლეგიონთა წინააღმდეგ, შეტევა, რომელშიც ჯარისკაცები ზეციურ ბრძანებას ემორჩილებოდნენ და არა რომელიღაც იმპერიის გენერლების ბრმად გაცემულ ბრძანებას, ჰო, ეს შეტევა იმდენად ღირსშესანიშნავი და ღირსსახსოვარია ბალაკლავაზე, რამდენადაც გონიერი ადამიანია უფრო ღირსშესანიშნავი და სამახსოვრო ნებისმიერ უგუნურ და მექანიკურ მანქანაზე. ნუთუ გგონიათ, რომ

[188] უეცარი ლხინი – თოროუს დროს დამკვიდრებული პოპილარული ჩვეულება, როცა მეგობრებს შეეძლოთ პურ-მარილის და საჩუქრების ყიდვა, და მეგობრის სახლში უეცრად, უმიზეზოდ, დაუპატიჟებლად, გაუფრთხილებლად მისვლა იმისთვის, რომ ერთად მოელხინათ.

[189] ოთხნახევარი შილინგი ანუ გადატანითი მნიშვნელობით უმნიშვნელო თანხა ანუ, ქართულად რომ ვთქვათ, ორიოდ თეთრი.

[190] კვარტა – ტევადობის "ინგლისის იმპერიული" და ამერიკული საზომი სისტემის ერთეული, გალონის ¼ და 1 ამერიკული სითხის კვარტა უტოლდება 0.95 ლიტრს. ინგლისის საზომ სისტემას "ინგლისის იმპერიული საზომი სისტემა" ჰქვია.

[191] ბალაკლავის ბრძოლა (25 ოქტომბერი, 1854 წელი) – ყირიმის ომის (1853-1856) ერთ-ერთი ბრძოლა. ერთ მხარეზე იბრძოდნენ ინგლისი, საფრანგეთი და ოტომანების იმპერია (თურქეთი), ხოლო მეორე მხარეზე – რუსეთის იმპერია. მოკავშირეებს სურდათ შავ ზღვაზე რუსეთის მთავარი საპორტო ქალაქისა და ციხე-სიმაგრის, სევასტოპოლის ხელში ჩაგდება, მაგრამ ამ ომში საბოლოოდ სასტიკად დამარცხდნენ. მოკავშირეებმა ბალაკლავის ბრძოლა კი მოიგეს, მაგრამ საშინელ ფასად დაუჯდათ – რუსეთის არტილერიამ მუსრი გაავლო ბრიტანელებს. ეს მოვლენა ცნობილია, როგორც ერთ-ერთი ყველაზე მსხვერპლიანი, სისხლიანი და საშინელი მოვლენა დიდი ბრიტანეთის იმპერიის მთელ საომარ ისტორიაში, სახელად "მსუბუქი ბრიგადის შეტევა". ცნობილმა პოეტმა, ლორდმა, ალფრედ თენისონმა ამ მოვლენას მიუძღვნა თავისი ცნობილი პოემა იგივე სახელწოდებით.

THE PRISON, GUARD-HOUSE, AND COURT-HOUSE, CHARLESTOWN, WEST VIRGINIA
(The Prison is on the extreme left)

სასამართლო შენობა ვესტ ვირჯინიის შტატის ქალაქ ჩარლსთაუნში.
COURTHOUSE IN CHARLESTOWN, WEST VIRGINIA.

ბალაკლავაზე მიტანილ სულელურ იერიშს უმღერებენ, კაპიტან ჯონ ბრაუნისა და მისი მეომრების გმირულ იერიშს კი არა?!

"ღირსია" – "საშიში კაცია" – "ნამდვილად გიჟია."[192] ასე ამბობენ და თავად ვითომცდა ჭკვიანურ, და ბრძნულ, და, საერთო ჯამში, სამაგალითო ცხოვრებას აგრძელებენ აქა-იქ პლუტარქეს[193] გადაკითხვით, აი, გენერალ ფუთნამის[194] გმირობას რაც შეეხება, როცა ის შიგ მგლების ბუნაგში აღმოჩნდა – იქ კი ყოვნდებიან, ჭოჭმანობენ, და ვერ გადაუწყვეტიათ მიბაძონ თუ არა; და ასე და ამგვარად, მხოლოდ კითხვითა და თეორიით ისაზრდოებენ თავიანთ სულებს ამა თუ იმ ხანაში წინაპრის საგმირო საქმეების უბრალოდ წაკითხვის ხარჯზე. ტრაქტის საზოგადოებას [195] ხელეწიფება ფუთნამის ამბის წიგნად დაბეჭვდა. სამხარეო სკოლის გახსნაც კი შეიძლება მისი საგმირო საქმეების წასაკითხად, რადგან მათში მონობაზე და პროტესტანტულ ეკლესიაზე ცუდი არაფერი ეწერება და ვერავინ ვერაფერს გაიგებს, თუ თავად მკითხველი არ მიხვდება იმას, რომ ამ პროტესტანტული ეკლესიის ზოგიერთი პასტორი [196] ცხვრის ტყავში გახვეული *მგელია*. "უცხო ქვეყნებში მისიების ამერიკის რწმუნებულთა საბჭომ" [197] დიდი-დიდი, გაბედოს, რომ *ამ* მგლის წინააღმდეგ პროტესტი გამოთქვას. მსმენია, ზოგადად საბჭოების, და თავად ამერიკული საბჭოების შესახებაც, მაგრამ აქამდე არ ვიცოდი, რომ ისინი თურმე არაფრის მაქნისი საკითხების ბჭობით ყოფილან დაკავებულნი და მნიშვნელოვან საკითხებზე საუბარს გაურბიან. და მიუხედავად ამისა, ყოველდღე მესმის თუ როგორ ყიდულებენ ასეთ საზოგადოებებში ჩრდილოელი, ჩვენებური კაცები, ქალები, ბავშვები, ოჯახები საწევროს უსასრულო ვადით და როგორ

---

[192] კაპიტან ბრაუნის ადვოკატი შეეცადა ბრაუნის გასამართლებლად სასამართლოში "სიგიჟის სარჩელი" შეეტანა, ანუ მტკიცება იმისა, რომ ბრალდებული გიჟია და ამის გამო დამნაშავე მძიმედ არ უნდა დაისაჯოს. კაპიტანმა ბრაუნმა მსწრაფლ უარი განაცხადა ასეთ საქციელზე და ამას "უბადრუკი ხრიკი" უწოდა. სასიკვდილო განაჩენის გამოტანის შემდეგ ჯონ ბრაუნის ნათესავ-მეგობრებმაც იგივე ქნეს და შეეცადნენ, მოსამართლე დაერწმუნებინათ, ვითომცდა ბრაუნს გენეტიკურად თანდაყოლილი სიგიჟე სჭირდა, რომ ამის გამო სიკვდილით დასჯა სამუდამო პატიმრობით შეეცვალა მისთვის სასამართლოს. გაზეთებმაც მაშინვე აიტაცეს ბრაუნის ეს ეგრეთწოდებული "სიგიჟე" და უამრავი სისულელე წერეს ამის შესახებ. მიუხედავად ყოველივე ამისა, მიუხედავად იმისაც რომ, მართალია, კაპიტანი ბრაუნი ჯიუტი და შეოპავარი ხასიათის კაცი იყო, ერთი ისტორიული ფაქტიც არ არსებობს მისი სიგიჟის დასამტკიცებლად კი არა, არამედ სავარაუდოდაც კი. გაიხსენეთ, რამდენ მარტვილს ეძახდნენ გიჟს, რამდენ ჭეშმარიტ მამულიშვილს და თავად ჭეშმარიტ ღმერთსაც – იესუ ქრისტეს.

[193] პლუტარქე (46-120 წელი ჩ. წ.-მდე) – დიდი ბერძენი ისტორიკოსი, ბიოგრაფი და მორალისტი.

[194] გენერალი იზრაელ ფუთნამი (1718-1790) – ამერიკის ჯარის გენერალი, რომელმაც ამერიკის რევოლუციური ომის ბანქა ჰილის ბრძოლაში გმირულად მიიღო მონაწილეობა. სამწუხაროა, რომ "მაღალ" საზოგადოებაში გენერალ ფუთნამმა საკადრისი სახელი და დიდება, რომელიც ასეთ დიდ მეომარს ეკუთვნოდა, მაინც ვერ მოიხვეჭა, ხალხში კი მისი საგმირო საქმეები ლეგენდებად დადიოდა. ერთ-ერთი გადმოცემის თანახმად, ბავშობისას მან მგელი საკუთარ ბუნაგში მოიმწყვდია და დაიჭირა. სწორად მგლების ბუნაგში საბრძოლველად იყო შესული ჯონ ბრაუნიც ჰარფერზ ფერიში.

[195] ტრაქტის საზოგადოება ანუ ტრაქტატის საზოგადოება – სარწმუნოებრივი ან ლიტერატურული შინაარსის ტრაქტატების ხალხში უფასოდ გავრცელება, რომელიც ჯერ პროტესტანტული რეფორმაციის ხანაში იყო პოპულარული, შემდეგ კი – 1830-იან და 1840-იან წლებში ინგლისში და ნიუ ინგლენდში. 1814 წელს ჩამოყალიბებული "ნიუ ინგლენდის ტრაქტის საზოგადოება" დაკავებული იყო ქრისტეანული ლიტერატურის ბეჭდვით და გავრცელებით. 1823 წელს მას "ამერიკის ტრაქტის საზოგადოება" დაერქვა.

[196] პასტორი – პროტესტანტული ეკლესიის მღვდელი. სიტყვა "პასტორი" ლათინურია და "მწყემსს" ნიშნავს. ადრეულ ქრისტეანებში ამ სიტყვას უფრო ხშირად იყენებდნენ და მღვდელს აღნიშნავდა, დღეს-დღეობით კი ამ ტერმინს მხოლოდ პროტესტანტული ეკლესია ხმარობს.

[197] 1810 წელს ნიუ ინგლენდში დაარსდა პირველი ამერიკული ქრისტეანული სააგენტო უცხო ქვეყნებში მისიონერობის მიზნით, სახელად "უცხო ქვეყნებში მისიების ამერიკის რწმუნებულთა საბჭო".

ცდილობენ ცარიელი თეორიული რახა-რუხით საკუთარი გონების დასამარებას. გონების სიკვდილისათვის კი განა საბჭოს საწევროზე უფრო იაფი არ დაგიჯდებოდათ სასაფლაოს წევრობა რომ შეგეძინათ და თქვენი თავიცა და ტანიც დღესვე მიწაში ჩაგეფლათ?

ჩვენი მტრები ჩვენს შორის არიან და ჩვენს გარშემო. ერთი სახლიც კი არ მოიძებნება ოჯახის წევრებს შორის განხეთქილება რომ არ იგრძნობოდეს, – ჩვენი მტერი ხომ საყოველთაო სირეგვნეა, – არამარტო თავის, არამედ გულისაც, თითოეულ ადამიანში სიცოცხლისუნარიანობის ნაკლებობაა ჩვენი მტერი, რომელიც ჩვენივე საკუთარი ცოდვების შედეგია მხოლოდ; ასე და ამგვარად იბადება შიში, ცრურწმენა, ფანატიზმი, დევნა და კიდევ ბევრი სხვა ჯურის მონობა. დავმსგავსებულვართ ტომრებს და გულის ადგილას კუჭი გამოგვზრდია. ჩვენი წყევლა ცხოვრების მანძილზე ამ ცხოვრების კერპების მსახურებაა, რომელსაც ბოლოს ქვისგან გამოთლილი კერპის თაყვანისცემამდე მივყევართ; და გამოდის, რომ ჩვენი ნიუ ინგლენდელი, ისეთივე კერპთაყვანისმცემელია, როგორც ჰინდუ.[198] კაპიტანი ბრაუნი გამონაკლისი გახლდათ, რადგან მან თვით პოლიტიკის კერპსაც კი არ მისცა იმის უფლება, რომ თავის თავსა და თავის ღმერთს შუაში ჩასდგომოდა და უფალთან კაცის ერთობისთვის ხელი შეეშალა. აი, პროტესტანტული ეკლესიაც, რომელიც ისე დაცემულა, რომ ქრისტეს განკვეთა სურს, მაგრამ ქირსტეს გარეშე მისი არსებობა რომ შეუძლებელია, თავს იკავებს. ჯანდაბას წაუღია თქვენი ფართო და ვრცელი, თქვენი ვიწრო და მაღალი პროტესტანტული ეკლესიები! წინ გაბედულად გადადგით ნაბიჯი და ღია ცისქვეშა სალოცავები გამოიგონეთ.[199] გამოიგონეთ ის სულიერი მარილი,[200] რომელიც გადაგარჩენთ და თქვენი სულის ნესტოებს ცხოვრების ბაცილებისგან დაიცავს.

თანამედროვე პროტესტანტი ქრისტეანი ის კაცია, რომელიც თანახმაა წირვის ჟამს ილოცოს, ოღონდაც სანაცვლოდ სახლში დაბრუნებულს ლოგინში ჩაგორება და მშვიდი ძილი არ აუკრძალო. მისი ყველა ლოცვა "დავწვები, დამეძინებათი" იწყება, და სასოწარკვეთილი მთელი თავისი სიცოცხლე იმ დღის დადგომას ელის, როცა "სამუდამო ძილი" ეღირსება. ის ძველებური ქველმოქმედებებისა და კეთილი საქმის კეთებაზეც თანახმაა, მაგრამ ახალი კეთილი საქმეების ჩადენის აუცილებლობის მოსმენაც კი არ უნდა; მას არ სურს, რომ თავის ადამიანურ ვალდებულებებს დღევანდელი ეპოქისთვის საჭირო კეთილის ქმნა მიამატოს. კვირას წირვაზე უცოდველი კრავივით საკუთარი თვალების თეთრ გარსს ამზეურებს ეკლესიაში, დანარჩენ ექვს დღეს კი თვალის შავი კაკლების ცეცებით ქორივით დასტრიალებს ამ ქვეყანას.

---

198 ჰინდუ, ანუ ინდოელი.

199 სწორად ასე მოიქცნენ პირველმოწამეებიც – მათ ყველაფერი გაყიდეს და ღარიბთა დასახმარებლად მოციქულებს მისცეს მთელი თანხა, რითიც ისინი, ანუ განწმენდილი ადამიანები თავად გახდნენ უფლის ტაძრები, ახალი ტაძრები, რომლებიც ძველ, ფიზიკურ, ქვითნაშენ ტაძრებს ბევრად აღემატებოდნენ. იხილეთ ახალი აღთქუმაი, საქმე მოციქულთა, 4:35: "და დასდებდეს ფერხთა თანა მოციქულთასა, და მიეცემოდა კაცად-კაცადსა, რაიცა ვის უხმდა." ამის შესახებ ნეტარი ავგუსტინე ასე ბრძანებს: "ამგვარად, მათ თავი თვისი სრულად უძღვნეს ღმერთს, და გახდნენ ახალი ტაძრები უფლისა, არადა, უწინ ისინი საკუთარი ხორცის – ამ ძველი ტაძრის მონები იყვნენ." იხილეთ ნეტარი ავგუსტინე ჰიპოელის წიგნი "დე დოქტრინა ქრისტიანა", ქვეწიგნი III.

200 სულიერი მარილი – ნიუ ინგლენდში სხვადასხვა სახის მარილს, უმეტესად კი გოგირდის მარილს, იყენებდნენ ეზოში მდგარი საპირფარეშოების გასაწმენდად.

ბოროტება მხოლოდ სისხლის მიმოქცევის შეჩერება კი არაა, არამედ სულისაც, რადგან ადამიანის სულს მოძრაობა და განახლება ისევე სჭირდება, როგორც ადამიანის სისხლს. ეჭვიც არ მეპარება, რომ ბევრ ადამიანს გულში სიკეთე კი უდევს, მაგრამ სიზარმაცის ჭია სჭამს, და იმის გაგებაც კი არ შეუძლიათ, რომ კაცურ კაცს მათზე უფრო ამაღლებული მიზეზი და მიზანი შეიძლება ამოძრავებდეს. არ ესმით, და სწორად ამის გამო აცხადებენ ხოლმე გმირს გიჟად, იციან რა, რომ, ყოველშემთხვევაში მანამ, სანამ არ შეიცვლებიან, *თვითონ* ვერასოდეს მოიქცევიან გმირებივით სიკეთით და უანგაროდ.

ვოცნებობთ ხოლმე უცხო და შორეულ ქვეყნებზე, ოქროს წარსულზე და ადამიანთა უცხო მოდგმებზე, და ისტორიის სივრცის მიღმა გვიყვარს ხოლმე თვალყურის დევნება და დასკვნების გამოტანა; და თუ თავად ჩვენს დროში და ჩვენს შორის ისეთი მნიშვნელოვანი მოვლენა მოხდა, როგორიც კაპიტან ჯონ ბრაუნისა და მისი რაზმის მონობის წინააღმდეგ გმირული ბრძოლაა, ისე ადვილად დავშორდებით და თვალს ისე ადვილად ავარიდებთ ხოლმე ჩვენს მოყვასს, გეგონება ეს ბრძოლა, ეს გმირობა და ეს გასაჭირი არც კი შეგვინიშნავსო. ჩვენი სამშობლო და მისი გმირებია ჩვენი ავსტრიაც, ჩვენი ჩინეთიც, ჩვენი სამხრეთის ზღვის კუნძულებიც, რომელთა გმირებს და ისტორიულ მოვლენებს წიგნის ფურცლებიდან ასე ძლიერ დაუპყრიათ ჩვენი წარმოსახვა და ყურადღება. ხალხით გადატვირთული ჩვენი საზოგადოება ნელ-ნელა იშლება და ლამაზად გაშენებულ ქალაქს ემსგავსება, სადაც ადამიანები ახლო-ახლო კი არა, მოცილებით ცხოვრობენ ერთმანეთისგან. და ვხვდებით, რატომ იყო, რომ ერის გმირებთან ჩვენი ურთიერთობა ფუტურო კომპლიმენტსა და ზედაპირულობას არ გასცდა; და აღმოჩნდა, რომ ჩვენს ერსა და ჩვენს გმირებს შორის ისეთივე დიდი მანძილია, რაც მოხეტიალე თართარსა[201] და ჩინელს შორის. გონიერ კაცს ეს ბინძური ცხოვრება ცალკე გარიყავს და იგი ამ ცხოვრების ჭუჭყიანი ბაზრობის განდეგილად იქცევა ხოლმე, და უცაბედად გაუვალი ზღვა თუ მდუმარე ტრამალები გაიჩხირება ხალხსა და ამ ხალხის გმირს შორის. სულიერი აღნაგობის, გონიერების და რწმენის სხვადასხვაობა იწვევს კარგ კაცსა და ცუდ სახელმწიფოს შორის გარდაუვალ განხეთქილებას და არა ნაკადულებისა და მთების მრავალფეროვნება. ჩვენებურად მოაზროვნის გარდა სხვა ჩვენებური ფეხსაც კი ვერ შემოდგამს ჩვენს სულიერ ეზოში.

ყველა გაზეთი გადავიკითხე, რის შოვნაც კი მოვახერხე, ამ ამბიდან ერთი კვირის განმავლობაში, და მათში ჯონ ბრაუნის და მისი თანამებრძოლებისადმი თანაგრძნობის ერთ სიტყვასაც კი ვერ წავაწყდი. შემდეგაც მხოლოდ ერთხელ ვნახე სულგრძელობით გაჟღენთილი ერთი განცხადება ბოსტონის გაზეთში, თუმცა არა სარედაქტორო სტატია. გაზეთების ტევადმა ფურცლებმა გადაწყვიტეს, რომ ბრაუნის სიტყვა შემოკლებით დაებეჭდათ და მისი სრული დაბეჭვდის მაგივრად ადგილი სულელური მოვლენების გამოქვეყნებას დაუთმეს. ეს იმას ჰგავს, გამომცემელმა "ახალი აღთქმის" ხელნაწერი დაიწუნოს და მის მაგივრად ვილსონის უკანასკნელი სიტყვა[202] დაბეჭდოს. იგივე ჟურნალი, რომელიც

---

[201] თართარი და თათარი ერთი და იგივეა.

[202] ჰენრი ვილსონი (1812-1875) – სენატორი მასაჩუსეცის შტატიდან და ამერიკის რიგით XVIII ვიცე პრეზიდენტი, რესპუბლიკელების პარტიის წევრი. ის მონობას ეწინააღმდეგებოდა, კაპიტან ჯონ ბრაუნსაც კარგად იცნობდა, მაგრამ მას უსამართლობის წინააღმდეგ აჯანყებაში, მონების განთავისუფლებასა და მამულიშვილურ ბრძოლაში არ ეთანხმებოდა და მხარს არ უჭერდა.

ასეთი სისულელეებით გახლდათ გაბერილ-დამაკებული, ძირითადად სავსე იყო პარალელურ სვეტებში ჩამომწკრივებული მიმდინარე პოლიტიკური ყრილობების შესახებ მოხსენებითი სტატიებით. რა ციცაბო გონებრივი დაცემა და მეტისმეტად წარმოუდგენელი საქმეა გმირი ჯონ ბრაუნის თემიდან ასეთ სისულელეებზე გადახტომა. სად გაგონილა, გმირობასა და სისულელეებზე ერთდროულად ლაპარაკი? – ბოლოსდაბოლოს, სხვა თუ არაფერი, ეს სისულელეები ცალკე, დანართში მაინც ვერ დაბეჭდეს? წარმოგიდგენიათ, რა თავხედობაა პატიოსანი და გმირი კაცის სიტყვებიდან პოლიტიკური ყრილობის კრიახზე გადასვლა?! მთავრობის მოყვარეები, თანამდებობის მაძიებლები და ფუჭი მჭევრმეტყველები, მუდმივად კაკანებენ, იმდენი კი არ შეუძლიათ, ცხოვრებაში ერთი ნამდვილი კვერცხი მაინც დადონ! ამის მაგივრად ისინი ცარცის კვერცხით იღერებენ ყელს და ტრაბახობენ.[203] მათი დიდი პოლიტიკური თამაში ჩალით თამაშია მხოლოდ. უფრო სწორად, ეს თეფშით თამაშს ჰგავს,[204] ანუ იმ აზარტულ თამაშს, ინდიელები უაზროდ "ჰაბ-ჰაბსა და ვაშა-ვაშას!" რომ გაჰყვირიან ხოლმე. ამოშალეთ სტატიები პროტესტანტულ სარწმუნოებაზე და პოლიტიკურ ყრილობებზე, და ამ სისულელის მაგივრად ცოცხალი კაცის სიტყვები გამოაქვეყნეთ.[205]

ყველაზე მეტად იმას კი არ ვეწინააღმდეგები, რაც მათ ჯონ ბრაუნის სიტყვიდან ამოჭრეს და გამოტოვეს, არამედ იმას, რა სისულელეებიც ჩაამატეს. თავად გაზეთმა "ლიბერატორმაც"[206] კი ასეთ საგმირო საქმეს "მცდარი, ველური და აშკარად გიჟური მცდელობა" უწოდა. რაც შეეხება თავად გაზეთებისა და ჟურნალების ბედს, არა მგონია, მთელ ჩვენს ქვეყანაში ისეთი რედაქტორი მოიძებნებოდეს, რომელიც გამიზნულად ისეთ რამეს დაბეჭდავდეს, რაც, საბოლოო ჯამში, გაზეთის გამომწერთა და მკითხველთა რიცხვს შეამცირებდა უსათუოდ. მათ სწამთ, რომ ჭეშმარიტება არაპრაქტიკულია. მაშ, სიმართლის დაბეჭდვას როგორღა ველით მათგან? თუ გასართობ და სასიამოვნო საქმეებზე არ დავწერთ, გვეუბნებიან რედაქტორები, არავის ენდომება ჩვენთვის ყურადღების მოქცევაო. ჰოდა, დგანან ეს რედაქტორები და ზუსტად ისე იქცევიან, როგორც მოხეტიალე აუქციონერები, რომლებიც უხამს სიმღერებს იმ მიზნით მღერიან, ხალხი თავისკენ რომ მიიზიდონ

აღსანიშნავია, რომ პირველად მან სენატორობის არჩევნებში "ფრი სოილერების" (თავისუფალი მიწელების), "ნოუ ნათინგების" (არაფრის მცოდნეების) და დემოკრატიული პოლიტიკური პარტიების მხარდაჭერით გაიმარჯვა 1855 წელს, შემდგომ არჩევნებში კი – როგორც რესპუბლიკელების პარტიის წევრმა.

[203] ცარცის კვერცხი – ნიუ ინგლენდში გლეხები ცარცის კვერცხს დებდნენ ხოლმე საქათმეში, რომ ქათმები კვერცხის დადებაში წაეხალისებინათ, ანუ ცარცის კვერცხი გახლავთ ფუჭი კვერცხი ისევე, როგორც პოლიტიკოსების საქმიანობა იყო ფუჭი და არაფრის მომტანი. თოროუ სამართლიანად აღნიშნავს, რომ პოლიტიკოსები, რომლებიც ასე ტრაბახობენ, იმ ქათმებს წააგავან, რომლებსაც ერთი ნამდვილი კვერცხიც კი არ დაუდიათ, და ცარცის კვერცხით მოაქვთ თავი და კრიახობენ.

[204] ჩალით თამაში და თეფშით თამაში – ინდიელების აზარტული თამაშებია, – მოგება ადამიანზე კი არაა დამოკიდებული, არამედ შემთხვევითობაზე. ეს თამაშები თოროუს დღიურებშიცაა აღწერილი.

[205] ნაგულისხმევია ჭეშმარიტი სიცოცხლით ანუ სიმართლით ნასაზრდოები კაცის სიტყვები. სწორად ასეთი სიცოცხლეა ჭეშმარიტად ქრისტეანული სიცოცხლე, რადგან კაცს, სულ-ხორციელ არსებას სულიერად მხოლოდ სიმართლე ანუ იესუ ქრისტე თუ აცოცხლებს. და მხოლოდ ასეთი ცოცხალი კაცის სიტყვების მოსმენა უნდა უღირდეს საზოგადოებას, ერს და, ზოგადად, კაცობრიობას.

[206] ვილიამ ლლოიდ გერისონი (1805-1879) – 1831-1863 წლებში აქვეყნებდა აბოლიშენისტურ გაზეთს "ლიბერატორი".

როგორმე. რესპუბლიკელი[207] რედაქტორები, რომლებიც იძულებულები არიან დაფაცურდნენ და თავიანთი სტატიები დილის გამოშვებისთვის მოამზადონ, მიჩვეულნი, ყველაფერს პოლიტიკის კუთხით შეხედონ, კაპიტანი ბრაუნისა და მისი რაზმელების მიმართ აღტაცებას კი არ ამჟღავნებენ, ან ნამდვილ მწუხარებას კი არ გამოთქვამენ მათი დაღუპვის გამო, არამედ ამ გმირებს "მოტყუებულ ფანატიკოსებს" – "შემცდარ კაცებს" – "ჭკუაშერყეულებს" ან "გადარეულებს" ეძახიან. ყოველივე ეს გარკვევით ცხადჰყოფს თუ რა *ჭკუიან*, და არა "შემცდარ კაცებს" წარმოადგენენ ეს ჩვენი რედაქტორები; რომლებმაც, სხვა თუ არაფერი, ის მაინც კარგად იციან, ვის მხარეზე დგანან და რა უსამართლობას უჭერენ მხარს, და თავიანთ ბოროტ საქმეებს, როგორც ეს გონიერ მზაკვარს შეჰფერის, გამიზნულად ჩადიან და არა უნებლიე შეცდომების გამო.

როცა კაცი გმირულ და ადამიანურ საქმეს აკეთებს, მაშინვე ყოველი მხრიდან ხალხი ყაყანს ატეხს ხოლმე: "მე ასეთი რამ არასოდეს ჩამიდენია, არც *მისთვის* მიმიცია ნება ამის კეთებისა. მე არაფერ შუაში ვარ. ასეთი უმწიკვლო წარსულის კაცზე ამას ჩემზე როგორ ფიქრობთ?" ყოველშემთხვევაში, პირადად მე, არანაირი სურვილი არ მაქვს თქვენი პოზიციისა და აზრის მოსმენისა. არა მგონია, თქვენი შეხედულებით ოდესმე ვიქნებოდი ან ვიქნები დაინტერესებული. თქვენსავე დამოკიდებულებაზე თქვენი ეგ ყაყანი მხოლოდდამხოლოდ ურიგობა და ეგოიზმია და სხვა არაფერი. არაა საჭირო ამდენი მიეთმოეთი იმის დასამტკიცებლად, რომ თქვენ კაპიტან ბრაუნთან არაფერი გესაქმებოდათ, რომ თქვენ მის საგმირო საქმეებში ხელი არ გირევიათ. ნებისმიერი გონიერი კაცისთვის იმ გმირი კაცის თქვენისთანა ქვეწარმავლებთან მეგობრობა ისედაც წარმოუდგენელია და დაუჯერებელი. ეს გმირი კაცი, მიდიოდა და მოდიოდა, ცხოვრობდა და იბრძოდა, როგორც ეს ერთხელ თავადვე მოგვახსენა, "მხოლოდ ჯონ ბრაუნის და სხვა არავისი სახელით." რესპუბლიკელების პარტია ვერ ხვდება, ჯონ ბრაუნის უკანასკნელი საგმირო საქმე, რომელსაც ეს პარტია *მარცხს* უწოდებს, რამდენ კაცს დააყენებს სწორ გზაზე, რამდენ კაცს დააფიქრებს და რამდენ კაცს აიძულებს შეხედულების და, შესაბამისად, თავისი საამომრჩევლო ხმის სწორად მიცემას, აი, თვითონ ეს უზარმაზარი პარტია კი ვერ შეძლებს ამას. მათ "ფენსილვეინია ენდ ქომფანის"[208] ხმები სწორად დაუთვლიათ, კაპიტან ბრაუნის ხმა კი – არა. ჯონ ბრაუნმა თავისი გმირობით ამ პარტიას ძალა გამოაცალა – ჯერ ისედაც რა ძალა ჰქონდა – ჰოდა, მეტი რა გზაა, ბარემ იცრუონ და ამ სიცრუით მაინც შეეცადონ თავიანთი ძალის მომაგრება და აღდგენა.[209]

---

[207] ნაგულისხმევია ამერიკის "რესპუბლიკელების" პოლიტიკური პარტია, დაარსებული 1854 წელს. სულ ორი ძირითადი პოლიტიკური პარტიაა ამერიკაში, – რესპუბლიკელები და დემოკრატები. თოროუს ერთიცა და მეორეც თვალთმაქცობის, უაზრობისა და ბოროტების ბუდედ მიაჩნდა, თუმცა რესპუბლიკელები დემოკრატებზე ნაკლებ ბოროტებას ჩადიან, რადგან ისინი, საქმით თუ არა, სიტყვით მიანც უჭერდნენ მონობის გაუქმებას მხარს.

[208] ფენსილვეინია ქომფანი – ერთ-ერთი უდიდესი ჰოლდინგური კომპანია, რომელიც ფენსილვეინია რეილროუდის უდიდეს ნაწილს ფლობდა.

[209] რესპუბლიკელები მონობას თეორიულად და სიტყვიერად ეწინააღმდეგებოდნენ, მაგრამ იმის ვაჟკაცობა არ ჰქონდათ, მონობის გაუქმებისთვის ებრძოლათ; მათ იმის ვაჟკაცობა და წინდახედულებაც კი არ ეყოთ, რომ მონობისთვის მებრძოლი ჯონ ბრაუნისთვის სიტყვიერად მაინც მხარი დაეჭირათ, – ჯონ ბრაუნის გმირობა ხომ უნებლიედ სწორად მათ წისქვილზე ასხამდა წყალს. მაგრამ არა, ისინი ხომ აბოლიშენისტობამდე ჯერ პოლიტიკოსები იყვნენ, მათ ხომ მთავრობისმოყვარეობა მონობის სიძულვილზე წინ დაეყენებინათ და მონათმფლობელობის წინააღმდეგაც მხოლოდ იმიტომ გამოდიოდნენ სიტყვით, ხალხის მხარდაჭერა რომ

მერე რა, რომ ეს კაცი თქვენს ხროვას არ ეკუთვნოდა? მერე რა, რომ მისი მეთოდები და ხერხები თქვენთვის მიუღებელია? ამ კაცის დიდსულოვნება ხომ ცხადია და ეს მაინც აღიარეთ. ნუთუ არ გსურთ მასთან დიდსულოვნება მაინც გქონდეთ საერთო, მის ყველა სხვა საქმეს და სხვა თვისებას რომ თავი დავანებოთ? ნუთუ გგონიათ, რომ ამ კაცის სახელთან სიახლოვით თქვენ სახელს გაიტეხთ? ძირში დაკარგულს რომ თავში მოიგებთ, ვერ ხვდებით ამას?[210]

და თუ ყოველივე ამ ბოროტებას ისინი უნებლიედ ჩადიან, მაშინ გამოდის, რომ სიმართლეს არ ამბობენ, არ ამბობენ იმას, რასაც გულისხმობენ. კვლავაც ძველებურად მაიმუნობენ და სხვა არაფერი.

“ყველა თანახმაა,” ამბობს ხოლმე ის, რომელიც კაპიტან ბრაუნს გიჟს უწოდებს, “რომ ის ყოველთვის სინდისიანი კაცი იყო, ძალიან თავმდაბალი, უწყინარი და უვნებელი მანამ, სანამ მონობის საკითხი არ წამოიჭრა, აი, მაშინ კი ისეთი მოუთოკავი გრძნობები და შფოთი გამოამჟღავნა, რომ ასეთ გიჟურ საქციელს მაგალითი არ მოეძებნება.”

მონობის გემი უკვე გზას ადგას, თავისი მომაკვდავი მსხვერპლებით გადაჭედილი; ემატება და ემატება ახალი ტვირთი შუაგულ ოკეანეში; მონათმფლობელების პატარა რაზმი, რომელსაც მგზავრების დამუნჯებული ბრბო უფლებას აძლევს, საკუთარ ფეხქვეშ უჰაერობით ახრჩობს გემის ქვედა ნაწილში გამომწყვდეულ მონებს, და ამისდა მიუხედავად პოლიტიკოსები ამტკიცებენ, რომ ერთად-ერთი სწორი და კანონიერი გზა მათი განთავისუფლებისთვის საჭირო დასტურის მისაღებად “ადამიანთა მოძალებული გრძნობების მშვიდად გაფანტვა და განმუხტვა” გახლავთ, რომ თავიდან “აჯანყება და ფეთქებადობა” იქნეს არიდებული. ვითომცდა კაცობრიობის მოზღვავებულ გრძნობებს ოდესმე გრძნობისშემძვრელი საქმეები არ მოჰყოლია, და მათი გაბნევა და განმუხტვა, კანონის და წესრიგის სრული მორჩილებით იყოს შესაძლებელი, როგორც, მაგალითად, სარწყავითაა შესაძლებელი მოზღვავებული წყლის გაბნევა და მისი ერთხელ და სამუდამოდ მტვერწაყრა. ერთი რა ხმაა გემბანიდან რომ ისვრიან წყალში? ამ ხმას მკვდარი მონების სხეულები გამოსცემენ, მათ შვება სიკვდილშიღა ნახეს და ახლა მათ გვამებს ტყაპა-ტყუპით ყრიან გემიდან ოკეანეში. აი, ამგვარად გვიყვარს ხოლმე კაცობრიობისა და მისი გრძნობების “განმუხტვა” ჩვენ.

გამოჩენილი და გავლენიანი რედაქტორები, რომლებიც მიჩვეულები არიან პოლიტიკოსებთან ურთიერთობას, პოლიტიკოსთან, რომელიც ბევრად უფრო დაბალი დონის ადამიანია, ვიდრე კაცი, დიახ, ეს მოწინავე რედაქტორები თავიანთ უცოდინრობაზე დაყრდნობით აცხადებენ ხოლმე, კაპიტან ბრაუნის საქციელი “შურისძიებაზე იყო დაფუძნებულიო.” ისინი ამ კაცს არ იცნობენ. ისინი ჯერ თავად უნდა ამაღლდნენ, რომ ამ ზნემაღალი კაცის დანახვა შეძლონ. ერთი წუთითაც არ მეპარება ეჭვი იმაში, რომ დადგება ჟამი, როცა ისინი მიხვდებიან, თუ რა კაცი იყო ჯონ

მოეპოვებინათ და ხელისუფლებაში მოსულიყვნენ, სინამდვილეში კი ფეხებზე ეკიდათ მონობა ამ რესპუბლიკელებს!

210 გურამიშვილის მსგავსად აქვს ნათქვამი: “სწავლის ძირი მწარე არის, კენწეროში გატკბილდების”.

ბრაუნი. ამისათვის საჭიროა, რწმენისა და სარწმუნოების ამ დიდკაცს რწმენისა და სარწმუნოების კუთხით შეხედონ და არა პოლიტიკის ან ველური ინდიელის; ეს ხომ ის კაცია, რომელმაც იმას კი არ დაუცადა სანამ უსამართლო მთავრობა პირადად მის საქმეში ჩაერეოდა და რომელიმე წვრილმანში შეაფერხებდა, არამედ იხილა თუ არა ამ მთავრობის მიერ დაჩაგრული ხალხი, მათი ტკივილი გაითავისა და საკუთარი სიცოცხლე ჩაგრულების ხსნას უანგაროდ შეწირა.

თუ ვოქა[211] მონობის წინააღმდეგ ბრძოლის სამხრეთის გმირია, მაშინ ბრაუნი ჩრდილოეთის ფალავანია. გამორჩეული კაცი გახლდათ კაპიტანი ბრაუნი. სულიერ და სრულყოფილების იდეალებთან შედარებით, მას თავისი ხორციელი სიცოცხლე არარაობად მიაჩნდა. ის არ აღიარებდა უსამართლო სამოქალაქო კანონებს, საჭიროებისას კი, მათ წინააღმდეგ შეუპოვრად იბრძოდა კიდეც. მისი სახით და მისი წყალობით ერთხელ მაინც მოხდა, რომ ყელამდე ჩაფლული ჩვენი ერი წვრილმანების და პოლიტიკის ტალახიდან ამოვიდა და სიმართლის და კაცობის მიწაზე მოიკიდა ფეხი. ამერიკაში არც ერთ კაცს არასოდეს ისე შეუპოვრად და შედეგიანად არ დაუცავს ადამიანობის ღირსება, როგორც ეს ჯონ ბრაუნმა გააკეთა. მან საკუთარი თავი კაცად ცნო, ქედდადრეკილ მსახურებაზე უარი განაცხადა და ყველას და ნებისმიერ მთავრობას არა როგორც ქვეშევრდომი, არამედ როგორც თანასწორი აღუდგა წინ. ამ გაგებით, ის ყველა ჩვენგანზე აღმატებული ამერიკელი იყო. მას არ სჭირდებოდა მოტიტინე ადვოკატები, რომ მათ მიერ ტყუილების შეთითხნით დაეცვა საკუთარი თავი. გონიერებითა და სიტყვა-პასუხით ჯონ ბრაუნი ტოლი კი არა და ბევრად მეტი იყო ყველა იმ მოსამართლეზე, რომელიც ამერიკელ ამომრჩეველსა თუ თანამდებობის პირს ოდესმე დაუნიშნავს. შეუძლებელი იყო ამ კაცის გასამართლება მისი თანასწორი ნაფიცმსაჯულთა ჟიურის მიერ, რადგან ამ ქვეყნად ამ კაცის თანასწორები არ არსებობდნენ. ნუთუ ვერ ხვდებით, რომ როდესაც კაცი მთელი კაცობრიობის მიერ წაყენებულ ბრალდებასა და შურისძიებას წრფელი გულით წინ აღუდგება, და ის *მთელი თავით* მაღლად დგას მათზე, ყოველივე ეს მეტად სულისშემძვრელი და ამაღლებული სანახაობაა, ამ კაცს სამართლიანობის დასაცავად თუნდაც უსამართლო ადამიანი მოეკლას და დღეს მკვლელობაში ედებოდეს ბრალი – ნუთუ ყოველივე ეს თქვენ არ იცოდით, *თქვე ლიბერატორებო, თქვე ტრიბუნებო, თქვე რესპუბლიკელებო?*[212] – და რომ ამ მკვლელობაში ბრალდებულ გმირთან შედარებით თავად ჩვენ გამოვდივართ დამნაშავეები და მკვლელები. საკუთარ თავს პატივი ეცით და, მოდით, ეს გმირი გმირად

211 ვოქა – ზუსტად არაა ცნობილით თუ ვის გულისხმობდა თოროუ. ვოქა (ანუ ვოკერი) მეტად გავრცელებული გვარია ამერიკაში. ჩემი აზრით, ალბათ ნაგულისხმევია დეივიდ ვოქა (1785-1830) – თავისუფალი ზანგი, წარმოშობით სამხრეთ ქერალაინიდან. მან 1829 წლის სექტემბერში გამოაქვეყნა თავისი "მოწოდება", რაც მონობის საწინააღმდეგო ერთ-ერთი ყველაზე რადიკალური მიმართვა გახლდათ მონებს თავიანთი ბატონების წინააღმდეგ აჯანყებისკენ რომ მოუწოდებდა. არსებობს მოსაზრება, რომ თოროუ გულისხმობს ვილიამ ვოქას (1824-1860) – მოგზაური თენესიის შტატიდან. 1853 წელს ის ბახა კალიფორნიის (მექსიკის შტატია) დაპყრობას ხელმძღვანელობდა. 1855 წელს ის ნიკარაგუის რევოლუციონერებმა მიიწვის დასახმარებლად და ცოტა ხნით ვოქა ნიკარაგუის პრეზიდენტიც კი გახდა. არსებობს ვარაუდი, რომ თოროუ გულისხმობს რაბერთ ჯეი. ვოქას (1801-1869), ქენზესის ტერიტორიის მონობის მომხრე გუბერნატორი 1857-1858 წლებში. ჩემი აზრით, პირველი ვარაუდია მართალი – აზრობრივად კონტექსტში დეივიდ ვოქა ჯდება, დანარჩენები კი – არა.

212 ზოგადად, გაზეთების სახელებია, ასეთი სახელების გაზეთები ამერიკის თითქმის ყველა დიდ ქალაქში გამოდის.

აღიარეთ. ესაა და ეს, თორემ თქვენი პატივისცემა მას ნამდვილად არ სჭირდება.

რაც შეეხება დემოკრატიული პარტიის ჟურნალებს, ისინი საკმარისად ადამიანურები არც არიან რომ ჩემზე ოდნავი გავლენა იქონიონ. იმდენად უაზროა მათი ტიტინი, რომ აღშფოთებასაც კი ვეღარ ვგრძნობ.

არ გეგონოთ, არ ვიცოდე, რომ ჩემი საუბარი ბევრს ვერაფერს მოიტანს – არც ის დამვიწყნია, რომ ბოლო ჟამს ჯონ ბრაუნი მტრების ხელში იყო ტყვედ; და ვიცოდი, რომ სიკვდილით ჯერ არ იყო დასჯილი, მაგრამ მიუხედავად ამისა, ჩვენს გმირზე, როგორც უკვე გარდაცვლილზე, ისე ვსაუბრობდი ჩემს ნაწერებში.

არ მწამს მე იმ ხალხისთვის ძეგლების დადგმა, რომლებიც ჩვენს გულებში ისევ ცოცხლობენ, და ვისი ძვლებიც ჩვენს გარშემო ჯერ კიდევ არ ჩაშლილან მიწაში, მაგრამ მასაჩუსეცის პარლამენტის ეზოში ნებისმიერი სხვა კაცის ქანდაკების დადგმას, მირჩევნია ისევ კაპიტან ბრაუნის ძეგლი აღვმართოთ. მიხარია, რომ ამ ხანაში მომიწია სიცოცხლე და ამ გმირი კაცის თანამედროვეობა მხვდა წილად.

რა თავზარდამცემი განსხვავებაა, როცა ყურადღება ჯონ ბრაუნიდან იმ პოლიტიკური პარტიისკენ გადაგვაქვს, რომელსაც ამ გმირი კაცისა და მისი მიზნების გზიდან ჩამოშორება ეჩქარება, და თვალებს აქეთ-იქით აცეცებს, რომ პოლიტიკური კანდიდატობისთვის ვინმე მონათმფლობელი გამონახოს, რომელიც ყველა შტატში მონობას თუ ვერ დააკანონებს, იმას მაინც იზამს, "ლტოლვილი მონის"[213] და კიდევ ყველა სხვა ასეთი უსამართლო კანონი, რომლის გაუქმებასაც ჯონ ბრაუნი ცდილობდა, პირნათლად აღასრულოს და სამხრეთის შტატებს ჩრდილოეთში გაქცეული თავისი მონების უკან დაბრუნებაში შეუწყოს ხელი.

გიჟიო?! მამა და ექვსი ვაჟიშვილი, და ერთიც კიდევ სიძე, და ამათ გარდა კიდევ რამდენიმე კაცი – სულ მცირე თორმეტი მოციქული – ნუთუ გჯერათ, რომ შესაძლებელია, ამდენ ხალხს ერთად და ერთდროულად სიგიჟემ დარია ხელი?![214] სიგიჟე და ჭკუაშეშლილობა ისაა, თავად მთელი

---

213 კომპრომისის შედეგად მიღებული 1850 წლის "ლტოლვილი მონის" შესწორებული კანონპროექტით მონათმფლობელებს მიეცათ "უფლება გაქცეული მონების დაჭერის მიზნით ამერიკის გაერთიანებული შტატების ნებისმიერ წერტილში რაზმის ჩამოყალიბებისა." კერძო პირები, რიგითი მოქალაქეები ვალდებულები იყვნენ მონათმფლობელს დახმარებოდნენ და, საჭიროების შემთხვევაში, მისი ერთი თითის დაქნევით, ასეთ სამხედრო რაზმებში გაწევრიანებულიყვნენ.

214 თოროუს მსჯელობა ძალიან ჰგავს ციცერონისას. თავის ბრწყინვალე შრომაში "დე რე პუბლიკა" ანუ "რესპუბლიკა" ციცერონი უდიდეს რომაელ მამულიშვილზე, მარკუს კატოზე (234-149 ჩ.წ-მდე) საუბრობს. ციცერონის თანახმად. კატო (ანუ კატონი), ისევე როგორც ჯონ ბრაუნი, მოხუცებულობაშიც კი აქტიურად იღვწოდა ერისთვის და მამულისთვის. ჯონ ბრაუნისა არ იყოს, კატოს არ დასცალდა პენსიაში გასვლა, სოფლად მოსვენება და სიბერის "ტკბილად" გატარება. ჯონ ბრაუნისა არ იყოს, კატოსაც "გიჟს" ეძახდნენ, რადგან ის გაფაციცებით სამშობლოსთვის იღვწოდა დღემარად. აი, რას ამბობს ციცერონი მარკუს კატოს შესახებ: "მაგრამ ეს მანიაკი, როგორც მას ზოგიერთი ვაი-ფილოსოფოსი ეძახდა, უკიდურესი სიბერის ჟამსაც კი სამშობლოსთვის იღვწოდა და მუდამ საერო საქმეში იყო ჩაბმული, მიუხედავად იმისა რომ მას არც ფული აკლდა და არც სარჩო-საბადებელი. გაზარმაცებული ვაი-ფილოსოფოსები რომ მშვიდ, არხეინ და ადვილ ცხოვრებას ქადაგებდნენ, ეს კაცი მამულის გადასარჩენად ყველაზე რთული და შრომატევადი გზით აგრძელებდა ცხოვრობას თავისი

ამ ქვეყნის მმართველი კვლავაც რომ დესპოტივით წამომჯდარა და ჩვენს სამშობლოსა და მის ოთხ მილიონ მონას უფრო მეტი სიმტკიცით მართავს და იმონებს, მისი წამქეზებელი და დამქაში ათასობით მეტად ჭკუიანი რედაქტორი კი ცდილობს, რომ მონობის მხარდაჭერით ეს სამშობლო და მისი უსამართლობით გადავსებული ბედელი დაიცვას. სიგიჟე არ ყოფილა კანზასში ამ კაცის საქმიანობა. თავად დესპოტს შეეკითხეთ, რომელია მისთვის ყველაზე საშიში მტერი, გიჟი თუ ჭკვიანი? ათასობით ადამიანი, რომელიც ჯონ ბრაუნს პირადად იცნობს, რომელიც სიხარულით ცას ეწია კანზასში მის მიერ მიღწეული წარმატებების გამო, და რომელიც ამ გმირ კაცს მატერიულ დახმარებას უწევდა, აბა ამ ხალხს ჰკითხე, გიჟი თუა კაპიტანი ბრაუნი? მათთვის, ვინც ამ სიტყვას კაპიტანი ბრაუნის სახელთან ხშირად მოიხსენებს, მისი გამოყენება უბრალო ტროპს[215] წარმოადგენს, და მეტს არაფერს, და ეჭვიც არ მეპარება, რომ ბევრმა ადამიანმა, რომელიც ჯონ ბრაუნს გიჟს ეძახდა, თავისი აზრი გადათქვა და დაუფიქრებლად წამოსროლილი სიტყვა უკვე უკან წაიღო.

წაიკითხეთ თეთრი შურით შესაშური მის მიერ მეისონის[216] და სხვებისადმი გაცემული პასუხები. როგორ ჯუჯავდებიან, როგორ მარცხდებიან ისინი კაპიტან ბრაუნის სიტყვებით! რა დიდი სხვაობაა მათ შორის! ერთ მხარეს, ნახევრად მხეცური, ნახევრად ლაჩრული დაკითხვა; მეორე მხარეს კი მეხივით ნათელი და ძალუმი სიმართლე, რომელიც მათ უშვერ კერპებს ამსხვრევს და წარმართულ სალოცავებს ანადგურებს. ისინი პილატეს, გესლერის და ინკვიზიტორების[217] გვერდით დგომას იმსახურებენ. რამდენად არარაულია მათი მეტყველება და ქმედება! და რამდენად დიდი უაზრობაა მათი დუმილი! ეს ჯალათები ამ დიდი ტრაგედიის უმწეო იარაღები არიან მხოლოდ. მიწიერ ძალას როდი შეუკრებია ესენი ამ გმირი მქადაგებლის გარშემო?

ამ უკანასკნელი წლების განმავლობაში რისთვის აგზავნიდა მასაჩუსეცი თავის *ჭკუიან* წარმომადგენლებს კონგრესში? — რომელი აზრის, გნებავთ, გრძნობების საჯაროდ განსაცხადებლად? მთელი ამათი ლაყბობა რომ შეაქუჩო, ერთად შეკრა, დაადუღო და ბადაგი გამოადინო — რასაც, ალბათ, თვითონაც აღიარებენ — კაცური პირდაპირობით და უდრეკელობით, და უბრალო სიმართლით ჰარფერზ ფერის საქვაბეში გიჟი

---

215 ტროპი – კაზმულსიტყვაობის ერთ-ერთი ხერხია, როგორც, მაგალითად, მეტაფორა ან სილოგიზმი. ტროპია, მაგალითად, აფორიზმი, არქაიზმი, ჰიპერბოლა და მეტაფორა.

216 ჯეიმზ მურეი მეისონი (1798-1871) – ჯერ კონგრესმენი და მერე სენატორი ვირჯინიის შტატიდან, "ადამიანთა უფლებების" მამამთავრის და ამერიკის ერთ-ერთ "დამაარსებელ მამად" წოდებული, ჯორჯ მეისონ IV-ის შვილიშვილი. ბრაუნის დაპატიმრების მეორე დღესვე ჩამოვიდა ის ჰარფერზ ფერიში. შემდგომში, ჯეიმზ მურეი მეისონი გახლდათ სამოქალაქო ომის განმავლობაში კონფედერაციის (სამხრელი მონათმფლობელი შტატების ერთობის) რწმუნებული დიდ ბრიტანეთსა და საფრანგეთში 1861-1865 წლებში.

217 პონტოელი პილატე – რომაელი გუბერნატორი, რომელმაც მაცხოვრის, იესუ ქრისტეს ჯვარცმა ბრძანა; ალბრეხტ გესლერი – XIV საუკუნის დესპოტი. ლეგენდის თანახმად, მან პატრიოტ გმირს, ვილიამ თელს უბრძანა, რომ საკუთარი შვილის თავზე ვაშლი დაედო და მიზანში ამოეღო; ინკვიზიცია – კათოლიკური ეკლესიის გრძელვადიანი დამსჯელობითი კამპანია, ვითომცდა იმ საბაბით, რომ ერეტიკოსობა აღკვეთილიყო. ინკვიზიცია გახლდათ დაუძინებელი მტერი ყველა მოაზროვნის, განსაკუთრებით კი, მეცნიერების და ფილოსოფოსებისა, ვინც რომის პაპის დიქტატს არ ემორჩილებოდა. სწორად კათოლიკე ანუ რომაელმა ინკვიზიტორებმა დაწვეს კოცონზე ჯორდანო ბრუნო, იმის გამო, რომ მან დედამიწის სიმრგვალე არ უარყო. პილატე, გესლერი და ინკვიზიტორები დესპოტობის სიმბოლოდ აქვს თოროუს ნახმარი.

ჯონ ბრაუნის მიერ უბრალოდ გამოთქმულ ორიოდ შენიშვნასაც ვერ შეედრებიან – იმ უბრალო და მართალი კაცის უბრალოდ გამოთქმულ მართალ სიტყვას, რომელსაც იმდენს იზამთ, სადაცაა ჩამოახრჩობთ, იმის ნაცვლად, რომ *თქვენს* წარმომადგენლად აირჩიოთ და კონგრესში თქვენი ინტერესების დასაცავად გაგზავნოთ. არა! ის არანაირად არ იყო ჩვენი წარმომადგენელი. იგი ბევრად უფრო დიდსულოვანი, კეთილშობილი კაცი იყო, რომ ჩვენნაირი სულმდაბალი და უჯიშო ხალხის წარმომადგენლობა ეკადრა. მაშინ, ვინ *იყვნენ* ამ კაცის ამომრჩეველნი და ვისი წარმომადგენელი იყო ის ამქვეყნად? ყოველივე იოლი მისახვედრია, მის სიტყვებს გულისყურით თუ წაიკითხავთ. მასში არ არის ფუჭი ენამჭევრობა, არც შეთითხნილი, არც შელამაზებული საუბარი, არც პირფერობა და მჩაგვრელის ქება არაა მის ლაპარაკში. თავად ჭეშმარიტება შთააგონებს მას, და თავად გულწრფელობა აშალაშინებს და ხვეწს მის წინადადებებს. ის ადვილად შეელეოდა ბრძოლაში თავისი მახვილი შაშხანების დაკარგვას, რადგანაც მახვილი მეტყველების ნიჭით შეეძლო ბრძოლის გაგრძელება – და ეს მეტყველება შარფის შაშხანაზე[218] უსასრულოდ უფრო მახვილი და შორს მტყორცნი იარაღი იყო მისი.

და ნიუ იორკ *ჰერალდი* მის სიტყვებს *სიტყვა-სიტყვით* გადმოსცემს. მან არ იცის, რა დიდი პატივი ხვდა წილად, რომ ამ გმირი კაცის უკვდავი სიტყვების ჭურჭლად იქცა დღეს.

ჩემთვის ჩალის ფასი აქვს იმ კაცის შეხედულებას, რომელსაც კაპიტან ბრაუნის საუბრის ანგარიში სიტყვა-სიტყვით წაუკითხავს, მაგრამ ამ სიტყვების მთავარ გმირს მაინც გიჟს უწოდებს. ჯონ ბრაუნის სიტყვაში გონიერებაზე უფრო დიდი გონიერება გამოსჭვივის, ვიდრე ცხოვრების წეს-რიგსა და ზნე-ჩვეულებებში, ვიდრე ჩვეულებრივი ორგანიზაციების უსაფრთხო დინებაში. ამოირჩიეთ ამ სიტყვის ნებისმიერი წინადადება – "თანახმა ვარ, ყველა იმ შეკითხვას ვუპასუხო, რაზეც პასუხის გაცემა მხოლოდ პატიოსნად და ღირსეულად ხელმეწიფება[219] და არა სხვაგვარად. თავად ჩემი აზრი თუ გაინტერესებთ, მე ყველაფერი წრფელად მოვყევი. მე ჩემს სიტყვას ვაფასებ, ბატონებო." იმათაც კი, ვინც ამ კაცის სულს შურისმაძიებლობის გრძნობით გამსჭვალულად მოიხსენიებს, – არადა სინამდვილეში მისი გმირობის თეთრი შურით შურს, – იმათაც ისე აქვთ გონების თვალი დაბრმავებული, რომ ღირსეული კაცის ცნობა არ შეუძლიათ, ჟანგით შეჭმულთ არ ძალუძთ ამ ოქროს კაცთან სრული ერთობა, მასზე სრულებით კარგის თქმაც სწორად ამიტომ არ ძალუძთ მათ. ისინი ხომ თავიანთი კომენტარებით მხოლოდ თავიანთ წიდას ურევენ ამ კაცის ოქროს.

---

218 შარფის შაშხანა – "შარფის შაშხანის საწარმოო კომპანია" დაარსდა 1855 წელს კონექტიკუტის შტატის ქალაქ ჰართფორდში. ეს ფირმა აწარმოებდა ამერიკაში ყველაზე მეტად გავრცელებულ და ერთ-ერთ ყველაზე საუკეთესო შაშხანებს, რომლებიც მხოლოდ ლულის უკანა მხრიდან იტენებოდა.

219 კაპიტანი ბრაუნი და მისი რაზმის რამდენიმე წევრი 18 ოქტომბერს დილით დაიჭირეს. იმავე დღეს შუადღისას, დაჭრილ ჯონ ბრაუნს, რომელიც ჰარფერზ ფერის თოფის ქარხნის ერთ-ერთ ოთახში იატაკზე იწვა, მთავრობის და პრესის წარმომადგენლებმა სამსაათიანი დაკითხვა მოუწყეს. ეს დაკითხვა გაზეთებში უმალ გამოქვეყნდა. თოროუ "ნიუ იორკ ჰერალდში" 21 ოქტომბერს დაბეჭდილი სტატიიდან ახდენს ციტირებას. როდესაც ვირჯინიის სენატორმა, მეისონმა, ბრაუნს ჰკითხა, "რამდენი კაცია შენთან ერთად ამ მოძრაობაში ჩართული?" ბრაუნმა პასუხი აღარ გასცა, რადგამ კაპიტანმა ბრაუნმა თავიდანვე განუცხადა დამკითხველებს, რომ ის მხოლოდ მისდამი დასმულ შეკითხვებს უპასუხებდა, "სხვების შესახებ დასმულ შეკითხვებს კი – არა".

გულზე ცოტა მოგეშვება, როცა კაცი ამ ცილისმწამებლებს მოეშვები და შედარებით მართალი, მაგრამ შეშინებული, ციხის ზედამხედველებისა და ჯალათების ჩვენებას მოისმენ. თავად ვირჯინიის გუბერნატორი ვაიზიც [220] კი ბევრად უფრო სამართლიანად, ერთგვარი მადლიერებით საუბრობს კაპიტან ბრაუნზე, ვიდრე ნებისმიერი ჩვენებური ჩრდილოელი რედაქტორი ან პოლიტიკოსი, ან კიდევ საჯარო მოღვაწე. ვიცი, არ გაწყენდათ, გუბერნატორის სიტყვები მეორედაც მოგესმინათ. აი, რას ამბობს ის: "თავად ისინი ცდებიან, ვინც ჯონ ბრაუნს გიჟად მიიჩნევენ... ის მშვიდი, გაწონასწორებული და შეუპოვარი კაცია, და თავად სამართლიანობა მოითხოვს იმის აღიარებას, რომ კაპიტანი ბრაუნი ადამიანურად ეპყრობოდა ბრძოლაში დატყვევებულთ... და მან, როგორც სიმართლის მოყვარულმა კაცმა, სიმართლისადმი თავისი დიდი ერთგულებით, მართლაცდა აღმაფრთოვანა. ის არის ფანატიკოსი, ამაყი და სიტყვამრავალი," (აქ კი ცდება ბატონი ვაიზი და მის აზრს არ ვიზიარებ), "მაგრამ მტკიცე, მართალი და გონიერი კაცი. მისი რაზმელებიც, რომლებიც სიკვდილს გადაურჩნენ და ცოცხლად შევიპყრეთ, მას ჰგვანან... პოლკოვნიკი ვოშინგთონი[221] ამბობს, რომ მიუხედავად იმისა, რომ კაპიტანი ბრაუნი ხიფათსა და სიკვდილს ყოველ წამს სახეში შეჰყურებდა, ის ყველზე მშვიდი და მტკიცე კაცია, ვინც მას სიცოცხლეში თვალით უნახავს. მიუხედავად იმისა, რომ ერთი შვილი მის გვერდით მკვდარი იწვა, და მეორეც ახლად იყო ტყვიით გაგლეჯილი, ის ერთი ხელით მომაკვდავი შვილის პულსს სინჯავდა, მეორე ხელში შაშხანა ეჭირა, და თან თავის რაზმელებს დიდი სიმშვიდით აძლევდა ბრძანებებს, აგულიანებდა, რომ სიმტკიცე შეენარჩუნებინათ, და თავიანთი სიცოცხლე რაც შეიძლება ძვირად და გონივრულად გაეწირათ სამშობლოსთვის. ისე მყარად იდგნენ, რომ სამი დატყვევებულიდან არც კი ვიცი, რომელი იდგა ყველაზე მტკიცედ ბრაუნი, სთივენსი[222] თუ ქაფოქი."[223]

ეს გმირები, ალბათ, პირველი ჩრდილოელი კაცები იყვნენ, რომელთა მიმართაც სამხრელ მონათმფლობელს ძალაუნებურად პატივისცემის გრძნობა გაუჩნდა.

ბატონი ველენდიგემის [224] ჩვენება, თუმცა ნაკლებად ღირსშესანიშნავი, იგივეს ადასტურებს, რომ "ფუჭი საქმე იქნება, რომ სათანადოდ არ დავაფასოთ ან თავად ეს გონიერი კაცი, ანდა მის მიერ მოწყობილი გონივრული შეთქმულება... შეუძლებელია, ამ კაცს

---

220 ჰენრი ალეგზანდა ვაიზი (1806-1876) – 1855 წელს ვირჯინიის შტატის გუბერნატორად აირჩიეს მას შემდეგ, რაც თავისი პოლიტიკური საამომრჩევლო კამპანია "არაფრის მცოდნეების" წინააღმდეგ წარმართა. ის აცხადებდა, რომ "არაფრის მცოდნეები" სინამდვილეში შენიღბული აბოლიშენისტები იყვნენ. 1859 წლის 2 დეკემბერს ჯონ ბრაუნის ჩამოხრჩობა ერთ-ერთი უკანასკნელი საქმე იყო, რაც მის ადმინისტრაციას დასცალდა.

221 ლუის ვილიემ ვოშინგთონი – 17 ოქტომბრის დილას ჯონ ბრაუნის რაზმი პოლკოვნიკ ვოშინგთონის სახლში შეიჭრა და აიძულეს, თავისი ოთხი მოსამსახურით, მათთან ერთად ჰარფერზ ფერიში წამოსულიყო. პოლკოვნიკი ვოშინგთონი ამერიკის პირველი პრეზიდენტის, ჯორჯ ვოშინგთონის დის შვილიშვილის შვილი გახლდათ.

222 ერონ დი. სთივენსი – კაპიტან ბრაუნის თანამებრძოლი, რომელსაც ჯონ ბრაუნი პირველად 1856 წელს შეხვდა ნებრასკაში.

223 ედვინ ქაფოქი – 24 წლის ყმაწვილი აიოვას შტატიდან, ბრაუნის თანამებრძოლი. ბრაუნსა და ქაფოქს მხოლოდ ერთი წლის ნაცნობობა ჰქონდათ.

224 18 ოქტომბერს ვირჯინიის შტატის გუბერნატორი, ჰენრი ვაიზი, სენატორი ვირჯინიის შტატიდან ჯეიმზ მეისონი და კონგრესმენი ოჰაიოს შტატიდან, ქლემენთ ველენდიგემი ჩამოვიდნენ ჰარფერზ ფერიზე ჯონ ბრაუნის დასაკითხად.

ჩვეულებრივი ყალთაბანდი, ფანატიკოსი ან გიჟი უწოდო, ის ხომ ყოველივე ამ სიგიჟისგან ყველაზე შორს დგას.”

“მშვიდობაა ჰარფერზ ფერიზე” ამბობენ ჟურნალები. ნუთუ მშვიდობაა ის მშვიდობა, უსამართლო კანონის და მონათმფლობელის გამარჯვების შედეგად რომ დამყარდა? მიმაჩნია, ეს ტრაგედია ზეცამ სწორად იმიტომ დაუშვა, რომ მთავრობის ბოროტებას შუქი მოჰფენოდა და ხალხისთვის ამ ბოროტი მთავრობის კიდევ უფრო ბოროტი ხასიათი ცხადი გამხდარიყო. ჩვენ ზეცისგან სწორად ასეთი დახმარება გვჭირდებოდა, რომ ჩვენი მრუდე ყოფა ისტორიულ კონტექსტში დაგვენახა. როდესაც მთავრობა უსამართლობას უჭერს მხარს, რასაც იგი მონობის შენარჩუნებითა და თავისუფლებისთვის თავდადებული გმირების ხოცვით ჩადის, მაშინ ის თავის თავს, როგორც მხეცურ ძალას, ან, უფრო უარესიც, როგორც დემონურ ძალას, ისე ამჟღავნებს. ასეთი მთავრობა არამზადებისა და “მურტალსახიანების”[225] თავიდათავია. მისი არსებობით აშკარად ჩანს, რომ ამ წუთისოფელს დესპოტობა განაგებს. ნათლად ვხედავ, რომ კაცობრიობის ჩაგვრის ბოროტ საქმეში ეს მთავრობა საფრანგეთს და ავსტრიას შეჰკვრია.[226] ამ ქვეყანაში, ერთის მხრივ, წამომჯდარა მთავრობა, რომელიც ოთხ მილიონ ბორკილდადებულ მონას ჩაბღაუჭებია; მეორე მხრივ, განმანთავისუფლებელი გმირი კაცი მოდის უსამართლობის დასამარცხებლად. ეს უკიდურესად ფარისევლური, ჰიპოკრიტული, პირმოთნე და ეშმაკებრი მთავრობა თავისი ტახტრევანდიდან საწყალი თვალებით ახედავს ხოლმე ამ სულშეხუთულ ოთხ მილიონს, და უმანკოების ნიღაბს ამოფარებული კითხულობს, “რისი გულისთვის მიტევთ? განა მე მართალი კაცი არ ვარ? სასწრაფოდ შეწყვიტეთ ამ საკითხზე თქვენი ღელვა-კამათი, თორემ თქვენც ამათსავით დაგიმონებთ, ან სულაც ჩამოგახრჩობთ.”

ბევრს ვსაუბრობთ ხოლმე წარმომადგენლობით მთავრობაზე; კი, მაგრამ რაოდენ საშინელი ურჩხულია ის წარმომადგენლობითი მთავრობა, რომლისთვის გონების სულგრძელობა და გულის *სიმრთელე* არაფერს *წარმოდგენს*! ასეთი მთავრობა მხეცს, ნახევრად-ადამიან ვეფხვკაცს ან ხარკაცს წააგავს, რომელიც გულამოგლეჯილი და გონებამოძარცულია, და დედამიწაზე ცხოველური მძვინვარებით დათარეშობს. მომხდარა ისეც, რომ თურმე ფეხებაფეთქებულ გმირებს მაინც გაუგრძელებიათ ბრძოლა ტაკვებით, აი, გულამოგლეჯილ და გონებამოძარცულ მთავრობას რომ სიკეთე ექეთებინოს, ეს კი არც არასოდეს მომხდარა და არც არასოდეს გამიგია.

ერთად-ერთი მთავრობა, რომელსაც მე ვცნობ და აღვიარებ – და მნიშვნელობა არა აქვს თუ რამდენი კაცია მის სათავეში ანდა რაოდენ მცირერიცხოვანია მისი ჯარი – არის ძალა, რომელიც ქვეყნად

---

[225] “ფლაგ-აგლიზ” ანუ “მურტალსახიანები” – 1854-1860 წლებში მერილენდის ქალაქ ბოლთიმორში დიდი სისასტიკით გამორჩეული ბოროტმოქმედების ერთ-ერთი ბანდა, რომელიც დაშინებით და მუქარით ხალხს ამა თუ იმ პოლიტიკური გადაწყვეტილებისკენ უბიძგებდა. საქართველოს ისტორიაში მსგავსი დამნაშავეთა ბანდა გახლდათ 1990-იან წლებში არსებული “მხედრიონი”, ეგრეთწოდებული “კანონიერი ქურდის”, მკვლელის, რუსეთის იმპერიის აგენტის, ჯაბა იოსელიანის მეთაურობით, რომელიც იმპერიალისტური რუსეთის მიერ საქართველოში ქართველობის ჩაკვლის მიზნით იყო შექმნილი, წაქეზებული და ხელშეწყობილი.

[226] საფრანგეთი და ავსტრია – 1859 წელს საფრანგეთს და ავსტრიას ავტოკრატი დესპოტები მართავდნენ: საფრანგეთს – ნაპოლეონ III (1808-1873), ავსტრიას – იმპერატორი ფრანც იოსეფი (1830-1916).

დოქტორი სამუელ გრიდლი ჰაუ
Dr. Samuel Gridley Howe

თომას ვენტვორთ ჰიგინსონი
Thomas Wentworth Higginson

თიოდორ ფარქა
Theodore Parker

ფრენქლინ სენბორნი
Franklin Sanborn

გერიდ სმითი
Gerrit Smith

ჯორჯ ლუთა სთერნზი
George Luther Stearns

საიდუმლო ექვსეული.
THE SECRET SIX.

ყოველთვის სამართალს აწესებს, და არასოდეს არაა ის, რომელიც მუდამ უსამართლობას აწესებს. რა უნდა ვიფიქროთ იმ მთავრობაზე, რომელსაც ამქვეყნად ყველა ჭეშმარიტად მამაცი და სამართლიანი კაცი მტრად მიაჩნია, რადგან ასეთი გმირი ამ მთავრობასა და მის მიერ დაჩაგრულ ხალხს შორის დაბრკოლებად აღმართულა. ეს ის მთავრობაა, რომელიც დღეს თავს ქრისტეანად გვაჩვენებს, და ამასობაში ის მილიონ ქრისტეს ჯვარს აცვამს ყოველდღე.

ღალატიო?! გმირებთან ღალატს რა უნდა?[227] არ ძალმიძს, თქვენზე ისე არ ვიფიქრო, როგორც იმსახურებთ, თქვე მართლა მთავრობებო. ნუთუ გგონიათ, რომ თავად ფიქრის შადრევნების დაშრობა შეგიძლიათ? განა ღალატია, როცა გმირები აქ დესპოტების წინააღმდეგ შეთქმულებას აწყობენ და თავად დესპოტობას ეწინააღმდეგებიან, როცა ეს წინააღმდეგობა იმ ზეციური წყაროდან იღებს დასაბამს, რომელსაც თავად ადამიანი შეუქმნია და მის შექმნას დღესაც აგრძელებს? სწორად ზეცაში იღებს სათავეს თქვენს წინააღმდეგ ბრძოლა. და როდესაც თქვენ ყველა ეს უბრალო მიწიერი და მოკვდავი მეამბოხე დაიჭირეთ და ჩამოახრჩეთ, არ გეგონოთ, საკუთარი ბრალის და დანაშაულის გარდა რამესთვის მიგეღწიოთ, რადგანაც თქვენ თავად ამ აჯანყების ზეციური თავკაცისთვის ზიანი ვერ მიგიყენებიათ. თქვენ თავს გიდვიათ ისეთ მტერთან ბრძოლა, რომლის მიზანში ამოღებაც ვესტ ფოინთის სამხედრო აკადემიის კადეტებს[228] და ზარბაზნებს არ ძალუძთ. ნუთუ გგონიათ, რომ, რაც არ უნდა დიდი ბოროტება ჩააქსოვოს ზარბაზანს მისმა მჭედელმა, ზარბაზანი თავის შემოქმედს, და დედამიწის ზურგზე ყველა უსულო თუ სულიერი საგნის შემოქმედს, მოუბრუნდება და სროლას გაუბედავს? ნუთუ გგონიათ, რომ ზარბაზნისთვის მინიჭებული ფუნქცია მას საკუთარი ბუნებისა და საკუთარი შემოქმედის წინააღმდეგ განაწყობს?

ამერიკის გაერთიანებულ შტატებს ოთხი მილიონი მონა ჰყავს ერთიგად ჩამწკრივებული და ბორკილდადებული. ამერიკას გადაწყვეტილი აქვს, რომ მათი ყოლა გააგრძელოს; და ჩვენი მშობლიური მასაჩუსეცი ამ კონფედერაციის ერთ-ერთი სრულუფლებიანი წევრია, რომლესაც მონების ზედამხედველობა და მათთვის გაქცევის აღკვეთა ევალება. მასაჩუსეცის ყველა ბინადარი ასეთი არ არის, მაგრამ ასეთია ყველა ის მასაჩუსეცელი, ვისაც ან სამთავრობო ძალაუფლება აქვს ხელში ჩაგდებული ან ვინც ამ ძალაუფლებას უსიტყვოდ მორჩილებს. დაიხ, ეს მასაჩუსეცი იყო, და არამარტო ვირჯინია, რომელმაც ჰარფერზ ფერის აჯანყება ჩაახშო. სწორად მან გაგზავნა თავისი საზღვაოსნო ჯარის საგანგებო დანიშნულების რაზმი იქ და *სწორად მას მოუწევს ამ ცოდვაზე პასუხისგება.*[229]

---

[227] ჯონ ბრაუნს ბრალად ედებოდა მკვლელობა, მონების ასაჯანყებლად შეთქმულების მოწყობა და ვირჯინიის შტატის ღალატი. როგორც ეს ბევრმა აღნიშნა (განსაკუთრებით კი – ისტორიკოსებმა), "ღალატი", კანონს თუ გავითვალისწინებთ, უსაფუძვლო ბრალდება იყო, – ჯონ ბრაუნი ხომ ვირჯინიის შტატის მოქალაქე არასოდეს ყოფილა, არანაირი ვალდებულება არ ჰქონდა მას ამ შტატის წინაშე და, აქედან გამომდინარე, მისი "მოღალატეც" ვერასოდეს იქნებოდა.

[228] ვესთ ფოინთი – ამერიკის გაერთიანებული შტატების უძველესი და უმთავრესი სამხედრო აკადემია, რომლის დამთავრებისას კადეტებს ბაკალავრის ხარისხი და სამხედრო ოფიცრის წოდება ენიჭებათ. აკადემია ტერიტორიულად ნიუ იორკის შტატის სამხრეთ-აღმოსავლეთში მდებარეობს.

[229] ამერიკის პრეზიდენტმა, ჯეიმზ ბიუქენენმა ჰარფერზ ფერიზე იერიშის პირველივე დღეს გასცა ბრძანება და იქ სამი სამხედრო კომპანია (ჯარი, არმია ანუ საჯარისო ერთეული, რომელიც 75-200 კაცისგან შეგდება) და ოთხმოცდაათი საზღვაო ჯარის ფეხოსანი

წარმოიდგინეთ, ვთქვათ და, არსებობს ჩვენს შტატში ისეთი ორგანიზაცია, რომელიც თავისი ჯიბით, თავისი დიდსულოვნებით ჩვენი შტატის საზღვრამდე მოსული ყველა ლტოლვილი მონის გადარჩენას ახერხებს, და ჩვენს ფერადკანიან ძმებს, ჩვენს ზანგ თანამოქალაქეებს იცავს და მფარველობას უწევს, მოჰყავს ჩვენს სოფლებში და ქალაქებში და დანარჩენს მთავრობას ანდობს. ნუთუ ვერ ხედავთ, რომ ასეთი საშტატო მთავრობა თავისი უმოქმედობით თავის დანიშნულებას თვალისდახამხამებაში კარგავს და ადამიანთა მთელი მოდგმისთვის გულისამრევი რამ ხდება? თუ კერძო ადამიანები თავს ვალდებულად თვლიან მთავრობის საკეთებელი აკეთონ, დაუცველი თანამოქალაქეები დაიცვან და ქვეყანაში სამართლის გავრცელებას შეუწყონ ხელი, ნუთუ ვერ ხვდებით, რომ ასეთ შემთხვევაში მთავრობას მარტივი საქმეებისა და წვრილმანი სამსახურის საკეთებლად უბრალოდ დაქირავებული კაცის, ან კლერკის როლი ერგება? ეჭვიც არ შეგეპაროთ, რომ მთავრობა კი არა და მთავრობის ნაგლეჯია ის მთავრობა, რომლის ჟამსაც თანამოქალაქეების უფლებების დასაცავად ხალხი იძულებულია, "სიფხიზლის კომიტეტი"[230] შექმნას. და გინდაც რომ თავად ბრძენი ორიენტელი ყადი[231] იყოს, თუ მის გარშემო საჭიროება "სიფხიზლის კომიტეტის" შექმნას მოითხოვს, მაშინ ამ ყადის ფასიც გროშია მხოლოდ. ჰოდა, სამწუხაროდ, ასეთია ჩვენი ჩრდილოეთის შტატების ზოგადი ხასიათი; თითოეულ მათგანს "სიფხიზლის კომიტეტი" ესაჭიროება და ჰყავს კიდეც. და ყველაზე განსაცვიფრებელი ისაა, რომ ეს გადარეული მთავრობები თავად აღიარებენ საკუთარ უუნარობას და "სიფხიზლის კომიტეტის" არსებობის საჭიროებას, და, გარკვეულწილად, თანხმობასაც აცხადებენ ასეთ ურთიერთობაზე. ფაქტიურად ისინი ამბობენ: "ჩვენ მოხარულნი ვართ ერს ასეთი პირობებით ვემსახუროთ, ოღონდაც დიდ ხმაურს ნუ ატეხთ და ქვეყანას ნუ მოსდებთ ამ ამბავს." აი ასე, გაინაღდებს რა ხალხისგან ხელფასის აღებაზე გარანტიას, უკანა რიგში გადაინაცვლებს, თან კონსტიტუციასაც წაიყოლებს, ზის თავისთვის, ხალხისგან და ამ ხალხის საჭირბოროტო საკითხებისგან სრულად მოკვეთილი მთავრობა, და მთელ თავის დროსა და შრომას ამ კონსტიტუციაში ცვლილებების და შესწორებების შეტანას ახმარს. როდესაც მთავრობაზე გავიგებ ხოლმე, მუშაობსო, მეღიმება და, საუკეთესო შემთხვევაშიც კი, იმ გლეხებს მაგონებს, რომელთაც ზამთარში კასრების კეთების საქმით თავის გართობა და დამატებითი ორი კაპიკის გაკეთება გადაუწყვეტიათ. თუმც საკითხავია, რა სახის საქონელი ინახება ან იმათ კასრებში, ან ჩვენს

სპეცდანაყოფის ჯარისკაცი (ამერიკულად "მარინ" ჰქვია) გაამწესა. თუმცა იურიდიულად ორივე ჯარი ფედერალური ჯარია, ამ ოთხმოცდაათი საზღვაო ჯარის ფეხოსანი სპეცდანაყოფის ჯარისკაციდან ბევრი მასაჩუსეცელი იყო. ამას გარდა, ფედერალური ჯარის შენახვა ყველა შტატს ევალებოდა და, აქედან გამომდინარე, მასაჩუსეცსაც მიუძღვოდა ამ უსამართლო ჯარის შენახვაში დიდი წვლილი. მასაჩუსეცი სიტყვით მონის განთავისუფლებას უჭერდა მხარს, საქმით კი – იმ ჯარს, რომელმაც ამ მონების განმანთავისუფლებელი გმირები მოკლა.

230 "ჩრდილოეთის სიფხიზლის კომიტეტი" ლტოლვილ მონებს უზრუნველყოფდა საკვებით, ტანსაცმლითა და თავშესაფრით, და ეხმარებოდა კანადაში გადაპარვაში. კანადა არ სცნობდა "ლტოლვილი მონის კანონს". თოროუ ამ კომიტეტის წევრი იყო. ბოსტონში ასეთი კომიტეტების ჩამომყალიბლებლები იყვნენ რეფორმისტი სამუელ გრიდლი ჰაუ (1801-1876) და მღვდელი თიოდორ ფარქა (1810-1860). ისინი "საიდუმლო ექვსეულის" წევრები გახლდნენ – ეს იყო მდიდარი ამერიკელების ექვსეული, რომელიც ფარულად ჯონ ბრაუნს აფინანსებდა. "საიდუმლო ექვსეულმა" წინასწარ იცოდა, რომ კაპიტანი ბრაუნი მისი რაზმით ჰარფერზ ფერის უნდა დასხმოდა თავს.

231 ორიენტელი ყადი ანუ აღმოსავლელი ქადი, ქაზი ან კადი – მუსლიმანურ ქვეყნებში მოსამართლე, რომელიც შარიათის მიხედვით ასამართლებს ხალხს. შარია ისლამური კანონების კრებულია.

მთავრობაში? ეს მთავრობა აქციებზე სპეკულირებს, და წიაღისეულის მოსაპოვებლად მთებში გვირაბებს თხრის, აი, ოდნავ რიგიანი გზა რომ დააგოს, ამის გაკეთება კი არ შეუძლია. ერთად-ერთი *უფასო* გზა, "მიწისქვეშა რკინიგზა",[232] თავად "სიფხიზლის კომიტეტს" ეკუთვნის და თავად ეს კომიტეტი განაგებს მას. *ამათ* კი მთელი მიწა გადაუთხრიათ წიაღისეულის მოსაპოვებლად. ასეთი მთავრობა ძალაუფლებასა და ხალხის პატივისცემას ისევე კარგავს, როგორც გაბზარული ჭურჭელი, და ეს ძალაუფლებაცა და ხალხის ეს პატივისცემაც ნელ-ნელა იმ ჭურჭელში ჩაედინება, რომელიც საღია და გაუბზარავი.

ხანდახან მესმის ხოლმე, როგორ ჰგმობენ ამ გმირებს მხოლოდ იმიტომ, რომ ისინი ბევრნი არ იყვნენ და ერის უმცირესობას შეადგენდნენ. მაგრამ კარგი და ვაჟკაცი უმრავლესობას როდი შეადგენდა ამქვეყნად?![233][234] რა გინდათ, რომ ჯონ ბრაუნსა და მის თანამებრძოლებს ამ დღემდე ეცადათ? – მანამდე ეცადათ, სანამ თქვენ და მე სწორ აზრს გავითავისებდით, კაცობას მოვიკრებდით და იმათ მხარეზე გადავიდოდით საბრძოლველად? თავად ის გარემოება, რომ ჯონ ბრაუნს თავის გარშემო არც ყალთაბანდების ბრბო ჰყოლია და არც დაქირავებული ჯარი, ჩვეულებრივი გმირებისგან ასი თავით აღამაღლებს და გამოარჩევს. დიახ, მისი რაზმი პატარა გახლდათ, რამეთუ იშვიათ კაცს თუ შეეძლო ამ რაზმში ჩარიცხვისთვის საჭირო გამოცდის გავლა. ჯონ ბრაუნის თითოეული მებრძოლი, რომელმაც საკუთარი სიცოცხლე ღარიბებისა და დაჩაგრულების დაცვას შესწირა, რჩეული კაცი იყო, გამორჩეული ათასობით ან იქნებ სულაც მილიონობით კანდიდატიდან; აშკარად ზნემაღალი, მტკიცე, იშვიათი ვაჟკაცობისა, ადამიანთა მოდგმის ერთგული და მისთვის თავდადებული კაცური კაცი; მზადმყოფი იმისთვის, რომ მოყვასის სასარგებლოდ და საკეთილდღეოდ საკუთარი სიცოცხლე ნებისმიერ წამს გაეწირა. საეჭვოა, ამათთანა – კაპიტან ბრაუნის რაზმელებზე მაქვს საუბარი – კაცი თუ მოიძებნება მთელ მიწაზე. ამას იმიტომ ვამბობ, რომ, ეჭვგარეშეა, მათმა ბელადმა მთელი ჩვენი სამშობლო გადაატრიალა, რომ ასეთი კაცები მოეძია და რაზმი გაეზარდა, მაგრამ ვერავინ ნახა მათი ტოლი. მხოლოდ ამ კაცებს შეეძლოთ მჩაგვრელებსა და ჩაგრულებს შორის ჩადგომა. უდავოა, რომ ამათზე უკეთესს ვერ იპოვიდი ჩამოსახრჩობად. ეს იყო ყველაზე საუკეთესო ქათინაური, რომლის გამოხატვაც ამ გმირებისადმი ჩვენს სამშობლოს ხელეწიფებოდა. ისინი მომწიფებულიყვნენ თავიანთი სახრჩობელებისთვის. ბევრი გაუსამართლებია ამერიკას, ბევრიც ჩამოუხრჩვია, მაგრამ პირველად

---

[232] მიწისქვეშა რკინიგზა – XIX საუკუნეში ამერიკის გაერთიანებულ შტატებში არსებული დახმარების ქსელი, რომელიც სამხრეთიდან გამოქცეულ მონა ზანგებს ჩრდილოეთ შტატებსა და კანადაში გადაპარვაში ეხმარებოდა. ამ ეგრეთწოდებული მიწისქვეშა რკინიგზის წევრები ზანგებს საკუთარ სახლებში იფარებდნენ, მალავდნენ და თავისუფალი შტატებისკენ აპარებდნენ, ამ თავისუფალ შტატებში ჩაღწეულებს კი ახალი ცხოვრების დაწყებაში ეხმარებოდნენ.

[233] რაოდენ დიდი მსგავსებაა თოროუს მსოფლმხედველობასა და დიდი ქრისტეანი მამის, ორიგენეს (185-254) თეოლოგიას შორის. ორიგენე ამბობს: "კარგი არს ერთად-ერთი მაშინ, როცა ცუდი არს მრავალი; ჭეშმარიტება არს ერთად-ერთი მაშინ, როცა სიცრუე არს მრავალი; ჭეშმარიტი სამართლიანობა არს ერთად-ერთი მაშინ, როცა მრავალ არს ხერხი მისი გაყალბებისა." იხილეთ ორიგენეს წიგნი "ლოცვის რაობა".

[234] რაოდენ დიდი მსგავსებაა თოროუს მსოფლმხედველობასა და სოკრატეს ფილოსოფიას შორის. აი, რას ამბობს სულმნათი სოკრატე პლატონის ცნობილ დიალოგში "კრიტო": "ოღონდაც, ჩემო ძვირფასო კრიტო, რა საჭიროა დიდი ყურადღება მივაქციოთ იმას, რასაც 'ადამიანთა დიდი ნაწილი' ფიქრობს?" იხილეთ პლატონის შრომა "კრიტო".

მოხდა, რომ სრულიად უდანაშაულო გმირები გაიმეტა ჩამოსახრჩობად ამ ქვეყანამ.

როდესაც დავფიქრდები ხოლმე და თვალწინ წარმომიდგება ჯონ ბრაუნი, და მისი ექვსი ვაჟიშვილი, და მისი სიძე, იმ დანარჩენების ჩამოთვლას რომ თავი დავანებო, მის რაზმში ამ ბრძოლისთვის რომ გაწევრიანდნენ, თუ როგორი სიმშვიდით, მოკრძალებით, ადამიანურობით იღწვოდნენ თვეების, იქნებ წლების მანძილზეც კი, თუ როგორ ეძინათ და როგორ დადიოდნენ, როგორ ატარებდნენ ზაფხულს და ზამთარს სამართლიანობაზე ზრუნვით და სამართლიანობაზე ფიქრით, და არანაირ ჯილდოს არ ელოდნენ საკუთარი სინდისის სიმშვიდის გარდა, და ეს მაშინ, როცა მთელი ამერიკა მათ წინააღმდეგ და მათ საპირისპირო მხარეს იდგა, როდესაც ყოველივე ამაზე ვფიქრობ და ყოველივე ამას წარმოვიდგენ ხოლმე – ისევ და ისევ გეუბნებით თქვენ, რომ, როგორც მეტად ამაღლებული სანახაობა, ჩემს სულზე ყოველივე ეს გავლენას ახდენს. მომაკვდინებელი იქნებოდა ჯონ ბრაუნისთვის, რომ მასაც, საკუთარი და, გნებავთ, სამშობლოს მტრების მსგავსად, *"საკუთარი მიზნის მხარდასაჭერად"*, რაიმე ჟურნალი დაეარსებინა, ჟურნალები ხომ, ძველი არღანისა არ იყოს, მუდამ ერთი და იგივე, გაცვეთილ და ობმოკიდებულ მოტივს მონოტონურად ატრიალებენ. ეს კაცი ერთხელაც რომ ისე მოქცეულიყო, რომ ბრძოლა ყელში ამოსვლოდა და თავისი სურვილით მთავრობისთვის ნიშანი მიეცა, თავი დამანებე და მეც შეგეშვებიო, მაშინ კიდევ შეიძლებოდა ამ კაცის სიმართლეში ეჭვის შეტანა. მაგრამ არა! სწორად ის ფაქტი, რომ ან მთავრობას უნდა მოესპო ეს კაცი, ან ამ კაცს უნდა მოესპო ეს მთავრობა, და ნებისმიერი დათმობა წარმოუდგენელი იყო, სწორად ეს ფაქტი განასხვავებს კაპიტან ბრაუნს გარდაქმნის დღევანდელი ყველა სხვა მხარდამჭერისგან.

ამ კაცს თავისებური რწმენა გააჩნდა იმისა, რომ ადამიანის მონობისგან დახსნის მიზნით, კაცს სრული უფლება აქვს, ფიზიკურად წინ აღუდგეს მონათმფლობელს და მონობის ბოროტ საქმეში ხელი შეუშალოს. მე მას სრულიად ვეთანხმები. ვინც მუდამ მონათმფლობელების ძალადობის მსხვერპლნი არიან და მონათმფლობელობის გამო აღშფოთებას ვერ მალავენ, იმათ მართლაც აქვთ გარკვეული უფლება ძალადობით მოკლული მონათმფლობელის სიკვდილზე და ამ სიკვდილით გამოწვეული თავიანთი გრძნობების აღშფოთებაზე, აი, სხვას კი – არავის. მერწმუნეთ, ჩაგრულ ხალხს მონათმფლობელის სიცოცხლე უფრო აღაშფოთებს, ვიდრე მისი სიკვდილი. არ მგონია იმ კაცის ხერხი და მეთოდი იყოს მცდარი, რომელსაც მონის განთავისუფლების უსწრაფესი და უმოკლესი გზისთვის მიუგნია. მონის მაგივრად მე გეუბნებით, რომ კაპიტან ბრაუნის კაცთმოყვარება სჯობს მონათმფლობელების იმ საშინელ კაცთმოყვარებას, რომელიც კვლითაც არ მკლავს, მაგრამ განთავისუფლებითაც არ მანთავისუფლებს. არამგონია, გონივრული საქციელი იყოს კაცისთვის მთელი თავისი სიცოცხლე მხოლოდ მონობის საკითხზე საუბარსა და წერაში გაატაროს, თუ ის ხანდახან პრაქტიკული ქმედებითაც არ შეებრძოლება ამ ბოროტებას. გასაგებია, რომ კაცს, ბრძოლის გარდა, შეიძლება, სხვა საქმეც ჰქონდეს საკეთებელი. პირადად მეც, არანაირი სურვილი არ მაქვს, რომ ან მოვკლა, ან მომკლან, მაგრამ არც იმ დღის განჭვრეტაა ძნელი, როცა საქმე მოიტანს, და ვერც ერთის არიდებას შევძლებ თავიდან და ვერც – მეორისას. ჩვენ ხომ მხოლოდ ყოველდღიური წვრილმანი ძალადობის ხარჯზე ვფლობთ ეგრეთწოდებულ

მშვიდობას ჩვენს საზოგადოებაში. შეხედეთ პოლიციელის ხელკეტს და ბორკილებს! შეხედეთ ციხეს! შეხედეთ სახრჩობელებს! შეხედეთ პოლკის კაპელანს! ჩვენ ვიმედოვნებთ, რომ *ამ* დროებითი ჯარის წყალობით მშვიდობიანად ვიცხოვრებთ. ასე და ამგვარად ვიცავთ საკუთარ თავებს და საკუთარ ბუდეებს, და მონობის არსებობა აღარ გვაწუხებს. კარგად მომეხსენება, რომ ჩემი თანამემამულეების დიდ ნაწილს მიაჩნია, რომ შარფის შაშხანის და რევოლვერის ერთად-ერთი სწორი და მართებული დანიშნულება მათი დუელებში, ან სხვა ერების წინააღმდეგ ბრძოლაში, ან ინდიელებზე ნადირობაში, ან ლტოლვილი მონის მოსაკვლელად ან სხვა ამგვარ ბოროტ საქმიანობაში გამოყენებაა. ჩემი აზრით კი, ერთხელ მაინც, შარფის შაშხანები და რევოლვერები კარგ საქმეს მოხმარდა. როგორც იქნა, ეს იარაღი იმათ ხელში აღმოჩნდა, ვინც დანიშნულებისამებრ გამოიყენა იგი.[235]

ის აღშფოთება, რომელმაც ერთხელ იერუსალემის ტაძარი ცხოვრებისეული მწიკვლისგან განწმიდა, განწმენდს ჩვენს ცხოვრებასაც.[236] საკითხავი იარაღი კი არაა, არამედ ის სულისკვეთება, რომლითაც ის გამოიყენეს. ამერიკაში ჯერ კიდევ არ გამოჩენილა ისეთი კაცი, რომელსაც მოყვასი ისე ძლიერ უყვარდა და რომელიც მოყვასს ისე სათუთად მოეპყრა, როგორც კაპიტანი ბრაუნი. ის ხომ სწორად მოყვასისთვის ცხოვრობდა. მან თავისი სიცოცხლეც არ დაიშურა და მოყვასს შესწირა. განა მართლა ძალადობაა ის ძალადობა, რომელსაც ჯარისკაცი კი არ აქეზებს, არამედ მშვიდობიანი მოქალაქე, საერო მოღვაწე კი არა, რამდენადაც ჭეშმარიტი მღვდელი, ურთიერთდაპირისპირებული ჯგუფები კი არა, რამდენადაც ქვეიქერები,[237] და ქვეიქერი კაცები კი არა, რამდენადაც ქვეიქერი ქალები?

---

[235] გამართლებული მკვლელობის თეორია: როდესაც ადამიანი არის გამოუსწორებელი დესპოტი, ანუ სხვების მიმართ ჩადენილი ბოროტებით ეძიებს საკუთარ მატერიულ წინსვლას, მეფეა ეს თუ რიგითი მოქალაქე, ან თუნდაც მთელი გადესპოტებული ერი, ასეთი ტირანის მოკვლა ნამდვილად სამართლიანია. მისი არმოკვლით უამრავი ადამიანის სიცოცხლე იწირება, ამიტომაც საჭიროა მისი დაუყოვნებლივ განადგურება. ეს არის ის სამართლიანი მკვლელობა, დავით აღმაშენებელი რომ გაუსწორდა შინაურ თუ გარეულ მტრებს; ეს არის ის სამართლიანი მკვლელობა, მანამდე ებრაელების მეფე დავითი რომ გაუსწორდა გოლიათს; ეს არის ის სამართლიანი მკვლელობა, მოსე რომ გაუსწორდა ებრაელების მჩაგვრელ ეგვიპტელ მონათმფლობელს. სწორად ასეთი მკვლელობით უსწორდებოდა კაპიტანი ბრაუნიც ამერიკელი ხალხის მჩაგვრელ ვაი-ამერიკელ მონათმფლობელს. დიახ, შარფის შაშხანა ჰქონდა ჯონ ბრაუნსაც და სამხრელ ტირანსაც, მაგრამ ამათგან მხოლოდ ჯონ ბრაუნი იყენებდა მას დანიშნულებისამებრ – სამართლიანად. რაოდენ დიდი მსგავსებაა თოროუს მსოფლმხედველობას და ციცერონის აზრებს შორის. აი, რას ამბობს ციცერონი თავის ბრწყინვალე შრომაში "დე ოფიციის": "...ჩვენ დესპოტებთან ძმობა არ გვაკავშირებს და არაფერი გვაქვს მათთან საერთო. პირიქით, ჩვენსა და მათ შორის უდიდესი უფსკრულია, და თუ კაცს იმის შესაძლებლობა მიეცა, რომ ერთი ასეთი დესპოტი სიცოცხლეს გამოასალმოს, დაუყოვნებლივ უნდა მოკლას მან ის, რადგან თავად დედა-ბუნება იძლევა ამგვარი ღირსეული მკვლელობის ჩადენის უფლებას. უფრო მეტიც, – რომ შეგვეძლოს, დესპოტების მთელი მოდგმაა ამოსაწყვეტი. ისევე, როგორც გარკვეულ შემთხვევებში სხეულის გადაგვარებული ასოს და წევრის მოკვეთაა აუცილებელი, მთლიანად სხეულს რომ სიცოცხლე შეუნარჩუნდეს, ასევე აუცილებელია დესპოტების, საზოგადოების ამ გადაგვარებული წევრების, მოკვეთა კაცობრიობის სხეულიდან." იხილეთ ციცერონის წიგნი "დე ოფიციის", ქვეწიგნი III.

[236] საუბარია იმ მოვლენაზე, როცა იესუმ იერუსალემის დიდი ტაძარი ფულის გადამცვლელებისგან და ვაჭრებისგან განწმიდა. იხილეთ "სახარებაი მათესი" 21:12-13.

[237] ქვეიქერები – "მეგობრების სარწმუნოებრივი საზოგადოება" გახლავთ სექტანტ-ერეტიკული მიმდინარეობა, რომლის წევრებსაც "მეგობრები" ანუ "ქვეიქერები" ეწოდებათ. ეს სექტა პროტესტანტული წარმოშობისაა და სხვა პროტესტანტული სექტებისგან იმით განსხვავდება, რომ ბევრ საქველმოქმედო საქმეს აკეთებს. XIX საუკუნეში ქვეიქერები, სხვა პროტესტანტული ეკლესიებისგან განსხვავებით, ლტოლვილ მონებს ეხმარებოდნენ. თოროუ მათ ამისთვის აქებს კიდეც, და სამართლიანადაც, მაგრამ ისიც ხაზგასასმელია, რომ თავად თოროუ ამ სექტის წევრი არასოდეს ყოფილა ანუ, მისი აზრით, ქვეიქერების ეგრეთწოდებული ეკლესიაც,

მთელი ეს მოვლენა ცხადჰყოფს, რომ არსებობს ისეთი რამ, რასაც სიკვდილი ჰქვია – შესაძლებლობა იმისა, რომ ადამიანი შეიძლება გარდაიცვალოს. თუმც გეგონება, ამერიკაში აქამდე კაცი არ მომკვდარაო; რადგან იმისთვის რომ მოკვდე, ჯერ კაცური სიცოცხლეა საჭირო. არ მჯერა მე კატაფალკების, კუბოების, და გასვენებების, რადგანაც ადამიანების სიკვდილში სიკვდილს ვერ ვხედავ, და თუ სიცოცხლე არ ყოფილა მათში, გასაკვირია, რომ მათი სიკვდილი არ მჯეროდეს?! გასვენებისას ისინი უბრალოდ ისეთივე გახრწნილებით გაქრნენ ამ ქვეყნიდან, რომელი გახრწნილებითაც მანამდე იცხოვრეს. მათი სიკვდილით ტაძრის კრეტსაბმელი არ გაპობილა, უბრალოდ, მიწაში გაითხარა ერთი პატარა სორო და მეტი არაფერი.[238] დაე, ამ მკვდარმა სულებმა თავიანთი მკვდრები თვითონ დამარხონ. მათ შორის ყველაზე უკეთესებიც კი საათივით გაჩერდნენ. ფრენქლინი – ვოშინგთონი – ისინი სიკვდილის გარეშე მოკვდნენ; ისინი უბრალოდ ერთი დღით იყვნენ დაკარგულები. მესმის ხოლმე, ბევრს როგორ ჰგონია, მალე მოვკვდებიო; ან რომ (მე თუ მკითხავთ) უკვე მომკვდარან. უაზრობაა ყოველივე ეს! ნიძლავი, რომ მათ სიკვდილი არ შეუძლიათ. მათ ხომ სიკვდილთან დასაკარგი სიცოცხლე არ გააჩნიათ გულ-გვამში. ისინი სოკოებივით[239] გაწყალდებიან, სამაგიეროდ, ასობით ხოტბისშემსხმელს დატოვებენ. ქვეყნიერების დასაბამიდან სულ თითზე ჩამოსათვლელი ადამიანია, რომელმაც ჭეშმარიტი სიცოცხლე და, შედეგად, ჭეშმარიტი სიკვდილიც შეძლო. და შენ გგონია, რომ სიკვდილს შეძლებ, ბატონო?! არა! შენი გამოსწორების იმედი არ არსებობს. შენ ჯერ კიდევ არ გისწავლია ცხოვრების გაკვეთილი. შენ კიდევ მოგიწევს სკოლის შემდეგ დარჩენა და დამატებითი მეცადინეობა. ზედმეტად ვყაყანებთ ხოლმე სიკვდილით დასჯის წინააღმდეგ – რომელ სიცოცხლის დაკარგვაზეა საუბარი, როცა ადამიანებში წასართმევი სისცოცხლე არც კი არსებობს. *მემენტო მორი!*[240] ჩვენ არც კი გვესმის ამ ამაღლებული წინადადების არსი, რომელიც მხოლოდდამხოლოდ ღირსეულ კაცს წილად ხვდა, მის საფლავზე რომ ამოეტვიფრათ. ჩვენ ის შიშითა და სლუკუნით გავიგეთ და არა სიღრმისეულად; ჩვენ საერთოდ დაგვვიწყნია, როგორია ჭეშმარიტი სიკვდილი.

ისე ქენი მაინც, რომ, როცა იქნება, აუცილებლად მოკვდე. დაიწყე კაცური საქმე და ბოლომდე მიიყვანე ის, და თვითონ მიხვდები, როდის მოვა კაცური საქმისა და შენი კაცადქცეული თავის დასასრულიც.

გარკვეული ქველმოქმედებების მიუხედავად, მაინც მწვალებლური იყო და ჭეშმარიტი ქრისტეანისთვის თუნდაც ასეთ შედარებით უკეთეს პროტესტანტულ სექტაში გაწევრიანება დაუშვებელია!

[238] იხილეთ “ახალი აღთქუმაი” – იესუ ქრისტეს ჯვარცმისას დღისით წყვდიადი ჩამოწვა და ტაძარში გაიპო კრეტსაბმელი, რადგან ბოროტმა ადამიანებმა ღმერთი სრული და კაცი სრული სასიკვდილოდ გაიმეტეს! თოროუ მიუთითებს იმაზე, რომ ნაძირალა ადამიანის სიკვდილი სიკვდილი არაა, მისი ჩაძაღლებისას კრეტსაბმელი არ გაიპობა – ეს ხომ მხოლოდ იესუს ხვედრია, და გადატანითი მნიშვნელობით, – ხალხისთვსის თავდადებული ყველა გმირისა და მარტვილის. კრეტსაბმელის გაპობას აგრეთვე ადასტურებს დიდი ებრაელი ისტორიკოსი, იოსეფ ბენ მატიტიაჰი, ანუ იოსეფუსი (რომაულად), ანუ ჯოზეფუსი (ინგლისურად). კრეტსაბმელის გაპობას უდიდესი სიმბოლური მნიშვნელობა აქვს ქრისტეანულ თეოლოგიაში და მისტიციზმში, რომლის უფრო განვრცობილად ახსნა ამ წიგნში, სამწუხაროდ, ვერ მოხერხდება.

[239] ნაგულისხმევია სოკოს ოჯახის ორგანიზმების თვისება: ისინი, მომწიფდებიან თუ არა, გაწყალდებიან ან ძლიერ დარბილდებიან და დალპებიან ხოლმე.

[240] ლათინური გამოთქმაა და პირდაპირი თარგმანით ნიშნავს, “გახსოვდეს სიკვდილი!”, და უფრო ზუსტად: “გახსოვდეს, რომ შენც სიკვდილის შვილი ხარ!”

ჯონ ბრაუნმა და მისმა რაზმელებმა თავიანთი გმირობით ნათლად გვიჩვენეს, როგორ უნდა მოკვდეს ჭეშმარიტი კაცი, მაგრამ, სიკვდილის გარდა, ამათ ისიც დაგვანახეს ჭეშმარიტი სიცოცხლით როგორ უნდა იცოცხლოს კაცმა. ნახავთ, რომ მათი ღვაწლით გამოცოცხლდება და აღდგება ჩვენი ერი. მათი გმირობა ყველაზე სასიხარულო ამბავია, რაც კი ამერიკას ოდესმე სმენია. ამან უკვე მოამძლავრა და გამოაცოცხლა ჩრდილოეთის მისუსტებული და ძლივსღამფეთქავი პულსი, და ახალი და ახალი დიდსულოვანი სისხლი გადაუსხა ძარღვებსა და გულში, იმაზე მეტი, ვიდრე ეს ეკონომიკური და პოლიტიკური აღორძინების და აყვავების თუნდაც ურიცხვ წლებს ოდესმე ექნა. დაფიქრდით, რამდენ კაცს მიეცა სიცოცხლისა და ბრძოლის საბაბი, რომელიც აქამდე თვითმკვლელობას აპირებდა?![241]

ერთი მწერალი გვამცნობს, რომ ჯონ ბრაუნის, ამ კაცის მონომანიის გამო, "მიზურელებს, ისევე ეშინოდათ, როგორც ზებუნებრივი არსების."[242] გმირის, სწორადაც რომ როგორც ზებუნებრივი არსებისა, ისე ეშინიათ, როდესაც ის ჩვენნაირ ლაჩრებს შორის აღმოჩნდება ხოლმე. სწორადაც რომ ზებუნებრივი არსებაა ჯონ ბრაუნი. ის ხომ ადამიანურ ბუნებაზე ამაღლებულად ცხოვრობს და მოქმედებს. მის სულს რაღაც ღმრთული ნაპერწკალი გაჰკრავს.

> "რა საცოდავია ყველა ის,
> ვინც თავისი არსებობით საკუთარი გვამის საზღვრებს ვერ გამცდარა!"[243]

გაზეთის რედაქტორები იმისაც ამბობენ, ვითომ სწორად კაპიტან ბრაუნის *სიგიჟეს* ამტკიცებს, რომ მას სწამდა, თითქოს მონობის წინააღმდეგ საბრძოლველად ის თავად ზებუნებრივი ძალის მიერ იყო ხელდასხმულიო – დიახ, მას ამაში ეჭვიც არ ეპარებოდა. ისე ლაპარაკობენ, გეგონება შეუძლებელი გახლდეთ, დღევანდელ დღეს ნებისმიერი საქმის საკეთებლად კაცი "ღმრთის განგებით იყოს ხელდასხმული"; თითქოს აღთქმასა და სარწმუნოებას ყოველდღიურ ადამიანურ საქმიანობასთან აღარაფერი ესაქმებოდეს დღეს; ამ ქვეყნად მონობის გამაუქმებელ წარმომადგენელს ვითომ მხოლოდ პრეზიდენტი უნდა ნიშნავდეს, ან რომელიმე პოლიტიკური პარტია. ისე ლაპარაკობენ, გეგონება, კაცის სიკვდილი მაინცდამაინც მარცხი და ცუდი რამ იყოს, აი, კაცის სიცოცხლე კი, თუნდაც უვარგისი და უაზრო, – წარმატება და მხოლოდ კარგი რამ.

როდესაც დავფიქრდები ხოლმე და გავიაზრებ, ამაღლებულ მიზანს როგორი სარწმუნოებრივი ერთგულებით მიუძღვნა ამ კაცმა სიცოცხლე, და მერე იმ მოსამართლეებზე გადავიტან ყურადღებას, რომლებმაც ეს გმირი რისხვით, დაუფიქრებლად დაგმეს და სიკვდილით დასაჯეს, ამ მოსამართლეების ფუტურო მიზნებზე რომ დავფიქრდები ხოლმე, ნათელი ხდება, რომ გმირი ბრაუნი და ეს უსამართლო

---

[241] სულიერ თვითმკვლელობაზეა საუბარი.
[242] თოროუ ციტირებას ახდენს გაზეთებიდან: "შიქაგოუ ფრესს ენდ თრიბიუნ", შემდგომ იგივე დაბეჭდა გაზეთმა "ნიუ-იორქ დეილი თრიბიუნ"-მა 1859 წლის 24 ოქტომბერს.
[243] სამუელ დენიელი (1562-1619) – ნაწყვეტი აღორძინების (ანუ რენესანსის) ხანის ინგლისელი პოეტის ლექსიდან "წერილი ქალბატონ მარგარეტს, ქამბარლენდის გრაფის ასულს".

მოსამართლეები ერთმანეთისგან ისე განსხვავდებიან, როგორც ცა და დედამიწა.

გამოდის, რომ ეს ჩვენი *"მოწინავე კაცები"* ერთი უწყინარი ხალხია, რომელთაც *კარგად* მოეხსენებათ, რომ *ისინი* ღმრთის განგებით კი არ არიან ხელდასხმულები, არამედ, უბრალოდ, თავიანთი პარტიის კენჭის ყრით.

ვისი უსაფრთხოება მოითხოვს კაპიტანი ბრაუნის ჩამოხრჩობას? ნუთუ ეს რომელიმე ჩრდილოელისთვისაა აუცილებელი? ნუთუ სხვა გამოსავალი არაა, და ეს კაცი მინოტავრს [244] უნდა გადავუგდოთ შესაჭმელად? თუ თქვენ ამას ეწინააღმდეგებით, ამოიღეთ მაშინ ხმა და გარკვევით თქვით სათქმელი. ნუთუ ვერ ხვდებით, რომ მანამ, სანამ ასეთი ბოროტებები ხდება, დედამიწაზე თავად სილამაზე იბურება და მუსიკა სიცრუის კივილად გადაიქცევა ხოლმე. იფიქრეთ ამ კაცზე – მის იშვიათ თვისებებზე! – ასეთი კაცის შექმნას ასწლეულები სჭირდება, მის გაგებას კი ათასწლეულები; ის არ იყო ცრუ-გმირი ან რომელიმე პარტიის წარმომადგენელი. ეს ისეთი კაცია, რომლის მსგავსსაც, შესაძლოა, მზემაც ვეღარ მოჰკრას თვალი ამ აზრობრივად დაბნელებულ პლანეტაზე; მის შესაქმნელად ბუნებაში ყველაზე ძვირფასი მასალა დაიხარჯა და ყველაზე მტკიცე ალმასი; ის ტყვეობაში მყოფი ხალხის მხსნელად მოავლინა ღმერთმა ამქვეყნად; და თქვენ მხოლოდ ჩამოსახრჩობად გაიმეტეთ იგი! თქვენ, ვისაც, ვითომცდა, ჯვარცმული მაცხოვარი გიყვართ, იმაზეც დაფიქრდით რას უპირებთ იმ კაცს, რომელმაც უანგაროდ გაიღო საკუთარი სიცოცხლე ოთხი მილიონი კაცის გადასარჩენად.

ნებისმიერი კაცი გრძნობს, როცა ის სამართლიან საქმეს ჩადის, და მთელი მზაკვარი მსოფლიოს მზაკვრულ სიბრძნეს არ ხელეწიფება მისი ამ გრძნობის გაბათილება. მკვლელს სინდისი აწუხებს და ყოველთვის იცის, რომ სამართლიანად ისჯება; მაგრამ, როცა მთავრობას ადამიანისთვის სიცოცხლის წართმევა გადაუწყვეტია და მას ჯერ ამ კაცის სინდისის თანხმობაც კი არ აქვს მიღებული, ასეთი მთავრობა კადნიერი და თავხედი მთავრობაა, და მისი ეს ნაბიჯი მისი დაღუპვისა და დარღვევისკენ კიდევ ერთი წინ გადადგმული ნაბიჯია. ნუთუ ვერ წარმოგიდგენიათ, რომ შესაძლებელია, პიროვნება მართალი იყოს, მთავრობა კი მტყუანი? ნუთუ კანონები მხოლოდ იმ მიზეზით უნდა აღვასრულოთ, რომ ისინი ვიღაცას ოდესმე დაუწერია? ანდა ადამიანთა გარკვეულ რიცხვს უღიარებია მათი სიკარგე, მაშინ, როცა მათ სინამდვილეში ცუდის მეტი *არაფერი* მოუტანიათ? ნუთუ აუცილებელია კაცმა თავი ბრმა იარაღად და უსულო საგნად იგრძნოს, და ის ბოროტება ჩაიდინოს, რომელსაც მისი ადამიანური ბუნება ჰგმობს და ეწინააღმდეგება? ნუთუ კანონმდებლის განზრახ მიზანი ოდესმე *კარგი* ადამიანის ჩამოხრჩობაა? ნუთუ მოსამართლეები ვალდებულები არიან კანონი წიგნებით ასოკრიტიკულად განმარტონ, და არა აზრობრივად? [245] რა

[244] მინოტავრი – ბერძნულ მითოლოგიაში ნახევრად ხარი და ნახევრად კაცი, კაციჭამია არსება.
[245] რაოდენ დიდი მსგავსებაა თოროუს აზრებსა და მართლმადიდებლურ მოძღვრებას შორის. იხილეთ "ახალი აღთქუმაი", II კორინთელთა მიმართ, 3:6: "რომელმან-იგი შემძლებელ მყვნა ჩუენ მსახურებად ახლისა შჯულისა, არა წიგნისა, არამედ სულისა, რამეთუ წიგნი მოაკუდინებს, ხოლო სული აცხოვნებს." ინგლისურში სიტყვა "ლეთა" (letter) ნიშნავს "ასოსაც" და "წიგნსაც".

უფლებით ხდის ადამიანი სიბნელეს და სიბეცეს თავის მოკავშირედ მაშინ, როცა მისი სულის სიღრმეში სინათლეა ჩადებული? ნუთუ შენში არ დევს ის ძალა, რომ *შენ თავად შეგეძლოს თავისუფლად ფიქრი* – გადაწყვეტილების მიღება – და სხვის მიერ თავსმოხვეული აზრებითა და გადაწყვეტილებებით არ იცხოვრო? მე არ მწამს ადვოკატების, მათებური ხერხით კაცის შეტევისა თუ კაცის დაცვის, რადგანაც ამით შენ მოსამართლის დონეზე დაგყავს თავი და თანაც, ყველაზე მნიშვნელოვანი შემთხვევებისას, როდესაც აღძრული საქმე ზნეობას ეხება, რა აზრი აქვს კაცი საერო კანონს არღვევს თუ არა? დაე, ადვოკატებმა მხოლოდ წვრილმანი საქმეები გადაწყვიტონ. დარწმუნებული ვარ, საქმოსანი ხალხი ამის თაობაზე როგორმე შეთანხმდება. ადვოკატები სამარადისო ღმრთივბოძებული კანონების განმმარტებლები რომ იყვნენ, სხვა საქმე იქნებოდა, – იმ კანონებისა, რომელთა დაცვაც ადამიანებს მართლა ევალებათ. შეხედეთ ამ გაყალბებული კანონის ქარხანას, რომელსაც ერთი ფეხი მონობის მიწაზე უდგას, მეორე კი – თავისუფლების! რას უნდა ელოდეთ ასეთი ქარხნისგან? ასეთი ქარხანა თავისუფალი კაცისთვის კანონს ვერასოდეს შექმნის.

აქ იმისთვის მოვსულვარ, რომ თქვენ ამ კაცის თავი კი არა და თავად მისი არსი შეგავედროთ. მისი სიცოცხლის დაცვას კი არ გევედრებით, არამედ მისი ღირსების – ამ კაცის უკვდავების; ასე და ამგვარად, ამ გმირის ღირსების დაცვა თავიდან ბოლომდე თქვენი საქმე ხდება. დაახლოებით ათასრვაასი წლის წინ ქრისტე ჯვარს აცვეს; ამ დილას, ეგებ, კაპიტანი ბრაუნი ჩამოახრჩეს. ეს მარტვილობის ისტორიული ჯაჭვის ორი ბოლოა, რომლის შუა კიდევ სხვა უამრავი რგოლი ძევს. ის მოხუცი ბრაუნი აღარაა, ბიძია; ამიერიდან ეს კაცი თავად ნათლითშემოსილი ანგელოზია.[246]

ახლაღა ვხვდები, რომ თურმე საჭირო ყოფილა, ყველა ქვეყანაში ყველაზე გულადი და ყველაზე ადამიანური ადამიანები ჩამოეხრჩოთ. იქნებ ამას თავად ჯონ ბრაუნიც ხვდებოდა. შეიძლება ითქვას, *თითქმის მეშინია კიდეც* მისი შემთხვევით გადარჩენის ამბავი რომ გავიგო, რადგან მეეჭვება, გახანგრძლივებულ სიცოცხლეს, ანდა თუნდაც *ნებისმიერ* სიცოცხლეს, იმდენი სიკეთის კეთება შეეძლოს, რამდენიც ამ გმირის სიკვდილს.

“გზააბნეული!” “მოლაყბე!” “გიჟი!” “შურისმაძიებელი!” სხედხართ და წერთ ასე თქვენი სავარძლებიდან, მან კი საკადრისი პასუხი, უღრუბლო ცასავით ნათელი და ბუნების ხმასავით მართალი პასუხი,

---

ნეტარი ავგუსტინეც თავის წიგნში “ქრისტეანობის სწავლება” ანუ “დე დოქტრინა ქრისტიანა” სწორად ამას ქადაგებს: “როდესაც კაცი ასო-ასო გამოწერილ სიბრძნეს ასოკრიტიკულად მიჰყვები, ხდება ის, რომ სიტყვებს, რომლებიც გადატანითი ანუ მეტაფორული მნიშვნელობითაა ნახმარი, შენ პირდაპირი გაგებით იგებ, და, ამგვარად, მათ ჭეშმარიტ მნიშვნელობას და მათ ალეგორიულ სიბრძნეს ვეღარ გებულობ.” იხილეთ ნეტარი ავგუსტინე ჰიპოელის წიგნი “დე დოქტრინა ქრისტიანა”, ქვეწიგნი III.

რაოდენ დიდი მსგავსებაა თოროუს აზრებსა და დიდი რომაელი მამულიშვილის, მარკუს ტულიუს კიკეროს, ანუ ციცეროს, ანუ ციცერონის (ჩ.წ-მდე 106-43) მსოფლმხედველობას შორის. აი, რას წერს ციცერონი თავის ცნობილ შრომაში “დე ოფიციის” ანუ “მოვალეობების შესახებ”: “...მისი საქციელი სიტყვა-სიტყვით და ასო-ასო კი იყო სწორი, მაგრამ აზრობრივად იყო მრუდე. როდესაც კაცი ფიცს და სიტყვას იძლევა, ამ სიტყვის და ფიცის სიტყვები და ასოები კი არ უნდა დაიცვას მან, არამედ მისი აზრი.” იხილეთ ციცერონის წიგნი “დე ოფიციის”, ქვეწიგნი I.

[246] ფსევდო-დიონისე არეოპაგელიც იგივეს ამტკიცებს, რომ მარტვილი და წმიდა ადამიანი იმდენად ისწრაფვის სიწმინდისკენ, იმდენად ემსგავსება ზეციურ, ბუნებით კაცზე უპირატეს არსებებს, რომ მას შეიძლება, ანგელოზი ეწოდოს. იხილეთ წიგნი “კორპუს არეოპაგიტიკუმ”.

ჰარფერზ ფერის თოფის ქარხნიდან გაქცათ: "არც ერთი კაცის დავალებით არ მოვსულვარ მე აქ; ეს ჩემი და ჩემი შემოქმედის ნებით მოხდა. ადამიანის სახით არც ერთ ბატონს არ აღვიარებ მე."

და როგორი ტკბილი და კეთილშობილური კილოთი აგრძელებს თავის მიმართვას თავის დამტყვევებლებთან, მას რომ თავს ადგანან: "მე მგონი, რომ თქვენ, ჩემო მეგობრებო, დიდი დანაშაული მიგიძღვით ღმრთისა და კაცის წინაშე, და თქვენს მიერ ნებაყოფლობით და მზაკვრულად დამონებული მონების განთავისუფლების საქმეს რაც შეეხება, ნებისმიერი ადამიანისთვის სავსებით სწორი იქნებოდა, რომ წინ აღგდგომოდათ და ხელი შეეშალა თქვენთვის."

და, როცა ჯონ ბრაუნი თავისი რაზმის სამოქალაქო მოძრაობაზე მიუთითებდა, ასე ბრძანა: "თუ კი კაცს რაიმე სამსახურის გაწევა შეუძლია ღმერთისთვის, მაშინ მონობის წინააღმდეგ ბრძოლა, ჩემი აზრით, ყველაზე დიდი სამსახურია."[247]

"მე მეცოდება ყველა ის დამონებული საბრალო, რომელსაც დამხმარე არავინა ჰყავს; სწორად ამიტომ ვარ მე აქ დღეს; და არა იმისთვის, რომ რაღაც პირადული მტრობის, შურისძიებისა თუ ანგარიშსწორების გრძნობა მოვიკლა.[248][249] ეს ყოველივე, დაჩაგრული და მსხვერპლადქცეული კაცისადმი ჩემი თანაგრძნობის შედეგია, დაჩაგრული კაცისა, რომელიც ღმერთის თვალში ისეთივე კარგი და ძვირფასია, როგორც თქვენ."[250]

---

247 კვლავაც დიდი მსგავსებაა ჯონ ბრაუნსა და სოკრატეს შორის. ჯონ ბრაუნმა, სოკრატეს მსგავსად, ცხოვრება ადამიანებზე ზრუნვაში გაატარა, მაგრამ მორჩილებით ის უწინარესად ღმერთის მორჩილი იყო და არა ადამიანის. სოკრატემაც მსგავსი რამ უთხრა ათენელებს სანამ სიკვდილით დასჯიდნენ: "მე თქვენი დიდად მადლიერი და დიდად ერთგული მსახური ვარ, მაგრამ, მორჩილებას რაც შეეხება, ჩემი ვალია, უწინარესად ღმერთს ვმორჩილობდე და არა თქვენ, და მანამ, სანამ პირში სული მიდგას და გონება მემორჩილება, მე არასოდეს შევწყვეტ ფილოსოფიურ ცხოვრებას [ანუ სიბრძნის სიყვარულს] და არასოდეს მომბეზრდება თქვენი კაცობისკენ მოწოდება და არასოდეს არავისთვის დავიზარებ სიმართლის შუქით თვალის ახელას." იხილეთ პლატონის "აპოლოგია".

248 კანზასში ომისას ვინმე მარტინ ვაითმა კაპიტან ბრაუნის შვილი, ფრედერიკი მოკლა. რამდენიმე წლის მერე ჯონ ბრაუნი და თავისი რაზმი ამ მარტინ ვაითს მიზურიში საკუთარ ქოხში შემთხვევით წააწყდნენ. მისმა თანარაზმელებმა ბრაუნს ბევრი უჩიჩინეს, მოკალიო, მაგრამ ჯონ ბრაუნმა არაფრით არ მოკლა თავისი შვილის მკვლელი. ამასთან დაკავშირებით მოგვიანებით კაპიტანმა ბრაუნმა მეგობარს უთხრა: "ხალხს ჩემი მიზნები ვერ გაუგია. თმის ღერსაც კი არ შეურხევდი [ვაითს]... შურისძიება როდი მაქვს გულში? *მე მხოლოდ სინდისი მამოძრავებს და სხვა არაფერი.* ჩემი მიზანი ადამიანთა უფლებების აღდგენაა." ასეთ წმიდა კაცს მთავრობა და პრესა "შურისძიებაში" ადანაშაულებდა, – წარმოგიდგენიათ თქვენ ეს?!

249 რაოდენ დიდი მსგავსებაა ჯონ ბრაუნის მსოფლმხედველობასა და სოკრატეს ფილოსოფიას შორის, აგრეთვე ჯონ ბრაუნის ცხოვრებასა და სოკრატეს ცხოვრებას შორის, რამეთუ ცხოვრება მსოფლმხედველობის ანუ თეორიის ხორცშესხმაა და სულგრძელოვანი ცხოვრება კიდევ უფრო ლამაზი და საკვირველია, ვიდრე სულგრძელოვანი და ლამაზი ფიქრი, რადგან სწორი ცხოვრება სწორ აზრზე კიდევ უფრო მეტად ლამაზი და იშვიათი რამაა ამქვეყნად. აი, რას ამბობს სულმნათი სოკრატე პლატონის ცნობილ დიალოგში, სახელად "კრიტო": "მაშინ გამოდის, მიუხედავად იმისა, რომ ადამიანების უმრავლესობას ანგარიშსწორება ბუნებრივ საქმედ მიაჩნია, კაცმა კაცს ზიანი მაშინაც კი არ უნდა მიაყენოს, როცა მას თავად მიაყენა ზიანი ამ კაცმა." იხილეთ პლატონის შრომა "კრიტო".

250 როდესაც კაპიტანი ბრაუნი ხელთ იგდეს, ჰკითხეს: "რა ზნეობრივი კანონებითა და წესებით შეგიძლია შენი ქმედებების გამართლება?" ჯონ ბრაუნმა მშვიდად მიუგო: "ოქროს წესით. მე მეცოდება ყველა ის საბრალო, რომელსაც დამხმარე არავინა ჰყავს; სწორად ამიტომ ვარ აქ დღეს; და არა იმისთვის, რომ პირადი მტრობის, შურისძიებისა ან ანგარიშსწორების გრძნობა დავიპურო. ეს ყოველივე ჩაგრული და მსხვერპლადქცეული კაცისადმი ჩემი თანაგრძნობის შედეგია მხოლოდ, ჩაგრული კაცისა, რომელიც ღმერთის თვალში ისეთივე კარგი და ისეთივე ძვირფასია, როგორც თითოეული თქვენგანი."

თუმცა კი ჩაჰკირკიტებთ, მაინც არ გესმით ახალი აღთქმა.

“მსურს გაიგოთ, რომ მე ისევე ვაფასებ მონათმფლობელობით დაჩაგრული ყველაზე ღარიბი და ყველაზე უმწეო ზანგის ადამიანურ უფლებებს, როგორც ყველაზე მდიდარი და ყველაზე ძლევამოსილი კაცის ადამიანურ უფლებას.”

“და კიდევ უფრო მეტის თქმაც მსურს, – უმჯობესია თქვენ, სამხრელნო, მონობის საკითხის გადაწყვეტა თქვენი ნებით ახლავე წამოჭრათ, რადგან დღეს თუ ხვალ, იმაზე უფრო მალე, ვიდრე თქვენ ფიქრობთ, იგი უეჭველად წამოიჭრება. რაც უფრო მალე მოემზადებით ამ საკითხის გადასაჭრელად, მით უკეთესი. შეიძლება, მე ადვილად მომიშოროთ თავიდან. თითქმის უკვე მოშორებულიც გყავართ ახლა; მაგრამ ეს საკითხი მაინც ღიად რჩება – ეს ზანგთა საკითხი.[251] მისი დასასრული ჯერ კიდევ არ ჩანს.”[252]

წინასწარ ვიცი, დადგება ჟამი, როცა მხატვარი ამ გმირულ სცენას დახატავს და რომში აღარ მოუწევს წასვლა ხატვის მუზისა და ნახატის სიუჟეტის საძიებლად; პოეტი გალექსავს ამ გმირობას; ისტორიკოსი – დაწერს; და, ნიუ ინგლენდის ნაპირზე პილგრიმების პირველ გადმოსხდომასთან და “დამოუკიდებლობის გამოცხადებასთან”[253] ერთად, ეს მომავლის რომელიღაცა ეროვნული გალერიის ორნამენტად იქცევა, როცა, სხვა თუ არაფერი, მონობის დღევანდელი სახე მაინც აღარ იარსებებს აქ. აი, მაშინ კი თავისუფლად შეგვეძლება კაპიტანი ბრაუნის დატირება. მაშინ, და არავითარ შემთხვევაში იმაზე ადრე, ჩვენ ჯავრს ამოვიყრით.

---

[251] კვლავაც დიდი მსგავსებაა ჯონ ბრაუნსა და სოკრატეს შორის. სოკრატემაც მსგავსი რამ უთხრა ათენელებს, სანამ სიკვდილით დასჯიდნენ: “თუ გგონიათ, რომ თქვენი მრუდე ცხოვრების გაბათილებას სიმართლის მქადაგებლის მოკვლით შეძლებთ და ჭეშმარიტებას ხორცის მოკვლით დაამუნჯებთ, მაშინ, გეუბნებით, რომ თავში ტვინი გაკლიათ. იცოდეთ, ასეთი მკვლელობებით ვერ დააღწევთ თავს სინამდვილეს, და შესაძლებელიც რომ იყოს ამგვარად თავის დაღწევა, საკადრისი მაინც არ იქნება ასეთი საქციელი. თქვენი გამოსწორების ყველაზე საუკეთესო და ყველაზე მარტივი გზა მართალი კაცის სიცოცხლის შეწყვეტა კი არაა, არამედ თქვენი კაცური ცხოვრების დაწყება. აი, ეს გახლავთ ჩემი ბოლო სიტყვა თქვენთვის, კენჭი რომ ყარეთ და სასიკვდილოდ გამიმეტეთ.”

[252] სწორად ასეთ მჭევრმეტყველებაზე თქვა ნეტარმა ავგუსტინემ: “ასეთი იყო მათი საუბრის უბრალო კილო, და მათ ისევე არ მოუხდებოდათ მჭევრმეტყველება, როგორც თავად მჭევრმეტყველებს არ მოუხდებოდათ მათებური უბრალო საუბარი.” იხილეთ ნეტარი ავგუსტინე ჰიპოელის წიგნი “დე დოქტრინა ქრისტიანა” ანუ “სწავლება ქრისტეანობის”, ქვეწიგნი IV.

[253] დამოუკიდებლობის დეკლარაცია ანუ დამოუკიდებლობის გამოცხადება – ამერიკის მეორე კონტინენტური კონგრესის მიერ 1776 წლის 4 ივლისს ხელმოწერილი დებულება, რომლის თანახმადაც ცამეტმა ამერიკულმა კოლონიამ დიდი ბრიტანეთის იმპერიისგან გამოყოფა და საკუთარი დამოუკიდებლობა გამოაცხადა.

სიცოცხლე ზნეობის გარეშე

ლიცეუმში, ეს არც თუ ისე დიდი ხნის წინ მოხდა, მივხვდი, რომ ლექტორს ძალიან უცხო თემა ამოერჩია სასაუბროდ, რის გამოც ჩემი დაინტერესება ვერ მოახერხა იმდენად, რამდენადაც მას ეს შეეძლო. მას გულში არსებული არაფერი უთქვამს და თავისი საუბრით შორეულ და ზედაპირულ საგნებს მიედ-მოედო. ამ გაგებით, მის ლექციაში ვერ ნახავდით ვერც დედააზრს და ვერც აზრების ერთად შემკვრელ და შემდუღაბებელ აზროვნებას. ამის მაგივრად, მერჩივნა, მისი პირადი, გულიდან ამოსული ცხოვრებისეული ეამბო რამე საკუთარი გამოცდილებიდან, როგორც ამას პოეტები ჩადიან ხოლმე. მე, თავი ყველაზე დაფასებულად მაშინ ვიგრძენი, როცა ერთხელ ერთმა მსმენელმა მკითხა, თუ პირადად რას *ვფიქრობდი*, და მთელი გულისყურით მოისმინა ჩემი პასუხი. მიკვირს და, ამასთანავე, მიხარია ხოლმე, როცა ასეთი რამ ხდება, რადგან ვხვდები, რომ ჩემი მეტად იშვიათი საქმისთვის გამოყენება უნდა კაცს, და წინასწარ იცის, რომ ჩემი პირადი აზრების გაზიარებით მისთვის რამე აზრიანის მოსმენაა შესაძლებელი. ეს იშვიათად ხდება. როგორც წესი, ადამიანებს მხოლოდ ის აინტერესებთ ხოლმე თუ, ჩემი აზრით, რამდენ აკრ[254] მიწას შეადგენს მათი მამული – რადგანაც მე მიწისმზომელი ვარ – ან, დიდი-დიდი, იმის გაგება ისურვონ, რა წვრილმანი სიახლის სათქმელად ვარ მოსული. ეს ხალხი ჩემს გულისნადებს ვერასოდეს ჩასწვდება, რადგან მათ, ზოგადად, გულს ნაჭუჭი და ჩენჩო ურჩევნიათ და ამიტომაცაა, რომ კაცის გული და გულისნადები ფეხებზე ჰკიდიათ. ერთხელ ერთმა კაცმა საკმაოდ შორი გზა გამოიარა, რომ ჩემთან მოსულიყო და მთხოვა, მათთან მონობაზე ლექცია წამეკითხა; მაგრამ საუბრისას მალევე გამოირკვა, თვითონ და თავისი ბრბო იმას ელოდნენ და ის ეწადათ, რომ ლექციის შვიდი მერვედი თვითონ ელაპარაკათ და მხოლოდ ერთი მერვედი მესაუბრა მე; ჰოდა, უარი ვუთხარი. მართალია, ამ საქმეში დიდად გამოცდილი არ გახლავართ, მაგრამ, ჩემი აზრით, როდესაც მე ლექციის წასაკითხად მეპატიჟებიან, თავისთავად იგულისხმება, მიუხედავად იმისა, რომ, შესაძლოა, ამ ქვეყანაში ჩემისთანა სულელი არც კი მოიძებნებოდეს, ხალხს ამა თუ იმ საგანზე იმის მოსმენა სწადია, რასაც მე *ვფიქრობ* – და არა ის, რითაც მათი მოთაფლა და მონუსხვაა შესაძლებელი, ან რის მოსმენაზეც თვითონ სიამოვნებით დამთანხმდებიან; ჰოდა, ვიღებ მკაცრ გადაწყვეტილებას, რომ ხალხს ჩემი საკუთარი თავის ძლიერი დოზა მივცე ხოლმე. თვითონ მომიწვიეს, საფასურიც გადამიხადეს, და ეჭვიც არ მეპარება, რომ ჩემს თავს და ჩემს აზრებს სრულად მივართმევ, მიუხედავად იმისა, რომ ამით შეიძლება თავი უკიდურესად მოვაბეზრო კიდეც.

ჰოდა, ახლა მსგავსი რამის თქმა თქვენთვისაც მინდა, ჩემო მკითხველო. რადგანაც *თქვენ* ჩემი მკითხველები ხართ, მე კი დიდი მოგზაური არასოდეს ვყოფილვარ, აქაც ათასი მილის მიღმა მცხოვრებ ხალხზე კი არ ვისაუბრებ, არამედ ჩვენს ხალხზე. რადგანაც დროში შეზღუდულები ვართ, საუბრისას ყველანაირ პირფერობას უკუვაგდებ და მხოლოდ კრიტიკას მოგართმევთ.

---

[254] აკრი – დიდი ბრიტანეთის იმპერიული საზომების სისტემის და ამერიკაში გავრცელებული ფართობის საზომი ერთეული, რომელიც დაახლოებით 0.4 ჰექტრის ტოლია.

მოდი, დავფიქრდეთ, რაში ვფლანგავთ ჩვენს ცხოვრებას.

ეს მსოფლიო საქმოსნობისა და ფულის კეთების ადგილია. ოჰ, რა უსასრულო ალიაქოთია აქ! თითქმის ყოველღამე ლოკომოტივის[255] ქშინვა მაღვიძებს. მისი განუწყვეტელი ქოშინის ხმა ძილს მიფრთხობს და სიზმრებს მაწყვეტინებს. კვირა დღე აქ არ არსებობს. რა იქნებოდა ადამიანთა მოდგმა ერთხელ მაინც რომ დამანახა მოცლილი და საქმისგან თავისუფალი. მხოლოდ მუშაობა, მუშაობა, მუშაობა. ჩემი ფიქრების ასარეკლად და გამოსაწერად სუფთა რვეულის ყიდვაც კი მიჭირს; აქ რვეულები უმთავრესად დოლარების და ცენტების ჩასაწერად ხომ წინასწარაა დახაზული. ერთხელ ერთმა ირლანდიელმა შემნიშნა, მინდორში ვიჯექი და ჩემს აზრებს ვიწერდი რვეულში, და, არც კი დაფიქრებულა, მაშინვე ის იფიქრა, რომ ჩემს საზღაურს ვანგარიშობდი. ვთქვათ და, მოხდა ისე, რომ ბავშვი ფანჯრიდან გადმოვარდა და მთელი სიცოცხლე კუტად დარჩა, ან ინდიელებმა ისე შეაშინეს, რომ გონება წაერთვა და გაგიჟდა, ამ შემთხვევაში ხალხი იმას კი არ ნანობს, რომ სიცოცხლე დამახინჯდა, არამედ ძირითადად იმას, რომ ეს ადამიანი საქმისთვის და საქმოსნობისთვის აღარ ვარგა – ფულის შოვნისთვის ვეღარ გამოდგება! ჩემი აზრით, დედამიწის ზურგზე ისეთი არაფერი მოიძებნება, თავად დანაშაულიც კი, რომელიც პოეზიას, ფილოსოფიას, თავად სიცოცხლესაც ისე ძლიერ ეწინააღმდეგებოდეს, როგორც ეს განუწყვეტელი საქმიანობა – ფულის კეთება.

ჩვენი სოფლის განაპირას ერთი უხეში და დოღრიალა ფულისმკეთებელი კაცია, რომელსაც თავისი მდელოს კიდეზე ბორცვის ქვეშ კედლის[256] აშენება გადაუწყვეტია. რაღაც ძალას ჩაუდვია ეს აზრი მის თავში, ალბათ, იმიტომ, რომ დროისა და ენერგიის სიჭარბის გამო რამე მავნე საქმით არ დაკავდეს ეს ადამიანი. ჰოდა, მოვიდა და მთხოვა, მივხმარებოდი და მასთან ერთად მეთხარა მიწა სამი კვირის განმავლობაში. მთელი ამ საქმის შედეგი ასეთია: იგი უფრო მეტ ფულს მოიხვეჭს და მერე თავის მემკვიდრეებს დაუტოვებს, მათ სისულელეებში რომ ფლანგონ, ალბათ. მე რომ დავთანხმდე და დავეხმარო, ადამიანების უმრავლესობა შემაქებს და ჩემზე იტყვის, შრომისმოყვარე და ინდუსტრიული კაციაო; აი, თუ არ დავთანხმდი და სხვა ისეთი საქმის კეთება გადავწყვიტე, რომელსაც ბევრად ჭეშმარიტი სარგებელი მოაქვს კაცისთვის, ვიდრე ფულის კეთებას, ხალხი ჩემზე, ალბათ, იმას იფიქრებს, უქნარააო. ჰოდა, მიუხედავად ყველაფრისა, რადგანაც შრომის პოლიციისგან საკუთარი თავის მართვა, განმგებლობა და რეგულირება მე არ მჭირდება, და ამ კაცის წამოწყებაშიც ვერაფერს ვხედავ საქებარს და მისი საქმე ისეთივე უაზრობად მიმაჩნია, როგორც ჩვენი საკუთარი თუ უცხო ქვეყნების მთავრობების გარჯა და მოღვაწეობა, მიუხედავად იმისა, რომ თავად ამ ფუტურო ადამიანს და ამ ადამიანისთანა ფუტურო მთავრობებს თავიანთი საქმიანობა დიდი რამე ჰგონიათ, მირჩევნია სხვა რამე ვაკეთო და ჩემი განათლება ცხოვრების სულ სხვა სკოლიდან და სხვა საქმიანობიდან მივიღო.

[255] 1844 წლის 17 ივნისს მასაჩუსეცის შტატის სოფელ ქანქარდში, სადაც თოროუ ცხოვრობდა, ფიჩბურგის რკინიგზა გაიხსნა, რომელიც ვოლდენის ტბის გვერდით გადიოდა.
[256] მეწყერსაწინააღმდეგო კედლის აშენება, რომელიც გზას მიწის ჩამონაშალისგან იცავს.

კაცმა რომ ყოველი დღის ნახევარი ტყეში მისი სიყვარულის გამო იაროს, ალბათ უქნარას და უსაქმურს დაუძახებენ; მაგრამ თუ ის მთელ თავის დღეს ამ ტყეში, როგორც სპეკულატორი ისე გაატარებს, და მიწის ზურგს ხეებს მოკრეჭს და ჩვენს მშობლიურ დედამიწას დროზე ადრე გაამელოტებს, მაშინ მას როგორც მშრომელ, ინდუსტრიულ და ყოჩაღ მოქალაქეს, ისე აფასებენ. გეგონება სოფელს ტყე მხოლოდ გაკაფვისთვის უნდა აინტერესებს და სხვა არაფრისთვის!

ადამიანების უმრავლესობა თავს შეურაცხყოფილად იგრძნობდა, კედლის ერთი მხარედან მეორე მხარეზე და პირუკუ ქვების საყრელად ანდა ჩხირის ერთი ადგილიდან მეორეზე გადასატან-გადმოსატანად რომ დაგექირავებინა მხოლოდ იმიტომ, რომ ამ უაზრო საქმის კეთებით, უბრალოდ, ფული ეშოვნათ. მაგრამ ბევრი დღეს სწორად ასეთ უაზრო საქმეშია ჩართული. მაგალითად: ზაფხულის ერთ დღეს, აისის შემდეგ, ჩემს მეზობელს მოვკარი თვალი, თავისი გუნდის გვერდით მოდიოდა, გუნდისა, რომელიც მოსაბმელზე დადებულ მძიმე ლოდს ძლივსძლიობით მოათრევდა. იგი ინდუსტრიის ჰაერს მოეცვა – მისი დღიური შრომა დაწყებულა – მისი შუბლი ოფლის დენას შესდგომია – ოჰ, რა საყვედურია მისი საქმიანი სახე ყველა ზარმაცისა და ზანტაკისთვის? – ერთ ხაზზე ამწკრივებს თავისი ხარების მხრებს, და ნახევრად შემობრუნებით თავის მოწყალე მათრახს იქნევს, რომ ეს მართლაცდა ცხოველსდამსგავსებული მუშები ააჩქაროს. ვიფიქრე, თურმე ესაა ის შრომა, რომლის დასაცავადაც ამერიკის კონგრესი არსებობს-მეთქი – პატიოსანი, კაცური ჯაფა – დღესავით ნათელი და ალვის ხესავით სწორი და მართალი – რომელიც კაცს ლუკმას უტკბობს და საზოგადოებასაც ახმატკბილებს – შრომა, რომელსაც ყველა ადამიანი აფასებს და ლოცავს; ვიფიქრე, ეს იმ წრფელ ადამიანთა გუნდია, რომელიც მეტად მოსაბეზრებელ, მაგრამ მეტად საჭირო მძიმე საქმეს აკეთებს-მეთქი. მართალს ვამბობ, ჩემი გულიდან მომავალი მსუბუქი საყვედურიც კი ვიგრძენი ჩემი თავის მიმართ, რადგან მთელ ამ საქმიანობას ფანჯრიდან ვადევნებდი თვალყურს და მეც ამ კაცებივით გარეთ არ ვიყავი საქმით დაკავებული. ის დღე მიიწურა და საღამოს მეორე მეზობლის სახლს ჩავუარე, რომელსაც ბევრი მოსამსახურე ჰყავს და დიდძალ ფულს ერთობ სულელურად ფლანგავს, ანუ საზოგადოებისთვის სასარგებლოს არაფერს იქმს, და სწორად იქ, მის ეზოში იყო, რომ ის დიდი ლოდი შევამჩნიე, რომელსაც დილით მუშები მიათრევდნენ. ეს ლოდი სამშვენისად რაღაც უცნაური ნაგებობის გვერდით იდო, ამ ლორდ თიმოთი დექსთერის[257] კარმიდამოს სილამაზე რომ შეჰმატებოდა. ვიხილე ეს და იმ წამიდან მოყოლებული მეხრისა და დანარჩენი მუშების შრომას ჩემს თვალში

257 "ლორდი" თიმოთი დექსთერი (1747-1806) – მასაჩუსეცის შტატის სოფელ ნიუბარიფორთის საქმოსანი, ვაჭარი, რომელსაც საქმეში ძალიან უმართლებდა, თუმცა მართლწერის შესწავლით არასოდეს შეუწუხებია თავი და თითქმის სრულებით გაუნათლებელი იყო. იგი ცნობილი გახლდათ თავისი უცნაურობებისა და ახირებულობების გამო. მას განსაკუთრებით დიდი, მაგრამ უჩვეულო სიყვარული ჰქონდა სამხატვრო და დეკორაციული ხელოვნების. ის აგროვებდა უამრავ უცნაურ ეგრეთწოდებულ ხელოვნების ნიმუშს, და ყოველივე ამაში დიდ ფულს ფლანგავდა, რის შედეგადაც ბოლოს გაკოტრდა კიდეც. ერთ დღეს "ლორდ" თიმოთი დექსთერს დააინტერესა, რას იტყოდა ხალხი მისი გარდაცვალების შემთხვევაში. ადგა და, ტყუილ-უბრალოდ თავისი გარდაცვალების ამბავი გამოაცხადა და დასაფლავებისთვის მზადებას შეუდგა. მას ეწადა, ხალხისთვის ჩუმად ყური დაეგდო და მერე უცაბედად ყველას თვალწინ ცოცხალი და უვნებელი გამოცხადებულიყო. დაახლოებით 3,000 კაცი მოვიდა დაკრძალვაზე, თუმცა თიმოთის უცნაურობებით გაოგნებულმა მისმა ცოლმა მკაცრი უარი განაცხადა მის დატირებაზე, რის შედეგადაც დექსთერი გაბრაზდა, საერთოდაც აღარ გამოცხადდა თავის დასაფლავებაზე და მერე თავისი ცოლი ჯოხით გაროზგა.

ღირსება დააკლდა და სრულიად დაეკარგა ფასი. ჩემი აზრით, უფალს მზე ამათ უაზრო შრომაზე უკეთესი შრომის გასაშუქებლად შეუქმნია. და იმასაც დავამატებ, რომ ამ მუშების დამქირავებელი, ბატონი ვებსთერი, მას შემდეგ, რაც მთელი სოფლის ვალი აიკიდა და ვეღარ იხდიდა, იძულებილი იყო გაქცეულიყო და, მას შემდეგ რაც ვალების ჩამოსაწერად ჩენსერის სასამართლო[258] გაიარა, დღეს სადღაც სხვაგან დასახლდა, რომ ახლა იქ გასწიოს "ხელოვნების" დიდი "ქომაგობა".[259]

თითქმის გამონაკლისის გარეშე შეიძლება ითქვას, რომ გზას, რომლითაც ადამიანი ფულს შოულობს, ყოველთვის დაცემისა და ჯოჯოხეთისკენ მიჰყავს კაცი. მხოლოდ ის ფაქტიც, რომ ფულის შოვნისთვის, *უბრალოდ*, რამე გიკეთებია, უკვე საკმარისად ცხადჰყოფს, რომ შენ ჟამი უსაქმურობაში ან უსაქმურობაზე კიდევ უარეს საქმეში გაგიფლანგავს. და თუ მუშა იმაზე მეტ საფასურს ვერ ღებულობს, რასაც მას დამქირავებელი უხდის, მაშინ ის მოტყუებულია, ანუ ის საკუთარ თავს ატყუებს. თუ ფულს როგორც მწერალი ან როგორც ლექტორი და მოქადაგე ისე შოულობ, მაშინ აუცილებელია, პოპულარულიც იყო, ეს პოპულარულობა კი უკვე ქვემოთ მიმართული სულიერი დაცემა და ჯოჯოხეთისკენ მართობული სვლაა. და სწორად ის სამსახურია ყველაზე სამარცხვინო, რომელშიაც ფულს ნებაყოფლობით იხდის საზოგადოება. ამიტომაც სწორად ის არ უნდა აკეთო, რაშიც ქვეყანა სიამოვნებით იხდის ფულს. რამეთუ, ასეთ შემთხვევაში, ფულს იმისთვის გიხდიან, რომ ადამიანზე დაბლა მდგომ არსებად იქცე. როგორც წესი, კერძო დამქირავებლებზე მეტად არც სახელმწიფო აფასებს ხოლმე გენიოსს. პოეტ ლაურეატსაც კი იმას ვურჩევ, რომ შემთხვევით მინიჭებული ჰონორარის მიღება არ იზეიმოს. ასეთ პოეტებს სახელმწიფო ღვინით სავსე მილით[260] ქრთამავს ხოლმე; და იმაზე თუ გიფიქრიათ, ერთი პოეტი ლაურეატისთვის დასაჯილდოვებელი ამ მილი ღვინოს შესაკოწიწებლად მთავრობამ მეორე პოეტი ლექსების წერას რომ მოსწყვიტა და მილის კეთებაში დასაქმება აიძულა. თავად მე რაც შემეხება, ჩემებური მიწისმზომელობაც, რომლის კეთება საუცხოოდ ძალმიძს, ჩემს დამქირავებლებს არ სურთ. მათ ურჩევნიათ, ჩემი საქმე უფრო მეტი უხეშობით და ნაკლები სიზუსტით ვაკეთო. როდესაც სიტყვა მოიტანს, და ვახსენებ ხოლმე, რომ მიწისმზომელობის სხვადასხვა ხერხები არსებობს, ჩემი დამქირავებელი იმას კი არ მეკითხება, რომელია ყველაზე ზუსტი და სამართლიანი ხერხი, არამედ მაშინვე იმას კითხულობს, რომელი ხერხით შეიძლება მას რაც შეიძლება მეტი მიწა მიეზომოს. ერთხელ კორდიშეშის[261] ზუსტი გაზომვის წესი გამოვიგონე, და შევეცადე, ბოსტონელებისთვის მესწავლებინა; მაგრამ იქაურმა მზომელმა მითხრა,

---

[258] ჩენსერის სასამართლო – ინგლისის ჩენსერის სასამართლო ჩამოყალიბდა ლორდ ჩენსლერის (ანუ კანცლერის) იურისდიქციის საზღვრებში, რომელშიც მოსამართლეები კერძო საკუთრების საკითხებს, როგორც წესი, კანონის საკუთარი განმარტების საფუძველზე წყვეტდნენ და არა კანონის ბრმა მორჩილებით. ამერიკაში ჩენსერის სასამართლო წყვეტდა ვალის და გირაოს საკითხებს.

[259] მთელი აბზაცი გამოხმაურებაა დიდი ჩინელი ფილოსოფოსის, კონფუციუსის, ანუ კონფუცის (551-479 ჩ.წ-მდე) სიტყვებზე: "უცნაურობების გამოკიდებას და ახირებულებას მხოლოდ ერთი რამ მოაქვს – ზიანი." აღსანიშნავია, რომ თოროუს კონფუციუსი წაკითხული ჰქონდა, რაც მის თხზულებებში მოყვანილი ციტირებებიდანაც კარგად ჩანს. იხილეთ კონფუცის "ანალექტები".

[260] ღვინით სავსე მილი – ანუ კასკა: XVII-XVIII საუკუნეებში პოეტ ლაურეატებს ჯილდოდ მეფისგან ღვინით სავსე მილი ანუ კასკა ებოძებოდათ ხოლმე. კასკა დაახლოებით 100 გალონს ანუ დაახლოებით 400 ლიტრს უდრის.

[261] კორდიშეშა – ერთი კორდი შეშა 128 კვადრატული ფუტია და, როგორც წესი, 4-4-8 აწყვია ხოლმე (სიგრძე, სიგანე, სიმაღლე).

რომ გამყიდველებს არ სურდათ თავიანთი შეშის ზუსტად გაზომვა – და რომ მის მიერ გამოყენებული გაზომვის ხერხი ისედაც საკმარისად ზუსტი იყო მათთვის, და ამ მიზნით, სანამ ხიდს გადმოივლიდნენ და ბოსტონში გადმოვიდოდნენ, შეშით მოვაჭრენი ჩარლსთონში [262] წინასწარ აზომინებდნენ თავიანთ შეშას.

მუშაკაცის მიზანი ლუკმა პურის შოვნა კი არ უნდა იყოს, ან "კარგი სამსახურის შოვნა," არამედ გარკვეული სამუშაოს კარგად შესრულება; და თუნდაც წმინდა ეკონომიკური თვალსაზრისით, ქალაქისთვის უფრო სასარგებლო იქნებოდა, დაქირავებული ხელისთვის წესიერი ხელფასი გადაეხადა, მუშაკაცს რომ არ ჰგონებოდა, მხოლოდ ფიზიკური გადარჩენისთვის და ლუკმა-პურული მიზეზით აკეთებს საქმეს, არამედ სამეცნიერო და ზნეობრივი მიზეზისთვისაც. არ შეცდე და არ დაიქირავო ის კაცი, რომელიც საქმეს ფულის სიყვარულისთვის აკეთებს, დაიქირავე ის, ვინც თავად ამ საქმის სიყვარულისთვის იქმს ამ საქმეს.

გასაკვირია, რომ ადამიანების მხოლოდ მცირე ნაწილია კარგად დასაქმებული, მაგრამ, რა ვუთხარი მათ ჭკუას, რომ პატარა ფულითა და სახელის მოხვეჭის იმედით ამ ხალხის მოსყიდვაც კი შეიძლება, ესენიც კი ხომ ადვილად და სწრაფად მიატოვებენ თავიანთ საქმეს მიწიერი წარმატების მოსაპოვებლად. ხანდახან თვალს მოვკრავ ხოლმე სამუშაო განცხადებებს, ვეძებთ *აქტიურ* ახალგაზრდა მამაკაცებსო, ვითომცდა აქტიურობა იყოს ადამიანის მთავარი ნიჭი, მთავარი განძი და მთავარი კაპიტალი. მიუხედავად ამისა, მაინც გამკვირვებია, როდესაც ჩემთან სრულწლოვანი კაცი მოსულა და ჩემთვის მის საქმიანობაში ჩართვა და სამსახური შემოუთავაზებია, გეგონება, მე სხვა აღარაფერი მქონოდა საკეთებელი, და ვითომ ჩემი აქამდე განვლილი ცხოვრება სრული მარცხი და უმიზნობა ყოფილიყოს. ჩემი და ჩემი მიღწევების რა საეჭვო შექებაა მისი ამგვარი წინადადება! ისე იქცევა, გეგონება, ჩემი გულისთვის ქარი მკერდით გაუპია, ნახევარი ოკეანე გადმოულახავს და ახლა თავისთან ერთად საქმეზე გამგზავრებას მთელი გულით მთავაზობს! ვთქვათ და, წამოვიდე, რას ფიქრობ, შენი აზრით, დაზღვევის აგენტები რას იტყვიან? დააზღვევენ კი ჩემისთანა კაცს? არა, არა! ჩემი ცხოვრების მოგზაურობის ამ ეტაპზე უმუშევარი ნამდვილად არ ვარ. სიმართლე რომ ითქვას, პატარა ბიჭობისას, ჩემს პირად, სულიერ ნავსაყუდელში რომ დავხეტიალობდი, ერთ განცხადებას მოვკარი თვალი, რომელმაც მამცნო, შნოიანი მეზღვაური გვჭირდებაო, ჰოდა, შევიქმენი თუ არა სრულწლოვანი, მაშინვე ამ საქმეს მივყავი ხელი – იმ დღიდან მოყოლებული ვაჭარი მეზღვაური კი არა, სულიერი მეზღვაური ვარ მე.

საზოგადოებას არასოდეს აბადია ისეთი ფული, რომ ჭეშმარიტად გონიერი კაცი მოქრთამოს მან. შეიძლება მთაში გვირაბის გასათხრელი ფული მოაგროვო, [263] მაგრამ იმ კაცის დასაქირავებელ ფულს შენ ვერასოდეს მოუყრი თავს, რომელიც *თავისი* გზით მიდის და *თავის* საქმეს

[262] ჩარლსთონი – მასაჩუსეცის შტატის ქალაქ ბოსტონის გარეუბანი. ის თავიდან ცალკე დაბა იყო და მასაჩუსეცის კოლონიის პირველი დედაქალაქი, მაგრამ 1847 წლიდან დიდ ქალაქად იქცა და 1874 წლის 5 იანვარს ქალაქ ბოსტონს შეუერთდა.
[263] თოროუ მიუთითებს 1848 წლის მოვლენაზე, როცა მთავრობამ ორ მილიონ დოლარად მთა ჰუსაქში (მასაჩუსეცის ჩრდილო-აღმოსავლეთშია) გვირაბის გასათხრელად კომპანია დაიქირავა. დაპირებული ხუთი წლის მაგივრად ამ საქმეს 11 წელი დასჭირდა და ორი მილიონის მაგივრად – თოთხმეტი.

თვითონ აკეთებს. მადლიანი და ნიჭიერი კაცი აკეთებს იმას, რაც შეუძლია, და არად დაგიდევს ამაში საზოგადოება ფულს უხდის თუ არა. აი, უნიჭონი კი იმას მიექირავებიან, ვინც ყველაზე დიდი ფულის გადამხდელია, და ამის გამო ყოველთვის იმედი აქვთ, რომ სარფიან სამსახურს გამონახავენ. კაცი იფიქრებდა, იქნებ ასეც ხდება და, მართლაც სარფიან სამსახურებში საქმდებიან ასეთებიო, მაგრამ, საკითხავია, მართლა ასეა ეს თუ არა.

იქნებ სულაც ზომაზე მეტად ვეჭვიანობ ჩემს თავისუფლებაზე. ვგრძნობ, რომ საზოგადოებასთან ჩემი კავშირი და საზოგადოებისადმი ჩემი მოვალეობები ისევ ძალიან უმნიშვნელოა და თან ხანმოკლე. ის მსუბუქი შრომა, რომლითაც საარსებო წყაროს ვშოულობ, და რომლითაც ჩემს თანამედროვეებს ვემსახურები და რაღაცაში ვადგები, ჩემთვის მაინც უბრალო თავშექცევა და სიამოვნებაა, და თანაც იმდენად დიდი სიამოვნება, ხშირად მავიწყდება კიდეც, რომ ლუკმა პურის შოვნისთვის აუცილებელი საქმიანობაცაა ეს ჯაფა. ჯერჯერობით თავისუფლებას ვინარჩუნებ, მონურად არ ვშრომობ, და ამ გაგებით საკმაოდ წარმატებული ვარ. მაგრამ ვხვდები, რომ თუ ჩემი სურვილების რიცხვი გაიზრდება, მაშინ ამ სურვილების დაკმაყოფილებისთვის აუცილებელი შრომის გაზრდაც დამჭირდება და შრომა სიამოვნებიდან მძიმე ტვირთად გადამექცევა. მეც რომ სხვებივით ჩემს დილა-შუადღე-საღამოს, როგორც ამას ადამიანთა უმრავლესობა აკეთებს, სამუშაოდ ვყიდდე და ვაქირავებდე, დარწმუნებული ვარ, რომ ჩემს ცხოვრებას სიცოცხლე წაერთმეოდა, ანუ თავად ასეთ ცხოვრებასაც დაეკარგებოდა აზრი. მჯერა, რომ ისე არასოდეს გავსულელდები, ცხოვრების სალაფავისთვის გავყიდო ღმრთივბოძებული პირმშოობა.[264] იმის თქმა მსურს, რომ კაცი შეიძლება ძალიან ინდუსტრიულიც კი იყოს, მაგრამ მაინც ვერ შეძლოს ჟამის სწორად გამოყენება. დედამიწის ზურგზე იმაზე უვარგისი მფლანგველი არ დაიარება, ვინც მთელ თავის სიცოცხლეს საცხოვრებელი წყაროს შოვნაში ფლანგავს. ყველა ჭეშმარიტად დიდი და დიდებული საქმე თვითმყოფადია. მაგალითად, პოეტმა საკუთარი თავი საკუთარი პოეზიით უნდა შეინახოს ისევე, როგორც საშალაშინო ორთქლის საამქრო მუშაობს საკუთარ ნარჩენ ბურბუშელაზე.[265] პურის ფული სიყვარულით უნდა იშოვო და არა ვირული შრომით. მაგრამ, როგორც ამ გამოთქმას ვაჭრებზე ავრცელებენ, ასიდან ოთხმოცდაჩვიდმეტი მარცხს განიცდის და კოტრდება, იგივე ითქმის ხალხზეც – ასიდან ოთხმოცდაჩვიდმეტი სულიერ მარცხს განიცდის და ზუსტად შეიძლება ვიწინასწარმეტყველოთ, რომ სულიერად გაკოტრდება კიდეც და ამ საშოვარისთვის თვით სიცოცხლესაც კი დაჰკარგავს, უსათუოდ.

ამ ქვეყნაში მხოლოდ რომელიმე დიდი ქონების მემკვიდრედ რომ იშვა, და არა, უბრალოდ, კაცად, შობა კი არა და მკვდარშობილებაა. მდიდარი მეგობრების კისერზე თუ ხარ ჩამოკიდებული, ან სახელმწიფო

---

264 თოროუ მიუთითებს “ძველი აღთქმის” “დაბადების” წიგნზე – ესავმა თავისი პირმშოობის უფლება იაკობს პურზე და ოსპის შეჭამადზე გაუცვალა: “და ჰრქუა იაკობ ესავს: მომეც მე დღეს პირმშოებაი შენი. ...ხოლო იაკობ სცა ესავს პური და მგბარი ოსპისა. ჭამა და სუა, აღდგა და წარვიდა და განაქარვა ესავ პირმშოებაი თვისი.” (იხილეთ “მცხეთური ხელნაწერი” ან ნებისმიერი სხვა ჭეშმარიტი მართლმადიდებლური “ბიბლია”, თავი “დაბადება”, 25:31-34).

265 თოროუ გულისხმობს XIX საუკუნეში ნიუ ინგლენდში არსებულ ხის გადამამუშავებელ საამქროებს, რომლებშიც ადგილობრივ ბურბუშელას იყენებდნენ საწვავად და ენერგიის წყაროდ.

პენსია, როგორც დიდგვაროვანს, ბავშობიდან მუქთად გინახავს – რა თქმა უნდა ამისთვის, სხვა თუ არაფერი, სუნთქვა და ამ სუნთქვით შენი არსებობის დამტკიცება მაინც უნდა შეგეძლოს – ან რა სინონიმებითაც გინდა აღწერე შენი მუქთახორული და წურბელური ცხოვრება, ასე თუ ცხოვრობ, იგივეა, ჯანსაღი და უნარიანი კაცი დავრდომილთა და გაჭირვებულთა თავშესაფარში ცხოვრობდე და მათხოვრობდე. კვირაობით ეკლესიაში მიდის ხოლმე მოვალე, მონა ღმრთისაა ეს თუ მხევალი – აზრი არა აქვს, და თავისი სულის ანგარიშს ისმენს და, რა თქმა უნდა, იგებს, რომ მისი დანახარჯები შემოსავლებს აღემატება, რომ მისი ცოდვები ბევრად ჭარბობს მადლს. განსაკუთრებით კათოლიკურ ეკლესიაში, შედიან ხოლმე ჩენსერიში,[266] პირწმინდად ამბობენ აღსარებას, ცოდვებს ჩამოარაკრაკებენ და ფიქრობენ, რომ ჭეშმარიტი სინანულის გარეშე ცხოვრებას ხელახლა დაიწყებენ. ასე და ამგვარად ხდება, რომ ადამიანები მხართეძოზე წამოკოტრიალებულან, კაცის დაცემაზე საუბრობენ, და არც ხორციელად ფეხზე დადგომას და არც სულიერ აღდგომას არ ცდილობენ ისინი.

რაც შეეხება საარსებო მოთხოვნებს, რომლებსაც ადამიანები ცხოვრებას წაუყენებენ ხოლმე, ორი სახის ხალხი არსებობს, – ერთს თანმიმდევრული, მყარი, ხელჩასაჭიდი წარმატება სურს ცხოვრებისგან, და მისი სამიზნე პირდაპირი სროლით შეიძლება იოლად ამოიღო მიზანში და ადვილად მოარტყა, და ამ კაცის მიწიერი ოცნება, კაცმა რომ თქვას, ადვილი მისაღწევი უნდა იყოს; აი, მეორე სახის ადამიანი კი, მიუხედავად იმისა, რომ მისი ცხოვრება შეიძლება მდაბალი და წარუმატებელი იყოს, მუდამ თავისი მიზნების ამაღლებას ცდილობს, თუმცა ესეც ადამიანური სისუსტის გამო, ნელ-ნელა და ცოტ-ცოტა მაღლდება და არა ერთბაშად. ისე, არჩევანი რომ მიდგეს, ბევრად უფრო მირჩევნია, ზემოხსენებული მეორე კაცივით ვიცხოვრო, ვიდრე პირველივით – თუმცა, როგორც ამას აღმოსავლელები ამბობენ, "სიდიადე როდი ეკარება მას, ვინც მუდამ დაბლა იხედება; მაგრამ, იმავდროულად, ისიც გასათვალისწინებელია, რომ ისინი, ვინც მუდამ ზევით, ზეციური მიზნებისკენ იყურებიან, ხშირად ღარიბდებიან ხოლმე."[267]

საოცარია, რომ ძალიან ცოტა ან, შეიძლება ითქვას, საერთოდ არც არაფერი დაწერილა პურისფულის მოპოვების მეტად მნიშვნელოვან საკითხზე; როგორ შეიძლება, რომ ლუკმა პურის შოვნა მხოლოდ პატიოსან და ღირსეულ კი არა, არამედ სანდომიან და დიდებულ საქმედ აქციოს ადამიანმა; რადგან თუ სასიცოცხლო წყაროს *მოპოვებაში* ყოველივე ზემოხსენებული არ ძევს, მაშინ თავად სიცოცხლეც აღარ ძევს სასიცოცხლო წყაროს მოპოვებაში. ჩვენი ლიტერატურის შემხედვარე, კაცი იფიქრებდა, რომ ამ საკითხს არასოდეს შეუწუხებია კაცის გონება. ნუთუ ეს იმის გამოა, რომ ადამიანებს იმდენად შეზიზღებიათ ლუკმა პურის შოვნის პირადი გამოცდილება, რომ ამ საგანზე ლაპარაკიც არ სურთ?

---

266 ჩენსერი – კათოლიკურ ანუ რომაულ ეკლესიაში მართვა-განმგებლობის სამსახური, რომელსაც საბუთების წარმოება ევალება. როგორც წესი, ჩენსერი საეპისკოპოსო შენობაშია და მას ნათლობების და საქორწინო მოწმობების წარმოება და აღრიცხვა, ქორწინების გასაუქმებლად შეტანილი სათხოვრების განხილვა და სხვა ამგვარი რამ ევალება.

267 თოროუს წაკითხული ჰქონდა ვიიშნუ სარმას "ჰიტოპადეშა" – ინდური იგავ-არაკების და სიბრძნეების კრებული, საოცარი, საქვეყნოდ ცნობილი წიგნი, და ეს ციტირებაც სწორად აქედანაა. 1842 წელს თოროუმ წაიკითხა დიდ ბრიტანეთში, ქალაქ ბეთში (აბანოში) 1787 წელს დაბეჭდილი გამოცემა.

გაკვეთილისთვის, რომელსაც ფული გვასწავლის, რომელსაც თავად სამყაროს შემქმნელი გვასწავლის, ჰო, ამ მეტად მნიშვნელოვანი გაკვეთილისთვის კაცობრიობას რატომღაც ერთბაშად გვერდის ავლა და მისი გამოტოვება მოუნდომებია. რაც შეეხება ფულის შოვნის ხერხებს, საოცარია, როგორი გულგრილი დამოკიდებულება აქვთ ამ საკითხთან ყველა კლასისა და მდგომარეობის ადამიანებს, გინდაც თავად რეფორმისტებს, ამ ჩვენი დროის ეგრეთწოდებულ გარდამქმნელებს – აზრი არა აქვს ისინი ფულს მემკვიდრეობით, საკუთარი შრომით თუ პარვით შოულობენ. ჩემი აზრით, საზოგადოებას, ამ გაგებით, ჩვენთვის სასარგებლო არაფერი გაუკეთებია, ან, უფრო სწორად, ის ზიანიც კი არ აღმოუფხვრავს, რომელიც ადრე მოგვაყენა. სიცივე და შიმშილი უფრო ახლოა ჩემს გულთან და ჩემს ბუნებასთან, ვიდრე ის ადამიანური ხრიკები, რომლებსაც ამ სიცივისა და შიმშილის მოსაგერიებლად იყენებს ხოლმე მთელი კაცობრიობა და რომელთა გამოყენებასაც ჩვენ გვიკიჟინებენ ახლა.

წოდება *ბრძენი* უმეტესად არასწორად გამოიყენება. როგორ შეიძლება კაცი ბრძენი იყოს, როცა მას კაცური ცხოვრების შესახებ კაცობრიობაზე მეტი არ გაეგება? – ან მაშინ, როცა ის მხოლოდ ეშმაკია და ინტელექტურად მოხერხებული? განა სიბრძნე პატიმრის ბორბალში[268] მონასავით მუშაობს? თუ თავისუფალი კაცივით *საკუთარი თავისუფალი და ლაღი ცხოვრებით გვაძლევს მაგალითს*? განა შეიძლება სიტყვიერ სიბრძნეს, რომელზეც კაცი ბევრს ყბედობს, ლაქლაქებს და ცხოვრებაში საკუთარი ქმედებით ერთხელაც კი არ თესავს, ჭეშმარიტი სიბრძნე ეწოდოს? ნუთუ სიბრძნე უაზრო მეწისქვილე გგონიათ, რომელიც მთელი თავისი სიცოცხლე უაზროდ ფქვავს ლოგიკის მარცვალს და მეტი არაფერი? უპრიანი იქნებოდა, გვეკითხა, თავად პლატონიც[269] ასე მონურად, უაზრო სამუშაოს შესრულებით შოულობდა საარსებო წყაროს თუ თავის თანამედროვეებზე უკეთეს გზას მიაგნო? – თუ ისიც ისევე დაუწვა ცხოვრებას და სხვებივით ჩაება ლუკმა პურისთვის მონურ შრომაში? როგორ სძლია ცხოვრების უდიდეს ცთუნებას – წადილს, და ამ წადილის დაკმაყოფილებისთვის საჭირო ფულის კეთებას – თავმდაბალი გულგრილობით თუ ამაყად ცხვირის აბზეკით? ან იქნებ მისთვის სიცოცხლე და სასიცოცხლო წყაროს შოვნა არც ისეთი დიდი სადარდებელი იყო, რადგან მდიდარი მამიდისგან ერგო დიდძალი ქონება მემკვიდრეობით? ხერხები, რითაც ადამიანთა უმრავლესობა საარსებო წყაროს შოულობს, სხვა არაფერია, თუ არა დროებითი ხლაფორთი და ხრიკი, და თავად არსებობისა და მთავარი საქმის – სიცოცხლის თავიდან არიდება – ამას ადამიანები უმეტესად იმიტომ ჩადიან, რომ მეტი არ ესმით, ნაწილობრივ კი იმიტომ, რომ მეტი არ სურთ.

მაგალითად, ოქროს ციებცხელებისას კალიფორნიისკენ ხალხის მიწყდომა[270], და არა მხოლოდ ვაჭრებისა, არამედ თავად ეგრეთწოდებული ფილოსოფოსების და ეგრეთწოდებული წინასწარმეტყველების საქციელი

---

268 პატიმრის ბორბალი – ხის ბორბალი, რომელშიც პატიმრები ან მონები იყვნენ შებმული და წყალს ქაჩავდნენ.

269 პლატონი (427-347 ჩ.წ.-მდე) – დიდი ბერძენი ფილოსოფოსი, სოკრატეს მოწაფე, მწერალი, მოგზაური, ათენის აკადემიის დამაარსებელი, არისტოტელეს მასწავლებელი.

270 საუბარია 1848-1855 წლების კალიფორნიის ოქროს ციებ-ცხელებაზე, რომელიც მას შემდეგ დაიწყო, რაც ჯეიმზ ვილსონ მარშალმა სათარის ხის გადამამუშავებელ საამქროში ოქრო აღმოაჩინა, კალიფორნიის შტატის სოფელ კოლომაში, შედეგად კალიფორნიას 300,000 ადამიანი მიაწყდა.

და დამოკიდებულება, მთელი კაცობრიობის უდიდესი სირცხვილი და თავის მოჭრა გახლდათ. საშინელებაა, რომ ამდენ ადამიანს ოქროს მაძიებლობით ბედის ცდა და ამგვარად გამდიდრება სურს, მხოლოდ იმისთვის, რომ მერე მოტრიალდეს და ბევრი უბედური დაიქირავოს და მათზე ბედნიერად გაბატონდეს, და ყოველივე ეს საზოგადოების კეთილდღეობაში ერთი წვლილის შეტანის გარეშე! და ამას ვუწოდებთ საქმოსნობას და ბიზნეს-ინიციატივას! ვაჭრობის და ფულის შოვნის უზნეობის ამაზე უფრო შემაძრწუნებელი მაგალითი არ მეგულება. ამ კაცობრიობის ფილოსოფია, პოეზია და სარწმუნოება ერთი გამსკდარი გუდაფშუტის მტვრად არ ღირს. ღორიც კი, რომელიც ლუკმა პურს ნეხვისა და მიწის ჩიჩქნით შოულობს, სირცხვილით დაიწვებოდა და არ იკადრებდა მათთან მეგობრობას. *ამ ფასად* მთელი მსოფლიოს სიმდიდრე რომ მომცენ, არ მიღირს მაინც. მუჰამედმაც[271] კი იცოდა, რომ ღმერთს ეს ქვეყანა ქვეყნის სასაცილოდ არ შეუქმნია. ფულისთვის ადამიანების ამ ამაზრზენ ციებ-ცხელებას ისე გამოჰყავს, რომ ვითომცდა, ღმერთი ფულიანი ჯენთლმენი იყოს, რომელიც კაპიკებს დედამიწის გარშემო ფანტავს, რომ მერე ადამიანების მიერ გაჩაღებულ ფულის შოვნის უაზრო რბოლას და ერთმანეთის დაჭმას, როგორც სეირს, ისე უყუროს.[272] მსოფლიო რბოლა! ვითომცდა ბუნების წიაღში არსებობის უფლების მოსაპოვებლად ადამიანისთვის რბოლაში მონაწილეობა და ჯილდოს მიღება იყოს აუცილებელი! რა სისულელეა ასეთი მსოფლმხედველობა! რა დაცინვაა კაცის ბუნების! ეს ყველაფერი იმით დაგვირგვინდება, რომ, ოდესმე, კაცობრიობა თავს ხეზე ჩამოიხრჩობს.[273] და ნუთუ ამდენი ბიბლიების ამდენი ბრძნული მცნებებიდან ეს შეიმეცნეს ადამიანებმა? ნუთუ ადამიანის მოდგმის უახლესი და უმაღლესი გამოგონება მხოლოდ ეს გაუმჯობესებული ფოცხია, რომელსაც ფულისა თუ ფუნის მოსაბოჭად იყენებს კაცობრიობა?[274] ნუთუ ესაა ის საკითხი, რომელზეც საბოლოოდ თანხმდებიან და რიგდებიან ორიენტელები და ოქსიდენტელები?[275] ნუთუ მართლა გგონიათ, რომ ღმერთმა გვიბრძანა იმ მიწის ჩიჩქნა და მოსავლის

---

271 მუჰამედი – ისლამის ფუძემდებელი.

272 პროტესტანტებს სწამდათ (და ახლაც სწამთ), რომ ღმერთი კარგ ადამიანს მიწიერი სიმდიდრით დააჯილდოვებდა. სწორად ამიტომ იყო, რომ ისინი დიდი სიამაყით გამოამზეურებდნენ ხოლმე ვერცხლის დანა-ჩანგალსა და ჭურჭელს წვეულებებზე, – სტუმრებმა დაინახონ ჩვენი კარგი ქრისტეანობისთვის ღმერთი როგორ გვწყალობსო. არადა, ეს ვერცხლი, როგორც წესი, სწორად ისევე ჰქონდათ მათ ნაშოვი, როგორც იუდას – ღმერთისა და მოყვასის ღალატით. თოროუ შეახსენებს მათ, რომ უფალი ასეთი მეწვრილმანეობით არაა დაკავებული და ადამიანებს მიწიერი სიმდიდრით ასე არ აჯილდოვებს. შემდგომი წინადადებებიდან აშკარა ხდება, რომ თოროუ სწორად პროტესტანტ ფარისევლებს გულისხმობს, "და ნუთუ ამდენი ბიბლიების ამდენი ბრძნული მცნებებიდან ეს შეიმეცნეს ადამიანებმა?"

273 თოროუ მიუთითებს იუდა ისკარიოტელზე, რომელმაც, მას შემდეგ რაც ქრისტე 30 ვერცხლად გაყიდა, თავი ხეზე ჩამოიხრჩო. იხილეთ მათეს სახარება 27:5. სიმდიდრეზე გაგიჟებულ ჯიბრიან კაცსაც იგივე მოელის.

274 ფუნის ფოცხი – თოროუ მიუთითებს XVII საუკუნის დიდი ინგლისელი მწერლის, ჯონ ბანიანის (1628-1688) ალეგორიულ სატირულ ნაწარმოებზე "პილგრიმის წინსვლა". ამ ნაწარმოების გმირი მუდამ ძირს იხედება, რის გამოც ვერ დაინახავს ცაში გამოკიდულ შეთავაზებას, რომ თავისი ფუნის ფოცხი ზეციურ გვირგვინში გადაცვალოს და ამ სანუკვარ შესაძლებლობას ხელიდან გაუშვებს. ასეთია ბრიყვისა და მხდალის ბოლო – ის ვერასოდეს გაცვლის თავის ფუნის ცოცხს, თავის თუ თავისთანა სულელი წინაპრის სულელურ ჩვეულებას, სიმრუდეს და სირეგვნეს... ზეციურ გვირგვინში – ჭეშმარიტებაში.

275 ორიენტი და ოქსიდენტი – პირველადი მნიშვნელობით, ორიენტი აღმოსავლეთის ცას ნიშნავს, საიდანაც აისი ამოდის, ოქსიდენტი კი დასავლეთის ცას ნიშნავს, საიდანაც დაისი გვეფინება. მეორადი გაგებით კი ორიენტი აღმოსავლეთს ანუ აზიას ნიშნავს, ოქსიდენტი კი დასავლეთს ანუ ევროპულ-ჩრდილოამერიკულ კულტურას. აქ სწორად მეორადი მნიშვნელობითაა ეს სიტყვები ნახმარი.

აღება, სადაც ჩვენ არასოდეს არაფერი დაგვითესია – და შეგვპირდა, რომ ჩვენ აქა-იქ ოქროს ზოდებით დაგვასაჩუქრებდა?

ღმერთმა სამართლიან კაცს ნებართვა მისცა, რომ უფლება ჰქონოდა საკვები და ტანსაცმელი მოეპოვებინა, მაგრამ მერე უსამართლო კაცმა მიაგნო ამ ნებართვის ასლს, რომელსაც უფალი თავის სკივრში ინახავდა, და ამანაც საკვებისა და ტანსაცმლის მოპოვებას მიჰყო ხელი, თუმცა უსამართლობით. ეს კი მსოფლიო ისტორიაში ყალბისმქმნელობის ერთ-ერთი ყველაზე დიდი და ყველაზე ხშირი დანაშაულია. მე არ ვიცოდი, რომ თურმე ადამიანთა მოდგმა ოქროს არქონის გამო იტანჯებოდა. იშვიათად თუ მინახავს ეს ლითონი თვალით. ვიცი, რომ ძალიან რბილი და ჭედადი ლითონია, მაგრამ არც იმდენად რბილი და ჭედადი, როგორც გონიერება. ოქროს მარცვალი დიდ ზედაპირს მოავარაყებს, მაგრამ სიბრძნის მარცვალს კიდევ უფრო მეტის მოვარაყება ძალუძს, ადამიანო.

მთებს შორის გაჭიმულ ხეობებში მყოფი ოქროს მაძიებელი ისეთივე მოთამაშეა, როგორიც სან ფრანსისკოს სალუნში[276] მჯდომი მოთამაშე. რა სხვაობაა კაცი ლოდებს აგორებ თუ კამათლებს? თუ შენისთანა კაცმა მოიგო, მთელი საზოგადოება რჩება წაგებული. აზრი არა აქვს, დიდია მისი შემოსავალი თუ პატარა, ოქროს მაძიებელი პატიოსანი მშრომელი კაცის მტერია მუდამ. აზრს იმის თქმით ვერ შემაცვლევინებ, ამ ოქროს მოპოვებისთვის ბევრი ვიმუშავეო. ეშმაკი რომ ეშმაკია, ისიც ხომ ბევრს მუშაობს ხოლმე კაცის შეცდენაზე. ცოდვილი კაცის სიცოცხლეც ხომ რთული და შრომატევადია გარკვეული გაგებით, ოღონდაც, ეს იმას არ ნიშნავს, რომ სწორადაა წარმართული. თავმდაბალი დამკვირვებელი, რომელიც მაღაროების სანახავად მიდის, ხედავს და ამბობს, რომ ოქროს მაძიებლობა ლოტერიის[277] თამაშს წააგავს; ჰოდა, ასე თამაშით მოპოვებული ოქრო იგივე არაა, რაც პატიოსანი შრომით ნაშოვნი ფული. მაგრამ, სინამდვილეში, დამკვირვებელს ავიწყდება რასაც ხედავს, რადგანაც მან მხოლოდ ზედაპირული შედეგი დაინახა ოქროს მაძიებლობისა და არა მისი მრუდე დედააზრი, ლოტერიის ბილეთს ყიდულობს და თვითონაც სწორად ამ საშინელ საქმეში ერთვება, რომლის საშინელებაც, თუ სიღრმისეულად არ ჩაუკვირდა კაცი, ზედაპირზე არა და არ ჩანს.

ავსტრალიაში ოქროს მაძიებლობაზე[278] ჰოვიტის[279] მოხსენების ერთ საღამოს კითხვის შემდეგ, მთელი ღამე გონებაში მიტრიალებდნენ

---

[276] სალუნი – XVIII-XIX საუკუნეებში ამერიკის დასავლეთში გავრცელებული ერთგვარი დუქანი.
[277] ლოტერია – სიტყვა წარმოსდგება დანიური სიტყვიდან "ლოტერიი", თავად ეს კი გერმანული "ლოტ"-იდან მოდის. სამწუხაროდ, ქართულში, რუსული გავლენის გამო, დამკვიდრებულია ამ სიტყვის დამახინჯებული ფორმები, "ლატარეა" და "ლატარია", რაც არასწორია.
[278] ავსტრალიაში ოქროს ციებ-ცხელება 1851 წელს ნიუ საუთ ვეილსში დაიწყო, როდესაც იქ ედვარდ ჰამანდ ჰარგრეივზმა ოქრო აღმოაჩინა. ამ ადგილს ჰარგრეივზმა "ოფირი" დაარქვა. სულ რაღაც ექვს თვეში ოქრო აღმოაჩინეს ვიქტორიაში და ცოტა ხნის მერე ბენდიგოუს ღელეში. მოგვიანებით კი ოქრო აღმოაჩინეს ავსტრალიის ყველა კოლონიაში.
[279] ვილიამ ჰოვიტი (1792-1879) – ინგლისელი პოეტი და მოგზაურობების მწერალი. 1855 წლის ოქტომბერს თოროუმ მისი წიგნი "მიწა, შრომა, და ოქრო, ანუ ორი წელი ვიქტორიაზე; სიდნეიში და ვან დიემენის მიწაზე სტუმრობა" წაიკითხა (გამომცემლობა "თიქნა ენდ ფილდზ", ბოსტონი, 1855 წელი). წიგნი ორტომეულია. თოროუს ციტატები პირველი ტომიდანაა. ზოგიერთს ჰგონია, რომ თოროუ აქ ალფრედ დაბლიუ. ჰოვიტს (1830-1908) გულისხმობს – ავსტრალიელი ანთროპოლოგი, ბუნებისმეტყველი, გეოლოგი და მკვლევარი. ეს აზრი მცდარია. თოროუ ნამდვილად ვილიამ ჰოვიტზე საუბრობს, რადგან თოროუს მიერ მოყვანილი ციტატები ნამდვილად ვილიამ ჰოვიტის წიგნის პირველი ტომის 21-ე გვერდიდანაა.

უთვალავი ველები იქვე მჩქეფარე ნაკადულებით, ველები, რომლებიც ადამიანის ხელს ათიდან ას ფუტამდე სიღრმის და ექვსი ფუტი სიგანის ტალახიანი და, ახლა უკვე ნაწილობრივ წყლით სავსე, ხაროებით რაც შეიძლება ახლო-ახლო დაეთხარა – ეს ის ადგილებია, საითკენაც ადამიანები ბედის საცდელად გაშმაგებით მიილტვიან – და გარკვევით არც კი იციან, სად უნდა თხარონ – და აზრზეც არ არიან, რომ ოქრო თავად მათი კარვის ქვეშაა და არა სადღაც სხვაგან – ზოგჯერ ასსამოც ფუტსაც კი თხრიან მიწაში, სანამ ოქროს ძარღვს მიაგნებენ, ან ზოგჯერ მთელი ამ თხრის მიუხედავად სულ რაღაც ერთი ფუტით აცდებიან ოქროს, რომელსაც ასე დაგეშილები ეძებენ – მიაგნებენ რამეს და დემონებად იქცევიან ყველანი და, ერთმანეთის უფლებების გათელვით, გამდიდრების წყურვილით შეპყრობილები, მთელ ველებს ოცდაათი მილის რადიუსით ერთბაშად გადათხრიან და ფიჭასავით ისე დახვრეტენ, ხშირად ასობით მაღაროელს ჩახრჩობა არ ასცდება ხოლმე – დგანან წყალში და თავიდან ფეხებამდე ტალახში და თიხაში არიან ამოგანგლულები, დღე და ღამე მუშაობენ, და სინესტისგან და ათასგვარი დაავადებებისგან კვდებიან. როცა ყოველივე ეს წავიკითხე და შემდგომ ნაწილობრივ გადამავიწყდა კიდეც, შემთხვევით საკუთარ ცხოვრებაზე უკმაყოფილოდ დავიწყე ფიქრი, როგორც ეს, ზოგადად, ადამიანს სჩვევია; და ჯერ კიდევ ისევ იმ ორმოების აჩრდილი არ გამქრობოდა გონებიდან და წარმოსახვიდან, რომ საკუთარ თავს შევეკითხე, თავად *მე* რატომ არ უნდა შემეძლოს ვითომ ყოველდღიურად საკუთარი სულიდან ოქროს მოპოვება, მიუხედავად იმისა, რომ ეს ოქრო ავსტრალიური ოქროსგან განსხვავდება, მასზე უფრო წმიდაა და სათუთი, და ნივთიერის მაგივრად, სულიერი თვისებების მატარებელია მხოლოდ – თავად *მე* რატომ არ უნდა შემეძლოს ჩემი სულის სიღრმის მაღაროში ჩაწვდომა და იქ არსებული ოქროს დაპატრონება? აი, *აქაა* შენი ბალარატი და შენი ბენდიგოუ – მერე რა, რომ ეს ადგილები ცოტა სალქი-გალი, უღიმღამო და ძნელად სავალია?[280] მოკლედ, ალბათ, რამე გზას დავადგები, მნიშვნელობა არ აქვს, რამდენად უკაცური, ვიწრო და დახლართული და მიკლაკნილია ეს გზა, რომელზეც მე, რაც ყველაზე მთავარია, სიყვარულითა და თავმდაბლობით მინდა ვიარო. როდესაც კაცი ბრბოს განეყოფა, და, ამგვარად, საკუთარ გზას დაადგება ხოლმე, მას თავად ცხოვრების გასაყარი გაუვლია, თუმცა ჩვეულებრივი მოგზაური ამაში გზის გაყრის მეტს ვერაფერს დაინახავდა. და ეჭვიც არ შეგეპაროთ, გზა, რომელიც ხალხის ხროვისგან ამ განდეგილ კაცს ამოურჩევია, ბევრად უფრო ამაღლებული ცხოვრების გზაა.

ადამიანები კალიფორნიასა და ავსტრალიაში მიიჩქარიან, თითქოს ჭეშმარიტი ოქრო იქ მოიძებნებოდეს, მაგრამ ეს ხომ ჭეშმარიტი ოქროს საბადოდან სწორად საწინააღმდეგო მიმართულებით სვლაა? ისინი ოქროს სათავეს უფრო და უფრო შორდებიან, და როცა რამეს მიაგნებენ და თავი ყველაზე ბედნიერი ჰგონიათ, სწორად მაშინ არიან ისინი ყველაზე უბედურები. ნუთუ ჩვენი *მშობლიური* მიწა ოქროს არ შეიცავს? ნუთუ ჩვენი ოქროსფერი მთებიდან მორაკრაკე ნაკადული ჩვენს მშობლიურ ველებში არ მოედინება? და ნუთუ გეოლოგიური საუკუნეების

---

280 ბალარატი, ბენდიგოუ და სალქი გალი – ბალარატი და ნებდიგოუ ქალაქებია ავსტრალიაში, სალქი გალი კი ადგილია. ამ სამ გეოგრაფიულ ადგილზე ოქრო აღმოაჩინეს. სალქი-გალი სიტყვა-სიტყვით უღიმღამოს, მოღუშულსა და ძნელად სავალს ნიშნავს და თოროუს, გარდა მისი საკუთარ სახელად გამოყენებისა, ის ზმად და კალამბურადაც აქვს ნახმარი.

მანძილზე ამათ უფრო მეტი სულიერი თვითნაბადი ოქრო არ ჩამოაქვთ ჩვენთან? ძნელი სათქმელია, როცა ასეთი სულიერი ოქროს მაძიებელი ბუნების წიაღში ღრმად შევა და ამ საოცარი და ბევრად უფრო წმიდა და ძვირფასი ოქროს საბადოებს აღმოაჩენს, ვიდრე თავად საბადოებში არსებული ოქროა, ვინმე თუ შეეცდება მის კვალს პარვით მიჰყვეს, მის მიერ აღმოჩენილ ბუნების ამ ულევ საბადოებს მიაგნოს და მათი პირველი მკვლევარი ბუნებიდან გამოაძევოს. არა. კალიფორნიისა და ავსტრალიის ოქროს მაძიებლისგან განსხვავებით, სულიერი ოქროს მაძიებელმა შეიძლება მთელ მდელოებზე და ველებზე განაცხადოს საკუთრების უფლებები და კაციშვილი მას არ შეედავება. არავის შეაწუხებს მისი აკვანი[281] და მისი გობი.[282] ის არაა შეზღუდული თორმეტი კვადრატული ფუტის მიწის ნაკვეთით, როგორც ბალარატში, და ამ ბუნებაში სადაც გაეხარდება იქ შეუძლია მისი ოქრო ეძიოს.

ჰოვიტი გვიამბობს იმ კაცის შესახებ, რომელმაც ავსტრალიაში, ბენდიგოუს მაღაროებში თვითნაბადი ოქროს დიდი ნატეხი იპოვა, ოცდარვა გირვანქას[283] რომ იწონიდა: "მან მალე სმას მიჰყო ხელი; იყიდა ცხენი და უმეტესად სულ სწრაფი ჭენებით აღმა-დაღმა იარა, და როცა ხალხს გადაეყრებოდა, შესძახებდა ხოლმე, თუ იცით ვინა ვარო, და მერე თავაზიანად ამცნობდა ხოლმე, რომ ის 'ის ოხერი უბედური იყო, რომელმაც ის დიდი ოქროს ნატეხი იპოვა.' ბოლოს, მთელი სიჩქარით ერთ ხეს შეასკდა და თითქმის მთელი თავისი ტვინი შეანთხია." თუმცა არა მგონია ამის საშიშროება ყოფილიყო, რადგანაც ამ კაცმა ტვინი სწორად მაშინ დაანთხია, როცა ის ოქროს ნატეხი იპოვა. ჰოვიტი დასძენს, "ის საბოლოოდ დაღუპული ადამიანია." მაგრამ ეს კაცი გამონაკლისი კი არაა, ადამიანების გარკვეული კლასის მორიგი, ჩვეულებრივი და ტიპიური წარმომადგენელია. ასეთები ყველანი, უწესო და გარყვნილი ხალხია. დაფიქრდით, რა სახელები დაურქმევიათ იმ ადგილებისთვის, სადაც ოქროსთვის ჩიჩქნიან მიწას: "არაკაცის მდელო" – "ბატისთავას ლარტაფი" – "მკვლელის დუქანი," ა.შ. ნუთუ სატირას ვერ ხედავთ ამ სახელებში? ჯანდაბამდე გზა ჰქონიათ და სადაც უნდათ იქ წაუღიათ ყაჩაღობით და თაღლითობით ნაშოვნი თავიანთი ავლა-დიდება. მე თუ მკითხავთ, აზრი არა აქვს ეს ნაგავი ხალხი სად წავა, რადგან სადაც ესენი დასახლდებიან ის ადგილი მაინც "არაკაცის მდელო" იქნება, ანდა სულაც "მკვლელის დუქანი."

ფულის კეთების უახლესი წყარო თურმე დარიენის ისთმუსზე[284] სასაფლაოების გაქურდვა გამხდარა. ეს საქმიანობა, როგორც ჩანს, ჯერ კიდევ ჩანასახოვან სტადიაშია; რადგანაც, ამ ბოლო ხანებში ჩვენს

---

281 აკვანი – ოქროს დაწმენდის ერთგვარი ხელსაწყო, სარწეველა, რომელშიც მიწას და ტალახს ყრიან, წყალს ასხამენ, ტალახი ლაფად იქცევა, იღვრება, ოქრო კი, როგორც შენარევში ყველაზე მძიმე, რჩება.

282 გობი – ერთგვარი უძრავი დანადგარი, რომელიც ოქროს ქვა-ღორღს აშორებს.

283 გირვანქა – დიდ ბრიტანეთსა და ამერიკაში წონის ერთეული, რომელიც 453.59 გრამის ტოლია, და 28 გირვანქა ოქრო 12 კილო და 700 გრამი გამოდის.

284 დარიანის ისთმუსი ანუ დარიანის ყელი – ძველი სახელი პანამის ყელისა – მიწის ვიწრო ზოლი, რომელიც ჩრდილოეთ და სამხრეთ ამერიკის კონტინენტებს ერთმანეთთან აკავშირებს. გაზეთი "ნიუ-იორკ დეილი თრიბიუნი" 1859 წლის 29 სექტემბრის ნომერში აღწერს იმ ისტორიას, რომელზეც თოროუ საუბრობს.

ყურამდე მოღწეული ახალი ამბების თანახმად, ნიუ გრენადის[285] პარლამენტში ახალი აქტი დამტკიცდა ასეთი სამაღაროო მრეწველობის სარეგულირებლად; და გაზეთ "ტრიბიუნის" კორესპონდენტი წერს: "მშრალი სეზონის განმავლობაში, რაც საშუალებას იძლევა ქვეყანა სათანადოდ გამოკვლეულ იქნას, ეჭვგარეშეა, რომ ახალ მდიდარ *გვაკასს* [ანუ ჩვენს ენაზე, სასაფლაოებს][286] აღმოვაჩენთ." იმიგრანტებს კი ასე მოძღვრავს: "არ ჩამოხვიდეთ დეკემბრამდე; ისთმუსის გზით მგზავრობა გერჩიოთ ბოკა დელ ტოროს[287] მარშრუტს; ნუ წამოიღებთ ზედმეტ და უსარგებლო ბარგს, და თავი არც კარვის წამოღებით დაიმძიმოთ; ამის მაგივრად საჭიროა თან იქონიოთ ერთი წყვილი კარგი ფარდაგი; ერთი წერაქვი, ერთი ნიჩაბი და ერთი ცული და სხვა თითქმის მეტი არაფერია სავალდებულო": სწორად "ბურკერის[288] სახელმძღვანელოდან" ამოღებულ რჩევას ჰგავს ეს. და ეს ჩვენი კორესპონდენტი ბოლოს დახრილი და პატარა მთავრული ასოებით აგვირგვინებს თავის სტატიას: "*თუ სამშობლოში ყველაფერი ხუთიანზე გაქვთ აწყობილი, დარჩით და ნუ წამოხვალთ,*" რასაც, სწორი, იქნება თუ ასე გადავთარგმნიდით, "სასაფლაოების გაქურდვით თუ სამშობლოშიც კარგ ფულს აკეთებთ, მაშინ დარჩით და ნუ წამოხვალთ."

მაგრამ ასეთი ტექსტის მოსაქექად კალიფორნიაში წასვლა რა საჭიროა? ეს ტექსტი თავად ნიუ ინგლენდის პროდუქტია, რადგან მისი ავტორი ნიუ ინგლენდის საუკეთესო სკოლებში და ეკლესიებშია აღზრდილ-განათლებული.[289]

საოცარია, ამდენ მქადაგებელში ერთი მასწავლებელიც რომ არ მოიძებნება. ესენი წმიდა წინასწარმეტყველების წმიდა სიტყვებს თავიანთი

---

285 ნიუ გრენადის რესპუბლიკა ანუ ახალი გრენადის რესპუბლიკა (1831-1856) შეიცავდა დღევანდელ კოლუმბიას და პანამას, და, აქედან გამომდინარე, ახალი გრენადა დღევანდელი კოლუმბიის ძველი სახელია.

286 გვაკას – ყორღანები, სამარხი ბორცვები.

287 ბოკა დელ ტორო – პანამის აღმოსავლეთ სანაპიროზე მდებარე უბე. ეს უბე პანამის გადასაკვეთად არსებული ალტერნატიული გზაა, რომლითაც წყნარ ოკეანეზე გადიხარ.

288 ნაგულისხმევია ვილიამ ბურკ (1792-1829) – ცნობილი სერიული მკვლელი შოტლანდიის ქალაქ ედინბერაში (ანუ ედინბურგში), რომელიც 1820-იან წლებში ანატომიის სკოლას მოკლულთა გვამებით ამარაგებდა. მეტაფორულად ბურკ ნიშნავს ადამიანს, რომელიც კაცს მოგებისთვის კლავს, რომ მისი გვამი გაყიდოს და აღებული ფულით ხელი მოითბოს.

289 თოროუ აღშფოთებულია თანამემამულეების არარაული ეგრეთწოდებული ინდუსტრიულობით, რომლის მიზანი მხოლოდ ერთია – ხორციელი სიამოვნების გამრავლება. სწორად იგივეს ბრძანებს დიდი ელენისტი ებრაელი ფილოსოფოსი, ფილო ებრაელი ანუ ფილონ ალექსანდრიელი (20 ჩ.წ.-მდე–50 ჩ.წ.-ით): "ამას გარდა, ადამიანთა უმრავლესობა დედამიწის გარშემო რომ მოგზაურობს და მის უკიდურეს საზღვრებამდეც აღწევს, ზღვებს გადაკვეთს და ოკეანეების ფსკერს გამოიკვლევს ისე, რომ ამ ვრცელი სამყაროს არც ერთ კუთხეს არ ტოვებს ხოლმე შეუსწავლელს, ეს ადამიანთა უმრავლესობა ყოველივე ამას ხორციელი სიამოვნების გასამრავლებლად ჩადის. რამეთუ, როგორც მეთევზეები ჩაუშვებენ ზოგჯერ თავიანთ ბადეებს ძალიან ღრმა ადგილებში და წყლის დიდი ფართობის ამ ბადით მოსმას ლამობენ ხოლმე იმისთვის, რომ, რაც შეიძლება მეტი თევზი მოიმწყვდიონ, როგორც ალყაშემორტყმულ ციხეში მომწყვდეული ხალხი, ასევე მოქმედებენ ადამიანებიც: გაუჭიმიათ თავიანთი უნივერსალური ბადეები, რომ ყველაფერი მოიმწყვდიონ, როგორც პოეტები ამბობენ, არა მხოლოდ ზღვის რომელიმე ნაწილი, არამედ მთელი დედამიწის ბუნება, ჰაერი და წყალი – ცდილობენ, ყველა სახის სიამოვნება ხელთიგდონ. ისინი დედამიწაში მაღაროებს თხრიან, ოკეანეებს ჰკვეთენ და ომისა და მშვიდობისთვისაც მხოლოდ იმ მიზნით იღწვიან, რომ სიამოვნებისთვის საჭირო ნედლეული იშოვონ და სიამოვნებას, როგორც თავიანთ დედოფალს, ყველა და ყველაფერი მსხვერპლად შესწირონ. რატომ? იმიტომ, რომ ისინი არ არიან განდობილნი; მათ არ იციან ჭეშმარიტი სიბრძნე; სულის მოვლა-პატრონობის არა გაეგებათ რა, რომელიც სათნოებას თესავს, რგავს, და იმ ნაყოფს იმკის, რასაც ჭეშმარიტად ბედნიერი ცხოვრება ჰქვია." იხილეთ ფილო ებრაელი, წიგნი "მეურნეობა".

ცოდვების გასამართლებლად და საბოდიშოდ იყენებენ. ყველაზე საპატიო უფროსები, ჩვენი დროის *ილუმინატები,*[290] ლმობიერი, დამაფიქრებელი, აღფრთოვანებასა და ძრწოლვას შორის გახერგილი ღიმილით მეუბნებიან, ასე მგრძნობიარე ნუ იქნები ამ საკითხზეო – მთელი ამათი რჩევა რომ შევაჯამო, გამოდის, რომ ყველაზე დიდი სიბრძნე ქონების მოხვეჭა ყოფილა თურმე და კაცი სხვა სიბრძნეს არ უნდა ეპოტინებოდეს. ყველაზე დიდი რჩევა, რაც კი ამ საკითხებზე მსმენია, მლიქვნელობა და ქვემძრომობაა მხოლოდ. მისი დედააზრი ის გახლავთ, რომ არ ღირს კაცმა ფულის შოვნის საკითხში მსოფლიოს გარდაქმნას თავი შესწიროს. ნუ კითხულობ ეს ლუკმ აპური რა სისხლის ფასად გვიჯდება, თორემ, რომ გაიგო, შეიძლება ეს ლუკმა ყელში გაგეჩხიროს და გული აგერიოს კაცს – აი, ამას და კიდევ ბევრ ასეთ სისულელეს ჩამჩიჩინებენ ხოლმე. უმჯობესია, კაცი შიმშილით მოკვდეს, ვიდრე პური თვისი არსობისა თავისი უმწიკვლობის დაკარგვით მოიპოვოს. თუ მეტად ძვირფას და მცოდნე ადამიანში ერთი უბრალო და უცოდინარი კაცი არ ძევს, მაშინ ეს კაცი თავად ეშმაკის ერთ-ერთი ანგელოზია. ადამიანები ასაკის მატებასთან ერთად ვუხეშდებით, ჩვენს შინაგან მრწამსს ნაკლებად ვიცავთ და ჩვენს ყველაზე მძაფრ წინათგრძნობებსაც რატომღაც აღარ ვემორჩილებით ხოლმე. მეტი მომთხოვნელობა გვმართებს ჩვენი თავების მიმართ და ყველა ჩვენზე უარესის დამცინავი შეძახილის არად ჩაგდება.

გნებავთ, ჩვენს მეცნიერებაში, გნებავთ, ფილოსოფიაში, როგორც წესი, არ არსებობს ამა თუ იმ საგნის შესახებ ჭეშმარიტი და სრულყოფილი განმარტება. სექტისა და ცრურწმენის ავ სულს ჩვენს ინტელექტურ ვარკვლავებში მკვიდრად გაუდგამს თავისი ფესვები. საკმარისია საკითხი განსახილველად წამოჭრა, – არის თუ არა სიცოცხლე ვარსკვლავებზე? – რომ მაშინვე აღმოაჩენ მასზე სწორ პასუხს. რატომ ვბღალავთ ცასა და დედამიწას ჩვენი უწმიდური და უაზრო აზრებით? სამწუხარო იყო იმის აღმოჩენა, რომ დოქტორი ქეინი [291]

---

[290] ილუმინატი – საიდუმლო საძმო, რომელიც თავს "განმანათლებელს" (სიტყვა "ილუმინატის" ფუძე გახლავთ სიტყვა "სინათლე", "სხივი", "ნათელი") უწოდებს, რადგან თავად სატანაც ნათლის დაცემული ანგელოზია და სწორად ცრუ-განათლებით უძვრება ხოლმე ადამიანს სულში. ილუმინატები "თავისუფალ მასონებთან" დაკავშირებული საიდუმლო საზოგადოებაა. ეს საძმო შუა საუკუნეების დასასრულის მერე გაბატონდა დასავლეთ ევროპაში და დღემდე არსებობს. ილუმინატის განათლების ნიღაბი აუფარებია, სინამდვილეში კი ის ქრისტესმგმობი სატანისტური სარწმუნოებაა. ჭეშმარიტად განათლებულებმა კარგად იცოდნენ თავიანთი განათლების ნაკლოვანება (მაგალითად სოკრატემ) და თავს დაბლა ხრიდნენ, აწევით კი მუდამ მხოლოდ ფუყე თავთავი წევს თავს, თავთავი, რომელიც სიამაყით და, აქედან გამომდინარე, ბოროტებითაა სავსე – სწორად ასეთია ყველა ის, ვინც თავს "განათლებულს" უწოდებს და ცრუ-მისტიციზმით საიდუმლო საზოგადოებასაც კი აყალიბებს. ასეთი ცრუ-განათლებულებით და ცრუ-მისტიცისტებით სავსეა კაცობრიობის ისტორია: სოკრატეს დროს იყო უსინდისო გორგიასი, წმიდა მოციქულების ეპოქაში იყო უწმიდური სიმონ მაგუსი (ანუ მოგვი), ჰიგინუსის დროს (რომის ეპისკოპოსი) იყო ნაძირალა ვალენტინუსი, დღეს კი მართლმადიდებლური ეკლესიის ჟამს არსებობენ ილუმინატები – ცრუ-საიდუმლოებების მომჩმახველი და მიმდევარი გაუნათლებლები, რომლებიც საკუთარ თავებს "განათლებულებს" უწოდებენ.

[291] ელიშა ქენთ ქეინი (1820-1857) – ა.შ.შ-ს საზღვაო ფლოტის ვიცე-ქირურგი. 1850-1851 წლებში ქეინი მონაწილეობას იღებდა დიჰეივენის ექსპედიციაში, რომელიც არქტიკაში დაკარგულ სერ ჯონ ფრენქლინის კვლევით ჯგუფს ეძებდა. მეორე ექსპედიციას ქეინი თავად ხელმძღვანელობდა 1853 წელს. ისინი გრენლანდიასა და კანადას შორის გემებით ჩაიყინნენ, რის შედეგადაც იძულებულები გახდნენ, ფეხით ემოგზაურათ ყინულზე და შემდგომ მდინარეზე, და ასე ჩააღწიეს გრენლანდიის სოფელ უპერნავიკამდე. ამის შემდეგ ქეინი ეროვნულ გმირად აღიარეს. სამწუხაროა, რომ ქეინი თავისუფალი მასონი იყო, რასაც თოროუც წუხილით აღნიშნავს, მაგრამ ხაზგასასმელია, რომ ამ კაცს მასონობის გულისთვის კი არ გამოუჩენია გამძლეობა და გმირობა, არამედ თავისი კაცობის გამო, და თოროუს სურს რომ სწორად ამ გარემოებას გაესვას ხაზი – მისი სიკეთე და ვაჟკაცობა ადამიანობიდან ანუ უფლის ხატებიდან

მასონი[292] გახლდათ, რომ აგრეთვე მასონი იყო სერ ჯონ ფრენქლინიც.[293] მაგრამ ამაზე უფრო სამწუხარო ის იყო, უვიცმა ხალხმა რაც წამოაყრანტალა: სერ ჯონ ფრენქლინი დოქტორ ქეინის საძებრად ვითომცდა მასონობის მიზეზის გამო გაემგზავრაო. ჩვენს ქვეყანაში ერთი პოპულარული ჟურნალიც არაა, ბავშვის წრფელი ფიქრის გამოქვეყნება თავისი რედაქტორების მცდარი და ცილისმწამებლური კომენტარის გარეშე რომ შეეძლოს. აუცილებელია სტატიები სარედაქციოდ ჯერ პროტესტანტული ეკლესიის ღმრთისმეტყველების დოქტორმა შეამოწმოს, არადა ამ ვაი-დოქტორების შეუწყნარებელ შემოწმებას უაზროდ, მაგრამ ლაღად მოჭიკჭიკე ბეღურას რომ შეემოწმებინა, ის სჯობდა, ვგონებ.

კაცობრიობის დაკრძალვიდან მოდიხარ, რომ ახლა ბუნების ფენომენს დაესწრო კაცი. გამოდის, მცირედი ფიქრი ჭეშმარიტი სანთელია მთელი მსოფლიოსთვის.

ალბათ, ერთ *გონიერ* კაცსაც არ ვიცნობ, იმდენად ფართო გაგებისა და ჭეშმარიტად თავისუფალი გონების პატრონი რომ იყოს, ვისთანაც ხმამაღლა ფიქრი არ მოგერიდებოდა კაცს. ადამიანთა უმრავლესობა, რომელთანაც ცდილობ აზრიანი საუბარი გამართო, ადრე თუ გვიან, ერთ ადგილზე ქვავდებიან ხოლმე, როცა შენი კრიტიკით იმ დაწესებულებას შეეხები, მათთვის ასე ძვირფასი რომაა – აი, ეს გახლავთ ამათი მსოფლმხედველობა, რომელიც ვიწრო და მიკერძოებითი მხედველობაა და არა მსოფლიო, ჭეშმარიტად საზოგადო და ყოვლისმომცველი. ასეთნი ხომ მუდამ იმას ცდილობენ, თავიანთი დაბალჭერიანი სახლი და ვიწრო ერდო მუდამ შენსა და მაღალ ღმერთს შორის გაჩხირონ და ზეციური აზრებისკენ ლტოლვაში დაბრკოლებად გექცნენ მაშინ, როცა შენ მხოლოდ მოწმენდილი ცის დანახვა გსურს და სხვა არაფერი. ჩამომეცალეთ თქვენი აბლაბუდებით; გაწმინდეთ თქვენი სახლის ფანჯრები, რადგან მე ზეცის დანახვა მინდა! ზოგიერთ ლიცეუმში[294] მეუბნებიან ხოლმე, რომ სარწმუნოების საგნების წინააღმდეგ კენჭი უკვე უყრიათ და სასწავლო პროგრამაში სარწმუნოებაზე საუბარი იკრძალება. კი, მაგრამ მე საიდან უნდა ვიცოდე, რაა მათი სარწმუნოება, და როდის ვუახლოვდები თუ ვშორდები მე ამ თემას? შემიბიჯებია ასეთ

მოდიოდა და არა მასონობიდან. მასონობა, თოროუს თქმით, მისი ცხოვრების ცუდი და სამწუხარო მხარე იყო, კაცობა კი – კარგი და გასახარი.

292 თავისუფალი მასონების ანუ თავისუფალი კალატოზების საიდუმლო საძმო – აღსანიშნავია, რომ თოროუ, როგორც ჭეშმარიტი ქრისტეანი, აშკარა გულისტკივილს გამოთქვამს, რომ ცნობილი საზოგადო მოღვაწეები დოქტორი ქეინი და სერ ჯონ ფრენქლინი მასონები იყვნენ და არა ქრისტეანები, მაგრამ იმავდროულად, იმასაც ხაზგასმით აღნიშნავს, რომ ასეთ მასონებზე საშიში ის ჭორიკანა ხალხია, მათ მასონობაზე იმდენს რომ ჭორაობს, რომ მათი მეგობრობა და გმირობა ვერ დაუნახავთ. აღსანიშნავია, რომ დასავლეთის ქვეყნებში უამრავი ადამიანია უნებლიედ, დაუფიქრებლად და ყოველგვარი ბოროტი მიზნის გარეშე უამრავ სათუო რეპუტაციისა და თუნდაც ეშმაკის საძმოში გაწევრიანებული, მაგრამ ისინი ამ საძმოების შედარებით გულუბრყვილო წევრები არიან და ამ ფარული ორგანიზაციების ბოროტებები არ იციან და რომც იცოდნენ კიდეც – მაინც ვერ გაიგებდნენ. ასეთ მასონებზე საშიში ჭორიკანა ხალხია, რომელიც ჭორაობს და ბოროტებას გამიზნულად ჩადის.

293 სერ ჯონ ფრენქლინი (1786-1847) – არქტიკის ინგლისელი მკვლევარი, რომლის ექსპედიციის ყველა წევრი გაუჩინარდა, როცა ისინი კანადის არქტიკაში ჩრდილო-დასავლეთის გასასვლელში ცდილობდნენ წინსვლას.

294 ლიცეუმი – ნიუ ინგლენდში, როგორც წესი, პატარა დაბებში, ერთგვარი დარბაზი, სადაც საჯარო ლექციები იკითხებოდა. განათლებული ხალხი სიტყვით გამოდიოდა და ხალხს საჯაროდ უკითხავდა ლექციას საჭირბოროტო და საინტერესო თემაზე. თოროუ ქანქარდის ლიცეუმში იწვევდა ხოლმე ლექტორებს და მოგვიანებით თვითონაც იწყო იქ სიტყვით გამოსვლები.

სასწავლო მოედანზე და გულის სიწრფელით მისაუბრია იმ სარწმუნოებაზე, რომელიც პირადად მე, ჩემს ცხოვრებაში, საკუთარი თვალით მინახავს და საკუთარი სიცოცხლით განმიცდია, და მსმენელებიც სრულებითაც არ დაეჭვებულან, სარწმუნოებაზე რომ ვესაუბრებოდი. ლექცია მთვარის შუქივით უწყინარი იყო. მათთვის ისტორიის უკიდურესი არამზადების შესახებ რომ წამეკითხა, მაშინ შეიძლება ეფიქრათ, პროტესტანტული და კათოლიკური ეკლესიების დიაკვნების ბიოგრაფიები დაუწერიაო. როგორც წესი, კითხულობენ ხოლმე, საიდან მოდიხარ? ან საით მიდიხარ? ერთხელ, შემთხვევით, ჩემი მსმენელის საუბარს მოვკარი ყური, რომელიც, ჩემი აზრით, უფრო არსებითი და მიზანშეწონილი იყო, ვიდრე ზემოთ მოყვანილი კითხვები, დანარჩენებს ჰკითხა – "რა მიზნით კითხულობს ლექციებს?" მთელი ჩემი სხეული ჟრჟოლამ მოიცვა.

მიკერძოების გარეშე რომ ვილაპარაკო, ჩემს ნაცნობებში უკეთესნი წყნარნი სულაც არ არიან, მათი შინაგანი სამყარო ჩვენი ქვეყნიერების მსგავსად სიცოცხლით ჩქეფს და ღელავს. უმეტესად ისინი ფორმების ჩიჩქნაში ატარებენ ცხოვრებას, და პირფერობენ და ცხოვრებისეულ შედეგებს ჩვენზე, დანარჩენებზე, ოდნავ უფრო მეტი დაკვირვებით შეისწავლიან. ჩვენ ჩვენი სახლებისა და თავლების საძირკვლის ჩასაყრელად გრანიტს ვამჯობინებთ ხოლმე; ღობეებსაც კი ქვით ვაშენებთ; აი, ჩვენს საკუთარ თავებს კი გრანიტივით მყარი სიმართლის საძირკველზე არ ვაფუძნებთ, რომელიც ყველაზე უბრალო და პრიმიტული ქვაა. ჩვენი სულის ზღურბლები სრულიად დამპალა. რისგანაა ის კაცი შექმნილი, რომელიც არათუ სინამდვილეში, არამედ ჩვენს წარმოსახვაშიც კი ყველაზე წმიდა და ნატიფ სიმართლეს არ ერწყმის? ხშირად ჩემს მეგობრებს უდიდეს ქარაფშუტობაში ვდებ ხოლმე ბრალს; რადგან, მიუხედავად იმისა, რომ უმრავლეს შემთხვევაში ვცდებით და უამრავ საყვედურსაც ვიმსახურებთ, ჩვენ ერთმანეთისთვის სიმართლისა და გულწრფელობის გაკვეთილის სწავლება მაინც არ გვიყვარს, არადა, ამას ხომ მხეცები რომ მხეცები არიან, ისინიც კი აკეთებენ ერთმანეთისთვის; არც სიმტკიცესა და სიმყარეს ვასწავლით ერთმანეთს, რასაც ქვა რომ ქვაა, დიახ, ჩვეულებრივი ქვა ქვას ასწავლის ხოლმე. თუმცა აღვიარებ, რომ ბრალი ორმხრივია; რადგან ჩვენ ერთმანეთს მეტს და უკეთესს სისტემატურად არ ვთხოვთ.

დაფიქრდით ერთი, რა დამახასიათებელია ჩვენთვის ის მღელვარება და სიხარული, რომელიც კოშუტის[295] გარშემო ატყდა ჩვენში! – კიდევ ერთი პოლიტიკური ტაშ-ფანდური და ტაკი-მასხრობა. მთელ ჩვენს ქვეყანაში მავანნი სიტყვით გამოდიოდნენ, რომ ხოტბა შეესხათ მისთვის, თუმცა ისინი ხომ მხოლოდ უმრავლესობის აზრს, ან, უფრო სწორად, აზრის სიმწირესა და ნაკლებობას გამოხატავდნენ. ერთი კაციც კი არ იდგა სიმართლის საძირკველზე. ისინი, უბრალოდ, ერთად იყვნენ შეკრულნი, როგორც მათ სჩვევიათ, ერთი მეორეზე, აი, ყველა ერთად კი

295 ლაიოშ "ლუის" კოშუტი (1802-1894) – უნგრელი ადვოკატი, პოლიტიკოსი, უნგრეთის რეგენტ-პრეზიდენტი 1849 წელს. მცნება "რეგენტ-პრეზიდენტი" დამატებით განმარტებას საჭიროებს: როდესაც ქვეყანაში სამეფო გვარი ამოწყდება, ანდა როდესაც სამეფო გვარის წარმომადგენელი არასრულწლოვანია, მაშინ ირჩევენ რეგენტ-პრეზიდენტს. 1840-იანი წლების მიწურულს კოშუტი წარუმატებლად ეცადა დამოუკიდებელი უნგრეთის რესპუბლიკა შეექმნა. 1851-1852 წლებში ამერიკაში მოგზაურობდა და გზადაგზა სიტყვით გამოდიოდა, რომ უნგრეთის თავისუფლებისთვის ამერიკელების სიმპათია და მხარდაჭერა მოეპოვებინა. 1852 წლის 11 მაისს ის ემერსონის წარდგინებით ქანქარდში გამოვიდა სიტყვით.

არაფერს ეყრდნობოდა; სწორად ისე, როგორც ჰინდუებმა დააყრდნეს დედამიწა სპილოს, სპილო – კუს, კუ – გველს, და გველს კი ვერაფერი მოუხერხეს და სიცარიელესა და გაურკვევლობაში უაზროდ და აუხსნელად გამოჰკიდეს. მთელი ამ ალიაქოთის შედეგად კი კოშუტის ქუდი[296] შეგვრჩა მხოლოდ.

უმეტესწილად ერთობ ფუჭი და უნაყოფოა ხოლმე ჩვენი საუბარი. ზედაპირულობა ხვდება ზედაპირულობას, როგორც ქვა – ქვას. როდესაც ჩვენი ცხოვრება შინაგანი და პირადი აღარაა, ჩვენი საუბარიც უაზრო ჭორაობად იქცევა ხოლმე. იშვიათად თუ შეხვდები კაცს, რომელსაც ისეთი ახალი ამბის თქმა შეუძლია, რაც გაზეთში არ ამოუკითხავს, ან თავისი მეზობლისგან არ მოუსმენია ჭორად; და, უმეტესწილად ჩვენსა და ამ კაცს შორის ერთად-ერთი სხვაობა ისაა, რომ მას გაზეთი გადაუშლია ან ჭორების მოსასმენად ახლობელთან ჭიქა ჩაი დაულევია, ჩვენ კი – არა. ჩვენი შინაგანი სულიერი სიცოცხლე რაც უფრო მეტად მარცხდება, მითუფრო მეტად დავრბივართ ხოლმე ფოსტაში. დარწმუნებული იყავით იმაში, რომ იმ საბრალოს, რომელიც ფოსტიდან ყველაზე მეტი წერილებით დახუნძლული ამაყად მოაბიჯებს, ახარებს რა ქვეყნიერებასთან თავისი ასეთი ვრცელი მიწერ-მოწერა, დიდი ხანია რაც საკუთარი შინაგანი ხმა არ სმენია.

ჩემი აზრით, ზედმეტია კვირაში თუნდაც ერთი მთლიანი გაზეთის წაკითხვა. ამ ბოლო ხანს ვცადე კიდეც ამის გაკეთება, ვიგრძენი კი, რომ ამ გვერდებში ჩემთვის მშობლიური არაფერია. მზე, ღრუბლები, თოვლი, ხეები ამდენი სისულელით არ მიჭედავენ ხოლმე ყურებს. არა, შეუძლებელია ორ ბატონს ემსახურო კაცი.[297] ერთ დღეზე მეტი ესაჭიროება იმას, რომ ამ დღის ამბები წაიკითხო და თან იცოცხლო კიდეც კაცმა.

რაც დღეს-დღეობით სწვდება ადამიანის ყურს, კაცმა რომ ყველაფერი გაიმეოროს, სირცხვილით დაიწვებოდა. არ მესმის, რატომ უნდა იყოს ახალი ამბები ასე გაცვეთილი და უმაქნისი? – როცა

---

296 კოშუტის, ამერიკულად კი ქოსუთის ქუდი – სლაუჩ ქუდის ანუ შლიაპის სახეობა, რომელსაც ცალი ფრთა (მხარე) აწეული და მიბმული აქვს და ხშირად იგი ბუმბულითაა შემკული. ქოსუთის ქუდი პირველად გავრცელდა ამერიკაში 1852 წელს, როცა ლაიოშ "ლუის" კოშუტი უნგრეთიდან დიდ ბრიტანეთსა და ამერიკაში გაიქცა. მან ამერიკაში იმოგზაურა და გზადაგზა სიტყვით გამოდიოდა, რომ უნგრეთის თავისუფლებისთვის ამერკილების სიმპათია და მხარდაჭერა მოეპოვებინა. თოროუს თხზულებაში "მეინის ტყე" (მეინი შტატია ნიუ ინგლენდის) ჩაწერილი აქვს მეინის ტყეში სამოგზაუროდ წასაღები საჭირო ნივთების სიაში "ძველი ქოსუთის ქუდი". როცა თოროუ ჩესანქუქის ლაშქრობაზე წავიდა ტყეში მის ინდიელ გიდს ეხურა ის. კოშუტის ქუდი შლიაპას ჰგავს, მაგრამ გვერდი აქვს აწეული და შებმული ხოლმე სამშვენისით, უმთავრესად ბუმბულით. საინტერესოა ქუდის პოპულარიზაციის ისტორია, რაც გვანახვებს თუ რამდენად დიდი სიბრმავეა მოდა და რამდენად ბრმაა მოდას აყოლილი ადამიანი: 1852 წელს ვინმე ჯონ ნიქალას გენინი (1819-1878) გახლდათ ქალაქ ნიუ იორკის ქუდების მაღაზიის მფლობელი. მას საწყობი ჩაწოლილი საქონლით ჰქონდა სავსე – ძველი შავი შლიაპებით, რომლებიც არავის უნდოდა და ვეღარ ეყიდებოდა. მაღაზიის მესაკუთრემ ამ შლიაპებს ცალი გვერდი აუწია, შეამკო და იმ უცნაურ ქუდს დაამსგავსა, რომელსაც ქოსუთი ხმარობდა, მერე ახლადჩამომდგარ გემზე აძვრა, რომელმაც ქოსუთი ჩამოიყვანა, და ქოსუთის მეგობრებს და მომხრეებს ეს ქუდები უფასოდ დაურიგა. ნიუ იორკელმა ხალხმა ნახა რა ასეთი უცნაური თავსაბურავი, ის მოდად აქცია და მას შემდეგ ქოსუთის ქუდი მთელ ამერიკას მოედო. ამ მოდამ ნახევარი მილიონი დოლარის ქუდების გაყიდვა მოიტანა – ასე მოითბო ხელი თავისი წვრილმანი მაიმუნობით ნიუ იორკელმა ჩარჩმა.

297 ლუკას სახარება 16:13: "არავის მონასა ხელ-ეწიფების ორთა უფალთა მონებად: ანუ ერთი იგი მოიძულოს და ერთი შეიყუაროს, და ანუ ერთისაი თავს-იდვას და ერთი შეურაცხ-ყოს. ვერ ხელ-ეწიფების ღმრთისა მონებად და მამონაისა."

ქოსუთის ქუდი.
ცალი ფრთა აწეული აქვს შაშხანის
მხარზე გადაკიდება რომ გაუადვილდეს კაცს.
KOSSUTH HAT.
BRIM PINNED TO THE SIDE WITH A SPECIAL BADGE TO
ALLOW A RIFLE TO BE SLUNG OVER THE SHOULDER.

ადამიანის ოცნებები და იმედები მრავალფეროვნებითა და სიმდიდრითაა სავსე, მაშ, რატომღაა სისულელით სავსე პრესით ან ჭორით გადმოცემული სიახლე? ახალი ამბები, რომელსაც დღეს ვგებულობთ, ჩვენს ღმრთივბოძებულ ნიჭს ახალ ამბად არ მიაჩნია. მთელი ეს რატრატი და ჭორაობა ერთი დრომოჭმული და უაზრო ერთიდაიგივეს ტრიალი და გამეორებაა მხოლოდ. ხშირად გინდა ხოლმე იკითხო, რატომ ამახვილებენ განსაკუთრებულ ყურადღებას ამბავზე, გარკვეული ხნის წინ რომ შეგემთხვა კაცს – რომ ოცდახუთი წლის შემდეგ ბარდიურთან ისევ უნდა შეხვდე ჰობინზს,[298] კერძო საკუთრების რეესტრს. მუდამ ერთიდაიგივე სისულელის კითხვა და ჭორაობა. ნუთუ ერთი სანტიმეტრით მაინც არ შეცვლილხარ ადამიანო? ასეთია ჩვენი ყოველდღიური ახალი ამბები. გეგონება ფაქტები ატმოსფეროში დაფარფატებენო, უმნიშვნელო ფაქტები, როგორც მიკროსკოპული სოკოს პატარა სპორულები, და მერე ერთ ყველასაგან უყურადღებოდ მიგდებულ *თალუსს*,[299] ან ჩვენი გონების ზედაპირს მიეკვრებიან, რომელიც მას საჯდომ და საყრდენ ადგილს აძლევს, და, ასე და ამგვარად, იწყება პარაზიტული ზრდა – უაზრობის უწყვეტი გავრცელება. საჭიროა, ჩვენი სულ-ხორცი ასეთი უგუნური და ბინძური სიახლეებისგან განვბანოთ და განვწმინდოთ. რა აზრი აქვს თუნდაც ჩვენი მშობლიური პლანეტის აფეთქებას, თუ ამ აფეთქებაშიც გარკვეული აზრი არ დევს? ჩვენს სხეულშიც ხდება უამრავი ასეთი ფეთქებადი ცვლილება, მაგრამ, აზრი რომ არ დევს, ყურადღებასაც არ ვაქცევთ ხოლმე ამას ადამიანები. ჩვენ ხომ უბრალოდ გართობისთვის არ ვცხოვრობთ. მთელი ქვეყანა რომ უაზრობით, უმიზნოდ აფეთქდეს, ორ ნაბიჯზეც კი არ გავიქცევი ამის სანახავად, რადგან უაზრობაში აზრი და მიზანი არა და არ დევს, ადამიანო.

მთელი ზაფხული და იქნებ შემოდგომის დიდი ნაწილიც უნებლიედ კითხულობდი გაზეთებს და ახალ ამბებს, და ახლაღა ხვდები, ამას იმიტომ აკეთებდი, რომ სოფლად ბუნების წიაღში გატარებული დილა და საღამო უამრავი ახალი ამბით იყო სავსე და შენც ბუნებისთვის გინდოდა მიგებაძა. ტყის პირას ყოველი შენი გასეირნება ახალი ამბებით იყო სავსე. შორეული ევროპის საქმეებით კი არ იყავი დაკავებული, არამედ შენი საქმით მასაჩუსეცის მინდვრებში. თუ ვიწრო ხედვით იმ ვიწრო სფეროში გადაწყვეტ ცხოვრებას, რომელშიც ახალი ამბები ხდება და რომელიც იმაზე კიდევ უფრო თხელია, ვიდრე თავად იმ გაზეთის ფურცელი, რომელშიც ის იბეჭდება – მაშინ ეს უაზრო ახალი ამბები მთელ სამყაროდ მოგეჩვენება; მაგრამ თუ ამ ორგანზომილებიანი გაზეთის ფურცელსა და მის ასევე ორგანზომილებიან სივრცეს გასცდები, აღარც ეს უაზრო ახალი ამბები გემახსოვრება და არც არაფერი შეგახსენებს მათ უაზრო არსებობას. ყოველდღე აისისა და დაისის დანახვა ადამიანებს სიგიჟის სენისგან დაიცავდა და საღ აზროვნებას სამუდამოდ შეუნარჩუნებდა კაცს. ერებიო! რა დროს ერებია?! თართარები, და ჰანები,[300] და ჩინელები! მწერებივით ამაზრზენად ირევიან ერთმანეთში.

---

298 ჰობინზი გვარია.

299 თალუსი ანუ თალომე – უმდაბლესი ანუ თალუსოვანი მცენარეების სხეული, რომელიც არ არის დანაწევრებული ღეროდ და ფოთლად. ზოგიერთ წყალმცენარეს საკმაოდ რთული მორფოლოგიური აგებულება აქვს, მაგრამ ნამდვილი ღერო და ფოთოლი არ გააჩნია. ყველაზე კარგად გამოხატული თალუსი აქვს მღიერებს, რომლებიც თალუსის ფორმების მიხედვით სხვადასხვა ჯგუფებად იყოფიან.

300 თართარები (ქართულად – თათრები, – თოროუ ნამდვილი ნიუ ინგლენდელივით "თართარებს" ხმარობს) და ჰუნები ანუ ჰანები (თოროუ "ჰანებს" ხმარობს) – თათრები

ისტორიკოსი უშედეგოდ ცდილობს, დაუვიწყარი და სამახსოვრო გახადოს მათი არსებობა ჩვენთვის. ერთი კაციც რომ არ დადის დედამიწაზე, ამიტომაც დათარეშობს ამდენი ადამიანი ამ ქვეყნად. დედამიწა მხოლოდ მაშინაა დასახლებული თუ მასზე პიროვნება სახლობს და არა ადამიანთა ბრბო. ნებისმიერი კაცი, რომელსაც აზროვნება ძალუძს, შეუძლია ეს სიტყვები ისე თქვას, როგორც ლოდინმა თქვა –

"ჩემი სულის მწვერვალებიდან გადმოვყურებ ერებს,
ერებს ჩემს თვალწინ ფერფლად რომ იქცევიან; –
მშვიდია ჩემი ცხოვრება ღრუბელთა სამყაროში;
საამურია განსვენების ვრცელი მინდვრები."[301]

მოდი, ვილოცოთ, რომ ღმერთმა დაიფაროს ჩვენი ესკიმოებივით[302] ცხოვრება, – ერთმანეთში მოჩხუბარ ძაღლთაგან აღმა-დაღმა ჩვენი თრევა და წანწალი.

ხანდახან შემაძრწუნებს ხოლმე, როცა იმ ხიფათზე დავფიქრდები და ვხვდები, თუ რა ცოტა დამაკლდა, ჩემი თავისთვის ამა თუ იმ უაზრო ახალი ამბის მოსმენის და ახალი ამბის უაზრობისთვის გონებაში შემობიჯების უფლება მიმეცა – ქუჩის სიახლე; და მანცვიფრებს, როგორი მონდომებულები არიან ადამიანები, თავიანთი გონება ასეთი საინფორმაციო ნაგვით გაივსონ – უსაფუძვლო ჭორებსა და უაზრო შემთხვევებს ნებას რთავენ იქ შეიჭრან და იმ წმიდა მიწაზე მოიკიდონ ფეხი, რომელიც მხოლოდ ფიქრისთვისაა განკუთვნილი. ნუთუ საჭიროა, გონება საჯარო მოედნად ვაქციოთ, სადაც უმეტესად ქუჩის ამბები და ჩაის სმისას წამოყრანტალებული ჭორები განიხილება? იმაზე თუ გიფიქრიათ, რომ გონება თავად სამოთხის პატარა კუთხე და ნაწილია – ჰიპაეთრალი[303] ტაძარი, რომელიც ღია ცის ქვეშ მხოლოდ ღმერთს უნდა მსახურებდეს? ჩემთვის რთულია იმ ერთი-ორი ფიქრის თავიდან ამოგდება, რომელიც ჩემთვის მნიშვნელოვანია, და ყველანაირად ვცდილობ, ჩემი გონება იმ ფიქრებით არ გადავტვირთო, რომელთაც ჩემთვის არანაირი მნიშვნელობა არ გააჩნია, და მთელი ამ ჭიდილის ახსნა და ხატოვნად თქმა მე არ ძალმიძს, ეს ერთობ ღმრთისნიერ გონებას შეუძლია. როგორც წესი, სწორად ასეთი არაფრისმომცემი და უსარგებლოა გაზეთებში დაბეჭდილი და ადამიანის საუბრებში წამოჭრილი ახალი ამბები. ჰოდა, აუცილებელია გონების სიწმიდის დაცვა და იქ სისულელის არშეშვება. ერთი წამით დაფიქრდით, რა მოხდებოდა კაცმა გონებაში სასამართლოში განსახილველად წამოჭრილი თუნდაც ერთი სისხლის სამართლის საქმე რომ შეუშვას, დიდი ხნის განმავლობაში როგორ უშვერად ითარეშებდა ეს

თურქული ჯიშის ტომებია, რომლებიც აღმოსავლეთ ევროპაში შემოიჭრნენ შუა საუკუნეებში. ჰუნები აზიური წარმოშობის მომთაბარე ტომებია, რომლებიც IV და V საუკუნეებში შემოიჭრნენ ევროპაში.

301 თოროუს ეს ლექსი თავის დღიურში ჰქონდა გადმოწერილი ჯეიმზ მაქფერსონის წიგნიდან "ოსიანის პოემები", 1790 წლის გამოშვება.

302 ესკიმოები – ინდიელების მკვიდრი მოსახლეობა, რომელიც ერთ ხანს მთელ აღმოსავლეთ ციმბირში, ალასკაზე, კანადაში და გრენლანდიაში ცხოვრობდა. აღსანიშნავია, რომ თოროუ თავის მანუსკრიპტში სიტყვა ესკიმოს ძველი, განგრძობილი, ფრანგული სტილით წერს და არა ახლებური, შემოკლებული ამერიკულით. ესკიმოები დღესაც ცხოვრობენ კანადასა და ალასკაზე. მათ ძაღლები ჰყავთ, რომლებსაც მარხილებში აბამენ და უმეტესად მათ იყენებენ სამგზავრო საშუალებად.

303 ჰიპაეთრალი ძველი ბერძნული და შემდგომ რომაული ტაძრის არქიტექტურული სახეობაა, რომელსაც სახურავი არ აქვს და ღია ცის ქვეშაა. ძველბერძნული სიტყვა ჰიპაეთროსიც სწორად "ცის ქვეშ" ნიშნავს. დღეს ჰიპაეთრალი გაიგივებულია ღია ცისქვეშეთთან.

ამბავი ჩვენი გონების *სანქტუმ სანქტორუმში*[304] და ჩვენს წმიდათაწმიდა ფიქრებს როგორ შელახავდა! წარმოგიდგენიათ ჩვენი გონების ყველაზე ღრმა და იდუმალი საკნების დუქნად გადაქცევა, ვითომცდა ეს საკნები ქუჩიდან შემომავალი მტვრით იყოს სავსე და უსაქმოდ სცდებოდეს – არადა ცხადია, რომ თავად ამ ქუჩას, მთელი თავისი მიმოსვლით, ფუს-ფუსით და ჭუჭყით ჩვენი ფიქრის ტაძარში – ჩვენს გონებაში, უკვე შეუღწევია, სამწუხაროდ! ნუთუ ყოველივე ეს გონებრივი თვითმკვლელობა არ იქნებოდა? როდესაც ერთ დღეს სასამართლო სხდომას, ინტერესის გამო, მაყურებლისა და მსმენელის როლში რამდენიმე საათით დავესწარი და ვნახე, თუ როგორი ფუს-ფუსით შედი-გამოდიოდნენ ჩემი მეზობლები, გამოსაფხიზლებლად ხელ-პირს როგორ იბანდნენ და თითის წვერებზე როგორ დარბოდნენ, ჩემი გონების თვალს მოეჩვენა, რომ როცა მათ ქუდები მოიხადეს, ყურები უზომოდ გაეზარდათ, და ისეთ უზარმაზარ ლოკატორებს დაემსგავსნენ, რომ მათ ფონზე მათი თავები ციცქნა მარცვლადღა გამოიყურებოდა. გეგონებოდა ეს ვეება ყურები წისქვილის ბზრიალას ფრთებივით იჭერდნენ ხმას, სხეულში შეისრუტავდნენ, მათ დახლართულ ციცქნა ტვინში სასიამოვნო მიმოქცევით ატარებდნენ და მერე სხეულის უკანა მხრიდან უშვებდნენ. საინტერესოა, სახლში რომ მივლენ ესენი, ყურებსაც თუ ისეთივე გულმოდგინებით დაიბანენ, როგორი გულმოდგინებითაც აქ, სასამართლო შენობაში იბანდნენ ხელ-პირს? მომეჩვენა, რომ ასეთ შემთხვევაში, მსმენელები და მოწმეები, ჟიური და ადვოკატები, მოსამართლე და დამნაშავე – თუ შეიძლება რომ ამ კაცს გასამართლებამდე წინასწარ დამნაშავე ვუწოდო – ყველა ერთნაირად დამნაშავე იყო, და, ვიფიქრე, სადაცაა ამ კრიმინალების ხროვას მეხი დაეცემა და ყველას ერთად, ერთი ხელის მოსმით ჩანთქამს-მეთქი.

ყველა ხერხს მიმართეთ, ნებისმიერი ხაფანგი და ამკრძალავი ნიშანი იხმარეთ, თუნდაც ზეციური კანონით გათვალისწინებული ყველაზე უკიდურესი სასჯელი გამოიყენეთ დასაშინებლად, რომ თქვენს გონებაში, რომელიც თქვენი ფიქრების წმიდა ადგილია, უაზრო აზრსა და მის "მრეწველებს" შემოჭრის უფლება არ მისცეთ და ფეხის შემოდგმაც კი აუკრძალოთ. ვერც კი წარმოიდგენთ, ერთი თუ შეგიძვრა, რა ძნელია იმ ფიქრის თავიდან ამოგდება, ადამიანისთვის ფუჭი რომაა და უსარგებლო! თუ ეს ცხოვრება სრული სიმყუდროვის საშუალებას არ მაძლევს და ამ ქვეყნის სავალ ბილიკად უნდა რომ მაქციოს, მაშინ ვირჩევდი, ნაკადულებსა და პარნასის[305] ღელეებს შორის გამავალი ბილიკი ვიყო და არა ქალაქის შუა გაჩხერილი საგანავლო არხი. იქ აღმაფრენაა, და ადამიანის სმენას მიმწვდარი ზეციური ჭორიც კი კაცის სულისთვის ტკბილია და სასარგებლო. აქ კი დუქნიდან და პოლიციის ეზოდან მომავალი უშვერი და დამყაყებული ხმაურია მხოლოდ. კაცის ყურს ორივე ამბის მოსმენა შეუძლია – მიწიერისაც და ზეციურისაც. თუმც რომელს მოისმენს ადამიანის ყური, ამას მხოლოდ მსმენელის ზნეობა განაპირობებს. თავად მსმენელს ძალუძს იმის გადაწყვეტა, რომელ ხმას დაუხშობს ყურს და რომელს – არა. ჩემი აზრით, სისულელეების მოსმენით გონების სამუდამო დაბინძურება და განუკურნებელი დაავადებაა შესაძლებელი, და ასე ადამიანის ფიქრი მუდამ სისულელით

[304] სანქტუმ სანქტორუმ – ლათინურია და ნიშნავს "წმიდათა წმიდა"-ს და ქრისტეანობაში, როგორც წესი, წმიდა ადგილის სახელთან იხმარება. თავდაპირველად ეს გამოთქმა იხმარებოდა იმ ადგილის აღსანიშნავად, სადაც აღთქმის კიდობანი ინახებოდა.
[305] მთა პარნასი – ადგილი, სადაც ბერძნული მითოლოგიის მუზები ცხოვრობდნენ.

დალაქავებული და შეფერადებული შეიძლება დარჩეს. საჭიროა, რომ ჩვენი გონება მოვკირწყლოთ და გავამგროთ, თორემ მისი საძირკველი ხომ გაბზარულია და მიმომავალი ინფორმაციული ბორბლების ქვეშ ნელ-ნელა იშლება; და თუ გაინტერესებს რომელია ყველაზე გამძლე სახის მოსაპირკეთებელი მასალა, რომელიც თავისი სიმტკიცით ქვაფენილს, ნაძვის ოთხკუთხედ მორებს და ასფალტსაც კი აღემატება, საჭიროა მხოლოდ იმ გონიერი ადამიანების გონებაში ჩაიხედო, ეს უაზრო სიახლეები და ინფორმაციები მთელი ძალით რომ უტევენ.

და თუ ჩვენ ასე შევრყვენით და შევბილწეთ ჩვენი თავები – და რომელ ჩვენთაგანს შეუძლია იმის თქმა, ეს არ მიქნიაო? – ჩვენი სიწმიდის აღდგენაში ახლა მხოლოდ სიფხიზლე და გულმოდგინება თუ გვიშველის, და მხოლოდ ასე თუ შევძლებთ ჩვენი გონების კვლავაც ფიქრის ტაძრად გადაქცევას. ჩვენ ჩვენს გონებას, ანუ ჩვენს საკუთარ თავს, ისე უნდა მოვეპყრათ, როგორც იმ უცოდველ, უბრალო, გულწრფელ და გულუბრყვილო ბავშვს, რომლის მეურვეობაც წილად გვრგებია, და დიდად უნდა ვიფრთხილოთ და წინასწარ გავიაზროთ თუ რა საგნით, რა საკითხით და რა შინაარსით ვცდილობთ მისი ყურადღების დაპყრობას. არ წაიკითხოთ გაზეთი "დროება." წაიკითხეთ თავად მარადისი. საზოგადოდ მიჩნეული სიმართლე ისეთივე მავნებელია, როგორც მცდარი აზრი. თავად მეცნიერულ ფაქტებსაც კი, თავიანთი სიმშრალის გამო, ადამიანის გონების მტვერში გაცურება შეუძლიათ, თუ მათ გარკვეული გაგებით გონებიდან ყოველდღიურად არ ამოშლი, ან, უფრო სწორად, ცოცხალი და მაცოცხლებელი სიმართლის ცვარ-ნამით ყოველდღიურად თუ არ მორწყავ, თუ არ გაანახლებ და არ გაანაყოფიერებ. ცოდნა ადამიანს გუნდ-გუნდად კი არ ეყრება, არამედ როგორც ზეციური სინათლის ციალი და კაშკაში ისე ეძლევა. დიახ, ყოველი ფიქრი, რომელიც გონებაში მიჰქრის, ამ გონებას ცვეთს და ფლეთს, და მის ნაოჭებს კიდევ უფრო მეტად აღრმავებს, რაც, როგორც ეს პომპეის[306] ქუჩებს ეტყობათ, ცხადჰყოფს თუ რამდენად ნახმარი და გამოყენებულია ეს გონება. რამდენი რამაა ამ ქვეყნად, რომლის შესახებ ჩვენ შეიძლება ბჭობა გავმართოთ და ვიკამათოთ, მისი ცოდნა სჯობს თუ, საერთოდ – არცოდნა – სჯობს, ჩაქ-ჩაქით იარო კაცმა და გინდაც ყველაზე ნელი ჩორთით გადაიარო საოცრებების ხიდი და ეს სამყარო კიდით-კიდემდე დაინახო და განსჭვრიტო შენი გონებით! ნუთუ ჩვენ არც განათლება გვაქვს და არც სიფაქიზე – და მხოლოდ ლუკმა პურის შოვნის ხელობა ვიცით, რის გამოც უხეშად ვცხოვრობთ და ეშმაკს ვმსახურებთ? – პატარა მიწიერ სიმდიდრეს ვიძენთ ან ამქვეყნიურ სახელს და დიდებას, ან პოლიტიკურ თავისუფლებას და სიყალბით გვიყვარს ხოლმე თავის გამოჩენა, გეგონება, კაცი მხოლოდ ფუჩეჩი და ჩენჩო იყოს, და სიცოცხლის ერთი მარცვალიც არ იდოს მასში? ნუთუ ჩვენი დაწესებულებები ცხენისწაბლივით უნდა არსებობდეს, გარედან დიდი ეკლით დაფარულთ, კაცისთვის ერთი სასარგებლო მარცვალი არ იდოთ გულად, და მთელი მათი "ხილობა" და "სარგებლობა" ადამიანისთვის თითში ჩხვლეტა იყოს?

ნათქვამია, ამერიკა ის მოედანია, სადაც თავისუფლების ბრძოლა უნდა გაიმართოსო; კი, მაგრამ, დარწმუნებული ვარ, ეს თავისუფლება მხოლოდ პოლიტიკური თავისუფლების გაგებით არაა ნაგულისხმევი.

---

306 პომპეიი – რომაული ქალაქი დღევანდელი ნეაპოლის ახლოს, რომელიც ვულკან ვეზუვის ამოფრქვევამ გაანადგურა 79 წელს. დაფლული პომპეიი 1748 წელს აღმოაჩინეს.

გინდაც რომ ვთქვათ, რომ ამერიკელმა კაცმა პოლიტიკური დესპოტისგან განითავისუფლა თავი, ის ხომ მაინც ეკონომიკური და ზნეობრივი დესპოტის მონაა დღეს? დღეს-დღეობით ხომ რესპუბლიკა – დე რეს-პუბლიკა – უკვე დაგვისახლებია, ჰოდა, ახლა დადგა ჟამი რეს-პრივატას – პირად მდგომარეობასაც – მივხედოთ, როგორც ეს რომაელმა სენატორმა დაავალა თავის კონსულებს "*ne quid res*-PRIVATA *detrimenti caperet*,"[307] ანუ სახელმწიფოს შენების გამო ადამიანის პირადმა მდგომარეობამ ნგრევა არ უნდა განიცადოს.[308]

ამას ვეძახით თავისუფლების მიწას? რა ჯანდაბად გვინდა მეფე ჯორჯისგან [309] თავისუფლება, თუ ისევ "მეფე ცრურწმენის" მონებად დავრჩებით? რა ჭირად გინდა თავისუფალ კაცად დაბადება, თუ მერე თავისუფლად სიცოცხლე აღარ შეგეძლება? რაა პოლიტიკური თავისუფლების არსი, თუ არა ზნეობრივი თავისუფლება? საკითხავია, რომელი უფრო გვეტრაბახება – თავისუფლება მონობისთვის თუ თავისუფლება თვით თავისუფლებისთვის? ჩვენ პოლიტიკოსების ქვეყანა ვართ, და, რა ფასადაც არ უნდა დაგვიჯდეს, მხოლოდ თავისუფლების დაცვა გვაინტერესებს და არა ადამიანების დაცვა ამ თავისუფლებით. იქნებ ჩვენი შვილიშვილები მაინც იყვნენ ჭეშმარიტად თავისუფლები. ჩვენ უსამართლოდ ვიბეგრავთ თავს. ჩვენი სული, ჩვენი არსების ერთი მეტად მნიშვნელოვანი ნაწილი საერთოდ არ მონაწილეობს ამ ცხოვრების კენჭის ყრაში. ყოველივე ეს ჩვენი შინაგანი არსების განუკითხავი და უგზო-უკვლო დაბეგვრაა. ჩვენ ვინახავთ ჯარს, [310] ვინახავთ ყველა სახის სულელს, ვინახავთ ათასგვარ პირუტყვს. ჩვენ საკუთარ სულზე მძიმე ტვირთად აკიდებულ ჩვენს საკუთარ სხეულს ვინახავთ მანამ, სანამ ეს სხეული თავიდან ბოლომდე არ ჩანთქავს და ბოლოს არ მოუღებს ამ სულს.

რაც შეეხება ჭეშმარიტ განათლებასა და კაცობას, ჩვენ პრაქტიკულად ისევ სოფლელები ვართ, და არა ქალაქელები – უბრალო მიხოები.[311] ჩვენ სოფლელები ვართ, რადგან საკუთარ სახლშიც კი არ ვიქცევით სათანადოდ; რადგან სიმართლეს კი არ ვცემთ თაყვანს, არამედ სიმართლის აჩრდილს; რადგანაც ჩვენ ვაჭრობის, კომერციის, მრეწველობისა და მიწათმოქმედების ერთგულებითა და მონობით სულიერად ვცვდებით და ვხუნდებით; და გვავიწყდება, რომ ყოველივე ეს

---

307 ნაწყვეტია რომაელი ისტორიკოსის, სალუსტის ანუ სალუსტუსის წიგნიდან, "ბელლუმ კატინე" ანუ "კატილინებთან ბრძოლა". სალუსტი ციტირებას ახდენს მარკუს ტულიუს ციცერონის სიტყვებისას, როცა მან, შეიტყო რომ შეთქმულებების გამო რომის სახელმწიფოს საშიშროება ემუქრებოდა და მიხვდა რომ მხოლოდ თავისი გავლენით და ჭკუით და ძალებით ამჯერად ველარ შეძლებდა ქვეყნის დაცვას, სენატში ხმამაღლა განაცხადა ამ საშიშროების შესახებ და მთელი სენატი ჩართო ჯარის შეკრებისა და ქვეყნის დაცვის საქმეში, რომ "ერს (ანუ რეს პუბლიკას) ზიანი არ მოსვლოდა" ანუ "ne quid res publica detrimenti caperet".

308 ანუ საერო, მიწიერი საქმის გამო ადამიანის სული არ უნდა დაზიანდეს; ქვეყნის ეკონომიკური გამდიდრებით ამ ქვეყნის მოქალაქის სული არ უნდა გაღარიბდეს.

309 ნაგულისხმევია ინგლისის მეფე ჯორჯ III (1738-1820), რომელიც ამერიკის რევოლუციური ომის ჟამს დიდი ბრიტანეთის იმპერიის მეფე გახლდათ.

310 ვინახავთ ჯარს – ამ პარაგრაფში თოროუ მიუთითებს ამერიკის ქვეყნად ქცევის უმთავრეს დოკუმენტზე, "დამოუკიდებლობის დეკლარაციაზე", რომელშიც ამერიკელი ხალხის უკმაყოფილების მიზეზებია ჩამოთვლილი ინგლისის ტირანი მეფის, ჯორჯ III-ის წინააღმდეგ, მათ შორის, "ჩვენზე ჩვენი ნების წინააღმდეგ გადასახადების დაწესება" და "ჩვენს შორის მრავალრიცხოვანი მოქმედი ჯარის ჩაყენება".

311 თოროუ მრავლობითში ხმარობს ამერიკის პროვინციებში დიდად გავრცელებულ სახელს, "Jonathans". ამით ის "ტეტიებს", "გაგრიებს", "უბირებს" გულისხმობს.

ჩვენი საბოლოო მიზნის მისაღწევი ხერხია მხოლოდ და არა საბოლოო მიზანი.

ასეთივე სოფლურია ინგლისის პარლამენტიც. საცოდავი სოფლის გომბიოები, როგორ მალე, როგორ უნებლიედ ახდიან ხოლმე ფარდას თავიანთ გულისნადებს და უმალ გამოამჟღავნებენ ხოლმე თავიანთ ნამდვილ გულისთქმას, როცა რამე მნიშვნელოვანი საკითხი წამოიჭრება მოსაგვარებლად, მაგალითად ირლანდიელების[312] საკითხი – რატომ არ ვთქვი ინგლისელების საკითხი-მეთქი? – უფრო მართებული იქნებოდა. რა უაზრო საქმითაც არიან დაკავებულები ის უაზრო საქმე იპყრობს, იმონებს და ნთქავს მათ ბუნებას.[313] მათი "დიდგვაროვნება" მხოლოდ მეორადი მნიშვნელობის საკითხებს ანიჭებს დიდ მნიშვნელობას. დედამიწის ზურგზე ყველაზე დახვეწილი მანერებიც კი დახვეწილ გონიერებასთან შედარებით მხოლოდ სიტლანქე და სიშლეგეა. ეს ვითომცდა დახვეწილი ქცევა, თავაზიანი მიხრა-მოხრა და სიტყვა-პასუხი გუშინდელი დღის მოდასავით მოძველებულია და გაცვეთილი – ჟამმოჭმული ცერემონიულობა, უაზრო პრანჭვა-გრეხა და მეჭინჭეობაა, მეტი არაფერი. ამ ვითომცდა დახვეწილი ქცევებით გამოწვეული თავმომწონეობა და სიამაყე გახლავთ ის მანკი, რომელსაც ადამიანის ღირსება ვერ ეგუება, და არა თვით – დახვეწილი ქცევა; ეს გადამეტებული თავაზიანობა და მიხრა-მოხრა ადამიანის მიერ გამონაცვალი ტანსაცმელია, ნიჟარაა, ადამიანის აჩრდილია, რომელიც ერთობ გათავხედებულა, და ახლა ხალხისგან ისეთსავე პატივისცემას მოითხოვს, როგორც თავად მის პატრონს, აწ გარდაცვლილ ადამიანს ეკადრებოდა ადრე. და თვალწინ წარმოგიდგება არა არსება, არამედ მხოლოდ მისი ცარიელი ნიჟარა, და შემთხვევითი ნუ გეგონებათ, რომ ზოგიერთი სახეობის მოლუსკებში ნიჟარა უფრო ძვირფასია, ვიდრე თავად ამ ნიჟარაში მცხოვრები არსება. როდესაც კაცი თავის მანერებს მახვევს თავს, გამოდის, რომ ეს კაცი საკუთარ ახირებულობებსა და უცნაურობებს მაცნობს და არა საკუთარ თავს, არადა, მე ხომ თავად ამ კაცის გაცნობა მწადია. არ გეგონოთ, პოეტმა დექერმა[314] ამ გაგებით უწოდა ქრისტეს "დედამიწის ზურგზე პირველი მართალი ჯენთლმენი." არა, ბატონო. კიდევ ერთხელ გიმეორებთ, რომ ამ გაგებით მთელ საქრისტეანოში ყველაზე თვალსაჩინო მეფის კარიც კი მხოლოდ სოფლურია, და მას მხოლოდ ტრანსალპური[315] და მსგავსი პროვინციული საკითხების მოგვარება შეუძლია და არა რომის საქმეებისა.[316] პრეტორი და პროკონსულიც[317] კი ეყოფოდა იმ ელემენტური კუთხური საქმეების მოგვარებას, რომელთაც მთელი ინგლისის პარლამენტის და ამერიკის კონგრესის ყურადღება მოუცავთ.

---

312 ირლანდიელების საკითხი – 1800-1920 წლებში ინგლისელი ბობოლები ასე აღწერდნენ ირლანდიელი ერის დამოუკიდებლობისთვის ბრძოლისა და ირლანდიის დიდი ბრიტანეთიდან გამოყოფის მცდელობას.

313 პარაფრეზირებაა ვილიამ შეიქსფიას No 111 სონეტის, ხაზები 6-7.

314 თომას დექერი (1572?-1638?) – ინგლისელი დრამატურგი. ციტირება გახლავთ თომას დექერის და თომას მიდლთონის ერთობლივი დადგმიდან "პატიოსანი მეძავი", აქტი I, გამოსვლა 13, ხაზი 777.

315 ნაგულისხმევია ალპები. ტრანსალპური კი ისეთივე გაგებითაა ნახმარი, როგორც, მაგალითად, ჩვენ ვხმარობთ ხოლმე გამოთქმას "ტრანსკავკასიური", ანუ ტრანსალპური ნიშნავს ალპების მთების ქვეყნების ერთობას და ამ ქვეყნების საჭირბოროტო საკითხებს.

316 "რომის საქმეებში" თოროუ სასულიერო საკითხებს გულისხმობს: "რომი" სიმბოლურად აქვს ნახმარი, რადგან ის კათოლიკების დედაქალაქია.

317 რომის იმპერიაში არსებული სამთავრობო წოდებებია.

მთავრობა და კანონმდებლები! ვფიქრობდი, ესენია საპატიო ხელობები-მეთქი. მსოფლიო ისტორიიდან ყველა ჩვენთაგანს გვსმენია ზეცით მოვლენილი ნუმების, ლიკურგუსების და სოლონების შესახებ,[318] რომელთა, უშუალო საქმეები თუ არა, სახელები მაინც განასახიერებენ იდეალურ კანონმდებელს; მაგრამ ახლა წარმოიდგინეთ ის კანონმდებლები, მონების გამრავლების ან თამბაქოს ექსპორტის მოგვარებით რომ არიან დაკავებულები! რა ხელი აქვთ ღმრთივკურთხეულ კანონმდებლებს თამბაქოს ექსპორტ-იმპორტთან? ან მიწიერ კანონმდებლებს რა ხელი აქვთ მონების გამრავლებასთან? წარმოიდგინეთ, რას გვეტყოდა თავად ძე ღმრთისა, ეს შეკითხვა რომ დაგვესვა მისთვის? – და ნუთუ თქვენ მართლა გჯერათ რომ ქრისტეს, ღარიბი, დაჩაგრული და დამონებული ხალხის სახით, შვილები არ ჰყავს მეცხრამეტე საუკუნეში? ნუთუ გგონიათ რომ მისი ოჯახი გაწყდა და აღარ არსებობს? – რა გიქნიათ ქრისტეს ოჯახისთვის? განსჯის დღეს რას იტყვის ვირჯინიის შტატი თავის გასამართლებლად? შტატი, სადაც სწორად მონათმფლობელობა და თამბაქოთი ვაჭრობა შეადგენს ყოფის არსსა და რაობას. როგორ გინდა ასეთ შტატში მამულიშვილობამ იარსებოს? არ გეგონოს რამეს ვიგონებდე – ეს ფაქტები თვით ამ შტატის მიერ გამოქვეყნებული სტატისტიკური ცხრილებიდან მომაქვს.

ვაჭრობა, რომელიც თხილეულისა და ჩამიჩის შოვნით დედამიწის ზურგზე ყველა ზღვას თეთრად აქაფებს, და ყველა მეზღვაურს ამ უმიზნო მიზნის ყურმოჭრილ მონად აქცევს ხოლმე![319] იმ დღეს ერთი დიდი გემი[320] ვნახე, რომელიც დამტვრეულიყო, უამრავი სიცოცხლე შემწყდარიყო და მისი ტვირთი, რომელიც ხალიჩების, ღვიისა და მწარე ნუშისგან შედგებოდა, სანაპიროზე მიმოფანტულიყო. ღირდა კი ასეთი სისულელეებისთვის ლეგჰორნსა [321] და ნიუ იორკს შორის ასეთი სახიფათო მისვლა-მოსვლა? ნუთუ მწარე ნუშისთვის ამდენი კაცის სიცოცხლის შეწირვა ულირდა კაცობრიობას? [322] დამდგარა ეს ჩვენი ამერიკა და საკუთარი შვილების სიცოცხლეს ძველი მსოფლიოდან [323]

---

318 ნუმა პომპილიუსი (715-672 ჩ.წ.-მდე) – რომის მეორე ლეგენდარული მეფე; ლიკურგუსი (830?-730? ჩ.წ.-მდე) – დიდი სპარტელი სახელმწიფო მოღვაწე და კანონმდებელი; სოლონი (638-558 ჩ.წ.-მდე) – უდიდესი ათენელი კანონთმცოდნე, კანონმდებელი და პოეტი.

319 მონების გადასაზიდ სავაჭრო გემს, როგორც წესი, უფრო დიდი ეკიპაჟი სჭირდებოდა, ჯერ 100-700 მონისთვის რომ მიეხედათ, მეორეც, ისინი მკაცრ მორჩილებაში რომ ჰყოლოდათ და აჯანყება აერიდებინათ თავიდან.

320 თოროუ მიუთითებს 1850 წლის 19 ივლისის უბედურ შემთხვევაზე, როდესაც იტალიის ქალაქ ლივორნოდან მომავალი გემი ნიუ იორკის ფაია კუნძულთან (ცეცხლის კუნძული) ჩაიძირა. გემზე იყო ცნობილი ამერიკელი ჟურნალისტი, კრიტიკოსი, ისტორიკოსი, მწერალი და ქალთა უფლებების დამცველი, მარგარეტ ფულა ოსოლი მთელი თავისი ოჯახით. თოროუ, გაიგო თუ არა ამ ტრაგედიის შესახებ, მაშინვე უბედური შემთხვევის ადგილზე გაეშურა, ბევრს ეცადა ოსოლების ოჯახის წევრების გვამების პოვნას, მაგრამ უშედეგოდ.

321 ლივორნო იტალიის ერთ-ერთი უდიდესი სანავსადგურო ქალაქია, რომელსაც ინგლისელები ლეგჰორნს ეძახიან.

322 რაოდენ დიდია მსგავსება თოროუს მსჯელობასა და ფილოს შორის. აი, რას ბრძანებს დიდი ელენისტი ებრაელი ფილოსოფოსი, ფილო ებრაელი ანუ ფილონ ალექსანდრიელი (20 ჩ.წ.-მდე–50 ჩ.წ.-ით): "...მან იცოდა, რომ ყოველი საზღვაო თუ სახმელეთო ექსპედიცია მხოლოდ იმ მიზეზით ეწყობა და მხოლოდ იმის გამო იგდებენ საფრთხეში თავს მისი წევრები, რომ ან ხორციელი სიამოვნება ეძიონ, ან მატერიული ნივთები მოიხვეჭონ ჭარბად; აქედან კი არც ერთია მყარი და არც – მეორე." იხილეთ ფილო ებრაელის წიგნი "კაენის შთამომავლობა და მისი გაძევება".

323 ძველი მსოფლიო – უნივერსალური გამოთქმაა, რომელიც აღნიშნავს მეთხუთმეტე საუკუნეში საქვეყნოდ ცნობილ სამ მხარეს, – ევროპას, აზიას და აფრიკას (და მათ მიმდებარე კუნძულებს). მეთხუთმეტე საუკუნის შემდეგ მოხდა ჩრდილოეთ და სამხრეთ ამერიკის და ავსტრალიის საყოველთაო აღმოჩენა, რომელსაც ახალი მსოფლიო ეწოდება.

მწარე ნუშის ჩამოტანას სწირავს! ისევ ისე ძველი მსოფლიოდან სიმწარეების[324] ჩამოსატანად გზავნის ამერიკელებს ამერიკა. ნუთუ ზღვის მარილწყალი, ნუთუ დამტვრეული გემი საკმარისად მწარე არაა, რომ მწარე ნუშის ძებნაზე უარი გვათქმევინოს? არადა, გარკვეულწილად, სწორად ესაა მთელი ეს ჩვენი სანაქებო კომერცია; ამისდა მიუხედავად, არიან ისეთნიც, ვინც საკუთარ თავებს საერო მოღვაწეებსა და ფილოსოფოსებს უწოდებენ, და რომლებიც ისე დაბრმავებულან, მთელი გულით სწამთ, რომ კაცობრიობის წინსვლა და ცივილიზაცია სწორად ასეთ გაცვლა-გამოცვლასა და უწყვეტ საქმიანობაზეა დამოკიდებული, – მე თუ მკითხავ, ბადაგით სავსე კასრის თავზე სურვილაყუნცულებული და მადააღძრული ბუზების უწყვეტი მიმოფრენაა მთელი ეს საქმიანობა მხოლოდ. კეთილი, ვთქვათ და, დაგიჯერეთ, ჩაიკეტა კაცი თავის ნაჭუჭში და ფეხი არ გაადგა არსად, მაგრამ ხომ არ გავიწყდება, რომ კაცი ხამანწკა არაა? – მეუბნება ხალხი. კეთილი, მაგრამ კაცი არც კოღოა, რომ მუდამ აღმა-დაღმა იფრინოს და ეს ქვეყანა თავისი გულისგამაწვრილებელი ბზუილით აიკლოს, – ვპასუხობ მე.

ლეიტენანტი ჰერნდონი, [325] რომელიც ჩვენმა მთავრობამ გამოკვლევის მიზნით, და, როგორც ხალხში ხმა გავრცელდა, მონობის გასავრცელებლად, ამაზონზე გაგზავნა, აღნიშნავს, რომ იქ ნაკლებობა იყო “ინდუსტრიული და საქმიანი მოსახლეობისა, რომელმაც კარგად იცის, რა მნიშვნელოვანია ფუფუნება და ფუფუნების საგნები კაცობრიობისთვის, და რომელსაც დიდი სურვილი აქვს ქვეყანაში არსებულ ჯერ კიდევ მიუკვლეველ და გამოუყენებლ ბუნებრივ დიდ განძსა და წიაღისეულს მიაკვლიოს და გამოიყენოს.” კი, მაგრამ რა არის ის “დიდი სურვილი”, რომლის განხორციელებაშიც მთავრობამ თავის მოქალაქეს უნდა შეუწყოს ხელი? არა მგონია ეს ისეთი ფუფუნების საგნების სიყვარული იყოს, როგორიც, მაგალითად, თამბაქოს ან მონების ფლობაა, როგორც ეს მის მშობლიურ ვირჯინიაშია, არც ყინული, გრანიტი და სხვა ამგვარი ნედლეული უნდა იყოს, რომლითაც ჩვენი მშობლიური ნიუ ინგლენდია მდიდარი; “ქვეყანაში არსებული დიდი განძი” არც მიწის სიმდიდრე თუ სიყამირე უნდა იყოს, ჩემი აზრით. ბევრი შტატი მოვიარე და ვნახე, რომ ძირითადი უკმარისობა, ყველა შტატი რომ განიცდიდა, მოსახლეობაში ამაღლებული და პატიოსანი მიზანსწრაფვის ნაკლებობა გახლდათ ოდენ. მხოლოდ ადამიანში ამაღლებული და პატიოსანი მიზანსწრაფვის ნაკლებობას შეუძლია ბუნებისგან “დიდი განძის” გამოდნობა, და ისიც იმ დონეზე, რომ ადამიანებისგან გაძარცულ და გამოწოვილ საწყალ დედა-ბუნებას ბოლო ელება ხოლმე; და ასე, ბუნების გარეშე დარჩენილ კაცსაც მალევე მოელება ხოლმე ბოლო. როცა ჩვენ განათლება კარტოფილზე მეტად გვწადია, და გონების გაბრწყინება შაქრის ლერწამზე მეტად გვსურს, მაშინ მთელი მსოფლიოს განძის მადანს მოვიპოვებთ, და შედეგად, მთავარ ნაწარმად ვღებულობთ არა მონებს, არა მუშაკებს,

---

[324] სიმწარეები – ალკოჰოლზე დამზადებული ნაყენები, რომლებიც გარკვეული დაავადებების სამკურნალოდ გამოიყენებოდა, განსაკუთრებით კი, მონელების გაუმჯობესებისთვის და დიეტოლოგიური მიზნებისთვის.

[325] სარდალი ვილიამ ლუის ჰერნდონი (1813-1857) – ამერიკის გაერთიანებული შტატების საზღვაოსნო ფლოტმა ამაზონის დაბლობის გამოსაკვლევად კვლევითი ექსპედიცია მოაწყო პერუდან ბრაზილიამდე 1851-1852 წლებში. ამ ექსპედიციას სარდალი ვილიამ ჰერნდონი ხელმძღვანელობდა. მისი მოხსენება გამოქვეყნდა 1853-1854 წლებში ვოშინგთონის ოლქში. თოროუ ციტირებას ახდენს მისი წიგნიდან “ამაზონის დაბლობის გამოკვლევა”, ტომი I, გვერდი 251.

არამედ კაცებს – დედა-ბუნების იმ უიშვიათეს ნაყოფს – გმირებს, წმიდანებს, პოეტებს, ფილოსოფოსებს და მხსნელებს.[326]

მოკლედ, როგორც ნამქერი წარმოიქმნება სწორად იმ ადგილზე, სადაც ქარი შედარებით ნაკლებად უბერავს ხოლმე, სწორად ასევე, კაცი იტყოდა, იქ, სადაც სიმართლე ყველაზე ნაკლებად ქრის, დაწესებულებები წარმოიქმნება ხოლმე. მაგრამ სიმართლე, მიუხედავად ყველაფრისა, მაინც გადაევლება ხოლმე თავს ამ დაწესებულებებს.

ის, რასაც პოლიტიკა ჰქვია, შედარებით იმდენად ზედაპირული და არაადამიანური რამაა, რომ, პრაქტიკულად, მე მასზე ფიქრს არასოდეს შევუწუხებივარ. აი, გაზეთები კი თავიანთ სვეტებს სწორად პოლიტიკასა და მთავრობას უთმობენ, ისიც უფასოდ; და, კაცი იფიქრებდა, რომ სწორად ეს იხსნისო უაზრო და უინტერესო საკითხს ხალხის მივიწყებისგან; მაგრამ, რადგანაც სიტყვაკაზმული მწერლობა და, გარკვეულწილად, სიმართლეც მიყვარს, პირადად მე, არასოდეს ვკითხულობ პოლიტიკურ სტატიებს. არ მინდა, სიმართლის გრძნობა ასეთი სისულელეებით ასე დავიჩლუნგო. ერთი პრეზიდენტის სიტყვაც არა მაქვს წაკითხული. უცნაურ ხანაში მოგვიწია ცხოვრება, როცა იმპერიები, სამეფოები და რესპუბლიკები გაზეთის სახით რიგითი და კერძო პირის კარზე სამათხოვროდ აკაკუნებენ ხოლმე, რომ სტატიების კითხვით ამ კაცმა მათი წუწუნი მოისმინოს! გაზეთის ხელში აღებაც კი არ მსურს, მაგრამ ვხედავ ხოლმე ესა თუ ის საცოდავი მთავრობა, რომელიც შავ დღეშია და თავი თითქმის ყულფში აქვს გაყოფილი, როგორ მემუდარება მე, მკითხველს, რომ მას არჩევნებში ხმა მივცე – ისინი იტალიელ მათხოვარზე უფრო მეტად მომაბეზრებლები არიან; და თუ ჭკუა მეყო და ამ მთავრობის სერთიფიკატს კარგად დავაკვირდი, რომელიც, ალბათ, რომელიმე კეთილისმსურველი ვაჭრის კლერკს დაუმზადებია,[327] ანდა, იქნებ სულაც კაპიტანს მოუტანია ჩემამდე, რადგანაც თავად ამ სერთიფიკატს ერთი ღერი ინგლისურიც კი არ ეხერხება, ალბათ ვულკან ვეზუვის ამოფრქვევაზე, ან მდინარე პოს[328] წყალდიდობაზე, აზრი არა

---

[326] მთელი ეს აბზაცი ექო და გამოხმაურებაა პლატონის მიერ "რესპუბლიკაში" წამოჭრილ საკითხზე, – რას არგებს ან ცალკეულ პიროვნებას, ან მთლიანად ერს ოქრო-ვერცხლი და წიაღისეული სიმდიდრე, თუ ის კაცობას ჰკარგავს მათი მოპოვებით? ან რად უნდა ადამიანს მატერიული განძი თუ ის სულს თმობს მის სანაცვლოდ? – კაცობა ანუ სული ხომ ღმრთის მიერ ადამიანისთვის ბოძებული უდიდესი განძია ამ ქვეყნად?! აი, რას ამბობს პლატონის ამ ბრწყინვალე ნაწარმოებში სულმნათი სოკრატე: "მაშინ ისიც გამაგებინე, რა ხეირს ნახავს კაცი ოქროს და ვერცხლის აღებით თუ თავად კაცობას ჰკარგავს ამის სანაცვლოდ? განა მოგებაა, როცა ადამიანი მის არსებაში ჩანერგილ ყველაზე ამაღლებულ განძს ყველაზე მდაბიური განძის მოსაპოვებლად დაკარგავს? როცა კაცი სულს ხორცის მონად ხდის? აბა დაფიქრდით, განა შეიძლება იმ კაცს ხეირიანი უწოდო, თავის ვაჟს ან ქალიშვილს მონად რომ გაყიდის, და მითუმეტეს მაშინ, როცა მყიდველი ჩვეულებრივი მონათმფლობელი კი არაა, არამედ საშინელი ტირანი, – გინდაც ამით მთელი ქვეყნის სიმდიდრე მოიხვეჭოს?" იხილეთ პლატონის "რესპუბლიკა", ქვეწიგნი IX.

[327] ასე ხდება მთავრობის არჩევა კაპიტალისტურ ქვეყანაში: შეირჩევა ენაგაკრეფილი თაღლითი, შემდეგ მას ვაჭარი და საქმოსანი დააფინანსებს პოლიტიკურ არჩევნებში, შემდეგ მის სიტყვას პრესა აიტაცებს ხელში და ბოლოს, ეს მთავრობაში მოსასვლელი თაღლითი, პოლიტიკური კანდიდატი, ჩვეულებრივი ადამიანის, ამომრჩევლის კარზე გაზეთის, რეკლამის და ტელევიზიის სახით აკაკუნებს, და ცდილობს მოთაფლოს იგი, მოხიბლოს და მათხოვრობით მზაკვრულად საამომრჩევლო ხმა გამოსტყუოს. თოროუ სწორად აღნიშნავს, რომ ასეთ პოლიტიკურ კანდიდატს სერთიფიკატს თავად ვაჭარი ანუ ოლიგარქი უმზადებს. ნათელია, რომ ამ პროცესში პრესა დიდ როლს თამაშობს და, აქედან გამომდინარე, დიდი ძალაუფლებაც აქვს მას. მოკლედ, ასეთ ქვეყანას სინამდვილეში პოლიტიკოსი კი არ მართავს, არამედ მისი დამფინანსებელი ბიზნესმენი და მისი რეკლამის გამკეთებელი მასმედია.

[328] პო – იტალიის ყველაზე დიდი მდინარეა.

აქვს მართალია ეს ამბავი თუ გამოგონილი, მომიწევს კითხვა, რამაც ეს ქაღალდი ამ დღეში ჩააგდო. ასეთ დროს უყოყმანოდ ვურჩევ ამ მათხოვრებს მუშაობას ან ღარიბთა სახლში წასვლას; ანდა თავისი ციხე სიმაგრის დალუქვას, როგორც თავად მე მაქვს, როგორც წესი, ჩემი მიწიერი სურვილები დალუქული. საწყალი პრეზიდენტი, ცალკე თავისი პოპულარულობის შენარჩუნებას ცდილობს და ცალკე მამულისადმი თავისი ვალის პირნათლად მოხდას, და ამ ორ საქმეს შორის ასე გაწეწილი, ერთობ დაბნეულა. გაზეთებს აქვთ მთელი ძალაუფლება ხელში ჩაგდებული ამქვეყნად. ისინი წარმოადგენენ მთავრობას. და ყველა სხვა მთავრობა "ფორტ დამოუკიდებლობის"[329] ჯარისკაცის როლსღა თამაშობს. და თუ კაცი "დეილი თაიმზს" არ წაიკითხავს, მთავრობა მუხლებზე დაეცემა მუდარით, რადგან დღეს-დღეობით მხოლოდ გაზეთის არ წაკითხვა მიაჩნია ამ ერს ერის ღალატად.

მართალია, ის საქმიანობები, რომლებიც ახლა ადამიანს მთელი გულისყურით იზიდავენ, როგორც, მაგალითად, პოლიტიკა და ყოველდღიური ფაცი-ფუცი, საზოგადოების სასიცოცხლო მნიშვნელობის ფუნქციებია, მაგრამ საჭიროა მათი შეუცნობლად და უნებლიედ კეთება, როგორც, მაგალითად, სხეულის ნაწილები მოქმედებენ შეთანხმებულად, მაგრამ შეუცნობლად და უნებლიედ. ესენი *ქვე*-ადამიანური ქმედებებია, უშინაარსო და შედარებით აზრს მოკლებული. ხანდახან თითქოს გამეღვიძება ხოლმე და ნახევრად ფხიზელ მდგომარეობაში ვგრძნობ, ვხედავ, როგორ აგრძელებენ ჩემს გარშემო ფუს-ფუსს პოლიტიკა და ყოველდღიურობა ისევე, როგორც პათოლოგიურ მდგომარეობაში ავადმყოფმა ადამიანმა შეიძლება ხანდახან იგრძნოს მონელების პროცესი და, ამგვარად, დისპეპსია [330] დაემართოს, როგორც ამას მედიცინაში უწოდებენ. ეს იმას ჰგავს, მოაზროვნე კაცმა თავი პოლიტიკის კუჭში ჩარგოს და მისი ყურყურით გაიწვრილოს გული. და კაცი რომ დაფიქრდეს, განა საზოგადოების მართლაცდა კუჭი არაა მთელი ეს პოლიტიკა, სავსე ქვითა და ღორღით? და პოლიტიკური პარტიები სწორად ამ კუჭის კედლებს წარმოადგენენ, რომლებიც, როგორც წესი, ორია, მაგრამ ხადახან ოთხად იყოფა ხოლმე, რომლებიც მუდამ ერთმანეთის პირისპირ დგანან და მუდამ ერთმანეთს აწვებიან და ჭყლეტენ. არა-მარტო ცალკეულ პიროვნებებს, არამედ მთელ ჩვენს სახელმწიფოსაც სჭირს ეს დისპეპსია, რომელიც, კაცი რომ დაფიქრდეს, ძნელი მისახვედრი არაა, რა ამაზრზენი

---

[329] ფორტი დამოუკიდებლობა – ორი სხვადასხვა ახსნა შეიძლება ჰქონდეს იმას, თუ რომელ ფორტს გულისხმობდა თოროუ. ერთი განმარტება სიმბოლურ ახსნას ეყრდნობა, მეორე კი – პირდაპირს: 1) ვერმონტის შტატში, მთა "დამოუკიდებლობაზე", ტბა შემფლეინის გვერდით 1775 წელს აშენებული ამერიკის ციხე-სიმაგრე, რომელიც დამოუკიდებლობის ომში დიდი ბრიტანეთის ჯარების შესაკავებლად აშენდა, მაგრამ 1777 წლის 6 ივლისს ის ბრიტანელებმა ჩაიგდეს ხელთ. ამერიკელების მარცხი, უმეტესწილად, მათივე ბრალი იყო: I) ამერიკელებმა იმდენად დიდი ციხე-სიმაგრე ააშენეს, რომ მის დასაცავად სულ მცირე 10,000 ჯარისკაცი იყო საჭირო, ამერიკელებს კი სულ დაახლოებით 3,000 კაცი ჰყავდათ; II) მათ მთა "დიფაიენსი" (ქართულად "უდრეკელობა", "გაძალიანება"), რომელიც ციხე-სიმაგრეს გადმოჰყურებდა, გაუმაგრებელი დატოვეს და მტერს ციხე-სიმაგრეზე იერიშის მიტანა გაუადვილეს. ოთხდღიანი ალყის შემდეგ, ამერიკელებმა, გენერალ მაიორ ართურ სეინთ ქლეას მეთაურობით, ციხე-სიმაგრე მიატოვეს. თოროუ მიუთითებს, რომ ამერიკის და მასაჩუსეცის შტატის მთავრობა ისეთივე უმაქნისია, როგორც ფორტ დამოუკიდებლობის დამცველი ამერიკელი ჯარისკაცი. 2) ფორტი დამოუკიდებლობა – ბოსტონის ნავსაყუდელში არსებული სამხედრო გარნიზონი. ამ შემთხვევაში თოროუ პირდაპირი გაგებით გამოიყენებდა ფორტის სახელს, ანუ ამერიკის მთავრობის მთელი ძლიერება ამ ფორტში განლაგებული თითო-ოროლა ჯარისკაცი იყო.

[330] დისპეპსია ანუ კუჭ-ნაწლავთა მოქმედების აშლილობა – ახალშობილი ხბოების მწვავედ მიმდინარე დაავადება, რომელსაც ახასიათებს საჭმლის მონელების, როგორც წესი, სეკრეციული, დარღვევა, ძლიერი ფაღარათი, ძმარვა, ორგანიზმის გაუწყლება და მოწამვლა.

ხმაურით გვამცნობს თავის არსებობასა და მოქმედებას ამ განუწყვეტელი მონელების, ერთმანეთზე ზეწოლისა და ჭყლეტის ჟამს. ასე რომ, ჩვენი სიცოცხლე მთლად შეუცნობლობა და დავიწყება არაა [331] და გარკვეულწილად იმ ამაზრზენი პოლიტიკური კუჭის ხმაურის მოსმენა და გაცნობიერებაცაა, რაც, ალბათ, არასოდეს უნდა მოგვესმინა და გაგვეგო. რატომ არ შეიძლება, ერთ მშვენიერ დილას, და ყველა დილა თავისთავად ხომ მართლაცდა მშვენიერია, ჩვენ, ადამიანებს არა-მარტო როგორც დისპეპტიკებს, არამედ როგორც ეუპეპტიკებს [332] გაგვეცნო ერთმანეთი, არამარტო აყუნცულებული, არამედ დამშვიდებული კუჭებით, არამარტო შეწუხებულებს, არამედ ბედნიერებს? არა მგონია, ძალიან ბევრს ვითხოვდე.

---

[331] ალბათ, მიუთითებს უდიდესი ინგლისელი რომანტიკოსი პოეტის, ვილიამ ვორდზვორთის (1770-1850) პოემაზე, "უკვდავების ქარაგმები".

[332] ეუპეპტიკი – კარგი მონელების მქონე. ამის ანტონიმია დისპეპტიკი.

ჯონ ბრაუნის ბოლო დღეები

ჯონ ბრაუნის საქმიანობა, მისი ცხოვრების უკანასკნელი ექვსი კვირის განმავლობაში,[333] მეტეორული იყო. ის, მართლაცდა, მეტეორივით აბრწყინებდა იმ უკუნეთ წყვდიადს, რომელშიც ადამიანები ვცხოვრობთ. მსგავსი საოცრება არ მეგულება ჩვენს ისტორიაში.

როდესაც ვინმე, ლექციაზე თუ საუბრისას, ჯონ ბრაუნის უახლეს სიტყვას თუ საქმეს კატოს,[334] თელის[335] და ვინკელრიდის[336] უძველეს საგმირო ქმედებას ადარებდა, ნებისმიერ ჩრდილოელ ჭკუათმყოფელს ეს ყოველივე გაზვიადებულ ამბად მიაჩნდა ხოლმე.

პირადად მე, უმეტესწილად, ბუნებას უფრო ვუთმობ ჩემს ჟამს, ვიდრე კაცს, მაგრამ არის ხოლმე ისეთი სულისშემძვრელი ადამიანური მოვლენაც, რომელიც იმდენად წმიდაა და ბრწყინვალე, ისე იპყრობს ხოლმე კაცის სულსა და არსებას, რომ, კაცური კაცის ქმედებით მოხიბლულ ადამიანს, თვალთ გიბნელდება და ბუნების დანახვაც აღარ ძალგიძს მაშინ. იმდენად დამატყვევა ჯონ ბრაუნის პიროვნებამ, რომ ჩემს გარშემო სამყაროს ბრუნვას და თავად დედა-ბუნების არსებობას რომ მოვკრავდი თვალს, ან ადამიანს რომ შევამჩნევდი სადმე, ჩვეულებისამებრ დაკავებულს და დასაქმებულს, ჩემი თავის მიკვირდა ხოლმე. ჯონ ბრაუნის სულის ბრწყინვალებით დაბრმავებული იშვიათადღა ვეხებოდი გარესამყაროს და მის არსებობას იშვიათადღა ვამჩნევდი, მაგრამ თვით ეს იშვიათი თვალის მოკრა და შემჩნევაც კი მაოცებდა, რადგან კაცს, რომელსაც ჯონ ბრაუნის გმირობა ენახა, დედა-ბუნება და ადამიანთა თანაცხოვრება, კანონით, აღარ უნდა დაენახა. უცნაურად მეჩვენებოდა

---

[333] უკანასკნელი ექვსი კვირის განმავლობაში – ნაგულისხმევია ჟამის მონაკვეთი ჰარფერზ ფერიზე თავდასმიდან ჯონ ბრაუნის ჩამოხრჩობის დღემდე. ჰარფერზ ფერის 1859 წლის 16 ოქტომბერს დაესხა თავს ჯონ ბრაუნი თავისი რაზმით. ამერიკის ფედერალურმა და ვირჯინიის შტატის მთავრობამ კაპიტანი ბრაუნი 2 დეკემბერს ჩამოახრჩო.

[334] კატო მცირე (95-46 ჩ.წ.-მდე) – ანუ მარკუს პორციუსი ანუ კატონი გახლდათ დიდი რომაელი პოლიტიკოსი და იულიუს კეისრის მოწინააღმდეგე. როდესაც იულიუსმა რუბიკონის მდინარე გადაკვეთა (წორედ აქედან მოდის მეტაფორული გამოთქმა "რუბიკონი"), პომპეი, მეტელუს სკიპიო და კატო დაამარცხა, ეს დამარცხებულები აფრიკის პროვინციაში, უტიკაში გაიქცნენ. კეისარმე კატო და სკიპიო აფრიკაშიც დაამარცხა და ეგვიპტის დედოფლად კლეოპატრა VII დასვა. კატოს გმირობა ისაა, რომ მან უტიკაში დამარცხების შემდეგ თავისი მეგობრები გააპარა, თავად კი დარჩა მტრის საჯიჯგნად და თავი მოიკლა.

[335] ვილიამ თელი (XIV საუკუნე) – ძველი შვეიცარიული კონფედერაციის მოქალაქე და დღევანდელი შვეიცარიელების გმირი. XV საუკუნიდან მოყოლებული არსებობს გადმოცემა, რომ მან შეურაცხყოფა მიაყენა XIV საუკუნის ავსტრიელ დესპოტს, გესლერს, რომელმაც სანაცვლოდ თელს ასეთი რამ მოთხოვა: გესლერმა თელის შვილის თავზე ვაშლი დადო და თელს ამ ვაშლის მიზანში ამოღება უბრძანა. თელი საუკეთესო შვილდოსანი იყო და ეს ადვილად შეასრულა. ეს ერთ-ერთი ყველაზე ცნობილი ევროპული ლეგენდაა. მის თემაზეა დაწერილი ჯიოაკინო როსინის ოპერა "ვილიამ თელი" და მასში არსებული საქვეყნოდ ცნობილი "ვილიამ თელის უვერტიურა".

[336] არნოლდ ფონ ვინკელრიდი (XIV საუკუნე) – 1386 წლის სემფაქის ბრძოლის ლეგენდარული გმირი. ამ ბრძოლაში შვეიცარიის კონფედერაცია თავს იცავდა ჰაბსბურგელების, კერძოდ, ჰერცოგ ლეოპოლდ III ავსტრიელის იმპერიის თავდასხმისას. გადმოცემის თანახმად, ვინკელრიდმა ავსტრიელებს თავი შუბებით გამიზნულად მოაკვლევინა, რომ მტერს ყურადღება გაფანტვოდა და შვეიცარიელებს უყურადღებოდ დარჩენილი ავსტრიელების ფლანგებისთვის იოლად შეეტიათ. XIX საუკუნეში ვინკელრიდი იყო ხალხისთვის თავგანწირვის და გმირობის აღმნიშვნელი მეტაფორა.

რომ "პატარა მყვინთავი" [337] ისევ ისე ყვინთავდა ხოლმე მდინარეში, როგორც უწინ; და ყოველივე ეს იმას მოასწავებს, რომ ეს ერთი ციდა ჩიტი მაშინაც გააგრძელებს მდინარეში ყვინთვას, როცა, ეს ჩვენი სოფელი, ქანქარდი, აღარ იარსებებს ამქვეყნად.

ასე მეგონა, რომ მტრებს შორის დატყვევებული, სისიკვდილო განაჩენგამოტანილი ეს გმირი კაცი, უფრო მშვიდად და აუღელვებლად იდგა, ვიდრე მთელი დანარჩენი ერი და ქვეყანა. მომეჩვენა, რომ ამ დიდი გაჭირვების ჟამსაც კი თავისი მომავლის ბედზე და მომავალ საქმიანობაზე მას უფრო საღი, გონივრული და ბრძნული წარმოდგენა ჰქონდა, ვიდრე მის ყველა თანამემამულეს ერთად აღებულს. მას ყველაზე უკეთ ესმოდა საკუთარი მდგომარეობა; სრულიად უშფოთველად ჭვრეტდა თავის აწმყოს და თავის მომავალს. რა იყო მთელი ჩვენი ერის აფორიაქებული საქციელი მის მშვიდ იერთან შედარებით. სამხრელი თუ ჩრდილოელი, კაცი თუ ქალი, ერი თუ ბერი, ყველა აყალ-მაყალს, შფოთსა და სიშმაგეს მოეცვა. ჩვენს გონებას იმის ძალაც კი არ შესწევდა, რომ, ჩვენს შორის, გინდაც ჩვენს წინაპრებში, კაპიტანი ბრაუნის მსგავსი გმირი მოეძებნა და მისთვის შეედარებინა, რამეთუ ბრაუნი სწორად იქ და სწორად იმ წამს ყველა ჩვენს თანამემამულეზე ასი თავით მაღლა იდგა, ცოცხალზეც და მკვდარზეც. ეს ის კაცია, ჩვენი სამშობლო ჩამოხრჩობას რომ უპირებდა, ის კი მშვიდად იდგა და ამ ქვეყანაში მაინც ყველაზე დიდ, დიად და საუკეთესო კაცად აგრძელებდა ღმრთივბოძებულ სიცოცხლეს.

ამ შემთხვევაში წლები არ დასჭირვებია ხალხის შეხედულებისა თუ საჯარო აზრის შეცვლას; სულ რამდენიმე დღეში, არა, უფრო ზუსტად, სულ რამდენიმე საათში, ამ კაცის გმირობამ დიდი ნაყოფი გამოიღო ჩვენი თანამემამულეების გულებში. როდესაც ჩვენ კაპიტან ბრაუნის მხარდასაჭერ შეხვედრას ვაწყობდით ქანქარდში, ორმოცდაათი კაცი, რომელიც მზად იყო მისი ჩამოხრჩობისთვის დაეჭირა მხარი, მისი საგმირო საქმეების მოსმენის შემდეგ, თავს უფლებას ვეღარ აძლევდა, მსგავსი ბოროტება პირიდან ამოეშვა. ასეთები მოისმენდნენ ხოლმე ჩვენს შეკრებებზე წაკითხულ ამ გმირი კაცის სიტყვებს, გაისიგრძეგანებდნენ მის მოღვაწეობას, გულწრფელად დაინახავდნენ ჯონ ბრაუნის სიყვარულით ალაჟვარდებულ ჩვენს სახეებს; და ბოლოს, ხდებოდა ისეც, რომ, ასეთ ბრმა, გაბოროტებულ და ურწმუნო ხალხსაც კი, გონების თვალიდან ლიბრი მოშორდებოდა და ისინი კაპიტანი ბრაუნისადმი საქებარი ჰიმნის გალობაში ხალისით შემოგვიერთდებოდნენ ხოლმე.

მამა-შვილობისა და ოსტატ-შეგირდის წყობა შეიცვალა ჩვენს ქვეყანაში. გაგონილი მაქვს, თურმე პროტესტანტული ეკლესიის ერთი მქადაგებელი ერთხანს, თავისი სიმხდალისა და გულგრილობის გამო, ჩვენი ერის ამ უდიდესი გმირისგან თავს შორს იჭერდა. ჩემოხრჩობის შემდეგ კი თვით ამ ბრმა კაცსაც მეტ-ნაკლებად აეხილა თვალი და ახლა, თურმე, ქადაგებისას ის ჯონ ბრაუნსა და მის გმირულ მოღვაწეობას აქებს და გარკვეულწილად ხოტბას ასხამს ხოლმე, თუმცა სიბრმავე ბოლომდე მაინც ვერ მოუშორებია და მაინც იმას ამბობს, რომ ბრაუნის ბოლო საქმე მარცხით დამთავრდაო. ისიც მოვისმინე, რომ, საკვირაო

[337] "პატარა მყვინთავი" – თოროუ ასე ეძახდა "მურტალების" ჯიშის პატარა ჩიტებს, რომლებითაც სავსეა ნიუ ინგლენდი.

1856 წლის ამერიკის პოლიტიკური რუკა.
გამოსახულია თავისუფალი და მონათმფლობელური შტატები
და ახლად შეერთებული ტერიტორიები.
U.S. MAP OF 1856: SHOWS FREE AND SLAVE STATES
AND NEWLY ACQUIRED TERRITORIES.

წირვა-ლოცვის შემდეგ, ერთი ცნობილი და გავლენიანი მასწავლებელი[338] თავის მოწაფეებს გამოუტყდა, თურმე თავიდან ისიც მღვდელივით ავად ფიქრობდა ჯონ ბრაუნზე, მაგრამ ახლა აზრი შეეცვალა და ჯონ ბრაუნს და მის საქციელს სრულიად ამართლებდა. გასაკვირი რაა ამაში? გონიერმა ხალხმა ისედაც კარგად იცოდა, რომ სულით, გონებითა და შეგნებით ამ მასწავლებელს ისევე აღემატებოდნენ თავისი მოწაფეები, როგორც თავად ეს მასწავლებელი აღემატებოდა ამ მრევლის მღვდელს; ეს კი არადა, ყოველგვარი ეჭვის გარეშე ვიცი, რომ სანამ ესენი გონს მოეგებოდნენ, მანამდე, ბავშური გულწრფელობით გრძნობამორეული, ბევრი პატარა ბიჭი ეკითხებოდა საკუთარ მშობლებს, ჯონ ბრაუნისთანა საყვარელი კაცის გადასარჩენად თავად უფალი რატომ არ ჩაერია კაცობრიობის საქმეშიო? ზემოთ მოყვანილ ყველა შემთხვევაში, მასწავლებელი კი არ ასწავლიდა, არამედ სწავლობდა, კი არ ნათლავდა, არამედ ინათლებოდა, წინ კი არ უძღვებოდა, არამედ, ზნეობის ამ ელემენტურ საკითხში, ის თავად მოსწავლის სათრევი ხდებოდა.

კეთილსინდისიერი მოძღვრები, ბიბლიის-კაცები, ისინი, ვინც ზნეობაზე ქადაგებენ და მრევლს ასწავლიან, რომ ვითარცა-იგი თქუენ გნებავს, რაითა გიყონ კაცთა, თქუენცა ეგრეთვე მსგავსად უყოფდით მათ,[339] – ასეთ მოძღვრებს, ვაგლახ, ვერ ამოუცნიათ ჯონ ბრაუნში ჭეშმარიტი ქრისტეანი. როგორ ვერ ამოუცნიათ მათ ჯონ ბრაუნი, ჯონ ბრაუნი, რომელიც, მთელი ჩვენი ქვეყნის ეკლესიის მოძღვრები რომ შეკრა, მაინც მათზე ასი თავით მაღლა დგას; ის მათზე ბევრად უფრო მართალი და დიდი მოძღვარია, რადგან მას ბიბლია მხოლოდ ხელში კი არ უჭირავს, არამედ, პირველ ყოვლისა, გულში უდევს იგი; თაროზე შემოდებული კი არ აქვს, არამედ ცხოვრებაში აქვს გატარებულ-განხორციელებული; ის ქრისტეანული მოძღვრების ხორცშესხმაა თავად. ეს ის კაცია, რომელმაც ოქროს წესის[340] კითხვას კი არ შეალია სიცოცხლე, არამედ თავისი ოქროკაცობით ცხადად განახორციელა ეს ოქროს წესი მთელი თავისი ცხოვრების მანძილზე. ამის გამო, ყველა ის ადამიანი, რომლის ზნეობრივი გრძნობაც გამოფხიზლდა და რომელსაც თავად ზეციურმა ძალამ შთააგონა რომ ჭეშმარიტი მღვდელი, წრფელი მქადაგებელი და ერის ნამდვილი განმანათლებელი ყოფილიყო, ყველა ასეთი ადამიანი ჯონ ბრაუნს უჭერდა და უჭერს მხარს. როგორ შეცვალა მან ჩვენი ხალხის ზნეობა. რა დიდი სითბო შეიტანა მან ჩვენი თანამემამულეების გულებში. როგორი აღსარებების თქმა აიძულა მან მთელ ჩვენს გულგაციებულ, ქვადქცეულ და უაზრო სიფრთხილით გალაჩრებულ ერს! ის იმდენად

---

338 მასწავლებელი – სამრევლო ანუ საკვირაო სკოლის მასწავლებელი.

339 იხილე მომდევნო განმარტება.

340 ჯონ ბრაუნს არაერთხელ უთქვამს, რომ ის თავის საერო მოღვაწეობას ორ კანონზე აფუძნებდა – ოქროს წესზე და დამოუკიდებლობის გამოცხადებაზე (ანუ ამერიკის დამოუკიდებლობის დეკლარაციაზე). ოქროს წესი გახლდათ კაპიტან ბრაუნის ცხოვრების პრინციპი. ოქროს წესი მოცემულია როგორც ძველ, ისევე ახალ აღთქმაში. ძველ აღთქმაში: ლევიტელთაი 19:18, ლევიტელთაი 19:34, წიგნი ტობისაი 4:15 და წიგნი ზირაქისი 31:15. ახალ აღთქმაში იესუ ქრისტე რამდენიმეჯერ ახდენს ოქროს წესის ციტირებას: მათე 7:12 – "ყოველი, რომელი გინდეს თქუენ, რაითაი გიყონ კაცთა, ეგრეთცა თქუენ ჰყვით მათა მიმართ, რამეთუ ესრეთ არს სჯული და წინასწარმეტყუელნი.", ლუკა 6:31 – "და ვითარცა-იგი თქუენ გნებავს, რაითა გიყონ კაცთა, თქუენცა ეგრეთვე მსგავსად უყოფდით მათ.", და ლუკა 10:25-28. ჯონ ბრაუნმა სასამართლოში განაჩენის გამოტანისას მთელ სასამართლოს ასე მიმართა: "ვხედავ ფიცის ჟამს როგორ ეამბორებით ამ წიგნს, კანონით ბიბლია რომ უნდა იყოს, ან ბიბლია თუ არა ახალი აღთქმა მაინც. ეს წიგნი მე მასწავლის, რომ 'ყოველი, რომელი მინდეს მე, რაითაი მიყონ კაცთა, ეგრეთცა მე ვჰყო მათა მიმართ'". – პარაფრეზირება მოახდინა ბრაუნმა მათე 7:12-ის.

დიდი სულიერი მამა იყო ჩვენი ერისა, არაჩვეულებრივი რამაა, კიდევ კარგი, რომ ასე მოხდა და არა სხვაგვარად, რომ ჩვენმა ერმა ძველი სიბრმავე არ გამოიჩინა და ღმრთისნიერი კაცის გაკერპება არ დაიწყო და *ბრაუნაიტების* ახალი სექტა არ ჩამოაყალიბა.

გასაკვირი არცაა, რომ წმიდა კაცად და ერის გმირად ჯონ ბრაუნი სწორად ისეთმა ხალხმა შერაცხა და აღიარა, რომელიც ლიტონი თოერიის კითხვას თავს ანებებს და ქმედებაში ახორციელებს ყველა სიბრძნეს და ყველა სიწმიდეს, რის გამოც მათ უწმიდურებს ეძახიან. სამხრეთში უწინაც ჩამოუხრჩვიათ კაცები მონების განთავისუფლების მცდელობისთვის, მაგრამ ჩრდილოეთი ამას დიდად არ შეუძრავს. რატომ ვერ მოიტანა სხვების ბრძოლამ და ჩამოხრჩობამ ისეთი შედეგი, რაც კაპიტან ბრაუნისამ ჩვენში? ისინიც ხომ კარგ საქმეს იქმოდნენ... იმიტომ, რომ *მათ* ზნეობასა და ჭეშმარიტების სიყვარულში ისე არ ვიყავით დარწმუნებულნი, როგორც კაპიტან ბრაუნისაში. ამ შემთხვევაში ჩვენ სწორად განვასხვავეთ ცარიელი კარგი შედეგი ჭეშმარიტად კარგი საქმისგან. კაპიტან ბრაუნის საქმის მხოლოდ შედეგი კი არაა მართებული, არამედ მისი მიზეზიც, მიზანიც და იდეოლოგიური საფუძველიც. ჩვენ, როგორც იქნა, დავივიწყეთ საერო კანონის პატივისცემა და წმიდა აზრს ვეცით პატივი. ჩრდილოეთი, ჭეშმარიტების სულით გამოცოცხლებულ და ჭეშმარიტად *ცოცხალ* ჩრდილოეთს ვგულისხმობ, უეცრად ყოფიერების საზღვარს გასცდა. ის ქვეყნის კანონს გასცდა, ის თავად კაპიტან ბრაუნის ამ უკანასკნელი საქმის ეგრეთწოდებულ, ყოფითი გაგებით, მარცხს გასცდა და საუკუნო სამართლიანობა და დიდება ამოიცნო და აღიარა. უმეტესწილად, ადამიანები წეს-ჩვეულებებით და ქცევის ნორმების დაცვით ცხოვრობენ, და იმით კმაყოფილდებიან, რომ კანონი კანონობს, მაგრამ ამ ერთ შემთხვევაში მაინც, ისინი ძველ, პირველ და ჭეშმარიტ აღთქმას დაუბრუნდნენ და, სრულად და სრულიად თუ არა, გარკვეულწილად მაინც, პირველმყოფადი, გადაუგვარებელი და შეუბილწველი ძირძველი ქრისტეანული სარწმუნოებაც აღორძინდა მაშინ. ადამიანებმა ცხადად დაინახეს, რომ ის, რასაც წესრიგს ეძახდნენ, სინამდვილეში ქაოსი და არევ-დარევა იყო, რასაც სამართალს ეძახდნენ, – უსამართლობა, და, ამქვეყნიური გაგებით, ყველაზე უკეთესი, სინამდვილეში ყველაზე ცუდი რამ გახლდათ. ეს იმის მაუწყებელია, რომ დღეს, ჩვენს ხანაში, უფრო გონივრული და დიდსულოვანი სული არსებობს ერში, ვიდრე უწინ არსებობდა ჩვენს მამა-პაპაში, და რომ, ჟამთა სვლაში, შესაძლებელი იქნება სხვა ჩაგრული ხალხის დასაცავადაც მსგავსი ბრძოლა, ჯანყი და გადატრიალების მოწყობა.

ჩრდილოელთა უმრავლესობა, და სამხრელთა მცირე ნაწილიც, ერთობ შეძრა ბრაუნის ქმედებამ და მის მიერ წარმოთქმულმა სიტყვებმა. კაპიტან ბრაუნის ხილვით გამოფხიზლებული ადამიანები მიხვდნენ, რომ ისინი ყველა წინა თაობისგან და ყველა სხვა ხალხისგან განსხვავდებოდნენ, და გაიაზრეს, რომ მათში გმირობისა და კეთილშობილების ის ნაპერწკალი იდო და ღვიოდა, რისი მსგავსიც არც ამერიკელს სდებია გულში მანამდე და არც მსოფლიოს იმჟამინდელ თანამედროვე ისტორიას. თუმცა უმცირესობა მაინც გულქვა ბრმობილივით იდგა მათ დანახვაზე. ამ უმცირესობას თავიანთი თანამემამულეების ახლადშემეცნებული ჭეშმარიტება და ახალი დამოკიდებულება აკვირვებდა და აღიზიანებდა. ისინი ხედავდნენ, რომ ჯონ ბრაუნი გულადი კაცი იყო და საკუთარ ქმედების სისწორეში ეჭვი

არ ეპარებოდა, მაგრამ გონებით დაბრმავებული უმცირესობა ამის მიღმა ვეღარ იხედებოდა, სხვა განსაკუთრებულს ვერაფერს ხედავდა ის მასში. ისე იყვნენ გადაჩვეულები ბოროტსა და კეთილს შორის განსხვავების დანახვას, თავიანთი სულმდაბალი და სულმოკლე ცხოვრებით ისე იყვნენ გადაჩვეულები სულგრძელობას, რომ ჯონ ბრაუნის წერილებს და დაბეჭდილ სიტყვებს კი კითხულობდნენ, მაგრამ მათ დაბნელებულ გონებას თუ ლიბრგადაკრულ გონების თვალს, გაქვავებულ გულსა და აორთქლებულ სულს მაინც არაფერი ეცხებოდა და კაცს გეგონებოდა, ამათ საერთოდ არა წაუკითხავთ რა ჯონ ბრაუნის გმირობაზეო. ისინი ვერ ცნობდნენ გმირულ აზრსა და გმირულ სიტყვას – იმასაც კი ვერ ხვდებოდნენ საგმირო საქმის მოსმენით გული როდის *ეწვოდათ* და ენთებოდათ. მათი აზრმოკლებული აზრით, ჯონ ბრაუნს ერისადმი სიტყვით მიმართვის უფლება არ ჰქონდა, ჰოდა, ასეთებს მხოლოდ ის ახსოვდათ, საერო *კანონი* რომ უნდა აღსრულებულიყო. მათ კარგად ახსოვდათ ძველი წესი, მაგრამ ახალი გამოცხადების მოსმენაზე მკაცრ უარს აცხადებდნენ.[341] კაცი, რომელიც ბრაუნის სიტყვებში სიბრძნესა და კეთილშობილებას ვერ ხედავს, და იმასაც ვერ ხვდება, ამ სიბრძნისა და კეთილშობილების გამო ეს სიტყვები საერო კანონზე უპირატესნი და უწინარესნი რომ არიან, გახლავთ ჩვენი თანამედროვე დემოკრატი.[342] აი, ეს არის მისი ამოცნობის უტყუარი ხერხი. ის საკუთარი სიჯიუტით კი არა, არამედ კონსტიტუციითაა დაბრმავებული და მუდამ ლოგიკური კაცის შთაბეჭდილებას ტოვებს. ასეთი ყოფილა მისი განვლილი ცხოვრება; ეჭვიც არ მეპარება, სწორად ასეთივე წესით წაუკითხავს მას თავისი ერის ისტორია და თავისი ბიბლია, და ამ ბიბლიასაც იმიტომ კი არ აღიარებს, რომ მისი სწამს და მისი სჯერა, არამედ იმიტომ, რომ ეს მისი და მისი წინაპრის წესი ყოფილა და ჩვეულება. გრძნობას და სიყვარულს ვერ იპოვით მისი სიბრძნის წიგნში[343], თუ კი ამ ბრიყვს საერთოდ გააჩნია ასეთი რამ.

ვისგან უფროა მოსალოდნელი ღირსეული საქმის დაფასება? მისგან, ვინც თავადაა ღირსეული. სულაც არ მაკვირვებს ის გარემოება, რომ ზოგიერთი ჩემი მეზობელი ჯონ ბრაუნზე, როგორც ჩვეულებრივ დამნაშავეზე, ისე ლაპარაკობს. შეხედეთ რანი არიან თავად ისინი, თუ არა ჩვეულებრივი დამნაშავეები და ბოროტმოქმედები? მათ ან ზედმეტად ბევრი ხორცი ამძიმებთ, ან ზედმეტად ბევრი საქმე ან ზედმეტად ბევრი

---

341 ებრაელებივით, რომლებმაც მესიაზე – იესუზე არაერთგზის თქვეს უარი, ტანჯეს და დახოცეს მოციქულები, და მოციქულთასწორნი, მათ შორის, იესუს ძმა, იერუსალემის პირველი ეპისკოპოსი, იაკობ მართალი, ადრეული ხანის ქრისტეანი მამები, და ბოლოს ამისთვის მწარედ დაისაჯნენ კიდეც. იხილეთ ევსებიუსის "საეკლესიო ისტორია".

342 თანამედროვე დემოკრატი – თოროუ დემოკრატიული პოლიტიკური პარტიის წევრებს გულისხმობს. ამ პარტიის წევრებს ეგონათ, რომ ჰარფერზ ფერიზე ბრაუნის თავდასხმა რესპუბლიკური პარტიის მიერ იყო მოწყობილი, და ეს ეგრეთწოდებული დემოკრატები გაფაციცებით მოითხოვდნენ საკონგრესო გამოძიების ჩატარებას. ირონიას იწვევს პოლიტიკოსების ასეთი ფაცხა-ფუცხი და ვაი-ვიში – ჯონ ბრაუნი ხომ არც ერთი პოლიტიკური პარტიის წევრი არ გახლდათ! ის ხომ მხოლოდ ჭეშმარიტი ქრისტეანების, მამულიშვილებისა და კაცთმოყვარეების რიგების წევრი იყო და არა პოლიტიკურის!

343 სიბრძნის წიგნი ანუ ქამონ-ფლეის ბუქი – დღიური, რომელშიც თავმოყრილია ხალხური ანდაზები და აფორიზმები. გამოთქმა "ქამონ-ფლეისი" ლათინური "ლოკუს კომმუნის"-იდან წარმოსდგება, რაც "ზოგადი მსჯელობის საგანს" ნიშნავს. სიბრძნის წიგნები მეტად გავრცელებული იყო ინგლისსა და ამერიკაში. სიბრძნის წიგნი წარმოადგენდა დღიურს, რომელშიც მოსწავლე წაკითხული წიგნებიდან ამოღებულ სიბრძნეს გადმოიწერდა. ეს იყო ამოკითხული ბრძნული ფრაზების ჩანაწერების წიგნი. ჰარვარდის და XVII-XIX საუკუნეების

ილუსტრაცია. ამერიკის საზღვაოსნო ჯარების საგანგებო დანიშნულების რაზმები უტევენ თოფების ქარხანაში გამაგრებულ ჯონ ბრაუნსა და მის თანამებრძოლებს.
ILLUSTRATION: US MARINES ATTACKING JOHN BROWN AND HIS MEN IN THE ARMORY

თავიანთივე მოსაქმებული[344] ან ზედმეტი უხეშობა. ისინი არანაირი გაგებით არ არიან სულიერი არსებები. ბნელი თვისებები და ბნელი სულები ბატონობენ მათში. მათი ნაწილი სქელკანიანია. ამას მწუხარებით ვამბობ და არა განრისხებით. განა შეუძლია კაცს სინათლე აღიქვას, თუ თავად მის სიღრმეში სუსტი ნათელი არ ჭიატობს? მათ, თავიანთი ჭკუით, *სიმართლე* უყვართ, აი, ჭეშმარიტების ჭვრეტისას კი ვერაფერს *ხედავენ*. სინათლის შვილები მათ მეტოქეობას ვერ გაუწევენ, ისევე როგორც ანგელოზები ვერ გაუწევენ მეტოქეობას ბუებს. მიჩვენეთ კაცი, რომელიც ჯონ ბრაუნისადმი ღვარძლიანადაა განწყობილი, და მითხრას ერთი წმიდა წერილის დიდსულოვნებით გამსჭვალული რომელი ფრაზით და რომელი აფორიზმით ამართლებს თავის სიძულვილს. ცხადია, ვერაფერს იტყოდა, მეტიც, ისე დამუნჯდებოდა, რომ გეგონებოდათ, ტუჩები გაუქვავდა და კრიჭა შეეკრაო.

დიდი ცოდნა და განათლებაც რომ მისცე, ყველა ქრისტეანი ვერ იქნება, თუნდაც ამ სიტყვის ყველაზე ზედაპირული გაგებით. ბოლოსდაბოლოს, ეს ხომ სულიერი აღნაგობისა და ხასიათის საქმეა. გაქრისტეანებისთვის ხშირად ამ კაცის ხელახლა დაბადებაა საჭირო. უამრავ ადამიანს ვიცნობ, რომელიც თვალთმაქცობს და თავს ქრისტეანად აჩვენებს ხალხს. მისი ქრისტეანობა სასაცილო საქმეა, რადგან მას ქრისტეანობის ნიჭი არ გააჩნია. ქრისტეანობა კი არა, თავისუფლება რომ თავისუფლებაა, ყველას ესეც კი არ შეუძლია.

რედაქტორები კაი ხანი დაჟინებით გაიძახოდნენ, ჯონ ბაუნი გიჟიაო, მაგრამ ბოლოს, როგორც იქნა, აზრი შეიცვალეს და განაცხადეს, თავად ბრაუნი გიჟი არ იყო, სიგიჟე მხოლოდ მისი ეს უკანასკნელი "ქმედების გეგმა" გახლდათო. თავიანთი თეორიის დასამტკიცებლად კი მხოლოდ ის გარემოება მოიყვანეს, რომ ჯონ ბრაუნმა თავის ბოლო გმირულ ქმედებას საკუთარი სიცოცხლე შესწირა. ეჭვიც კი არ მეპარება, ამ გმირ კაცს ხუთი ათასი თანამებრძოლი რომ ჰყოლოდა, ათასობით მონა გაენთავისუფლებინა, ერთი-ორი ასეული მონათმფლობელი მოეკლა, და ერთი-ორი ასეული საკუთარი რაზმიდანაც დაეკარგა, და ამის ფასად საკუთარი სიცოცხლე შეენარჩუნებინა, ეს ზემოხსენებული რედაქტორები აზრს შეიცვლიდნენ და დიდი პატივისცემით დაიწყებდნენ ჯონ ბრაუნის სახელის მოხსენიებას. არადა, სინამდვილეში, რამდენად უფრო წარმატებული გახლავთ ჯონ ბრაუნი. მან ხომ ჩრდილოეთშიც და სამხრეთშიც ათასობით ადამიანი განათავისუფლა. რა იცოდა ხალხმა ჭეშმარიტი სიცოცხლისა და სიკვდილის შესახებ? ჩვენმა თანამემამულეებმა ხომ თავისუფალი სიცოცხლე მხოლოდ მას შემდეგ დაიწყეს, რაც კაპიტანი ბრაუნის საგმირო საქმეებით აეხილათ გონების თვალი. ყველა გიჟს ეძახდა მას მაშინ; ახლა ვინღა ეძახის გიჟს?

ჯონ ბრაუნის გმირობით გამოწვეული მთელი ამ ეროვნული აღფრთოვანებისა და სიხარულის ჟამს, მასაჩუსეცის კანონმდებლები ისე იყვნენ სულით ხორცამდე ჩაფლულები სასმელის მაღაზიების სამუშაო

სხვა ცნობილ ინგლისურ და ამერიკულ უნივერსიტეტებში სიბრძნის წიგნის ქონა სავალდებულო იყო და ეს იმჟამინდელი პედაგოგიის ერთ-ერთ საიმედო იარაღად იყო მიჩნეული. თოროუს და ემერსონს სიბრძნის წიგნის წერა ჰარვარდში ასწავლეს. ორივეს სიბრძნის წიგნები დედანის სახით არა, მაგრამ ნაბეჭდი სახით დღესაც შემორჩენილია ამერიკაში.

[344] თოროუ გამიზნულად იყენებს ერთი და იგივე სიტყვას "office", რაც მოსასაქმებელს ანუ განავალსაც ნიშნავს და საქმიანობასაც.

განრიგის "გაგრძელებაში"[345] და ალკოჰოლის ყიდვა-გაყიდვის მოწესრიგების საქმით ერთიანად დაკავებულები, რომ საკუთარი მოქალაქეების დასაცავად ნაბიჯიც კი არ გადადგეს და თითიც კი არ გაატოკეს, როცა სამხრელი მონათმფლობელური ბრბო მასაჩუსეცელების ვირჯინიაში მოწმეებად ჩაყვანას ძალით შეეცადა.[346] მათი გონება ერთი ჯიშის ბოროტ ჯინს მოეცვა, მათი კუჭი კი – მეორე ჯურის ჯინს.[347] ჩემი ღრმა რწმენით, არც ერთ ჭეშმარიტ ეროვნულ მოღვაწეს არ შეეძლო ამ არარაულ საკითხზე ზრუნვა იმ დროს, როცა ერის გმირების სიკვდილ-სიცოცხლის საკითხი წყდებოდა ქვეყანაში, – ნებისმიერ დროსაც უხამსობა და უზნეობა უნდა იყოს სასმელი და ამ სასმელის თაობაზე დრტვინვა წესიერ სახელმწიფოში.

კაპიტან ბრაუნისთვის თავდადებული გმირის შესაფერისი წირვა მინდოდა მომეძებნა, და როდესაც ინგლისის ეკლესიის ლიტურგიის ისტორიას გადავავლე თვალი, რომელიც გასული საუკუნის ბოლოს დაიბეჭდა, აღმოვაჩინე, რომ ერთად-ერთი გმირი და მარტვილი, რომელიც ამ ეკლესიას უღიარებია, გახლავთ მეფე ჩარლზ პირველი,[348] – ეს სახელგანთქმული არამზადა. ინგლისის და მთელი მსოფლიოს მოსახლეობიდან, ამ ეკლესიის აზრით და მისი კანონმდებლობის თანახმად, ის იყო ერთად-ერთი კაცი, რომელსაც გმირისა და მოწამის სახელი ეკუთვნოდა; და აი, უკვე მთელი ერთი საუკუნეა, რაც ეს ეგრეთწოდებული ეკლესია ამ არამზადის ეგრეთწოდებულ მარტვილობას ყოველწლიურად აღნიშნავს. ჭეშმარიტი ეკლესიის რა დიდი დაცინვაა ყოველივე ეს!

კანონმდებლებსა და ცრუეკლესიებს ნუ შესცქერით წინამძღოლობისთვის, თავიანთი ბილწი საქციელით ისინი ვერ გიჩვენებენ მისაბაძ მაგალითს, ნურც რომელიმე უსულო, კორპორაციადქცეულ ადამიანს თუ დაწესებულებას სთხოვთ რჩევას და მამამთავრობას, ამათ მაგივრად ჭეშმარიტად გონიერებს და ჭეშმარიტებით შთაგონებულებს დაეკითხეთ ჭკუა.

რა არის მთელი თქვენი მეცნიერული მიღწევები და სწავლებები ჭეშმარიტ სიბრძნესა და კაცობასთან შედარებით? ჯონ ბრაუნის ყველა სხვა საგმირო საქმეს რომ თავი დავანებოთ, შეხედეთ რა დიდი და დიდებული შრომა მოკალმა, უკანასკნელი ექვსიოდე კვირის

345 "გაგრძელებაში" – საუბარია სასმელის მაღაზიებისთვის სამუშაო საათების გაგრძელების უფლების თაობაზე.

346 თოროუ მიუთითებს ჯონ ბრაუნის დატყვევებისას მომხდარ მნიშვნელოვან გარემოებაზე: პრესაში და ხალხში გავრცელებული იყო აზრი, რომ ვირჯინიის გუბერნატორი ცდილობდა, ფრენქლინ ბი. სანბორნი და სამუელ გრიდლი ჰაუ, და კიდევ სხვებიც, რომლებიც ვირჯინიის შტატის საზღვრებს მიღმა იმყოფებოდნენ, სხვა შტატების ხელისუფლების მეშვეობით დაეპატიმრებინა და ვირჯინიის შტატში ექსტრადირების გზით ჩამოეყვანა. ჯულია ვორდ ჰაუ და სამუელ გრიდლი ჰაუ (1801-1876) აბოლიშენისტების გაზეთ "ქომონველფს" გამოსცემდნენ. გამომცემლების მიზანი იყო ამერიკის ახლადშეძენილ დასავლეთის ტერიტორიებზე მონობის გავრცელებისთვის ხელის შეშლა. ფრენქლინ ბი. სანბორნი (1831-1917) მასაჩუსეცის შტატის კანზასის კომიტეტის მდივანი იყო, რომელმაც ჯონ ბრაუნს ბოსტონში პირადად გააცნო ჰენრი დეივიდ თოროუ და რალფ ვოლდოუ ემერსონი, როგორც თანამოაზრე აბოლიშენისტები.

347 ჯინში პირველად ნაგულისხმევია ჯინი, როგორც ბოროტი სული, მეორედ კი – ჯინი, როგორც მაგარი სპირტიანი, იყისებრი სასმელი.

348 ჩარლზ პირველი (1600-1649) – ინგლისის მეფე 1625 წლიდან 1649 წლის 30 იანვრამდე, როდესაც ის მოღალატეობის ბრალდების საფუძველზე გაასამართლეს და თავი მოჰკვეთეს. ჩარლზ I საკუთარი ხარჯებისთვის მუდამ გადასახადების გაზრდას ცდილობდა, ხალხზეც და ეკლესიაზეც, რის გამოც ინგლისის პარლამენტს ის დესპოტად მიაჩნდა.

განმავლობაში, ამ შედარებით უკითხავმა და უწიგნურმა კაცმა. ვერ მოძებნით *ბელ ლეტრის*,[349] ლოგიკისა და მჭევრმეტყველების ისეთ პროფესორს, ჯონ ბრაუნივით რომ შეეძლოს წერა. მან ციხეში, მსოფლიო ისტორია კი არ დაწერა რეილივით[350], არამედ – ამერიკის წიგნი,[351] რომელიც, ჩემი აზრით, ჟამის ბევრად უფრო ხანგრძლივ გამოცდას გაუძლებს და დიდხანს გასტანს, ვიდრე რეილის თხზულება. ასე უხვად ჩაქსოვილი ოქროს სიტყვები, თანაც ასეთ რთულ ვითარებაში წარმოთქმული, არ მეგულება არც რომის, არც ინგლისისა და არც რომელიმე სხვა იმპერიის ისტორიაში. რამდენ საჭირბოროტო საგანს შეეხო თავის ნაწერებში ის ჟამის ამ მეტად მოკლე მონაკვეთში! ჯონ ბრაუნის მიერ ცოლისადმი მიწერილ უკანასკნელ წერილში ისეთ ბრძნულ აზრებს წააწყდებით თავისი ქალიშვილების განათლების შესახებ, რომ მოგინდება ისინი ჩარჩოში ჩასვა და მთელი ქვეყნის ყველა ოჯახის ყველა კერიის თავზე დაკიდო. აბა, შეადარეთ ეს წრფელი და ჭეშმარიტი სიბრძნე "ღარიბი რიჩარდისას".[352]

ირვინგის[353] სიკვდილი, რომელიც ნებისმიერ სხვა ხანაში მსოფლიო ყურადღებას მიიპყრობდა, ამ მოვლენებისას მოხდა და, კაპიტან ბრაუნის გმირობის ფონზე, თითქმის შეუმჩნევლად ჩაიარა. რას იზამ, სწორად ასეა საჭირო და მეც მწერლების ბიოგრაფიების კრებულში მომიწევს ირვინგის სიკვდილის შესახებ წაკითხვა.

სიტყვაკაზმული მწერლობის ბატონებს, რედაქტორებსა და კრიტიკოსებს ჰგონიათ, რომ წერა იციან, რადგან გრამატიკა და მჭევრმეტყველება აქვთ ნასწავლი; მაგრამ ისინი საშინლად ცდებიან. წერის *ხელოვნება* ისეთივე მარტივია, როგორც შაშხანის გასროლა, თუმცა მწერლის მიერ ნატყორცნ აზრს უსასრულოდ და უსაზღვროდ დიდი ძალა აქვს, შაშხანიდან გასროლილ ტყვიასთან შედარებით. მართალია, ეს უწიგნური კაცი ჩვეულებრივ ენაზე საუბრობდა და წერდა. ზოგიერთი სიტყვები და გამოთქმები, რომლებიც თავიანთი უშუალობის

---

[349] ბელ ლეტრ ანუ ბელეტრისტიკა – სხვადასხვა სახის პროზაულ ნაწარმოებთა საერთო სახელწოდება, განსაკუთრებით კი, ნოველების კრებითი სახელი. ბელ ლეტრი, ზოგადად, მხატვრულ ლიტერატურას აღნიშნავდა.

[350] სერ ვოლთა რეილი (1552-1618) – ინგლისელი არისტოკრატი, მწერალი, პოეტი, ჯარისკაცი, სასახლის კარის წევრი და მოგზაური. ის ცამეტი წლის განმავლობაში ლონდონის კოშკში იყო დატყვევებული, სადაც მან 1614 წელს "მსოფლიო ისტორია" დაწერა.

[351] პატიმრობის ჟამს, სანამ განაჩენს აღასრულებდნენ და ჩამოახრჩობდნენ, ჯონ ბრაუნმა უამრავი წერილი დაწერა. ბევრი მათგანი დაიბეჭდა და გაზეთებშიც გამოქვეყნდა.

[352] ღარიბი რიჩარდის ალმანახი – ბენჯამინ ფრენქლინის მიერ დაწერილი წლიური პუბლიკაციები, რომლებიც 1732-1757 წლებში იბეჭდებოდა, დღეს კი ერთ წიგნადაა შეკრებილი. ამ ალმანახში ფრენქლინს ბევრი საკუთარი სიბრძნე აქვს დაწერილი, ბევრიც – ხალხური. ოღონდაც რომ მთელი ეს ფრენქლინისებური სიბრძნე, ძირითადად, მხოლოდ პრაქტიკულობას, მომჭირნეობას და საქმოსნობას შეეხება.

[353] ვოშინგთონ ირვინგი (1783-1859) – ამერიკელი მწერალი, ბიოგრაფი და ისტორიკოსი. ის უმეტესად ცნობილია მისი ორი ნაწარმოებით: "სლიფი ჰალოუს ლეგენდა" და "რიპ ვან ვინქალ". მისი ისტორიული შრომებიდან აღსანიშნავია ჯორჯ ვოშინგთონის, ოლივა გოლდსმითის და მუჰამედის (ისლამის ფუძემდებლის) ბიოგრაფიები. 1842-1846 წლებში ირვინგი ამერიკის მინისტრი (ელჩი) იყო ესპანეთში.

ჟურნალ “ჰარფერზ ვიქლიში” დაბეჭდილი ილუსტრაცია.
ამერიკის საზღვაოსნო ჯარების საგანგებო
დანიშნულების რაზმები უტევენ თოფების ქარხანაში გამაგრებულ
ჯონ ბრაუნსა და მის თანამებრძოლებს.
ILLUSTRATION PRINTED IN “HARPER’S WEEKLY” MAGAZINE:
U.S. MARINES ATTACKING JOHN BROWN IN THE ARMORY.

მიზეზით და პრანჭვა-გრეხის არარსებობის გამო უწინ ვულგარიზმად[354] და ამერიკანიზმად[355] მიაჩნდათ, მან სანიმუშო ამერიკულ ენად აქცია; მაგალითად გამოთქმა, *"ღირს ეს ამად,"*[356] ყოველივე ეს წერის ერთ მთავარ წესზე მიუთითებს – და მე რომ მჭევრმეტყველების პროფესორი ვიყო, ამ წესის წესად დარგვას დაჟინებით მოვითხოვდი – რომ კაცმა, და ისიც მწერალმა, *სიმართლე უნდა ილაპარაკო.* პირველად, მეორედ, მესამედ – ყოველთვის ღირს სიმართლის თქმა; გინდ კენჭებით გამოტენილი პირით, გინდა ცარიელით[357] – ყოველთვის თქვი და წერე მხოლოდ სიმართლე. ეს საქმე კი უმთავრესად სიწრფელეს და კაცობას მოითხოვს.

ვატყობ, დაგვავიწყდა, რომ გამოთქმა *ჰუმანიტარული* განათლება, რომლითაც ადამიანი ჰუმანურობას ანუ კაცობას იძენს, თავდაპირველად, რომაელებს შორის ისეთ განათლებას აღნიშნავდა, რომლის ღირსიც მხოლოდ *თავისუფალი* კაცი იყო; მაშინ, როცა ხელობების და პროფესიების შესწავლა, რომლითაც მხოლოდ ლუკმა პურის მოპოვებაა შესაძლებელი, მხოლოდ *მონების* შესაფერის სწავლებად ითვლებოდა. ჰოდა, ცოტა რომ გაგვეწელა ეს ჩვენი კალამბური, ვიტყოდი, რომ ის კი არაა ჭეშმარიტად *ჰუმანიტარულად* განათლებული თავისუფალი კაცი, ვისაც სიმდიდრე და თავისუფალი ჟამი თავზე გადასდის, გინდაც დიდად იყოს ის განსწავლული ხელოვნებაში, მეცნიერებაში თუ სიტყვაკაზმულ მწერლობაში, არამედ ის, ვინც ჭეშმარტად ჰუმანური, გულწრფელი და *თავისუფალი* კაცია. ისეთ მონათმფლობელურ ქვეყანაში, როგორიც ჩვენი სამშობლოა, შეუძლებელია არსებობდეს *ჰუმანიტარული* განათლება, რადგან თავად ამ ქვეყანას ვერ აუტანია ჰუმანიზმი და ადამიანის თავისუფლებაც არ სწამს; და ავსტრიისა და საფრანგეთის ეს მეცნიერები, რომლებიც, რაოდენ განსწავლულნიც არ უნდა იყვნენ ისინი, მაინც დესპოტურ სამშობლოში ცხოვრობენ და მიუხედავად ამისა, მაინც კმაყოფილების გრძნობით აღვსილან, – *მონური* განათლებით არიან განათლებულნი მხოლოდ.[358]

კაპიტან ბრაუნის მტრების ყველა ქმედება თავად ჯონ ბრაუნს უწყობდა ხელს, – ანუ მისი ბრძოლის მიზეზს. მათ ეს კაცი მაშინვე კი არ

---

[354] ვულგარიზმი – ამ შემთხვევაში თოროუ ბილწსიტყვაობას კი არ გულისხმობს, არამედ ინგლისურ-ამერიკული გაგებით ხმარობს სიტყვა "ვულგარიზმს", რაც, ხალხურ ენაზე საუბარს, კოლოქვიალიზმს, პირდაპირ, შეულამაზებელი ენით ლაპარაკს ნიშნავს. ასეთი დადებითი და ულამაზესი ვულგარიზმითაა სავსე ვაჟა-ფშაველას მთელი შემოქმედება. ვულგარიზმის ასეთი წმიდა და მოხდენილი ფორმა ხშირად აღიზიანებთ ნებისმიერი ქვეყნის "მაღალი" საზოგადოების კუდაბზიკა ცრუ-განათლებულებს და ლიტერატურულ თვალთმაქცებს. ასეთი კუდაბზიკობით დაუწუნა აკაკი წერეთელმა ვაჟას ენა. ასეთივე კუდაბზიკობით იწუნებდა ზოგიერთი ინგლისელი თუ ამერიკელი ნიუ ინგლენდელების პირდაპირ, უშუალო და ნატიფ საუბარს. ცხადზე-ცხადია, რომ ვაჟა აკაკიზე ასი თავით მაღლა დგას, როგორც თავისი ენით, ისე თავისი განათლებით, ზნეობაზე რომ აღარაფერი ვთქვათ. სწორად ასე ასი თავით მაღლა იდგა ჯონ ბრაუნიც მთელ ინგლისურენოვან სამყაროზე.

[355] ამერიკანიზმი – ინგლისურის ამერიკული დიალექტი. თავად ამერიკანიზმიც ერთმანეთისგან უკიდურესად განსხვავებულ რამდენიმე დიალექტად იყოფა, მაგალითად, ნიუ ინგლენდური დიალექტი, ისევე როგორც აქცენტი, სამხრეთულისგან სრულიად განსხვავდება.

[356] ამ ციტატის წყარო უცნობია.

[357] საუბარია დიდ ბერძენ ბასილიკონზე, დემოსთენეზე (384-322 ჩ.წ.-მდე). გადმოცემით ცნობილია, რომ ის ენაბრგვილი იყო. ამის მოსაცილებლად ის კენჭებით სავსე პირით საუბრობდა ხოლმე თავისთვის. ასეთი ვარჯიშით სულ მალე ენის ბორძიკიც გაუქრა.

[358] ავსტრია და საფრანგეთი – 1859 წელს ავსტრიას და საფრანგეთს ავტოკრატი დესპოტები მართავდნენ: ავსტრიას – იმპერატორი ფრანც იოსეფი (1830-1916), საფრანგეთს – ნაპოლეონ III (1808-1873).

ჩამოახრჩეს, არამედ დაყოვნებით, – ჯონ ბრაუნი შემოინახეს, რომ სიკვდილის წინ საკუთარი ჯალათებისთვის კიდევ ერთხელ ექადაგა პირადად. და ამას გარდა, ერთი შეცდომაც დაუშვეს დესპოტებმა. მათ ოთხი დატყვევებული ჯონ ბრაუნის თანამებრძოლი მასთან ერთად არ ჩამოახრჩეს; ეს სანახაობა დროში კიდევ უფრო გაწელეს და გააჯანჯლეს; და ასე და ამგვარად, ჯონ ბრაუნის გამარჯვებაც კიდევ უფრო და უფრო გაგრძელდა და გახანგრძლივდა. ვერც ერთი თეატრალური მენეჯერი ვერ შეძლებდა მთელი ამ დადგმის ასე ბრძნულად მოწყობას და მისი მთავარი გმირის, ჯონ ბრაუნის ქცევისა და სიტყვებისთვის ასეთი მაღალშედეგიანობის და ეფექტურობის ძალის მინიჭებას. და რა გგონიათ თქვენ, ვინ *იყო* ამ დადგმის მენეჯერი? ვისმა განგებამ გადაწყვიტა ისე, რომ ეშაფოტთან მიმავალ ჯონ ბრაუნს, სახრჩობელებსა და ციხეს შორის, მონა ქალი და მისი ბავშვი[359] მოვლენოდა, და სიკვდილის წინ ამ ბავშვის კოცნის საშუალება მისცემოდა? გეკითხებით, ვისი განგებით მოხდა ეს და ვისი განგებით დაიგეგმა მთელი ეს ტრაგედია, თუ არა თავად უზენაესი განგებულებისა?

ჩვენ მალე მივხვდით, თვითონ ჯონ ბრაუნმა კი დიდი ხნის წინ იცოდა, რომ არც ერთ გუბერნატორს არ ჰქონდა უფლება, მისი შეწყნარების, რომ არც ერთ კაცს არ უნდა ეხსნა ის ამ ჩამოხრჩობისგან.[360] ამის გაკეთება იგივე იქნებოდა, კაპიტან ბრაუნისთვის იარაღი აგეყარა და ხელში ისევ შარფის შაშხანა დაგეჭერინებინა მაშინ, როცა იგი სულ სხვა სახის, სულიერი მახვილით იყო შეიარაღებული, – მახვილით, რომლის მეშვეობითაც მან მის ჭეშმარიტად უდიდეს და ყველაზე ღირსსახსოვარ ბრძოლებში გაიმარჯვა. ახლაც კი არ ჩაუგია მას ეს სულიერი ხმალი ქარქაშში, რადგან თავადაც წმიდა სულია და მისი მახვილიც, შესაბამისად, წმიდაწყლის სულიერი მახვილი გახლავთ.

"უჩვეულო იყო მისი ქმედება,
ერზე ზრუნვა, ერის დაიმედება,[361]
ის არ იყო შურისმაძიებელი,
ფაუსტივით არ იხმო ბელზებელი.[362]
თავი დადო და გმირობა ინება,
და ბავშვივით ტკბილად გამოძინება."

---

359 მონა ქალი და მისი ბავშვი – 1885 წელს გამოქვეყნებულ წიგნში "ჯონ ბრაუნის ცხოვრება და წერილები", ფრენქლინ ბი. სანბორნი აღნიშნავს, რომ სანამ ჯონ ბრაუნს ციხიდან სახრჩობელისკენ წაიყვანდნენ, მისმა მცველებმა ჰკითხეს, აღსარებას ან მღვდლის სიახლოვეს ხომ არ ინდომებდა ის ამ მძიმე წუთებში, რაც ამერიკული ციხეების წესი იყო მაშინ და კვლავაც არის. ბრაუნმა ამაზე მშვიდად მიუგო, რომ ის არ ცნობდა ქრისტეანად არც ისეთ სასულიერო და არც ისეთ საერო პირს, რომელიც მონობას უჭერდა მხარს ან თავად იყო მონათმფლობელი. ბოლოს ჯონ ბრაუნმა დასძინა, მისი ნება რომ ყოფილიყო, მის ამ "საჯარო მკვლელობაზე" – ასე უწოდებდა ბრაუნი თავის განაჩენის აღსრულებას – მას სულგაყიდული მღვდლის სიახლოვეს "ფეხშველა, კაბაშემოხეული, ძონძებში გახვეული მონა ბავშვებისა და მათი ჭაღარაშერეული დედის" უკან მოდევნება ერჩია. სანბორნი დასძენს, სწორად ამ საუბრიდან წარმოიშვა გადმოცემა, რომ ციხიდან სახრჩობელებისკენ მიმავალმა ჯონ ბრაუნმა ერთი ზანგის მონა ბავშვი აიყვანა ხელში, აკოცა და მერე დედამისს დაუბრუნაო.

360 ანუ ღმრთის ნება უნდა აღსრულებულიყო – ჯონ ბრაუნი უნდა მომკვდარიყო, რომ ამერიკელებს მისი სიმართლე, კაცობა და ქრისტეანობა დაენახათ და მისთვის მიებაძათ, რაც, საბოლოო ჯამში, მონათმფლობელობის გადავარდნასაც მოიტანდა.

361 ეს ბწკარები დიდი ინგლისელი მეტაფიზიკოსი პოეტის, ენდრიუ მარველის ლექსიდან მოჰყავს თოროუს. ლექსს ჰქვია "ჰორაციული ოდა ქრომველის ირლანდიიდან დაბრუნებისას".

362 ფაუსტი – ანუ ფაუსტუსი, კლასიკური გერმანული ლეგენდის გმირია, რომელიც ეშმაკს გაურიგდება და ცოდნის სანაცვლოდ საკუთარ სულს მიჰყიდის.

მარტო მისი განივი სვლა[363] რად ღირდა! როგორ მეხივით გადაუარა სახრჩობელიდან ახლადჩამოხსნილი ამ გმირის ცხედარმა ჩვენი ქვეყნის სოფლებსა და ქალაქებს! გაზეთებში ვკითხულობდით, რომ ამა და ამ ჟამს ფილადელფიაში ჩაასვენეს ცხედარი, და რომ შაბათ ღამეს მან ნიუ იორკამდე ჩააღწია. ასე და ამგვარად, ჯონ ბრაუნმა მეტეორივით ჩაიქროლა მთელი შტატების კავშირი სამხრეთიდან ჩრდილოეთისკენ! მას შემდეგ, რაც ის სამხრეთში საბრძოლველად ჩავიდა, ასეთი ძვირფასი ტვირთის გადატანა არ ღირსებოდა არც ერთ მანქანას.

მისი გარდაცვალების დღეს, ეჭვგარეშეა, მოვისმინე, რომ ჯონ ბრაუნი ჩამოახრჩეს, მაგრამ არ ვიცოდი, რას ნიშნავდა ეს; მწუხარებაც კი ვერ ვიგრძენი ამის გამო; ჩამოხრჩობის მიუხედავად, ერთი-ორი დღე არავისგან *მსმენია* სიტყვები, ბრაუნი *მკვდარიაო*, და ერთი და ორი კი არა და უამრავი დღეც რომ გავიდეს, ვერავინ დამაჯერებს, ჯონ ბრაუნი მოკვდაო. ჩემს თანატოლებსა და თანამედროვეებს შორის, ჯონ ბრაუნი ერთად-ერთი კაცი იყო, რომელიც *არასოდეს მომკვდარა*. დღეს-დღეობით მაინცდამაინც დიდი გმირობები არ წვდება ჩემს სმენას, მაგრამ თანამედროვე გმირის ამბავს რომ გავიგებ ხოლმე, მაშინვე ჯონ ბრაუნი მახსენდება იმისთვის, რომ ახალი გმირიც მას შევადარო და გავიგო, ეკუთვნის თუ არა ამა თუ იმ კაცს გმირის სახელი. ჯონ ბრაუნი დღეს ყველაზე მეტადა ცოცხალია. მან ეს უკვდავება დაიმსახურა. ის არც ნორთ ელბათი[364] და არც კანზასით არ არის შემოსაზღვრული. ის ფარულად აღარ საქმიანობს. ის ახლა საჯაროდ მოღვაწეობს, და მის არსებას დედამიწის ზურგზე ყველაზე წმიდა და კაშკაშა ნათელი ჰფენია.[365]

---

[363] განივი სვლა – თოროუ მის გასვენებას გულისხმობს. ჯონ ბრაუნის ცხედარი ვირჯინიიდან ნიუ იორკის შტატის სოფელ ნორთ ელბაში გადაასვენეს. ეს გრძელი და ხანგრძლივი გადასვენება იყო, ცხედარმა უამრავი სოფელი და ქალაქი გაიარა, ამის მომსწრე და შემხედვარე ბევრ ლიბრგადაკრულს აეხილა თვალი და ბევრი ამერიკელი განათლდა ასე.

[364] ნორთ ელბა ანუ ჩრდილოეთ ელბა – სოფელი ნიუ იორკის შტატში, სადაც 1849 წელს ჯონ ბრაუნი მთელი მისი ოჯახით გადაცხოვრდა. თავად ჯონ ბრაუნიც ნორთ ელბაშია დაკრძალული.

[365] სიკეთისა და გმირის უკვდავებაზე, გმირის, რომელიც სიკეთის ხორცშესხმაა, სწორად იგივეს ბრძანებს დიდი ელენისტი ებრაელი ფილოსოფოსი, ფილო ებრაელი ანუ ფილონ ალექსანდრიელი (20 ჩ.წ.-მდე–50 ჩ.წ.-ით): “ამის გამო ყველამ, ვისაც საკუთარი თავი ღმერთზე მეტად შეჰყვარებია, ყველამ, ვისაც კაენი ჰქვია, საჭიროა გაითავისოს, რომ მას აბელი კი არ მოუკლავს, არამედ მხოლოდ აბელის სეხნია – აბელის, ანუ სიკეთის მოდგმის მხოლოდ ერთი წარმომადგენელი და არა – სიკეთე. მას ჰგონია, რომ აბელის სხეულის მკვლელობით თავად პირველსახე თარგი, გენი და აზრი მოკლა სიკეთისა, და ვერ ხვდება, რომ სიკეთის სული, სხეულისგან განსხვავებით, ურღვევი და უკვდავია.” იხილეთ ფილო ებრაელი, წიგნი “ბოროტება ებრძვის სიკეთეს”.

ჰენრი დეივიდ თოროუ. სურათი გადაღებულია 1856 წელს.
HENRY DAVID THOREAU: PICTURE TAKEN IN 1856.

INTRODUCTION

CHRISTIAN SECULAR PHILOSOPHY

Would you like to know who was Thoreau, – Henry David Thoreau? He was one of the most holy men born during most unholy times in an unholy society on one of the most unholy planets in this world. This book is no academic research. Why, should truth only necessarily come from an academia or its academics? Could wisdom not exist without the slow decay of academic nonsense? Neither Socrates, nor Plato, nor St. Augustine, nor Origen were graduates of such fine academies and neither were Rustveli, Guramishvili, Vaja and our pure-spirited St. Ilia, but still... In short, let the academics read the academic works and gibbers, and let's not let them squander their valuable time on reading the titanic works of this titan of humanity – Henry David Thoreau. True heroes, philosophers, geniuses, prophets, Saints and Saviors belong to a wholly different, Heavenly Academia and their works are not written in ordinary ink, but in the purest blood that this mankind has ever produced; and, for this reason, the holy scrolls of these holy men must be read by the readers of a different kind – men who are plain and humane, and truly faithful to human nature; men, who, in spite of their human imperfections, faults and limitations, still strive towards that absolute oneness and perfection, which is God... these are the men who deserve to be readers of the works of true geniuses, this book being one of those works. Don't let this fact escape your memory – our Savior and God, Jesus Christ himself was no member of an Academy, but rather a poor man, who was born at a stable, dressed in an ordinary garb and worked honestly as a carpenter, and not as an academic, a lawyer, a business tycoon or a politician. In short, dear reader, what I am trying to say is this: if you have faith in one true, almighty and forever merciful God, if you dote on your country, as well as the entire humanity, and, in general, if you love thy neighbor, if you trust wisdom handed down by true heroes and true philosophers, and, at the same time, you have ability to mistrust and unveil and oppose pseudo-wisdom of the Pharisees and Sophists of this world, and make their sinful deeds known to humanity, the deeds dark, dismal and morose, which darken our planet and soil its purity and burden existence of the mankind – indeed, if you can verily discern these sophisticated simpletons, these scoundrels of pseudo-mysticism, who have put on a garb of wisdom and church, but really represent nothing more than evil heresies, which always falsified wisdom, counterfeited truth and plagued the world from the very beginning... if you have ability and willingness and the willpower to go up against such sinister forces and fight them and their false ideologies, than this book, its non-fictional heroes, its holy and wise author and its very unholy and wholly lowly translator are indeed your fit. But if that is not the case, than this whole book will seem like insanity to you, and you will deem its heroes to be madmen, its author – insane and its translator – a lunatic and an odd-fellow, a traitor, who has lost his senses and his conscience and his humanity with it.

It has been twelve years since my childhood has ended and adult life begun. I took off and roamed around the world without any rest or break. Constantly away from home, I constantly found home in God, in God who was born neither in Georgia nor in America, but among the Jews. With this I realized that it is humanity that takes precedence over nationality. I realized that men will be admitted into Heaven on the basis of their humaneness and not on the basis of their ethnicity. After all, do you really think that it is the worldly Jerusalem that was promised to us? The true Jerusalem has no part of any state or country; it is beyond any geographic latitude. So then what is true patriotism if not the true love of the entire humanity? Is it not by loving the entire mankind that a man learns how to love Georgians or Americans? Is it not the love of "thy neighbor", which compels us to be patriots and induces us to love our beloved countries? Thy neighbor, who may be a Georgian or a Yankee, a Jew or a Spaniard – are not we all neighbors at least in a spiritual, if not in a geographic and anthropological, sense? Is it not our duty to love the entire humanity with its good and bad, and especially the bad, which are nothing else, but the good gone astray? Loving the worst of men is the true love, for there is that same "worst" within each and every one of us. Such was the love Thoreau practiced. Such is the love, in which you too may partake by reading this book, and, better yet, by rereading it over and over, and by emulating actions and ideas of its author and its heroes, as much as you possibly can.

NEW ENGLAND

        Henry David Thoreau was born on July 12, 1817 in Concord, Massachusetts. He wrote, "I was born in the most favored spot on earth – and jut in the nick of time" – Thoreau was perfectly right. He was born in the nick of time to witness and to partake in and even to become the crowning jewel of New England's spiritual flourish and cultural enlightenment. Anyone that has visited that part of our beloved country, would agree that it is impossible to find anything more beautiful in nature anywhere on the face of the earth than New England, especially during spring. Yet a truly keen observer would not hesitate to assert that the spiritual spring of New England, which flourished from the mid-XIX to the beginning of the XX century, was even greater and more magnificent. For the one is the spring of the inanimate nature, but the other is the spring of animated wisdom – human spirit. They are both full of oomph, zest and gusto, but the spiritual spring will always overshadow the physical, just like a man's soul, and by that I mean a true man, will always overshadow and conquer its mindless body. Such was the spiritual spring of New England, when Ralph Waldo Emerson,[366] Nathaniel Hawthorne,[367] Melville[368] and Longfellow[369]... flourished in its villages and boroughs, while, village being too unnatural for any man who is too akin with holiness, Thoreau flourished right in the middle of its wooded wilderness, in New England backwoods with its forests and ponds, which, unlike its towns and villages, are still completely pure, untouched and not yet desecrated by the world-renowned industry of its men. In short, before I start talking about this amazing human being, Henry David Thoreau, allow me to talk about that amazing and wonderful country, which once existed and in which this holy man lived. That is, the country, which once was and now is very difficult, if not impossible, to find in America or anywhere else in the world – New England. Although, I must admit, that remnants of that glorious city of gold, its patterns and blueprints could still be discernable to a keen and an observant mind; for even the pyramids, which are the fruits of pride-infused inspiration and nothing more, yes, even those foolish pyramids, once buried and obscured, were later uncovered by men. New England had no great pyramids. It stored up the wealth of a different kind – it had men and women, who were bright and educated and God-fearing, whose greatness

---

[366] Ralph Waldo Emerson (1803-1882) – American essayist, philosopher and poet from New England. He was a close friend of Thoreau. Concord, Massachusetts, New England.
[367] Nathaniel Hawthorne (1804-1864) – American novelist and short story writer from New England. He was a friend of Thoreau. Salem, Massachusetts, New England.
[368] Herman Melville (1819-1891) – American novelist, essayist and poet from New England. He is best known for his novel "Moby-Dick". Boston, Massachusetts, New England.
[369] Henry Wadsworth Longfellow (1807-1882) – American educator and poet originally from the state of Maine, later he settled in Cambridge, Massachusetts, New England.

and spiritual stature were greater than any pyramid, so the uncovering of them should not be much more difficult than the uncovering of the idiotic tombs of evil Pharaohs. If New England's nature is the creation of the Father God, than New England's hero, and any hero for that, is the emulated image of Christ himself and New England's soul – that patriotic spirit of the Yankees – is the creation of the Holy Spirit. If money-hungry grave-robbers managed to uncover the damned pyramids, why should not we attempt to uncover our native New England and its holy heroes? If the curious archeologists resurrected the pyramids to presence, why should not we presently resurrect American heroes and present them to Americans, as well as to the entire mankind? For a hero is a man, and a man is firstly a part of the mankind and not of a nation.

HISTORY OF THE UNITED STATES OF AMERICA

The United States of America, which today is one grand and glorious country, beloved by me and many others, had a humble beginning. It was not as big, as great and as powerful as it is today. The two colonies, which gave birth to our country, were Virginia and New England. They were both on the East Coast, Virginia was down South, while New England was up North. New England contained present day six states: Massachusetts, Connecticut, Rhode Island, Vermont, New Hampshire and Maine. These two colonies were radically different from one another and even today differences between the North and the South still run deep. New England was first settled by Europeans in 1620, when the ship called Mayflower brought pilgrims here. The second journey of Mayflower took place in 1629. These pilgrims were Puritans, who were persecuted in Europe. Their main reason for coming to the new land was their fervent desire for religious freedom. Education followed the religion and a fine colony was thus created. New Englanders founded two of the best universities in the world, Yale and Harvard. New Englanders worked hard, built plain, whitewashed churches, prayed and studied. In a nutshell, they were busy people who never neglected neither secular nor religious business and education. Colony of Virginia was founded in 1584. This was the first English settlement in America. England's forests and other natural resources were nearly exhausted after centuries of supporting its population. Southern colonies in America were established precisely in order to supplement these deficits. Hence, from the time of its conception, South and southerners had only one interest – economic. Compared to New England, Southern economy was powerful, but South lacked education, true religious piety and freedom.   Economic success always comes at a cost – an opportunity cost, as it is called in modern Economics. The opportunity cost was very heavy and inhumane in that case – ignorance and slavery, or, if you will, put it the other way around, slavery and ignorance, for both are evils, which are in constant correlation and causation with each other. So the South and the North had very little in common at one glance. But according to the laws of the British Empire, they were both colonies and therefore constituents and faithful servants of the English tyrant. When Yankees (Northerners, New Englanders) had enough of the British tyranny, they teamed up with their Southern neighbors and fought against the British. After winning the war and declaring the independence, the states were united into one independent country, called the Union, although by a huge compromise – the South still retianed its right to slavery, while the North remained free. Southern tycoons eventually bought out and, if I may so say, pocketed the Northern legilsators and the state governments, and ran the whole country according to their own fancy and liking. On top of that, cotton grown by slaves came from the South, but it was manufactured in New England. So even though New England people were against slavery, New England businessmen and politicians, corrupted with money and power, were essentially as good slaveholders as the Southern planters.

One other historically important event must be described here, in order to comprehand better political, economic and social progress of the United States – Louisiana Purchase, which added huge territories to our country. The Louisiana Purchase (French: Vente de la Louisiane "Sale of Louisiana") was the acquisition by the United States of America of 828,800 square miles (2,147,000 km^2) of the French territory, Louisiana, in 1803. The US paid 60 million francs ($11,250,000) plus cancellation of debts worth 18 million francs ($3,750,000), a total cost of 15 million dollars for the Louisiana territory.

The Louisiana Purchase encompassed all or part of 14 current US states and two Canadian provinces. The land purchased contained all of present-day Arkansas, Missouri, Iowa, Oklahoma, Kansas, Nebraska, parts of Minnesota that were west of the Mississippi River, most of North Dakota, nearly all of South Dakota, northeastern New Mexico, the portions of Montana, Wyoming, and Colorado east of the Continental Divide, and Louisiana west of the Mississippi River, including the city of New Orleans. The Oklahoma Panhandle, and southwestern portions of Kansas and Louisiana were still claimed by Spain at the time of the Purchase. In addition, the Purchase contained small portions of land that would eventually become part of the Canadian provinces of Alberta and Saskatchewan. The purchase, which doubled the size of the United States, comprises around 23% of the current US territory. The population was estimated to be 97,000 as of the 1810 census. The purchase was a vital moment in the presidency of Thomas Jefferson. At the time, it faced domestic opposition as being possibly unconstitutional. Although he felt that the US Constitution did not contain any provisions for acquiring territory, Jefferson decided to purchase Louisiana because he felt uneasy about France and Spain having the power to block American trade access to the port of New Orleans. Napoleon Bonaparte, upon completion of the agreement, stated, "This accession of territory affirms forever the power of the United States, and I have given England a maritime rival who sooner or later will humble her pride."

New territories gained from the Louisiana Purchase created the first serious friction between the two American societies, – the Southerners wanted to transform the new states into slave states, while the Yankees wanted to enter them as free states into the Union. Southern militant groups, especially from the neighboring Missouri, started to move into Kansas and Nebraska and threatened and intimidated free settlers. These groups were called "Bufford Ruffians" and "Border Ruffians". New England citizens started to organize against this injustice and called themselves "Abolitionists", as they wanted to abolish slavery throughout the Union. John Brown formed a group of patriots and moved into these territories to defend freedom against the militant southern scoundrels.

Yet another important historical event must be mentioned: after opressing its own citizens, black slaves, as well as the Indians (Native Americans), Southern tycoons concocted a new evil: to rob the neighboring country of the land and even to attempt to extend slavery there. US annexed Texas and the US-American War of 1846 followed. Besides oppressing and invading a neighboring country – which is an evil and wrong on its own, abolitionists also considered this US-Mexican War (1846-1848) unjust on social grounds, as they saw it as an effort to extend slavery into the former Mexican territory. The Mexican-American War was an armed conflict between the United States and Mexico from 1846 to 1848 in the wake of the 1845 US annexation of Texas, which

Mexico considered part of its territory in spite of the 1836 Texas Revolution. In the US the conflict is often referred to simply as the Mexican War and sometimes as the US-Mexican War. In Mexico, terms for it include "(primera) intervención estadounidense en México" ((first) American intervention in Mexico), "invasión estadounidense de México" (American Invasion of Mexico), and "guerra del 47" (The War of '47). Territorial expansion of the United States on the Pacific coast was foremost in the minds of President Polk and his associates in their whole conduct of the war. The major consequence of the war was the Mexican Cession of the territories of Alta California and Santa Fe de Nuevo México to the United States under the "Treaty of Guadalupe Hidalgo". In addition, Mexico accepted the loss of Texas and the Rio Grande boundary. From the standpoint of the US, the treaty provided for the Mexican Cession of 1.36 million km² (525,000 square miles) to the United States in exchange for US$15 million (equivalent to $370 million today). From the standpoint of Mexico, the treaty included an additional 1,007,935 km² (389,166 sq mi), as Mexico had never recognized the Republic of Texas nor its annexation by the US. Thus Mexico lost 55% of its pre-war territory. The treaty also ensured safety of pre-existing property rights of Mexican citizens in the transferred territories. Despite the assurances, property rights of Mexican citizens were often not honored by the US in accordance with modifications to and interpretations of the treaty. The US also agreed to take over US$3.25 million (equivalent to $79.8 million today) in debts Mexico owed to American citizens. The cession that the treaty facilitated included parts of the modern-day US states of Colorado, Arizona, New Mexico and Wyoming, as well as the whole of California, Nevada, Utah, and, depending on one's point of view, Texas. The remaining parts of what are today the states of Arizona and New Mexico were later peacefully ceded under the 1853 Gadsden Purchase, in which the US paid an additional US$10 million (equivalent to $260 million today).

At the same time, both Southern and Northern legislators tried to deal with the issue of slavery in legal terms. The Fugitive Slave Act of 1850 was a congressional compromise: California entered the Union as a free state, and slave trading was abolished in Washington D.C., but it included concessions on slaveholding in Texas. Any official who did not arrest a suspected runaway slave could be fined $1,000. The act spurred the continued operation of the Underground Railroad – an extensive network that helped fugitive slaves to run to Canada.

On May 26, 1854, abolitionists stormed the Boston federal courthouse in an attempt to free runaway slave, Anthony Burns. Twelve abolitionist patriots were arrested and one deputy US Marshall, James Batchelder was killed during this attack. One of the men arrested was Thoreau's friend, Wentworth Higginson.

The Kansas-Nebraska Act of 1854 set up a territorial government for lands that later became the states of Kansas and Nebraska. This Act was passed on May 24, 1854, on the very same day the fugitive slave, Anthony Burns was arrested in Boston, Massachusetts. Previously slavery was regulated by "Missouri Compromise", which had forbidden slavery in the northern parts of Louisiana Purchase. But passing of the Kansas-Nebraska Act repealed this Compromise and left the issue of slavery up to the settlers of Kansas and Nebraska to decide. Southerners, especially from the neighboring state of Missouri, were moving into Kansas and Nebraska and terrorizing the people, forcing them to support slavery. Naturally, anti-slavery groups saw this as an attempt to extend slavery, and later on the new Republican Party was formed to defeat it.

New Englanders had no other choice, but to fight for the freedom and justice of enslaved American citizens. Abolitionists could no longer remain in peaceful protest.

During these difficult times prayers of true American patriots were answered and our country managed to raise a hero, a hero in the truest and most holy sense of this word – Captain John Brown. John Brown (1800-1859) was a New England and American patriot. He was originally from Connecticut, but later his family moved to Ohio, briefly. At the age of 16 John Brown left his family and went to Plainfield, Massachusetts, where he enrolled in a preparatory program. Shortly afterward, he transferred to the Morris Academy in Litchfield, Connecticut. He hoped to become a Congregationalist minister, but money ran out and he suffered from eye inflammations, which forced him to give up the academy and return to Ohio. In Hudson he worked briefly at his father's tannery[370] before opening a successful tannery of his own outside of town with his adopted brother. In 1820 Brown married Dianthe Lusk. Their first child, John Jr, was born 13 months later. In 1825 Brown and his family moved to New Richmond, Pennsylvania, where he bought 200 acres (81 hectares) of land. He cleared an eighth of it and built a cabin, a barn, and a tannery. Within a year the tannery employed 15 men. Brown also made money raising cattle and surveying. He helped to establish a post office and a school. During this period, Brown operated an interstate business involving cattle and leather production along with his kinsman, Seth Thompson, from eastern Ohio. In 1831 one of his sons died. Brown fell ill, and his businesses began to suffer, which left him in terrible debt. In the summer of 1832, shortly after the death of a newborn son, his wife Dianthe died. On June 14, 1833 Brown married Mary Ann Day (1817-1884), originally of Meadville, Pennsylvania. They eventually had 13 children, in addition to the seven children from his previous marriage. In 1836 Brown moved his family to Franklin Mills, Ohio (now known as Kent). In 1837, in response to the murder of Elijah P. Lovejoy, Brown publicly vowed: "Here, before God, in the presence of these witnesses, from this time, I consecrate my life to the destruction of slavery!" From the mid-1840s Brown had built a reputation as an expert in fine sheep and wool, and entered into a partnership with Simon Perkins Jr. of Akron, Ohio, whose flocks and farms were managed by Brown and his sons. In 1846 Brown and Perkins set up a wool commission operation in Springfield, Massachusetts, to represent the interests of wool growers against the dominant interests of New England's manufacturers. Brown naively trusted the manufacturers at first, but soon came to realize they were determined to maintain control of price setting and feared the empowerment of the farmers. In 1848 Brown heard of Gerrit Smith's Adirondack land grants to poor black men, and decided to move his family among the new settlers. He bought land near North Elba, New York (near Lake Placid), for $1 an acre, although he spent little time there. After he was executed, his wife took his body there for burial. Since 1895 the farm has been owned by New York state. The John Brown Farm and Gravesite is now a National Historic Landmark.

In 1855 Brown learned from his adult sons in the Kansas territory that pro-slavery forces there were militant and that their families were completely unprepared to face attack. Determined to protect his family and oppose the advances of pro-slavery supporters, Brown left for Kansas, enlisting a son-in-law and making several stops just to collect funds and weapons. As reported by the New York Tribune, Brown stopped en route to participate in an anti-slavery convention that took place in June 1855 in Albany, New York. Despite the controversy that ensued on the convention floor regarding the support of violent efforts on behalf of the free state cause, several individuals provided Brown with financial support. As he went westward, however, Brown found more militant support in his home state of Ohio, particularly in the strongly anti-slavery Western Reserve section, where he had been reared. In Boston he met Henry David Thoreau and Ralph Waldo Emerson. He had fought with his small group of men against

---

[370] tannery – a facility where the tanning process is applied to hide to produce leather.

slavery for many years, when he decided to attack Harper's Ferry Armory in Virginia. Brown arrived in Harper's Ferry on July 3, 1859. A few days later, under the name Isaac Smith, he rented a farmhouse in nearby Maryland. He awaited the arrival of his recruits. On October 16, 1859 Brown (leaving three men behind as a rear guard) led 18 men in an attack on the Harper's Ferry Armory. He had received 200 Beecher's Bibles – breechloading .52 caliber Sharps rifles – and pikes from northern abolitionist societies in preparation for the raid. The armory was a large complex of buildings that contained 100,000 muskets and rifles, which Brown planned to seize and use to arm local slaves. They would then head south, drawing off more and more slaves from plantations, and fighting only in self-defense. As Frederick Douglass (a famous black abolitionist) and Brown's family testified, his strategy was essentially to deplete Virginia of its slaves, causing the institution to collapse in one county after another, until the movement spread into the South, essentially wreaking havoc on the economic viability of the pro-slavery states. Initially the raid went well, and they met no resistance entering the town. They cut the telegraph wires and easily captured the armory, which was being defended by a single watchman. They next rounded up hostages from nearby farms, including Colonel Lewis Washington, great-grandnephew of George Washington. News of the raid reached Baltimore early that morning and then on to Washington by late morning. By the morning of October 18 the engine house, later known as John Brown's Fort, was surrounded by a company of US Marines under the command of Colonel Robert E. Lee of the United States Army. A young Army lieutenant, J.E.B. Stuart, approached under a white flag and told the raiders that their lives would be spared if they surrendered. Brown refused, saying, "No, I prefer to die here." Stuart then gave a signal. The Marines used sledge hammers and a make-shift battering-ram to break down the engine room door. Lieutenant Israel Greene cornered Brown and struck him several times, wounding his head. In three minutes Brown and the survivors were captives. Altogether Brown's men killed four people, and wounded nine. Ten of Brown's men were killed (including his sons Watson and Oliver). Five of Brown's men escaped (including his son Owen), and seven were captured along with Brown. Among the killed raiders were John Henry Kagi; Lewis Sheridan Leary and Dangerfield Newby; those hanged besides Brown were John Anthony Copeland, Jr. and Shields Green. Brown and the others captured were held in the office of the armory. On October 18, 1859 Virginia Governor Henry A. Wise, Virginia Senator James M. Mason, and Representative Clement Vallandigham of Ohio arrived in Harper's Ferry. Mason led the three-hour questioning session of Brown. A famous French novelist and statesman, Victor Hugo, from exile on Guernsey, tried to obtain a pardon for John Brown. He sent an open letter that was published by the press on both sides of the Atlantic. At the end it states: "Let America know and ponder on this: there is something more frightening than Cain killing Abel, and that is Washington killing Spartacus."[371] On the morning of December 2 Brown read his Bible and wrote a final letter to his wife, which included his will. At 11:00 he was escorted from the county jail through a crowd of 2,000 soldiers a few blocks away to a small field where the gallows were. Among the soldiers in the crowd were future Confederate general Stonewall Jackson and John Wilkes Booth, who borrowed a militia uniform to gain admission to the execution. Brown was accompanied by the sheriff and his assistants, but no minister since he had consistently rejected the ministrations of pro-slavery clergy.

---

[371] Spartacus (109-71 BC) – the most notable leader of the slaves in the Third Servile War (73-71 BC) also called the Gladiator War, a major slave uprising against the Roman Republic. Little is known about Spartacus beyond the events of the war, and surviving historical accounts are sometimes contradictory and may not always be reliable. Spartacus' struggle, often seen as oppressed people fighting for their freedom against a slave-owning aristocracy, has found new meaning for modern writers since the 19th century. The rebellion of Spartacus has proven inspirational to many modern literary and political writers, making Spartacus a folk hero among cultures both ancient and modern.

Lastly, I must expound on the perspective Thoreau and John Brown held with regards to the laws. They both firmly believed that immoral laws were nothing short of the legally ratified injustices. They believed, and rightfully so, that injustice masqueraded as the federal and state law, caused evil and harmed the just in America. The root of this masked injustice has been the same throughout world history – unbridled self-interest of selfish and therefore tyrannical people, for the selfish must always be tyrannical in order to satisfy their ever-increasing personal interests on the expense of the others. Hence Thoreau and John Brown, and a few truly patriotic Americans, held the view that Federal and state laws which promoted tyrannical interests and took advantage of the enslaved were not laws at all, but rather legalized injustices – day time public robberies of a sort. Thoreau believed that there was an integral, natural part in every human being, which prompted every man to be just – conscience. It is this conscience which makes us blush during our wrong-doings, and it matters not whether such wrong-doings are permitted or prohibited by man-made laws, the conscience is always there perpetually to guide us to moral excellence. So the origins of the laws must be sought in nature, not in a state or its statesmen. Propriety and natural law is embedded in every atom of every cell of every single creature. Both animate beings and inanimate things have their laws prescribed to them. Conscience, which is the agent of law in us, is always present, but a man, unlike the other creatures, possesses freedom of choice and this freedom, when tainted and tarnished with corruption, chooses to ignore this God-given conscience of ours and, through the habitual injustice, make it dull and even bring it to the brink of extinction. When conscience, which often disappears and seldom exists in a nation, becomes almost extinct, that is when a hero, that uniquely upright and seldom found individual, is often born – a hero who discerns moral abomination and decay and strives to revive this wounded and perishing national or even global conscience. When America's conscience was almost dead that is when Thoreau and John Brown came to rescue; when Georgia's conscience was almost dead that is when St. Ilia the Righteous came to guide the nation as a father guides its children with proper love and proper chastisement; when Rome's conscience was almost dead that is when Cicero appeared; when Greece's conscience was almost dead that is when Socrates and Plato commenced their preaching. And what of our messiah and savior – what an impossible mission he undertook and how miraculously he saved the men not according their nationality, but rather according to their humanity?! In short, the God-given laws, which are always present in nature, and as a man is a part of the nature, these supreme laws, in a form of conscience, are present in his nature as well... yes, these God-given natural laws must take precedence over manmade decrees, and if these decrees promote injustice and stand in opposition to nature and its laws than it must follow that they stand in opposition to the truth and eventually to God himself.[372]

Forgive me for such a prolonged historical introduction, but this was necessary to establish perspective, in order to paint the entire picture and help you see our country's

---

[372] Marcus Tullius Cicero's (106-43 BC) – the greatest Roman statesman, philosopher and political theorist. Thoreau's and John Brown's perspectives on justice, legal system and origins of the law are identical to Cicero's. This is what the great Roman statesman wrote in his work "the Laws": "And what about the many harmful and pernicious decrees passed in human societies, – decrees which have as little in common with the laws and justice as the agreements and decrees consented among the mob of criminals? If ignorant men prescribed a lethal poison to a patient, surely, such a prescription could not possibly be called a medical treatment. Law of just any kind would not be embraced in a good community, even if the majority of people, in spite of its harmful character, have accepted it. Hence the law means making a distinction between the just and unjust, and it is created in accordance with that most ancient and most important of all things – the nature. It is precisely by nature that human laws are guided in punishing the evil and protecting the good. Please see Cicero's "The Laws", Book II.

this very important and vital historical period in its entirity and to discern Thoreau in its context.

BIOGRAPHY OF HENRY DAVID THOREAU

Henry David Thoreau was born in Concord, Massachusetts, to John Thoreau, a pencil maker, and Cynthia Dunbar. His paternal grandfather was of French origin and was born in Jersey (British island off the coast of Normandy). His maternal grandfather, Asa Dunbar, led Harvard's 1766 student "Butter Rebellion", the first recorded student protest in the Colonies. David Henry was named after a recently deceased paternal uncle, David Thoreau. He did not become "Henry David" until after college, although he never petitioned to make a legal name change. He had two older siblings, Helen and John Jr., and a younger sister, Sophia. Thoreau's birthplace still exists on Virginia Road in Concord and is currently the focus of preservation efforts. The house is original, but it now stands about 100 yards away from its first site.

Thoreau studied at Harvard University between 1833 and 1837. He lived in Hollis Hall and took courses in rhetoric, classics, philosophy, mathematics, and science. A legend has it that Thoreau refused to pay the five-dollar fee for a Harvard diploma. In fact, the master's degree he declined to purchase had no academic merit: Harvard College offered it to graduates "who proved their physical worth by being alive three years after graduating, and their saving, earning, or inheriting quality or condition by having Five Dollars to give the college." His comment was: "Let every sheep keep its own skin", a reference to the tradition of diplomas being written on sheepskin vellum.

After he graduated in 1837, he joined the faculty of the Concord public school, but resigned after a few weeks as he refused to administer corporal punishment. He and his brother John then opened a grammar school in Concord in 1838, called Concord Academy. They introduced several progressive concepts, including nature walks and visits to local shops and businesses. The school ended when John became fatally ill from tetanus in 1842 after cutting himself while shaving. He died in his brother Henry's arms.

Upon graduation Thoreau returned home to Concord, where he met Ralph Waldo Emerson. Emerson took a paternal and at times patronizing interest in Thoreau, advising the young man and introducing him to a circle of local writers and thinkers, including Ellery Channing, Margaret Fuller, Bronson Alcott, and Nathaniel Hawthorne and his son Julian Hawthorne, who was a boy at the time.

Emerson urged Thoreau to contribute essays and poems to a quarterly periodical "The Dial", and Emerson lobbied the editor, Margaret Fuller, to publish those writings. Thoreau's first essay published there was "Aulus Persius Flaccus", an essay on the playwright of the same name, published in "The Dial" in July 1840. It consisted of revised passages from his journal, which he had begun keeping at Emerson's suggestion. The first journal entry on October 22, 1837, reads, "'What are you doing now?' he asked. 'Do you keep a journal?' So I make my first entry today."

On April 18, 1841 Thoreau moved into the Emerson house. There, from 1841-1844, he served as the children's tutor, editorial assistant, and repair man and gardener. For a few months in 1843 he moved to the home of William Emerson on Staten Island, and tutored the family sons while seeking contacts among literary men and journalists in the city who might help publish his writings, including his future literary representative Horace Greeley.

Thoreau returned to Concord and worked in his family's pencil factory, which he continued to do for most of his adult life. He rediscovered the process to make a good pencil out of inferior graphite by using clay as the binder; this invention improved upon graphite found in New Hampshire and bought in 1821 by relative Charles Dunbar. (The process of mixing graphite and clay, known as the Conté process, was patented by Nicolas-Jacques Conté in 1795). His other source had been Tantiusques, an Indian operated mine in Sturbridge, Massachusetts. Later, Thoreau converted the factory to produce plumbago (graphite), which was used to ink typesetting machines.

Thoreau embarked on a two-year experiment in simple living on July 4, 1845, when he moved to a small, self-built house on land owned by Emerson in a second-growth forest around the shores of Walden Pond.

On July 24 or July 25, 1846 Thoreau ran into the local tax collector, Sam Staples, who asked him to pay years of delinquent poll taxes. Thoreau refused because of his opposition to the Mexican-American War and slavery, and he spent a night in jail because of this refusal. The next day Thoreau was freed, against his wishes, when somebody (most likely his aunt, Maria Thoreau) paid his taxes. The experience had a strong impact on Thoreau. In January and February 1848, he delivered lectures on "The Rights and Duties of the Individual in relation to Government", explaining his tax resistance at the Concord Lyceum. Bronson Alcott attended the lecture. Thoreau revised the lecture into an essay entitled "Resistance to Civil Government", also known as "Civil Disobedience". In May 1849 it was published by Elizabeth Peabody in the "Aesthetic Papers".

At Walden Pond he completed a first draft of "A Week on the Concord and Merrimack Rivers", an elegy to his brother, John, that described their 1839 trip to the White Mountains. Thoreau did not find a publisher for this book and instead printed 1,000 copies at his own expense, though fewer than 300 were sold. Thoreau self-published on the advice of Emerson, using Emerson's own publisher, Munroe, who did little to publicize the book. Its failure put Thoreau into debt that took years to pay off. In August 1846 Thoreau briefly left Walden to make a trip to Mount Katahdin in Maine, a journey later recorded in "Ktaadn," the first part of "The Maine Woods". Thoreau left Walden Pond on September 6, 1847. Over several years, he worked to pay off his debts and also continuously revised his manuscript for what, in 1854, he would publish as "Walden, or Life in the Woods", recounting the two years, two months, and two days he had spent at Walden Pond. The book compresses that time into a single calendar year, using the passage of four seasons to symbolize human development. Part memoir and part spiritual quest, "Walden" at first won few admirers, but today critics regard it as a classic American work that explores natural simplicity, harmony, and beauty as models for just social and cultural conditions.

Thoreau became a land surveyor and continued to write increasingly detailed natural history observations about the 26 square miles (67 km^2) township in his journal, a two-million word document he kept for 24 years. He also kept a series of notebooks, and these observations became the source for Thoreau's late natural history writings, such as "Autumnal Tints, The Succession of Trees", and "Wild Apples", an essay bemoaning the destruction of indigenous and wild apple species.

Thoreau traveled to Quebec once, Cape Cod four times, and Maine three times; these landscapes inspired his "excursion" books, "A Yankee in Canada", "Cape Cod", and "The Maine Woods", in which travel itineraries frame his thoughts about geography, history and philosophy. Other travels took him southwest to Philadelphia and New York City in 1854, and west across the Great Lakes region in 1861, visiting Niagara Falls, Detroit, Chicago, Milwaukee, St. Paul and Mackinac Island. Although provincial in his physical travels, he was extraordinarily well-read and vicariously a world traveler. He obsessively devoured all the first-hand travel accounts available in his day, at a time when the last unmapped regions of the earth were being explored.

After John Brown's raid on Harper's Ferry, many prominent voices in the abolitionist movement distanced themselves from Brown, or damned him with faint praise. Thoreau was disgusted by this, and he composed a speech "A Plea for Captain John Brown", which was uncompromising in its defense of Brown and his actions. Thoreau's speech proved persuasive: first the abolitionist movement began to accept Brown as a martyr, and, by the time of the American Civil War, entire armies of the North were literally singing Brown's praises.

Thoreau contracted tuberculosis in 1835 and suffered from it sporadically afterwards. In 1859, following a late night excursion to count the rings of tree stumps during a rain storm, he became ill with bronchitis. His health declined over three years with brief periods of remission, until he eventually became bedridden. Recognizing the terminal nature of his disease, Thoreau spent his last years revising and editing his unpublished works, particularly "The Maine Woods" and "Excursions", and petitioning publishers to print revised editions of "A Week on the Concord and Merrimack Rivers" and "Walden". He also wrote letters and journal entries until he became too weak to continue. His friends were alarmed at his diminished appearance and were fascinated by his tranquil acceptance of death. When his aunt Louisa asked him in his last weeks if he had made his peace with God, Thoreau responded: "I did not know we had ever quarreled."

Aware he was dying, Thoreau's last words were "Now comes good sailing", followed by two lone words, "moose" and "Indian". He died on May 6, 1862 at age 44. Bronson Alcott planned the service and read selections from Thoreau's works, and Channing presented a hymn. Emerson wrote the eulogy spoken at his funeral. Originally buried in the Dunbar family plot, he and members of his immediate family were eventually moved to Sleepy Hollow Cemetery in Concord, Massachusetts.

EXHORTATION FOR GEORGIANS AND AMERICANS

If you have already decided to read Thoreau, my exhortation will be nothing more than an unnecessary babble, but I am well aware that majority of men are adversely disposed to truth, both in Georgia and in America, especially when truth unveils their ignorance or ignorance of their institutions. I fear that there are very few among humans who still have spiritual guts healthy enough to digest the truth of true spiritual and mental fiber. Hence, I feel compelled to urge you to read on this book, even if it pains your soul and agonizes your mind. This, unlike hazing, which is used to degrade and humiliate a fool during his shameful initiation into a dishonorable fraternity, is proofing of your goodness and testing your spirit, after which you should be left with more steel and manly grit and roughage in your being than you previously possessed.

My dear and beloved Americans, a Hero was born among us and it has completely escaped our mind's eye. It is better late than never. Let us open our hearts and our minds and let us better examine our beloved country and its history; let us learn what sort of true men America is capable of rearing; let us not dwell on fleeting values of our economy and industry, and the great material equity which our country has built. For these are mere pennies and counterfeits, compared to the spiritual equity which America has produced. Our banks and financial institutions will crumble, our manufactures and industries will crumble too, so will the comparative truths we learn in business, law and medical schools, our governments too are bound to disappoint us, if not always, at least from time to time, but truth and its defending Heroes will stand forever and it is our duty to recognize them, for compared to the goods we make and consume and take pride in, they are indeed the greater good, the unalterable and unchangeable good. Truth – Henry David Thoreau – Made in America: let us take proper pride in this.

My dear and beloved Georgians, a Hero was born among us, among the mankind that is. Socrates and Plato were Greeks, but it did not prevent our Rustveli from studying them; Our Pater Patriae, St. Ilia the Righteous incessantly studied champions of Europe; Zviad Gamsakhurdia lovingly wrote on American literature... and what about our most sacred Christian Fathers of the Georgian Apostolic Autocephalous Orthodox Church – did they not emulate Jesus, the God-man born among the Jews and his Jewish apostles? A Hero was born among us, among the mankind – an American Hero – a Hero of humanity – let us claim him[373] who, as a true hero should be, was beyond any country or any nation – Henry David Thoreau – let us study him and let us look at America more honestly and more closely and more lovingly, let us forget our insatiable desire for its automobiles and industries, for its Washingtons and Franklins, for its Hollywood and California or Alaska gold, and let us increase our appetite for its true gold and true substance – the truth.

---

[373] The great Hellenistic Jewish philosopher, Philo the Jew (20 BC-50AD), known also as Philo of Alexandria, stated that a good man, and especially a hero, just by his close proximity will benefit the rest, for when God renders his rewards on the good, he will also confer them on the ones who surround the good – the family members and fellow citizens, even though they may be unworthy of the reward: "...when I see any good man dwelling in any house or city, I pronounce that house or that city happy... and that its expectation of future happiness will be accomplished, inasmuch as, for the sake of those who are worthy, God will bestow his boundless and illimitable riches even on the unworthy." Please see Philo the Jew, "The Sacrifices of Abel and Cain".

ABOUT THE TRANSLATOR

ZVIAD KLIMENT LAZARASHVILI
Strayer University, MBA
Rvali University, Law
Tbilisi State University Of
Economic Relations and Law, BA, BS

Zviad Kliment Lazarashvili is an author of several books in literature, philosophy, economics and political science. He holds a bachelor degree in economics from Tbilisi State University of Economic Relations and Law of Georgia, a law degree from Rvali University of Georgia and an MBA from Strayer University of Washington, DC. He has worked as a financial analyst for Merrill Lynch on Wall Street. He has served as a visiting lecturer at Tbilisi State University of Economic Relations and Law of Georgia and also as a Professor Emeritus in political science, economics and finance at Lincoln University of Pennsylvania. His academic research projects and financial analyses have been published in *Friedrich Ebert Foundation of Germany, Journal of Business Management (1998), Scholar Magazine, Washington, DC (2008)* and *Lincolnian (2009), Lincoln University, PA.* Lazarashvili's previous literary works include *Manhope (2004)* and *Invictus-Pathos (2003).* He also collaborated on several academic treatises and historical theses on social, political and philosophical issues with Dr. Janet Mathewson of Yale University: *Political Economy of the 19th Century New England (2000), Treatise on Christianity and Capitalism (2001)* and *American Conservatism (2001).*

In 2009 Zviad Kliment Lazarashvili co-authored an academic book "Political Philosophy: A Global Approach" with Dr. Chieke E. Ihejirika, Temple University PhD. Since fall of 2009 the book is used as a standard undergraduate text book in Political Theory at Lincoln University of Pennsylvania – the oldest historically black college in the United States. In that book Lazarashvili presents broad and comprehensive descriptions of prominent political philosophers and a unique approach to their theories, including Henry David Thoreau. Every notion is shown not only as a philosophical hypothesis, but as a corollary of diverse personal, cultural and even ethnic experiences, which all men, and especially men of keen observation, undergo throughout their lives. Every philosopher is described in a broad context and their philosophies are discussed truly in a global framework. For example, American Henry David Thoreau is deliberately placed next to Georgian St. Ilia the Righteous, and similarities of their thoughts are profoundly outlined. Lazarashvili is a polymath who easily connects political issues to economic problems and philosophical doctrines to religious concerns. He thus creates a cross-disciplinary picture of political science, which is closely knit with other disciplines and many aspects of human existence.

Zviad Kliment Lazarashvili's literary works take a form of philosophical novels, allegorical essays, analects and poems, yet in these literary outlines the author realistically depicts political, economic and social problems of modern society and offers deep philosophical insight. His thought is transcendental. His rhetoric is direct, straightforward and quite piercing. His novels are always patriotic and altruistic. Characters of these novels are never concerned with provincial affairs, their scope is not narrow and the issues depicted in them are never confined to a single country, but rather his heroes and heroines are burdened with problems relevant to the entire humanity. Self-gain and self-promotion has no room in their character. All this makes Zviad Kliment Lazarashvili just the right fit for translating Henry David Thoreau.

Zviad Kliment Lazarashvili's language is naturally close to Thoreau's. His manner and figure of speech is rhetorical and full of oomph. Vigor of Thoreau's language is retained, if not enhanced, in the zestful tongue ever so diligently employed by Lazarashvili in these translations. It must be emphasized that Lazarashvili grew up by reading Ilia Chavchavadze with his Father's guidance, and, after moving to the United States, he was raised in the family of a fine New England novelist, Janet Mathewson. He had years of mentoring from her, both in English language and in New England philosophy. That is why he knows intimately well the culture of New England, he knows that spirit and that language, with which New Englanders so promptly and properly and ever so zestfully like to express themselves. Possessing Ilia Chavchavadze's vigorous Georgian and New Englanders' spirited English are the two key elements, which make Lazarashvili's translation truly excellent.

When Zviad Kliment Lazarashvili was asked, what compelled him to translate Thoreau, he replied, "I learned not to be a pacifist from my father, the Holy Orthodox Church, Ilia Chavchavadze, Janet Mathewson and Henry David Thoreau, especially when Thoreau spoke of the pointless practice of voting – simply casting a vote. Ideas must be spoken, thoughts must be shared, truth must be heard – Thoreau has not been heard in Georgia yet. St. George too was a fighting Saint fully dressed in armor, battling the dragon symbolizing deceiving evil, yes the evil, which had and has so thoroughly penetrated mankind... and, most importantly, from Jesus, when he physically removed greedy merchants from the church, when he taught, when he healed, when he toiled and when he was tortured. Georgia deserves to know Thoreau, and America deserves to be known by Thoreau – not by George Washington, not by Abraham Lincoln, not even by Benjamin Franklin, not by a fraternity monkey of any sort dressed in aprons and jumping up and down to Elgar's 'Pomp and Circumstance' and giving the world a false show at an Ivy League school, but by an upright man – Thoreau is that man. I once met his descendants – true New England patriots, but they are all extinct now."

Zviad Kliment Lazarashvili is the first Georgian translator of Henry David Thoreau's political essays. His pioneering translations, historical analyses and commentaries on Thoreau's works were first introduced in 2008 as an academic treatise, *Henry David Thoreau: Hero of the American Nation (2008)*. This is the second edition with even more detailed notes and commentaries, which includes introduction by Zviad kliment Lazarashvili, and the translator's biography by George P. Stasen. The book also contains illustrations and copies of historical documents relevant to the 19th century Abolitionism and New England.

SLAVERY IN MASSACHUSETTS

I LATELY ATTENDED a meeting of the citizens of Concord,[374] expecting, as one among many, to speak on the subject of slavery in Massachusetts; but I was surprised and disappointed to find that what had called my townsmen together was the destiny of Nebraska[375], and not of Massachusetts, and that what I had to say would be entirely out of order. I had thought that the house was on fire, and not the prairie; but though several of the citizens of Massachusetts are now in prison for attempting to rescue a slave from her own clutches[376], not one of the speakers at that meeting expressed regret for it, not one even referred to it. It was only the disposition of some wild lands a thousand miles off which appeared to concern them. The inhabitants of Concord are not prepared to stand by one of their own bridges,[377] but talk only of taking up a position on the highlands beyond the Yellowstone River[378]. Our Buttricks and Davises and Hosmers[379] are retreating thither, and I fear that they will leave no Lexington Common[380] between them and the enemy. There is not one slave in Nebraska; there are perhaps a million slaves in Massachusetts[381].

They who have been bred in the school of politics fail now and always to face the facts. Their measures are half measures and makeshifts merely. They put off the day of settlement indefinitely, and meanwhile the debt accumulates. Though the Fugitive Slave Law[382] had not been the subject of discussion on that occasion, it was at length

---

[374] On June 22, 1854 a meeting was called by Ralph Waldo Emerson and Samuel Hoar to condemn the Kansas-Nebraska Act and to urge the repeal of the Fugitive Slave Law. They also planned to organize a new political party. Today's Republican Party is the result of this and many other such meetings that ensued. The Republican Party was created later in the same year of 1854. Its main purpose was to abolish slavery. It first came to power in 1860 with the election of Abraham Lincoln, a former Whig Party member, to the presidency and presided over the American Civil War and Reconstruction.

[375] The Kansas-Nebraska Act of 1854 set up a territorial government for lands that later became the states of Kansas and Nebraska. This Act was passed on May 24, 1854, on the very same day the fugitive slave, Anthony Burns was arrested in Boston, Massachusetts. Previously slavery was regulated by Missouri Compromise, which had forbidden slavery in the northern parts of Louisiana Purchase. But the passing of the Kansas-Nebraska Act repealed this Compromise and left the issue of slavery up to the settlers of Kansas and Nebraska to decide. Southerners, especially from the neighboring state of Missouri, were moving into Kansas and Nebraska and terrorizing the people, forcing them to support slavery. Naturally anti-slavery groups saw this as an attempt to extend slavery, and later on the new Republican Party was formed to defeat it.

[376] On May 26, 1854, abolitionists stormed the Boston federal courthouse in an attempt to free runaway slave, Anthony Burns. Twelve abolitionist patriots were arrested and one deputy US Marshall, James Batchelder was killed during this attack. One of the men arrested was Thoreau's friend, Wentworth Higginson.

[377] their own bridges – refers to the crucial event of the Battle of Concord (1775) at the beginning of the US Revolutionary War. Americans successfully defended the town's North Bridge against the advancing troops of the British Empire.

[378] The Yellowstone River is a tributary of the Missouri River - the Lewis and Clark Expedition reached the mouth of the Yellowstone in April 1805.

[379] John Buttrick was an American commander at the Battle of Concord in the Revolutionary War. Davis and Hosmer were the Americans killed at Concord.

[380] Lexington Common – in the early morning of April 19, 1775 British Redcoats were opposed by Massachusetts Militia on the Lexington Common. This was the first battle of the American Revolutionary War. The Battle of Concord followed the same day.

[381] The 1850 census determined that the population of Massachusetts in 1850 was 995,515, which would have become "perhaps a million" by 1854.

[382] The Fugitive Slave Act of 1850 was a congressional compromise: California entered the Union as a free state, and slave trading was abolished in Washington D.C., but it included concessions on slaveholding in Texas. Any official who did not arrest a suspected runaway slave could be fined $1,000. The act spurred the continued operation of the Underground Railroad.

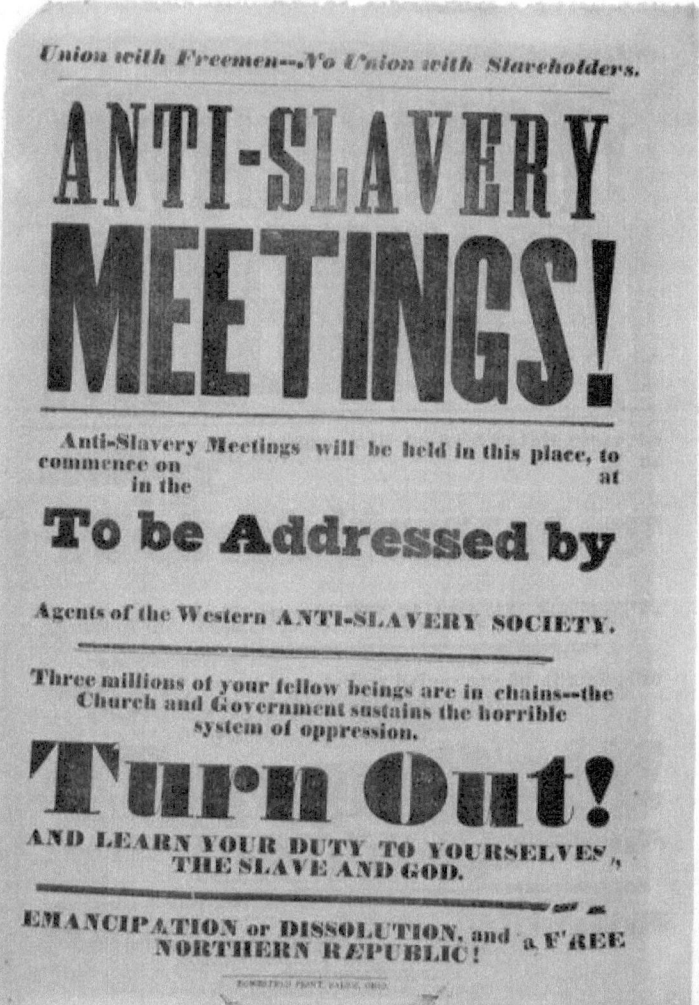

აბოლიშენისტების გამოსვლის აფიშა.
ADVERTISEMENT FOR AN ABOLITIONIST RALLY.

faintly resolved by my townsmen, at an adjourned meeting, as I learn, that the compromise compact of 1820 [383] having been repudiated by one of the parties, "Therefore,... the Fugitive Slave Law of 1850 must be repealed." But this is not the reason why an iniquitous law should be repealed. The fact which the politician faces is merely that there is less honor among thieves than was supposed, and not the fact that they are thieves.

As I had no opportunity to express my thoughts at that meeting, will you allow me to do so here?

Again it happens that the Boston Court-House is full of armed men,[384] holding prisoner and trying a MAN, to find out if he is not really a SLAVE. Does any one think that justice or God awaits Mr. Loring's[385] decision? For him to sit there deciding still, when this question is already decided from eternity to eternity, and the unlettered slave himself and the multitude around have long since heard and assented to the decision, is simply to make himself ridiculous. We may be tempted to ask from whom he received his commission, and who he is that received it; what novel statutes he obeys, and what precedents are to him of authority. Such an arbiter's very existence is an impertinence. We do not ask him to make up his mind, but to make up his pack.

I listen to hear the voice of a Governor[386], Commander-in-Chief of the forces of Massachusetts. I hear only the creaking of crickets and the hum of insects which now fill the summer air. The Governor's exploit is to review the troops on muster days. I have seen him on horseback, with his hat off, listening to a chaplain's prayer. It chances that that is all I have ever seen of a Governor. I think that I could manage to get along without one. If *he* is not of the least use to prevent my being kidnapped, pray of what important use is he likely to be to me? When freedom is most endangered, he dwells in the deepest obscurity. A distinguished clergyman told me that he chose the profession of a clergyman because it afforded the most leisure for literary pursuits. I would recommend to him the profession of a Governor.

Three years ago, also, when the Sims tragedy[387] was acted, I said to myself, There is such an officer, if not such a man, as the Governor of Massachusetts — what has he been about the last fortnight? Has he had as much as he could do to keep on the fence during this moral earthquake? It seemed to me that no keener satire could have been aimed at, no more cutting insult have been offered to that man, than just what happened — the absence of all inquiry after him in that crisis. The worst and the most I chance to know of him is that he did not improve that opportunity to make himself known, and

---

[383] Once again, it is Missouri Compromise that is meant.

[384] Full of armed men – Boston Court House was full of the Federal and State troops. They wanted to secure the place after the Abolitionists attempted to free the fugitive slave, Anthony Burns.

[385] Edward G. Loring (1802-1890) – Boston judge and US Commissioner who ordered that Burns be returned to his southern "owner" under the Fugitive Slave Law of 1850. It needs to be mentioned that Loring had also written a few articles in defense of the Fugitive Slave Law.

[386] Some scholars wrongly suggest Henry Joseph Gardner (1819-1892), governor of Massachusetts in 1855-1858, part of the "Know Nothing" movement, a reactionist group which feared that cities were being overwhelmed by Irish immigrants. Thoreau first delivered a portion of this essay in Farmingham, MA on July 4, 1854. The entire essay was afterwards published on July 21, 1854 in William Lloyd Garrison's abolitionist newspaper, "The Liberator". So suggesting Gardner would be an anachronism. Thoreau either meant the 22ⁿᵈ Governor of Massachusetts, Emory Washburn (1800-1877) or the 20th Governor of Massachusetts, George S. Boutwell (1818-1905), who also served as the Secretary of Treasury under President Ulysses S. Grant.

[387] Thomas Sims was a slave who escaped in Georgia as a teenager, was arrested in Boston under the Fugitive Slave Law in 1851, and after a trial, was returned to his owner in Savannah, Georgia, where he was publicly whipped so cruelly that he narrowly escaped death.

worthily known. He could at least have *resigned* himself into fame. It appeared to be forgotten that there was such a man or such an office. Yet no doubt he was endeavoring to fill the gubernatorial chair all the while. He was no Governor of mine. He did not govern me.

But at last, in the present case, the Governor was heard from. After he and the United States government had perfectly succeeded in robbing a poor innocent black man of his liberty for life, and, as far as they could, of his Creator's likeness in his breast,[388] he made a speech to his accomplices, at a congratulatory supper![389]

I have read a recent law of this State,[390] making it penal for any officer of the "Commonwealth" to "detain or aid in the... detention," anywhere within its limits, "of any person, for the reason that he is claimed as a fugitive slave." Also, it was a matter of notoriety that a writ of replevin[391] to take the fugitive out of the custody of the United States Marshal could not be served for want of sufficient force to aid the officer.

I had thought that the Governor was, in some sense, the executive officer of the State; that it was his business, as a Governor, to see that the laws of the State were executed; while, as a man, he took care that he did not, by so doing, break the laws of humanity; but when there is any special important use for him, he is useless, or worse than useless, and permits the laws of the State to go unexecuted. Perhaps I do not know what are the duties of a Governor; but if to be a Governor requires to subject one's self to so much ignominy without remedy, if it is to put a restraint upon my manhood, I shall take care never to be Governor of Massachusetts. I have not read far in the statutes of this Commonwealth. It is not profitable reading. They do not always say what is true; and they do not always mean what they say. What I am concerned to know is, that that man's influence and authority were on the side of the slaveholder, and not of the slave — of the guilty, and not of the innocent — of injustice, and not of justice. I never saw him of whom I speak; indeed, I did not know that he was Governor until this event occurred. I heard of him and Anthony Burns at the same time, and thus, undoubtedly, most will hear of him. So far am I from being governed by him. I do not mean that it was anything to his discredit that I had not heard of him, only that I heard what I did. The worst I shall say of him is, that he proved no better than the majority of his constituents would be likely to prove.[392] In my opinion, he was not equal to the occasion.

---

[388] his Creator's likeness in his breast – Thoreau means Freedom and Liberty by this likeness between a man and his God, and of course by God he means no false Gods, but only the Holy Trinity.

[389] Five days after the fugitive slave, Anthony Burns was sent back to Virginia, Washburn, the Governor of Massachusetts, spoke at a dinner honoring one of the Militia units which had helped to secure the courthouse.

[390] recent law of this State – Thoreau is referring to 1843 Latimer Law, which was named in honor of the fugitive slave, George Latimer. This was one of a series of the state Personal Liberty Laws, which sought to nullify the Fugitive Slave Law of 1973, which was a Federal Law. Latimer Law made it illegal for the state of Massachusetts to assist in the capture and remanding of fugitive slaves.

[391] A writ of replevin can be used to order the seizure of illegally taken or wrongfully held property, to be held by a designated official for the court, until the court determines otherwise. It is commonly used to take property from an individual who is wrongfully in possession of it and to return it to its rightful owner. In the Burns case, two lawyers prepared writs of personal replevin. Just like a writ of habeas corpus, a writ of replevin is meant to force a hearing to determine if a prisoner is being legally held. Replevine had no power in federal courts, so, in Burns' case, one of them was denied and the other was completely ignored. Although under Personal Liberty Law of 1837 provisions of such writs had been added to the Massachusetts code. This was intended to help fugitive slaves.

[392] Thoreau's philosophy is ever so identical to Socrates'. Socrates knew very well that it was not his political enemies who would bring about his physical destruction, but the mob – the majority, which in the countries governed by the unjust are just as unjust as their governments. In the dialogue written by Plato, called "Apologia", this is what Socrates has to say: "...I have incurred a great deal of bitter hostility, and, if anything, this is what will

The whole military force of the State[393] is at the service of a Mr. Suttle,[394] a slaveholder from Virginia, to enable him to catch a man whom he calls his property; but not a soldier is offered to save a citizen of Massachusetts from being kidnapped! Is this what all these soldiers, all this *training*, have been for these seventy-nine years past?[395] Have they been trained merely to rob Mexico[396] and carry back fugitive slaves to their masters?

These very nights I heard the sound of a drum in our streets. There were men *training* still; and for what? I could with an effort pardon the cockerels of Concord for crowing still, for they, perchance, had not been beaten that morning; but I could not excuse this rub-a-dub of the "trainers." The slave was carried back by exactly such as these; i.e., by the soldier, of whom the best you can say in this connection is that he is a fool made conspicuous by a painted coat.

Three years ago, also, just a week after the authorities of Boston assembled to carry back a perfectly innocent man, and one whom they knew to be innocent, into slavery,[397] the inhabitants of Concord caused the bells to be rung and the cannons to be fired, to celebrate their liberty — and the courage and love of liberty of their ancestors who fought at the bridge.[398] As if *those* three millions had fought for the right to be free themselves, but to hold in slavery three million others. Nowadays, men wear a fool's-cap, and call it a liberty-cap.[399] I do not know but there are some who, if they were tied to a whipping-post, and could but get one hand free, would use it to ring the bells and fire the cannons to celebrate *their* liberty. So some of my townsmen took the liberty to ring and fire. That was the extent of their freedom; and when the sound of the bells died away, their liberty died away also; when the powder was all expended, their liberty went off with the smoke.

The joke could be no broader if the inmates of the prisons were to subscribe for all the powder to be used in such salutes, and hire the jailers to do the firing and ringing for them, while they enjoyed it through the grating.

This is what I thought about my neighbors.

---

cause my destruction, – not Meletus nor Anytus, but the slander and jealousy of a very large segment of the people. They have been fatal to many other innocent men, and, I suppose, will continue to be so; it is unlikely that they will stop at me." Please see Plato's "Apologia".

[393] The Mayor of Boston ordered two companies of the Massachusetts State Militia to guard the courthouse after it had been attacked by the abolitionists. When Commissioner Loring, only a few days later, remanded Anthony Burns, the Mayor put the city of Boston under Martial Law. With the express approval of the US President Franklin Pierce, Federal troops were also involved. By the time the Martial Law was declared, the State Militia effectively had been federalized. It must be emphasized that all these things were illegal under the Massachusetts' state law, namely under the Latimer Law.

[394] Charles F. Suttle – an American slave-owner from Virginia, who in 1854 used the Fugitive Slave Law to re-enslave Anthony Burns, who had fled to Boston, Massachusetts.

[395] Thoreau's speech was 79 years after the Revolutionary War battles of Lexington and Concord.

[396] rob Mexico – Thoreau means 1846-1848 the US-Mexican War in which the US acquired a great deal of land by robbing the defeated Mexico.

[397] Thoreau's speech was three years after Thomas Sims was returned to slavery.

[398] The 1775 Revolutionary War Battle of Concord began with the struggle for the North Bridge over the Concord River. The British were blocked by much smaller colonial force.

[399] During the American Revolution, many soldiers who fought for the Patriot cause wore knitted stocking liberty caps of red, sometimes with the motto "Liberty" or "Liberty or Death" knitted into the band.

Every humane and intelligent inhabitant of Concord, when he or she heard those bells and those cannons, thought not with pride of the events of the 19th of April, 1775,[400] but with shame of the events of the 12th of April, 1851.[401] But now we have half buried that old shame under a new one.

Massachusetts sat waiting Mr. Loring's decision, as if it could in any way affect her own criminality. Her crime, the most conspicuous and fatal crime of all, was permitting him to be the umpire in such a case. It was really the trial of Massachusetts. Every moment that she hesitated to set this man free — every moment that she now hesitates to atone for her crime, she is convicted. The Commissioner on her case is God; not Edward G. God, but simply God.[402]

I wish my countrymen to consider, that whatever the human law may be, neither an individual nor a nation can ever commit the least act of injustice against the obscurest individual without having to pay the penalty for it. A government which deliberately enacts injustice, and persists in it, will at length even become the laughing-stock of the world.[403]

Much has been said about American slavery, but I think that we do not even yet realize what slavery is. If I were seriously to propose to Congress to make mankind into sausages, I have no doubt that most of the members would smile at my proposition, and if any believed me to be in earnest, they would think that I proposed something much worse than Congress had ever done. But if any of them will tell me that to make a man into a sausage would be much worse — would be any worse — than to make him into a slave — than it was to enact the Fugitive Slave Law, I will accuse him of foolishness, of intellectual incapacity, of making a distinction without a difference. The one is just as sensible a proposition as the other.

I hear a good deal said about trampling this law under foot. Why, one need not go out of his way to do that. This law rises not to the level of the head or the reason; its natural habitat is in the dirt. It was born and bred, and has its life, only in the dust and mire, on a level with the feet; and he who walks with freedom, and does not with Hindoo mercy[404] avoid treading on every venomous reptile, will inevitably tread on it, and so trample it under foot — and Webster,[405] its maker, with it, like the dirt-bug[406] and its ball.

---

[400] The date of the Battles of Lexington and Concord.

[401] In Boston, on April 12, 1851, three hundred guards escorted escaped slave, Thomas Sims onto a boat that would take him to Savannah.

[402] Thoreau means that the US Commissioner Edward G. Loring is no God and that the question of Freedom had already been decided by true God, not by the God with a WASP (White Anglo-Saxon Protestant) name, but simply by the greatest lord of all and the only true lord – God. God himself has made it clear that it is every human's right to be free when he gave every human a freedom of choice.

[403] Even the tyrannical British Empire had abolished slavery – The British Parliament freed all slaves in the British Empire in 1833. Yet here was America, supposedly the beacon of freedom and democracy, enslaving its own citizens – the Negroes, as well as the neighboring country – Mexico.

[404] Hindoo mercy – Hinduism is the predominant religion on Indian subcontinent, especially in the Republic of India and Nepal. It is also often referred to as Sanatana Dharma, meaning "the eternal law" in Sankrit language. Hindus are idol worshipers who so divinize animals that they refuse even to step on them. Of course, Thoreau being a true Christian, considers this as foolishness, as false mercy. Animals are to serve humans and not the other way around, for man is an image of God and therefore belongs to a higher order than a mere brute. Animal worship or false-mercy shown to them is a recognition of their superiority and admission of human inferiority, which is also an admission of God's inferiority, when compared against a brute. Please do not confuse Christianity with animal

Recent events will be valuable as a criticism on the administration of justice in our midst, or, rather, as showing what are the true resources of justice in any community. It has come to this, that the friends of liberty, the friends of the slave, have shuddered when they have understood that his fate was left to the legal tribunals of the country to be decided. Free men have no faith that justice will be awarded in such a case. The judge may decide this way or that; it is a kind of accident, at best. It is evident that he is not a competent authority in so important a case. It is no time, then, to be judging according to his precedents, but to establish a precedent for the future. I would much rather trust to the sentiment of the people. In their vote you would get something of some value, at least, however small; but in the other case, only the trammeled judgment of an individual, of no significance, be it which way it might.

It is to some extent fatal to the courts, when the people are compelled to go behind them. I do not wish to believe that the courts were made for fair weather, and for very civil cases merely; but think of leaving it to any court in the land to decide whether more than three millions of people, in this case a sixth part of a nation, have a right to be freemen or not! But it has been left to the courts of *justice*, so called — to the Supreme Court of the land — and, as you all know, recognizing no authority but the Constitution, it has decided that the three millions are and shall continue to be slaves.[407] Such judges as these are merely the inspectors of a pick-lock and murderer's tools, to tell him whether they are in working order or not, and there they think that their responsibility ends. There was a prior case on the docket, which they, as judges appointed by God, had no right to skip; which having been justly settled, they would have been saved from this humiliation. It was the case of the murderer himself.

The law will never make men free; it is men who have got to make the law free. They are the lovers of law and order who observe the law when the government breaks it.

Among human beings, the judge whose words seal the fate of a man furthest into eternity is not he who merely pronounces the verdict of the law, but he, whoever he may be, who, from a love of truth, and unprejudiced by any custom or enactment of men, utters a true opinion or *sentence* concerning him. He it is that *sentences* him. Whoever can discern truth has received his commission from a higher source than the chiefest justice in the world who can discern only law. He finds himself constituted judge of the judge. Strange that it should be necessary to state such simple truths![408]

I am more and more convinced that, with reference to any public question, it is more important to know what the country thinks of it than what the city thinks. The city does not *think* much. On any moral question, I would rather have the opinion of Boxboro[409] than of Boston and New York put together. When the former speaks, I feel as if somebody *had* spoken, as if *humanity* was yet, and a reasonable being had asserted its

---

cruelty – a human being must care for the lower order, including the animals, but not at the cost of his own physical harm or spiritual degradation.

[405] Daniel Webster (1782-1852) – opposed the expansion of slavery but was more concerned about the dissolution of the U.S. Webster was named secretary of state in July 1850 by Fillmore, and supervised the enforcement of the Fugitive Slave Act.

[406] dirt-bug – Thoreau means a dung beetle that makes a ball out of dung to bury with its egg, for example a Phanaeus vindex, commonly found in America.

[407] A reference to the Dred Scott case, in which the U.S. Supreme Court decided in 1857 that all blacks were not and could never become citizens of the United States.

[408] It is evident that Thoreau means the Holy Trinity.

[409] Boxboro, MA, is a town west of Concord, where Thoreau sometimes walked.

rights — as if some unprejudiced men among the country's hills had at length turned their attention to the subject, and by a few sensible words redeemed the reputation of the race. When, in some obscure country town, the farmers come together to a special town-meeting, to express their opinion on some subject which is vexing the land, that, I think, is the true Congress, and the most respectable one that is ever assembled in the United States.

It is evident that there are, in this Commonwealth[410] at least, two parties, becoming more and more distinct — the party of the city, and the party of the country. I know that the country is mean enough, but I am glad to believe that there is a slight difference in her favor. But as yet she has few, if any organs, through which to express herself. The editorials which she reads, like the news, come from the seaboard. Let us, the inhabitants of the country, cultivate self-respect. Let us not send to the city for aught more essential than our broadcloths and groceries; or, if we read the opinions of the city, let us entertain opinions of our own.

Among measures to be adopted, I would suggest to make as earnest and vigorous an assault on the press as has already been made, and with effect, on the church. The church has much improved within a few years; but the press is, almost without exception, corrupt. I believe that in this country the press exerts a greater and a more pernicious influence than the church did in its worst period. We are not a religious people, but we are a nation of politicians. We do not care for the Bible, but we do care for the newspaper. At any meeting of politicians — like that at Concord the other evening, for instance — how impertinent it would be to quote from the Bible! how pertinent to quote from a newspaper or from the Constitution! The newspaper is a Bible which we read every morning and every afternoon, standing and sitting, riding and walking. It is a Bible which every man carries in his pocket, which lies on every table and counter, and which the mail, and thousands of missionaries, are continually dispersing. It is, in short, the only book which America has printed and which America reads. So wide is its influence. The editor is a preacher whom you voluntarily support. Your tax is commonly one cent daily,[411] and it costs nothing for pew hire. But how many of these preachers preach the truth? I repeat the testimony of many an intelligent foreigner, as well as my own convictions, when I say, that probably no country was ever ruled by so mean a class of tyrants as, with a few noble exceptions, are the editors of the periodical press in *this* country. And as they live and rule only by their servility, and appealing to the worse, and not the better, nature of man, the people who read them are in the condition of the dog that returns to his vomit.[412]

---

[410] The official name of Massachusetts is the Commonwealth of Massachusetts. Four of the constituent states of the United States officially designate themselves as Commonwealths: Kentucky, Massachusetts, Pennsylvania, and Virginia. This designation, which has no constitutional impact, emphasizes that they have a "government based on the common consent of the people" as opposed to one legitimized through their earlier Royal Colony status that was derived from the King of Great Britain. The word "commonwealth" in this context refers to the common "wealth" or welfare of the public and is an older term for "republic".

[411] one cent daily – Thoreau means Penny Presses. Penny Presses were popular alternative newspapers in mid-1800s. While regular big papers offered only dry political news, penny presses printed common, plebian news, such as gossip, crime, tragedy and adventure. According to Thoreau, big papers were no different from the Penny Presses, as theirs was also the gossip and crime, although of the political genre. Today's tabloids are descendents of those Penny Presses. Also, it must be noted that today's press, whether political or social, just like in Thoreau's times, or even more so, is full of useless news – gossip and crime of individuals and of individual countries.

[412] See Proverbs; II Peter 2:22: "As a dog returneth to his vomit, so a fool returneth to his folly."

The *Liberator* and the *Commonwealth*[413] were the only papers in Boston, as far as I know, which made themselves heard in condemnation of the cowardice and meanness of the authorities of that city, as exhibited in '51. The other journals, almost without exception, by their manner of referring to and speaking of the Fugitive Slave Law, and the carrying back of the slave Sims, insulted the common sense of the country, at least. And, for the most part, they did this, one would say, because they thought so to secure the approbation of their patrons, not being aware that a sounder sentiment prevailed to any extent in the heart of the Commonwealth. I am told that some of them have improved of late; but they are still eminently time-serving. Such is the character they have won.

But, thank fortune, this preacher can be even more easily reached by the weapons of the reformer than could the recreant priest. The free men of New England have only to refrain from purchasing and reading these sheets, have only to withhold their cents, to kill a score of them at once. One whom I respect told me that he purchased Mitchell's *Citizen*[414] in the cars, and then throw it out the window. But would not his contempt have been more fatally expressed if he had not bought it?

Are they Americans? are they New Englanders? are they inhabitants of Lexington and Concord and Framingham, who read and support the Boston *Post*, *Mail*, *Journal*, *Advertiser*, *Courier*, and *Times*?[415] Are these the Flags of our Union? I am not a newspaper reader, and may omit to name the worst.

Could slavery suggest a more complete servility than some of these journals exhibit? Is there any dust which their conduct does not lick, and make fouler still with its slime? I do not know whether the *Boston Herald* is still in existence[416], but I remember to have seen it about the streets when Sims was carried off. Did it not act its part well-serve its master faithfully! How could it have gone lower on its belly? How can a man stoop lower than he is low? do more than put his extremities in the place of the head he has? than make his head his lower extremity? When I have taken up this paper with my cuffs turned up, I have heard the gurgling of the sewer through every column. I have felt that I was handling a paper picked out of the public gutters, a leaf from the gospel of the gambling-house, the groggery,[417] and the brothel, harmonizing with the gospel of the Merchants' Exchange.

The majority of the men of the North, and of the South and East and West, are not men of principle. If they vote, they do not send men to Congress on errands of humanity; but while their brothers and sisters are being scourged and hung for loving liberty, while — I might here insert all that slavery implies and is — it is the mismanagement of wood and iron and stone and gold which concerns them. Do what you will, O Government, with my wife and children, my mother and brother, my father and

---

[413] Abolitionist newspapers included *The Liberator*, published by William Lloyd Garrison and Maria Weston Chapman, and the *Commonwealth*, published by Julia Ward Howe and Samuel Gridley Howe.

[414] John Mitchel (1815-1875) published *The Citizen* in New York, an Irish nationalist paper which also defended slavery. Thoreau's spelling of Mitchel's name is incorrect on the account that Mitchel himself or his ancestors had never spelled it right. Thoreau was a true New Englander and as a true New Englander had the full mastery of the English language, while Mitchel was an Irishmen. Irish commonly lacked education. A proper way to spell "Mitchell" is with double "l", exactly the way Thoreau had done.

[415] These were the contemporary newspapers, mostly from Boston.

[416] The *Boston Herald*, first published in 1846 as a single sheet, two-sided paper that sold for one cent, later merged with other papers, and is now the smaller of the two Boston dailies.

[417] A groggery – a saloon or a tavern.

sister,[418] I will obey your commands to the letter.[419] It will indeed grieve me if you hurt them, if you deliver them to overseers to be hunted by bounds or to be whipped to death; but, nevertheless, I will peaceably pursue my chosen calling on this fair earth, until perchance, one day, when I have put on mourning for them dead, I shall have persuaded you to relent. Such is the attitude, such are the words of Massachusetts.

Rather than do thus, I need not say what match I would touch, what system endeavor to blow up; but as I love my life, I would side with the light, and let the dark earth roll from under me, calling my mother and my brother to follow.

I would remind my countrymen that they are to be men first, and Americans only at a late and convenient hour. No matter how valuable law may be to protect your property, even to keep soul and body together, if it do not keep you and humanity together.

I am sorry to say that I doubt if there is a judge in Massachusetts who is prepared to resign his office, and get his living innocently, whenever it is required of him to pass sentence under a law which is merely contrary to the law of God. I am compelled to see that they put themselves, or rather are by character, in this respect, exactly on a level with the marine who discharges his musket in any direction he is ordered to. They are just as much tools, and as little men. Certainly, they are not the more to be respected, because their master enslaves their understandings and consciences, instead of their bodies.

The judges and lawyers — simply as such, I mean — and all men of expediency, try this case by a very low and incompetent standard. They consider, not whether the Fugitive Slave Law is right, but whether it is what they call *constitutional*. Is virtue constitutional, or vice? Is equity constitutional, or iniquity? In important moral and vital questions, like this, it is just as impertinent to ask whether a law is constitutional or not, as to ask whether it is profitable or not. They persist in being the servants of the worst of men, and not the servants of humanity. The question is, not whether you or your grandfather, seventy years ago, did not enter into an agreement to serve the Devil, and that service is not accordingly now due; but whether you will not now, for once and at last, serve God — in spite of your own past recreancy, or that of your ancestor — by obeying that eternal and only just CONSTITUTION, which He, and not any Jefferson or Adams,[420] has written in your being.

The amount of it is, if the majority vote the Devil to be God, the minority will live and behave accordingly — and obey the successful candidate, trusting that, some time or other, by some Speaker's casting-vote, perhaps, they may reinstate God. This is

---

[418] This is an ironic reference to the famous speech made by the Unitarian minister, Orville Dewey (1794-1882). In this speech Dewey announced that he would prefer to see his brother, his son and even himself enslaved, than to sacrifice the Union. He was a false patriot, a misguided man who thought that the union of the country was more important, than the union of a man with good or the union of the citizens with the right and truth. What good is evil united? What good is the unity if it is the unity of evil? Should the good still attempt to join such unity? Or should the good secede from such an evil union?

[419] How perfectly concordant are Thoreau's thoughts with Cicero's. In "De Officiis" Cicero states that "certain activities are either so degrading or ever so criminal that no wise man would ever perform them, even to save his own country... So the man truly wise will not carry out these tasks on behalf of the state, and the true state will not even want these base tasks to be carried out on her behalf." Please see Cicero's "De Officiis", Book I.

[420] Jefferson and Adams – Founding Fathers of the United States.

the highest principle I can get out or invent for my neighbors. These men act as if they believed that they could safely slide down a hill a little way — or a good way — and would surely come to a place, by and by, where they could begin to slide up again. This is expediency,[421] or choosing that course which offers the slightest obstacles to the feet, that is, a downhill one. But there is no such thing as accomplishing a righteous reform by the use of "expediency." There is no such thing as sliding up hill. In morals the only sliders are backsliders.

Thus we steadily worship Mammon,[422] both school and state and church, and on the seventh day[423] curse God with a tintamar[424] from one end of the Union to the other.

Will mankind never learn that policy is not morality — that it never secures any moral right, but considers merely what is expedient? chooses the available candidate — who is invariably the Devil — and what right have his constituents to be surprised, because the Devil does not behave like an angel of light? What is wanted is men, not of policy, but of probity — who recognize a higher law than the Constitution, or the decision of the majority. The fate of the country does not depend on how you vote at the polls — the worst man is as strong as the best at that game; it does not depend on what kind of paper you drop into the ballot-box once a year, but on what kind of man you drop from your chamber into the street every morning.

What should concern Massachusetts is not the Nebraska Bill, nor the Fugitive Slave Bill, but her own slaveholding and servility. Let the State dissolve her union with the slaveholder.[425] She may wriggle and hesitate, and ask leave to read the Constitution once more; but she can find no respectable law or precedent which sanctions the continuance of such a union for an instant.

---

[421] expediency – Thoreau is referring to William Paley's work, "Principles of Moral and Political Philosophy", in which "expediency" is a key term – Paley believed that religion, as well as politics, must be expedient; he cared less whether they were right, just as long as they were expedient. This book was a standard text in Harvard University, where Thoreau had read it, but, naturally, completely disagreed with it. William Paley (1743-1805) was an English Theologian and Philosopher.

[422] Mammon – From the Aramaic term, meaning worldly riches. "Ye cannot serve God and mammon" is one of the better known biblical sayings.

[423] the seventh day – Quaker term for Sunday. Quakers are a heretic Christian sect, mostly in Philadelphia, Pennsylvania. The state of Pennsylvania itself was founded by William Penn as a safe place for Friends (Quaker name for the members of their congregation) to live and practice their faith.

[424] tintamar – an uproar or a clamor.

[425] "No union with slaveholders" became a goal for northern abolitionists – instead of a civil war to decide the question of slavery, they advocated a separation of the U.S., with the north and south becoming two separate countries.

1854 წელში დახატული თოროუს პორტრეტი.
PORTRAIT OF THOREAU FROM 1854.

Let each inhabitant of the State dissolve his union with her, as long as she delays to do her duty.

The events of the past month teach me to distrust Fame. I see that she does not finely discriminate, but coarsely hurrahs. She considers not the simple heroism of an action, but only as it is connected with its apparent consequences. She praises till she is hoarse the easy exploit of the Boston tea party,[426] but will be comparatively silent about the braver and more disinterestedly heroic attack on the Boston Court-House, simply because it was unsuccessful![427]

Covered with disgrace, the State has sat down coolly to try for their lives and liberties the men who attempted to do its duty for it. And this is called *justice*! They who have shown that they can behave particularly well may perchance be put under bonds for *their good behavior*. They whom truth requires at present to plead guilty are, of all the inhabitants of the State, preeminently innocent. While the Governor, and the Mayor, and countless officers of the Commonwealth are at large, the champions of liberty are imprisoned.

Only they are guiltless who commit the crime of contempt of such a court. It behooves every man to see that his influence is on the side of justice, and let the courts make their own characters. My sympathies in this case are wholly with the accused, and wholly against their accusers and judges. Justice is sweet and musical; but injustice is harsh and discordant. The judge still sits grinding at his organ, but it yields no music, and we hear only the sound of the handle. He believes that all the music resides in the handle, and the crowd toss him their coppers the same as before.

Do you suppose that that Massachusetts which is now doing these things — which hesitates to crown these men, some of whose lawyers, and even judges, perchance, may be driven to take refuge in some poor quibble, that they may not wholly outrage their instinctive sense of justice — do you suppose that she is anything but base and servile? that she is the champion of liberty?

Show me a free state, and a court truly of justice, and I will fight for them, if need be; but show me Massachusetts, and I refuse her my allegiance, and express contempt for her courts.

The effect of a good government is to make life more valuable — of a bad one, to make it less valuable. We can afford that railroad and all merely material stock should lose some of its value, for that only compels us to live more simply and economically;

---

[426] Boston tea party – a direct action by colonists in Boston, a town in the British colony of Massachusetts, against the British government. On December 16, 1773, after officials in Boston refused to return three shiploads of taxed tea to Britain, a group of colonists boarded the ships and destroyed the tea by throwing it into Boston Harbor. The incident remains an iconic event of American history, and reference is often made to it in other political protests.

[427] unsuccessful – Thoreau deemed that New England abolitionists' attack on Boston courthouse was a greater patriotic act than even Boston tea party, for in the latter case Americans attacked their country's enemy, England, while in the former case they attacked their own country, when this country was in the wrong with its many enslaved citizens, as well as with the entire humanity. Thoreau asserted that this patriotic attack on Boston courthouse was indeed successful, as it awakened the sense of right in the citizens and the subsequent Civil War and abolition of slavery clearly attest to Thoreau being absolutely correct.

but suppose that the value of life itself should be diminished! How can we make a less demand on man and nature, how live more economically in respect to virtue and all noble qualities, than we do? I have lived for the last month — and I think that every man in Massachusetts capable of the sentiment of patriotism must have had a similar experience — with the sense of having suffered a vast and indefinite loss. I did not know at first what ailed me. At last it occurred to me that what I had lost was a country. I had never respected the government near to which I lived, but I had foolishly thought that I might manage to live here, minding my private affairs, and forget it. For my part, my old and worthiest pursuits have lost I cannot say how much of their attraction, and I feel that my investment in life here is worth many per cent less since Massachusetts last deliberately sent back an innocent man, Anthony Burns, to slavery. I dwelt before, perhaps, in the illusion that my life passed somewhere only *between* heaven and hell, but now I cannot persuade myself that I do not dwell *wholly within* hell. The site of that political organization called Massachusetts is to me morally covered with volcanic scoriae [428] and cinders, such as Milton[429] describes in the infernal regions. If there is any hell more unprincipled than our rulers, and we, the ruled, I feel curious to see it. Life itself being worth less, all things with it, which minister to it, are worth less. Suppose you have a small library, with pictures to adorn the walls — a garden laid out around — and contemplate scientific and literary pursuits and discover all at once that your villa, with all its contents is located in hell, and that the justice of the peace has a cloven foot and a forked tail — do not these things suddenly lose their value in your eyes?

I feel that, to some extent, the State has fatally interfered with my lawful business. It has not only interrupted me in my passage through Court Street[430] on errands of trade, but it has interrupted me and every man on his onward and upward path, on which he had trusted soon to leave Court Street far behind. What right had it to remind me of Court Street? I have found that hollow which even I had relied on for solid.

I am surprised to see men going about their business as if nothing had happened. I say to myself, "Unfortunates! they have not heard the news." I am surprised that the man whom I just met on horseback should be so earnest to overtake his newly bought cows running away — since all property is insecure, and if they do not run away again, they may be taken away from him when he gets them. Fool! does he not know that his seed-corn is worth less this year — that all beneficent harvests fail as you approach the empire of hell? No prudent man will build a stone house under these circumstances, or engage in any peaceful enterprise which it requires a long time to accomplish. Art is as long as ever, but life is more interrupted and less available for a man's proper pursuits. It is not an era of repose. We have used up all our inherited freedom. If we would save our lives, we must fight for them.

I walk toward one of our ponds;[431] but what signifies the beauty of nature when men are base? We walk to lakes to see our serenity reflected in them; when we are not serene, we go not to them. Who can be serene in a country where both the rulers and the

---

[428] scoriae – plural of "scoria", which means dross, cinder, slag.
[429] John Milton (1608-1674) – English poet, author, polemicist and civil servant for the Commonwealth of England. He is best known for his epic poem "Paradise Lost".
[430] Court street – street next to the courthouse, where Anthony Burns was imprisoned.
[431] ponds – Thoreau uses the word "pond", but what is really meant is a "lake". New England is so abundant in lakes, large or small, that New Englanders consider even relatively large bodies of still water as ponds, rather than lakes.

ruled are without principle? The remembrance of my country spoils my walk. My thoughts are murder to the State, and involuntarily go plotting against her.

But it chanced the other day that I scented a white water-lily, and a season I had waited for had arrived. It is the emblem of purity. It bursts up so pure and fair to the eye, and so sweet to the scent, as if to show us what purity and sweetness reside in, and can be extracted from, the slime and muck of earth. I think I have plucked the first one that has opened for a mile. What confirmation of our hopes is in the fragrance of this flower! I shall not so soon despair of the world for it, notwithstanding slavery, and the cowardice and want of principle of Northern men. It suggests what kind of laws have prevailed longest and widest, and still prevail, and that the time may come when man's deeds will smell as sweet. Such is the odor which the plant emits. If Nature can compound this fragrance still annually, I shall believe her still young and full of vigor, her integrity and genius unimpaired, and that there is virtue even in man, too, who is fitted to perceive and love it.[432] It reminds me that Nature has been partner to no Missouri Compromise. I scent no compromise in the fragrance of the water-lily. It is not a *Nymphoea Douglasii*.[433] In it, the sweet, and pure, and innocent are wholly sundered from the obscene and baleful. I do not scent in this the time-serving irresolution of a Massachusetts Governor, nor of a Boston Mayor.[434] So behave that the odor of your actions may enhance the general sweetness of the atmosphere, that when we behold or scent a flower, we may not be reminded how inconsistent your deeds are with it; for all odor is but one form of advertisement of a moral quality, and if fair actions had not been performed, the lily would not smell sweet. The foul slime stands for the sloth and vice of man, the decay of humanity; the fragrant flower that springs from it, for the purity and courage which are immortal.

Slavery and servility have produced no sweet-scented flower annually, to charm the senses of men, for they have no real life: they are merely a decaying and a death, offensive to all healthy nostrils. We do not complain that they *live*, but that they do not get *buried*. Let the living bury them: even they are good for manure.

---

[432] It is amazing how Thoreau's thoughts coincide with the thoughts of Pseudo-Dionysius the Areopagite, one of the greatest Orthodox Christian Theologian. If a man is able to perceive good and beauty in smell or sight or in any other way, it means that there is something good and beautiful in him still. For existence is good and it is God's creation, while evil is no creation of God and it destroys existence. And if Evil destroys existence, than a man who exists and perceives good, evil though he may be, is still partly good, for he would no longer exist if he were wholly and completely evil. And the same applies to the Devil too – he too would cease existence if he were entirely evil and there was no good quality left in him – notwithstanding the fact that the Devil uses this God-given good, whether it is the keen mind and intelligence or supernatural abilities, only to do evil. Please see Pseudo-Dionysius the Areopagite's work "Corpus Areopagiticum", Book "Divine Names", Chapter IV, passage No 20.

[433] A reference to Senator Stephen A. Douglas, primary author of the Compromise of 1850, which included the Fugitive Slaw Law, also the presidential candidate defeated by Lincoln in 1860. A water lily's botanical name is *Nymphaea Odorata*. Thoreau uses the phrase in conjunction with Douglas' name to make it clear that dirty politicians and false-patriots have no place in nature, for nature is the creation of God, while politicians are a creation of the Devil – they are a mutation and degeneration of a human being. An interesting fact needs to be mentioned about the name "Douglas": When this essay was first printed by William Lloyd Garrison in "The Liberator", it was spelled with double "s" – "Nymphaea Douglassii". Because of this typo, some scholars suggest that Thoreau was referring to Frederick Douglass (1818-1895) – a famous negro abolitionist, who himself was a former slave. Although it is a fact that Frederick Douglass was a compromiser to many abolitionists, because he was willing to work with the Constitution, reading it for its promises of freedom, not for its acceptance of slavery, still he was no enemy to them or Thoreau, so it is only a logical thing to conclude that Thoreau meant Senator Stephen A. Douglas and not the abolitionist Frederick Douglass.

[434] Jerome V.C. Smith (1800-1879) – Boston Mayor in 1854-1855.

CIVIL DISOBEDIENCE

I HEARTILY ACCEPT the motto, — "That government is best which governs least";[435] and I should like to see it acted up to more rapidly and systematically. Carried out, it finally amounts to this, which also I believe, — "That government is best which governs not at all"; and when men are prepared for it, that will be the kind of government which they will have. Government is at best but an expedient; but most governments are usually, and all governments are sometimes, inexpedient. The objections which have been brought against a standing army,[436] and they are many and weighty, and deserve to prevail, may also at last be brought against a standing government. The standing army is only an arm of the standing government. The government itself, which is only the mode which the people have chosen to execute their will, is equally liable to be abused and perverted before the people can act through it. Witness the present Mexican war,[437] the work of comparatively a few individuals using the standing government as their tool; for, in the outset, the people would not have consented to this measure.

This American government — what is it but a tradition, though a recent one, endeavoring to transmit itself unimpaired to posterity, but each instant losing some of its integrity? It has not the vitality and force of a single living man; for a single man can bend it to his will. It is a sort of wooden gun to the people themselves. But it is not the less necessary for this; for the people must have some complicated machinery or other,

---

[435] Possible reference to "The best government is that which governs least," motto of the *United States Magazine, and Democratic Review*, 1837-1859. Motto appears on the title page. The quotation comes from the introductory essay to the first issue of this monthly journal (October issue, 1837). This essay was written by the editor, John Louis O'Sullivan. In 1843 Thoreau published the third essay in this collection. The essay was called "Paradise (To Be) Regained". "the less government we have, the better" – a similar phrase is also used in Ralph Waldo Emerson's "Politics", 1844, sometimes mistakenly attributed to Thomas Jefferson.

[436] standing army – active and permanent army maintained during peace or war. British empire maintained a standing army in the American colonies and before the Revolutionary War Americans had two complaints against the King's standing armies: 1) according to the British constitutional tradition during peacetime a standing army should exist only by consent of the local population – the Declaration of Independence clearly invoked this, as in it we have the complaint that the King had kept armies in the colonies "without the consent of the legislatures"; 2) concern over civil liberties – what was to prevent the government from using a standing army in suppressing and dictating civilians?

[437] U.S.-Mexican War (1846-1848) – besides oppressing and invading a neighboring country, which is an evil and wrong on its own, abolitionists also considered this war unjust on social grounds as they saw it as an effort to extend slavery into former Mexican territory. The Mexican-American War was an armed conflict between the United States and Mexico from 1846 to 1848 in the wake of the 1845 U.S. annexation of Texas, which Mexico considered part of its territory in spite of the 1836 Texas Revolution. In the U.S. the conflict is often referred to simply as the Mexican War and sometimes as the U.S.-Mexican War. In Mexico, terms for it include (primera) intervención estadounidense en México ((first) American intervention in Mexico), invasión estadounidense de México (American Invasion of Mexico), and guerra del 47 (The War of '47). Territorial expansion of the United States on the Pacific coast was foremost in the minds of President Polk and his associates in their whole conduct of the war. The major consequence of the war was the Mexican Cession of the territories of Alta California and Santa Fe de Nuevo México to the United States under the Treaty of Guadalupe Hidalgo. In addition, Mexico accepted the loss of Texas and the Rio Grande boundary. From the standpoint of the U.S., the treaty provided for the Mexican Cession of 1.36 million km² (525,000 square miles) to the United States in exchange for US$15 million (equivalent to $370 million today). From the standpoint of Mexico, the treaty included an additional 1,007,935 km² (389,166 sq mi) as Mexico had never recognized the Republic of Texas nor its annexation by the U.S., and Mexico lost 55% of its pre-war territory. The treaty also ensured safety of pre-existing property rights of Mexican citizens in the transferred territories. Despite these assurances, property rights of Mexican citizens were often not honored by the U.S. in accordance with modifications to and interpretations of the treaty. The U.S. also agreed to take over US$3.25 million (equivalent to $79.8 million today) in debts Mexico owed to American citizens. The cession that the treaty facilitated included parts of the modern-day U.S. states of Colorado, Arizona, New Mexico and Wyoming, as well as the whole of California, Nevada, Utah, and, depending on one's point of view, Texas. The remaining parts of what are today the states of Arizona and New Mexico were later peacefully ceded under the 1853 Gadsden Purchase, in which the U.S. paid an additional US$10 million (equivalent to $260 million today).

and hear its din, to satisfy that idea of government which they have. Governments show thus how successfully men can be imposed on, even impose on themselves, for their own advantage. It is excellent, we must all allow. Yet this government never of itself furthered any enterprise, but by the alacrity with which it got out of its way. *It* does not keep the country free. *It* does not settle the West. *It* does not educate. The character inherent in the American people has done all that has been accomplished; and it would have done somewhat more, if the government had not sometimes got in its way. For government is an expedient by which men would fain succeed in letting one another alone; and, as has been said, when it is most expedient, the governed are most let alone by it. Trade and commerce, if they were not made of India rubber,[438] would never manage to bounce over the obstacles which legislators are continually putting in their way; and, if one were to judge these men wholly by the effects of their actions, and not partly by their intentions, they would deserve to be classed and punished with those mischievous persons who put obstructions on the railroads.

   But, to speak practically and as a citizen, unlike those who call themselves no-government men,[439] I ask for, not at once no government, but *at once* a better government. Let every man make known what kind of government would command his respect, and that will be one step toward obtaining it.

   After all, the practical reason why, when the power is once in the hands of the people, a majority are permitted, and for a long period continue, to rule, is not because they are most likely to be in the right, nor because this seems fairest to the minority, but because they are physically the strongest. But a government in which the majority rule in all cases cannot be based on justice, even as far as men understand it. Can there not be a government in which majorities do not virtually decide right and wrong, but conscience? — in which majorities decide only those questions to which the rule of expediency is applicable? Must the citizen ever for a moment, or in the least degree, resign his conscience to the legislator? Why has every man a conscience, then?[440] I think that we should be men first, and subjects afterward. It is not desirable to cultivate a respect for the law, so much as for the right. The only obligation which I have a right to assume is to do at any time what I think right. It is truly enough said that a corporation has no conscience; but a corporation of conscientious men is a corporation *with* a conscience. Law never made men a whit more just; and, by means of their respect for it, even the well-disposed

---

[438] Made from the latex of tropical plants, "India" because it came from the West Indies, and "rubber" from its early use as an eraser.

[439] Anarchists, many of whom came from Massachusetts. They were Christian Heretics, one of them was William Lloyd Garrison, who believed that a human should only obey "divine government" and refuse to participate in "human government". They called themselves "Nonresisters". Their intentions were good, but they misunderstood Christianity: clearly there are other beings in the hierarchy between a man and God. If a man starts condemning every authority, then he must condemn Angels, Saints, Martyrs and true priests, Kings and patriarchs as well, for God, at least the God of Christianity, communicates with ordinary humans precisely through such a hierarchy. Henry David Thoreau clearly differs from these "no government" men and shows true Christian prudence, patience, forethought and caution, very much like Pseudo-Dionysius the Areopagite. Please see Pseudo-Dionysius the Areopagite's work, "Corpus Areopagiticum", Book "Celestial Hierarchy" and Book "Ecclesiastical Hierarchy". The same theory is expressed in theological poetry of a great Georgian poet, Davit Guramishvili. Please see "Davitiani" (ISBN: 00190-X, ISBN: 00189-6, Printinghouse "Nakaduli", 1990).

[440] The great Hellenistic Jewish philosopher, Philo the Jew (20 BC-50AD), known also as Philo of Alexandria, has identical views on conscience. He states: "…conscience being seated in the soul as a judge, is not afraid to reprove men, sometimes employing pretty vehement threats; at other times by milder admonitions, using threats in regard to matters where men appear to be disobedient, of deliberate purpose, and admonitions when their offences seem involuntary, through want of foresight, in order to prevent their hereafter offending in a similar manner. …conscience, which is the most incorruptible and truth-telling witness of all". Please see the following books by Philo the Jew: "On the Creation" and "The Posterity and Exile of Cain".

are daily made the agents of injustice. A common and natural result of an undue respect for law is, that you may see a file of soldiers, colonel, captain, corporal, privates, powder-monkeys,[441] and all, marching in admirable order over hill and dale to the wars, against their wills, ay, against their common sense and consciences, which makes it very steep marching indeed, and produces a palpitation of the heart. They have no doubt that it is a damnable business in which they are concerned; they are all peaceably inclined. Now, what are they? Men at all? or small movable forts and magazines, at the service of some unscrupulous man in power? Visit the Navy Yard,[442] and behold a marine, such a man as an American government can make, or such as it can make a man with its black arts — a mere shadow and reminiscence of humanity, a man laid out alive and standing, and already, as one may say, buried under arms with funeral accompaniments, though it may be

> "Not a drum was heard, not a funeral note,
> As his corse to the rampart we hurried;
> Not a soldier discharged his farewell shot
> O'er the grave where our hero we buried."[443]

The mass of men serve the state thus, not as men mainly, but as machines, with their bodies. They are the standing army, and the militia, jailers, constables, *posse comitatus*,[444] etc. In most cases there is no free exercise whatever of the judgment or of the moral sense; but they put themselves on a level with wood and earth and stones; and wooden men can perhaps be manufactured that will serve the purpose as well. Such command no more respect than men of straw or a lump of dirt. They have the same sort of worth only as horses and dogs. Yet such as these even are commonly esteemed good citizens. Others, as most legislators, politicians, lawyers, ministers, and office-holders, serve the state chiefly with their heads; and, as they rarely make any moral distinctions, they are as likely to serve the devil, without *intending* it, as God. A very few, as heroes, patriots, martyrs, reformers in the great sense, and *men*, serve the state with their consciences also, and so necessarily resist it for the most part; and they are commonly treated as enemies by it. A wise man will only be useful as a man, and will not submit to be "clay," and "stop a hole to keep the wind away,"[445] but leave that office to his dust at least:

> "I am too high-born to be propertied,
> To be a secondary at control,
> Or useful serving-man and instrument
> To any sovereign state throughout the world."[446]

He who gives himself entirely to his fellow-men appears to them useless and selfish; but he who gives himself partially to them is pronounced a benefactor and philanthropist.

---

[441] Powder monkeys – boys who carry gunpowder for soldiers. Sometimes they were employed on ships to carry gunpowder from gunpowder rooms to the cannons.

[442] Navy Yard – referring to the US Navy Yard in Boston, MA.

[443] Charles Wolfe (1791-1823) – Irish poet. The citation is from his poem, "The Burial of Sir John Moore at Corunna".

[444] Posse Comitatus – a group empowered to uphold the law, a sheriff's posse. It is usually a small group of citizens summoned by a sheriff to aid him in the enforcement of law.

[445] William Shakespeare (1564-1616) – English dramatist; from his play, "Hamlet".

[446] Shakespeare, from "King John".

How does it become a man to behave toward this American government to-day? I answer, that he cannot without disgrace be associated with it. I cannot for an instant recognize that political organization as *my* government which is the *slave's* government also.

All men recognize the right of revolution; that is, the right to refuse allegiance to, and to resist, the government, when its tyranny or its inefficiency are great and unendurable. But almost all say that such is not the case now. But such was the case, they think, in the Revolution of '75.[447] If one were to tell me that this was a bad government because it taxed certain foreign commodities brought to its ports, it is most probable that I should not make an ado about it, for I can do without them. All machines have their friction; and possibly this does enough good to counterbalance the evil. At any rate, it is a great evil to make a stir about it. But when the friction comes to have its machine, and oppression and robbery are organized, I say, let us not have such a machine any longer. In other words, when a sixth of the population of a nation which has undertaken to be the refuge of liberty are slaves, and a whole country is unjustly overrun and conquered by a foreign army, and subjected to military law, I think that it is not too soon for honest men to rebel and revolutionize. What makes this duty the more urgent is the fact that the country so overrun is not our own, but ours is the invading army.[448]

Paley, a common authority with many on moral questions, in his chapter on the "Duty of Submission to Civil Government," resolves all civil obligation into expediency; and he proceeds to say that "so long as the interest of the whole society requires it, that is, so long as the established government cannot be resisted or changed without public inconveniency, it is the will of God that the established government be obeyed, and no longer" — "This principle being admitted, the justice of every particular case of resistance is reduced to a computation of the quantity of the danger and grievance on the one side, and of the probability and expense of redressing it on the other."[449] Of this, he says, every man shall judge for himself. But Paley appears never to have contemplated those cases to which the rule of expediency does not apply, in which a people, as well as an individual, must do justice, cost what it may. If I have unjustly wrested a plank[450] from a drowning man, I must restore it to him though I drown myself. This, according to Paley, would be inconvenient. But he that would save his life, in such a case, shall lose it.[451]

---

[447] The American Revolution began in 1775 with the first battles fought in Lexington and Concord, both on the same day of April 19.

[448] A reference to the two events, which pained Thoreau, as well as every true American patriot: 1) slavery in the U.S, 2) the invasion of Mexico by the U.S. The latter was the evil directed toward "thy neighbor", the former was the evil directed toward its own citizens.

[449] William Paley (1743-1805) – English theologian and philosopher, an Anglican priest who was the champion of a heretical movement, called Theological Utilitarianism. He wrote a book "Principals of Moral and Political Philosophy" in 1785. It used to be a standard book at Harvard University, which Thoreau too had read, although in disagreement and disgust. Paley asserted that a man must approach everything, including his patriotism, from the point of the so called practicality, and hence he should do nothing that is not practical. Paley's practicality was nothing more than selfishness, which prevents a man from living like a man, it puts a wedge between a human and humanity and compels him to abandon humaneness whenever it is not particularly practical in terms of worldly gain, business and money-making.

[450] unjustly wrested a plank – Thoreau is referring to Marcus Tullius Cicero (106-43 BC). In his remarkable work of moral and secular philosophy, "De Officiis" or "On Duties", among other hypothetical queries of Hecato, the II-I century BC stoic philosopher, Cicero cites this famous question, – if a fool should snatch a plank from a wreck, should a wise man wrestle it from him if he is able? Thoreau clearly states in this paragraph and throughout this and other essays, as well as throughout his life by his highly moral conduct, that the only answer shall be and is "No!" Cicero time after time states the same in his book. A certain coincidence is worth to be mentioned: This work of Cicero's, where in the last part, Book III, he discusses the moral questions raised by Hecato, is titled "De Officiis", and so is the work of Hecato from which these questions originally derive.

[451] "He that findeth his life shall lose it..." – Matthew 10:39 and Luke 9:24.

This people must cease to hold slaves, and to make war on Mexico, though it cost them their existence as a people.

In their practice, nations agree with Paley; but does any one think that Massachusetts does exactly what is right at the present crisis?

"A drab of state, a cloth-o'-silver slut,
To have her train borne up, and her soul trail in the dirt."[452]

Practically speaking, the opponents to a reform in Massachusetts are not a hundred thousand politicians at the South, but a hundred thousand merchants[453] and farmers here, who are more interested in commerce and agriculture than they are in humanity, and are not prepared to do justice to the slave and to Mexico, *cost what it may*. I quarrel not with far-off foes, but with those who, near at home, co-operate with, and do the bidding of those far away, and without whom the latter would be harmless. We are accustomed to say, that the mass of men are unprepared; but improvement is slow, because the few are not materially wiser or better than the many. It is not so important that many should be as good as you, as that there be some absolute goodness somewhere; for that will leaven the whole lump.[454] There are thousands who are *in opinion* opposed to slavery and to the war, who yet in effect do nothing to put an end to them; who, esteeming themselves children of Washington[455] and Franklin,[456] sit down with their hands in their pockets, and say that they know not what to do, and do nothing; who even postpone the question of freedom to the question of free-trade, and quietly read the prices-current[457] along with the latest advices from Mexico, after dinner, and, it may be, fall asleep over them both. What is the price-current of an honest man and patriot to-day? They hesitate, and they regret, and sometimes they petition; but they do nothing in earnest and with effect. They will wait, well disposed, for others to remedy the evil, that they may no longer have it to regret. At most, they give only a cheap vote, and a feeble countenance and Godspeed, to the right, as it goes by them. There are nine hundred and ninety-nine patrons of virtue to one virtuous man; but it is easier to deal with the real possessor of a thing than with the temporary guardian of it.

---

[452] Cyril Tourneur (1575?-1626) *The Revenger's Tragedy*.

[453] New England businessmen and politicians got their money from New England cotton mills, which, of course, used no other raw material, but the Southern cotton grown by the slaveholders with the sweat and blood of the poor slaves. So the slavery was at least just as advantageous for the Northern economy, as it was for the Southern economy and its criminal slave owners. Because of this, the Cotton Whigs of Massachusetts had no problem distancing themselves from the politics of slavery.

[454] "... a little leaven leaveneth the whole lump" – paraphrase of I Corinthians 5:6.

[455] George Washington (1732-1799) – first President of the United States from 1789 to 1797 and the commander of the Continental Army in the American Revolutionary War from 1775 to 1783. He is one of the American Founding Fathers.

[456] Benjamin Franklin (1706-1790) – one of the Founding Fathers of the United States of America. A noted polymath, Franklin was a leading author and printer, satirist, political theorist, politician, scientist, inventor, civic activist, statesman, soldier, and diplomat. As a scientist, he was a major figure in the Enlightenment and the history of physics for his discoveries and theories regarding electricity. He invented the lightning rod, bifocals, the Franklin stove, a carriage odometer, and the glass 'armonica'. He formed both the first public lending library in America and the first fire department in Pennsylvania. He was an early proponent of colonial unity, and, as a political writer and activist, he supported the idea of an American nation. As a diplomat during the American Revolution, he secured the French alliance that helped to make independence of the United States possible. The United States political history from its start to the present day cannot boast of another such man, such an educated and capable man. It would be difficult to find another such clever politician in the entire world history. I know only a few political tytans of the equal or greater stature – Ilia Chavchavadze, Cicero and very few others.

[457] prices-current – price lists which depicted the merchandise with the commensurate prices at which it had been recently sold. Prices-currents used to be frequently published.

All voting is a sort of gaming, like checkers or backgammon, with a slight moral tinge to it, a playing with right and wrong, with moral questions; and betting naturally accompanies it. The character of the voters is not staked. I cast my vote, perchance, as I think right; but I am not vitally concerned that that right should prevail. I am willing to leave it to the majority. Its obligation, therefore, never exceeds that of expediency. Even voting *for the right* is *doing* nothing for it. It is only expressing to men feebly your desire that it should prevail. A wise man will not leave the right to the mercy of chance, nor wish it to prevail through the power of the majority. There is but little virtue in the action of masses of men. When the majority shall at length vote for the abolition of slavery, it will be because they are indifferent to slavery, or because there is but little slavery left to be abolished by their vote. *They* will then be the only slaves. Only *his* vote can hasten the abolition of slavery who asserts his own freedom by his vote.

I hear of a convention to be held at Baltimore,[458] or elsewhere, for the selection of a candidate for the Presidency, made up chiefly of editors, and men who are politicians by profession; but I think, what is it to any independent, intelligent, and respectable man what decision they may come to? Shall we not have the advantage of his wisdom and honesty, nevertheless? Can we not count upon some independent votes? Are there not many individuals in the country who do not attend conventions? But no: I find that the respectable man, so called, has immediately drifted from his position, and despairs of his country, when his country has more reason to despair of him. He forthwith adopts one of the candidates thus selected as the only *available* one, thus proving that he is himself *available* for any purposes of the demagogue. His vote is of no more worth than that of any unprincipled foreigner or hireling native, who may have been bought. Oh for a man who is a *man*, and, as my neighbor says, has a bone in his back which you cannot pass your hand through! Our statistics are at fault: the population has been returned too large. How many *men* are there to a square thousand miles in this country? Hardly one. Does not America offer any inducement for men to settle here? The American has dwindled into an Odd Fellow[459] — one who may be known by the development of his organ of gregariousness, and a manifest lack of intellect and cheerful self-reliance; whose first and chief concern, on coming into the world, is to see that the almshouses[460] are in good repair; and, before yet he has lawfully donned the virile garb,[461] to collect a fund for the support of the widows and orphans that may be; who, in short ventures to live only by the aid of the Mutual Insurance company, which has promised to bury him decently.

It is not a man's duty, as a matter of course, to devote himself to the eradication of any, even the most enormous wrong; he may still properly have other concerns to engage him;[462] but it is his duty, at least, to wash his hands of it, and, if he gives it no

---

[458] a convention to be held at Baltimore – in 1848 the city of Baltimore, Maryland, hosted a Democratic Party convention. During the entire convention delegates of this political party remained completely silent about the urging issue of slavery. Democrats nominated Lewis Cass for the U.S. president, later defeated by Zachary Taylor from the Whig Party.

[459] A member of the Independent Order of Odd Fellows, a fraternal organization that originate in England in the mid-1700s. The first U.S. branch was established in 1819.

[460] almshouses – publicly supported shelters for the poor and homeless.

[461] virile garb – Thoreau refers to the "toga virilis" or "adult clothing", which Romans permitted young boys to wear upon reaching the age fourteen, it was a symbol of their right of passage from boyhood to adulthood.

[462] great similarity between Thoreau and Pseudo-Dionysius the Areopagite: Thoreau, very much like Pseudo-Dionysius, is well aware of human limitations and shortcomings, and does not expect everyone to fight for truth. He knows that fighting for the greater good is the lot of heroes only. He recognizes that majority of men are not cut out for contributing to the fight for justice and greater good, but at the same time he knows that a man is capable of at least not contributing to injustice and evil – this he certainly expects from every human and every American. Please see Pseudo-Dionysius the Areopagite's work, "Corpus Areopagiticum", Book "Celestial Hierarchy" and Book "Ecclesiastical Hierarchy".

thought longer, not to give it practically his support. If I devote myself to other pursuits and contemplations, I must first see, at least, that I do not pursue them sitting upon another man's shoulders. I must get off him first, that he may pursue his contemplations too. See what gross inconsistency is tolerated. I have heard some of my townsmen say, "I should like to have them order me out to help put down an insurrection of the slaves, or to march to Mexico; — see if I would go"; and yet these very men have each, directly by their allegiance, and so indirectly, at least, by their money, furnished a substitute. The soldier is applauded who refuses to serve in an unjust war by those who do not refuse to sustain the unjust government which makes the war; is applauded by those whose own act and authority he disregards and sets at naught; as if the state were penitent to that degree that it hired one to scourge it while it sinned, but not to that degree that it left off sinning for a moment. Thus, under the name of Order and Civil Government, we are all made at last to pay homage to and support our own meanness. After the first blush of sin comes its indifference; and from immoral it becomes, as it were, *un*moral, and not quite unnecessary to that life which we have made.

The broadest and most prevalent error requires the most disinterested virtue to sustain it. The slight reproach to which the virtue of patriotism is commonly liable, the noble are most likely to incur. Those who, while they disapprove of the character and measures of a government, yield to it their allegiance and support are undoubtedly its most conscientious supporters, and so frequently the most serious obstacles to reform. Some are petitioning the State to dissolve the Union,[463] to disregard the requisitions of the President. Why do they not dissolve it themselves — the union between themselves and the State — and refuse to pay their quota into its treasury? Do not they stand in the same relation to the State, that the State does to the Union? And have not the same reasons prevented the State from resisting the Union, which have prevented them from resisting the State?

How can a man be satisfied to entertain an opinion merely, and enjoy *it?* Is there any enjoyment in it, if his opinion is that he is aggrieved? If you are cheated out of a single dollar by your neighbor, you do not rest satisfied with knowing that you are cheated, or with saying that you are cheated, or even with petitioning him to pay you your due; but you take effectual steps at once to obtain the full amount, and see that you are never cheated again. Action from principle — the perception and the performance of right — changes things and relations; it is essentially revolutionary, and does not consist wholly with anything which was. It not only divides states and churches, it divides families; ay, it divides the *individual*, separating the diabolical in him from the divine.

Unjust laws exist; shall we be content to obey them, or shall we endeavor to amend them, and obey them until we have succeeded, or shall we transgress them at once? Men generally, under such a government as this, think that they ought to wait until they have persuaded the majority to alter them. They think that, if they should resist, the remedy would be worse than the evil. But it is the fault of the government itself that the remedy *is* worse than the evil. *It* makes it worse. Why is it not more apt to anticipate and provide for reform? Why does it not cherish its wise minority? Why does it cry and resist before it is hurt? Why does it not encourage its citizens to be on the alert to point out its faults, and *do* better than it would have them? Why does it always crucify Christ, and

---

[463] "No Union with Slaveholders" had become an abolitionist slogan.

თოროუების საგვარეულო საფლავის ქვა
სლიფი ჰალოუს სასაფლაო მასაჩუსეცის შტატის სოფელ ქანქარდში.
FAMILY TOMBSTONE OF THOREAU:
SEELPY HOLLOW CEMETERY IN CONCORD, MASSACHUSETTS.

excommunicate Copernicus[464] and Luther,[465] and pronounce Washington and Franklin rebels?

One would think, that a deliberate and practical denial of its authority was the only offence never contemplated by government; else, why has it not assigned its definite, its suitable and proportionate, penalty? If a man who has no property refuses but once to earn nine shillings[466] for the State, he is put in prison for a period unlimited by any law that I know, and determined only by the discretion of those who placed him there; but if he should steal ninety times nine shillings from the State, he is soon permitted to go at large again.

If the injustice is part of the necessary friction of the machine of government, let it go, let it go; perchance it will wear smooth — certainly the machine will wear out. If the injustice has a spring, or a pulley, or a rope, or a crank, exclusively for itself, then perhaps you may consider whether the remedy will not be worse than the evil; but if it is of such a nature that it requires you to be the agent of injustice to another, then, I say, break the law. Let your life be a counter friction to stop the machine. What I have to do is to see, at any rate, that I do not lend myself to the wrong which I condemn.

As for adopting the ways which the State has provided for remedying the evil, I know not of such ways. They take too much time, and a man's life will be gone. I have other affairs to attend to. I came into this world, not chiefly to make this a good place to live in, but to live in it, be it good or bad. A man has not everything to do, but something; and because he cannot do *everything*, it is not necessary that he should do *something* wrong. It is not my business to be petitioning the Governor or the Legislature any more than it is theirs to petition me; and if they should not hear my petition, what should I do then? But in this case the State has provided no way; its very Constitution is the evil. This may seem to be harsh and stubborn and unconciliatory; but it is to treat with the utmost kindness and consideration the only spirit that can appreciate or deserves it. So is an change for the better, like birth and death which convulse the body.

I do not hesitate to say, that those who call themselves Abolitionists should at once effectually withdraw their support, both in person and property, from the government of Massachusetts, and not wait till they constitute a majority of one,[467] before

---

[464] Nicolaus Copernicus (1473-1543) – Polish founder of modern astronomy; Catholic Church persecuted scientists, to avoid this, Copernicus dedicated his work "On the Revolutions" to Pope Paul III and published it in 1543, and, thanks to this, he was not excommunicated.

[465] Martin Luther (1483-1546) – German monk and Protestant Reformation leader, founder of Protestant religion. He was excommunicated by Pope Leo X and condemned by the Holy Roman Emperor Charles V. Catholic Church clearly was and still is decadent and heretical, and Luther was quite right in at least some of his accusations against Rome, but Luther was quite an immoral and heretical man himself.

[466] nine shillings – it is somewhat difficult to discern why Thoreau uses this sum. The tax that he refused to pay was approximately in the amount of $1.50. A shilling is equal to 1/20 of a British pound and was equal to 23 cents in Thoreau's time, so his tax would be equivalent of six shillings approximately, not nine: 23 x 6 = 138 = $1.38, which is about $1.50; 9 shillings come out to $2.07. But when the decimal system was first adopted in New England, one shilling was equal to 1/6 of a dollar which is $0.166, so 9 x 0.166 = $1.50, which is the precise amount Thoreau owed in taxes. In Thoreau's time, New Englanders frequently used the old, original equation rather than the new, and it is evident that so did Thoreau.

[467] majority of one – many mistakenly think that this ideology started with John Knox (1513-1572) who was the founder of Scottish Presbyterianism. He declared that "a man with God is always in the majority". Long before John Knox Christian martyrs based their actions precisely on this belief when they stood up to the idol worshipers of the world and easily dismissed and defeated in spirit Alexandrian, Roman, Persian and all the other heathen majorities. Please see St. Augustine's book "Confessions". Also see writings of Origen, Eusebius, Irenaeus and other early Christian Fathers and take under consideration martyrdoms of St. Queen Ketevan of Kakheti and St. Ilia

they suffer the right to prevail through them. I think that it is enough if they have God on their side, without waiting for that other one. Moreover, any man more right than his neighbors constitutes a majority of one already.

I meet this American government, or its representative, the State government, directly, and face to face, once a year — no more — in the person of its tax-gatherer;[468] this is the only mode in which a man situated as I am necessarily meets it; and it then says distinctly, Recognize me; and the simplest, the most effectual, and, in the present posture of affairs, the indispensablest mode of treating with it on this head, of expressing your little satisfaction with and love for it, is to deny it then. My civil neighbor, the tax-gatherer, is the very man I have to deal with — for it is, after all, with men and not with parchment that I quarrel — and he has voluntarily chosen to be an agent of the government. How shall he ever know well what he is and does as an officer of the government, or as a man, until he is obliged to consider whether he shall treat me, his neighbor, for whom he has respect, as a neighbor and well-disposed man, or as a maniac and disturber of the peace, and see if he can get over this obstruction to his neighborliness without a ruder and more impetuous thought or speech corresponding with his action? I know this well, that if one thousand, if one hundred, if ten men whom I could name — if ten *honest* men only — ay, if *one* HONEST man, in this State of Massachusetts, *ceasing to hold slaves*, were actually to withdraw from this copartnership, and be locked up in the county jail therefor, it would be the abolition of slavery in America.[469] For it matters not how small the beginning may seem to be: what is once well done is done forever. But we love better to talk about it: that we say is our mission. Reform keeps many scores of newspapers in its service, but not one man. If my esteemed neighbor, the State's ambassador,[470] who will devote his days to the settlement of the question of human rights in the Council Chamber, instead of being threatened with the prisons of Carolina, were to sit down the prisoner of Massachusetts, that State which is so anxious to foist the sin of slavery upon her sister — though at present she can discover only an act of inhospitality to be the ground of a quarrel with her — the Legislature would not wholly waive the subject the following winter.

Under a government which imprisons any unjustly, the true place for a just man is also a prison. The proper place to-day, the only place which Massachusetts has provided for her freer and less desponding spirits, is in her prisons, to be put out and locked out of the State by her own act, as they have already put themselves out by their principles. It is there that the fugitive slave, and the Mexican prisoner on parole, and the

---

the Righteous – do you think they waited until the majority of fools came to its senses and thus the good came into majority, or rather they themselves acted as the representatives of the majority of good of their country and the whole humanity?

[468] Sam Staples – local constable and tax collector in Concord. In 1846 Staples met Thoreau and asked him to pay years of delinquent poll taxes. Thoreau refused because of his opposition to the Mexican-American War and slavery, and he spent a night in jail because of this refusal.

[469] This is a prophesy on part of Thoreau, which became perfectly true in a relatively very short time: Thoreau himself was that man who did "withdraw from this copartnership (with the state), and be locked up in the county jail therefor" and soon the Civil War, defeat of the evil slaveholders and "the abolition of slavery in America" followed. Some may call this a Heavenly prophesy, some may call it a forethought of an intelligent and logical man, who discerned political trends and thus the inevitable future. I, on my part, must assert that both opinions could be deemed perfectly correct, for it is already a Heavenly miracle when an ordinary mortal has such a keen intelligence, such a far-reaching foresight and such a logical forethought, not to mention such love for humanity and for Americans, who represent a beautiful and essential part of that humanity, as did Thoreau.

[470] Samuel Hoar (1778-1856) of Concord, sent by Massachusetts legislature to South Carolina to protest the impoundment of free black sailors, and was forced to leave or rather flee from Charleston. His daughter was a close friend of the Emersons and a childhood friend of Thoreau.

Indian come to plead the wrongs of his race,[471] should find them; on that separate, but more free and honorable ground, where the State places those who are not *with* her, but *against* her — the only house in a slave State in which a free man can abide with honor. If any think that their influence would be lost there, and their voices no longer afflict the ear of the State, that they would not be as an enemy within its walls, they do not know by how much truth is stronger than error, nor how much more eloquently and effectively he can combat injustice who has experienced a little in his own person. Cast your whole vote, not a strip of paper merely, but your whole influence. A minority is powerless while it conforms to the majority; it is not even a minority then; but it is irresistible when it clogs by its whole weight. If the alternative is to keep all just men in prison, or give up war and slavery, the State will not hesitate which to choose. If a thousand men were not to pay their tax-bills this year, that would not be a violent and bloody measure, as it would be to pay them, and enable the State to commit violence and shed innocent blood. This is, in fact, the definition of a peaceable revolution, if any such is possible. If the tax-gatherer, or any other public officer, asks me, as one has done, "But what shall I do?" my answer is, "If you really wish to do anything, resign your office." When the subject has refused allegiance, and the officer has resigned his office, then the revolution is accomplished. But even suppose blood should flow. Is there not a sort of blood shed when the conscience is wounded? Through this wound a man's real manhood and immortality flow out, and he bleeds to an everlasting death. I see this blood flowing now.

I have contemplated the imprisonment of the offender, rather than the seizure of his goods — though both will serve the same purpose — because they who assert the purest right, and consequently are most dangerous to a corrupt State, commonly have not spent much time in accumulating property. To such the State renders comparatively small service, and a slight tax is wont to appear exorbitant, particularly if they are obliged to earn it by special labor with their hands. If there were one who lived wholly without the use of money, the State itself would hesitate to demand it of him. But the rich man — not to make any invidious comparison — is always sold to the institution which makes him rich. Absolutely speaking, the more money, the less virtue; for money comes between a man and his objects, and obtains them for him; and it was certainly no great virtue to obtain it. It puts to rest many questions which he would otherwise be taxed to answer; while the only new question which it puts is the hard but superfluous one, how to spend it. Thus his moral ground is taken from under his feet. The opportunities of living are diminished in proportion as what are called the "means" are increased. The best thing a man can do for his culture when he is rich is to endeavor to carry out those schemes which he entertained when he was poor. Christ answered the Herodians[472] according to

---

[471] Besides slavery and the unjust war against the neighboring Mexico, this was the third issue that pained Thoreau and his contemporary patriots – Indians were killed and persecuted left to right, not just by Americans, but by the English, by the Spaniards and, basically, by every European settler. The result of this persecution is annihilation of majority of Indian nations and the imprisonment of the surviving tribes into mammoth size segregated prisons, the so called Reservations.

[472] Herodians – followers of the first non-Jewish King of Jews, Herod I, same as Herod the Great. Gospel speaks of the Herodians and the Pharisees as learned Sophists, who cunningly tried to question Jesus on the issue of paying taxes, as they wanted to trap him and, thus having enough evidence, to prosecute him. The Herodians were learned men, but they considered money and worldly wealth as the greatest value, hence they loathed virtue and loved evil. Their outwardly appearance was the one of an educated and clever and respectable citizen, but inwardly they were completely devoid of good, just like their leader, Herod I – he undertook the greatest building projects in Jerusalem, including the rebuilding of the second Temple in Jerusalem and in a material sense he was beneficial to the Jews and the Jewish state, but inwardly he was an evil man who valued wealth and power over the good and virtuous love and that is why he slaughtered all the newborns, when he heard from the Magus about the birth of the new King – Jesus; he murdered his own family members and committed many other evil things out of love of money and power.

their condition. "Show me the tribute-money,"[473] said he; — and one took a penny out of his pocket; — if you use money which has the image of Cæsar on it, and which he has made current and valuable, that is, *if you are men of the State*, and gladly enjoy the advantages of Cæsar's government, then pay him back some of his own when he demands it; "Render therefore to Cæsar that which is Cæsar's, and to God those things which are God's"[474] — leaving them no wiser than before as to which was which; for they did not wish to know.

When I converse with the freest of my neighbors, I perceive that, whatever they may say about the magnitude and seriousness of the question, and their regard for the public tranquillity, the long and the short of the matter is, that they cannot spare the protection of the existing government, and they dread the consequences to their property and families of disobedience to it. For my own part, I should not like to think that I ever rely on the protection of the State. But, if I deny the authority of the State when it presents its tax-bill, it will soon take and waste all my property, and so harass me and my children without end. This is hard. This makes it impossible for a man to live honestly, and at the same time comfortably in outward respects. It will not be worth the while to accumulate property; that would be sure to go again. You must hire or squat somewhere, and raise but a small crop, and eat that soon.[475] You must live within yourself, and depend upon yourself always tucked up and ready for a start, and not have many affairs. A man may grow rich in Turkey even, if he will be in all respects a good subject of the Turkish government. Confucius said, "If a state is governed by the principles of reason, poverty and misery are subjects of shame;[476] if a state is not governed by the principles of reason, riches and honors are the subjects of shame." No: until I want the protection of Massachusetts to be extended to me in some distant Southern port, where my liberty is endangered, or until I am bent solely on building up an estate at home by peaceful enterprise, I can afford to refuse allegiance to Massachusetts, and her right to my property and life. It costs me less in every sense to incur the penalty of disobedience to the State than it would to obey. I should feel as if I were worth less in that case.

Some years ago, the State met me in behalf of the Church, and commanded me to pay a certain sum toward the support of a clergyman whose preaching my father attended, but never I myself. "Pay," it said, "or be locked up in the jail." I declined to pay. But, unfortunately, another man saw fit to pay it.[477] I did not see why the schoolmaster should be taxed to support the priest, and not the priest the schoolmaster: for I was not the State's schoolmaster, but I supported myself by voluntary subscription. I did not see why the lyceum[478] should not present its tax-bill, and have the State to back its demand, as

---

[473] Mathew 22-19.

[474] Matthew 22:19-21.

[475] Thoreau's philosophy is very similar to Origen's. In "the Exhortation to Martyrdom" Origen encourages to abandon all the worldly possessions and to devote life to the love of God and love of our neighbor. Please see the book "An Exhortation to Martyrdom, Prayer and Selected Works". Eusebius too, when he described lives of Martyrs of the I-IV centuries in his "Church History" tells us that early Christians would sell all their worldly goods and donate the money to their congregation for two purposes: to administer the Church and to help the needy. Please see the book "Church History".

[476] Confucius, "the Analects" 8:13. It needs to be mentioned that Thoreau's citations of Confucius are usually his own translations from an 1841 French edition by Jean-Pierre-Guillaume Pauthier.

[477] In 1843 Bronson Alcott and Charles Lane (1800-1870) were arrested for refusal to pay the poll tax. Samuel Hoar paid the tax for them. So it might have been Samuel Hoar who paid the tax in Thoreau's case as well. Charles Lane was an English-American Transcendentalist and Abolitionist. He was the admirer and close friend of Bronson Alcott.

[478] lyceum – in New England a town institution, usually a cooperative, a hall where public lectures and debates are held.

well as the Church. However, at the request of the selectmen, I condescended to make some such statement as this in writing: — "Know all men by these presents, that I, Henry Thoreau, do not wish to be regarded as a member of any incorporated society which I have not joined." This I gave to the town clerk; and he has it. The State, having thus learned that I did not wish to be regarded as a member of that church, has never made a like demand on me since; though it said that it must adhere to its original presumption that time. If I had known how to name them, I should then have signed off in detail from all the societies which I never signed on to; but I did not know where to find a complete list.

I have paid no poll-tax[479] for six years. I was put into a jail once on this account, for one night; and, as I stood considering the walls of solid stone,[480] two or three feet thick, the door of wood and iron, a foot thick, and the iron grating which strained the light, I could not help being struck with the foolishness of that institution which treated me as if I were mere flesh and blood and bones, to be locked up. I wondered that it should have concluded at length that this was the best use it could put me to, and had never thought to avail itself of my services in some way. I saw that, if there was a wall of stone between me and my townsmen, there was a still more difficult one to climb or break through, before they could get to be as free as I was. I did not for a moment feel confined, and the walls seemed a great waste of stone and mortar. I felt as if I alone of all my townsmen had paid my tax. They plainly did not know how to treat me, but behaved like persons who are underbred. In every threat and in every compliment there was a blunder; for they thought that my chief desire was to stand the other side of that stone wall. I could not but smile to see how industriously they locked the door on my meditations, which followed them out again without let or hindrance, and they were really all that was dangerous. As they could not reach me, they had resolved to punish my body; just as boys, if they cannot come at some person against whom they have a spite, will abuse his dog. I saw that the State was half-witted, that it was timid as a lone woman with her silver spoons, and that it did not know its friends from its foes, and I lost all my remaining respect for it, and pitied it.

Thus the State never intentionally confronts a man's sense, intellectual or moral, but only his body, his senses. It is not armed with superior wit or honesty, but with superior physical strength. I was not born to be forced. I will breathe after my own fashion. Let us see who is the strongest. What force has a multitude? They only can force me who obey a higher law than I. They force me to become like themselves. I do not hear of *men* being *forced* to have this way or that by masses of men. What sort of life were that to live? When I meet a government which says to me, "Your money or your life," why should I be in haste to give it my money? It may be in a great strait, and not know what to do: I cannot help that. It must help itself; do as I do. It is not worth the while to snivel about it. I am not responsible for the successful working of the machinery of society. I am not the son of the engineer. I perceive that, when an acorn and a chestnut fall side by side, the one does not remain inert to make way for the other, but both obey their own laws, and spring and grow and flourish as best they can, till one, perchance, overshadows and destroys the other. If a plant cannot live according to its nature, it dies; and so a man.

---

[479] poll-tax – a tax of a portioned, fixed amount per individual in accordance with the census.
[480] the prison where Thoreau was jailed was not a small-town lockup. It was the Middlesex County Jail. It was three-story high and it was built of solid granite blocks.

The night in prison was novel and interesting enough. The prisoners in their shirt-sleeves were enjoying a chat and the evening air in the doorway, when I entered. But the jailer said, "Come, boys, it is time to lock up"; and so they dispersed, and I heard the sound of their steps returning into the hollow apartments. My room-mate was introduced to me by the jailer as "a first-rate fellow and a clever man." When the door was locked, he showed me where to hang my hat, and how he managed matters there. The rooms were whitewashed once a month; and this one, at least, was the whitest, most simply furnished, and probably the neatest apartment in the town. He naturally wanted to know where I came from, and what brought me there; and, when I had told him, I asked him in my turn how he came there, presuming him to be an honest man, of course; and, as the world goes, I believe he was. "Why," said he, "they accuse me of burning a barn; but I never did it." As near as I could discover, he had probably gone to bed in a barn when drunk, and smoked his pipe there; and so a barn was burnt. He had the reputation of being a clever man, had been there some three months waiting for his trial to come on, and would have to wait as much longer; but he was quite domesticated and contented, since he got his board for nothing, and thought that he was well treated.

He occupied one window, and I the other; and I saw that if one stayed there long, his principal business would be to look out the window. I had soon read all the tracts that were left there, and examined where former prisoners had broken out, and where a grate had been sawed off, and heard the history of the various occupants of that room; for I found that even here there was a history and a gossip which never circulated beyond the walls of the jail. Probably this is the only house in the town where verses are composed, which are afterward printed in a circular form, but not published. I was shown quite a long list of verses which were composed by some young men who had been detected in an attempt to escape, who avenged themselves by singing them.

I pumped my fellow-prisoner as dry as I could, for fear I should never see him again; but at length he showed me which was my bed, and left me to blow out the lamp.

It was like travelling into a far country, such as I had never expected to behold, to lie there for one night. It seemed to me that I never had heard the town-clock strike before, nor the evening sounds of the village; for we slept with the windows open, which were inside the grating. It was to see my native village in the light of the Middle Ages, and our Concord was turned into a Rhine[481] stream, and visions of knights and castles passed before me. They were the voices of old burghers[482] that I heard in the streets. I was an involuntary spectator and auditor of whatever was done and said in the kitchen of the adjacent village-inn — a wholly new and rare experience to me. It was a closer view of my native town. I was fairly inside of it. I never had seen its institutions before. This is one of its peculiar institutions; for it is a shire town.[483] I began to comprehend what its inhabitants were about.

In the morning, our breakfasts were put through the hole in the door, in small oblong-square tin pans, made to fit, and holding a pint of chocolate, with brown bread, and an iron spoon. When they called for the vessels again, I was green enough to return

---

[481] Rhine – a large river in Germany, its banks are dazzled with beautiful castles, palaces and village houses and marvelous scenery.

[482] Burgher – in the Middle Ages a typical German middle class citizen of a town.

[483] At the time, Concord and Cambridge both served as county seats for Middlesex County, MA. Shire town is the town that is the seat of county government.

what bread I had left; but my comrade seized it, and said that I should lay that up for lunch or dinner. Soon after he was let out to work at haying in a neighboring field, whither he went every day, and would not be back till noon; so he bade me good-day, saying that he doubted if he should see me again.

When I came out of prison — for some one interfered,[484] and paid that tax — I did not perceive that great changes had taken place on the common, such as he observed who went in a youth and emerged a tottering and gray-headed man; and yet a change had to my eyes come over the scene — the town, and State, and country — greater than any that mere time could effect. I saw yet more distinctly the State in which I lived. I saw to what extent the people among whom I lived could be trusted as good neighbors and friends; that their friendship was for summer weather only; that they did not greatly propose to do right; that they were a distinct race from me by their prejudices and superstitions, as the Chinamen and Malays are; that in their sacrifices to humanity, they ran no risks, not even to their property; that after all they were not so noble but they treated the thief as he had treated them, and hoped, by a certain outward observance and a few prayers, and by walking in a particular straight though useless path from time to time, to save their souls. This may be to judge my neighbors harshly; for I believe that many of them are not aware that they have such an institution as the jail in their village.

It was formerly the custom in our village, when a poor debtor came out of jail, for his acquaintances to salute him, looking through their fingers, which were crossed to represent the grating of a jail window, "How do ye do?" My neighbors did not thus salute me, but first looked at me, and then at one another, as if I had returned from a long journey. I was put into jail as I was going to the shoemaker's to get a shoe which was mended. When I was let out the next morning, I proceeded to finish my errand, and, having put on my mended shoe, joined a huckleberry party, who were impatient to put themselves under my conduct; and in half an hour — for the horse was soon tackled — was in the midst of a huckleberry field, on one of our highest hills, two miles off, and then the State was nowhere to be seen.

This is the whole history of "My Prisons."[485]

I have never declined paying the highway tax, because I am as desirous of being a good neighbor as I am of being a bad subject; and as for supporting schools, I am doing my part to educate my fellow-countrymen now. It is for no particular item in the tax-bill that I refuse to pay it. I simply wish to refuse allegiance to the State, to withdraw and stand aloof from it effectually. I do not care to trace the course of my dollar, if I could, till it buys a man or a musket to shoot one with — the dollar is innocent — but I am concerned to trace the effects of my allegiance. In fact, I quietly declare war with the State, after my fashion, though I will still make what use and get what advantage of her I can, as is usual in such cases.

If others pay the tax which is demanded of me, from a sympathy with the State, they do but what they have already done in their own case, or rather they abet injustice to a greater extent than the State requires. If they pay the tax from a mistaken interest in the

---

[484] probably Thoreau's paternal aunt, Maria Thoreau paid the tax one day after his imprisonment and Thoreau was thus released from the jail immediately.
[485] Reference to *Le Mie Prigioni* by Silvio Pellico (1789-1854), about his 8 years as a political prisoner. It was written in 1832, but Thoreau read the 1836 English translation.

individual taxed, to save his property, or prevent his going to jail, it is because they have not considered wisely how far they let their private feelings interfere with the public good.

This, then, is my position at present. But one cannot be too much on his guard in such a case, lest his action be biased by obstinacy or an undue regard for the opinions of men. Let him see that he does only what belongs to himself and to the hour.

I think sometimes, Why, this people mean well; they are only ignorant; they would do better if they knew how: why give your neighbors this pain to treat you as they are not inclined to? But I think, again, This is no reason why I should do as they do, or permit others to suffer much greater pain of a different kind. Again, I sometimes say to myself, When many millions of men, without heat, without ill-will, without personal feeling of any kind, demand of you a few shillings only, without the possibility, such is their constitution, of retracting or altering their present demand, and without the possibility, on your side, of appeal to any other millions, why expose yourself to this overwhelming brute force? You do not resist cold and hunger, the winds and the waves, thus obstinately; you quietly submit to a thousand similar necessities. You do not put your head into the fire. But just in proportion as I regard this as not wholly a brute force, but partly a human force, and consider that I have relations to those millions as to so many millions of men, and not of mere brute or inanimate things, I see that appeal is possible, first and instantaneously, from them to the Maker of them, and, secondly, from them to themselves. But, if I put my head deliberately into the fire, there is no appeal to fire or to the Maker of fire, and I have only myself to blame. If I could convince myself that I have any right to be satisfied with men as they are, and to treat them accordingly, and not according, in some respects, to my requisitions and expectations of what they and I ought to be, then, like a good Mussulman[486] and fatalist, I should endeavor to be satisfied with things as they are, and say it is the will of God.[487] And, above all, there is this difference between resisting this and a purely brute or natural force, that I can resist this with some effect; but I cannot expect, like Orpheus,[488] to change the nature of the rocks and trees and beasts.

I do not wish to quarrel with any man or nation. I do not wish to split hairs, to make fine distinctions, or set myself up as better than my neighbors. I seek rather, I may say, even an excuse for conforming to the laws of the land. I am but too ready to conform to them. Indeed, I have reason to suspect myself on this head; and each year, as the tax-gatherer comes round, I find myself disposed to review the acts and position of the general and State governments, and the spirit of the people, to discover a pretext for conformity.

---

[486] An older term for a Muslim.

[487] will of God – Thoreau's view on Predestination completely differs from Catholic and Protestant views, and precisely concurs with Orthodox Christian theology. Thoreau does not ascribe anything to fate. According to Thoreau, there is no such thing as fate, a man's destiny is decided by the Divine Providence and Free Will, by the Will of God and the Will of a free man. Orthodox Church has exactly corresponding theology. Catholics believe only in Divine Providence as the driving force of man's destiny. Most Protestants, on the other hand, place their beliefs on logic and disregard divine mysteries, even in their sermons, and assert that an individual is a master of his fate. Both are dead wrong. It is the combination of divine and human wills that propels men to salvation – free will alone is not enough to accomplish this, but neither is the Divine, for why else then is there free will, why else is there sin and virtue then, why else is there freedom of choice? Such are the teachings of the Orthodox Church and such are opinions expressly expressed by Thoreau as well.

[488] In Greek mythology, a poet musician whose songs could charm even rocks, trees and beasts.

"We must affect our country as our parents,
And if at any time we alienate
Our love or industry from doing it honor,
We must respect effects and teach the soul
Matter of conscience and religion,
And not desire of rule or benefit."[489]

I believe that the State will soon be able to take all my work of this sort out of my hands, and then I shall be no better a patriot than my fellow-countrymen. Seen from a lower point of view, the Constitution, with all its faults, is very good; the law and the courts are very respectable; even this State and this American government are, in many respects, very admirable and rare things, to be thankful for, such as a great many have described them; but seen from a point of view a little higher, they are what I have described them; seen from a higher still, and the highest, who shall say what they are, or that they are worth looking at or thinking of at all?

However, the government does not concern me much, and I shall bestow the fewest possible thoughts on it. It is not many moments that I live under a government, even in this world. If a man is thought-free, fancy-free, imagination-free, that which is *not* never for a long time appearing *to be* to him, unwise rulers or reformers cannot fatally interrupt him.

I know that most men think differently from myself; but those whose lives are by profession devoted to the study of these or kindred subjects, content me as little as any. Statesmen and legislators, standing so completely within the institution, never distinctly and nakedly behold it. They speak of moving society, but have no resting-place without it.[490] They may be men of a certain experience and discrimination, and have no doubt invented ingenious and even useful systems, for which we sincerely thank them; but all their wit and usefulness lie within certain not very wide limits. They are wont to forget that the world is not governed by policy and expediency. Webster never goes behind government, and so cannot speak with authority about it. His words are wisdom to those legislators who contemplate no essential reform in the existing government; but for thinkers, and those who legislate for all time, he never once glances at the subject. I know of those whose serene and wise speculations on this theme would soon reveal the limits of his mind's range and hospitality. Yet, compared with the cheap professions of most reformers, and the still cheaper wisdom and eloquence of politicians in general, his are almost the only sensible and valuable words, and we thank Heaven for him. Comparatively, he is always strong, original, and, above all, practical. Still, his quality is not wisdom, but prudence. The lawyer's truth is not truth, but consistency or a consistent expediency. Truth is always in harmony with herself, and is not concerned chiefly to reveal the justice that may consist with wrong-doing. He well deserves to be called, as he has been called, the Defender of the Constitution. There are really no blows to be given by him but defensive ones. He is not a leader, but a follower. His leaders are the men of '87.[491] "I have never made an effort," he says, "and never propose to make an effort; I have never countenanced an effort, and never mean to countenance an effort, to disturb the arrangement as originally made, by which the various States came into the Union."

---

[489] George Peele (1557?-1597?) – an English dramatist, "Battle of Alcazar" (found in later editions only).
[490] a reference to Archimedes. Legend has it that Archimedes said, "Give me a place to stand and I will move the Earth", meaning that if he had a place to put a fulcrum and a long enough lever, he could lift and move any weight, no matter how big or how heavy.
[491] Writers of the Constitution in 1787.

Still thinking of the sanction which the Constitution gives to slavery, he says, "Because it was a part of the original compact — let it stand."[492] Notwithstanding his special acuteness and ability, he is unable to take a fact out of its merely political relations, and behold it as it lies absolutely to be disposed of by the intellect — what, for instance, it behooves a man to do here in America to-day with regard to slavery, but ventures, or is driven, to make some such desperate answer as the following, while professing to speak absolutely, and as a private man — from which what new and singular code of social duties might be inferred? "The manner," says he, "in which the governments of those States where slavery exists are to regulate it is for their own consideration, under their responsibility to their constituents, to the general laws of propriety, humanity, and justice, and to God. Associations formed elsewhere, springing from a feeling of humanity, or any other cause, have nothing whatever to do with it. They have never received any encouragement from me, and they never will."

They who know of no purer sources of truth, who have traced up its stream no higher, stand, and wisely stand, by the Bible and the Constitution, and drink at it there with reverence and humility; but they who behold where it comes trickling into this lake or that pool, gird up their loins[493] once more, and continue their pilgrimage toward its fountain-head.[494]

No man with a genius for legislation has appeared in America. They are rare in the history of the world. There are orators, politicians, and eloquent men, by the thousand; but the speaker has not yet opened his mouth to speak who is capable of settling the much-vexed questions of the day. We love eloquence for its own sake, and not for any truth which it may utter, or any heroism it may inspire. Our legislators have not yet learned the comparative value of free-trade and of freedom, of union, and of rectitude, to a nation. They have no genius or talent for comparatively humble questions of taxation and finance, commerce and manufacturers and agriculture. If we were left solely to the wordy wit of legislators in Congress for our guidance, uncorrected by the seasonable experience and the effectual complaints of the people, America would not long retain her rank among the nations. For eighteen hundred years, though perchance I have no right to say it, the New Testament has been written; yet where is the legislator who has wisdom and practical talent enough to avail himself of the light which it sheds on the science of legislation?

The authority of government, even such as I am willing to submit to — for I will cheerfully obey those who know and can do better than I, and in many things even those who neither know nor can do so well — is still an impure one:[495] to be strictly just,

---

[492] Daniel Webster (1782-1852) – from his speech in the U.S. Senate. Webster was a renowned orator and US senator from Massachusetts. He was willing to compromise with the South for the sake of saving the Union. Because of this, many New England patriots and abolitionists considered him a traitor.

[493] “"Let your loins be girded about.” Luke 12:34

[494] Once again Thoreau's views are very similar to the Orthodox Christian theology of Pseudo-Dionysius the Areopagite. Every creature strives toward God in a set hierarchy – higher the being's hierarchy, higher its ability to retain the good, higher its striving force and hence closer its proximity with God. Every being has a distinct and different ability. Some go higher in “their pilgrimage toward its fountain-head”, as Thoreau puts it. Please see Pseudo-Dionysius the Areopagite's work, “Corpus Areopagiticum”, Book “Celestial Hierarchy” and Book “Ecclesiastical Hierarchy”.

[495] here Thoreau's views coincide with the philosophy of the greatest King of Georgia, Davit the Builder. Thoreau is well aware that perfection in earthly lordship is impossible. If it is impossible to have a perfect King, it follows that it is also impossible to have a perfect state. Realizing his shortcomings as a King and as a human, King Davit wrote his “Chants of Repentance” – a masterpiece of Orthodox Christian Theology. It is faintly similar to St. Augustine's “Confessions”. Please see “Chants of Repentance” (Publishing house “Tbilisi”, 1989). Although

it must have the sanction and consent of the governed. It can have no pure right over my person and property but what I concede to it. The progress from an absolute to a limited monarchy, from a limited monarchy to a democracy, is a progress toward a true respect for the individual. Even the Chinese philosopher[496] was wise enough to regard the individual as the basis of the empire. Is a democracy, such as we know it, the last improvement possible in government? Is it not possible to take a step further towards recognizing and organizing the rights of man? There will never be a really free and enlightened State until the State comes to recognize the individual as a higher and independent power, from which all its own power and authority are derived, and treats him accordingly. I please myself with imagining a State at least which can afford to be just to all men, and to treat the individual with respect as a neighbor; which even would not think it inconsistent with its own repose if a few were to live aloof from it, not meddling with it, nor embraced by it, who fulfilled all the duties of neighbors and fellow-men.[497] A State which bore this kind of fruit, and suffered it to drop off as fast as it ripened, would prepare the way for a still more perfect and glorious State, which also I have imagined, but not yet anywhere seen.[498]

Thoreau, unlike the anarchist fools, agrees to submit himself to the government for the greater good, but submit to it not in a slave-like manner, but as a true patriot whose first and foremost concern is truth – such is and has always been the official stand on this issue of the Orthodox Church as well, starting with Jesus, the apostles and the early martyrs.

[496] Probably Confucius (551-479 B.C.).

[497] How perfectly concordant are Thoreau's thoughts with Cicero's. In "De Officiis" Cicero states that the men of exceptionally good character and exceptional talents, who "due to their high morals can not stomach the immorality of the world – its people and its leaders" should be allowed to leave the busy life of worldly affairs and seek refuge in the peacefulness of country living. Cicero further continues: "Hence perhaps we must allow abstention from public affairs to individuals of exceptional talent who have devoted their lives to learning..." Please see Cicero's "De Officiis", Book I.

[498] how astonishingly similar is Thoreau to Plato, who in his "the Republic", in the very last sentence of the last paragraph of chapter 9, states that he has imagined such a perfect Kingdom and "in Heaven... there is laid up a pattern of it, methinks, which he who desires may behold, and beholding, may set his own house in order. But whether such a one exists, or ever will exist in fact, is no matter; for he will live after the manner of that city, having nothing to do with any other." Please see "the Republic", Book IX, page 298. Thoreau is also similar to St. Augustine. Please see "the City of God" – the whole book is dedicated to the idea of the perfect Heavenly city, which is impossible to attain in this world.

A PLEA FOR CAPTAIN JOHN BROWN

I TRUST that you will pardon me for being here. I do not wish to force my thoughts upon you, but I feel forced myself. Little as I know of Captain Brown,[499] I would fain[500] do my

---

[499] John Brown (1800-1859) – a New England and American patriot. He was originally from Connecticut, but later his family moved to Ohio briefly. At the age of 16 John Brown left his family and went to Plainfield, Massachusetts, where he enrolled in a preparatory program. Shortly afterward, he transferred to the Morris Academy in Litchfield, Connecticut. He hoped to become a Congregationalist minister, but money ran out and he suffered from eye inflammations, which forced him to give up the academy and return to Ohio. In Hudson he worked briefly at his father's tannery before opening a successful tannery of his own outside of town with his adopted brother. In 1820 Brown married Dianthe Lusk. Their first child, John Jr, was born 13 months later. In 1825 Brown and his family moved to New Richmond, Pennsylvania, where he bought 200 acres (81 hectares) of land. He cleared an eighth of it and built a cabin, a barn, and a tannery. Within a year the tannery employed 15 men. Brown also made money raising cattle and surveying. He helped to establish a post office and a school. During this period, Brown operated an interstate business involving cattle and leather production along with a kinsman, Seth Thompson, from eastern Ohio. In 1831, one of his sons died. Brown fell ill, and his businesses began to suffer, which left him in terrible debt. In the summer of 1832 his wife Dianthe died. On June 14, 1833 Brown married Mary Ann Day (April 15, 1817—May 1, 1884), originally of Meadville, Pennsylvania. They eventually had 13 children, in addition to the seven children from his previous marriage. In 1836 Brown moved his family to Franklin Mills, Ohio (now known as Kent). In 1837, in response to the murder of Elijah P. Lovejoy, Brown publicly vowed: "Here, before God, in the presence of these witnesses, from this time, I consecrate my life to the destruction of slavery!" From the mid-1840s Brown had built a reputation as an expert in fine sheep and wool, and entered into a partnership with Simon Perkins Jr of Akron, Ohio, whose flocks and farms were managed by Brown and sons. In 1846 Brown and Perkins set up a wool commission operation in Springfield, Massachusetts, to represent the interests of wool growers against the dominant interests of New England's manufacturers. Brown naively trusted the manufacturers at first, but soon came to realize they were determined to maintain control of price setting and feared the empowerment of the farmers. In 1848 Brown heard of Gerrit Smith's Adirondack land grants to poor black men, and decided to move his family among the new settlers. He bought land near North Elba, New York (near Lake Placid), for $1 an acre, although he spent little time there. After he was executed, his wife took his body there for burial. Since 1895 the farm has been owned by New York state. The John Brown Farm and Gravesite is now a National Historic Landmark. In 1855 Brown learned from his adult sons in the Kansas territory that pro-slavery forces there were militant and that their families were completely unprepared to face attack. Determined to protect his family and oppose the advances of pro-slavery supporters, Brown left for Kansas, enlisting a son-in-law and making several stops just to collect funds and weapons. As reported by the New York Tribune, Brown stopped en route to participate in an anti-slavery convention that took place in June 1855 in Albany, New York. Despite the controversy that ensued on the convention floor regarding the support of violent efforts on behalf of the free state cause, several individuals provided Brown some solicited financial support. As he went westward, however, Brown found more militant support in his home state of Ohio, particularly in the strongly anti-slavery Western Reserve section where he had been reared. In Boston he met Henry David Thoreau and Ralph Waldo Emerson. He had fought with his small group of men against slavery for many years, when he decided to attack Harper's Ferry Armory in Virginia. Brown arrived in Harper's Ferry on July 3, 1859. A few days later, under the name Isaac Smith, he rented a farmhouse in nearby Maryland. He awaited the arrival of his recruits. On October 16, 1859 Brown (leaving three men behind as a rear guard) led 18 men in an attack on the Harper's Ferry Armory. He had received 200 Beecher's Bibles – breechloading .52 caliber Sharps rifles – and pikes from northern abolitionist societies in preparation for the raid. The armory was a large complex of buildings that contained 100,000 muskets and rifles, which Brown planned to seize and use to arm local slaves. They would then head south, drawing off more and more slaves from plantations, and fighting only in self-defense. As Frederick Douglass and Brown's family testified, his strategy was essentially to deplete Virginia of its slaves, causing the institution to collapse in one county after another, until the movement spread into the South, essentially wreaking havoc on the economic viability of the pro-slavery states. Initially the raid went well, and they met no resistance entering the town. They cut the telegraph wires and easily captured the armory, which was being defended by a single watchman. They next rounded up hostages from nearby farms, including Colonel Lewis Washington, great-grandnephew of George Washington. News of the raid reached Baltimore early that morning and then on to Washington by late morning. By the morning of October 18 the engine house, later known as John Brown's Fort, was surrounded by a company of U.S. Marines under the command of Colonel Robert E. Lee of the United States Army. A young Army lieutenant, J.E.B. Stuart, approached under a white flag and told the raiders that their lives would be spared if they surrendered. Brown refused, saying, "No, I prefer to die here." Stuart then gave a signal. The Marines used sledge hammers and a make-shift battering-ram to break down the engine room door. Lieutenant Israel Greene cornered Brown and struck him several times, wounding his head. In three minutes Brown and the survivors were captives. Altogether Brown's men killed four people, and wounded nine. Ten of Brown's men were killed (including his sons Watson and Oliver). Five of Brown's men escaped (including his son Owen), and seven were captured along with Brown. Among the killed raiders were John Henry Kagi; Lewis Sheridan Leary and Dangerfield Newby; those hanged besides Brown were John Anthony Copeland, Jr. and Shields Green. Brown and the others captured were

part to correct the tone and the statements of the newspapers, and of my countrymen generally, respecting his character and actions. It costs us nothing to be just. We can at least express our sympathy with, and admiration of, him and his companions, and that is what I now propose to do.

First, as to his history. I will endeavor to omit, as much as possible, what you have already read. I need not describe his person to you, for probably most of you have seen and will not soon forget him. I am told that his grandfather,[501] John Brown, was an officer in the Revolution; that he himself was born in Connecticut about the beginning of this century, but early went with his father to Ohio. I heard him say that his father was a contractor who furnished beef to the army there, in the war of 1812; that he accompanied him to the camp, and assisted him in that employment, seeing a good deal of military life, more, perhaps, than if he had been a soldier; for he was often present at the councils of the officers. Especially, he learned by experience how armies are supplied and maintained in the field a work which, he observed, requires at least as much experience and skill as to lead them in battle. He said that few persons had any conception of the cost, even the pecuniary cost, of firing a single bullet in war. He saw enough, at any rate, to disgust him with a military life; indeed to excite in him a great abhorrence of it; so much so, that though he was tempted by the offer of some petty office in the army, when he was about eighteen, he not only declined that, but he also refused to train when warned, and was fined for it. He then resolved that he would never have anything to do with any war, unless it were a war for liberty.

When the troubles in Kansas began,[502] he sent several of his sons thither to strengthen the party of the Free State men, fitting them out with such weapons as he had; telling them that if the troubles should increase, and there should be need of him, he would follow to assist them with his hand and counsel. This, as you all know, he soon after did; and it was through his agency, far more than any other's, that Kansas was made free.

For a part of his life he was a surveyor, and at one time he was engaged in wool-growing, and he went to Europe as an agent about that business. There, as everywhere, he had his eyes about him, and made many original observations. He said, for instance, that he saw why the soil of England was so rich, and that of Germany[503] (I think it was) so poor, and he thought of writing to some of the crowned heads about it. It was because in England the peasantry live on the soil which they cultivate, but in

---

held in the office of the armory. On October 18, 1859 Virginia Governor Henry A. Wise, Virginia Senator James M. Mason, and Representative Clement Vallandigham of Ohio arrived in Harper's Ferry. Mason led the three-hour questioning session of Brown. Victor Hugo, from exile on Guernsey, tried to obtain pardon for John Brown. He sent an open letter that was published by the press on both sides of the Atlantic. At the end it states: "Let America know and ponder on this: there is something more frightening than Cain killing Abel, and that is Washington killing Spartacus." On the morning of December 2 Brown read his Bible and wrote a final letter to his wife, which included his will. At 11:00 he was escorted from the county jail through a crowd of 2,000 soldiers a few blocks away to a small field where the gallows were. Among the soldiers in the crowd were future Confederate general Stonewall Jackson and John Wilkes Booth, who borrowed a militia uniform to gain admission to the execution. Brown was accompanied by the sheriff and his assistants, but no minister since he had consistently rejected the ministrations of pro-slavery clergy.

[500] fain – cheerfully, readily, gladly, willingly.

[501] grandfather – meaning John Brown's paternal grandfather who joined the Continental army, but died of dysentery only a few weeks later.

[502] The Kansas-Nebraska Act of 1854 included a provision to allow settlers to decide the issue of slavery by popular vote, resulting in a series of violent encounters, a civil war now known as "Bleeding Kansas".

[503] In 1849 John Brown traveled to Europe about his wool business. He visited England and Germany (namely the city of Hamburg).

Germany they are gathered into villages at night. It is a pity that he did not make a book of his observations.

I should say that he was an old-fashioned man in his respect for the Constitution, and his faith in the permanence of this Union. Slavery he deemed to be wholly opposed to these, and he was its determined foe.

He was by descent and birth a New England farmer, a man of great common sense, deliberate and practical as that class is, and tenfold more so. He was like the best of those who stood at Concord Bridge once, on Lexington Common, and on Bunker Hill,[504] only he was firmer and higher principled than any that I have chanced to hear of as there. It was no abolition lecturer that converted him. Ethan Allen[505] and Stark,[506] with whom he may in some respects be compared, were rangers in a lower and less important field. They could bravely face their country's foes, but he had the courage to face his country herself, when she was in the wrong. A Western writer says, to account for his escape from so many perils, that he was concealed under a "rural exterior;"[507] as if, in that prairie land, a hero should, by good rights, wear a citizen's dress only.

He did not go to the college called Harvard, good old Alma Mater as she is.[508] He was not fed on the pap that is there furnished. As he phrased it, "I know no more of grammar than one of your calves." But he went to the great university of the West,[509] where he sedulously pursued the study of Liberty, for which he had early betrayed a fondness, and having taken many degrees, he finally commenced the public practice of Humanity in Kansas, as you all know. Such were *his humanities*, and not any study of grammar. He would have left a Greek accent slanting the wrong way, and righted up a falling man.

---

[504] A reference to the Revolutionary War battles of Lexington and Concord, which were well known to Thoreau and his audience.

[505] Ethan Allen (1738-1789) – a farmer, businessman, land speculator, philosopher, writer, and American Revolutionary War patriot, hero, and politician. Allen was an early American revolutionary and guerrilla leader who, before the war, fought against the Province of New York's attempts to take control of the New Hampshire Grants. He is probably most widely known for founding the Green Mountain Boys and leading their participation in the capture of Fort Ticonderoga on May 10, 1775, and for later political and military activities leading first to the formation of the Vermont Republic and then to Vermont's statehood (although the latter did not occur until after his death). In spite of these great accomplishments, Thoreau considered, and rightfully so, Ethan Allen to be a hero of much lesser stature than John Brown for a simple, but an important reason: Ethan Allen fought against the foreign evil, which attacked his country, while Captain Brown did not hesitate to fight with his own country when the evil of slavery took a hold of it and turned it into an evil and one of the most inhumane political machinery of the time.

[506] John Stark (1728-1822) – a New Hampshire general who served in the American Continental Army during the American Revolutionary War. He became widely known as the "Hero of Bennington" for his exemplary service at the Battle of Bennington in 1777. In spite of these great accomplishments, Thoreau considered, and rightfully so, Ethan Allen to be a hero of much lesser stature than John Brown for a simple, but an important reason: Ethan Allen fought against the foreign evil, which attacked his country, while Captain Brown did not hesitate to fight with his own country when the evil of slavery took a hold of it and turned it into an evil and one of the most inhumane political machinery of the time.

[507] "rural exterior" – Thoreau is citing from an article published in "Chicago Press and Tribune" and then reprinted in the "New-York Daily Tribune" on October 24, 1859.

[508] Thoreau graduated from Harvard with a Master's degree, but he did not value the institution much, so he refused to pay the five-dollar fee for a Harvard diploma.

[509] great university of the West – Thoreau in a literary sense means the American West and in a symbolic sense he means the school of life – school of hard knocks.

He was one of that class of whom we hear a great deal, but, for the most part, see nothing at all, — the Puritans.[510] It would be in vain to kill him. He died lately in the time of Cromwell,[511] but he reappeared here. Why should he not? Some of the Puritan stock are said to have come over and settled in New England. They were a class that did something else than celebrate their forefathers' day, and eat parched [512] corn in remembrance of that time. They were neither Democrats nor Republicans, but men of simple habits, straightforward, prayerful; not thinking much of rulers who did not fear God, not making many compromises, nor seeking after available candidates.

"In his camp,"[513] as one has recently written, and as I have myself heard him state, "he permitted no profanity; no man of loose morals was suffered to remain there, unless, indeed, as a prisoner of war. 'I would rather,' said he, 'have the smallpox, yellow fever, and cholera, all together in my camp, than a man without principle. It is a mistake, sir, that our people make, when they think that bullies are the best fighters, or that they are the fit men to oppose these Southerners. Give me men of good principles, — God-fearing men, men who respect themselves, and with a dozen of them I will oppose any hundred such men as these Buford ruffians.'"[514] He said that if one offered himself to be a soldier under him, who was forward to tell what he could or would do if he could only get sight of the enemy, he had but little confidence in him.

He was never able to find more than a score or so of recruits whom he would accept, and only about a dozen, among them his sons, in whom he had perfect faith. When he was here some years ago, he showed to a few a little manuscript book, his "orderly book" I think he called it, — containing the names of his company in Kansas, and the rules by which they bound themselves; and he stated that several of them had already sealed the contract with their blood. When some one remarked that, with the addition of a chaplain,[515] it would have been a perfect Cromwellian[516] troop, he observed

---

[510] Puritans – the original Caucasian settlers of Massachusetts. The Puritans were a significant grouping of English-speaking Protestants in the 16th and 17th-century. Puritanism, in this sense, was founded by some Marian exiles from the clergy shortly after the accession of Elizabeth I of England in 1559, as an activist movement within the Church of England. Puritans felt that the English Reformation had not gone far enough, and that the Church of England was tolerant of practices which they associated with the Catholic Church. They formed into various religious groups advocating for greater "purity" of worship and doctrine, as well as personal and social piety. Puritans adopted a Reformed theology and in that sense were Calvinists (as many of their opponents were, also), but also took note of radical views critical of Zwingli in Zurich and Calvin in Geneva. In church polity, some advocated for separation from all other Christians, in favor of autonomous churches, and these separatist and independent strands of Puritanism became significant in the 1640s, when the supporters of a presbyterian polity in the Westminster Assembly were unable to forge a new English national church. The designation "Puritan" is often expanded to mean any conservative Protestant, or even more broadly, to evangelicals.

[511] Oliver Cromwell (1599-1658) – English military leader, politician, and dictator, and one of only two commoners ever to have been the English Head of State.

[512] parched corn in remembrance – legend has it that during the summer of 1623 the Pilgrims had so little corn that until the next harvest they had to ration very strictly – five kernels of parched corn per person a day. Forefathers' Day was celebrated in New England in Thoreau's time, and during this celebratory feast New Englanders would place five kernels of perched corn on each plate in remembrance of their ancestors' hardship, resolve and determination.

[513] "in his camp" – source of Thoreau's citation is James Redpath – a journalist, who later became a hagiographer. He met Captain Brown in Kansas. His memoir of this meeting was published in "Boston Atlas and Daily Bee". In 1860 Redpath wrote a book "Public Life of Capt. John Brown".

[514] reference to Jefferson Buford (1807-1861) – in 1856 he recruited about four hundred southerners for a colonization effort in Kansas Territory, so that it would enter the Union as a slave state. They were a militant group ready to intimidate the population and fight against the Free State settlers and Abolitionists. This band was called "Buford Ruffians".

[515] Chaplain – typically a priest, pastor, ordained deacon, rabbi, imam, other member of the clergy, or another representative of a faith or belief, serving a group of people who are not organized as a mission or church, or who are unable to attend religious services for various reasons, such as health, confinement, or military or civil duties.

that he would have been glad to add a chaplain to the list, if he could have found one who could fill that office worthily. It is easy enough to find one for the United States army. I believe that he had prayers in his camp morning and evening, nevertheless.

He was a man of Spartan[517] habits, and at sixty was scrupulous about his diet at your table, excusing himself by saying that he must eat sparingly and fare hard, as became a soldier, or one who was fitting himself for difficult enterprises, a life of exposure.

A man of rare common sense and directness of speech, as of action; a transcendentalist[518] above all, a man of ideas and principles, that was what distinguished him. Not yielding to a whim or transient impulse, but carrying out the purpose of a life. I noticed that he did not overstate anything, but spoke within bounds. I remember, particularly, how, in his speech here, he referred to what his family had suffered in Kansas, without ever giving the least vent to his pent-up fire. It was a volcano with an ordinary chimney-flue. Also referring to the deeds of certain Border Ruffians,[519] he said, rapidly paring away his speech, like an experienced soldier, keeping a reserve of force and meaning, "They had a perfect right to be hung." He was not in the least a rhetorician, was not talking to Buncombe[520] or his constituents anywhere, had no need to invent anything, but to tell the simple truth, and communicate his own resolution; therefore he appeared incomparably strong, and eloquence in Congress and elsewhere seemed to me at a discount. It was like the speeches of Cromwell compared with those of an ordinary king.

As for his tact and prudence, I will merely say, that at a time when scarcely a man from the Free States was able to reach Kansas by any direct route, at least without having his arms taken from him, he, carrying what imperfect guns and other weapons he could collect, openly and slowly drove an ox-cart through Missouri, apparently in the capacity of a surveyor, with his surveying compass exposed in it, and so passed unsuspected, and had ample opportunity to learn the designs of the enemy. For some time after his arrival he still followed the same profession. When, for instance, he saw a knot of the ruffians on the prairie, discussing, of course, the single topic which then occupied their minds, he would, perhaps, take his compass and one of his sons, and proceed to run an imaginary line[521] right through the very spot on which that conclave had assembled, and when he came up to them, he would naturally pause and have some talk with them, learning their news, and, at last, all their plans perfectly; and having thus completed his

---

[516] Oliver Cromwell (1599-1658) – English military and political leader best known for his involvement in making England into a republican Commonwealth and for his later role as Lord Protector of England, Scotland, and Ireland. He was one of the commanders of the New Model Army which defeated the royalists in the English Civil War. After the execution of King Charles I in 1649, Cromwell dominated the short-lived Commonwealth of England, conquered Ireland and Scotland, and ruled as Lord Protector from 1653 until his death from malaria in 1658.

[517] Reference to the Spartans of ancient Greece, implying self-dicipline and little comfort.

[518] The lower case in "transcendentalist" is a clear indicator that Brown was no Transcendentalist, as in a literary movement of that time, but rather a transcendentalist in the truest sense – his ideas were so advanced that they transcended common knowledge and understanding.

[519] Border Ruffians – pro-slavery settlers in the Kansas Territory who were active along Missouri-Kansas border. They were mostly from the neighboring slave state of Missouri.

[520] In 1820, Representative Felix Walker, of Buncombe County, North Carolina spoke on the Missouri issue, and refused to yield the floor, explaining that his words were not for Congress, but that he was "speaking for Buncombe." In Thoreau's time, "bunkum" referred to speechmaking intended for a show or applause.

[521] It is supposed that this event took place near Pottawatomie, Kansas in spring of 1856. Brown and his son, Salmon, disguised themselves as government surveyors and spied on a company from the state of Georgia.

real survey he would resume his imaginary one, and run on his line till he was out of sight.[522]

When I expressed surprise that he could live in Kansas at all, with a price set upon his head,[523] and so large a number, including the authorities, exasperated against him, he accounted for it by saying, "It is perfectly well understood that I will not be taken." Much of the time for some years he has had to skulk in swamps, suffering from poverty and from sickness, which was the consequence of exposure, befriended only by Indians and a few whites. But though it might be known that he was lurking in a particular swamp, his foes commonly did not care to go in after him. He could even come out into a town where there were more Border Ruffians than Free State men, and transact some business, without delaying long, and yet not be molested; for said he, "No little handful of men were willing to undertake it, and a large body could not be got together in season."

As for his recent failure, we do not know the facts about it.[524] It was evidently far from being a wild and desperate attempt. His enemy, Mr. Vallandigham,[525] is compelled to say that "it was among the best planned and executed conspiracies that ever failed."

Not to mention his other successes, was it a failure, or did it show a want of good management, to deliver from bondage a dozen human beings,[526] and walk off with them by broad daylight, for weeks if not months, at a leisurely pace, through one State after another, for half the length of the North, conspicuous to all parties, with a price set upon his head, going into a court-room on his way and telling what he had done, thus convincing Missouri that it was not profitable to try to hold slaves in his neighborhood? — and this, not because the government menials were lenient, but because they were afraid of him.

Yet he did not attribute his success, foolishly, to "his star," or to any magic. He said, truly, that the reason why such greatly superior numbers quailed before him was, as one of his prisoners confessed, because they lacked a cause, a kind of armor which he and

---

[522] This would have had special meaning for Thoreau, who was also a surveyor.

[523] In December 1858 John Brown raided Missouri. As a result President James Buchanan immediately set a reward of $250 for Brown's capture, at the same time the state of Missouri set $3,000 for the same.

[524] Details of Brown's Harper's Ferry raid had not reached Concord at this time.

[525] Clement Laird Vallandigham (1820-1871) – an Ohio unionist of the Copperhead faction of anti-war, pro-Confederate Democrats during the American Civil War. One day after Captain Brown was capitured, he arrived at Harper's Ferry in order to participate in the interrogation. He ran for Congress in 1856, and was narrowly defeated. He appealed to the House of Representatives, which seated him, by a party vote, on the next to last day of the term. He was elected by small margins in 1858 and in 1860, when he reluctantly supported Stephen A. Douglas. Once the Civil War began, however, the majority anti-secession population of the Dayton area turned him out, and Vallandigham lost his bid for a third term in 1862 by a relatively large vote; After General Ambrose E. Burnside issued General Order Number 38, warning that the "habit of declaring sympathies for the enemy" would not be tolerated in the Military District of Ohio, Vallandigham gave a major speech (May 1, 1863) charging that the war was being fought not to save the Union but to free blacks and enslave whites. To those who supported the war he declared, Defeat, debt, taxation [and] sepulchres – these are your trophies. He denounced "King Lincoln," calling for Abraham Lincoln's removal from the presidency. On May 5 he was arrested as a violator of General Order No. 38. Vallandigham died in 1871 in Lebanon, Ohio, at the age of 50, after accidentally shooting himself with a pistol. He was representing a defendant in a murder case for killing a man in a barroom brawl. Vallandigham wished to prove the victim had in fact killed himself while trying to draw his pistol from a pocket while rising from a kneeling position.

[526] John Brown and his men went from Kansas into Missouri, attacked homes of two slaveholders and freed eleven slaves in December 1858. Then they moved eastward to Detroit, where the slaves embarked to Canada.

his party never lacked. When the time came, few men were found willing to lay down their lives in defense of what they knew to be wrong; they did not like that this should be their last act in this world.

But to make haste to *his* last act, and its effects.

The newspapers seem to ignore, or perhaps are really ignorant of the fact that there are at least as many as two or three individuals to a town throughout the North who think much as the present speaker does about him and his enterprise. I do not hesitate to say that they are an important and growing party.[527] We aspire to be something more than stupid and timid chattels, pretending to read history and our Bibles, but desecrating every house and every day we breathe in. Perhaps anxious politicians may prove that only seventeen white men and five negroes were concerned in the late enterprise; but their very anxiety to prove this might suggest to themselves that all is not told. Why do they still dodge the truth? They are so anxious because of a dim consciousness of the fact, which they do not distinctly face, that at least a million of the free inhabitants of the United States would have rejoiced if it had succeeded. They at most only criticize the tactics. Though we wear no crape, the thought of that man's position and probable fate is spoiling many a man's day here at the North for other thinking. If any one who has seen him here can pursue successfully any other train of thought, I do not know what he is made of. If there is any such who gets his usual allowance of sleep, I will warrant him to fatten easily under any circumstances which do not touch his body or purse. I put a piece of paper and a pencil under my pillow, and when I could not sleep I wrote in the dark.

On the whole, my respect for my fellow-men, except as one may outweigh a million, is not being increased these days. I have noticed the cold-blooded way in which newspaper writers and men generally speak of this event, as if an ordinary malefactor, though one of unusual "pluck," as the Governor of Virginia[528] is reported to have said, using the language of the cock-pit, "the gamest man he ever saw." had been caught and were about to be hung. He was not dreaming of his foes when the governor thought he looked so brave. It turns what sweetness I have to gall, to hear, or hear of, the remarks of some of my neighbors. When we heard at first that he was dead, one of my townsmen observed that "he died as the fool dieth;" which, pardon me, for an instant suggested a likeness in him dying to my neighbor living. Others, craven-hearted, said disparagingly, that "he threw his life away," because he resisted the government. Which way have they thrown *their* lives, pray? such as would praise a man for attacking singly an ordinary band of thieves or murderers. I hear another ask, Yankee-like, "What will he gain by it?" as if he expected to fill his pockets by this enterprise. Such a one has no idea of gain but in this worldly sense.[529][530] If it does not lead to a "surprise" party,[531] if he does not get a new pair of boots, or a vote of thanks, it must be a failure. "But he won't gain anything by

---

[527] Reference to Abolitionists – Thoreau delivered "Slavery in Massachusetts" in 1854.

[528] Henry Alexander Wise (1806-1876) – Governor of the state of Virginia. His report on John Brown was published in "New York Tribune" on October 22, 1859.

[529] Thoreau's philosophy is similar to Aristotle's (384-322 BC). In his book "Politica" or "Politics" Aristotle states the following: "…majority of men are more desirous of gain than of honor." Please see Aristotle's work "Politics", Book VI.

[530] The same idea is expressed by the ancient Chinese philosopher, Confucius (551-479 BC): "People of greatness understand matters of justice, while small people understand matters of profit." Please see "The Analects" by Confucius.

[531] "surprise" party – in Thoreau's time a group of people would bring food and gifts to a friend's house, and without an invitation throw a dinner party.

it." Well, no, I don't suppose he could get four-and-sixpence[532] a day for being hung, take the year round; but then he stands a chance to save a considerable part of his soul, — and *such* a soul! — when *you* do not. No doubt you can get more in your market for a quart[533] of milk than for a quart of blood, but that is not the market that heroes carry their blood to.

Such do not know that like the seed is the fruit, and that, in the moral world, when good seed is planted, good fruit is inevitable, and does not depend on our watering and cultivating; that when you plant, or bury, a hero in his field, a crop of heroes is sure to spring up. This is a seed of such force and vitality, that it does not ask our leave to germinate.

The momentary charge at Balaclava,[534] in obedience to a blundering command, proving what a perfect machine the soldier is, has, properly enough, been celebrated by a poet laureate; but the steady, and for the most part successful, charge of this man, for some years, against the legions of Slavery, in obedience to an infinitely higher command, is as much more memorable than that as an intelligent and conscientious man is superior to a machine. Do you think that that will go unsung?

"Served him right," — "A dangerous man," — "He is undoubtedly insane."[535] So they proceed to live their sane, and wise, and altogether admirable lives, reading their Plutarch[536] a little, but chiefly pausing at that feat of Putnam,[537] who was let down into a wolf's den; and in this wise they nourish themselves for brave and patriotic deeds some time or other. The Tract Society[538] could afford to print that story of Putnam. You might open the district schools with the reading of it, for there is nothing about Slavery or the Church in it; unless it occurs to the reader that some pastors[539] are wolves in sheep's clothing. "The American Board of Commissioners for Foreign Missions",[540] even, might dare to protest against *that* wolf. I have heard of boards, and of American boards, but it

---

[532] four-and-sixpence – meaning a trifling sum of money.

[533] A quart – an Imperial and US customary unit of volume equal to a quarter of a gallon, two pints, or four cups. Since gallons of various sizes have historically been in use, quarts of various sizes have also existed.

[534] The Battle of Balaclava (October 25, 1854) – an important battle in the Crimean War, with England, France and the Ottoman Empire on one side, and Russia on the other. The allies did Win the battle, but at a horrible cost – it led to one of the most famous and ill-fated events in British military history – the Charge of the Light Brigade. It is best remembered as the subject of a famous poem "The Charge of the Light Brigade" by Alfred, Lord Tennyson, whose lines have made the charge a symbol of warfare at both its most courageous and its most tragic.

[535] "He is undoubtedly insane." – Captain Brown's lawyers tried to enter an insanity plea at the trial. John Brown rejected this and called the attempt "a miserable artifice". After the sentencing a group, which consisted of some of his friends and relatives, falsely claimed that Captain Brown suffered from hereditary insanity and tried to persuade the Virginia Governor to commute death sentence. Of course the press loved the news and reports of Brown's insanity were widely published. Indeed Brown was an immovable and persistent man, but there is not an ounce of evidence of his insanity anywhere in his personal or hereditary history. To the contrary, everyone, even his worst enemies, knew him as an exceptionally clever and keen man.

[536] Plutarch (c. 46 - 120) – Greek historian, biographer, moralist and essayist.

[537] Israel Putnam (1718-1790) – American army general who fought with distinction at the Battle of Bunker Hill (1775) during the American Revolutionary War (1775–1783). Although Putnam never quite attained the national renown of more famous heroes such as Davy Crockett or Daniel Boone, in his own time his reckless courage and fighting spirit were known far beyond Connecticut's borders through the circulation of folk legends celebrating his exploits.

[538] Tract Society – society which distributed religious and literary tracts. The society first became influential during the Protestant Reformation. It was also very popular in England and New England in 1830s and 1840s. The New England Tract Society was formed in 1814. In 1823 it became the American Tract Society.

[539] Pastor – a protestant priest. "Pastor" is a Latin word and means a "shepherd". It was commonly used among early Christians to designate a priest, but later on the phrase was phased out and now it only remains in use among Protestants.

[540] The American Board of Commissioners for Foreign Missions – Established by New England Congregationalists in 1810, it was the first American missionary and Christian foreign mission agency in the U.S.

chances that I never heard of this particular lumber till lately. And yet I hear of Northern men, and women, and children, by families, buying a "life-membership" in such societies as these. A life-membership in the grave! You can get buried cheaper than that.

Our foes are in our midst and all about us. There is hardly a house but is divided against itself, for our foe is the all but universal woodenness of both head and heart, the want of vitality in man, which is the effect of our vice; and hence are begotten fear, superstition, bigotry, persecution, and slavery of all kinds. We are mere figure-heads upon a hulk, with livers in the place of hearts. The curse is the worship of idols, which at length changes the worshipper into a stone image himself; and the New Englander is just as much an idolater as the Hindoo. This man was an exception, for he did not set up even a political graven image between him and his God.

A church that can never have done with excommunicating Christ while it exists! Away with your broad and flat churches, and your narrow and tall churches! Take a step forward and invent a new style of out-houses. Invent a salt[541] that will save you, and defend our nostrils.

The modern Christian is a man who has consented to say all the prayers in the liturgy, provided you will let him go straight to bed and sleep quietly afterward. All his prayers begin with "Now I lay me down to sleep," and he is forever looking forward to the time when he shall go to his "*long* rest." He has consented to perform certain old-established charities, too, after a fashion, but he does not wish to hear of any new-fangled ones; he doesn't wish to have any supplementary articles added to the contract, to fit it to the present time. He shows the whites of his eyes on the Sabbath, and the blacks all the rest of the week. The evil is not merely a stagnation of blood, but a stagnation of spirit. Many, no doubt, are well disposed, but sluggish by constitution and by habit, and they cannot conceive of a man who is actuated by higher motives than they are. Accordingly they pronounce this man insane, for they know that *they* could never act as he does, as long as they are themselves.

We dream of foreign countries, of other times and races of men, placing them at a distance in history or space; but let some significant event like the present occur in our midst, and we discover, often, this distance and this strangeness between us and our nearest neighbors. *They* are our Austrias, and Chinas, and South Sea Islands. Our crowded society becomes well spaced all at once, clean and handsome to the eye, — a city of magnificent distances. We discover why it was that we never got beyond compliments and surfaces with them before; we become aware of as many versts[542] between us and them as there are between a wandering Tartar and a Chinese town. The thoughtful man becomes a hermit in the thoroughfares of the market-place. Impassable seas suddenly find their level between us, or dumb steppes stretch themselves out there. It is the difference of constitution, of intelligence, and faith, and not streams and mountains, that make the true and impassable boundaries between individuals and between states. None but the like-minded can come plenipotentiary to our court.

I read all the newspapers I could get within a week after this event, and I do not remember in them a single expression of sympathy for these men. I have since seen one

---

[541] Salt back in Thoreau's time was used to clean and deodorize outhouses.
[542] verst – an obsolete Russian unit of length. It is defined as being 500 sazhen long, which makes a verst equal to 3500 feet (1.0668 kilometres).

noble statement, in a Boston paper, not editorial. Some voluminous sheets decided not to print the full report of Brown's words to the exclusion of other matter. It was as if a publisher should reject the manuscript of the New Testament, and print Wilson's last speech.[543] The same journal which contained this pregnant news, was chiefly filled, in parallel columns, with the reports of the political conventions that were being held. But the descent to them was too steep. They should have been spared this contrast, — been printed in an extra, at least. To turn from the voices and deeds of earnest men to the *cackling* of political conventions! Office-seekers and speechmakers, who do not so much as lay an honest egg, but wear their breasts bare upon an egg of chalk![544] Their great game is the game of straws, or rather that universal aboriginal game of the platter,[545] at which the Indians cried *hub, bub*! Exclude the reports of religious and political conventions, and publish the words of a living man.[546]

But I object not so much to what they have omitted as to what they have inserted. Even the *Liberator*[547] called it "a misguided, wild, and apparently insane — effort." As for the herd of newspapers and magazines, I do not chance to know an editor in the country who will deliberately print anything which he knows will ultimately and permanently reduce the number of his subscribers. They do not believe that it would be expedient. How then can they print truth? If we do not say pleasant things, they argue, nobody will attend to us. And so they do like some traveling auctioneers, who sing an obscene song, in order to draw a crowd around them. Republican[548] editors, obliged to get their sentences ready for the morning edition, and accustomed to look at everything by the twilight of politics, express no admiration, nor true sorrow even, but call these men "deluded fanatics," — "mistaken men," — "insane," or "crazed". It suggests what a *sane* set of editors we are blessed with, *not* "mistaken men;" who know very well on which side their bread is buttered, at least.

A man does a brave and humane deed, and at once, on all sides, we hear people and parties declaring, "I didn't do it, nor countenance *him* to do it, in any conceivable way. It can't be fairly inferred from my past career." I, for one, am not interested to hear you define your position. I don't know that I ever was or ever shall be. I think it is mere egotism, or impertinent at this time. Ye needn't take so much pains to wash your skirts of him. No intelligent man will ever be convinced that he was any creature of yours. He went and came, as he himself informs us, "under the auspices of John Brown and nobody else." The Republican party does not perceive how many his *failure* will make to vote more correctly than they would have them. They have counted the votes of Pennsylvania

---

[543] Henry Wilson (1812-1875) – the 18th Vice President of the United States and a Senator from Massachusetts . During the American Civil War, he was a leading Republican who devoted his enormous energies to the destruction of what he called the Slave Power, which he defined as a conspiracy of slave owners to seize control of the federal government and block the progress of liberty. Wilson knew John Brown, but did not support him, even though he too was against slavery.

[544] egg of chalk – farmers back then (and today as well) would put an egg of chalk in the nest in order to encourage a hen to lay an egg and to learn the proper spot for the laying. Thoreau uses the phrase to describe empty pride of the politicians – their rhetoric is just as foolish as the clucking of a hen, which has never laid a real egg and boasts with an egg of chalk.

[545] game of straws and game of platter – Indian games of chance. These games are also described in Thoreau's "Indian diaries"

[546] words of a living man – it is unquestionable that here Thoreau, being a true and upright Christian, means a man who has indeed lived the one and only true life – the life of truth.

[547] William Lloyd Garrison (1805-1879) – published the abolitionist newspaper *Liberator* from 1831 to 1863.

[548] The U.S. Republican political party is meant here. There are only two major political parties in the U.S. – Republican and Democratic. Thoreau considered them both as worthless, although he thought Republican Party was the lesser of two evils. The Republican Party was founded in 1854.

& Co.,[549] but they have not correctly counted Captain Brown's vote. He has taken the wind out of their sails, — the little wind they had, — and they may as well lie to and repair.

What though he did not belong to your clique! Though you may not approve of his method or his principles, recognize his magnanimity. Would you not like to claim kindredship with him in that, though in no other thing he is like, or likely, to you? Do you think that you would lose your reputation so? What you lost at the spile,[550] you would gain at the bung.[551] [552]

If they do not mean all this, then they do not speak the truth, and say what they mean. They are simply at their old tricks still.

"It was always conceded to him," *says one who calls him crazy*, "that he was a conscientious man, very modest in his demeanor, apparently inoffensive, until the subject of Slavery was introduced, when he would exhibit a feeling of indignation unparalleled."

The slave-ship is on her way, crowded with its dying victims; new cargoes are being added in mid-ocean; a small crew of slaveholders, countenanced by a large body of passengers, is smothering four millions under the hatches, and yet the politician asserts that the only proper way by which deliverance is to be obtained, is by "the quiet diffusion of the sentiments of humanity," without any "outbreak." As if the sentiments of humanity were ever found unaccompanied by its deeds, and you could disperse them, all finished to order, the pure article, as easily as water with a watering-pot, and so lay the dust. What is that that I hear cast overboard? The bodies of the dead that have found deliverance. That is the way we are "diffusing" humanity, and its sentiments with it.

Prominent and influential editors, accustomed to deal with politicians, men of an infinitely lower grade, say, in their ignorance, that he acted "on the principle of revenge." They do not know the man. They must enlarge themselves to conceive of him. I have no doubt that the time will come when they will begin to see him as he was. They have got to conceive of a man of faith and of religious principle, and not a politician or an Indian; of a man who did not wait till he was personally interfered with or thwarted in some harmless business before he gave his life to the cause of the oppressed.

If Walker[553] may be considered the representative of the South, I wish I could say that Brown was the representative of the North. He was a superior man. He did not

---

[549] Pennsylvania & Co. – Pennsylvania Company was a major holding company, owning and operating much of the Lines West territory (west of Pittsburgh and Erie, Pennsylvania) of the Pennsylvania Railroad, including the Pittsburgh, Fort Wayne and Chicago Railway, the PRR's main route to Chicago. It also owned, but did not operate the Pittsburgh, Cincinnati, Chicago and St. Louis Railroad (Pan Handle Route), another line to Chicago.

[550] Spile – a wooden spout, faucet or a peg.

[551] Bung – a whole in a cask which is used for filling.

[552] What you lost at the spile, you would gain at the bung – very similar to Davit Guramishvili's philosophy (Georgian poet):
"Learning, which tastes bitter at the root,
Will gain up top its sweetest fruit." (translation by Zviad Kliment Lazarashvili)

[553] Walker – it is difficult to discern who it was that Thoreau meant. Walker was and still is a very common name in America. I am inclined to think that he meant David Walker (1785-1830) – a free black man originally from the South. His "Appeal" was published in September of 1829. This was one of the most radical anti-slavery documents, with its call for slaves to revolt against their masters. It is also possible that Thoreau meant William Walker (1824-1860) – an adventurer from the state of Tennessee, who in 1853 led an armed invasion of Baja California (a

value his bodily life in comparison with ideal things. He did not recognize unjust human laws, but resisted them as he was bid. For once we are lifted out of the trivialness and dust of politics into the region of truth and manhood. No man in America has ever stood up so persistently and effectively for the dignity of human nature, knowing himself for a man, and the equal of any and all governments. In that sense he was the most American of us all. He needed no babbling lawyer, making false issues, to defend him. He was more than a match for all the judges that American voters, or office-holders of whatever grade, can create. He could not have been tried by a jury of his peers, because his peers did not exist. When a man stands up serenely against the condemnation and vengeance of mankind, rising above them literally *by a whole body*, — even though he were of late the vilest murderer, who has settled that matter with himself, — the spectacle is a sublime one, — didn't ye know it, ye *Liberators*, ye *Tribunes*, ye *Republicans*?[554] — and we become criminal in comparison. Do yourselves the honor to recognize him. He needs none of your respect.

As for the Democratic journals, they are not human enough to affect me at all. I do not feel indignation at anything they may say.

I am aware that I anticipate a little, — that he was still, at the last accounts, alive in the hands of his foes; but that being the case, I have all along found myself thinking and speaking of him as physically dead.

I do not believe in erecting statues to those who still live in our hearts, whose bones have not yet crumbled in the earth around us, but I would rather see the statue of Captain Brown in the Massachusetts State-House yard, than that of any other man whom I know. I rejoice that I live in this age, that I am his contemporary.

What a contrast, when we turn to that political party which is so anxiously shuffling him and his plot out of its way, and looking around for some available slaveholder, perhaps, to be its candidate, at least for one who will execute the Fugitive Slave Law,[555] and all those other unjust laws which he took up arms to annul!

Insane! A father and six sons, and one son-in-law, and several more men besides, — as many at least as twelve disciples, — all struck with insanity at once;[556]

Mexican state) and in 1855 was invited to Nicaragua by its revolutionaries. He briefly became Nicaragua's president. It is also possible that Thoreau meant Robert J. Walker (1801-1869) – pro-slavery governor of the Kansas Territory in 1857-1858. I believe it was David Walker that Thoreau meant – ideologically it fits the context of the sentence.
[554] Common names for newspapers.
[555] The Compromise of 1850 revised the Fugitive Slave Bill gave slaveholders "the right to organize a posse at any point in the United States to aid in recapturing runaway slaves." All courts and police in the United States were obligated to assist them" Private citizens were required to aid in the recapture of runaways, and people caught helping slaves served jail time and paid fines and restitution to the slaveholder.
[556] Thoreau's philosophy is very similar to Cicero's. In his marvelous book "De Re Publica" or "Regarding the Commonwealth" Cicero speaks of Marcus Cato (234-149 BC), one of the greatest Roman statesman and patriot. Just like John Brown, Cato toiled for his country and his countrymen even through the old age. He never retired and never enjoyed peaceful country life. Just like John Brown, Cato was labeled by the so called pragmatic philosophers as maniacal or insane, – nothing could be more removed from the truth, but devotion of any kind, and especially patriotic devotion, is considered useless, unpractical and even maniacal or insane by the selfish. As patriotism is not advantageous, it becomes worthless to such selfish scoundrels, and eventually they deem it as sheer lunacy. On the other hand, to the men of great moral character, understanding and depth, patriotism is a duty which must be carried out to the very end of life, even through the old age. This is what Cicero says about Cato, which is similar to Thoreau's language and is perfectly applicable to John Brown as well: "But this maniac, as

while the sane tyrant holds with a firmer gripe than ever his four millions of slaves, and a thousand sane editors, his abettors, are saving their country and their bacon! Just as insane were his efforts in Kansas. Ask the tyrant who is his most dangerous foe, the sane man or the insane. Do the thousands who know him best, who have rejoiced at his deeds in Kansas, and have afforded him material aid there, think him insane? Such a use of this word is a mere trope[557] with most who persist in using it, and I have no doubt that many of the rest have already in silence retracted their words.

Read his admirable answers to Mason[558] and others. How they are dwarfed and defeated by the contrast! On the one side, half-brutish, half-timid questioning; on the other, truth, clear as lightning, crashing into their obscene temples. They are made to stand with Pilate, and Gessler, and the Inquisition.[559] How ineffectual their speech and action! and what a void their silence! They are but helpless tools in this great work. It was no human power that gathered them about this preacher.

What have Massachusetts and the North sent a few *sane* representatives to Congress for, of late years? — to declare with effect what kind of sentiments? All their speeches put together and boiled down, — and probably they themselves will confess it, — do not match for manly directness and force, and for simple truth, the few casual remarks of crazy John Brown, on the floor of the Harper's Ferry engine house; — that man whom you are about to hang, to send to the other world, though not to represent *you* there. No, he was not our representative in any sense. He was too fair a specimen of a man to represent the like of us. Who, then, were his constituents? If you read his words understandingly you will find out. In his case there is no idle eloquence, no made, nor maiden speech, no compliments to the oppressor. Truth is his inspirer, and earnestness the polisher of his sentences. He could afford to lose his Sharps rifles, while he retained his faculty of speech, — a Sharps rifle[560] of infinitely surer and longer range.

And the *New York Herald* reports the conversation verbatim! It does not know of what undying words it is made the vehicle.

I have no respect for the penetration of any man who can read the report of that conversation and still call the principal in it insane. It has the ring of a saner sanity than an ordinary discipline and habits of life, than an ordinary organization, secure. Take any sentence of it, — "Any questions that I can honorably answer, I will;[561] not otherwise. So

---

these so called philosophers call him, without being compelled by any necessity, chose to fight against the stormy waves of life right into the extreme old age, instead of enjoying the wonderfully peaceful and easy life which they so highly praise and commend." Please see Cicero's work "De Republica", Book 1.

[557] Trope – a figure of speech that consists of a play on words.

[558] James Murray Mason (1798-1871) – United States Representative and Senator from Virginia, represented the Confederate States of America to Great Britain and France during the American Civil War. He arrived at the Harper's Ferry the day after Captain John Brown was captured. He was a grandson of George Mason, who was called the "Father of the Bill of Rights".

[559] Pontius Pilate – Roman governor, known as the man who ordered the crucifixion of Jesus. In the 15th century legend, Albrecht Gessler ordered William Tell to shoot an apple off his son's head. The inquisition was a series of initiatives by the Roman Catholic Church aimed at securing a Pope's political power with bruital persecutions of alleged heretics.

[560] The Sharps Rifle Manufacturing Company was formed in Hartford, Connecticut in 1855, and produced one of the most common and best known breechloaders used during the Civil War.

[561] Captain Brown was wounded and captured on the morning of October 18, 1859. He was interrogated for three hours in the afternoon (on the same day) by the government officials and reporters. During this interrogation he laid wounded on a pile of bedding in one of the buildings of the armory. The interview was published in newspapers across the country. Thoreau read it in the "New York Herald", October 21, 1859. Senator Mason, one

კაპიტანი ჯონ ბრაუნი.
CAPTAIN JOHN BROWN.

far as I am myself concerned, I have told everything truthfully. I value my word, sir." The few who talk about his vindictive spirit, while they really admire his heroism, have no test by which to detect a noble man, no amalgam to combine with his pure gold. They mix their own dross with it.

It is a relief to turn from these slanders to the testimony of his more truthful, but frightened jailers and hangmen. Governor Wise[562] speaks far more justly and appreciatingly of him than any Northern editor, or politician, or public personage, that I chance to have heard from. I know that you can afford to hear him again on this subject. He says: "They are themselves mistaken who take him to be a madman. . . . He is cool, collected, and indomitable, and it is but just to him to say that he was humane to his prisoners. . . . And he inspired me with great trust in his integrity as a man of truth. He is a fanatic, vain and garrulous," (I leave that part to Mr. Wise) "but firm, truthful, and intelligent. His men, too, who survive, are like him. Colonel Washington[563] says that he was the coolest and firmest man he ever saw in defying danger and death. With one son dead by his side, and another shot through, he felt the pulse of his dying son with one hand, and held his rifle with the other, and commanded his men with the utmost composure, encouraging them to be firm, and to sell their lives as dear as they could. Of the three white prisoners, Brown, Stevens,[564] and Coppoc,[565] it was hard to say which was most firm."

Almost the first Northern men whom the slaveholder has learned to respect!

The testimony of Mr. Vallandigham,[566] though less valuable, is of the same purport, that "it is vain to underrate either the man or his conspiracy. . . . He is the farthest possible removed from the ordinary ruffian, fanatic, or madman."

"All is quiet at Harper's Ferry," say the journals. What is the character of that calm which follows when the law and the slaveholder prevail? I regard this event as a touchstone designed to bring out, with glaring distinctness, the character of this government. We needed to be thus assisted to see it by the light of history. It needed to see itself. When a government puts forth its strength on the side of injustice, as ours to maintain slavery and kill the liberators of the slave, it reveals itself a merely brute force, or worse, a demoniacal force. It is the head of the Plug-Uglies.[567] It is more manifest than ever that tyranny rules. I see this government to be effectually allied with France and Austria[568] in oppressing mankind. There sits a tyrant holding fettered four millions of slaves; here comes their heroic liberator. This most hypocritical and diabolical

---

of the interrogators, asked John Brown: "How many are engaged with you in this movement?" Brown had already stressed that he would only answer the questions about himself "but not about others".

[562] Henry Alexander Wise (1806-1876) – elected governor of Virginia in 1855, after campaign directed against the "Know-Nothings," with his accusation that they were Abolitionists in disguise. The execution of John Brown on December 2, 1859, was one of the last acts of his administration.

[563] Lewis William Washington – Brown's party broke into the home of Col. L. W. Washington, early in the morning of October 17, and forced him and four servants to accompany them to Harper's Ferry. Col. Washington was a great grandnephew of George Washington.

[564] Aaron D. Stevens – a member of Brown's party. He first met Captain Brown in Nebraska in 1856.

[565] Edwin Coppoc – a member of Brown's party. He was from Iowa. Coppoc was just 24 years old.

[566] On October 18, Virginia Governor Henry Wise, Virginia Senator James Mason, and Ohio Representative Clement Vallandigham arrived in Harper's Ferry, and questioned Brown.

[567] Plug Uglies – In 1854-1860 a violent street gang in the west end of Baltimore, Maryland that intimidate people in order to achieve their political objectives.

[568] France and Austria – In 1859 both France and Austria were ruled by autocratic dictators. France was ruled by Napoleon III (1808-1873) and Austria was ruled by Emperor Franz Joseph (1830-1916).

government looks up from its seat on the gasping four millions, and inquires with an assumption of innocence: "What do you assault me for? Am I not an honest man? Cease agitation on this subject, or I will make a slave of you, too, or else hang you."

We talk about a *representative* government; but what a monster of a government is that where the noblest faculties of the mind, and the *whole* heart, are not *represented.* A semi-human tiger or ox, stalking over the earth, with its heart taken out and the top of its brain shot away. Heroes have fought well on their stumps when their legs were shot off, but I never heard of any good done by such a government as that.

The only government that I recognize, — and it matters not how few are at the head of it, or how small its army, — is that power that establishes justice in the land, never that which establishes injustice. What shall we think of a government to which all the truly brave and just men in the land are enemies, standing between it and those whom it oppresses? A government that pretends to be Christian and crucifies a million Christs every day!

Treason![569] Where does such treason take its rise? I cannot help thinking of you as you deserve, ye governments. Can you dry up the fountains of thought? High treason, when it is resistance to tyranny here below, has its origin in, and is first committed by, the power that makes and forever recreates man. When you have caught and hung all these human rebels, you have accomplished nothing but your own guilt, for you have not struck at the fountain-head. You presume to contend with a foe against whom West Point[570] cadets and rifled cannon *point* not. Can all the art of the cannon-founder[571] tempt matter to turn against its maker? Is the form in which the founder thinks he casts it more essential than the constitution of it and of himself?

The United States have a coffle[572] of four millions of slaves. They are determined to keep them in this condition; and Massachusetts is one of the confederated overseers to prevent their escape. Such are not all the inhabitants of Massachusetts, but such are they who rule and are obeyed here. It was Massachusetts, as well as Virginia, that put down this insurrection at Harper's Ferry. She sent the marines[573] there, and she will *have to pay the penalty of her sin.*

Suppose that there is a society in this State that out of its own purse and magnanimity saves all the fugitive slaves that run to us, and protects our colored fellow-citizens, and leaves the other work to the Government, so called. Is not that government

---

[569] John Brown was charged with murder, conspiracy to start a revolt and treason against the state of Virginia. While none of these three charges had any moral ground, the charge of treason lacked the legal ground as well, – John Brown was no citizen of the state of Virginia, hence he owed no allegiance to it and consequently he could not commit treason against it.

[570] West Point – The United States Military Academy at West Point (also known as USMA, West Point, or Army) is a four-year coeducational federal service academy located at West Point, New York. Established in 1802, USMA is the oldest of the United States' five service academies. The military garrison at West Point was occupied in 1778 and played a key role in the Revolutionary War. Its students are called Cadets. Regardless of major, all cadets graduate with a Bachelor of Science degree.

[571] Cannon-founder – a person who casts metal for cannons.

[572] Coffle – a group of men, usually slaves, chained together in a line.

[573] The U.S. President James Buchanan ordered three artillery companies and ninety U.S. Marines to Harper's Ferry on the same day Captain Brown commenced his attack on Harper's Ferry Armory. Even though these were all Federal troops, they were in part maintained by Massachusetts – as every state contributed to maintenance of the Federal forces. Besides, many of the Marines were from Massachusetts. So Thoreau in his accusation is perfectly correct.

fast losing its occupation, and becoming contemptible to mankind? If private men are obliged to perform the offices of government, to protect the weak and dispense justice, then the government becomes only a hired man, or clerk, to perform menial or indifferent services. Of course, that is but the shadow of a government whose existence necessitates a Vigilant Committee.[574] What should we think of the Oriental Cadi[575] even, behind whom worked in secret a Vigilant Committee? But such is the character of our Northern States generally; each has its Vigilant Committee. And, to a certain extent, these crazy governments recognize and accept this relation. They say, virtually, "We'll be glad to work for you on these terms, only don't make a noise about it." And thus the government, its salary being insured, withdraws Into the back shop, taking the constitution with it, and bestows most of its labor on repairing that. When I hear it at work sometimes, as I go by, it reminds me, at best, of those farmers who in winter contrive to turn a penny by following the coopering business. And what kind of spirit is their barrel made to hold? They speculate in stocks, and bore holes in mountains, but they are not competent to lay out even a decent highway. The only *free* road, the Underground Railroad,[576] is owned and managed by the Vigilant Committee. *They* have tunneled under the whole breadth of the land. Such a government is losing its power and respectability as surely as water runs out of a leaky vessel, and is held by one that can contain it.

I hear many condemn these men because they were so few. When were the good and the brave ever in a majority?[577][578] Would you have had him wait till that time came? — till you and I came over to him? The very fact that he had no rabble or troop of hirelings about him would alone distinguish him from ordinary heroes. His company was small indeed, because few could be found worthy to pass muster. Each one who there laid down his life for the poor and oppressed was a picked man, culled out of many thousands, if not millions; apparently a man of principle, of rare courage, and devoted humanity; ready to sacrifice his life at any moment for the benefit of his fellow-man. It may be doubted if there were as many more their equals in these respects in all the country, — I speak of his followers only, — for their leader, no doubt, scoured the land far and wide, seeking to swell his troop. These alone were ready to step between the oppressor and the oppressed. Surely they were the very best men you could select to be hung. That was the greatest compliment which this country could pay them. They were ripe for her gallows. She has tried a long time, she has hung a good many, but never found the right one before.

When I think of him, and his six sons, and his son-in-law, not to enumerate the others, enlisted for this fight, proceeding coolly, reverently, humanely to work, for months if not years, sleeping and waking upon it, summering and wintering the thought,

---

[574] Vigilance Committee – Northern vigilance committees provided fugitive slaves with food, clothing, shelter, and helped them get to Canada, which did not recognize the Fugitive Slave Act. Thoreau was a part of this process. In Boston several such committees existed. They were organized by Samuel Gridley Howe (1801-1876) and Theodore Parker (1810-1860), who was a minister. Later both were the members of the small group, called the "Secret Six", and knew in advance of Captain Brown's planned raid on Harper's Ferry.

[575] Cadi also Qadi, Qazi or Kadi – a judge ruling in accordance with Islamic religious law, called Sharia.

[576] The Underground Railroad – an informal network of secret routes and safe houses used in the 19th century by black slaves in the United States to escape to free states and Canada with the aid of Abolitionists who were sympathetic to their cause. The term is also applied to the Abolitionists who aided the fugitives. Other various routes led to Mexico or overseas. Created in the early nineteenth century, the Underground Railroad was at its height between 1850 and 1860.

[577] How similar is Thoreau's philosophy to Origen's (185-254). In his book "On Prayer" Origen states: "And the good is one, but shameful things are many; and the truth is one, but lies are many; and true righteousness is one, but the ways to counterfeit it are many..."

[578] Thoreau's philosophy is ever so identical to Socrates'. In the dialogue written by Plato, called "Crito", this is what Socrates has to say about the majority: "But my dear Crito, why should we pay so much attention to what 'most people' think?" Please see Plato's work "Crito".

without expecting any reward but a good conscience, while almost all America stood ranked on the other side, — I say again that it affects me as a sublime spectacle. If he had had any journal advocating "*his cause*" any organ, as the phrase is, monotonously and wearisomely playing the same old tune, and then passing round the hat, it would have been fatal to his efficiency. If he had acted in any way so as to be let alone by the government, he might have been suspected. It was the fact that the tyrant must give place to him, or he to the tyrant, that distinguished him from all the reformers of the day that I know.

It was his peculiar doctrine that a man has a perfect right to interfere by force with the slaveholder, in order to rescue the slave. I agree with him. They who are continually shocked by slavery have some right to be shocked by the violent death of the slaveholder, but no others. Such will be more shocked by his life than by his death. I shall not be forward to think him mistaken in his method who quickest succeeds to liberate the slave. I speak for the slave when I say that I prefer the philanthropy of Captain Brown to that philanthropy which neither shoots me nor liberates me. At any rate, I do not think it is quite sane for one to spend his whole life in talking or writing about this matter, unless he is continuously inspired, and I have not done so. A man may have other affairs to attend to. I do not wish to kill nor to be killed, but I can foresee circumstances in which both these things would be by me unavoidable. We preserve the so-called peace of our community by deeds of petty violence every day. Look at the policeman's billy[579] and handcuffs! Look at the jail! Look at the gallows! Look at the chaplain of the regiment! We are hoping only to live safely on the outskirts of *this* provisional army. So we defend ourselves and our hen-roosts, and maintain slavery. I know that the mass of my countrymen think that the only righteous use that can be made of Sharps rifles and revolvers is to fight duels with them, when we are insulted by other nations, or to hunt Indians, or shoot fugitive slaves with them, or the like. I think that for once the Sharps rifles and the revolvers were employed in a righteous cause. The tools were in the hands of one who could use them.[580]

The same indignation that is said to have cleared the temple[581] once will clear it again. The question is not about the weapon, but the spirit in which you use it. No man has appeared in America, as yet, who loved his fellow-man so well, and treated him so tenderly. He lived for him. He took up his life and he laid it down for him. What sort of violence is that which is encouraged, not by soldiers, but by peaceable citizens, not so

---

[579] billy – a club used by policemen.

[580] Theory of Justified Murder – it is justifiable to murder a tyrant, for the life of even a single tyrant results in the death and oppression of many. It matters not whether the tyrant is a single individual or a group of tyrannical citizens, it must be killed and eradicated promptly. Such a killing is what is referred to as a Justifiable Murder. It was this justifiable murder when King Davit the Builder of Georgia killed the enemies of the state, whether internal or external; It was this justifiable murder when King David killed the Goliath; It was this justifiable murder when Moses killed the Egyptian slaveholder. And was it not the justifiable murder too when John Brown commenced killing the tyrants who had enslaved a huge part of American nation? Both John Brown and the slave-owners used the Sharp's rifles, but it was only John Brown who used them justly. Cicero uses the same argument: "...we share no fellowship with tyrants. To the contrary, unsurpassable ravine separates them from us, and if it lies in your power, there is nothing in the nature which forbids you to rob him his life, when it is honorable to kill. Verily, this entire disgusting and impious breed should be driven out from human society. Just as some members of the body must be amputated... when they become hindrance to the entire body... these ill members of the human society must be eradicated from the entire mankind." Please see Cicero's "De Officiis", Book III.

[581] Thoreau is referring to Mathew 21:12-13, where Jesus clears the Temple from the moneychangers, who had defiled it.

much by laymen as by ministers of the Gospel, not so much by the fighting sects as by the Quakers,[582] and not so much by Quaker men as by Quaker women?

This event advertises me that there is such a fact as death, — the possibility of a man's dying. It seems as if no man had ever died in America before; for in order to die you must first have lived. I don't believe in the hearses, and palls and funerals that they have had. There was no death in the case, because there had been no life; they merely rotted or sloughed off, pretty much as they had rotted or sloughed along. No temple's veil was rent,[583] only a hole dug somewhere. Let the dead bury their dead. The best of them fairly ran down like a clock. Franklin, — Washington, — they were let off without dying; they were merely missing one day. I hear a good many pretend that they are going to die; or that they have died, for aught that I know. Nonsense! I'll defy them to do it. They haven't got life enough in them. They'll deliquesce like fungi,[584] and keep a hundred eulogists mopping the spot where they left off. Only half a dozen or so have died since the world began. Do you think that you are going to die, sir? No! there's no hope of you. You haven't got your lesson yet. You've got to stay after school. We make a needless ado about capital punishment, — taking lives, when there is no life to take. *Memento mori!*[585] We don't understand that sublime sentence which some worthy got sculptured on his gravestone once. We've interpreted it in a groveling and sniveling sense; we've wholly forgotten how to die.

But be sure you do die, nevertheless. Do your work, and finish it. If you know how to begin, you will know when to end.

These men, in teaching us how to die, have at the same time taught us how to live. If this man's acts and words do not create a revival, it will be the severest possible satire on the acts and words that do. It is the best news that America has ever heard. It has already quickened the feeble pulse of the North, and infused more and more generous blood into her veins and heart than any number of years of what is called commercial and political prosperity could. How many a man who was lately contemplating suicide has now something to live for!

One writer says that Brown's peculiar monomania made him to be "dreaded by the Missourians as a supernatural being."[586] Sure enough, a hero in the midst of us cowards is always so dreaded. He is just that thing. He shows himself superior to nature. He has a spark of divinity in him.

---

[582] Quakers – The Religious Society of Friends is a Christian religious movement, whose members are known as Friends or Quakers. The roots of this movement lie in 17th century English dissenters, but the movement has since branched out into many independent national and regional organizations, often called Yearly Meetings, which have a variety of names, beliefs and practices. It is therefore difficult to describe accurately the beliefs and practices of the Religious Society of Friends generally. Although it is a Heretical sect, it played a big role in assisting fugitive slaves. Quakers are known for their social activism, having been instrumental, for example, in the campaign against the transatlantic slave trade in the 18th and 19th centuries, as well as campaigning for the rights of women and prisoners. In spite of the some good which came from this and many other Protestant or Catholic Heretical sects, both Thoreau and Captain Brown knew of their true substance and refused to join them. As there was no true church available to them, they prayed independently daily and never enrolled in any such organizations.

[583] No temple's veil was rent – reference to the Gospel. Mark mentions darkness in the daytime during Jesus' crucifixion and the Temple veil being torn in two when Jesus dies. Thoreau wants to indicate that no temple's veil will be rent for the undeserved, selfish and inhumane men. Temple's veil, symbolically, is rent for lovers of humanity – for heros and messiahs only.

[584] To become fluid or soft on maturing, as with some fungi.

[585] Latin phrase which translates, "Remember your death", meaning that we all must die at some point.

[586] Thoreau cites from the "New-York Daily Tribune", October 24, 1959 issue.

"Unless above himself he can
Erect himself, how poor a thing is man!"[587]

Newspaper editors argue also that it is a proof of his *insanity* that he thought he was appointed to do this work which he did, — that he did not suspect himself for a moment! They talk as if it were impossible that a man could be "divinely appointed" in these days to do any work whatever; as if vows and religion were out of date as connected with any man's daily work; as if the agent to abolish slavery could only be somebody appointed by the President, or by some political party. They talk as if a man's death were a failure, and his continued life, be it of whatever character, were a success.

When I reflect to what a casue this man devoted himself, and how religiously, and then reflect to what casue his judges and all who condemn him so angrily and fluently devote themselves, I see that they are as far apart as the heavens and earth are asunder.

The amount of it is, our "*leading men*" are a harmless kind of folk, and they know *well enough* that *they* were not divinely appointed, but elected by the votes of their party.

Who is it whose safety requires that Captain Brown be hung? Is it indispensable to any Northern man? Is there no resource but to cast this man also to the Minotaur?[588] If you do not wish it, say so distinctly. While these things are being done, beauty stands veiled and music is a screeching lie. Think of him, — of his rare qualities! — such a man as it takes ages to make, and ages to understand; no mock hero, nor the representative of any party. A man such as the sun may not rise upon again in this benighted land. To whose making went the costliest material, the finest adamant; sent to be the redeemer of those in captivity; and the only use to which you can put him is to hang him at the end of a rope! You who pretend to care for Christ crucified, consider what you are about to do to him who offered himself to be the savior of four millions of men.

Any man knows when he is justified, and all the wits in the world cannot enlighten him on that point. The murderer always knows that he is justly punished; but when a government takes the life of a man without the consent of his conscience, it is an audacious government, and is taking a step towards its own dissolution. Is it not possible that an individual may be right and a government wrong? Are laws to be enforced simply because they were made? or declared by any number of men to be good, if they are not good? Is there any necessity for a man's being a tool to perform a deed of which his better nature disapproves? Is it the intention of lawmakers that *good* men shall be hung ever? Are judges to interpret the law according to the letter, and not the spirit?[589] What right

---

[587] Samuel Daniel (1562-1619) – Renaissance English poet, from "Epistle to the Lady Margaret".

[588] Minotaur – In Greek mythology, the Minotaur was part man and part bull who devoured humans.

[589] Thoreau's ideas about the metaphoric, symbolic, figurative interpretation of knowledge are very similar to the teachings of Christian theologians regarding interpretations of canonical texts: "The letter kills, but the spirit gives life" (2 Corintheans 3:6). St. Augustine of Hippo in his "De Doctrina Christiana" or "Teaching Christianity" also states that "when one follows the letter, one takes words in the literal sense, when indeed these words are used metaphorically, and thus such a reader fails to understand what is truly signified", when something is depicted by use of the figurative speech and not the literal. Please see St Augustine's "De Doctrina Christiana", Book III.
Thoreau's ideas about the precedence of the spirit over the letter are also in perfect harmony with the philosophy of the greatest Roman philosopher, statesman and political theorist, Marcus Tullius Cicero (106-43 BC). In his work

კაპიტან ჯონ ბრაუნის საფლავის ქვა,
ნორთ ელბა, ნიუ იორკის შტატი.
CAPTAIN JOHN BROWN'S TOMB STONE:
NORTH ELBA, NEW YORK.

have *you* to enter into a compact with yourself that you will do thus or so, against the light within you? Is it for *you* to *make up* your mind, — to form any resolution whatever, — and not accept the convictions that are forced upon you, and which ever pass your understanding? I do not believe in lawyers, in that mode of attacking or defending a man, because you descend to meet the judge on his own ground, and, in cases of the highest importance, it is of no consequence whether a man breaks a human law or not. Let lawyers decide trivial cases. Business men may arrange that among themselves. If they were the interpreters of the everlasting laws which rightfully bind man, that would be another thing. A counterfeiting law-factory, standing half in a slave land and half in a free! What kind of laws for free men can you expect from that?

I am here to plead his cause with you. I plead not for his life, but for his character, — his immortal life; and so it becomes your cause wholly, and is not his in the least. Some eighteen hundred years ago Christ was crucified; this morning, perchance, Captain Brown was hung. These are the two ends of a chain which is not without its links. He is not Old Brown any longer; he is an angel of light.

I see now that it was necessary that the bravest and humanest man in all the country should be hung. Perhaps he saw it himself. I *almost fear* that I may yet hear of his deliverance, doubting if a prolonged life, if *any* life, can do as much good as his death.

"Misguided"! "Garrulous"! "Insane"! "Vindictive"! So ye write in your easy-chairs, and thus he wounded responds from the floor of the Armory, clear as a cloudless sky, true as the voice of nature is: "No man sent me here; it was my own prompting and that of my Maker. I acknowledge no master in human form."

And in what a sweet and noble strain he proceeds, addressing his captors, who stand over him: "I think, my friends, you are guilty of a great wrong against God and humanity, and it would be perfectly right for any one to interfere with you so far as to free those you willfully and wickedly hold in bondage."

And, referring to his movement: "It is, in my opinion, the greatest service a man can render to God."[590]

"I pity the poor in bondage that have none to help them; that is why I am here; not to gratify any personal animosity, revenge, or vindictive spirit.[591][592] It is my sympathy

---

"De Officiis" or "On Duties" cicero states the following: "…he was released from the oath according to the letter, but not according to the spirit. When it comes to honoring pledges, what we must always keep in mind is the meaning, not just the demeanor of words." Please see "De Officiis", Book I.

[590] Once again, how great is the similarity between John Brown and Socrates. John Brown spent his life in caring for the people, but he obeyed not the people, but God. Socrates too addressed similarly the Athenian people, before he was put to death: "I am your very grateful and devoted servant, but I owe a greater obedience to God than to you, and so long as I draw breath and possess my faculties, I shall never stop practicing philosophy and exhorting you, and elucidating the truth for everyone that I meet." Please see Plato's "Apologia".

[591] John Brown's son, Frederick, was shot and killed by one Martin White during the civil war in Kansas. Brown and his men stumbled upon White in Missouri several years later. His men kept urging Captain Brown to kill Martin White, but Brown refused to kill his son's murderer. John Brown later told a friend: "People mistake my objects. I would not hurt one hair on [White's] head… I do not harbour the feelings of revenge. *I act from a principle*. My aim and object is to restore human rights." And to think that the press and the government accused such a man of "revenge"!

[592] How great is the similarity between John Brown's values and Socrates' philosophy, and better yet, – how great is the similarity between the highly just life of John Brown and highly moral life of Socrates, as life is the

with the oppressed and the wronged, that are as good as you, and as precious in the sight of God."[593]

You don't know your testament when you see it.

"I want you to understand that I respect the rights of the poorest and weakest of colored people, oppressed by the slave power, just as much as I do those of the most wealthy and powerful."

"I wish to say, furthermore, that you had better, all you people at the South, prepare yourselves for a settlement of that question, that must come up for settlement sooner than you are prepared for it. The sooner you are prepared the better. You may dispose of me very easily. I am nearly disposed of now; but this question is still to be settled, — this negro question, I mean;[594] the end of that is not yet."

I foresee the time when the painter will paint that scene, no longer going to Rome for a subject; the poet will sing it; the historian record it; and, with the Landing of the Pilgrims and the Declaration of Independence,[595] it will be the ornament of some future national gallery, when at least the present form of Slavery shall be no more here. We shall then be at liberty to weep for Captain Brown. Then, and not till then, we will take our revenge.

---

incarnation of a thought and philosophical theory, it is daily practice of an idea, it is an activated and animated thought, and hence the highly moral life is even scarcer and much more beautiful to behold than a highly moral theoretical contemplation. This is what Socrates says about revenge: "Hence we must conclude that one must not even do wrong when one is wronged, although most people regard the just vengeance as the natural course."

[593] A question was asked of Brown after his capture: "Upon what principle do you justify your acts?" Brown answered: "Upon the Golden Rule. I pity the poor in bondage that have none to help them: that is why I am here; not to gratify any personal animosity, revenge or vindictive spirit. It is my sympathy with the oppressed and the wronged, that are as good as you and as precious in the sight of God."

[594] Once again, how great is the similarity between John Brown and Socrates. John Brown knew that the Southerners could not escape the bitter fruits of their wrong doings, even if they disposed of the messenger, just as Socrates knew that the Athenians could not escape the bitter fruits of their wrong doings, even if they disposed of thousands of Socrates. Hence Socrates addressed similarly the Athenian people, before he was put to death: "If you suspect to stop denunciation of your wrong way of life by putting people to death, there is something amiss with your reasoning. This way of escape is neither possible nor creditable. The best and easiest way is not to stop the mouths of others, but to make yourselves as good men as you can. This is my last message to you who voted for my condemnation." Please see Plato's "Apologia".

[595] The Declaration of Independence – The United States Declaration of Independence is a statement adopted by the Second Continental Congress on July 4, 1776, which announced that the thirteen American colonies then at war with Great Britain were now independent states, and thus no longer a part of the British Empire. Written primarily by Thomas Jefferson, the Declaration is a formal explanation of why Congress had voted on July 2 to declare independence from Great Britain, more than a year after the outbreak of the American Revolutionary War. The birthday of the United States of America – Independence Day – is celebrated on July 4, the day the wording of the Declaration was approved by Congress. After finalizing the text on July 4, Congress issued the Declaration of Independence in several forms. It was initially published as a printed broadside that was widely distributed and read to the public.

LIFE WITHOUT PRINCIPLE

AT A LYCEUM, not long since, I felt that the lecturer had chosen a theme too foreign to himself, and so failed to interest me as much as he might have done. He described things not in or near to his heart, but toward his extremities and superficies. There was, in this sense, no truly central or centralizing thought in the lecture. I would have had him deal with his privatest experience, as the poet does. The greatest compliment that was ever paid me was when one asked me what *I thought*, and attended to my answer. I am surprised, as well as delighted, when this happens, it is such a rare use he would make of me, as if he were acquainted with the tool. Commonly, if men want anything of me, it is only to know how many acres[596] I make of their land, — since I am a surveyor, — or, at most, what trivial news I have burdened myself with. They never will go to law for my meat;[597] they prefer the shell. A man once came a considerable distance to ask me to lecture on Slavery; but on conversing with him, I found that he and his clique expected seven eighths of the lecture to be theirs, and only one eighth mine; so I declined. I take it for granted, when I am invited to lecture anywhere, — for I have had a little experience in that business, — that there is a desire to hear what *I think* on some subject, though I may be the greatest fool in the country, — and not that I should say pleasant things merely, or such as the audience will assent to; and I resolve, accordingly, that I will give them a strong dose of myself. They have sent for me, and engaged to pay for me, and I am determined that they shall have me, though I bore them beyond all precedent.

So now I would say something similar to you, my readers. Since *you* are my readers, and I have not been much of a traveller, I will not talk about people a thousand miles off, but come as near home as I can. As the time is short, I will leave out all the flattery, and retain all the criticism.

Let us consider the way in which we spend our lives.

This world is a place of business. What an infinite bustle! I am awaked almost every night by the panting of the locomotive.[598] It interrupts my dreams. There is no sabbath. It would be glorious to see mankind at leisure for once. It is nothing but work, work, work. I cannot easily buy a blank-book to write thoughts in; they are commonly ruled for dollars and cents. An Irishman, seeing me making a minute[599] in the fields, took it for granted that I was calculating my wages. If a man was tossed out of a window when an infant, and so made a cripple for life, or scared out of his wits by the Indians, it is regretted chiefly because he was thus incapacitated for — business! I think that there is nothing, not even crime, more opposed to poetry, to philosophy, ay, to life itself, than this incessant business.

There is a coarse and boisterous money-making fellow in the outskirts of our town, who is going to build a bank-wall[600] under the hill along the edge of his meadow.

---

[596] Acre – is a unit of area in a number of different systems, including the British Imperial and U.S. customary systems. The most commonly used acres today are the international acre and, in the United States, the survey acre. An acre is approximately 0.4 hectare.

[597] Meat – Thoreau uses the word metaphorically and means "substance".

[598] The Fitchburg Railroad opened to Concord on June 17, 1844, then to Acton, past Walden Pond, on October 1, 1844.

[599] Making a minute – jotting down a note.

[600] Bank-wall – a retaining wall that helps to contain erosions and prevents landslides.

The powers have put this into his head to keep him out of mischief, and he wishes me to spend three weeks digging there with him. The result will be that he will perhaps get some more money to board, and leave for his heirs to spend foolishly. If I do this, most will commend me as an industrious and hard-working man; but if I choose to devote myself to certain labors which yield more real profit, though but little money, they may be inclined to look on me as an idler. Nevertheless, as I do not need the police of meaningless labor to regulate me, and do not see anything absolutely praiseworthy in this fellow's undertaking any more than in many an enterprise of our own or foreign governments, however amusing it may be to him or them, I prefer to finish my education at a different school.

If a man walk in the woods for love of them half of each day, he is in danger of being regarded as a loafer; but if he spends his whole day as a speculator, shearing off those woods and making earth bald before her time, he is esteemed an industrious and enterprising citizen. As if a town had no interest in its forests but to cut them down!

Most men would feel insulted if it were proposed to employ them in throwing stones over a wall, and then in throwing them back, merely that they might earn their wages. But many are no more worthily employed now. For instance: just after sunrise, one summer morning, I noticed one of my neighbors walking beside his team, which was slowly drawing a heavy hewn stone swung under the axle, surrounded by an atmosphere of industry, — his day's work begun, — his brow commenced to sweat, — a reproach to all sluggards and idlers, — pausing abreast the shoulders of his oxen, and half turning round with a flourish of his merciful whip, while they gained their length on him. And I thought, Such is the labor which the American Congress exists to protect, — honest, manly toil, — honest as the day is long, — that makes his bread taste sweet, and keeps society sweet, — which all men respect and have consecrated; one of the sacred band, doing the needful but irksome drudgery. Indeed, I felt a slight reproach, because I observed this from a window, and was not abroad and stirring about a similar business. The day went by, and at evening I passed the yard of another neighbor, who keeps many servants, and spends much money foolishly, while he adds nothing to the common stock, and there I saw the stone of the morning lying beside a whimsical structure intended to adorn this Lord Timothy Dexter's[601] premises, and the dignity forthwith departed from the teamster's labor, in my eyes. In my opinion, the sun was made to light worthier toil than this. I may add that his employer has since run off, in debt to a good part of the town, and, after passing through Chancery,[602] has settled somewhere else, there to become once more a patron of the arts.[603]

The ways by which you may get money almost without exception lead downward. To have done anything by which you earned money *merely* is to have been truly idle or worse. If the laborer gets no more than the wages which his employer pays

---

[601] "Lord" Timothy Dexter (1747-1806) – an American eccentric businessman from Newburyport, Massachusetts who was peculiarly lucky and never bothered to learn to spell. He was known for his eccentricities. One day he began to wonder what people would say about him after he died. He proceeded to announce his death and to prepare for a burial. About 3,000 people appeared for the wake. However, Dexter's wife refused to cry for his passing, for which he later caned her, and so he decided not to appear to his guests at all. Timothy Dexter actually died in 1806.

[602] Chancery – The English Chancery Court developed from the Lord Chancellor's jurisdiction, in which judges decide the outcome of a case, as in a property dispute, by their interpretation of the law. Court of Chancery in New England settled matters of debt or equity.

[603] This entire paragraph is an echo to the statement made by Confucius: "To pursue oddities only leads to harm." Please see "The Analects" by Confucius.

him, he is cheated, he cheats himself. If you would get money as a writer or lecturer, you must be popular, which is to go down perpendicularly. Those services which the community will most readily pay for, it is most disagreeable to render. You are paid for being something less than a man. The State does not commonly reward a genius any more wisely. Even the poet laureate would rather not have to celebrate the accidents of royalty. He must be bribed with a pipe of wine;[604] and perhaps another poet is called away from his muse to gauge that very pipe. As for my own business, even that kind of surveying which I could do with most satisfaction my employers do not want. They would prefer that I should do my work coarsely and not too well, ay, not well enough. When I observe that there are different ways of surveying, my employer commonly asks which will give him the most land, not which is most correct. I once invented a rule for measuring cord-wood,[605] and tried to introduce it in Boston; but the measurer there told me that the sellers did not wish to have their wood measured correctly, — that he was already too accurate for them, and therefore they commonly got their wood measured in Charlestown[606] before crossing the bridge.

The aim of the laborer should be, not to get his living, to get "a good job," but to perform well a certain work; and, even in a pecuniary sense, it would be economy for a town to pay its laborers so well that they would not feel that they were working for low ends, as for a livelihood merely, but for scientific, or even moral ends. Do not hire a man who does your work for money, but him who does it for love of it.

It is remarkable that there are few men so well employed, so much to their minds, but that a little money or fame would commonly buy them off from their present pursuit. I see advertisements for *active* young men, as if activity were the whole of a young man's capital. Yet I have been surprised when one has with confidence proposed to me, a grown man, to embark in some enterprise of his, as if I had absolutely nothing to do, my life having been a complete failure hitherto. What a doubtful compliment this is to pay me! As if he had met me half-way across the ocean beating up against the wind, but bound nowhere, and proposed to me to go along with him! If I did, what do you think the underwriters would say? No, no! I am not without employment at this stage of the voyage. To tell the truth, I saw an advertisement for able-bodied seamen, when I was a boy, sauntering in my native port, and as soon as I came of age I embarked.

The community has no bribe that will tempt a wise man. You may raise money enough to tunnel a mountain,[607] but you cannot raise money enough to hire a man who is minding *his own* business. An efficient and valuable man does what he can, whether the community pay him for it or not. The inefficient offer their inefficiency to the highest bidder, and are forever expecting to be put into office. One would suppose that they were rarely disappointed.

---

[604] Pipe of wine – In the XVII and XVIII cc poet laureates annually received a cask of wine (approximately 100 gallons) from the King.

[605] Cord-wood – one cord of firewood equals to 128 cubic feet of wood. It is usually stacked 4 x 4 x 8 (feet).

[606] Charlestown – a part of the city of Boston, Massachusetts located on a peninsula north of Boston proper. Charlestown was originally a separate town and the first capital of the Massachusetts Bay Colony; it became a city in 1847 and was annexed by Boston on January 5, 1874.

[607] Thoreau is referring to a historical fact, when in 1848 a company was hired to construct a tunnel through Hoosac Mountain in Massachusetts. The firm was paid 2 million dollars and the whole project was supposed to take five years, but instead it took eleven years and fourteen million dollars to complete it.

Perhaps I am more than usually jealous with respect to my freedom. I feel that my connection with and obligation to society are still very slight and transient. Those slight labors which afford me a livelihood, and by which it is allowed that I am to some extent serviceable to my contemporaries, are as yet commonly a pleasure to me, and I am not often reminded that they are a necessity. So far I am successful. But I foresee that if my wants should be much increased, the labor required to supply them would become a drudgery. If I should sell both my forenoons and afternoons to society, as most appear to do, I am sure that for me there would be nothing left worth living for. I trust that I shall never thus sell my birthright for a mess of pottage.[608] I wish to suggest that a man may be very industrious, and yet not spend his time well. There is no more fatal blunderer than he who consumes the greater part of his life getting his living. All great enterprises are self-supporting. The poet, for instance, must sustain his body by his poetry, as a steam planing-mill feeds its boilers with the shavings it makes.[609] You must get your living by loving. But as it is said of the merchants that ninety-seven in a hundred fail, so the life of men generally, tried by this standard, is a failure, and bankruptcy may be surely prophesied.

Merely to come into the world the heir of a fortune is not to be born, but to be still-born, rather. To be supported by the charity of friends, or a government pension, — provided you continue to breathe, — by whatever fine synonyms you describe these relations, is to go into the almshouse. On Sundays the poor debtor goes to church to take an account of stock, and finds, of course, that his outgoes have been greater than his income. In the Catholic Church, especially, they go into chancery,[610] make a clean confession, give up all, and think to start again. Thus men will lie on their backs, talking about the fall of man, and never make an effort to get up.

As for the comparative demand which men make on life, it is an important difference between two, that the one is satisfied with a level success, that his marks can all be hit by point-blank shots, but the other, however low and unsuccessful his life may be, constantly elevates his aim, though at a very slight angle to the horizon. I should much rather be the last man, — though, as the Orientals say, "Greatness doth not approach him who is forever looking down; and all those who are looking high are growing poor."[611]

It is remarkable that there is little or nothing to be remembered written on the subject of getting a living; how to make getting a living not merely honest and honorable, but altogether inviting and glorious; for if *getting* a living is not so, then living is not. One would think, from looking at literature, that this question had never disturbed a solitary individual's musings. Is it that men are too much disgusted with their experience to speak of it? The lesson of value which money teaches, which the Author of the Universe has taken so much pains to teach us, we are inclined to skip altogether. As for the means of living, it is wonderful how indifferent men of all classes are about it, even reformers, so called, — whether they inherit, or earn, or steal it. I think that Society has done nothing

---

[608] A mess of pottage – Thoreau is referring to Genesis 25:31-34. "For bread and pottage of lentils" Essau sells his birthright to Jacob.

[609] XIX century New England steam planning mills were indeed self-supporting as their boilers were fueled with the shavings of the wood it produced. Shavings were a byproduct of the process.

[610] Chancery – A diocesan chancery is the branch of administration which handles all written documents used in the official government of a Roman Catholic or Anglican diocese.

[611] Reference to a fable found in the "Heetopadesha" of Veeshnoo-Sarma. It is an ancient collection of Hindu animal fables and folk wisdom. Thoreau read a 1787 edition in 1842. The book was printed in Bath, England. Citations Thoreau used are from that edition.

for us in this respect, or at least has undone what she has done. Cold and hunger seem more friendly to my nature than those methods which men have adopted and advise to ward them off.

The title *wise* is, for the most part, falsely applied. How can one be a wise man, if he does not know any better how to live than other men? — if he is only more cunning and intellectually subtle? Does Wisdom work in a tread-mill? or does she teach how to succeed *by her example?* Is there any such thing as wisdom not applied to life? Is she merely the miller who grinds the finest logic? It is pertinent to ask if Plato[612] got his *living* in a better way or more successfully than his contemporaries, — or did he succumb to the difficulties of life like other men? Did he seem to prevail over some of them merely by indifference, or by assuming grand airs? or find it easier to live, because his aunt remembered him in her will? The ways in which most men get their living, that is, live, are mere makeshifts, and a shirking of the real business of life, — chiefly because they do not know, but partly because they do not mean, any better.

The rush to California,[613] for instance, and the attitude, not merely of merchants, but of philosophers and prophets, so called, in relation to it, reflect the greatest disgrace on mankind. That so many are ready to live by luck, and so get the means of commanding the labor of others less lucky, without contributing any value to society! And that is called enterprise! I know of no more startling development of the immorality of trade, and all the common modes of getting a living. The philosophy and poetry and religion of such a mankind are not worth the dust of a puffball. The hog that gets his living by rooting, stirring up the soil so, would be ashamed of such company. If I could command the wealth of all the worlds by lifting my finger, I would not pay *such* a price for it. Even Mahomet[614] knew that God did not make this world in jest. It makes God to be a moneyed gentleman who scatters a handful of pennies in order to see mankind scramble for them. The world's raffle! A subsistence in the domains of Nature a thing to be raffled for! What a comment, what a satire, on our institutions! The conclusion will be, that mankind will hang itself upon a tree.[615] And have all the precepts in all the Bibles taught men only this? and is the last and most admirable invention of the human race only an improved muck-rake?[616] Is this the ground on which Orientals and Occidentals meet? Did God direct us so to get our living, digging where we never planted, — and He would, perchance, reward us with lumps of gold?

God gave the righteous man a certificate entitling him to food and raiment, but the unrighteous man found a *facsimile* of the same in God's coffers, and appropriated it, and obtained food and raiment like the former. It is one of the most extensive systems of counterfeiting that the world has seen. I did not know that mankind were suffering for want of gold. I have seen a little of it. I know that it is very malleable, but not so

---

[612] Plato (c.427–c.347 BC) – Greek philosopher and writer, a student of Socrates, founder of the Academy in Athens, in the year 835, where Aristotle studied.
[613] Reference to the California Gold Rush that began in 1848. The California Gold Rush (1848–1855) began on January 24, 1848, when gold was discovered by James W. Marshall at Sutter's Mill, in Coloma, California. News of the discovery soon spread, resulting in some 300,000 men, women, and children coming to California from the rest of the United States and abroad.
[614] An early spelling of Muhammad.
[615] Thoreau is referring to Judas Iscariot, who, after selling Christ for 30 pieces of silver, hung himself up on a tree.
[616] Muck-rake – Reference to John Bunyan's (1628-1688) "The Pilgrims Progress" – a satirical work in which a man "that could look no way but downward" cannot see an offer from up-above and fails to trade his muck-rake for a Heavenly crown.

malleable as wit. A grain of gold will gild a great surface, but not so much as a grain of wisdom.

The gold-digger in the ravines of the mountains is as much a gambler as his fellow in the saloons of San Francisco. What difference does it make whether you shake dirt or shake dice? If you win, society is the loser. The gold-digger is the enemy of the honest laborer, whatever checks and compensations there may be. It is not enough to tell me that you worked hard to get your gold. So does the Devil work hard. The way of transgressors may be hard in many respects. The humblest observer who goes to the mines sees and says that gold-digging is of the character of a lottery; the gold thus obtained is not the same same thing with the wages of honest toil. But, practically, he forgets what he has seen, for he has seen only the fact, not the principle, and goes into trade there, that is, buys a ticket in what commonly proves another lottery, where the fact is not so obvious.

After reading Howitt's account [617] of the Australian gold-diggings [618] one evening, I had in my mind's eye, all night, the numerous valleys, with their streams, all cut up with foul pits, from ten to one hundred feet deep, and half a dozen feet across, as close as they can be dug, and partly filled with water, — the locality to which men furiously rush to probe for their fortunes, — uncertain where they shall break ground, — not knowing but the gold is under their camp itself, — sometimes digging one hundred and sixty feet before they strike the vein, or then missing it by a foot, — turned into demons, and regardless of each others' rights, in their thirst for riches, — whole valleys, for thirty miles, suddenly honeycombed by the pits of the miners, so that even hundreds are drowned in them, — standing in water, and covered with mud and clay, they work night and day, dying of exposure and disease. Having read this, and partly forgotten it, I was thinking, accidentally, of my own unsatisfactory life, doing as others do; and with that vision of the diggings still before me, I asked myself why I might not be washing some gold daily, though it were only the finest particles, — why I might not sink a shaft down to the gold within me, and work that mine. *There* is a Ballarat, a Bendigo for you, — what though it were a sulky-gully?[619] At any rate, I might pursue some path, however solitary and narrow and crooked, in which I could walk with love and reverence. Wherever a man separates from the multitude, and goes his own way in this mood, there indeed is a fork in the road, though ordinary travellers may see only a gap in the paling. His solitary path across lots will turn out the *higher way* of the two.

Men rush to California and Australia as if the true gold were to be found in that direction; but that is to go to the very opposite extreme to where it lies. They go prospecting farther and farther away from the true lead, and are most unfortunate when they think themselves most successful. Is not our *native* soil auriferous? Does not a stream from the golden mountains flow through our native valley? and has not this for

---

[617] William Howitt (1792-1879) – English author and travel writer. Thoreau read his book "Land, Labor, and Gold; or, Two Years in Victoria; with Visits to Sydney and Van Diemen's Land" in 1855. The book is in two volumes. Thoreau cites from Volume 1, page 21. Some mistakenly suggest that Thoreau is referring to Alfred W. Howitt (1830-1908) – Australian anthropologist, naturalist, geologist, explorer. This is wrong and the citations, which are from William Howitt's book, clearly prove that.

[618] Australian Gold Rushes – started in 1851 when prospector Edward Hammond Hargraves claimed the discovery of payable gold near Bathurst, New South Wales, at a site Edward Hargraves called Ophir. Six months later, gold was found in Victoria at Warrandyte and Ballarat, and a short time later at Bendigo Creek. Gold was later found in all of the other Australian colonies (later known as states or territories).

[619] Ballarat, Bendigo and Sulky Gully – Ballarat and Bendigo are towns in Australia, Sulky Gully is a place. Gold was discovered at all three locations.

თოროუს ქოხის ადგილი ვოლდენის ტბასთან.
PLACE OF THOREAU'S CABIN AT WALDEN POND.

more than geologic ages been bringing down the shining particles and forming the nuggets for us? Yet, strange to tell, if a digger steal away, prospecting for this true gold, into the unexplored solitudes around us, there is no danger that any will dog his steps, and endeavor to supplant him. He may claim and undermine the whole valley even, both the cultivated and the uncultivated portions, his whole life long in peace, for no one will ever dispute his claim. They will not mind his cradles[620] or his toms.[621] He is not confined to a claim twelve feet square, as at Ballarat, but may mine anywhere, and wash the whole wide world in his tom.

Howitt says of the man who found the great nugget which weighed twenty-eight pounds,[622] at the Bendigo diggings in Australia: "He soon began to drink; got a horse, and rode all about, generally at full gallop, and, when he met people, called out to inquire if they knew who he was, and then kindly informed them that he was 'the bloody wretch that had found the nugget.' At last he rode full speed against a tree, and nearly knocked his brains out." I think, however, there was no danger of that, for he had already knocked his brains out against the nugget. Howitt adds, "He is a hopelessly ruined man." But he is a type of the class. They are all fast men. Hear some of the names of the places where they dig: "Jackass Flat," — "Sheep's-Head Gully," — "Murderer's Bar," etc. Is there no satire in these names? Let them carry their ill-gotten wealth where they will, I am thinking it will still be "Jackass Flat," if not "Murderer's Bar," where they live.

The last resource of our energy has been the robbing of graveyards on the Isthmus of Darien,[623] an enterprise which appears to be but in its infancy; for, according to late accounts, an act has passed its second reading in the legislature of New Granada,[624] regulating this kind of mining; and a correspondent of the "Tribune" writes: — "In the dry season, when the weather will permit of the country being properly prospected, no doubt other rich 'Guacas'[625] [that is, graveyards] will be found." To emigrants he says: — "do not come before December; take the Isthmus route in preference to the Boca del Toro one;[626] bring no useless baggage, and do not cumber yourself with a tent; but a good pair of blankets will be necessary; a pick, shovel, and axe of good material will be almost all that is required": advice which might have been taken from the "Burker's Guide."[627] And he concludes with this line in Italics and small capitals: "*If you are doing well at home,* STAY THERE," which may fairly be interpreted to mean, "If you are getting a good living by robbing graveyards at home, stay there."

---

[620] Cradles – troughs on rockers in which dirt is shaken in water to separate Gold from soil and to collect it.

[621] Toms – stationary troughs for washing gold from soil and gravel.

[622] Pound – a unit of mass used in the Imperial, United States customary and other systems of measurement. A number of different definitions have been used, the most common today being the international avoirdupois pound of exactly 0.45359237 kilograms. 28-pound gold piece comes out to 12 kilograms and 700 grams.

[623] Isthmus of Darien – early name of the Isthmus of Panama, a narrow strip of land linking North and South America. The story that Thoreau discusses was reported in the "New-York Daily Tribune" on September 29, 1859.

[624] Republic of New Granada (1831-1856) – included modern Colombia and Panama. It is an old name of Columbia.

[625] Guacas – burial mounds.

[626] Boca del Toro – an inlet on the east coast of Panama and an alternate crossings of Panama to reach the Pacific Ocean.

[627] Reference to William Burke (1792-1829) – a serial killer in Edinburgh, Scotland, who sold bodies to a School of Anatomy in the 1820's. Thoreau uses the name as a symbol of the most immoral behavior, when a man kills in order to profit from selling the dead body.

But why go to California for a text? She is the child of New England, bred at her own school and church.[628]

It is remarkable that among all the preachers there are so few moral teachers. The prophets are employed in excusing the ways of men. Most reverend seniors, the *illuminati*[629] of the age, tell me, with a gracious, reminiscent smile, betwixt an aspiration and a shudder, not to be too tender about these things, — to lump all that, that is, make a lump of gold of it. The highest advice I have heard on these subjects was grovelling. The burden of it was, — It is not worth your while to undertake to reform the world in this particular. Do not ask how your bread is buttered; it will make you sick, if you do, — and the like. A man had better starve at once than lose his innocence in the process of getting his bread. If within the sophisticated man there is not an unsophisticated one, then he is but one of the devil's angels. As we grow old, we live more coarsely, we relax a little in our disciplines, and, to some extent, cease to obey our finest instincts. But we should be fastidious to the extreme of sanity, disregarding the gibes of those who are more unfortunate than ourselves.

In our science and philosophy, even, there is commonly no true and absolute account of things. The spirit of sect and bigotry has planted its hoof amid the stars. You have only to discuss the problem, whether the stars are inhabited or not, in order to discover it. Why must we daub the heavens as well as the earth? It was an unfortunate discovery that Dr. Kane[630] was a Mason,[631] and that Sir John Franklin[632] was another. But it was a more cruel suggestion that possibly that was the reason why the former went in

---

[628] Thoreau is full of indignation because of the so called industry of his fellow citizens. Such an "industry" has only one thing as its aim – increase of base, physical pleasures by attainment of material superfluities. Effects of Materialism were evident then, but are even more vividly evident now. They were evident millenniums before Thoreau's time. The great Hellenistic Jewish philosopher, Philo the Jew (20 BC-50AD), known also as Philo of Alexandria, has identical views on this issue. He states: "Moreover, the general crowd of men, traveling over the different climates of the earth and penetrating to its furthest boundaries, and traversing the seas, and investigating the things that lie hid in the recesses of the ocean, and leaving no single part of the whole universe unexplored, is continually providing from every quarter the means by which it can increase pleasure. For as fishermen let down their nets at times to the most extraordinary depth, comprehending a vast surface of the sea in their circle, in order to catch the greatest possible number of fish enclosed within their nets, like people shut up within the walls of a besieged city; so in the same manner the greatest part of men having extended their universal nets to take everything, as the poets somewhere say, not only over the parts of the sea, but also over the whole nature of earth, and air, and water, seek to catch everything from every quarter for the enjoyment and attainment of pleasure. For they dig mines in the earth, and they sail across the sea, and they achieve every other work both of peace and war, providing unbounded materials for pleasure, as for their queen, being utterly uninitiated in their husbandry of the soul, which sows and plants the virtues and reaps their fruit, which is a happy life." Please see Philo the Jew, "On Husbandry".
[629] Illuminati – a secret fraternal organization whose members practice pseudo-mysticism and claim that their minds are enlightened with esoteric wisdom. World history is full of such pompous quacks – Sophists, Pharisees, Herodians, Simonians, etc. While truly wise men always kept their heads low and their vanity in check and continuously asserted that they knew very little – Socrates, Plato, all of the Orthodox Christian Fathers, Martyrs, Blaise Pascal, Soren Kierkegaard, and all the true Philosophers.
[630] Elisha Kent Kane (1820-1857) – Assistant Surgeon in the U.S. Navy. In 1850-1851, Kane was part of the DeHaven expedition, to look for survivors of Sir John Franklin's exploring party. A second expedition in May 1853, with Kane as leader, was frozen between Greenland and Canada, and after a journey over ice and open water to Upernavik, Greenland, Kane became a national hero. He was a Free Mason. Thoreau regrets Kane's and Sir John Franklin's Free Masonry, but at the same time asserts that it was due to humaneness and courage, not due to the affiliation to some senseless fraternity, that Kane went to search for Franklin.
[631] A Free Mason – a member of the secret fraternal organization of the Free Masons. Its members practice pseudo-mysticism and claim that their minds are enlightened with esoteric wisdom. Free Masons use lots of symbolism and secret ceremonies in their practice.
[632] Sir John Franklin (1786-1847) – English Arctic explorer whose expedition disappeared while attempting to navigate the Northwest Passage in the Canadian Arctic. He was a Free Mason. Thoreau regrets Kane's and Sir John Franklin's Free Masonry, but at the same time asserts that it was due to humaneness and courage, not due to the affiliation to some senseless fraternity, that Kane went to search for Franklin.

search of the latter. There is not a popular magazine in this country that would dare to print a child's thought on important subjects without comment. It must be submitted to the D.D.'s.[633] I would it were the chickadee-dees.

You come from attending the funeral of mankind to attend to a natural phenomenon. A little thought is sexton to all the world.

I hardly know an *intellectual* man, even, who is so broad and truly liberal that you can think aloud in his society. Most with whom you endeavor to talk soon come to a stand against some institution in which they appear to hold stock, — that is, some particular, not universal, way of viewing things. They will continually thrust their own low roof, with its narrow skylight, between you and the sky, when it is the unobstructed heavens you would view. Get out of the way with your cobwebs; wash your windows, I say! In some lyceums[634] they tell me that they have voted to exclude the subject of religion. But how do I know what their religion is, and when I am near to or far from it? I have walked into such an arena and done my best to make a clean breast of what religion I have experienced, and the audience never suspected what I was about. The lecture was as harmless as moonshine to them. Whereas, if I had read to them the biography of the greatest scamps in history, they might have thought that I had written the lives of the deacons of their church. Ordinarily, the inquiry is, Where did you come from? or, Where are you going? That was a more pertinent question which I overheard one of my auditors put to another once, — "What does he lecture for?" It made me quake in my shoes.

To speak impartially, the best men that I know are not serene, a world in themselves. For the most part, they dwell in forms, and flatter and study effect only more finely than the rest. We select granite for the underpinning of our houses and barns; we build fences of stone; but we do not ourselves rest on an underpinning of granitic truth, the lowest primitive rock. Our sills are rotten. What stuff is the man made of who is not coexistent in our thought with the purest and subtilest truth? I often accuse my finest acquaintances of an immense frivolity; for, while there are manners and compliments we do not meet, we do not teach one another the lessons of honesty and sincerity that the brutes do, or of steadiness and solidity that the rocks do. The fault is commonly mutual, however; for we do not habitually demand any more of each other.

That excitement about Kossuth,[635] consider how characteristic, but superficial, it was! — only another kind of politics or dancing. Men were making speeches to him all over the country, but each expressed only the thought, or the want of thought, of the multitude. No man stood on truth. They were merely banded together, as usual one leaning on another, and all together on nothing; as the Hindoos made the world rest on an elephant, the elephant on a tortoise, and the tortoise on a serpent, and had nothing to put under the serpent. For all fruit of that stir we have the Kossuth hat.[636]

---

[633] D.D. stands for Doctor of Divinity.

[634] Lyceums were an informal network of programs, usually in small towns, presented by professional speakers. Thoreau booked speakers for the Concord Lyceum, and became a Lyceum speaker himself.

[635] Lajos "Louis" Kossuth (1802-1894) – a Hungarian lawyer, politician, Regent-President of Hungary in 1849. He was widely honored during his lifetime, including in the United Kingdom and the United States, as a freedom fighter and bellwether of democracy in Europe. After Emerson introduced him to the public, Kossuth spoke in Concord on May 11, 1852.

[636] The Kossuth hat – is a type of slouch hat that has one side of the brim turned up or pinned to the side of the hat with a special badge in order to allow a rifle to be slung over the shoulder. It was introduced in the U.S. during an

Just so hollow and ineffectual, for the most part, is our ordinary conversation. Surface meets surface. When our life ceases to be inward and private, conversation degenerates into mere gossip. We rarely meet a man who can tell us any news which he has not read in a newspaper, or been told by his neighbor; and, for the most part, the only difference between us and our fellow is that he has seen the newspaper, or been out to tea, and we have not. In proportion as our inward life fails, we go more constantly and desperately to the post-office. You may depend on it, that the poor fellow who walks away with the greatest number of letters, proud of his extensive correspondence, has not heard from himself this long while.

I do not know but it is too much to read one newspaper a week. I have tried it recently, and for so long it seems to me that I have not dwelt in my native region. The sun, the clouds, the snow, the trees say not so much to me. You cannot serve two masters.[637] It requires more than a day's devotion to know and to possess the wealth of a day.

We may well be ashamed to tell what things we have read or heard in our day. I did not know why my news should be so trivial, — considering what one's dreams and expectations are, why the developments should be so paltry. The news we hear, for the most part, is not news to our genius. It is the stalest repetition. You are often tempted to ask why such stress is laid on a particular experience which you have had, — that, after twenty-five years, you should meet Hobbins, Registrar of Deeds, again on the sidewalk. Have you not budged an inch, then? Such is the daily news. Its facts appear to float in the atmosphere, insignificant as the sporules of fungi, and impinge on some neglected *thallus*,[638] or surface of our minds, which affords a basis for them, and hence a parasitic growth. We should wash ourselves clean of such news. Of what consequence, though our planet explode, if there is no character involved in the explosion? In health we have not the least curiosity about such events. We do not live for idle amusement. I would not run round a corner to see the world blow up.

All summer, and far into the autumn, perchance, you unconsciously went by the newspapers and the news, and now you find it was because the morning and the evening were full of news to you. Your walks were full of incidents. You attended, not to the affairs of Europe, but to your own affairs in Massachusetts fields. If you chance to live and move and have your being in that thin stratum in which the events that make the news transpire, — thinner than the paper on which it is printed, — then these things will fill the world for you; but if you soar above or dive below that plane, you cannot remember nor be reminded of them. Really to see the sun rise or go down every day, so to relate ourselves to a universal fact, would preserve us sane forever. Nations! What are nations? Tartars, and Huns,[639] and Chinamen! Like insects, they swarm. The historian strives in vain to make them memorable. It is for want of a man that there are so many

---

1852 speaking tour. Kossuth received a great deal of support for his campaign for Hungarian liberties. In *The Maine Woods*, an "old Kossuth hat" is on Thoreau's list things to bring on a trip to the back woods of Maine. An Indian guide on his Chesuncook trip wore one. The hats popularization came about in an usual way: John Nicholas Genin (1819-1878) owned a store in New York City. In 1852 his warehouse was full of old black felt hats that he had trouble selling. He quickly modified these to look like Kossuth hats, then went aboard Kossuth's ship right after it arrived in New York and handed out these hats to Kossuth's followers. When Kossuth and his followers were paraded through the streets, fashion "experts" of the high society deemed the hat most fashionable and soon the Kossuth fad was born. The fad generated more than half-million dollars in sales.

[637] Luke 16:13 "No servant can serve two masters... You cannot serve God and mammon."

[638] Thallus – A simple plant, without stems, roots or leaves.

[639] Tartars and Huns – Tartars were Turkic and Mongolian people who invaded Europe in the Middle Ages. Their descendants now live in Eastern Europe and Central Asia. Huns were nomads who invaded Europe in the IV and V centuries.

men. It is individuals that populate the world. Any man thinking may say with the Spirit of Lodin, —

> "I look down from my height on nations,
> And they become ashes before me; —
> Calm is my dwelling in the clouds;
> Pleasant are the great fields of my rest."[640]

Pray, let us live without being drawn by dogs, Esquimaux-fashion,[641] tearing over hill and dale, and biting each other's ears.

Not without a slight shudder at the danger, I often perceive how near I had come to admitting into my mind the details of some trivial affair, — the news of the street; and I am astonished to observe how willing men are to lumber[642] their minds with such rubbish, — to permit idle rumors and incidents of the most insignificant kind to intrude on ground which should be sacred to thought. Shall the mind be a public arena, where the affairs of the street and the gossip of the tea-table chiefly are discussed? Or shall it be a quarter of heaven itself, — an hypæthral[643] temple, consecrated to the service of the gods? I find it so difficult to dispose of the few facts which to me are significant, that I hesitate to burden my attention with those which are insignificant, which only a divine mind could illustrate. Such is, for the most part, the news in newspapers and conversation. It is important to preserve the mind's chastity in this respect. Think of admitting the details of a single case of the criminal court into our thoughts, to stalk profanely through their very *sanctum sanctorum*[644] for an hour, ay, for many hours! to make a very bar-room of the mind's inmost apartment, as if for so long the dust of the street had occupied us, — the very street itself, with all its travel, its bustle, and filth, had passed through our thoughts' shrine! Would it not be an intellectual and moral suicide? When I have been compelled to sit spectator and auditor in a court-room for some hours, and have seen my neighbors, who were not compelled, stealing in from time to time, and tiptoeing about with washed hands and faces, it has appeared to my mind's eye, that, when they took off their hats, their ears suddenly expanded into vast hoppers for sound, between which even their narrow heads were crowded. Like the vanes of windmills, they caught the broad but shallow stream of sound, which, after a few titillating gyrations in their coggy[645] brains, passed out the other side. I wondered if, when they got home, they were as careful to wash their ears as before their hands and faces. It has seemed to me, at such a time, that the auditors and the witnesses, the jury and the counsel, the judge and the criminal at the bar, — if I may presume him guilty before he is convicted, — were all equally criminal, and a thunderbolt might be expected to descend and consume them all together.

By all kinds of traps and signboards, threatening the extreme penalty of the divine law, exclude such trespassers from the only ground which can be sacred to you. It is so hard to forget what it is worse than useless to remember! If I am to be a

---

[640] Thoreau had copied this poem into his journal from a 1790 edition of "The Poems of Ossian" by James Macpherson.

[641] Esquimaux is an older spelling of Eskimo. Eskimos are indigenous people who have traditionally inhabited the circumpolar region from eastern Siberia (Russia), across Alaska (the United States) and Canada, and Greenland. Eskimos use dogs to pull their sledges. Dog drawn sledge is the main form of transportation.

[642] to lumber – to burden or to hinder.

[643] Hypaethral – open to the sky, usually a temple that has no roof.

[644] A sacred and private place; originally where the Ark of the Covenant was kept in Jerusalem.

[645] Coggy – fitted with cogs, like a machine.

thoroughfare, I prefer that it be of the mountain brooks, the Parnassian[646] streams, and not the town sewers. There is inspiration, that gossip which comes to the ear of the attentive mind from the courts of heaven. There is the profane and stale revelation of the bar-room and the police court. The same ear is fitted to receive both communications. Only the character of the hearer determines to which it shall be open, and to which closed. I believe that the mind can be permanently profaned by the habit of attending to trivial things, so that all our thoughts shall be tinged with triviality. Our very intellect shall be macadamized,[647] as it were, — its foundation broken into fragments for the wheels of travel to roll over; and if you would know what will make the most durable pavement, surpassing rolled stones, spruce blocks, and asphaltum, you have only to look into some of our minds which have been subjected to this treatment so long.

If we have thus desecrated ourselves, — as who has not? — the remedy will be by wariness and devotion to reconsecrate ourselves, and make once more a fane[648] of the mind. We should treat our minds, that is, ourselves, as innocent and ingenuous children, whose guardians we are, and be careful what objects and what subjects we thrust on their attention. Read not the Times. Read the Eternities. Conventionalities are at length as had as impurities. Even the facts of science may dust the mind by their dryness, unless they are in a sense effaced each morning, or rather rendered fertile by the dews of fresh and living truth. Knowledge does not come to us by details, but in flashes of light from heaven. Yes, every thought that passes through the mind helps to wear and tear it, and to deepen the ruts, which, as in the streets of Pompeii,[649] evince how much it has been used. How many things there are concerning which we might well deliberate whether we had better know them, — had better let their peddling-carts be driven, even at the slowest trot or walk, over that bridge of glorious span by which we trust to pass at last from the farthest brink of time to the nearest shore of eternity! Have we no culture, no refinement, — but skill only to live coarsely and serve the Devil? — to acquire a little worldly wealth, or fame, or liberty, and make a false show with it, as if we were all husk and shell, with no tender and living kernel to us? Shall our institutions be like those chestnut burs which contain abortive nuts, perfect only to prick the fingers?

America is said to be the arena on which the battle of freedom is to be fought; but surely it cannot be freedom in a merely political sense that is meant. Even if we grant that the American has freed himself from a political tyrant, he is still the slave of an economical and moral tyrant. Now that the republic — the *res-publica* — has been settled, it is time to look after the *res-privata*, — the private state, — to see, as the Roman senate charged its consuls, "*ne quidres-*PRIVATA *detrimenti caperet*," that the *private* state receive no detriment.[650]

---

[646] Mount Parnassus – was the home of the Muses in Greek mythology.

[647] macadamized – paved.

[648] a fane – a temple.

[649] Pompeii – Roman city near modern Naples, destroyed during an eruption of Mount Vesuvius in 79 AD and rediscovered in 1748.

[650] "ne quid detrimenti caperet." is from the Roman historian Sallust, author of "Bellum Catiniae" ("The War with Catiline"). Chapter 29 of this work reads as follows: "When these events were reported to Cicero, he was greatly disturbed by the twofold peril, since he could no longer by his unaided efforts protect the city against these plots, nor gain any exact information as to the size and purpose of Manlius' army; he therefore formally called the attention of the senate to the matter, which had already been the subject of popular gossip. Thereupon, as is often done in a dangerous emergency, the senate voted 'that the consuls would take heed that the commonwealth suffer no harm' (ne quid res publica detrimenti caperet). The power which according to Roman usage is thus conferred upon a magistrate by the senate is supreme, allowing him to raise an army, wage war, exert any kind of compulsion upon allies and citizens, and exercise unlimited command and jurisdiction at home and in the field; otherwise the consul has none of these privileges except by the order of the people." "ne quid res privata detrimenti caperet" is also a play off the quote "ne quid res publica detrimenti caperet" from Cicero's speech against Catiline. Sallust

Do we call this the land of the free? What is it to be free from King George[651] and continue the slaves of King Prejudice? What is it to be born free and not to live free? What is the value of any political freedom, but as a means to moral freedom? Is it a freedom to be slaves, or a freedom to be free, of which we boast? We are a nation of politicians, concerned about the outmost defences only of freedom. It is our children's children who may perchance be really free. We tax ourselves unjustly. There is a part of us which is not represented. It is taxation without representation. We quarter troops,[652] we quarter fools and cattle of all sorts upon ourselves. We quarter our gross bodies on our poor souls, till the former eat up all the latter's substance.

With respect to a true culture and manhood, we are essentially provincial still, not metropolitan, — mere Jonathans.[653] We are provincial, because we do not find at home our standards; because we do not worship truth, but the reflection of truth; because we are warped and narrowed by an exclusive devotion to trade and commerce and manufactures and agriculture and the like, which are but means, and not the end.

So is the English Parliament provincial. Mere country bumpkins, they betray themselves, when any more important question arises for them to settle, the Irish question,[654] for instance, — the English question why did I not say? Their natures are subdued[655] to what they work in. Their "good breeding" respects only secondary objects. The finest manners in the world are awkwardness and fatuity when contrasted with a finer intelligence. They appear but as the fashions of past days, — mere courtliness, knee-buckles[656] and small-clothes,[657] out of date. It is the vice, but not the excellence of manners, that they are continually being deserted by the character; they are cast-off-clothes or shells, claiming the respect which belonged to the living creature. You are presented with the shells instead of the meat, and it is no excuse generally, that, in the case of some fishes, the shells are of more worth than the meat. The man who thrusts his manners upon me does as if he were to insist on introducing me to his cabinet of curiosities,[658] when I wished to see himself. It was not in this sense that the poet Decker[659] called Christ "the first true gentleman that ever breathed." I repeat that in this sense the most splendid court in Christendom is provincial, having authority to consult about Transalpine[660] interests only, and not the affairs of Rome. A prætor or proconsul[661] would suffice to settle the questions which absorb the attention of the English Parliament and the American Congress.

---

may have mentioned it in his history on the conspiracy of Catiline since he mirrored some of Cicero's speeches within his own writing; it was originally spoken by Marcus Tullius Cicero.

[651] King George III (1738-1820) – the King of British Empire during the American Revolutionary War.

[652] Reference to the Declaration of Independence in which America complained against King George III of Britain of his "imposing Taxes on us without our Consent" and "quartering large bodies of Armed Troops among us."

[653] Jonathans – colloquial name for Americans.

[654] The Irish question – a phrase used mainly by members of the British ruling classes from the early 1800s until the 1920s. It was used to describe Irish nationalism and the calls for Irish independence.

[655] Thoreau is paraphrasing Shakespeare, Sonnet 111, lines 6-7.

[656] Knee-buckles – breeches fastened at the knee with a little buckle.

[657] Small-clothes – tight-fitting breeches fastened with buttons instead of a buckle.

[658] Cabinet of curiosities – a display of unusual and peculiar items.

[659] Thomas Decker (c.1572?-1632?) – English dramatist. The remark regarding Christ is from the play, "The Honest Whore". It is a play by Decker and Thomas Middleton (1570-1627), Act I, Scene 13, line 777.

[660] Transalpine – beyond the Alps.

[661] Titles granted by ancient Rome to persons in official capacities.

Government and legislation! these I thought were respectable professions. We have heard of heaven-born Numas, Lycurguses, and Solons,[662] in the history of the world, whose *names* at least may stand for ideal legislators; but think of legislating to *regulate* the breeding of slaves, or the exportation of tobacco! What have divine legislators to do with the exportation or the importation of tobacco? what humane ones with the breeding of slaves? Suppose you were to submit the question to any son of God, — and has He no children in the Nineteenth Century? is it a family which is extinct? — in what condition would you get it again? What shall a State like Virginia say for itself at the last day, in which these have been the principal, the staple productions? What ground is there for patriotism in such a State? I derive my facts from statistical tables which the States themselves have published.

A commerce that whitens every sea in quest of nuts and raisins, and makes slaves of its sailors[663] for this purpose! I saw, the other day, a vessel which had been wrecked,[664] and many lives lost, and her cargo of rags, juniper berries, and bitter almonds were strewn along the shore. It seemed hardly worth the while to tempt the dangers of the sea between Leghorn[665] and New York for the sake of a cargo of juniper berries and bitter almonds.[666] America sending to the Old World[667] for her bitters![668] Is not the sea-brine, is not shipwreck, bitter enough to make the cup of life go down here? Yet such, to a great extent, is our boasted commerce; and there are those who style themselves statesmen and philosophers who are so blind as to think that progress and civilization depend on precisely this kind of interchange and activity, — the activity of flies about a molasses-hogshead.[669] Very well, observes one, if men were oysters. And very well, answer I, if men were mosquitoes.

Lieutenant Herndon,[670] whom our government sent to explore the Amazon, and, it is said, to extend the area of slavery, observed that there was wanting there "an industrious and active population, who know what the comforts of life are, and who have artificial wants to draw out the great resources of the country." But what are the "artificial wants" to be encouraged? Not the love of luxuries, like the tobacco and slaves of, I believe, his native Virginia, nor the ice and granite and other material wealth of our

---

[662] Numa Pompilius (715-672 B.C.) – second legendary king of Rome; Lycurgus (800?-730? BC) – Spartan statesman and legendary lawgiver; Solon (c.638-558 BC) – Athenian lawmaker and poet.

[663] Slave ships usually had larger crews than other ships, because of the need to care for and maintain control over 100 to 700 slaves on the ships.

[664] Thoreau is referring to the tragic wreck of the ship "Elizabeth", which occurred on July 19, 1850. The ship was coming from Liverno (Leghorn), Italy and it wrecked off Fire Island, New York. The Ship carried Margaret Fuller Ossoli (1810-1850) and her family. Margaret Fuller was a journalist, critic and women's rights activist associated with the American transcendental movement. She was the first full-time female book reviewer in journalism. Her book "Woman in the Nineteenth Century" is considered the first major feminist work in the United States. Thoreau traveled out to the scene of the shipwreck in hopes of retrieving the Ossolis' bodies and belongings, but all in vain.

[665] Livorno, Italy, called Leghorn by the British, a major Italian port city.

[666] The great Hellenistic Jewish philosopher, Philo the Jew (20 BC-50AD), known also as Philo of Alexandria, has identical views on purposeless trade and excessive imports. Philo states: "...he knew that every naval and every land expedition chooses to encounter the greatest dangers for the sake of bodily pleasures, or with a view to obtain a superfluity of external goods, of which nothing is firm or solid". Please see Philo the Jew, "The Posterity and Exile of Cain".

[667] Old World – consists of those parts of Earth known to Europeans, Asians and Africans in the 15th century. It is used in the context of, and contrast with, the "New World". The Old World includes Africa, Asia, and Europe (collectively known as Afro-Eurasia), plus surrounding islands. The term is in distinction from the New World, meaning the Americas and Australasia.

[668] Bitters – medicinal tinctures used to stimulate digestion, treat intestinal diseases and sharpen appetite.

[669] A hogshead is a large cask, usually of a liquid.

[670] Commander William L. Herndon (1813-1857) – The U.S. Navy, explored the Amazon valley from Peru to Brazil in April 1851-1852. His report was published in 1853-1854 in Washington, DC. Thoreau is citing from his report, "Exploration of the Valley of the Amazon", Volume 1, page 251.

native New England; nor are "the great resources of a country" that fertility or barrenness of soil which produces these. The chief want, in every State that I have been into, was a high and earnest purpose in its inhabitants. This alone draws out "the great resources" of Nature, and at last taxes her beyond her resources; for man naturally dies out of her. When we want culture more than potatoes, and illumination more than sugar-plums, then the great resources of a world are taxed and drawn out, and the result, or staple production, is, not slaves, nor operatives, but men, — those rare fruits called heroes, saints, poets, philosophers, and redeemers.[671]

In short, as a snow-drift is formed where there is a lull in the wind, so, one would say, where there is a lull of truth, an institution springs up. But the truth blows right on over it, nevertheless, and at length blows it down.

What is called politics is comparatively something so superficial and inhuman, that practically, I have never fairly recognized that it concerns me at all. The newspapers, I perceive, devote some of their columns specially to politics or government without charge; and this, one would say, is all that saves it; but as I love literature and to some extent the truth also, I never read those columns at any rate. I do not wish to blunt my sense of right so much. I have not got to answer for having read a single President's Message. A strange age of the world this, when empires, kingdoms, and republics come a-begging to a private man's door, and utter their complaints at his elbow! I cannot take up a newspaper but I find that some wretched government or other, hard pushed and on its last legs, is interceding with me, the reader, to vote for it, — more importunate than an Italian beggar; and if I have a mind to look at its certificate, made, perchance, by some benevolent merchant's clerk, or the skipper that brought it over, for it cannot speak a word of English itself, I shall probably read of the eruption of some Vesuvius, or the overflowing of some Po,[672] true or forged, which brought it into this condition. I do not hesitate, in such a case, to suggest work, or the almshouse; or why not keep its castle in silence, as I do commonly? The poor President, what with preserving his popularity and doing his duty, is completely bewildered. The newspapers are the ruling power. Any other government is reduced to a few marines at Fort Independence.[673] If a man neglects

---

[671] This entire paragraph is an echo to the famous question raised by Plato in his "The Republic", – what good is the gain of gold and silver to a man (or a nation) if he winds up losing his soul? What good is the attainment of the material wealth if the spiritual wealth is squandered? This is what Socrates states in "The Republic": "Then how would a man profit if he gained gold and silver under the condition that he was to enslave the noblest part of him to the basest? Who can imagine that a man who sold his son or his daughter into slavery for money, however large might be the sum which he received, would be the gainer, especially if he sold them into the hands of brutal and evil men?" Please see Plato's "The Republic", Book IX.

[672] Po is Italy's largest river.

[673] Fort Independence – two possible explanations. The one explanation is based on symbolic understanding, the other is based on literal perception: 1) Fort Independence in Vermont – a fort built in 1775 on Mount Independence next to Lake Champlain. It was placed directly across from Fort Ticonderoga to help fortify the approach to Albany. The intent was to provide a combined, two-shore defense to approaching British forces. The stone crafted Fort Ticonderoga, that was originally built as Fort Carillon by the French in 1756, was misplaced to repel effectively an attack from the north. The joint two-shore defense, mainly headed by engineer Colonel Jeduthan Baldwin, who arrived in February 1777, included a 400-yard (370 m) heavy log boom across a narrow just up the lake, a 12-foot (3.7 m) wide bridge to cross between the two forts, two blockhouses to guard Mount Hope and the Lake George outlet, and three new redoubts on the Ticonderoga side of the bank. All of the extended defenses would require 10,000 troops. The Americans only had 1/3 of this number in July 1777. More dismaying is the fact that Mount Defiance (800 feet (240 m)) rose above both positions, yet it was unfortified. Fort Independence was captured on July 6, 1777, after a 4 day siege, when its commander, Major General Arthur St. Clair, decided to withdraw his entire command when British Lieutenant General John Burgoyne (Western Shore) and Hessian Major General Baron Friedrich Adolph Riedesel zu Eisenbach (Eastern Shore) arrived with a combined 10,000 men. Thoreau uses the Fort Independence metaphorically to mean that the US Federal Government, as well as the State Government of Massachusetts, were both ineffective, just like the American defense at the Fort, was absolutely and completely irrelevant and ineffective. 2) Fort Independence as in the army garrison in Boston Harbor. This second

to read the Daily Times, government will go down on its knees to him, for this is the only treason in these days.

Those things which now most engage the attention of men, as politics and the daily routine, are, it is true, vital functions of human society, but should be unconsciously performed, like the corresponding functions of the physical body. They are *infra*-human, a kind of vegetation. I sometimes awake to a half-consciousness of them going on about me, as a man may become conscious of some of the processes of digestion in a morbid state, and so have the dyspepsia, as it is called. It is as if a thinker submitted himself to be rasped by the great gizzard of creation. Politics is, as it were, the gizzard of society, full of grit and gravel, and the two political parties are its two opposite halves, — sometimes split into quarters, it may be, which grind on each other. Not only individuals, but states, have thus a confirmed dyspepsia,[674] which expresses itself, you can imagine by what sort of eloquence. Thus our life is not altogether a forgetting,[675] but also, alas! to a great extent, a remembering, of that which we should never have been conscious of, certainly not in our waking hours. Why should we not meet, not always as dyspeptics, to tell our bad dreams, but sometimes as *eu*peptics,[676] to congratulate each other on the ever-glorious morning? I do not make an exorbitant demand, surely.

---

case Thoreau would have used in a literal sense, as in the government having only a few marines at the Fort in Boston Harbor.
[674] Pain or discomfort in the upper middle stomach, possibly a stomach ulcer or acid reflux disease.
[675] Probably an allusion to William Wordsworth's (1770-1850) poem "Ode: Intimations of Immortality".
[676] Eupeptics – the ones with good digestion.

THE LAST DAYS OF JOHN BROWN

JOHN BROWN'S career for the last six weeks[677] of his life was meteor-like, flashing through the darkness in which we live. I know of nothing so miraculous in our history.

If any person, in a lecture or conversation at that time, cited any ancient example of heroism, such as Cato[678] or Tell[679] or Winkelried,[680] passing over the recent deeds and words of Brown, it was felt by any intelligent audience of Northern men to be tame and inexcusably far-fetched.

For my own part, I commonly attend more to nature than to man, but any affecting human event may blind our eyes to natural objects. I was so absorbed in him as to be surprised whenever I detected the routine of the natural world surviving still, or met persons going about their affairs indifferent. It appeared strange to me that the "little dipper"[681] should be still diving quietly in the river, as of yore; and it suggested that this bird might continue to dive here when Concord should be no more.

I felt that he, a prisoner in the midst of his enemies, and under sentence of death, if consulted as to his next step or resource, could answer more wisely than all his countrymen beside. He best understood his position; he contemplated it most calmly. Comparatively, all other men, North and South, were beside themselves. Our thoughts could not revert to any greater or wiser or better man with whom to contrast him, for he, then and there, was above them all. The man this country was about to hang appeared the greatest and best in it.

Years were not required for a revolution of public opinion; days, nay, hours, produced marked changes in this case. Fifty who were ready to say, on going into our

---

[677] six weeks – John Brown raided Harper's Ferry on October 16, 1859, and he was executed on December 2, 1859.

[678] Cato (95BC-46BC) – or Marcus Porcius Cato Uticensis, commonly known as Cato the Younger (Cato Minor) to distinguish him from his great-grandfather (Cato the Elder), was a politician and statesman in the late Roman Republic, and a follower of the Stoic philosophy. He is remembered for his legendary stubbornness and tenacity (especially in his lengthy conflict with Gaius Julius Caesar), as well as his immunity to bribes, his moral integrity, and his famous distaste for the ubiquitous corruption of the period.

[679] William Tell – a folk hero of Switzerland. His legend is recorded a late 15th century Swiss chronicle. It is set in the period of the original foundation of the Old Swiss Confederacy in the early 14th century. According to the legend, Tell was an expert marksman with the crossbow who assassinated Gessler, a tyrannical reeve of Habsburg Austria positioned in Altdorf, Uri. Along with Arnold Winkelried, Tell is a central figure in Swiss patriotism as it was constructed during the Restoration of the Confederacy after the Napoleonic era. William Tell, who originally came from Bürglen, was known as an expert shot with the crossbow. In his time, the Habsburg emperors of Austria were seeking to dominate Uri. Albrecht (or Hermann) Gessler, the newly appointed Austrian Vogt of Altdorf, raised a pole in the village's central square, hung his hat on top of it, demanding that all the townsfolk bow before the hat. When Tell passed by the hat without bowing to it, he was arrested. As punishment, he was forced to shoot an apple off the head of his son, Walter. Otherwise, both would be executed. Tell was promised freedom if he successfully made the shot. On 18 November 1307, Tell split the apple with a bolt from his crossbow. When Gessler queried him about the purpose of a second bolt in his quiver, Tell answered that if he had killed his son, he would have turned the crossbow on Gessler himself. Gessler was angered, and had Tell bound. He was brought to Gessler's ship to be taken to his castle at Küssnacht. A storm broke on Lake Lucerne, and Tell managed to escape. He went by land to Küssnacht, and when Gessler arrived, Tell shot him. Tell's defiance sparked a rebellion, in which he played a leading part. The struggle eventually led to the formation of the Swiss Confederation. He fought again against Austria in the 1315 Battle of Morgarten.

[680] Arnold Von Winkelried – a legendary hero of Swiss history. According to 16th century historiography, Winkelried was the main factor of the victory of the confederate forces of the Old Swiss Confederacy in the Battle of Sempach in 1386 against an army of the Habsburg duke Leopold III of Austria.

[681] "little dipper" – Thoreau thus used to call various small diving birds, usually the grebes, which are common in New England.

meeting in honor of him in Concord, that he ought to be hung, would not say it when they came out. They heard his words read; they saw the earnest faces of the congregation; and perhaps they joined at last in singing the hymn in his praise.

The order of instructions was reversed. I heard that one preacher, who at first was shocked and stood aloof, felt obliged at last, after he was hung, to make him the subject of a sermon, in which, to some extent, he eulogized the man, but said that his act was a failure. An influential class-teacher[682] thought it necessary, after the services, to tell his grown-up pupils that at first he thought as the preacher did then, but now he thought that John Brown was right. But it was understood that his pupils were as much ahead of the teacher, as he was ahead of the priest; and I know for a certainty, that very little boys at home had already asked their parents, in a tone of surprise, why God did not interfere to save him.

In each case, the constituted teachers were only half conscious that they were not *leading*, but being *dragged*, with some loss of time and power.

The more conscientious preachers, the Bible men, they who talk about principle, and doing to others as you would that they should do unto you,[683] — how could they fail to recognize him, by far the greatest preacher of them all, with the Bible in his life and in his acts, the embodiment of principle, who actually carried out the golden rule[684]? All whose moral sense had been aroused, who had a calling from on high to preach, sided with him. What confessions he extracted from the cold and conservative! It is remarkable, but on the whole it is well, that it did not prove the occasion for a new sect of *Brownites* being formed in our midst.

They, whether within the Church or out of it, who adhere to the spirit and let go the letter, and are accordingly called infidel, were as usual foremost to recognize him. Men have been hung in the South before for attempting to rescue slaves, and the North was not much stirred by it. Whence, then, this wonderful difference? We were not so sure

---

[682] class-teacher – Sunday school teacher is meant.
[683] please see the following note.
[684] golden rule – Christianity adopted the golden rule from two edicts, found in Leviticus 19:18 ("Do not seek revenge or bear a grudge against one of your people, but love your neighbor as yourself.", see also Great Commandment) and Leviticus 19:34 ("But the stranger that dwelleth with you shall be unto you as one born among you, and thou shalt love him as thyself; for ye were strangers in the land of Egypt: I am the LORD your God"). Crucially, Leviticus 19:34 universalizes the edict of Leviticus 19:18 from "one of your people" to all of humankind. The Old Testament Deuterocanonical books of Tobit and Sirach, accepted as part of the Scriptural canon by Catholicism, Eastern Orthodoxy, and the Non-Chalcedonian Churches, also express a negative form of the golden rule: "Do to no one what you yourself dislike." (Tobit 4:15); "Recognize that your neighbor feels as you do, and keep in mind your own dislikes." (Sirach 31:15). Several passages in the New Testament quote Jesus of Nazareth espousing the golden rule, including the following: "Therefore all things whatsoever ye would that men should do to you, do ye even so to them: for this is the law and the prophets." (Matthew 7:12); "And as ye would that men should do to you, do ye also to them likewise." (Luke 6:31); "And, behold, a certain lawyer stood up, and tempted him, saying, Master, what shall I do to inherit eternal life? He said unto him, What is written in the law? how readest thou? And he answering said, Thou shalt love the Lord thy God with all thy heart, and with all thy soul, and with all thy strength, and with all thy mind; and thy neighbour as thyself. And he said unto him, Thou hast answered right: this do, and thou shalt live." (Luke 10:25-28). The passage in the book of Luke then continues with Jesus answering the question, "Who is my neighbor?", by telling the parable of the Good Samaritan, indicating that "your neighbour" is anyone in need. Jesus' teaching, however, goes beyond the negative formulation of not doing what one would not like done to themselves, to the positive formulation of actively doing good to another that, if the situations were reversed, one would desire that the other would do for them. This formulation, as indicated in the parable of the Good Samaritan, emphasises the needs for positive action that brings benefit to another, not simply restraining oneself from negative activities that hurt another. Taken as a rule of judgement, both formulations of the golden rule, the negative and positive, are equally applicable.

ჯონ ბრაუნი. ფოტოსურათი გადაღებულია 1846 წელს.
CAPTAIN JOHN BROWN: A PHOTOGRAPH TAKEN IN 1846.

of *their* devotion to principle. We made a subtle distinction, forgot human laws, and did homage to an idea. The North, I mean the *living* North, was suddenly all transcendental. It went behind the human law, it went behind the apparent failure, and recognized eternal justice and glory. Commonly, men live according to a formula, and are satisfied if the order of law is observed, but in this instance they, to some extent, returned to original perceptions, and there was a slight revival of old religion. They saw that what was called order was confusion, what was called justice, injustice, and that the best was deemed the worst. This attitude suggested a more intelligent and generous spirit than that which actuated our forefathers, and the possibility, in the course of ages, of a revolution in behalf of another and an oppressed people.

Most Northern men, and a few Southern ones, were wonderfully stirred by Brown's behavior and words. They saw and felt that they were heroic and noble, and that there had been nothing quite equal to them in their kind in this country, or in the recent history of the world. But the minority were unmoved by them. They were only surprised and provoked by the attitude of their neighbors. They saw that Brown was brave, and that he believed that he had done right, but they did not detect any further peculiarity in him. Not being accustomed to make fine distinctions, or to appreciate magnanimity, they read his letters and speeches as if they read them not. They were not aware when they approached a heroic statement, — they did not know when they *burned*. They did not feel that he spoke with authority, and hence they only remembered that the *law* must be executed. They remembered the old formula, but did not hear the new revelation. The man who does not recognize in Brown's words a wisdom and nobleness, and therefore an authority, superior to our laws, is a modern Democrat.[685] This is the test by which to discover him. He is not willfully but constitutionally blind on this side, and he is consistent with himself. Such has been his past life; no doubt of it. In like manner he has read history and his Bible, and he accepts, or seems to accept, the last only as an established formula, and not because he has been convicted by it. You will not find kindred sentiments in his commonplace-book, if he has one.

When a noble deed is done, who is likely to appreciate it? They who are noble themselves. I was not surprised that certain of my neighbors spoke of John Brown as an ordinary felon, for who are they? They have either much flesh, or much office,[686] or much coarseness of some kind. They are not ethereal natures in any sense. The dark qualities predominate in them. Several of them are decidedly pachydermatous.[687] I say it in sorrow, not in anger. How can a man behold the light, who has no answering inward light? They are true to their *sight*, but when they look this way they *see* nothing, they are blind. For the children of the light to contend with them is as if there should be a contest between eagles and owls. Show me a man who feels bitterly toward John Brown, and let me hear what noble verse he can repeat. He'll be as dumb as if his lips were stone.

It is not every man who can be a Christian, even in a very moderate sense, whatever education you give him. It is a matter of constitution and temperament, after all. He may have to be born again many times. I have known many a man who pretended to

---

[685] modern Democrat – Thoreau means a member of the Democratic Political Party. Democrats thought that Brown's raid was a scheme of the Republican Party. Because of this prevailing presumption, the Democrats were demanding congressional investigations. Although it could not had been more clear that John Brown for moral reasons could not and therefore would not and did not belong to any political party whatsoever.

[686] office – excrement is meant.

[687] pachydermatous – meaning thick-skinned.

be a Christian, in whom it was ridiculous, for he had no genius for it. It is not every man who can be a free man, even.

Editors persevered for a good while in saying that Brown was crazy; but at last they said only that it was "a crazy scheme," and the only evidence brought to prove it was that it cost him his life. I have no doubt that if he had gone with five thousand men, liberated a thousand slaves, killed a hundred or two slaveholders, and had as many more killed on his own side, but not lost his own life, these same editors would have called it by a more respectable name. Yet he has been far more successful than that. He has liberated many thousands of slaves, both North and South. They seem to have known nothing about living or dying for a principle. They all called him crazy then; who calls him crazy now?

All through the excitement occasioned by his remarkable attempt and subsequent behavior, the Massachusetts legislature, not taking any steps for the defense of her citizens who were likely to be carried to Virginia[688] as witnesses and exposed to the violence of a slaveholding mob, was wholly absorbed in a liquor-agency question, and indulging in poor jokes on the word "extension."[689] Bad spirits occupied their thoughts. I am sure that no statesman up to the occasion could have attended to that question at all at that time, — a very vulgar question to attend to at any time!

When I looked into a liturgy of the Church of England, printed near the end of the last century, in order to find a service applicable to the case of Brown, I found that the only martyr recognized and provided for by it was King Charles the First,[690] an eminent scamp. Of all the inhabitants of England and of the world, he was the only one, according to this authority, whom that church had made a martyr and saint of; and for more than a century it had celebrated his martyrdom, so called, by an annual service. What a satire on the Church is that!

Look not to legislatures and churches for your guidance, nor to any soulless, *incorporated* bodies, but to *inspirited* or inspired ones.

What avail all your scholarly accomplishments and learning, compared with wisdom and manhood? To omit his other behavior, see what a work this comparatively unread and unlettered man wrote within six weeks. Where is our professor of *belles-*

---

[688] There had been numerous reports that the Governor of the state of Virginia was trying to have other abolitionists, including Samuel Gridley Howe and Franklin B. Sanborn, arrested outside of his jurisdiction and then extradited to Virginia.

[689] "extension" – most likely what is meant is allowing extended hours for sales of alcoholic drinks.

[690] Charles I of England (1600-1649) – the second son of James VI of Scots and I of England. He was King of England, Scotland and Ireland from 27 March 1625 until his execution. Charles engaged in a struggle for power with the Parliament of England, attempting to obtain royal revenue whilst Parliament sought to curb his Royal prerogative which Charles believed was divinely ordained. Many of his English subjects opposed his actions, in particular his interference in the English and Scottish Churches, and the levying of taxes without parliamentary consent grew to be seen as those of a tyrannical absolute monarch. His last years were marked by the English Civil War, in which he fought the forces of the English and Scottish Parliaments. Charles was defeated in the First Civil War (1642–45), after which Parliament expected him to accept its demands for a constitutional monarchy. He instead remained defiant by attempting to forge an alliance with Scotland and escaping to the Isle of Wight. This provoked the Second Civil War (1648–49) and a second defeat for Charles, who was subsequently captured, tried, convicted, and executed for high treason. The monarchy was then abolished and a republic called the Commonwealth of England, also referred to as the Cromwellian Interregnum, was declared. Charles's son, Charles II, became king after the restoration of the monarchy in 1660. In that same year, Charles I was canonized as "St. Charles Stuart" by the Church of England.

lettres, or of logic and rhetoric, who can write so well? He wrote in prison, not a History of the World, like Raleigh,[691] but an American book[692] which I think will live longer than that. I do not know of such words, uttered under such circumstances, and so copiously withal, in Roman or English or any history. What a variety of themes he touched on in that short space! There are words in that letter to his wife,[693] respecting the education of his daughters, which deserve to be framed and hung over every mantelpiece in the land. Compare this earnest wisdom with that of Poor Richard.[694]

The death of Irving,[695] which at any other time would have attracted universal attention, having occurred while these things were transpiring, went almost unobserved. I shall have to read of it in the biography of authors.

Literary gentlemen, editors, and critics think that they know how to write, because they have studied grammar and rhetoric; but they are egregiously mistaken. The *art* of composition is as simple as the discharge of a bullet from a rifle, and its master-pieces imply an infinitely greater force behind them. This unlettered man's speaking and writing are standard English. Some words and phrases deemed vulgarisms and Americanisms before, he has made standard American; such as *"It will pay."*[696] It suggests that the one great rule of composition — and if I were a professor of rhetoric, I should insist on this — is to *speak the truth*. This first, this second, this third; pebbles in your mouth or not. This demands earnestness and manhood chiefly.

We seem to have forgotten that the expression, a *liberal* education, originally meant among the Romans one worthy of *free* men; while the learning of trades and professions by which to get your livelihood merely, was considered worthy of *slaves* only. But taking a hint from the word, I would go a step further and say, that it is not the man

---

[691] Sir Walter Raleigh (1554-1618) – an English aristocrat, writer, poet, soldier, courtier, and explorer. He was imprisoned in the Tower of London for thirteen years. During this time he wrote his "History of the World" (1614).

[692] An American book – during his captivity, before the execution, John Brown wrote lots of letters, many of which were published in newspapers.

[693] letter to his wife – all of John Brown's letters are full of Christian wisdom, but one of them is exceptionally fascinating – the letter, which Brown wrote to his wife on November 16, 1859 from the jail in Charleston, Virginia. John Brown urges his wife that his children must be educated first in "common business of life", and "The music of the broom, wash-tub, needle, spindle, loom, axe, scythe, hoe, flail, etc., should first be learned at all events, and that of the piano, etc., afterwards." How right he was – after studying Christianity, children should not squander their time on learning the so called arts, which are fruitless and aimless and are mastered for vainglory and the display of empty pride only. One rarely can do good with those so called arts either for himself or for the humanity. While a person skilled in axe and scythe, in spindle and loom, is bound to produce some practical and tangible good. But of course, even this good is nothing, but a shadow of the true good, which is Christ and faithful practice of Christianity, which produce greater good that is spiritual, not material.

[694] Poor Richard – Benjamin Franklin's "Poor Richard's Almanack" (sometimes called just the Almanac) was a yearly almanac published by Benjamin Franklin, who adopted the pseudonym of "Poor Richard" or "Richard Saunders" for this purpose. The publication appeared continually from 1732 to 1758. It was a best seller for a pamphlet published in the American colonies; It is now compiled into a book and is still popular in America. The book is full of conventional wisdom and guidance on how to be thrifty and financially successful, and, because of this reason, of course it is a mere foolishness compared to John Brown's wisdom, which is Christian, truly spiritual and therefore true and superior to anything else that claims the name of "wisdom". Also, consider how morally upright and spotless was Brown and, in spite of his smarts and knoweldge and skills, how morally decadent, debouched and depraved was Ben Franklin.

[695] Washington Irving (1783-1859) – an American author, essayist, biographer and historian of the early 19th century. He was best known for his short stories "The Legend of Sleepy Hollow" and "Rip Van Winkle", both of which appear in his book The Sketch Book of Geoffrey Crayon, Gent. His historical works include biographies of George Washington, Oliver Goldsmith and Muhammad, and several histories of 15th-century Spain dealing with subjects such as Christopher Columbus, the Moors, and the Alhambra. Irving also served as the U.S. minister to Spain from 1842 to 1846. He died on November 28, 1859.

[696] "It will pay." – source for this quotation is unknown.

of wealth and leisure simply, though devoted to art, or science, or literature, who, in a true sense, is *liberally* educated, but only the earnest and *free* man. In a slaveholding country like this, there can be no such thing as a *liberal* education tolerated by the State; and those scholars of Austria and France who, however learned they may be, are contented under their tyrannies, have received only a *servile* education.

Nothing could his enemies do, but it redounded to his infinite advantage — that is, to the advantage of his cause. They did not hang him at once, but reserved him to preach to them. And then there was another great blunder. They did not hang his four followers with him; that scene was still postponed; and so his victory was prolonged and completed. No theatrical manager could have arranged things so wisely to give effect to his behavior and words. And who, think you, *was* the manager? Who placed the slave-woman and her child, whom he stooped to kiss for a symbol, between his prison and the gallows?[697]

We soon saw, as he saw, that he was not to be pardoned or rescued by men. That would have been to disarm him, to restore to him a material weapon, a Sharp's rifle, when he had taken up the sword of the spirit — the sword with which he has really won his greatest and most memorable victories. Now he has not laid aside the sword of the spirit, for he is pure spirit himself, and his sword is pure spirit also.

> "He nothing common did or mean
> Upon that memorable scene,
> Nor called the gods with vulgar spite,
> To vindicate his helpless right;
> But bowed his comely head
> Down, as upon a bed."

What a transit was that of his horizontal body alone, but just cut down from the gallows-tree! We read, that at such a time it passed through Philadelphia, and by Saturday night had reached New York. Thus, like a meteor it shot through the Union from the Southern regions toward the North! No such freight had the cars borne since they carried him southward alive.

On the day of his translation,[698] I heard, to be sure, that he was *hung*, but I did not know what that meant; I felt no sorrow on that account; but not for a day or two did I even *hear* that he was *dead*, and not after any number of days shall I believe it. Of all the

---

[697] A well-known story has it that John Brown picked up and kissed a slave-child on his way to the gallows. John Brown walked from his jail cell to the gallows with his hands tied. He was surrounded by soldiers during this entire procession. Franklin B. Sanborn wrote a book "The Life and Letters of John Brown" in 1885, where it is mentioned that when leaving the jail Brown was asked, as it was and still is the custom, "if he desired the presence of a clergyman to give him the 'consolation of religion.'" John Brown replied that "he did not recognize as Christians any slaveholders or defenders of slavery, lay or clerical; adding that... if he had his choice he would rather be followed to his 'public murder', as he termed his execution, by 'barefooted, barelegged, ragged slave children and their old gray-headed mother,' than such clergymen." Sanborn then adds that from this occasion "arose the legend that on his way to the gallows he took up a little slave-child, kissed it, and gave it back to its mother's arms."

[698] his translation – Brown's conversion from his mortal into his spiritual, immortal state. Once again Thoreau proves that he comprehends the Orthodox Christian theology well and he refuses to use the word "death" with Brown's name, for, according to the Orthodox theology, men do not die, they merely transform from one state to another and at the end of this transformation they enter either the Heaven and remain with God or enter the Hell and remain with the Devil.

men who were said to be my contemporaries, it seemed to me that John Brown was the only one who *had not died*. I never hear of a man named Brown now, — and I hear of them pretty often, — I never hear of any particularly brave and earnest man, but my first thought is of John Brown, and what relation he may be to him. I meet him at every turn. He is more alive than ever he was. He has earned immortality. He is not confined to North Elba[699] nor to Kansas. He is no longer working in secret. He works in public, and in the clearest light that shines on this land.[700]

---

[699] North Elba, NY – John Brown moved his family to a farm in North Elba, NY in 1848. John Brown is buried there.
[700] The great Hellenistic Jewish philosopher, Philo the Jew (20 BC-50AD), known also as Philo of Alexandria, has identical views on immortality of goodness and heroes, for what's a hero, but an embodiment of goodness itself? Philo states: "On which account every one who is a lover of self, by surname Cain, should learn that he has destroyed the namesake of Abel, that is to say species, individuality, the image made according to the model; not the archetypal pattern, nor the genus, nor the idea, which he thinks are destroyed together with animals, though, in fact, they are indestructible." Please see Philo the Jew, "The Worse Attacks the Better".